가람 이병기 전집 7

일기 Ⅱ

가람 이병기 전집

❼

일기 Ⅱ

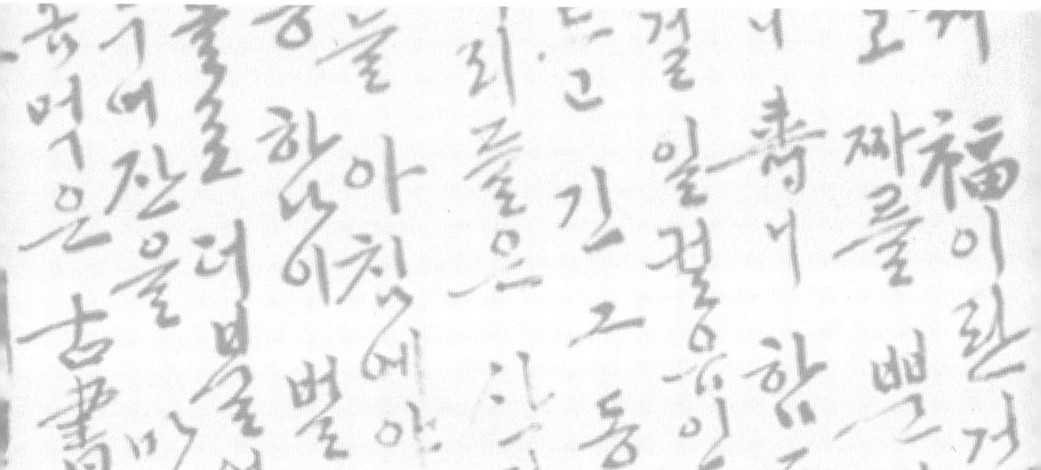

전북대학교
출판문화원

△ 『가람일기』 각 권 표지 사진

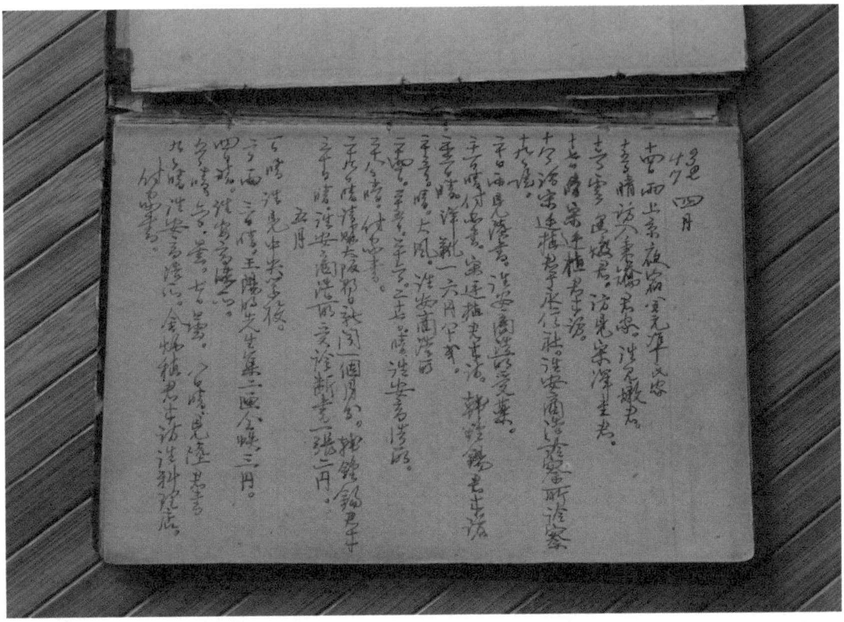

△ 『가람일기』 중 1919년 4월 14일 일기

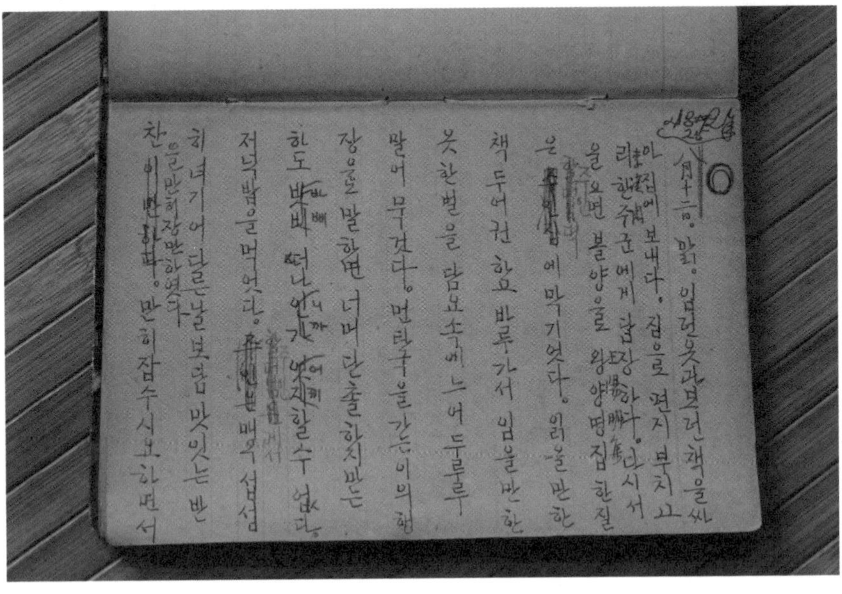

△ 『가람일기』 중 한글일기 첫 장(1919. 8. 12.)

△ 일기 원본 사진 촬영 후 가람전집간행위원과 유족들
왼쪽 2번째부터 간행위원 유화수 교수, 유범상 교수, 이경애 박사, 김익두 교수,
가람의 며느님 유재희 여사, 손자 이원배 씨 내외와 증손자(2015. 4. 11.)

△『가람일기』보관함과 보관된 일기들

일러두기

1. 『가람일기』(신구문화사, 1976)는 원래의 일기를 선별하여 펴냈으나, 이번 전집에는 현재 남아있는 1909년부터 1966년까지의 가람 일기(한문일기 3권, 한글일기 48권) 육필 노트 원고 전체를 유족의 협조로 확보하여 본 전집에 전문을 모두 수록하였다.
2. 가람의 일기 중 유실된 15권과 50권은 『가람문선』(신구문화사, 1966)과 『가람일기』(신구문화사, 1976)에 실려 있는 부분을 수록하였다.
3. 행초서로 쓴 한문일기는 탈초한 원문과 아울러 한글 번역문도 수록하였다.

※한문일기 1, 2, 3권의 탈초는 유화수 교수(호원대학교)와 황재문 교수(서울대학교 규장각한국학연구원)가, 번역은 황재문 교수가 맡아 수고하였음을 밝힌다.

4. 원문 일기의 표기법을 존중하여 수록하되, 띄어쓰기는 가독성을 고려하여 현재의 한글맞춤법과 표준어규정에 따르는 것을 원칙으로 하였다.
5. 국한혼용 일기의 한자어는 가독성을 위하여 '한글漢字' 형태로 표기하였다.(1923. 9. 12. ~ 1926. 6. 10. 한글일기의 한자어는 원문에 한글과 한자가 병기된 것이며, 이후 일기는 한자어로만 쓰인 국한혼용임.)
6. 날짜는 한문으로 쓰여 있으나 한글과 아라비아 숫자로 전부 표기하였다.
7. 원문에 없는 문장부호는 현대 어법에 맞게 붙였다.
8. 조사 '은'과 '는', '을'과 '를'이 뒤바뀌어 쓰인 경우가 많은데, 이 또한 가람의 글쓰기 습관을 나타내주는 징표라고 생각하여 그대로 표기하였다.
9. 가람일기의 권별 자료는 다음 표에 정리하였다.(원본 일기는 한문일기 1~3, 이후 일기 1~48로 표시되어 있으나 본 전집 권번호는 1~51의 일련번호로 표시함.)

가람일기 원본 정리표

구분		권	기간	치수	면수(면)	비고
한문일기		1	1909. 4. 13. ~ 1912. 12. 31.	16×23.5cm	228	
		2	1913. 1. 1. ~ 1915. 3. 24.	16×23.5cm	184	
		3	1915. 3. 25. ~ 1917. 3. 31.	17×24.5cm	134	
한글일기	순한글	4	1919. 4. 14. ~ 1919. 8. 31.	12.5×19cm	126	
		5	1919. 9. 1. ~ 1919. 9. 25.	16×21cm	110	
		6	1919. 9. 27. ~ 1919. 10. 19.	16×20cm	76	
		7	1919. 10. 20. ~ 1919. 12. 6.	14×20cm	70	
		8	1919. 12. 7. ~ 1920. 5. 16.	14×20cm	76	
		9	1920. 5. 17. ~ 1920. 6. 14.	14×20cm	52	
		10	1920. 6. 15. ~ 1920. 7. 19.	14×20cm	58	
		11	1920. 7. 20. ~ 1920. 9. 12.	14×20cm	58	
		12	1920. 9. 13. ~ 1920. 11. 30.	14×20cm	52	
		13	1920. 12. 1. ~ 1921. 2. 9.	13.5×19cm	60	
		14	1921. 2. 10. ~ 1921. 5. 14.	14×20cm	62	
		15	결권(1921. 5. 15. ~ 1921. 12. 31.)			
		16	1922. 1. 1. ~ 1922. 7. 31.	15×20cm	72	
		17	1922. 8. 1. ~ 1922. 12. 31.	16×20cm	86	
		18	1923. 1. 1. ~ 1923. 7. 15.	14.5×20cm	80	
		19	1923. 7. 16. ~ 1923. 9. 11.	15×20cm	98	

한글일기	순한글	20	1923. 9. 12. ~ 1923. 10. 31.	14×19.5cm	90	
		21	1923. 11. 1. ~ 1924. 3. 25.	14×20cm	134	
		22	1924. 3. 26. ~ 1924. 6. 5.	14.5×20cm	78	
		23	1924. 6. 6. ~ 1924. 8. 17.	14×20cm	62	
		24	1924. 8. 18. ~ 1925. 10. 7.	14×20cm	124	
	국한혼용	25	1925. 10. 8. ~ 1926. 6. 30. (1926. 5. 1.부터 국한 혼용)	14×20cm	78	
		26	1926. 7. 1. ~ 1927. 7. 26.	14.5×20cm	106	
		27	1927. 7. 27. ~ 1928. 8. 13.	14.5×20cm	146	
		28	1928. 8. 14. ~ 1929. 7. 19.	14×20cm	82	
		29	1929. 7. 20. ~ 1930. 9. 21.	14×20cm	90	
		30	1930. 9. 22. ~ 1931. 7. 23.	14×20cm	68	
		31	1931. 7. 24. ~ 1931. 8. 27.	13.5×20cm	68	
		32	1931. 8. 28. ~ 1932. 4. 22.	14×20cm	98	
		33	1932. 4. 23. ~ 1933. 1. 22.	14×20cm	122	
		34	1933. 1. 23. ~ 1934. 7. 3.	14×20cm	130	
		35	1934. 7. 4. ~ 1935. 5. 16.	14×20cm	66	
		36	1935. 5. 17. ~ 1937. 2. 3.	14×20cm	130	
		37	1937. 2. 4. ~ 1938. 8. 31.	14×19.5cm	134	
		38	1938. 9. 1. ~ 1939. 12. 31.	14×19.5cm	114	
		39	1940. 1. 1. ~ 1941. 4. 19.	14×19cm	114	
		40	1941. 4. 20. ~ 1942. 4. 30.	14×19cm	94	
		41	1942. 5. 1. ~ 1942. 10. 22.	14×19cm	54	
		42	1943. 9. 19. ~ 1944. 4. 30.	14×19cm	74	
		43	1944. 5. 1. ~ 1946. 8. 31.	12.5×19.5cm	226	
		44	1946. 9. 1. ~ 1948. 3. 25.	15×21.5cm	96	
		45	1948. 3. 26. ~ 1949. 10. 8.	15×21cm	96	
		46	1949. 10. 9. ~ 1950. 10. 5.	14×20cm	95	
		47	1950. 10. 6. ~ 1951. 12. 21.	14×20cm	92	
		48	1951. 12. 22. ~ 1954. 8. 27.	15×21cm	158	
		49	1954. 8. 28. ~ 1957. 10. 5.	15×21.5cm	184	
		50	결권(1958. 2. 7. ~ 1964. 9. 30.)			
		51	1964. 10. 1. ~ 1966. 6. 20.	18.2×25.7cm	187	
			합계		5,072	

차례

1919년 **일기 4권** (1919. 4. 14. ~ 1919. 8. 31.) • 13

한문일기(1919. 4. 14. ~ 1919. 8. 15.) • 15

한글일기(1919. 8. 12 . ~ 1919. 8. 31.) • 27

일기 5권 (1919. 9. 1. ~ 1919. 9. 25.) • 59

일기 6권 (1919. 9. 27. ~ 1919. 10. 19.) • 103

일기 7권 (1919. 10. 20. ~ 1919. 12. 6.) • 127

1920년 **일기 8권** (1919. 12. 7. ~ 1920. 5. 16.) • 159

일기 9권 (1920. 5. 17. ~ 1920. 6. 14.) • 207

일기 10권 (1920. 6. 15. ~ 1920. 7. 19.) • 233

일기 11권 (1920. 7. 20. ~ 1920. 9. 12.) • 261

일기 12권 (1920. 9. 13. ~ 1920. 11. 30.) • 295

1921년 **일기 13권** (1920. 12. 1. ~ 1921. 2. 9.) • 331

일기 14권 (1921. 2. 10. ~ 1921. 5. 14.) • 373

일기 15권 (1921. 5. 15. ~ 1921. 12. 31.) • 423

1922년 **일기 16권** (1922. 1. 1. ~ 1922. 7. 31.) • 435

일기 17권 (1922. 8. 1. ~ 1922. 12. 31.) • 479

1923년 **일기 18권** (1923. 1. 1. ~ 1923. 7. 15.) • 527

일기 19권 (1923. 7. 16. ~ 1923. 9. 11.) • 579

일기

4권

1919. 4. 14. ~ 1919. 8. 31.

* 일기 4권은 한문일기(1919. 4. 14. ~ 1919. 8. 15.)와 순한글일기(1919. 8. 12. ~ 1919. 8. 31.)로 되어 있으며 한문일기는 원문과 번역문을 함께 실었다.

1919년(단기 4252년)

4372

四月

十四日. 雨. 上京. 夜宿金元準氏家.

十五日. 晴. 訪入秉觹君家. 往見燉君.

十六日. 雲. 逢燉君. 訪見宋澤圭君.

十七日. 晴. 宋廷植君來訪.

十八日. 訪宋廷植君于永信社. 往安商浩診察所, 診察.

十九日. 陰.

二十日. 雨. 見陸書. 往安商浩所, 受藥.

二十一日. 晴. 付家書. 宋廷植君來訪. 韓鍾錫君來訪.

二十二日. 晴. 洋靴一, 六円八十錢.

二十三日. 晴. 大風. 往安商浩所.

二十四日, 二十五日, 二十六日, 二十七日. 晴. 往安商浩所.

二十八日. 晴. 付家書.

二十九日. 晴. 請購大阪朝日新聞一個月分. 韓鍾錫君來.

三十日. 晴. 往安商浩所, 受診斷書一張, 二円.

五月

一日. 晴. 往見中央學校.

二日. 雨. 三日. 晴. 王陽明先生集二匣全帙, 三円.

四日. 晴. 往安商浩所.

五日. 晴. 六日. 曇. 七日. 曇. 八日. 晴. 見陸君書.

九日. 晴. 往安商浩所. 金炳稙君來訪, 往料理店. 付家書.

十日. 曇. 薰鬱. 午頃始雨, 至夜不歇. 訪金君, 同行訪宋澤圭, 勸入紡織柱式. 因留宿.

十一日. 晴. 自家小包來. 陸書來.

十二日. 晴. 送垢衣于家. 秉矯君出家.

十三日. 晴. 十四日. 晴. 訪李局長. 禪學入門一册, 受新文館.

十五日. 晴. 訪見宋澤圭君.

十六日. 晴. 小風. 午前十時頃, 安國洞成善慶氏探訪.

十七日. 晴. 十八日. 雲. 往南山, 梳風.

十九日. 晴. 往商浩所.

二十日. 雨. 終日霖霖.

二十一日. 雲. 訪南大門外素石.

二十二日. 晴. 付書于秉文. 訪李建容氏家.

二十三日. 晴. 二十四日. 晴. 金主事·弦禎先生·秋人, 來訪.

二十五日. 晴且曇. 二十六日. 雲而熱.

二十七日. 往見漢江橋.

二十八日, 二十九日, 三十日, 三十一日. 晴.

六月

一日, 二日. 雨. 三日, 四日, 五日. 晴. 六日. 雨. 七日, 八日. 晴.

九日, 十日. 雨. 十一日, 十二日, 十三日. 晴. 十四日. 淸雲去.

十五日. 陰. 十六日. 雨. 十七日, 十八日, 十九日, 二十日. 晴. 二十一日. 雨. 二十二日, 二十三日, 二十四日. 晴. 二十五日. 晴. 訪森茂, 雲耶山人, 論書道.

二十六日, 二十七日. 晴. 訪森茂.

二十八日, 二十九日. 晴. 訪雲耶山人.

三十日. 晴. 買金生筆帖一. 一円.

七月

一日. 晴. 訪雲耶山人.

二日. 陰. 三日, 四日. 陰. 五日. 雨. 六日. 雨.

七日. 晴. 送金炳株于長城北二面莘坪.

八日. 買白下眞墨帖, 二円. 韓石峯刻書帖, 八十錢.

九日. 晴. 古文釋義一帙. 七子兵略一帙.

十日. 見家書. 自礪山, 續龜友來. 五月分月給, 三十四円五十錢.

十一日. 晴. 十二日. 晴. 家書來. 付家書.

十三日. 晴. 訪森茂.

十四日. 晴. 十五日, 十六日. 晴. 訪森茂. 十七日. 晴熱.

十八日. 陰. 午後雨. 十九日, 二十日. 陰. 二十一日. 晴. 金炳株書來.

二十二日. 晴. 答金炳株書.

二十三日. 晴. 歸家.

二十四日, 二十五日, 二十六日. 晴. 外舅來次.

二十七日. 雨. 趙兄冒雨來.

二十八日. 晴. 陰七月初二日. 祖母主大祥. 外舅歸次.

二十九日. 晴. 趙兄歸.

三十日. 晴. 三十一日. 晴. 往礪山里, 訪洪官墨及知人.

八月

一日. 晴. 甚熱, 百度以上. 午後小雨. 上京. 宋廷植君來迎于南大門驛.

二日, 三日. 晴. 付家書. 付書于李漢周君.

四日, 五日. 晴.

六日. 晴. 出奉天旅行證明書願, 鐘路警察署長.

七日. 晴. 李漢周君書來.

八日. 晴. 金容夏(苑南洞三五), 調査來.

九日. 晴. 旅行證明書來.

十日. 晴. 十一日. 晴.

十二日.[1] *晴. 午後十一時, 發行安東車. 六円三十錢. 至平壤, 尙未明. 付書于家, 李漢周. 付垢衣于家. 付書籍于家. 留置陽明集于韓尙宮.*

十三日. *雨而晴. 午前十時. 至安東. 乘人力車, 訪東聚棧喫飯. 出街市觀覽. 催夕飯, 招搭馬車, 至驛. 午後九時二十分, 乘奉天行車. 三円四十錢.*

十四日. *晴. 午前六時三十五分, 至奉天. 乘馬車, 訪海天洋行. 至十五里許, 小西門裡東興泰金秉夏家留. 付書于壽堂·本第·韓尙宮·素石·李潤.*

十五日. *晴. 夕飯後, 移入于小北門裡東順昌. 付書于黑石.*

十二日. *晴. 付書于家, 李漢周君. 付書籍及垢衣于本第. 但王陽明集留置于益善洞韓尙宮. 夕飯. 整頓行裝, 告別主人. 韓尙宮特殊惜別, 扶杖出門, 以戀念不捨, 再三辭禮. 同舘文昌晏君, 持余行李, 而至南大門驛. 濟州高君已來待之. 午後十一時, 發行安東車. 夜深雲天, 雖有熹微月光. 視而不明, 且憊困睡眠, 千里西路, 秀麗山水, 奇絶風景, 安得觀覽乎.*

十三日. *雨而晴. 午前十時, 至安東.*

---

1 12일 이하의 일기는 썼다가 삭제하였다. 또 12일과 13일의 일기는 두 차례 나타난다. 가람이 삭제한 부분이기 때문에 글씨체를 달리해서 구분해둔다.

[번역문]

일지日誌 전속前續[2]

1919년(단기 4252년)

4372

4월

4월 14일. 비. 상경했다. 밤에 김원준金元準 씨의 집에 묵었다.

4월 15일. 맑음. 병교秉矯 군의 집을 방문했다. 돈 군燉君을 가서 보았다.

4월 16일. 구름. 돈 군燉君을 만났다. 송택규宋澤圭 군이 방문했다.

4월 17일. 맑음. 송정식宋廷植 군이 방문했다.

4월 18일. 영신사永信社에 송정식宋廷植 군을 방문했다. 안상호 진찰소安商浩診察所에 가서 진찰했다.[3]

4월 19일. 흐림.

4월 20일. 비. 육[陸, 병륙]의 편지를 보았다. 안상호 진찰소[安商浩所]에 가서 약을 받았다.

2 속표지에 있는 글귀이다. 이전에 쓴 일기를 이어서 쓴다는 의미일 것인데, 1919년 4월 14일부터 일기가 시작되므로 앞의 3권 이후에 약 2년 분의 일기가 빠진 셈이 된다. 8월 12일은 한글 일기가 시작된 날짜이다.

3 안상호(安商浩, 1872~1927)는 일본의 의사 자격증을 취득한 인물이다. 경성의학교 교관으로 서양의학을 가르치다가, 교관을 그만둔 이후에 종로에 개인진료소를 열었다.

4월 21일. 맑음. 집에 편지를 부쳤다. 송정식宋廷植 군이 방문했다. 한종석韓鍾錫 군이 방문했다.

4월 22일. 맑음. 구두[洋靴] 1켤레에 6원 80전.

4월 23일. 맑음. 큰 바람이 불었다. 안상호 진찰소[安商浩所]에 갔다.

4월 24일, 25일, 26일, 27일. 맑음. 안상호 진찰소[安商浩所]에 갔다.

4월 28일. 맑음. 집에 편지를 부쳤다.

4월 29일. 맑음. 『오사카 아사히 신문大阪朝日新聞』 1개월분을 청구請購했다. 한종석韓鍾錫 군이 왔다.

4월 30일. 맑음. 안상호 진찰소[安商浩所]에 가서 진단서診斷書 1장을 받았다. 2원이다.

5월

5월 1일. 맑음. 중앙학교中央學校에 가 보았다.

5월 2일. 비. 3일. 맑음. 『왕양명선생집王陽明先生集』 2갑 전질에 3원.

5월 4일. 맑음. 안상호 진찰소[安商浩所]에 갔다.

5월 5일. 맑음, **6일.** 흐림, **7일.** 흐림, **8일.** 맑음. 육 군陸君의 편지를 보았다.

5월 9일. 맑음. 안상호 진찰소[安商浩所]에 갔다. 김병직金炳稙 군이 방문하여 요리점料理店에 갔다. 집에 편지를 부쳤다.

5월 10일. 흐림. 무덥고 답답하다. 오시午時 무렵에 비가 내리기 시작하여 밤이 되도록 그치지 않았다. 김 군金君을 방문하여 같이 송택규宋澤圭를 방문했다. 방직주식紡織株式에 들도록 권했다. 그곳에 머물러 묵었다.

5월 11일. 맑음. 집에서 소포가 왔다. 육陸의 편지가 왔다.

5월 12일. 맑음. 더럽혀진 옷을 집에 보냈다. 병교秉矯 군이 집을 나갔다.

5월 13일. 맑음, **14일.** 맑음. 이 국장李局長을 방문했다. 『선학입문禪學入門』 1책을 신문관新文館에서 받았다.[4]

5월 15일. 맑음. 송택규宋澤圭 군을 방문했다.

5월 16일. 맑음. 바람이 조금 불었다. 오전 10시 무렵에 안국동安國洞 성선경成善慶 씨를 찾아가 방문했다.

5월 17일. 맑음, **18일.** 구름. 남산南山에 가서 소풍했다.

5월 19일. 맑음. 안상호 진찰소[商浩所]에 갔다.

5월 20일. 비. 종일 비가 내렸다.

5월 21일. 구름. 남대문 밖 소석素石을 방문했다.

5월 22일. 맑음. 병문秉文에게 편지를 부쳤다. 이건용李建容 씨 집을 방문했다.

5월 23일. 맑음, **24일.** 맑음. 김주사金主事, 굉정宏禎 선생, 추인秋人이 방문했다.

5월 25일. 맑았다가 흐림. **26일.** 구름끼고 무더움.

5월 27일. 한강교漢江橋를 가서 보았다.

5월 28일, 29일, 30일, 31일. 맑음.

---

4 『선학입문(禪學入門)』은 김대현(金大鉉)이 편찬하고 유경종(劉敬鍾)이 교열한 책으로, 1918년에 신문관에서 간행했다. 현재 서울대학교 중앙도서관 가람문고에 남아 있으며, 도서번호는 〈가람 294.311-G416s〉이다.

6월

6월 1일, 2일. 비. **3일, 4일, 5일.** 맑음. **6일.** 비. **7일, 8일.** 맑음.

6월 9일, 10일. 비. **11일, 12일, 13일.** 맑음. **14일.** 청운淸雲이 갔다.

6월 15일. 흐림. **16일.** 비. **17일, 18일, 19일, 20일.** 맑음. **21일.** 비. **22일, 23일, 24일.** 맑음. **25일.** 맑음. 삼무森茂와 운야산인雲耶山人을 방문하여 서도書道를 논하였다.

6월 26일, 27일. 맑음. 삼무森茂를 방문했다.

6월 28일, 29일. 맑음. 운야산인雲耶山人을 방문했다.

6월 30일. 맑음. 김생金生의 필첩筆帖 1개를 샀다. 값은 1원.

7월

7월 1일. 맑음. 운야산인雲耶山人을 방문했다.

7월 2일. 흐림. **3일, 4일.** 흐림. **5일.** 비. **6일.** 비.

7월 7일. 맑음. 김병주金炳株를 장성長城 북이면北二面 신평莘坪에 보냈다.

7월 8일. 『백하진묵첩白下眞墨帖』을 2원에 샀다.[5] 『한석봉각서첩韓石峯刻書帖』은 80전이었다.

7월 9일. 맑음. 『고문석의古文釋義』 1질, 『칠자병략七子兵略』 1질.

---

5 백하(白下)는 곧 조선후기의 명필로 유명한 윤순(尹淳, 1680~1741)이다. 가람문고에는 12절(折) 22면(面)의 필첩이 전하는데, 표제는 '백하진묵(白下眞墨)'이며 도서번호는 <가람古 754.3-Y98b>이다.

7월 10일. 집에서 보낸 편지를 보았다. 여산礪山으로부터 벗 속구續龜가 왔다. 5월분 월급은 34원 50전.

7월 11일. 맑음. 12일. 맑음. 집에서 편지가 왔다. 집에 편지를 부쳤다.

7월 13일. 맑음. 삼무森茂를 방문했다.

7월 14일. 맑음. 15일, 16일. 맑음. 삼무森茂를 방문했다. 17일. 맑고 뜨거웠다.

7월 18일. 흐림. 오후에 비. 19일, 20일. 흐림. 21일. 맑음. 김병주金炳株의 편지가 왔다.

7월 22일. 맑음. 김병주金炳株의 편지에 답했다.

7월 23일. 맑음. 귀가歸家.

7월 24일, 25일, 26일. 맑음. 장인[外舅]께서 오셨다.

7월 27일. 비. 조 형趙兄이 비를 무릅쓰고 왔다.

7월 28일. 맑음. 음력 7월 초2일이다. 곧 할머님[祖母主]의 대상大祥이다. 장인[外舅]께서 행차를 돌리셨다.

7월 29일. 맑음. 조 형趙兄이 돌아갔다.

7월 30일. 맑음. **31일.** 맑음. 여산리礪山里에 가서 홍관묵洪官墨 및 지인을 방문했다.

8월

8월 1일. 맑음. 매우 뜨겁다. 100도를 넘어섰다. 오후에 비가 조금 내렸다. 상경上京했다. 송정식宋廷植 군이 남대문 역에 와서 맞이했다.

8월 2일, 3일. 맑음. 집에 편지를 부쳤다. 이한주李漢周 군에게 편지를 부쳤다.

8월 4일, 5일. 맑음.

8월 6일. 맑음. 봉천奉天의 여행증명서원旅行證明書願을 종로경찰서장鐘路警察署長에게 제출했다.

8월 7일. 맑음. 이한주李漢周 군의 편지가 왔다.

8월 8일. 맑음. 김용하金容夏—원남동苑南洞 35— 조사가 왔다.

8월 9일. 맑음. 여행증명서旅行證明書가 왔다.

8월 10일. 맑음. **11일.** 맑음.

【이하의 한문 일기는 썼다가 삭제한 부분이다. 해당 일자의 상세한 한글 일기가 남아 있다. 12일과 13일의 경우에는 일기를 두 차례 작성했던 것을 확인할 수 있는데, 두 차례 모두 한글 일기처럼 상세하지는 않다.】

8월 12일. 맑음. 오후 11시 안동安東으로 떠나는 기차. 6원 30전. 평양平壤에 이르렀는데 아직 날이 밝지 않았다. 집과 이한주李漢周에게 편지를 부쳤다. 더러워진 옷을 집에 부쳤다. 서적書籍을 집에 부쳤는데, 『양명집陽明集』은 한상궁韓尙宮에게 남겨 두었다.

8월 13일. 비 내리다 갬. 오전 10시에 안동安東에 이르러 인력거人力車를 타고 동취잔東聚棧을 방문하여 밥을 먹었다. 시가에 나가 관람했다. 저녁밥을 재촉해서 먹고 마차를 불러 타고서 역에 이르렀다. 오후 9시 20분에 봉천행奉天行 차에 올랐다. 3원 40전.

8월 14일. 맑음. 오전 6시 35분에 봉천奉天에 도착하여, 마차를 타고 해천양행海天洋行을 방문했다. 15리 정도 가서 소서문小西門 안의 동흥태東興泰 김병하金秉夏의 집에 머물렀다. 수당壽堂, 본가[本第], 한상궁韓尙宮, 소석素石, 이윤李潤에게 편지를 부쳤다.

8월 15일. 맑음. 저녁식사 후에 소북문小北門 동순창東順昌으로 옮겨 들어갔다. 흑석黑石에 편지를 부쳤다.

8월 12일. 맑음. 집과 이한주李漢周 군에게 편지를 부쳤다. 서적書籍 및 더러워진 옷을 본가[本第]에 부쳤다. 다만 『왕양명집王陽明集』은 익선동益善洞 한상궁韓尙宮에게 남겨 두었다. 저녁식사를 하고 행장을 정돈하고서 주인에게 작별을 고했다. 한상궁韓尙宮이 특별히 이별을 아쉬워했는데, 지팡이에 의지하여 문을 나서서도 그리워하는 마음을 거두지 못하였다. 재삼 사례辭禮하였다. 같은 집의 문창안文昌晏 군은 내 행장[行李]을 들고서 남대문 역에 이르렀다. 제주濟州 고군高君이 이미 와서 기다리고 있었다. 오후 11시에 안동安東 가는 차가 떠났다. 밤은 깊고 하늘은 구름이 덮었다. 비록 희미한 달빛이 있었지만, 보아도 분명하지 않았다. 또한 피로하여 잠이 들었다. 1000리 서쪽 길에서야 수려한 강산과 기이하고 절묘한 풍경을 어찌 볼 수 있겠는가.

8월 13일. 비 내리다가 갬. 오전 10시에 안동安東에 이르렀다.[6]

【여기까지 한문일기가 끝나고 이후부터는 한글일기가 시작됨.】

6 12일과 13일 일기 삭제한 부분 글씨체 달리해서 구분한 부분임.

1919년(단기 4252년)

8월

8월 12일. 맑. 입던 옷과 보던 책을 싸아 집에 보내다. 집으로 편지 부치고 리한주李漢周 군에게 답장하다. 다시 서울 오면 볼 양으로『왕양명집王陽明集』한 질은 주인댁에 막기엇다. 읽을 만한 책 두어 권 하고 바루 가서 입을 만한 옷 한 벌을 담요 속에 느어 두루루 말어 묵것다. 먼 타국을 가는 이의 행장으로 말하면 너머 단출하지마는 하도 밧비 떠나인가 엇지할 수 업다. 저녁밥을 먹엇다. 주인게서 매우 섭섭히 녀기어 다른 날보담 맛잇는 반찬을 만히 장만하엿다. 만히 잡수시요 하면서 작구 권한다. 나도 다른 날보담은 배가 더 불럿다. 작별하자 하니 주인 할머님은 한사구 쌀어나아오시며 팔십 노인이 오 리나 되는 뎡거장까지 가시겟다 하니 감사하고 황송하고 견대지 못하여 여러 번 말슴하여 오십 보 가량이나 오아서 겨우 나누엇다. 가티 지나던 문창안文昌晏 군은 내 행구를 가지고 남대문 박게 오앗다. 제주 친구 고순흠高順欽 군君은 발세 오아 기다리다. 뎐기등이 환하여 낫가티 밝다. 차 타러 온 사람은 뎡거장 출립구出入口 압헤나 대합실待合室 안에 다복하게 잇다. 더구나 보내러 온 이와 마지러 온 이가 아울러 만히 모이엇다. 그리

안 하여도 더운 때 하물며 사람들이 삼때가티 들어 잇는 곳에야 더윈들 오즉하리. 샘솟듯 나아 흐르는 땀에 적삼은 등에 딱 드러붓고 속것 가랑이는 다리에 회회 감긴다. 오후午後 십일 시十一時가 거의 온다. 차표 살 사람들은 출찰구出札口 열이기만 기다리고 펵 모아 섯다. 전과 가티 한일자로 족 느러서어 하나식 하나식 차표를 사낸다. 먼저 산다고 먼저 가는 게 안이지마는 이런 일에는 남의 뒤에 가기 슬어하는 사람들이 서로 다투어 먼저 사자함으로 질서가 문란한 까닭에 이럿듯 모양 조치 못하고 답답한 일을 한다. 나는 친구가 차표를 사아 준다. 리李 의관 동수 씨와 동행한다. 외국 가는 이라고 하여 더욱 주의하는지, 심히 조사하는 이가 잇다. 어느덧 써날 시간이 되어 온다. 개찰구改札口 문이 열이며 사람이 조수처름 밀인다. 나도 그 사이에 끼엇다. 경관이 쏘 다시 고찰한다. 몃 가지 되지는 안 하나마, 친구의 힘을 빌어서 동행의 행구까지 가지고 차 속에 드러갓다. 리 의관은 뒤에 써러저 오너라고 다른 간에 올낫다.

어느 사이에 차 속에는 가득한이 사람들이 차지하고 눈 이도 있고 안진 이도 잇다. 자리를 못 어더 이리저리 협슬여 서로 비집고 다닌다. 나는 두 일인이 자리 하나식 왼통 차지하고 잇는 사이에 행구를 놋고 섯다. 벌꺽 일어나면서 안이곱은 눈으로 나를 처다본다. 그러나 나는 부드런 목소리로 자리를 나누어 안기를 말하고 드대어 펵 주저안젓다. 아즉도 자리 못 맛난 이는 갈 바을 모르고 방황한다. 쒸쒸 하더니 기차는 두루루 쭉짝쭉짝 줄다름질한다. 차 속에서 뎐기불이 밝게 비친다. 가마니 박게를 내다보니, 어슴푸러한 달비치 검으충충한 구름 사이로 새어나며 산에나 들에 웃둑웃둑 솟은 나무가 검은 장옷을 두루고 선 미인 모양으로 보인다. 한참 동안이나 우둑한이 바라본다. 차 가는 설네에 모진 바람이 함부로 불어오며 모래 가튼 검뎡이가 풀풀 날으면서 눈으로 코로 입으로 드러온다. 할 수 업시 차창을 닷고 도라안젓다. 다다르는 뎡거장마다 나리는 사람은 적고 오르는 사람이 더하다. 엇던 이는 안질 자리를 못 어더 꼿꼿이 서어 가고, 엇던 이는 무슨 팔자로 발을 버틔고 코를 쿨쿨 골고 편안히 잔다. 그는 하루밤이라도 그런 게 그의 복인가. 미루어 생각하면 이 누리(세상)의 백년 동안에도 조흔 자리를 잡지 못한 이는 저 선 이와 가티 괴롭게 지나고, 자리를 잘 잡은 이는 편안하게 지난다. 극히 빈천한 집에서 난 사람에는 부지런이 벌어 먹으려 하여 사지가 아프고 뼤가 저리도록 쉴 날이 업시 일만 하고 잇스며, 부귀한 집에서 난 사람에는 게으르게 손발을 놀이지 안하고 게다가 주색에나 빠지어 무도한 일까지 하고 잇스되 하나는 고상하고 하나는 호강하니, 그게 수이며 명이며 복인가. 그러나 동정同情하는 맘은 아주 업시 보인다. 나만 편안하면 그만이지 남은 죽던지 살던지 아프어하던지 스러하던지, 괴로어하던지 고단하던지, 모다 모른 체하면 사람의 일이 안이다. 이런 사람 만히 모인 곳에 사람의 심정을 알 수 잇다. 서로 천리 금수강산을 한갓 어둔 밤에 맛업시 지나는 것은 가석하기도 하거니와 그러면서도 좁은 자리를 간신히 비비고 안저 하염업시 뜬 눈으로 밤을 다 새운다.

8월 13일. 비. 맑. 넓고 큰 들이 푸른 빗으로 씃업시 멀고 아득하게 보이매 늘 좁은 산고을에 자라난 가슴이 새삼스럽게 쾌활하기도 하고 신기하기도 하며 스스로 늑기기도 하면서 의주에 이르엇다. 조선에서 제일 큰 강으로 유명한 압녹강 텰교를 지난다. 다리는 굉장하다. 누르텡텡한 옷 입은 일본 병뎡은 다리 가에 둘러서어 들어가고 나가는 사람을 금사한다.

차장은 안동 차표를 다 거두어 간다. 일본 순사는 이미 어대서 올라 는지 조선 사람에게만 대하여 심히 조사하고 보찜을 풀어 본다. 차가 안동역에 다다렀다. 행구를 가지고 나리어 짱 속으로 뜰인 굴 칭게길로 나아가니 좌우로 통하엿다. 곳 우편으로 뎡거장 문을 버서나니, 지나 사람의 인력거와 마차가 왼편에 만히 뇌엇다. 서로 다토어 타시오 하면서 몹시 군다. 인력거를 타고 오 리 가량이나 동북으로 가아 동취잔 東聚棧이란 객주집으로 드렀다. 조선 사람과 지나 사람이 공동하여 하는 장사인데, 조선 녀인이 밥하여 준다. 녀인네도 지나말을 능히 한다.

소낙이가 곳 지나갓다더니 대문 압헤는 수양버드나무가 듸루어 느러지고, 그 미테 구정물이 가득한이 괴어 잇다. 산새와 종조리새를 초롱 가튼 샐문 둘은 그릇에 느어 기르고 숑아지만한 개 두서너 마리 키운다. 하도 순하여 외국 손임을 보고서도 언제 친한 듯이 반긴다. 집은 벽돌로 지어 놉고 튼튼하다. 그러나 깨긋지는 못하다. 중문 압헤로 여러 가지 화초분을 올막졸막 잔뜩 느러노앗다. 그 사이에 청메뚝이가 운다. 새 기르고 화초 시문 것은 매우 취미가 잇서 보인다. 리 의관이 저것 보시오 하기에 처다보니 십칠팔 세 된 지나인 수백여 명이 머리에는 풀입을 두르고 몸에는 가닥이 수선한 옷을 입고, 손에는 쨍과리 든 놈, 북 치는 놈, 기 든 놈, 요에가튼 것을 쩌민 놈, 소리하는 놈, 춤추는 놈, 다니며 남의 모자 벅기는 놈, 상뎜의 드러가아 돈 달나는 놈, 쒸는 놈, 다러나는 놈에, 한 쩨가 지랄하고 함부로 겅충거리고 모라 지나간다. 주인 말에, 너머 가물어 기우하너라고 도라다니는 것이라 한다.

리 의관 다리고 뎐보국을 차저갓다. 먼저 오아 뎐보 놋는 이가 만함으로 얼마 동안 기다리엇다. 지나는 국문이 어려운 싸닥에 뎐보 가튼 것을 쓰기는 블편하다. 상해싸지 서룬한 자에 륙 환 십륙 전 오 리나 드럿다. 저 사람 주소 승명싸지 자수를 계산하여 갑을 밧는다. 저녁밥을 재촉하여 먹고, 마차를 타고 뎡거장에 이르니, 아즉 시간이 멀엇다. 짐을 대합실 한구석에 두고 걸상에 걸어 안젓다. 지나인이 모아든다. 무슨 말인지 귀가 아프게 써든다. 크드란 보퉁이를 가지고 이사 가는 조선인도 잇다. 늘근 부인은 그의 모친, 절믄 부인은 그의 실낸 듯하다. 봉텬싸지 간다며 동행을 맛나 기피 반가한다. 지나인 틈에 씨어 차표를 사앗다. 머리꼬랑이 기드란 지나인이 다른 이를 밀고 표를 사려 대드니 여러 머리 싹은 지나인이 머리를 안 싹은 것을 비우스며 무렴하게 꾸진는다. 나도 차표를 사아가지고 굴문 열이기를 기다리엇다. 오후 구 시 이십 분이 거의 되어 문이 열이자 여러 사람이 줄다름질하여 차에 오르다. 조선인 지나인은 뒤차간으로 몰아 태인다. 나는 양복을 입은 덕인지 아무 간섭도 밧지 안하엿다. 것침업시 첫 간으로 올라, 리 의관과 더부러 가려고 뒷 간을 차저갓다. 자나인도 몃 못 된다. 처다보니 금강산 일만 이천 봉이 솟아난 듯한 버린 구름 우로 둥군 달이 맑고 밝게 비최며, 나려다보니 안동이 알로 여기저기 무수한 뎐기등이 반작반작 쌍 우에 별이다. 텬연한 경개— 드대어 시흥을 도아 준다.

구름 우로 달이 솟아
넓고 기픈 압녹강에

홀로 잠겨 비최이고
반작반작 하는 별이

안동시를 에둘은 듯

뎐기등을 벌이엇다.

그러나 차가 점점 다러나니 이곳을 쩌나아 어느 산고을로 드러가다. 뎡거장마다 지나인이 쎄로 오른다. 머리는 거의 다 싹엇다. 일인은 매우 무서워하는 양인지, 나를 일인이라 하고 저들지리 수근거리며 제법 조심하며 공경한다. 대개 그네들은 질둔하고 신실한 듯하며 그대지 질서가 문란하게 보이지 안하니 오히려 문명국인이라 강국인이라 하면서 경박하고 얌사한 놈보담 낫다.

8월 14일. 맑. ―― 각금 각금 내다보아도 늘 한 모양으로 산 사이로 나아간는데, 큰 나무나 기픈 숩은 업는 듯하다. 몸이 곤하여 걸상에 다리를 쏘부리고 잠을 잣다. 하도 쩌드는 차 소리, 소리, 사람 소리에 기픈 쑴을 이루지 못하고 흔히 눈을 쩌어 보앗다. 먼동이 번한이 밝어지며, 보이는 힘이 더욱 멀이 가지더니, 산쑤리를 지나며 넒은 들이 펀펀하고 훤하게 나타나고 방축나무 쑹긋쑹긋하게 보기 그윽한 곳은 농촌 모양이라. 밧에 푸릇푸릇한이 욱어진 풀은 수수가 안이면 조라. 오는 길가에 조와 수수만 시든 것을 보다가 토옥한 듯한 논에 벼가 어울어지어 새파라케 됨을 보니, 비상하게 깃분 맘이 움지긴다. 해빗은 동텬으로부터 솟아나며 차가 머무럿다. 뎡거장 목패에 '봉텬' 이 자를 쓰어 섯다.

마차를 불러 타고 시오리나 오아서 소서문으로 드러오아 동흥태란 객주집에 이르엇다. 이 주인은 의주 사람인대 빈주먹만 가지고 오아서 십여 년 사이에 수만 환 장자가 되엿다. 평안도 손님이 만히 모이엇다. 기와로 이고 벽돌로 진 집이 질비하다. 암기와로만 쓧다. 왕공의 집이나 절집이 안이면 숩기와를 못 쓰게 하엿다. 반은 뜰팡 반은 방으로 쓰되, 방은 뜰팡을 통하여 창문도 흔히 업다. 불 때는 굴뚤은 한편에 조고만하게 내엇으며, 밥 짓는 부억은 짜로 잇다. 겨울이 되면 몹시 추은 곳에 더구나 춥겟다. 하도 들이 멀고 넓어 산을 오르려 하면 삼사십 리 박에 가야하고 흐린 혼하가 흐르는데 개흙 가튼 검은 흙에 돌은 어더 볼 수 업다. 사람, 말, 인력거, 자동차, 마차, 수리, 자행거 뒤끄러 다니는 길에 몬지가 구름가티 피어오르며 얼굴, 옷, 굿쓰 단박에 시캄하여 진다. 길가나 담 밋이나 성 모롱이나 빈 짱에를 지나랴면 수권으로 코를 쏙 싸아매야 비우가 상하지 안한다. 그러치 안하면 드러운 냄새에 어제 먹은 음식싸지 기울 듯하다. 마당이던지 뜰이던지 방이 참 깨긋하다고 칭찬하든 못하겟다. 지나인의 함부루 침을 택택 밧는 것을 이런 짜닭으로 알 수 있다. 밥을 먹으매 지나 식으로 한 탁자에 왼 반찬을 느러놋고 통밥을 공긔에다 나누어 여러 손님이 모아서 구준하게 먹엇다. 음식은 별 맛이 업섯다. 나의 배에는 두어 공긔 밥이 드러가면 찬다. 고국 집에 친구 집에 편지를 부치엇다.

8월 15일. 맑. 륙혈포를 허리에 차고 키가 썽썽한 일본 병뎡이 뚜덕뚜덕 거러오아 안이꼬은 눈을 쓰고 홰정사난 목소리로 저이가 누구냐 하면서 밧작 드러선다. 나는 수대를 열고 여행증명서를 내어 뵈엇다. 물쑤름이 보더니 아무 말 안이하고 도라가다. 저녁에 소북문 안 동순창으로 옴기니 이 집 주인은 신석두란 황해도 평산 사람이다. 처자를 더불고 금년 봄부터 오아 사는데, 나는 근 사십, 키는 짝달막, 얼굴은 조그마한이 하관이 쌜고 눈은 똥긋하며 상투는 씃씃하게 지키엇다. 세 사람이 동사하여 객주 겸 거간도 한다. 집숙한이 드러가서 방 하나 차지하고 리 의관과 동거하다. 이 집은 세집이란데 창문도 잇고 뎐기등도 잇다. 튼튼하고 큰 집이라. 여달 간에 일 년 삼백 환 세를 물고 드럿다는데 조선집으로 사십 간이나 되어 뵌다. 광도 잇고 헛청이도 잇다. 회로 싹 바른 벽은 두레가 두어 뼘 되고, 처마가 짜루어 바람 비는 잘 뿌리것다. 조히 금도 빗사지마는 창문은 백공천창이요 게다가 검우충충하며 바람만 부러오면 가진 풍악을 가촌다.

8월 16일. 맑. 성내 성외에 괴질이 창궐猖獗한다. 깨긋지 못한 나라에 함부루 거처하며 음식을 먹으니 이런 병인들 안이 승할소냐. 더구나 오래 가물어 더위가 혹독한 이때에 과연 병도 날 만하다. 이 병은 고레라란 버러지가 드러운 곳에서 이러나아, 혹 몸지에 혹 냉수에 혹 찬음식에 혹 공중에 석겨 잇다가 사람의 입으로 드러오아 빨이 승하게 번식하여 나중에는 것잡을 수 업시 되며, 두통도 나고 몸도 노곤하고 오한도 하고 배 아프고 토사하고 설사하다가 생명이 위태하기도 하나니, 만일 이 병에 걸인 이가 잇스면 그의 대소변과 토사한 것은 석회石灰나 석탄산수石炭算水로 소독하고, 냉수는 결단하고 마시지 말지며 반드시 팔팔 끄른 뒤에 쓰고, 생채와 익지 안하고 혹 골은 과실을 먹지 말고, 채소는 먹으려면 잘 익히어 꼬추나 마늘을 매웁게 느으며, 익은 과실을 먹으려면 끄린 물로 깨긋히 싯처 먹을지오, 병인의 의복, 거쳐, 용구用具는 소독할지오, 파리를 박멸하여 음식에 붓지 못하게 할지오, 드러운 물 흐르는 데와 진테미 싸은 데는 아무쪼록 깨긋히 하고 소독도 할지며, 칙간과 변소는 석회를 뿌리어 각금각금 소독하고, 여러 사람이 한데 모이지 말지오, 술은 백병의 근원이 되나니 마시지 안함이 가장 조흐며, 먹이는 적당하게 일정한 시간에 먹을지오, 침구를 더운 볏헤 내어 널고 방, 뜰팡, 마당, 마루, 허청, 광을 맑가케 쓸어 영이 돌게 할지니라. 고레라가 입으로나 항문으로 드러온다 하니, 입을 늘 다무러 병인 엽헤서 너머 말을 말지니라. 예방법豫防法은 대개 이러하다고 경찰청

警察廳의 고시告示가 잇다.

8월 17일. 맑. 한갓 집에만 우둑한이 잇기가 심심하여 리 의관 다리고 소서문을 나아갓다. 문은 우가 둥굴게 튼튼한 쇠로 지엇다. 성을 면하여 벽돌로 반뜻하게 싸아 올이고 그 밋헤 기드란 우 둥군 굴이 큰길 겸하여 통하고 그 문은 그 가운대에 달이엇고 이 삼칭 문루가 그 우에 놉드란이 솟앗다. 이 문 박게 나가면 좌우로 또 성문이 잇다. 나는 왼문으로부터 상부디商埠地에 이르엇다. 성벽을 대어서 상뎜이 족 느러 잇다. 좁드란 길에 우는 채양을 둘럿고, 이쪽저쪽에 너줄하게 버린 물건은 가지각색으로 노앗다. 신이면 신만 팔는 장사 비단이면 비단만 팔는 장사다. 규모가 굉장하고 배치가 넓다. 눈을 휘둘러 이리 보고 저리 보면서 대서문으로 도라오앗다.

8월 18일. 맑. 여러 물건의 시세를 상고하여 광신태로 글월 부치다. 장춘리 희용 군에서 답장이 오앗다. 리 의관 더불고 서호동西胡洞 가서 엄하금嚴河黔이란 선비를 차젓다. 한 사십이나 되엇 뵌다. 본시 하남 생장으로, 원세개袁世凱의 동향 사람이라. 원씨 당년에는 얼만큼 세도를 부리다가 지금은 일개 궁조대로 금광에 종사하나 그것도 리가 엄는지 주린 모양으로 몸이 야윗다. 매우 친절하게 대접한다. 두어 간 세방에 드러 잇는 듯 그 실내가 손을 피하여 박게로 나아가 잇다. 오래 이약이하기 미안하여 써나오앗다. 큰 장사에 회회교인回回教人인 우만승于萬升을 차젓다. 키가 중쑬쑬하고 몸집이 펴지고 넓고 두툼한 얼굴에 크드란 귀에 자롬한 눈이 쏙바루 박히엇다. 무거운 목소리에 온화한 말이 교의 수양修養도 잇는 듯 쓸에는 화초분을 느러놋고, 방에는 교의며 탁자며 문방제구를 정돈하여 가초앗다. 은근하고 심중하고 순실한 듯 대인의 풍도 잇다. 처음 맛나 수수한 이약이는 못하고 몇 마듸 인사 겸 물

화에 대하여 시세를 물으며 말하엿다. 떠나오니 문박게까지 전송한다.

8월 19일. 맑. 서소문 마차철 깔인 길로 오리를 나아가 십간방 해텬 양행으로 드러서 잠간 다리를 쉬어 도라오는 길에 소변문에서 남으로 뜰인 길로 드대어 호연동胡燕洞 만주일보사滿州日報社를 차젓다. 우리 사람이 경영하는 바인데 아즉 처음인고로 긔자記者도 셋에 지나지 못하여 밤이 깁도록 사무를 본다. 한편에 편집실, 한편에 인쇄실, 그 사이에 재무실, 접대실, 사장실. 고작고작스럽게 옹색하게 지나는 양이오 엽헤로 세운 조고만한 집 창문이 환하게 열이고 신문배달분新聞配達夫지 상논지 오락가락한다. 만주 오면 부듸 차지라 하면서 경성京城 냉면冷麪집에서 일배주상日杯酒床 송파送罷하던 박눈병朴允秉 군君이 엇지 깜작 반가하는지, 한참 말이 막히고 웃는 낫으로 서로 손씰을 정다웁게 잡엇스며, 의자에 걸어안저 주고 밧거니 자미잇게 이약이하다. 그렁저렁 공무公務 시간時間을 너머 방해하엿다. 다시 맛나자 하고 이러나 나오앗다.

8월 20일. 맑. 바람이 솔솔 불어 길가의 몸지가 소르르 날으는고나. 대복문으로 마조 뜰인 큰길로 나아가 무승당文盛堂을 차젓다. 만 권 서적이 가득하게 쌔이고, 붓이며 먹이며 연필이며 조히가 상자에 다복하게 잇다. 몃 가지 서적을 물어보니 하나도 업노라 한다. 이 길로 이리저리 여러 책사를 더듬어 보아도 나의 구하는 책은 업고, 한갓 소설책만 다른 책보담 만하고나. 우리 경성에만 소설이 만히 쓰이는 줄 알엇더니, 가튼 동무가 잇스니 과히 무렴치는 안하다. 그러나 조흔 소설이면 엇지 시비하랴마는 한갓 음부음녀淫夫淫女의 수라장修羅場을 만들어 주는 비루하고 음란한 일을 적은 듯, 얼는 것장만 보아도 대개 짐작하겟고나. 아마 수호지나 서상긔의 대를 이어 다만 그 음풍을 전하고 문

사는 보잘것업시 적은 듯하다. 옥루몽이나 구운몽은 글이나 아름다웁지마는, 이제 우리 신소설이란 그렇치도 못하고 한갓 풍속을 어지럽게 할 쁜——. 남으로 종루 밋틀 쓸코 나갓다. 종루는 봉텬 한복판에 웃뚝한이 솟앗다. 큰길이 그 알로 열십자로 통하엿다. 길가에 이쪽저쪽 이칭집, 삼칭집이 쭛적쭛적 기물답게 섯고, 거상대고巨商大賈가 판을 차리고 용도 사기고 봉도 사기고 솜씨 좃케 글씨도 쓰어 부치엇다. 오락가락 사람이 만키도 하다. 남문 박게로 나아가 성벽을 짤어 동으로 가니 안경집, 늑마전, 음식점, 신전, 과자점, 고물전이 간간이 버려 잇다. 게우 고책사를 차저 『승경통지盛京通志』 한 질을 삿다. 건륭乾隆 원년元年의 여러 문신文臣이 만주 사적을 모아 지은 책인데 두 갑 시무 권이라. 만주 고적을 알랴면 이만한 책이 업슬 듯하다. 서양 각국 명인언행녹 한 권을 사어 손에 부풋하게 씨고 도라오앗다.

저녁을 먹고 안젓다. 주인이 그 사이 저녁마다 오아서 이런 이야기 저런 이야기 하면 야숙이 가지 안하지마는, 오날 저녁이야말로 참 오래 셋 짓거리다 갓다. 억지로 참고 잇던 조름이 때 맛난 드시 퍽퍽 오아 눈을 시르르 감으며 씨러젓다. 바로 정신을 일엇다. 문이 탁 열이면서 "뎐보 바드시오." 하는 소리가 귀 속에 울인다. 얼을 다시 가다듬어보니 경성 어느 친구가 "속히 오라."고 한 것이라. 리 의관은 눈이 휘둥굴한이 나를 처다보며 "무슨 일 낫소." 하며 문는다. "안이오 나의 친구가 상의할 일이 잇스니 오라 하엿소구려." 발세 열두 시. 차시간이 지낫스니 래일 아침에 써나겟다, 자자 하고 드러누엇다.

8월 21일. 맑. 일즉 이러나아 보다. 맑은 하늘에 벌건 해쌀이 부채살가티 버러젓다. 주인네 자는 방에서는 아즉도 코고는 소리가 놉히 나는고나. 여전히 테조하고 세수하고, 쓸에서 그닐으니, 주인네며 다른 손님네가 이 방 저 방에서 눈을 비비고 나온다. 차 탈 시간을 넝넉하게 두고 인력거 하나 잡어타고 주인집을 떠나오다. 날마다 물어보지마는 오는 길에 또 일부러 해텬양행을 차저 병교 군 소식을 알어보앗다. 아마 편지라도 잇슬 듯한데, 수륙만리 통로가 머니 지테되엇나? 다른 사람에게 듯던지 신문을 보던지, 상해에 아무 일 업다는데. 반드시 로자 업서 못 오고, 편지한 것이 중간 지테된 듯하다. 인력거군이 일인 만히 사는 그야말로 신시가의 터진 길로 끌고 간다. 붉은 벽돌로 족 싸아 올이어 이칭, 삼칭, 놉흔 집을 길가로 죽 지어 셋다. 상회, 상점, 회사, 은행이란 문패가 부텃다. 길도 넓드란 길에 몸지 안 나게 '고루다루'를 발럿다. 한 길이나 큰 나무가 푸른 우산 피어 센 듯시 이쪽적쪽 하나씩 하나씩 연하여 잇다. 뎡거장 각가히 공원公園 비슷하게 솔나무를 다복하게 심엇스며 그 알에는 금잔듸로 털방석 쌀어논 듯시 하고 그 가운데에 힌 돌을 놉드란이 싹어 세어 일로전쟁日露戰爭하던 일을 기렴으로 하는 양이라. 뎡거장에 이르니 이칭집이 굉장한데 대합실이 넓직하다. 구석구석에 과자점이며 돈 박구는 곳이며 화물 취급하는 곳이며 병뎡이 수직하는 곳이며 전보 취급하는 곳이 잇고 기드란 걸상 우에 머리 싹은 이, 상투 뾔족한 이, 머리쪼랑이 달인 이, 눈 노리고 코 큰 이들이 군데군데 모아잇다. 어느덧 구 시 반이 되엇다. 악싸 오며서 바로 사아두엇던 차표를 쓰내어 가지고 다른 사람의 뒤를 짜러 드러가아 삼등차간에 오르어 한복판에 자리잡어 안젓다. 이 간에는 일인이 가장 만히 탄다. 조선안의 뎡거장 가트면 차 떠나기 전 십오 분 안 되면 차표를 팔지 안하고— 써 자표 살 때 고직고작히게 식글식글하게 하여 한일자로 줄줄이 느러세어 강제뎍으로 명령뎍으로 승객을 이리 끌고 저리 끌어 마치 양의 떼 몰 듯하나 아즉도 모다 차지 못한 이 짱에는 그러하지 못하여 뎡거장에 오기만 하면 차표를 살 수 잇고 차 써날 시간만 되면 저대로 드러가게 하니 얼마큼 자유가 조흔 줄을 알겟스며 그네들의 권리가 함부로 쓰이지 못함을 알겠고나. 그러나 넓고 묵은 만주 텬디를 모다 생킬 듯한 욕심과 긔세로 잠시 시운을 어더 긔고만장하고, 아무 기탄업시 넘놀고 싸불대며— 픗돈량 모인 것을 푼푼한 듯시 쓰어 이삼칭 벽돌집을 짓는다, 큰 공장을 세운다, 제법 부강한 듯하다. 석교자를 지나다 보니 알로 쌀인 오막사리집의 토담 구멍으로 우퉁 발가케 벗은 지나인이 무엇을 지저구며 오몰오몰 한 쎄가 내다보고, 그 뜰에서 어린 아이들이 팔짝팔짝 쒸면서 우리게 손씻을 하고 무엇을 가르치는지 하면서 짓거리고 잇다. 그네들은 우리들 보고 무슨 감상이 나는가. 나는 그네를 보고 그네의 텬진스럽고 어리석은 듯한 것이 오히려 자미잇게 생각하다. 남녀의 의복은 대개 가트나 다만 녀인은 귀마다 고리를 채고 머리 인 것이 다르며, 흔히 차에 오르는 녀인을 보면 기드란 담배대를 들고 어렵스럼이 업시 남자의 압흐로 다닌다. 그대로 자라난 버릇을 갑작이 고치기는 과연 어려운 일이라. 우리 보기에는 숭업지마는 그네들 맘에야 별로 쓰릴 것 업는 듯하다. 해가 구름 속으로 드러가고, 이 마을 저 마을에서 저녁 연긔가 뭉게뭉게 나며, 소와 말을 몰고 그윽한 동구로 도라가는 어슴푸러한 산고을 경개와 새파란 물결 출넝출넝하고 동실동실 쓴 배가 넓은 물결에 가득하게 오물조물 모아 잇는 것을 보면서 압녹강을 지낫다. 맨대가리에 탕근을 뒤집에 쓴 사람이 만히 보인다. 일본 어린아이가 예서부터는 일본이라 일커르면서 매우 깃부어한다. 의주라. 의주부터 일본인가. 순사가 조선인 조사를 시작하며 '고레라' 병 금사원이 오앗다 갓다 하는데, 발세 조선 맛이 난다. 씨고 아리며 매웁고 비우 상하는 듯 그러나 탑탑하고 덤덤한 맛보다 정신이 한갓 낫다. 차차 구수하고 아름답고 달콤한 맛이 나기를 미리 입맛 다시고 기다린다. 매우 더우어 몸이 축축한이 답답하고 괴롬을 견대기 어려우며, 분수업시 잠이 몹시 오아 꾸벅꾸벅 조랏다.

8월 22일. 말긋말긋한 사람이 만히 오른다. 신사다운 즘잔한 어른도 잇고, 청년스런 활발한 젊은이도 잇고, 온아하고 얌전한 녀자도 잇다. 유리 사이로 번쩍 비최는 글자가 평양을 알인다. 방울방울 차창에 부드치는 비가 살살 나리는데, 남대문 뎡거장에 다다럿다. 차표를 상고하더니 한편으로 가서 금열을 마지라 한다. 오약팔에 무명베 쪼각을 부친 순사가 승명과 주소를 물어 적는다. 비를 무릅씨고 광신태로 드러가아 바로 쓰러저 쿨쿨 잠을 자앗다. 함박으로 퍼붓는 듯 솰솰 죽죽 쏘다지는 비가 오후 두 시쯤 하여 게우 그치다. 수당과 맛장구치며 이야기하고 십양통지를 뒤적뒤적 보다가 벌썩 이러나아 익선동 할머님 댁으로 서슴업시 도라오앗다. 떠난 제 몃 날 안되오나, 오랫만에 맛난 듯시 하도 반가하시며, 밥을 주신다, 침구를 내어주신다, 정다웁고 친절하고 사랑하시는 뜻이 왼 집안에 가득하다.

8월 23일. 깨끗한 장판방에 두 다리 죽 뻣고 하룻밤 자고 나니, 긔차에서 고달피든 것이 거의 회복하여 정신이 상쾌하고 전신이 갓든갓든, 아모리 어려운 일이라도 생각해낼 듯, 아모리 멀고 흠한 길이라도 예어 나갈 듯. 가슴에 지느름이만 달이엇스면 만경창파 넓고 기픈 바다물을 휩슬고 쎳다 잠기엇다, 왓다 갓다 하고 시프며, 억개에 날개만 돗치엇스면 구만리 장텬 멀고 노픈 곳으로 활활 날어다니고 시프다. 그러나 안이 달인 지느름이야 엇지하여 이드며, 안이 도든 날개야 엇지하여 어드랴. 새장 속에 잇는 쇠꼬리와 종조리도 봄을 맛나면 깃분 듯시 지저구며 함졍 안에 가친 사자와 범도 배만 부르면 깃분 듯시 아양그린다.

신톄가 튼튼하고 지긔가 쑷쑷한 이 시대 청녕들이야, 나아가 취하매 무엇을 못 이루며, 물러오아 지키매 무엇을 못하랴. 이 세상의 왼갓 학문은 우리 지혜의 곳간이오, 왼갓 사업은 우리 맛든 일감이라, 다만 한때 시운의 블리와 사세의 브득함을 인하여 충텬의 긔세를 싹날 때 쑤글이며, 만리의 장뎡을 첫거름 그치랴. 하믈며 새장의 새와 함졍의 김생에 비하랴. 나는 스스로 맘을 위로하고 바라오며, 하늘을 우러러 빌고 짱에 굽을이어 생각하면서, 조금씩 조금씩 일을 시작하고 한 거름씩 한 거름씩 나아가고자 하노라.

봄, 녀름 진진 해에든지— 밝은 달 돗아오르는 밤에든지, 서늘하게 불어오는 바람에든지, 동편쪽 담 너머로 너머다보고 쌔파란 옷을 입고 아름답게 섯는 모양이며, 웃는 입 사이로 여의주 가튼 달을 배터내는 모양이며, 춤추는 소매로 바람을 보내는 모양이며, 이것저것으로 나를 위로하여 주던 애나무가 그 사이 가믐에 반이나 단풍빗 낫다. 하도 가믐이 지극하지. 무정하지. 나의 사랑하든 나무들을 이처름 태어는가. 나무가 이러할진대 풀이야 오직하랴. 풀이 말러 타앗스면 화곡도 흉년이지. 흉년이면 구차하고 가난한 동포들이 이가티 물가 고등한 때 엇지하여 살어날가. 드르니 평안도, 황해도, 충청도 화곡이 잘못되엇다 하니, 벌서 베가 목 수구러질 째라 이미 안 된 것 엇지할 수 업고나. 저거번 안동 가는 길에 안주지경, 청천강 연안을 지나매, 과연 적디라. 그것만 보아도 걱정나고 답답하엿다. 아모리 어제 비가 잘 오앗다 하여도 죽은 풀이야 다시 살일 수 업스며 다시 산들 열마 매질 수 잇슬소냐. 담 너머 매나무들은 반신은 숭이 지엇지마는 반신은 여전하여, 아순 대로 나를 위하여 반기는 듯 솔솔 부는 바람에 너울너울한다. 마침 창문 열고 종뫼 동산을 바라보다가 압집 뜰에 가믐을 못 이기어 참혹히 탄

나무를 보고 늑긴 뜻을 적노라.

8월 24일. 구름이 검으스럼하게 하늘을 가리어 해 돗아남을 알 수 업스니 쏙 게으르는 사람 늣잠 자기 마차맛다. 아마 비가 오려니 하엿더니 몹시 더웁기만 하고 구름은 차차 버서지고 쏘다지는 해빗치 왼 텬디 만물을 씨는 듯 그 더위가 모닥불가티 이러나며 성한 사람도 마치 병드니처럼 어릿어릿하더라. 이 더위야 구중궁궐엔들 업스리며 왕공거경의 집엔들 업스리며 가멸(부자)한 집엔들 업스리며 가난한 집엔들 업스리며 미천한 집엔들 업슬손가. 그중에 일하는 이 애쓰는 이 고상하는 이 병든 이들이야 오죽 더 괴로우리. 차차 가을 바람이 이르겟스니 마조막 더위라. 악이 난 더위라. 독이 난 더위라. 만일 잠자리를 잘못하여 배에 바람이 드던지 음식을 잘못 먹어 장 위에 병이 나던지 몸을 함부루하여 원긔가 허약하던지 하거드면 그 짓거리에 그 설네에 그 긔운에 반드시 답새며 업더지며 여희리라. 경복궁 담을 안ㅅ고 에두러 영추문을 지나 효자동 어느 어른을 차저 한참 동안 이야기하고 듯고 도라오다가 어느 벗을 차젓더니 그가 시골 갓다 하더라.

집에 편지하다. 안국동 박사 아자씨를 가아 뵈엇다.

8월 25일. 어제 더위가 오날까지 연하다. 점심을 먹고 남대문 박게 나아가 광신태에서 물건감을 모아 봉텬으로 보내자하여 이것저것 눈먼 개 젓 탐하듯 하다. 공륙公六 군君의 일긔를 보다가 한 대문 자미스럽어 쓰어 옹기엇노라.

어느 골목을 지나다 보다. 우리네 사는 곳은 아니라. 행길에서 대여섯 살쯤 된 아이가 무슨 떼를 써서 간신히 저의 어멈에게서 구슬 사탕 서너 개를 엇더라. 아이는 작다고 울기를 마지 아니 하고 발을 동동 구르건마는 어멈이 욕심 부리지 말라고 역정을 내어 뿌리치고 집으로 들어간다. 하는 수 업서 요것이 무엇이야 하고 눈물을 이리저리 훔치면서 싸준 조희 봉지를 부석부석 헤치는 통에 동그란 것이 때굴때굴 굴너 둘이 떨어진다. 아차하고 붓들려 하는 통에 남앗든 한아마자 떨어진다. 어대서 달겨들엇는지 삽살개 한 마리가 떨어지는 족족 날늠날늠 집어먹고 남의 속은 모르고 꼬리를 홰홰 친다. 아이가 심술이 나서 아가리가 연방 가로 씨어지면서 닥지 아니한 누런 니 틈에서 킹킹 소리가 난다. 개는 웨 그리하노 하고 짱에 가 덜석 주저안지면서 물그럼이 처다본다. 무슨 수수격기 갓기로 우두먼히 한참 서서보다.

8월 26일. 아침부터 가랑비가 부슬부슬 나리더니 점점 독구어 굵은 물줄기가 좍좍 쏘다진다. 새칠새칠하든 산 비츤 기름이 흐르고 보송보송하든 짱바닥은 지질펀펀하고, 뱃작 말럿든 개천은 물이 남울남울 하고, 목말러 하든 풀과 나무들은 너울너울 춤을 추며 부연하게 이러나든 몬지는 착 가러안젓다. 이 비가 다른 데도 오는지, 우리 시골에도 오는지. 지나간 이십이 일 비는 전라도에 안 오앗다 하니, 이번에도 안 오앗스면 금년의 가을 바랄 것 업다더라. 황해도, 평안도, 충청도 등디에 이 비가 만히 오아는가, 안 오앗스면 엇지할가. 아조 흉년들고 마지. 그곳은 흉년이라 저축 업는 우리 동포 주리겠다, 고생하겟다. 죽지나 안 할는가.

저녁 무렵에 비가 그치다. 이 집 저 집에서 밥 짓는 연긔가 뭉게뭉게 솟아나, 바야흐로 맑은 공중을 자옥하게 흐리엇다. 아마 우리집에서도 밥을 지으리라. 우리 어머님게서 새 방콩과 새 광정이를 짜다가 밥을 지으시리라. 밥물이 끄러 버큼이 펄펄 너물 때마다 나를 생각하시리

라. “애가 잘 잇나, 무슨 탈이나 업는가.” 하시면서 “잠자리는 엇더한가, 의복 쏠은 엇더한가, 먹는 것은 엇더한가, 이 방콩밥, 이 광정이밥을 애에게도 맛보게 되는가, 내 손으로 심어서 내 손으로 짜다가, 내 손으로 째서 밥을 짓게 하여 퉁퉁 부러 익은 콩에 구실구실한 밥을 한 그릇식 한 그릇식 갓득갓득 담어놋고 쑬 가튼 장에 맛잇는 지짐이에 글무짐치에 호박나물에 가지짠지에 고등어 토막에 자식, 며나리, 손자, 손녀 느러 안치고 오순도순이 이야기하여 가면서 자미잇게 먹을 것을, 애가 안 잇스니 쏘한 걸인다.” 하시려니. 나는 우리 부모를 엇더케 봉양하며 엇더케 사랑하며, 엇더케 위로하엿는가—, 하는가—, 할는가. 이러케 객디로 도라다니니 알뜰하게 봉양 못하며 늘 걱뎡하시게 되오며, 모시고 재롱 못하여 죄송하고 민조롭은 맘 무엇보담도 간절하노라. 기프노라, 크노라.

리 의관의 편지 오앗다. 수당이 차저오아 장사에 대하여 이야기하다.

압 집웅 우에를 나려다보다. 참새 한 마리가 안저 무엇을 지저군다. 쏘 한 마리가 어데서 날어오다. 그 주둥이에 조고만한 것을 물고 고개를 자웃자웃 하면서 쏘리를 쌉신쌉신 흔들고 쌩쌩쌩쌩 쒸어 몸쏭이 동근 듯한 놈에게 갓가히 가서 마조 안저, 그 입에다 물엇던 것을 느어 주며 연하여 입마추고 물러낫다, 다시 대드러 입마추고 물러낫다, 다시 대드러 입마추며 가슴도 직신직신 물으며 한쪽 갈개를 피엇다, 오무리엇다, 두 놈이 머리를 대고 문질문질 하면서 한 놈은 알로, 한 놈은 우로, 두 쪽 날개를 벌이고 한데 어울러저 시름도 하다가 이러나니, 알에서 이러난 놈은 얼마큼 몸이 펴젓다 엉크러진 깃슬 이쑤리로써 가다듬으며 서로 소근소근 하드니, 지저구지저구하면서 후루루 날아가더라. 우두거니 안저 보기에 하도 자미잇는 듯 다정한 듯하다. 우리 사람에 무엇이니 무엇이니 하고 부부 사이나 형뎨 사이나 벗 사이나 누구 사이에든지 무정하고 화락지 못하는 이는 오히려 저 새에서 배홀 바 잇스리라.

8월 27일. 곤하게 자던 새벽잠을 깨엇다. 천병만마가 뒤쓰러 오는 듯시, 폭발탄이 막우 쏘다지는 듯시, 모진 가을바람이 불어오는 듯시, 우두두, 우수수, 쑥쑥, 펑펑 비가 오다. 은하수가 터진 듯시, 물자새로 대는 듯시, 큰 '쏌프'나 함박으로 퍼붓는 듯시 비가 오다. 기와장이 터지는 듯시 텬정이 쓰러지는 듯시 기시락물이 써러지듯시 비가 오다. 양텰 채양 소리며 락수물 소리며, 뜰나무 입 소리, 썰이는 판장 소리며, 울이는 장광의 독 소리, 어느 것이 시쓰럽지 안하며 들넬이지 안하며 요란하지 안하랴. 마침 그립은 벗을 맛나 깃붜서 바로 이야기도 채 못할 쯤에 이 비가 나의 쑴을 파하다. 나의 쑴만 아니라 만인의 쑴을 모다 파하지 안햇나. 그중에 독수공방 홀로 잇서 천만의외 그리던 임을 맛나보는 이 쑴, 황금 백옥 가튼 아이를 나으랴고 용봉 긔린을 엇는 이 쑴, 부귀영화의 증조로 상서를 밧는 이 쑴, 다행히 깨어지지 안햇는가. 나의 쑴도 그러하러니와, 그런 쑴을 깬 그네들이야 오즉 서운하랴. 그러나 만인이 깃붜하리로다. 태엇던 초목과 말럿던 논밧 이 비에 물 먹음어 기름이 흐르리니, 그래도 흉년든 곳 얼마큼 나스리라. 그럼으로 깃붜하는 만인은 이러나 춤을 추리로다. 비가 바야흐로 개이고 남산 숩 사이로 푸른 연긔가 나면서 오포 소리가 쿵하니 들이더라.

오목오목한 웅덩이에 구정물을 가득하니 가두어두고 구석구석에 쌔엇던 드런 것을 깨끗하니 쓰러갓스니 과연 대청결하엿다. 구름은 여러 겹으로 파란 하늘을 싸아 해비츨 도모지 보이지 아니하고, 무슨 비밀를 지키는지 그 현현묘묘玄玄妙妙한 곳을 우러러볼 수 업고나. 옥으로 싹가 세운 듯 썊족한 북악산北嶽山 머리도 그 비밀에 참녜하엿다. 구름 속에서 보이지 아니하더라.

8월 28일. 장마비처름 비가 오다가 개니, 잠간 사이라도 오도가도 못하고 가치엇든 쌉쌉한 밤에 구름이 거치면서 해비치 비최니 맑은 아침해 돗아오를 제 유리琉璃처름 투명透明한 동창東窓 알에 정한 책상을 압헤 노코 안진 듯시 비比할 수 업시 상쾌爽快하도다.

무슨 볼일로 말맴어 어느 곳을 차젓노라. 단속緞屬이니 소미小米니 하고 거간군이 만히 오앗다갓다하니, 하도 수선하여 정신이 휭하다. 주인에게 은근한 말을 남모르게 가마니 할 틈이 업고나. 관연 이 세상이 번쇄煩瑣하다. "가히 우습다. 홍진 속에 생애 잠간 한가하지 못하다(可笑紅塵裡 生涯石暫間)" 함도 참 그러하더라. 도라오는 길에 뎐차電車를 타다. 조선朝鮮 사람, 일본 사람—녀자女子, 남자男子, 노인老人, 청년靑年, 소년少年, 소아小兒 비집을 틈 업시 가득하니 탓다. 쌀이 다러나는 뎐차도 오히려 더듸다 하고 조급躁急히 구는 사람이 만하니, 번화繁華한 도회都會에 살자면 시골 구석에서 느린박이 노릇하드시 하여서는 못 되겟다. 저의 정신을 저의 몸 쏙 가지고 아모리 분주奔走하더라도 정신을 일치 말어야 하겟다. 그러치 아니하면 위흠危險한 일을 시아릴 수 업다. 엇지 잘못하여 뎐차에든지, 자동차에든지 다질이기만 하면 죽기 아니면 병신 되나니, 참 조심하야지.

저녁을 먹고서 경주 김 군의 이약이를 재미스럽게 들엇다. "할머니!" 하고 부르는 소리가 들이더니 평양平壤 녀학생 일행이 그전 주인집이라고 차저오앗스며, 또 밤이 기퍼 영광 법승포 남학생 일행이 드러오다. 요기하랴고 드는 둥 나는 둥 들레는 소리에, 닭 서네 해 울기싸지 잠을 이루지 못하다. 주인 할머니게서는 몸도 편치 못하시면서 여러 손들에게 방을 뺏기고 한편 마루로 나아가 기무시니 미안하기 이를 것 업더라. 차차 더위가 가고 서늘한 바람이 불으며, 나즌 짜릅고 밤은 길어가니 학생들은 더욱 공부하기 조흔 때라, 등잔불을 벗삼어 글 읽기 맛당하니, 학교에서도 개학한다 하여 튼튼한 서방님네와 얌전한 아씨네들이 그립온 고향을 떼나 이 서울로 모아들더라.

8월 29일. 아침에는 해가 구름 사이로 돗아나면서 환하게 비최기에 텬긔가 맑을 줄로 짐작하엿드니, 동남풍이 슬슬 불어오며 검으스럼한 구름이 왼 하늘을 가리엇다.

무슨 일인지 상점 문이 모다 다치엇다고 박게로부터 오는 사람마다 일캇더라. 엇던 이는 한일합병 십년 긔렴을 표하기 위하여 이러함이라 하더라.

압집에서는 새벽부터 일직하니 이러나아 마당 뜰을 쓴다, 마루방을 친다 하면서, 고기도 사아드리고 채소도 사아다가 쏙쏙쏙쏙 장만하며, 무엇을 지지고 복는지 구수한 냄새가 나며, 새 옷도 가러입고 머리도 곱게 빗고, 얼굴도 단장하며, 에엿분 눈과 벙글벙글한 입으로 웃는 비츨 씌우고 매우 깃븐 양으로 천리 타향에 갓다 도라오는 서방님을 마지려 하는데, 그는 오늘 밤 차에나 이를 듯 어제 점보가 오앗더라. 물 흐르듯시 밧비 가는 이 광음도 이에게는 오히려 더대 가는 듯시 얼는 저녁이 당하기를 기다리어 뎡거장에 마중 나가, 한동안 그립고 그립든 임으 손씰을 마조 잡고 반갑게 맛나고자 하여, 부산낫케 시게가 몃 시 되엇나 뭇더라. 인정이 이러한 것이지, 잠시 동안 써러저 잇는 임에게 이러할진대, 여러 해 동안 써러저 잇는 임에게야 오족하랴.

어리고 약한 임을 무지한 놈이 억지로 물이치고 대아드러서 아모리

노라나며 사자고 한들 마음에나 쑴에나 잇스랴마는, 거트로 허허하고 지나는 동안 속업는 그놈이야 참으로 알고 싸불대며 종업시 조아하도다. 그 사이 어린 임이 자라나시매 튼튼하고 엣부게 되엇나이다. 깨끗이 지키엇던 이내 몸이야 상뎨게서 알뜨리 알으시리니, 그리든 우리 임도 사랑하시고 길럿든 힘을 내어 그를 몰고서 곱고 놉고 넓은 집 맑게 치으며 밝고 환한 쏫동산 꾸미어노코 누리의 가진 자미 두루 가초아 자자손손 이어서, 가고 갈스록 한업고 씃업도록 살어지어라. 그록한 깃븜으로 빌고 비노라.

이 노래를 지어 부르면서 오늘을 보내다. 이 세상에 답답하고 쌉깝한 이 누구며, 원달고 슬픈 이 누구며, 가장 그립고 바라는 이 누구며, 씌를 내어 하는 이 누구며, 죽음을 무릅씨고 나아가는 이 누구뇨. 모든 사람에 누구라 하고 하나식 하나식 그 일홈을 적을 수 업스나, 여러 사람이 서로 씌할 것 업시 한 통으로 움지기는 뜻—한 뜻으로 바라는 일—하는 일, 곳 하늘의 뜻이며 하늘의 일이로다. 첫새벽 찬바람이 열어 논 창문 사이로부터 코 속에 솔솔 드러오앗다 나갓다 하더니, 자고 이러나면서 코 속이 마르고 입안이 텁텁하고 머리가 훙등글하기에, 가마니 조리하고 저녁에 찬물로 목욕하엿더니 차차 몸이 가벼운 듯 정신이 맑은 듯하더라. 주인 할머니 병환에 약을 지어다 구원하다.

8월 30일. 장마비 그치지 아니하다. 녀핵생 일행은 비를 마지면서 써나랴 하니, 주인 할머니게서 돈 사환을 주어 그 다섯 사람을 인력거를 타이어 보내더라. 그것은 그전 어느 쌔 그의 부형이 오아서 주인 할머니 병환을 구원하엿기에, 그 은공을 생각하여 고맙게 함이라. 주인 할머니는 맘이 착하고 사람 위하는 성관이 대단하고 활협이 만한 어른이

라. 내가 어데 갓다 혹 늣게 오든지, 밥 한끠만 아니 먹든지 하면, 아모리 기픈 밤에라도 기무시지 아니하고 기다리며 밥을 다숩게 두엇다 주더라.

장마비 (노래)

길고 길든 가믐에 불 가튼 더위
이 누리* 모든 것을 괴롭게 하니
빌고 빌든 비 오기 비롯하여서
밤낫으로 연하여 나리엇도다.
보송보송하엿든 짱바닥이며
새칠새칠하엿든 나무와 풀입
번질번질 물비치 홍건하여서
부드런 기름끼가 질질 흐르다.
불 안 땐 누진 방에 곰팡이 나고
깁드란 뷕 아구리 샘이 솟아나
개구리 허염하게 되어 잇스니
어서어서 비 개기 바라는도다.
장마가 가믐처름 길게 되으면
더구나 못 견대서 갑갑하려니
가믐에나 장마에 두루 괴로워
기다리고 기다림 깃븜이로다.

* '누리'(세상)

비에 막히어 어데 가지 못하고 모아 잇는 손들 입에서 요마적의 여러 가지 이약이가 들이다. 그중에 두어 가지 적어놋노라.

전라도 홍덕 사는 뉴모가 이제 나히 서룬댓 되엇더라. 그 부모는 시골서 부라쿠 노릇 하면서 벼 백이나 간신히 모아노앗더라. 그 덕분에 아모 고생 안 하고 되지 못하는 글자 읽는다고 어리어서부터 홍뚱항뚱금 가튼 세월을 보내며 겨우 열두어 살 되매 거즘 노형 낫세나 되는 안애에게 장개가아 첫 몸에 쌀 하나 나코 그 뒤로는 남녀간 몃 낫다가 참척 보앗더라. 수년 전에 일본으로 도망하여 가 반년쯤 잇다가 도로 서울로 나오아 어느 학교 교사로 다니면서 어느 무당의 쌀을 첩으로 삼고, 집에는 도라가지 안 하고 십여 간 기와집에서 매우 호강하면서 지나더라. 어느 날 시골집에서 편지가 오앗다. 그 뜻은 그의 안애가 그의 어머니 뫼시고 서울 가겟다 하엿더라. 그는 그 편지를 보고 첩과 비밀히 상의하여 쐬를 내엇다. 만일 그가 오면 우리는 잠시 어느 오막사리 집을 치고 드러 사는 모양으로 하자 하엿다. 관연 어머니와 안에가 어느 날 올라오앗다. 차저보니 두 간 방 집에 한 간에는 그 량주가 잇고 한 간에는 첩 장모가 잇다. 그러나 밤이 되어 할 수 업시 그북하니 자앗다. 이튼날 뉴가는 다른 여관으로 그 모와 처를 다려다 두엇다. 그려고 간일하여 다니다 그럭저럭 칠팔 일이라 오면 부처간에 전쟁만 이러난다. 하루밤에는 맘이 도라섯는지 여관 주인에게 방 하나 비어 달나고 하여 신방을 채릴 양이더라. 그래서 그 처는 저녁 들기를 싸맛케 기다리고 잇다가, 밤이 되매 동방화촉에 호로 안진 미인이 되엇다. 이제나 서방님 오시는가 저제나 오시는가 하고 싸막싸막 소리만 벗석하여도 거름자만 얼는하여도, 행혀 서방님 아닌가 하면서 기다리엇다. 무정한 서방님은 밤이 새도록 오지 안는다. 이튼날 저녁에사 얼굴이 뵈어 큰 풍파가 이루엇다. 처는 한사하고 시골로 자긔만 나려가지 안는다 맹세하면서 독이 낫다. 그때 다행히 주인의 조화로 처의 맘을 갈안치어 모와 처를 간신히 돌이어 보냇더라. 그동안 첩의 집에서는 밤마다 떡을 하여 노코 굿을 하며 큰마느라 어서 밧비 가기를 빌엇다. 좌우간 그가 시골로 갓스니 요망한 무당의 녀는 제 정성이 지극하여 빌은 것시 효흠이 잇는 줄로 알고, 여관 주인에게까지 오아서 깃붜하며 큰마느라와 서방님과 자든 일, 무슨 이약이 하든 일 자세히 무럿다 하더라.

서울 사는 어느 부인은 나가 삼십오 세쯤 되엇고 일남 일녀를 두엇더라. 그 서방님은 임순사로 천리나 되는 곳으로 출장 가아 잇다. 부인이 하도 보고 시퍼 시골에서 짜루 사는 싀어머니가 병으로 죽는다고 뎐보 노앗다. 그런즉 답뎐보가 오기를 명일귀가라 하엿다. 매우 깃붜서 음식을 장만하여 노코 오기만 고대하나 그 이튼날이 지나도 오지 안하니 장만한 음식 혼자 모다 먹고 분이 나서 욕만 하고 잇다더라.

박사 아자씨게서 어제 아니 오시기에 무슨 연고 잇는가 하고 저녁에 안국동을 차저갓노라. 비 갠 끗이라 그런지 골목골목 사람들이 만히 나오아 적은 길에든지 큰길에든지 떼를 지어 굼실굼실 오앗다 갓다 하는데, 새파라케 젊은 녀인네도 백이면 쉰이나 되게 석기어 서로 속살거리며 아모 수태 업시 제법 활발스럽게 거러다니니, 그네가 참 알쓰리 시대 문명을 맛보고 사람다운 사람이 되어 잇스면 우리네의 깃븜이와 니와 한갓 서양 부인의 쏀만 써가지고 너머 건방지고 주저너먼 짓을 하여 부모의 꾸중에 남편네의 가르침에 코를 내두르고 자유로 노라나거드면 것잡을 수 업시 고칠 수 업시 그만 버리것스며, 낫부어지것다. 조치 못한 이약이책이나 보고 저대로 쏘다 다니고 이것저것 볼 것 안 볼 것 구경하고 드를 것 안 드를 것 드러 화려한 물건 보면 사고 십고 가지고 시프며 음란한 음악 소리 드르면 듯고 십고 놀고 시퍼 저절로 호사하여지며 부잡하여지어 사람의 얼굴로 금수의 맘을 가지게 되면 걱정이로다, 슬프리로다. 행길가에는 달덩이 가튼 뎐긔등이 환하게 여긔저긔 비최니 분으로 맥질한 하야는 어굴들이 더욱 어엿브고 세모시로 채린 옷 모양 또한 말숙하여 아릿답고 고은 자태 어느 것이 미인 아닌 것 업고나.

어둠침침하고 그윽한 골 좁드란 길로 드러가니 왼다름 몸에 무서운 맘이 쏘쓰치며 가슴이 울넝거리다. 오히려 녀인네들은 사람 만하고 밝은 곳보담 인적 그치고 컴컴한 이런 데를 조하하는지 통 크게 어려스럼 업시 짓거리면서 몰이어 다니더라. 보고 듯고 생각하며 도라오다가 설탕 두 근 포도주 한 병 사아 주인 할머니게 듸리다.

밤이 깁도록 늣김이 잇서 잠을 이루지 못하고 노래 한 마듸 지엇노라.

느진 여름

풀입은 억세고, 나무입 두텁다.
흰 이슬 나리고, 건들마(颪) 부는데
버러지 소리에 잠을 이루지 못하노라.

8월 31일. 맑. 선득선득한 바람이 조곰 여러 노은 창문 사이로 솔솔 드러오아 새벽 정신을 나게 왼몸에 냉수목욕한 이처름 소름이 치니 아모리 게으른방이로 늣잠자랴 하여도 눈을 멀금머니 쓰고 병든 이가티 누엇슬 수 업슴으로 벌떡 이러나아 박게로 우둥퉁 뛰어 나아가아 두 팔을 남북으로 짝 벌이고 동으로 행해 서서 구름 거치고 바야흐로 솟아나오는 태양 긔운을 그윽히 드려마시니, 배가 부하니 이러나며 맘이 훤하나니 시언하다.

푸른 연긔는 공중에 허터지고 붉은 해는 먼 산 우로 쩌오르다. 기픈 숩이 바다가티 그윽한데 줄기와 가지만 앙당하니 남어 마치 사심쁠가티 된 늙은 나무며 더벙머리처름 다복하게 자라난 젊은 나무가 서로 어울너저 왼 담 안으로 소복하다. 그 그늘에 익기옷 입은 기와집이 숨어잇다. 이 집은 곳 종묘로다. 리조 오백 년 역대 제왕의 신령을 뫼시어 조상을 사랑함을 제왕부터 비롯하여 만민에까지 이르게 한 것이라. 뿌리 업는 나무 자라날 수 업다. 샘 업는 가람 흐를 수 업스며 부모 업시 생기는 사람 업나니, 나의 몸은 곳 부모의 몸이라. 나의 몸을 사랑함은 부모의 몸을 사랑함이오, 부모를 사랑하면 부모의 부모—의 부모 곳 조상을 사랑하게 됨이오. 사랑함에는 사모하고 숭배하고 존경한다. 그럼으로 제사도 지나고 산소치레도 하고 족보도 꾸민다. 한갓 양반 노릇할 양으로 족보함이 아니오, 발음하기만 위하여 산소치레함이 아이오, 굿하기 위하여 제사지남이 아니라. 예수교군들은 걸핏하면 마귀를 위하여 제사한다 하지마는 우습다. 그네들은 머리만 씨 하여도 예수 아버지 배만 아퍼도 예수 아버지 하고 부르지지며 무슨 신령임이 하림하시어 도아주기를 비는 듯하되, 그네게는 어느 마귀가 예수 대신으로 오지 아니할는지 말일 마귀가 오거드면 마귀를 뫼시면서 예수 아버지 뫼신 듯시 밋으리라. 우리 조상에게도 긔일 제사하는 것은 결코 마궤를 위함이 아니라 누구던지 자긔네 신, 승하신 조상의 신령임게서 흠향하시라고 함이니, 아모리 악한 조상이엇다더라도 자손의 도리는 도리지, 제 조상이 꼭 공자라야 조상인가. 만일 도척이면 조상이 아닌가. 공자의 신령은 신승하시고 도척의 신령은 악마라도, 공자의 자손은 공자를 제사하여야 하겟고 도척의 자손은 도척을 제사하여야 하겟다. 무론 제사하더라도 그 악함을 배호자함이 아니라 자손된 도리로 근본을 생각하고 사랑함에 비록 악마에게라도 제사하겟다. 아비 악하면 아비가 아닌가. 선한 것만 아비로 대접하랴면 이것은 선으로 말미암어 일캇는 아비오 텬생의 아비는 아니라. 그런인가 말하자면 선하기 위하여 예수 아버지라 부름이니 자식이 부모 위함이나 자손이 조상 위함이 악이라 하면 이어니와 선이라 할진대 누가 마궤 위하여 제사한다 할 수 잇스랴. 무궁화 동산에 사오천 년 령검하신 우리 조상의 신령게서 억억만 자손을 나려다보시고 그륵한 행복을 주시나니, 그 자손의 집이야 집집마다 물 한 잔인들 아니 노코 아니 위하랴. 철업시 마궤라 말지어다. 우리의 조상을 우리가 위하지 아니하고 누가 위하랴. 조상을 위할지어다.

어느 의원 어른을 차저 주인 할머니 병세와 그 경과함을 말하엿다. 어제, 오늘 오후 한 차례 오한하시니 일학이란 학질이라고 의원도 일컷더라. 그적긔부터 인삼양위탕 세 첩을 쓧든이 매우 잘 쓧다 하며, 노인의 학질에는 다른 약을 함부루 쓰서는 못된다. 다만 이 약을 쓰되 동편으로 쌔더산 복숭아 가지와 서편으로 쌔더간 버드나무 가지를 병인의 무명지 가운대 마듸만하게 잘너서 세 개식 느코 대리어 해 쩌러질쯤 하여 서행하여 한 그릇 마시고 해 뜰쯤 하여 동행하여 한 그릇 마시면 바로 낫는다 하더라. 병환이 우선하면 쓰라고 보중익긔탕 두 텹을 지어 가지고 오앗다. 너머 아니 자시기에 '미르크' 한 통을 사아 듸리다. 청료리집에서 마두 한 그릇을 배부르게 먹엇다. 봉텬리 동수 시에게서 편지 오앗다. 바로 답뎐보 겸하여 편지하다.

신문관에서『열하일긔』한 권 사앗다.

나에게 들은 고뿔이 바로 나가지 아니하다. 각금각금 누가 내 말 하는지 재타기가 나며, 독한 술에 취한 듯 얼굴이 홧근홧근하며 정신이 어질어질하매, 하는 수 업시 뒤 창을 여러노코 차데찬 큰 방 한가운대에 홀로 번뜻시 누엇다. 모진 더위를 쪼차 보내는 서북풍이 슬슬 부러오아 머리 속으로 저고리 속으로 고의 속으로 서늘한 긔운 통하며 이적지 더웁던 몸이 고대 싸늘하게 식엇다. 처마끗으로 헤번번하고 히무륵한 하늘이 물삭름이 나려다보다 점점 갓가이 보이다. 나는 눈을 한번 스르르 감엇다. 앗가 보이던 하늘이 왼통 나려오아 누르는 듯, 깜작 놀내어 펀쩍 눈을 쩟다. 어느덧 누르던 하늘은 놉드란히 잇다. 푸른 듯 컴컴한 듯 맑은 듯 밝은 듯하다. 쏘 유리와 갓고 바다와 갓다. 커드란 군함이 지웃둥지웃둥 하면서 어느 곳으로부터 나타나고 그 다음에 조곰만한 배들이 수업시 이어 나온다. 군함에서는 화통 연긔가 뭉게뭉게 나오는 듯 무슨 관함식觀艦式(군함을 모아노코 보는 것)이나 하는가 하기에, 처음으로 이런 구경을 하게 되니 바라던 맘에 자세히 볼 양으로 정신을 다시 가다듬어 처다보앗다. 그리 만하던 군함과 적은 배들은 어느 사이 어데로 다 다라나고, 그 거름자만 어른어른하는 듯 한갓 구름만 한 쩨를 지어 둥실둥실 남으로 행하고 도라가더라. 남방에는 나의 그립온 고향—그립은 벗들, 과연 나를 가장 사랑하는 이 만한 곳이라. 저 구름이 그대로 가거드면 쌕쌕이 나의 고향을 지나리니, 지날 제 사랑하시는 부모의 눈에나 형뎨의 눈에 반드시 띄어리라. 그러하면 부모는 문득 나를 생각하시며 아모를 보고 오는 것이라 하시면서 동구 박게 나오서 마지는 듯 기다리시리며, 아오 둘은 형임을 보고 오는가 반가하면서 서로 손으로 가르치며 지저구리라. 또 벗에 눈에 띄이리니 간절하든 회포 더욱 간절할 것이오, 답답하든 가슴이 더욱 답답할 것이라. 얼는 뛰어올라 가서 구름을 웅키어잡고 이러한 사정을 신신부탁하여, 나의 고향과 벗 잇는 곳을 지나갈 때 천천이 가라, 될 수 잇는 대로 그네게 갓가이 나려가서 나의 대신으로 목을 꼭 쎄안꼬 얼굴을 대으며 어리광을 치어 드리어라 하고 십은 생각도 난다.

뜰 나무가지가 흔들흔들하더니 일진광풍이 부러 온다. 나의 입김을 모라가지고 거치어 간다. 내가 드러마시어 내어쉬운 김은 아마 저 구름과 동행하여 남방으로 가아 나의 그립은 이에게 드러가리라. 아모리 산과 물이 흠히 막힌 먼 곳이라도 긔운을 서로 통할 수 잇겟다. 나는 남으로부터 오는 무엇이 잇다 하면 남보담 곱절이나 반기면서 펄쩍 뛰어나가 마지겟다. 아즉 하나도 볼 수 업고나. 다만 남으로 가는 것만 잇다. 봄부터 대들보 우에 잇서 가티 손 노릇하고 지나던 제비도 우리 시골로 가겟다 하는지, 자조자조 나를 나려다보면서 지저군다. 나는 벌세 알어드럿다. 네야말로 오 리 속에 가는 버러지 보는 눈과 하루 몃 천리 날아가는 날개로써 어서 밧비 날어라. 나의 시골을 바라다보고 날어라. 더구나 무리녹게 흐르는 듯시 하는 네의 말로 나의 집 대들보 우에서 한바탕 네 재조대로 한샛 짓거리어라. 비록 귀가 좀 어둔 이라도 대개 짐작하게 날칸 소리로 우리라. 네게는 녀머 긔별 아니하여도, 지나든 정리에 나를 위하여 차저가리라. 혹 겨제 잇스면 내 벗에게도 차저 가거라. 더 다시 말 아니한다. 서섭하다. 서운한 듯시 제비가 아무

소리 업시 잠잠하고 잇다가 고개를 돌이고 후루루 날개를 치며 남텬으로 날어가더라. 이런 생각 저런 생각 하다가 잠이 소르르 드럿다. 왼몸이 갓든하드니 맘대로 뛰고 날엇다. 그려서 얼는 공중으로 솟앗다. 줄곳 줄다름질로 살가티 나아갓다. 바로 구름이며 바람이며 제비를 쫏차 맛낫다. 나는 구름을 타고 바람은 뒤밀고 제비는 질나잡이로 하여서 잠시에 고향을 도라갓다. 깃브게 부모와 형뎨를 맛나보앗다. 아조 떠나고 십은 생각이 아즉 업지마는 구름과 바람과 제비는 가기를 재촉한다. 엇지할 수 업서 또 타고 어느 벗을 차젓다. 몃 마대 이약이하다가 저녁밥을 이러나아 먹으란 소리에 깨엇다. 깨어보니 고뿔도 얼마큼 덜은 듯하더라.

일기

5권

1919. 9. 1. ~ 1919. 9. 25.

1919년(단기 4252년)

9월

9월 1일. 비방울을 하나식 둘식 떠러치고 가는 구름이 왼 하늘을 흐리다. 송정식 군을 차젓다. 어느 좁은 골로 지나다 사람들이 오거니 가거니 하는데 누가 우산을 가지고 가다가 맨상투 바람에 구럭을 메고 가는 이 눈을 우산발로 건드렷다. 구럭 멘 이는 하는 말이 "가명한다고 남의 눈쌀 빠지것다." 하더라.

남대문의 가서 조히와 피물의 금을 알어보다. 남대문 뎡거장에서 시아릴 수 업시 쉬역쉬역 나오는 수레가 여러 가지 물건을 긋득긋득 실코 남대문턱으로 다러가다. 서울은 우리나라에 가장 가멸한 곳이라 세계의 물화가 거의 모아드러 싸이고 여러 나라 사람이 더러 드러오아 살으니 허물며 우리네야 더욱 모아들지 아니하랴. 올 봄부터 시골 부호가 만히 이사 오며 또 부호 아닌 이도 만히 오니 이러하다는 시골 사람과 재물이 모다 서울로 모이것다. 그러나 그네의 지식과 경흠이 저 문명하엿다는 이들로 더부러 시름하여 적수가 되어야 백여낼 것이라. 종업시 '서울 서울' 하고 한갓 시골 버르장이만 가지고 시골쑤기 노릇하다가는 팡이 날 셀. 남과 가티 아덜과 딸은 학교에 보내야 하고 마느래는 각금각금 연극장에나 박물관에나 보내야 할셸. 장사를 하든지 로동을 하든지 하여 돈을 만히 버르야 할셸. 쌀금은 노파가고 물싸지 사아 마시는데 어설피 하여서는 참 살어나기 어렵다. 관리라며 봅내는 이들은 금테를 오늘부터 씌엇더라.

9월 2일. 아츰부터 저녁까지 구름이 왼 하늘을 겹겹이 싸고, 마치 큰 홰가 난 듯이 씨무룻하여, 아조 맛당치 못한 얼굴로 무슨 마지기 실은 것을 마지며 보기 실은 것을 보는 듯 텬디가 어두어지며, 악마가 어데서 나오는 듯 좀더 골이 나면 큰 쑤중을 하면서 큰 불칼을 나리어 미운 놈들을 모다 비어 죽일 듯 컴컴한 공중에서 우루룽우루룽 하더라.

남대문의 광신태에 가서 당재약 몃 가지 금을 무러 알엇다.

거리거리 골목골목 곳 우리네를 노아죽이고 찔러 죽일 듯이 총 씃헤 날칸 칼을 씌어가지고 두세녯식 서서 길 가는 이들을 흘긋흘긋 처다보며 붉은 테 모자 쓰고 한도 찬 이들이 자동차를 타고 오앗다 갓다 야단이로구나. 게다가 남대문 뎡거장부터 총독부 문싸지 무장한 병뎡들이 연대어 죽 느러섯고 말 탄 병뎡들이 부산나케 도라다니며 더구나 남대문 뎡거장에는 림시 특별 급행렬차 일천여 명의 영접인 열아홉 방의 레포 맨 병뎡 경관 뎡탐군 빗이요, 구경이라면 혹하는 우리네들은 이 골목 저 골목에서 쑤역쑤역 쏫다 나오아 겨오 뎡거장 가에 삼때처름 씩씩하니 드러섯스며, 이등 대합실과 끽다점喫茶店 갓가이 곳 뎡거장 남쪽 목책 사이로는 총독부원이며 귀족 떼들이 환영하러 드러가고, 그네들 타이고 온 인력거는 족 뇌아 잇스며, 인력거군들은 뫼약뫼약 모아 안젓고 어느 서양부인은 그 겻헤 서서 보더라.

마침 총독이 마차에 그 부인과 가티 엇던 젊은 양복장이(關屋秘書) 하나와 귀빈실貴賓實 츌입구로 나와서 마챠를 타랴고 하는 지음에 마챠

뒤로 벼락 가튼 폭발탄이 번개가티 다라드러 함마타라면 물고가 날 번하엿다. 총독의 입은 말숙한 해군악복과 혁대에 구멍이 뚜러지엇지. 때는 오후 오 시 오 분쯤이라. 만인의 시선이 모다 총독에게 모앗다. 그럼으로 만인의 정신 모다 총독에게 쐬인다. 어느덧 짱하는 소리가 낫다. 짱바닥이 움쑬하여지며 만인의 가슴이 울넝거리며 알구머니 하면서 벌떡 나잡바지는 사람이 이십여 명인데 피가 콸콸 쏘다진다. 여러 말들도 벌벌 쩔으며 한 마리는 죽엇다. 상한 이가 모다 삼십 인에 조선인이 열셋이오, 서양 부인 하나며 그 외는 일본인이라. 긔구 만한 그네들은 바로 상한 자를 벼쪽으로 묵는다, 세부란쓰 병원으로 드러간다 하지마는 불상한 우리네 인력거군 세 사람은 아즉 그대로 잇다. 그중에 인력거군이 소리를 버럭 질너 "총독인가 개놈인가 오기 때문에 내 다리 분지러지엇다." 하더라. 남대문 외 우편소 압 뎐챠에 탄 두 일인 무관 중위는 무서워서 머리를 폭 숙이고 썰더라. 병뎡, 경관이 여러 구경군 더불고 닥가비질 모양으로 이리 몰이고 저리 모리어 그 폭발탄 던진 사람을 잡으랴고 애를 쓰더라. 다러나다가 코 쌔진 이며 얼굴 버서진 이며 손이나 무릅 상한 이가 만하다. 그러케 상한 이를 혐의자로 삼십 명이나 금거하엿다더라. 저녁에 송파여관으로 허흔 씨를 맛나러 갓더니 방금 일곱이 모라드러 왼 집안을 수색하고 갓다 하더라.

밤 드러 비 소리며 버레 소리며 시게 소리가 가진 풍악을 가초더라.

양주 바당이 리 서방이 앗가 내가 차저가아 못 맛남으로 회사 오앗더라.

9월 3일. 비가 종일 오다. 누구의 말을 듯고 비를 철철 맛고 광신태를 차저갓더니 인삼이 팔이엇다 함은 거짓말이더라.

오후 여달 시부터 비롯하여 너덧 시간이나 서남풍이 크게 불엇다. 부지러지고 업드러진 나무가 몃이며, 문어지고 업드러진 집이 몃인지 시아릴 수 업다. 그중에도 가장 참혹하게 된 것은 압집 담(궁동궁) 겻헤 수백여 년 섯던, 동내서 대감나무로 위하든 향목 업드러짐이라. 봄부터 나를 위로하여 줌이 진실로 만하다. 기와 바다 속에서 아무것도 보이지 아니하는데 이 나무가 홀고 중에 웃둑 솟아 욱어지엇다. 매양 바라보매 바람 부는 것도 알게 되고, 비 올 제는 음악 소리 나고 달 뜰 때는 그림 속이라, 엇지 고맙지 아니하며 정이 업슬소냐. 모롬직이 섭섭하여 조문을 지엇노라.

대감나무야

그대가 하도 늙엇다. 이곳에서 그대와 동갑으로 나서 자란 이는 벌서 모다 황텬으로 도라가고 그대만 홀로 남엇스니 그대의 생일이며 지난 일을 누가 알리. 다만 전래하는 말에 이백 년이나 삼백 년이나 되엇다 하니, 자세히 알 수는 업스나 어름에 삼백 살은 된 듯하다. 그러면 이 서울에 옛일을 그대만큼 본 이가 그대지 업겟다. 우로는 승군이 기시고 알로는 양민이 잇서 국태민안하고 세화년풍한 때 오색구름이 그대의 머리 우에 쓰고 봉황새가 그대의 엇개에 머물럿스며, 여러 사람들은 그대를 위하여 고사를 하며 빌기도 하며, 대감 직함으로 존칭도 하엿다.

기와 바다에 물밀드시 모아드는 사람 가운대 사람다운 사람을 몃이니 보앗나. 배속에 개똥만 가득한 놈이 비단옷을 칠칠 감고 크나큰 집에서 지지개를 쓰고 드러누어 양반도 내가 제일, 벼슬도 내가 제일, 권도도 내가 제일이란 이도 보앗나. 크드란인 마진 조히를 팔어서 모인 돈을 가지고 주색잡기로 세월 보내는 놈 보앗나. 대대로 전하여 오든 토디와 가옥을 모다 다른 이게 집안사람도 모르게 잡히어 업신 놈도 보앗나. 이런 것 저런 것 만히 보앗스리라. 그러나 남의 흠담하지 아니하는 덕성이 잇서 그대의 속에만 긔억하여 두고 아조 말하지 아니하니 누가 알리. 봄부터 궁동궁가에 내가 오아서 류련함으로 그대를 보기 비롯하여 그대의 나 만함과 경역이 넝넉함을 생각하고 존경하엿노라. 더구나 내의 답답하고 갑갑하고 욋달고 아픈 가슴을 각금각금 압 집웅 넘어로 나려다보고 여러 가지로 위로하여 주었다. 바람이 불어오면 나비춤과 학춤을 너울너울 추고, 비가 오면 가진 소리 가초아 음악을 알외고, 달이 쓰면 운치 잇는 그림을 그려내니 내 맘이 깃브지 아니하랴. 깃븜으로 보앗다.

태산도 문어지는 날이 잇고 대하도 업드러지는 날이 잇다더니, 어제밤 모진 광풍에 대감나무도 업드러지는 날이 잇고나. 슬프다, 그대여. 지나간 옛일을 다시 누구 더불고 말하며, 나를 다시 누가 위로하여 주것나냐. 무슨 죄로 그대를 육시싸지 하는지 비어논 가지에서 붉은 피가 듯는 듯, 사지는 업서지고 몸둥이만 담 우로 웃둑하니 보이는 것 참 보기 슬타. 과연 쓰리다. 이때 풍파에야 그댄들 아니 업드러지랴. 업드러진 그대를 보고 그냥 두기 너머 섭섭하고 무정한 듯하여 이러케 짓거리어 조상하노니, 그대 령혼이 잇스면 아마 늣기리라.

9월 4일. 비가 아즉도 개지 아니하다. 비를 실어 무겁운 듯한 구름이 둥둥 써다니더라.

큰 거리에 나서보다. 거리 가에 이쪽 저쪽으로 서 잇던 '아카샤' 나무며 뎐신주가 드문드문 업드러지엇더라. 어제밤 바람이 작란을 만히 하엿고나.

정재섭이 차저오앗더라. 학교에 잘 다니며 공부 잘하라고 하엿다.

9월 5일. 비가 오다말다 하다가 저녁지음에는 겨오 개엇다. 리 의관 편지 보앗다.

흑석 형의 편지가 오앗더라.

9월 6일. 오래간만에 비가 개엇다. 거리에 나다니는 사람이 퍽 만하다. 무슨 보는 일이 잇서 두 팔을 휘휘 내젓고 두 발을 선뜻선뜻 께어노며 밧비밧비 거러가는 이 하며, 부지럽시 이것저것을 지웃지웃하면서 흐느적흐느적 어슬넝어슬넝 도라다니어 한갓 밧비 가는 사람이며 마챠며 인력거며 자전챠며 자동챠며 뎐챠며 수레에게 걸이석거리기만 하는 이 하며, 제밥 신사나 숙녀가티 의복은 말쑥하니 차리고 나서 싸불대고 주저넘은 이 하며, 남 보매는 호강스러우어도 한도며 륙혈포 찬 순사를 두세넷식 다리고 자동챠 속에서 숨도 크게 못 쉬고 몸을 쑵푸리고 범이나 본 드시 무서우어하는 이 하며, 올막졸막한 도련님네과 튼튼 서방님네가 학생 모자를 쓰고 생긔가 팔팔하게 다니며, 올망졸망한 아기씨네며 얌전한 아씨네가 책보를 끼고 의긔가 양양하게 다니며, 서울을 깨긋이 하여 주는 이들이 드러 진테미며 똥통을 수레에 가득히 실코 가더라. 때는 조흔 때다. 전 가트면 가마니 사린교나 평교자니, 남예나 초연이니 하는 것을 타고 전후좌우로 전립 쓰고 군복 입은 놈을 세우고 물넛거라 시아서라 하면서 욕지기나는 꼴을 참실 볼 터인데, 내외시긴다니 내외하너니 하면서 집 박게 나시지 못하든 녀자인데, 시방은 그 짓도 못하며 모다 기티 세비람 부는 대로 누라나더라.

놉고 넓고 맑고 푸른 하늘에 히고 밝고 환하고 둥근 달이 홀로 뗫다. 그러케 만히 오락가락하든 구름들은 한 점도 업고 뵐랑 말랑 하는 반작

반작하는 별들은 드문드문 한아씩 둘씩 엇제다 보이고 아모리 눈을 싯고 보아도 가는 띄쌜 한아도 업고 아모 것도 거칠 것이 업시 왼 세계를 나려다보면서 가는 줄 모르게 슬그머니 서쪽으로 기우러가더라. 암만 처다보아도 슬치 아니하고 사랑스러우어 버리고 떠날 수 업스니 밤이 새도록 잠은 자지 못하더라도 그 알에서 놀고 시프다. 나도 너 가는 대로 짜러가고 시프다. 달아 달아 조곰만 멈추어라. 나도 가서 동행하리라. 가는 네야 만류할 수 업스니 동행이나 하여 가자. 나는 너 가는 대로 나의 목숨이 고만큼 더러진다. 네가 나의 목숨을 사랑하면 그냥 줄다름질하지 아니하리라마는 너도 네 평생 질품만 팔어 사는데 조고만한 사정에 어르재려 텬리공도를 어귀랴. 그럼으로 나의 사정 아니 듯고 가는 뜻을 용서하노라. 지나간 우리 조상네도 너를 보고 늣기엇스려니와 이 다음 우리 자손들도 너를 보고 늣김이 잇스리라. 너를 보니 지나간 조상네의 얼굴을 그립고 이 다음 자손들의 얼굴을 생각하나니, 너는 우리 조상네와 우리네와 우리 자손들짜지 모다 보고 사귄다마는, 우리 조상네며 우리네며 우리 자손들도 모다 너와 가티 길고 길게 동행하지 못하고 중로에서 떠러지니 엇지 섭섭하고 슬프지 아니하랴. 슬프다. 너를 보니 우리 조상네 보고 십고 우리 조손들짜지 보고 십다. 엇지 하여야 보게 되랴. 그 사이 동행하여 온 것도 이십팔 년이나 되지마는 압흐로 얼마나 동행하게 될는가. 될 수 잇는 대로나마 길고 길게 동행하리니 그리 알고 가티 가자. 이제 이 세상에 너와 동행하는 이 가운대 나의 조부모도 기시고 나의 형뎨도 잇고 나의 처자도 잇고 나의 결에(일가)도 잇고 나의 벗도 잇고 또 모든 다른 이들도 잇나니, 긔운이 부치든지 탈이 나든지 무슨 일이 나든지 하여 우리 동행 중에도 뚝뚝 떠러진 이 긔운 과만하다. 그러나 나와 누구라든지는 제 힘대로 가다가 쩔

어지더라도 그만두려니와 우리네의 가장 어엿브어하고 사랑하고 그립은 우리 임과는 네가 이 세계를 몃 억만 바큐 도라다니어 네 긔운과 힘이 업서 못 움지기기까지나마 부대부대 더블고 동행하여 주기를 빌고 비노라.

사방에서 울어나는 여러 버레소리는 큰 음악을 가초아 알외면서 그네들도 이 달과 얼마큼 동행하려 하더라.

집에 잇는 아오들에게 배홈에 뜻하고 배홈을 부지러니 하라고 기드라케 이것저것 짓거리어 글월 적어 보내다.

송정식 군이 즛절 신주사 어른을 뫼시고 차젓오앗더라.

9월 7일. 아츰에는 찬 긔운이 돈다. 그러케 더운 위엄도 벌서 그만이다. 더위가 가면 추위가 오는 것은 당연한 리치다. 음디가 양디 되고 양디가 음디 되며 가난방이가 부자도 되고 부자가 가난방이도 되며, 승하면 쇠하고 쇠하면 승하며, 여름 가면 가을이 온다. 시방 고상한다고 스러 마라. 호강할 날 잇스리오. 시방 호강한다 자랑마라. 고상할 날 잇스리라. 세상만사 이러하니 조심하여 지나야지. 무엇이든지 넝넉히 잇슬 때 존절히 할지어다. 늘 넝넉한 것 아니며, 푼푼하다고 함부로 쓰지 말지어다. 구차할 때 잇나니라. 불 가튼 볏이 나려쏘이며 왼 세계가 한 진막 속 가튼 더위에 너나 할 셋 업시 땀을 철철 흘이며 "알구 더워 알구 더워" 하면서 제 몸들도 주톄를 못하드시 괴롭게 지나던 일을 생각들 못하는가. 새삼스럽게 오늘 아츰 조곰 찬 긔운만 움지기어도 도모지 더워니 하는 생각은 바늘긋 만치도 업고, 홋것도 오히려 더우어하든 이들이 겹옷 입었스면 하니, 하늘님게서 나려다보시면서 "속업는 것들이라."고 하시겟다. "매우 더워하여 하기에 차차 서늘하게 차게 하여 주랴 하니 또 차다 하는가." 하시겟다. 지망지망히 말을 하지 말지어다. 하늘임도 미워하신다. 새 긔운 서늘하니 새 정신이 난다. 이적지 더위에 취한 듯 병든 듯 하든 몸과 맘이 얼마큼 가벼운 듯 시연한 듯하다. 글을 읽든지 일을 하든지 참으로 조흔 때를 맛낫다. 부지러니 하여 보자. 일하기나 글 읽기나 모다 부지러니 하리로다.

전주제이학교 선생 김사영金思濚 씨게서 답장 편지 오앗는대, 그는 무슨 감정이 잇는 듯 답장이 아니라 남의 글 탄핵하는 글이라. 얼마큼 나의 허물일는가, 오히려 황송하여 만만 사레로 편지하엿스나 이번에도 그의 뜻에 마질는지 십분 념녀로구나. 까달스런 선생임은 과연 잘 대접하기 어렵더라. 그러나 내가 극진히 하면 무슨 칭절나랴.

리찬 군, 김용술 군에게 엽서 부치다. 재동 장진 안을 차젓더니 신쥬사 어른은 아니 기시다. 쥬인 영감이 재재히 하는 말로, 만쥬 이약이 무러 가로대 리와 명 두 가지에 무엇을 취하엿나 하며 자긔 표쥰한 말만 하고, 배가 든든하여 아모 걱정업는 말과 너머 두러우어서 짱도 문어 짓가 하며 가만가만이 다니는 말 하기에, 리나 명이나 다 취하여야 하겟소 하고 고상과 경흠도 잇서야 하겟다 하며, 또 제갈양諸葛亮이 궁경남양窮耕南陽 하야 구전승명어란세苟全姓命於亂世 하고 불구문달어제후不求聞達於諸侯란 말을 하면서 구전승명하여라 하기에, 예로부터 위인偉人 걸사傑士가 승명을 구전함에 농가農家에만 숨은 것 아니라 장사에나 공장이에나 도문屠門(백뎡)에나 여러 데로 숨었나이다 하고, 바로 이러낫다.

저녁밥을 먹고 어데를 가너라고 뎐차를 탓다. 내 겻헤 웬 아이 기상 둘이 쎄어 안젓다. 무슨 정이나 든 사람을 맛난드시 그 알양한 엇개를 대고 지근지근하며 비빈다. 나는 사랑하는 맘보담도 불상한 생각이 먼저 나다. 엇지하여 기생이 되엇나. 잘 길러서 잘 가르치어 어진 어미나 착한 안애가 되엇스면 사람다운 길로 가티 가게 될 것이어늘, 길가에 버들이나 담 우에 꼿으로 누구든지 꺽어가게 되니, 자유스럽게 사는 수 업스리오, 한갓 음란하게 평생을 보내게 되려니. 손이 부드럽고 얼굴이 핑핑할 때 말이지, 이마에 주름 잡히고 다리에 핏긔 나리면 제 볼일 다 보앗다 그 때야 누가 사랑하며 누가 더불고 노랴. 해진 신 가트면 뒤엄자리에나 알어볼 일이지마는, 늙은 기생은 누가 도아보랴. 그럼으로 생각하면 불상치 아니하랴. 나는 불상하게 생각하지마는 그네들은 도리혀 슬픈 생각 업고 무엇이 깃분지 벙글벙글하고 남에게 기대어 칠칠한 고은 옷과 훵훵한 향수 냄새로 모든 사람을 호리랴 하더라. 밤에 종로로 나서 보다. 넓고 큰 길가에 이쪽저쪽 모다 뎐긔등 빗치라, 휘황찬란輝煌燦爛하여 눈을 바로 써볼 수 업고, 뎐차 소리며 사람 소리 서로 뒤쓰러 귀가 아프도다. 서울 오아서 번화한 것을 보랴면 먼저 종로로, 종로에서도 종각 가에 서서 보려니, 더구나 밤에는 전후좌우前後左右로 환한 류리등이 볼 만하다. 마치 하늘에 잇는 별들을 모다 따다가 집집마다 달어 논 듯 기드란 길은 힛긋힛긋하니 은하수가티 모든 사람들이 물썔가티 굼실굼실하더라.

9월 8일. 오후부터 저녁까지 비가 오다. 리발소에 가서 리발하니 새로 정신이 나는 듯하다.

9월 9일. 비는 개엇스나 구름은 거치지 아니하엿다.

초하루 보름 뎐내방에 음식을 차리어 드리는 것이 여간 정성 아니다. 오늘은 음 눈칠월 망일인고로 음식을 뎐마마에게 올리더라. 아마 주인댁쁜 아니요 서울에서 뎐내방 모신 대가 꽤 만한 모양이다. 정답게 신도를 알고 위하는 집은 몃이나 되는지, 한갓 푸닥거리로 알면 광명정대하시고 령검하신 신도가 조하하실는가, 공경하고 조심하여야 되겟더라.

9월 10일. 한나지 때는 더워 위염이 잇다. 집 보기 위하여 출입하지 아니하다. 책상에 의지하여 책장만 뒤적뒤적하면서 시골 생각, 누리 생각—, 모든 생각을 갈안치고 맘을 맑히려 하엿다.

9월 11일. 맑. 리 의관의 편지 보다. 동순창 주인 신석두申錫斗 시 부자 구몰하엿다니, 무슨 일로 죽엇나, 무슨 병으로 죽엇나. 도적놈도 만하거니 괴질도 다니거니, 도적놈에게 죽엇는가 괴질로 죽엇는가. 다만 부자 구몰이라니, 도모지 쉼 박게로고나. 과연 인생이 초로 갓도다. 저거번 나올 때 문 박게까지 보내주며 "부대 잘 다녀오시오." 하든 소리 오히려 귀에 잠기어 잇는 듯, 그 생긔가 팔팔하든 얼굴 눈에 슨연하다. 아아 죽다니, 이게 웬 말인가. 밋을 수 업는 것은 사람의 수한이라. 그가 오래 살 줄 밋엇더니 벌서 황텬객이 되엇도다. 슬프다, 몃칠 사이라도 주객으로 얼마큼 친하게 지내엇다. 나지는 그와 내가 서로 일이 잇서 집에 잇지 아니하고 도라다님으로 마조 안저 놀을 수가 업거니와, 저녁만 되면 서로 맛나 밤이 이식하도록 이약이 하다가 자니, 내가 봉텬에 가서 가장 정든 이는 이이쁜. 아즉 기픈 맛은 맛보지 못하엿스나 다음 날이 만히 잇슴므로 하고 십은 말과 뵈고 십은 뜻을 모다 하지 못하여서 이미 영결하엿고나. 아아 슬프다.

리 참판 어른을 차저보앗다.

9월 12일 맑. 짜뜻한 해비치 오히려 사랑웁다.

아츰에 일찍하니 이러나서 넓은 뜰과 마당을 모다 쓸고 잠시엔들 게으름이 업시 에지간한 병에는 눕지 아니하고 왼 집안이 영이 돌게 깨끗이 치고 왼 살임을 선칠하니 하여 가는 주인 할머님은 관연 긔품이 조흐시고 재질도 뇨뇨하시다. 춘추가 이른일곱이라. 시언찬한 이는 젊엇서도 제 몸도 이기지 못하여 주체를 못하는데 하물며 극노인께서 그러한가, 참 놀납다. 남자나 녀자가 다 가튼 사람이라, 가튼 사람으로서 서로 천하고 귀함이 잇스랴. 사내는 사내임으로 귀하다할 것 아니오, 여자는 녀자임으로 천하다 할 것 아니니, 사내 됨을 깃버 말고 여자 됨을 슬어 마라. 사내도 사내 나름이오 여자도 여자 나름이라. 그럼으로 여자라도 사내보담 난 이가 업슴 아니오, 사내도 여자보담 못한 이 업슴 아니며, 다만 그 귀함 천함은 사람 되기와 사람 노릇하기에 잇다. 나는 흔이 녀자네 말을 들으면 녀자는 사람 아닌 것으로 치고, 스스로 사람다운 사람, 사람 노릇하는 사람 되기를 애초에 뜻도 두지 아니하고 힘도 쓰지 아니하니, 가이 업다. 녀자도 잘 기르야 할 것이오, 잘 가르치야 할 것이요, 잘 배호야 할 것이오, 잘 하여야 할 것이라. 그러나 종업시 사내네는 녀자만 천히 녀겨 한갓 노리개로 알고, 또는 어시돗으로 알어 몸맵시나 곱게 치장하여 더불고 놀으면, 몸집이 튼튼하여 자식이나 도야지 색기처름 만히 나면 그뿐으로만 대우하며, 무엇을 배호랴 무엇을 하랴 하나니, 진실로 한심한 일이로고나. 사람은 먹기, 입기, 자기만 위하여 사는 것 아니라, 맘의 깃븜이 잇스야 하겟다. 곳 깃븜으로 살으야 하겟다. 깃브기, 질겁기, 위로하기 위하여 사는 것으로 생각한다. 무론 먹기, 입기, 자기는 어느 사람이든지 아니 하랴마는, 그 우에 맘으로 재미잇게 지내자고 애도 쓰고 고상도 하고 부지러니 하는 것이라.

인륜이 잇서 사람의 질서를 바르게 하고, 학문하여 지혜 밝키고 정성드려 일함이 모다 사람의 맘으로 울어난 것이니, 이런 것으로 말미암어 사람 노릇한다. 몸도 위하려니와 맘을 위하여 닥근 것이 만하고 아는 것이 만하고 하는 것이 만하며, 또한 알뜰한 맛이 잇스야 깃브고 질겁겟다. 그러면 어대까지는 녀자도 사내와 한가지로 배호며 하여지어다. 우리네는 사내도 무식하여 걱정이지마는, 녀자도 너머 무식하여 걱정이다. 한쌧 재미란 것은 더불고 놀기, 자식 낫기 쑨이다. 무엇을 모름으로 엇던 취미도 업스니, 맘으로 깃브고 질거움이 엇지 잇슬손가. 그런데다가 혼인은 어리어서 부모네끠리 상약하여, 얼굴도 모르고 일홈도 모르는 이와 백년의 짝을 지으니 질겁게 지낼 수 잇는가. 부부간 불화가 만함은 엇던 쌔닭인가. 뎐에 가서 담뱃대 한아만 사랴도 제 맘에 드는 것을 여러 번 골라 비로소 엇나니, 하물며 두 몸 한맘으로 평생 해로할 사람을 제 맘대로는 고사하고 아조 모르는 것을 어드랴. 요마적하여서 청년 학생들이 그 안해가 지식도 업다고, 자미도 업다고 하면서 녀학생을 흠모함은 무슨 쌔닭이냐. 혹 반약복 양머리 바람에 취한 듯하나 참으로 무식하여 맘에 깃븜과 질거움과 위로를 못 바더 그런 듯하다. 우리네들은 누구니 누구니 할 것 업시 남자나 녀자나 새사람이 되어야 하겟다. 새사람이 되랴면 새로 배호고 새로 하여 구진 것, 나진 것 모다 고치어 남과 가티 질겁게 살어야 하겟다. 남들은 크나큰 집에서 비단옷 입고 고기 먹고 노래를 부르면서 사는데, 우리네는 오막사리 집에서 홀벗고 주리며, 스름을 부르지지어 잇는가. 어서 밧비 부지러니 남하는 것을 저름하며 우리도 하고 나아가자. 질겁게 살어보자. 이러틋 사람 노릇하는 중에 남자는 남자 노릇 녀자는 녀자 노릇하여 서로 쑤준하니 지내고자 하노라.

9월 13일. 맑. 광신태에 가서 몃 마대 이약이 하엿다. 리 참판 어른을 차저보앗다. 송정식 군을 차젓더니 출타하엿슴으로 못 맛낫다. 양주楊楹州군 와부瓦阜면 팔당리八堂里 리중국 군에게서 편지 오앗기에 바로 답장하고 종매게 상서하엿다.

리수영이 차저오앗다.

여관에 드러오아보니 누가 오아 기다리다가 오후 칠 시에 쏘 차저오겟다고 적어노코 갓다. 저녁밥을 먹고 잇스니 한종석 군이 김정선이란 삼십여 세 된 녀자를 더불고 오앗다. 그 녀자는 과부로서 몃 해 장사하여 사는 중 지난 달부터 한종석 군과 의남매를 맷고 서로 장사하는대 내가 봉텬 왕래함을 듯고 내 장사에 한목 찌겟다고 하며 쏘치쏘치 무르며 조르고 대아들으니 대강 봉텬 일을 말하엿주엇다. 녀자가 외국까지 가서 장사한다는 말은 비로소 듯는 말이라. 녀자도 똑똑만 하면 장사뿐 아니라 모든 일도 할 수 잇겟다. 그러나 가정에서 어진 어머니나 어진 안해 노릇 하는 것이 녀자의 일로는 가장 당연할 줄로 아노라. 아즉 사람의 정도가 그대지 나아가지 못하여 사내나 녀자가 금수의 맘을 가지고 잇는 이가 만하니 남자는 녀자만 보면 녀자는 남자만 보면 벌서 나진 생각이 나니 그 생각을 만족케 하랴면 금수의 짓슬 하는고나. 사람들이 썩 놉히 밝어지면 참으로 아름다운 것 사랑운 것들을 깨치어 서로 깃븜으로써 정절을 지키어 아모리 다른 이를 보아도 금수의 짓은 아니하리라.

9월 14일. 비가 부실부실 나리다. 무슨 일로 말미암어 남대문 박게 갓다 오는 길에 뎐차에 오르다. 우산을 가진 채 안진 이, 선 이 빽빽하다. 그중 한 오십이나 되어 보이는 이가 조선은행 압헤서 남대문 "정거장이 어대오." 뭇는다. 모든 이가 다 웃더라. 그가 남대문 박게서 타고 오아 남대문 안에서 남대문 박게 정거장을 무르니 그 사이 모르고 헛짓함이라. 다시 남대문 박게로 가지 아니하면 못 되겟다. 진실로 우리 가는 도가 그러치 아니한가. 그 사람 길 모르고 고상하는 것이, 우리가 도 모르고 방황彷徨 주저躊躇하는 것과 다름이 잇스랴. 과연 우슬 것 아니라. 리양전, 장남선을 차저보앗다.

9월 15일. 하늘에 구름 찌엇다. 오후부터 저녁까지 가랑비가 부실부실 나리다. 기다리는 집소식도 듯지 못하고 기다리는 벗도 오지 아니하니, 답답하고 갑갑하여 허긔가 나다. 그러나 낫비츨 변하여 나타냄은 내 맘을 닥거가는대 넉넉지 못한 것이니 차라리 참고 참으려니, 이런 것이 내의 공부라. 한편으로는 목마른 사람 물 찻드시 어서 밧비 오라고 하면서 애가 씃어지는 듯 기다리고, 머나먼 곳에 잇스며 한편으로는 오날 래일 하면서 보일 쯧 보일 쯧하는 그린 임은 보이지 아니하여 너머 감질나겟다. 엇지 견대기 어렵지 아니랴마는 어려움을 견대는 것이 참으로 견댐이라, 그동안도 무던이 견대엿스나 차차 더욱 견대라. 맘아, 네가 잘 견대어, 네 얼굴에는 그 괴로운 비치 보이지 안토록 하여라. 부지럽시 널로 말미암어 주름이 잡히든지 샛칠하든지 하거드면 네의 약함과 넉넉지 못함을 스스로 드러냄이라. 맘아, 너는 아못조록 씃세라, 웃듯해라, 질겁어라.

9월 16일. 맑. 햇발이 싸쯧하니 가히 사랑웁다. 주인 할머님게서 어제 나지부터 체징으로 탈이 나서 오늘 밤이 새도록 중통하섯다. 양주 팔당리 종매게서 편지가 오앗다. 종매게서 팔당리는 맑은 가람가에 아모 생리도 업고 다만 지내기 답답하여 못 잇게스니 서울로 가 살겟다고 사흘세집 두어 간만 어더달라고 함이라. 그 사게와 정리가 그럴 듯하여 바로 답장하엿다. 세대문 박게 어느 어른을 차저 한시漢詩를 서로 보면서 질겁게 한동안 놀다가 그의 사아 논 양옥집을 구경하엿다. 반쯧한 집에 넓직한 방이 여럿이라. 쓸이든지 마당이든지 동산이 다 운치잇게 꾸미엇고 쏫나무며 소나무가 군대군대 잇서 경치도 그러할 듯하다. 우리네도 타국 가서 사는 이가 모다 그러케 할 만큼 되엇스면 조켓다. 가난방이를 버리고 부자들 되어지어다. 힘쓰라. 힘쓰라.

9월 17일. 맑. 주인 병환이 낫지 아니하서 약을 지어오앗다. 약을 쓰고 환약을 자시어 차차 나서가다. 하도 굼굼하여 집에 편지하엿다.

9월 18일 맑. 서대문 박게를 뎐챠 타고 가다가보다. 나와 마주 서양 부인 한아가 안젓다. 그 손에는 무슨 커드란 책 한아를 가지엇고, 머리에는 넓드란 모자를 썻다. 의젓하니 매우 배홈이 잇는 인 듯 부처처름 즘잔하여 눈으로 홀네홀네 보는 일 업고, 입으로 납족납족 말하는 일도 업시 그런대도 너머 쑥쑥하지도 아니하고 덤덤하지도 아니하고, 온화한 긔운과 사랑운 뜻이 왼 얼굴에 가득하다. 마츰 일본 부인이 뎐챠에서 나려쒸다가 뎐차 가는 힘에 모로 잣바젓다. 모든 사람에는 왈락 이러나아 나려다보는 이도 잇고 혹 잘못하엿다고 뒷말하는 이도 잇는대, 오즉 서양 부인은 "아차, 상하지나 아니햇나." 하면서 동정을 표하며 빙그시 우스며 나를 보더라. 다행이 일본 부인은 상하지는 아니 하엿더라. 이것을 보아도 교육 잇는 사람이 얼마큼 다르다. 우리네도 모다 교육을 상당히 바드엇스면 저 서양 부인에 미치지 못하랴. 도 군이 오아 집소식 드럿다. 주인 할마니는 저녁 나달 자시고 병환이 도치엇다.

9월 19일. 맑. 더웁다. 주인 병환은 여전하시어 오히려 더 괴롭어하시니 보기 민망하다. 보는 이가 이런대 아르시는 이는 더구나 엇더하시겟냐. 병은 맘을 상한다든지, 몸을 상한다든지 하는 데서 난다. 너머 스러하거나 화가 나거나 하며, 바람, 추위, 더위, 루십에 잘못 지내거나, 음식을 함부루 먹거나 하면 병이 난다. 그중에도 체징은 쏙 음식으로 말미암어 생기는 것이라, 가장 음식을 조섭하지 아니하면 못 되나니, 소화 잘못 될 것을 먹고십다고 부지럽시 먹을 것 아니라. 그러나 병인은 정신차려 맛당하기 어렵으니, 병 보는 이가 잘 조심하여야 하겟다. 그럼으로 첫재는 자긔가 조섭하여야 하고, 둣재는 병 보는 이가 조심하여야 하고, 셋재는 약이라. 아모리 약이 조하도 병인이 조섭하지 아니하고 병 보는 이가 조심하지 아니하면 헛것이라. 그러면 병인의 조섭이란 것은, 병인이 맘은 아못조록 튼튼하게 평화하게 가지고 몸은 삼가이 하여 먹기를 맛당하게 먹을지라. 병 보는 이의 조심이란 것은, 늘 병인의 겻헤 잇서 병인의 일동일뎡을 살피여 친절하게 보아 주고, 꼭 의원의 말을 드러 거처 범절과 의복 음식을 적당하게 하여 줄지니라. 병인은 모진 병에 정신업시 이것저것 모르고 답답하고 아퍼할 쑨이니, 병 보는 이가 진실로 대종하여 더하고 덜함이 업게 할지라. 그러고 극히 정성을 드려 맘과 힘을 쓸지라. 참으로 정성 업시 마지못하여 보아 주는 것이야 무슨 도음이 잇스랴. 다 가튼 밥이라도 눈치밥에는 살이 찔 수 업나니, 정 업시 보아 주는 것에는 병이 나슬 수 업다. 비록 중한 병이라도 병 보는 이의 정성이 지극하면 혹 난는 수도 잇다. 약보담도 병 보는 이의 정성과 주변이 유됴하다. 종작업시 병인 겻헤서 떠들든지 병인 듯는 대 병이 더하다든지 죽을병이라든지 죽겟다든지 푸닥거리를 하라든지, 뭇구름이를 하든지 하라고 하며, 그리 아니하여도 윗달고 약한 병인의 맘을 더구나 괴롭게 산란케 하지 말지어다. 무지한 사람들은 남의 문병 가서 쓸대 업는 말을 씨월거리어 남의 감정이 낫게 할 쑨 아니라, 드대어 병인의 심화가 더하게 하나니, 이른바 위문이 폐문이라, 도리혀 문병 아니하는 것이 조흘 테니, 이런 일들을 조심하여야 하겟다.

9월 20일. 맑. 리 의관에게 편지 부치엇다. 주인 할머님 병환은 나서 간다. 날마닥 기와집 사이에서만 오르락나르락하니 도모지 가을 경치를 잘 모르겟다. 만일 우리 시골에만 잇섯더라도 맑은 못물에 욱어진 연입이며, 뜰에 어울러진 국화 썰기며, 압 논에 가득히 익은 볏목이며, 뒤밧헤 톡톡 념은 콩팟 열마며, 이 산 저 산에는 누르락붉으락 고은 단장하는 숍이며, 사이사이 나무에는 감, 배, 밤, 머루, 으름들의 맛드른 것를 모다 보고 먹어 가을임을 분명히 알고, 여러 가족과 한가지 가을 경치를 구경하고 가을 먹이를 씹어 얼마큼 깃븜이 잇스련마는, 다만 이곳에서 몬지 만한 길로 얼굴을 쌔마케 쓰려면서 다니고, 구린내 나는 공긔를 맛고 잇다. 벗 만히 더불고 눌기는 조호나 우리집과 시골이 그립다.

9월 21일. 맑. 주인 할머니 병환은 나섯다. 더할 수 업는 깃붐이라. 그 사이 한 달 동안 실업시 중한 병환이로다. 팔순 로경에 갓가운 겨레한아 업고 다만 외손자 병교 군만 밋고 기시는대, 마침 병교 군도 아니 잇고 더구나 가을 새바람 부는대 처음에는 감긔로써 대단히 알으시다가 이 약 저 약 마시어 조곰 우선 하신 듯하더니, 연하여 체징으로써 칠 팔일에나 나달 한 모곰도 못 마시고 두통, 신열, 복통에 가슴이 답답하며 쓰리어 견대기 어렵으니 그 아픔은 오즉 하시라. 보는 이 가슴도 또한 갑갑하다. 첫재 병교 군 관게로 나는 다른 이보담도 친근하고 둣재는 나를 친손자 모양으로 사랑하시고, 셋자는 로인이시니, 나의 조부모를 생각하면 공경하여야 하겟다는 것으로 더욱 정성을 드려 구원하고저 내싼에는 그동안 맘과 힘을 만히 씃다. 오히려 집에서는 어른 병환이 나시면 집안사람이 여럿이어서 내가 별로 수고할 것 업다. 그려서 남 보기에는 등한한 듯하엿다. 참으로 애쓰어 본 것도 업섯다. 그러나 이번에는 내 압해 내 홀로 당한 일이니 내가 그러하지 아니하면 내 도리도 아니오, 인정도 아니라. 만일 이 어른도 엉크엉크 자손이 만하게 잇섯스면 내가 엇지 구원한다고 말이나 드릴 수 잇스랴. 세상에 괴롬이 만하나 병처럼 괴론 것 업다. 병인 중에도 욋단 몸으로 아픈 이처럼 괴론 것 업다. 그러면 이런 정경을 생각하여 나도 걱정하고 애씃다. 이로부터 더욱 강녕하시기 기피 빌엇다.

9월 22일. 맑. 살을 쏘는 듯한 찬바람 긔운이 움지기며 코속과 입천정이 텁텁하고 싸늘한 것이 아조 맛당하지 못하여, 한나지에는 몸이 더우며 머리가 땃땃하기에 아마 감긔나 아닌가 하고 미리 조심하엿다. 어정칠월이라더니 음녁으로는 윤칠월이 거의 다 가고 팔월이 쉬 오니, 긔후가 밧삭 변함으로 매우 지나기 어렵은 동안이라, 잘못 조섭하면 병이 나기 쉽다. 우리네 가운대 병난 이도 만하리라. 이 세상에 가난방이로 거처도 조치 못, 의복도 조치 못, 음식도 조치 못함으로, 위생인들 조흘소냐. 갓가이 가족에는, 벗에는, 병이나 아니 낫나 두루 생각하며 연하여 튼튼하기 바란다.

김노석 어른이 차저오서 몃 마대 이약이 하고 시테 글월로 진 것 한마디 적어주기를 청하더라. 박사 아잣씨게서는 날마닥 저녁 진지는 그빙모인 주인댁에서 잡수시는데 흔이 한밤쭝에 오시더라. 오날도 밤이 깁도록 아니 오시니 주인 할머님은 매우 기다리신다. 그 싸님도 아니기신 사외에게 더욱 정성드리고 사랑하서 하루밤만 아니 오서도 걱정이 태산가티 "엇지 아니 오나. 무슨 탈이 낫나." 하시면서 밥을 다숩게 무더 노코 숭늉을 땃땃하게 듸어 노으며, 혹 닭이 울 때까지 잠을 아니 자고 기다리여 보기도 한다. 과연 친부모도 이러하기는 어렵다. 모기가 들석들석 설는 여름밤에든지, 비바람 치는 밤에든지, 눈이 펄펄 나는 밤에든지, 오래싸지 음식을 더웁게 하여 두고 오기를 바라는 그 정성이야 엇더하고, 고은 옷감을 보든지, 맛난 음식을 당하든지, 조흔 약을 엇든지 하면, 먼저 그 사외를 생각하는 그 사랑이야 엇더하뇨. 그러케 늣게 오시지마는 아니 듯는 데 군소리 한마디 아니하니 진실로 놀나운 일이라. 늘 하시는 말슴이 "내 쌀이 아니 살어 그 남편 수발을 들지 못하니 아모리 그 소실이 잇서 따로 살님한다 하더라도, 내의 도리와 정리에 더 친하게 지나지 아니하면 못 되겟다." 하고, 이러틋 대접하는 테라. 그쁜 아니오 다른 손들이 집에 오아 잇서 혹 어데 갓다 늣게 오는 경우는 또한 밥상을 보아 노코 기다린다. 이제 장적불을 무더둔 화로에 숭늉을 다슙게 두엇다. 어느 손이 늣게 오아 목마르던 참에 그 쌋쌋한 정이 가득히 넘치는 툭아리의 구수한 물을 마시고 깃븜을 못 이기어 입으로 저절로 울어나오는 소리가 "마누라 생각난다." 하더라. 서울에서 쓰는 말이라 쌋쌋한 숭늉을 마시면 마느라 생각한다 하는 것은 마느라가 텬하에 다시 업는 자긔의 남편 한아만 공경하고 사랑하여, 비록 그 남편이 닭 울 때싸지라도 어대 가서 오지 아니하여도 금침을 버려 노코, 음식이면 숭늉싸지라도 쌋쌋하니 하여 둠으로 말미암어 그 마느라의 고맙은 생각을 함이라. 그러나 만일 그 마느라가 그 남편을 그러틋 사랑하지 못하여, 그 남편이 오든지 아니 오든지 모른 체하고 초저녁부터 식식 누어 자아, 밥은 괴가 먹으며 물은 벌레가 허염하되 관게하지 아니하고 쑴속으로 잇다가, 나종에 오아 깨거나 하면 골을 내어 군말이나 구시렁거리면, 고맙기는 고사하고 미안할 것이오 속상할 것이라. 그럼으로 착한 마느라 노릇하기가 쉽지 못하고, 사랑온 마느라 노릇하기가 어렵으며, 착한 남편과 사랑은 남편 맛나기 더구나 어렵은대, 착하지 못한 사랑하지 아니하는 남편이라도 마느라 도리는 도리대로 하는 것이 당연하다. 그러하지마는 배홈이 업고 덕행이 업는 이들은, 무슨 보는 일이 잇서 엇지할 수 업시 늣게 오는 남편에게도 "엇지 늣게 오아 사람올 귀찬하게 하는가." 하며 홰를 내며, 낫츨 쭈푸리며 입을 놀이어 남의 속을 건드린다. 오날 저녁이 서울의 여러 부인 가운대에 그 남편이 늣게 온다고 이러케 미워하지 아니하는 이가 몃이나 될는

가. 그러케 홰증 나서 드대어 다투기에 이르는 이도 잇스렷다. 자긔 몸 편한 것만 생각하지, 자긔와 한 몸 가튼 오히려 자긔 몸보담도 더 사랑하여야 할 만한 그 남편네 몸을 편하게 하며 사랑하지 아니하랴. 인정이란 것은 사랑이 잇슴이라. 이 세상의 모든 사람을 다 사랑하여야 하고, 그중 갓가온 사람 곧 조부모, 부모, 부부, 형데, 자손, 족척, 벗, 한 집안 사람, 한 골 사람, 한 나라 사람들은 더욱 사랑하여야 하고, 더구나 한 맘 한 몸으로 지나는 남편에게야 자긔의 몸을 바치는 냥으로 더할 수 업시 지극히 사랑하여야 하겟다. 제 집안에 먹이던 개나 말이라도 어대 가서 늣도록 아니 오면 그 먹이를 구수하게 하여 두고 기다리려니, 하물며 사람에게며 하물며 남편에게랴. 사랑이 잇스면 정성 드리고 정성 드리자면 모든 일에 맘과 힘을 쓰나니라. 아모 사랑도 업시 나만 사랑하여 달라면 누가 사랑하여 주랴. 참으로 다순 숭늉 마시는 이는 마느라 생각나겟다.

벌서 십 년 전 일이라. 내가 어느 시골 보통학교 다닐 때 어느 부자댁에서 조석 밥을 엇어먹음으로 신세를 만히 젓다. 그 집 주인 되는 노인 어른게서 나를 참으로 사랑하시어 나를 다려다 밥을 공으로 먹이어 주엇다. 엇지 고마운지 기피 감사하엿다. 그러나 아츰밥만 어더먹으면 나는 학교로 책보 가지고 가서 저녁에야 도라오아 밥을 먹엇다. 아모 도아주는 일 업시 신세지는 것이 하도 미안하게 녀겻다. 꼭 밥 먹을 때를 어구지 아니하고 차저갓다. 만일 밥때를 어구면 싼 상을 보아 노코 설그지하기에 더욱 괴롭려니 하여, 밧브고 밧브어도 그때를 마추어 갓다. 그러나 한결가티 나갈 수 업는 것은 사람의 일이라, 마치 큰 바다에 물결처름, 이 물결이 가란지면 저 물결이 이러난다. 우리네 일도 오날은 이러케 하엿스나 래일은 저러케 하여진다. 오날은 그 시간을 지키엇스되 래일은 그 시간을 지키지 못하게 되는 수도 잇도다. 어느 겨을날 북풍은 살을 버는 듯 불어오고, 사지는 벌벌 떨이는데, 학교 선생님네는 등불 켜고 무슨 사무를 본다. 나도 그 선생님네게 붓드려 가티 오래 동안 글씨를 씃다. 내 맘에 주인집에서 오즉 기다리려니 하고 민조롭은 생각이 왼 가슴에 가득 찻섯다. 얼는얼는 맛튼 일을 마치고, 바로 장다름질하여 쏜살가티 도라왓다. 도라와 보니 그 주인 어른게서는 어데 가시고 그 손자 되는 젊은 주인만 홀로 잇다. 아즉 밤은 초저녁이나 젊은 주인이 "웨 늣게 다니는고, 늣게 다니면 누가 밥을 주나." 하면서 "밥은 업는 걸." 하더라. 가마니 주머니를 만지어보니 엽전 다슷 입이 잇다. "걱정 마시오. 하루 저녁 굴머 자도 관게치 아니하오." 하고 나오앗다. 그래서 어실렁어실렁 팟죽집을 차저가서 한 보이씀 되는 죽을 먹엇다. 아츰 한술 엇어먹고 그냥 주리엇든 배에 얼마나 요기 되랴마는 그대로 허기쯩 나서 자는 것보담은 낫다. 그 주인집은 그때 시골화적 등쌀에 살지 못하고, 그 골 읍내로 피접 오아 잇슴므로 방도 몃 간 못되어 나까지 잘 방은 업섯다. 아츰 저녁 두 쯔니만 어더먹고 자는 데는 다른 곳에 잇섯다. 늘 밥만 먹으면 학교로 나 자는 데로 갓다. 그날 저녁에도 자는 데로 가서 드러누니 암만하여도 잠이 아니 오더라. 단밥 단잠이라는 말대로 단밥이 아니어든 단잠이 아니로구나. 그 집 젊은 주인들이며, 밥진는 부인네야 한갓 슬은증만 나서 내 밥도 때가 지나면 업시는 것도 그럴 듯하다. 무엇이 고맙은 사람이라고 하여 그러치 아니하랴. 결코 그네를 나무랠 수 업도다. 마치 혹처름 쓸대업시 부터 그네들을 괴롭게 하는 냥을 생각하고, 그 뒤에 바로 그 주인 어른을 보고 다른 곳으로 옴기기를 말하엿다. 그 어른은 꾸중을 하면서 못 된다 하나, 나는 긔어이 떠낫다. 오날 저녁 다순 숭늉에 문득 옛일이 생각키어 적노라.

9월 23일. 아츰나절 북쪽 하늘에서 구름 몃 덩이가 둥실둥실 써오더니, 아니나 다릇까 점심 먹고 한참 잇다가 북한산 넘어로 검은 구름이 모진 바람과 협쓸려 나는 드시 모라오며 비방울이 뚝뚝 써러지며, 우레가 우루룽, 우박이 우수수 쏫다지며, 연하여 쏘내기가 죽죽 나린다. 한 줄금 두 줄금 세 줄금 지내자 씃는다. 이른바 쏘내기 삼형뎨가 다 지냇다. 큰 거리에서 부연하게 이러나는 몬지들은 어느 곳으로 도라갓는지, 그 자최도 보이지 아니하고, 맑은 하늘은 더구나 맑어졋고 몹시 나든 구린내도 모다 업서지엇다. 그러나 어느 사이에 우박이 오니 볏낫이 써러지지나 아니하엿나, 버들입, 머귀(오동)입은 퍽 써러졋스리라. 먼저는 가믐으로, 그 다음은 장마로, 그 다음은 바람으로, 그 다음은 우박으로, 우리네 입으로 드러오는 곡식들을 결싼내엇다. 아모리 그 이스락을 주서 모인들 우리네 수탄 배를 모다 차일 수 잇스랴. 반드시 주린 배에 모든 생각만 나리로다. 그리고 주린 귀신이 되면 다른 부자네의 것을 생키고자 하렷다. 부자네는 아니 주랴 하여서 큰 쌈이 이러나렷다. 쌈이 이러나면 부자네들이 그 주린 귀신들에게 무엇을 만히 쌕기고 마렷다. 싸우어라 날내게—, 이기어라 주린 귀신들아.

아츰나절 어느 큰길가로 가다 보다. 늙은이 졂은이 머리에 기름을 번질번질 흐로게 바르고, 얼굴에 분을 하야케 맥질하고 칠칠하니 산뜻하고 말숙한 진솔 것을 입고 조고만한 그림 논 손 우산을 들고, 비단싸기 고은 신을 신꼬 여달팔 거름, 갈지자 거름, 싸치 거름, 두루미 거름, 양지바당에 씨암닭 거름, 연무대 우에 기상 거름으로 억개를 엇식엇식, 허리가 능청능청, 엉덩이가 굼실굼실, 한 거름 두 거름 거름마닥 구름가튼 치마가 두 다리에 휘휘 감기고 살살 날이며, 가진 향긔가 왼 공중에 피어난다. 더구나 자동차 속에 드러안진 이들은 가을 볏헤 행혀 그 옥 가튼 얼굴이 쓰를싸 두려하여, 어른어른하는 비단폭으로 얼굴을 다 복 쌋다. 아마 서양 부인의 본을 보앗는가, 제집에 관 쓴 놈, 그림 조히가 만한 인가, 작부 친 대감을 배 우에 실는 인가, 무슨 깃븜이 잇는지 우스며 지저구며 게다가 어엿분 사내 두엇을 겻헤 안치고 쒸쒸하니 나간다. 그네들은 련화대나 극락세계로 가는지, 조수물 밀드시 모라가며 쒸고 날드시 다려간다. 드르니 어느 절로 구경하러 간다더라. 올치, 그런인가 부처님 뵈시랴면 얼굴도 곱게 다듬소 옷도 맵시 잇게 입으야지. 행혀나 부처님 눈에 들이지 아니하여 소박을 당할가 걱정이라. 부처님 화상을 보아도 아니 어엿븜이 업다. 어엿브신 부처님도 어엿븐 아씨네를 그립어하시는가. 그러나 부처님은 속싸지 어엿브다. 이 아씨네야 속싸지 어엿블는가. 부처님은 눈이 밝으시어 남의 얼굴만 보아도 그 속싸지 아르신다. 그러면 비단 주머니에 개똥 싸아 논 것처름 드런 속 가진 이들은 아모리 거트로 어엿브게 단장하엿슨들 부처님이 모르시랴. 부처님게서는 평생 말슴하시지 아니한다. 비록 부처님 압헤서 욕을 한다든지 무슨 못된 짓을 한다든지 바로 쑤중도 업다. 그 대신 죄는 잇다. 쑤중 아니 하신다고 죄 짓지 말지어다. 더욱 조심할 것은 착한 부처처럼 되려 하여 부처를 갓가이하면 여러 악마가 위어 싸고 보쌈을 하러 대든다. 잘못하면 그 보쌈에 채여 가는이라. 맘과 힘을 튼튼히 굿셋게 가저 보쌈에 들지 말지어다. 쓸대업시 구경만 하러 가는 이는 쌕쌕이 악마를 이기지 못하고 그 악마에 굴복하며, 그 악마와 화친하렷다. 악마는 가장 어엿븐 이를 조하하며 깃버하며 그립어하며 기다리는 터이라. 오늘 가는 그네들에게는 악마를 대적하 리 몃이나 잇나, 업나!

이 세상이 바다라면 출넝출넝 하는 물결
어느 때에 잔잔하랴 굼실굼실 지나도다.
모진 바람 불어오아 성낸 드시 밋친 드시
뒤를 밀고 압흘 시처 이러나고 이러나매
넓고 넓은 하늘 알에 욋단 배를 떼어 노코
어느 곳이 고요하랴 허둥지둥 하여매며
깁고 기픈 안개 속에 모르고서 찻느라고
멀고 머른 나갈 길을 이리 갓다 저리 갓다
그치기도 하여 보며 괴로버서 못 견대며
나가기도 하여 보며 스러워서 우는고야.
바라는 바 저 언덕에 애를 쓰고 써가 녹아
깃븐 동산 잇스려니 죽드라도 넉이나마
처음 뜻을 드대어서 맑은 바람 밝은 달이
긔어긔어 가보려니 그를 위해 인도하매
나는 물결 가란치고 맑고 밝은 거울로서
벌인 안개 거더주며 커나컨 길 쌀엇도다.
이로부터 그의 깃븜 엉덩춤을 추고 추며
비롯하여 자라나니 고은 소리 부르지저
우러러며 굽으리어 어데싸지 거침업시
북그럼이 한아 업고 자유롭게 살어지다.(씃)

이 노래는 이 세상 사람들이 바로 갈 길을 찾지 못하고 헛길로 방황하는 이 만함으로 늣기어 짐이라.

9월 24일. 맑. 저녁나절 장현중張鉉重 군君, 송태규宋泰圭 군君을 차저보앗다. 리 참판 어른을 차저갓다 못 보앗다. 날마닥 문안하러 감이라. 혹 맛나기도 하고 혹 못 맛나기도 한다. 사람들이 흔이 남의 일을 잘못 살핀다. 남은 밧브거니 안 하거니 모르고 나는 무레한지 거만한지 깨치지 못하고 남만 내개 잘 하여라 한다. 그럼으로 남부터 시비 말고 내가 엇더한가를 먼저 살피어 볼지니라. 우연히 늣김이 잇서 다음 노래를 엇다.

홀어미 스럼

부모 가슴 땃땃한데
배부르고 걱정 업서
폭신 안겨 잇섯슬 째
벙글벙글 우슴으로
어엿브기 봄꼿처름
처녀쏠이 나타나매
자라나기 봄풀처름
나지에는 바느질과
저녁에는 질쌈하기
쓴이쓴이 밥 짓기며
사이사이 글 배호며
이것저것 여러 가지
모다 일켜 솜씨 조케
내어노매 누가 아니
만드러서 남의 압헤
칭찬하며 욕심내랴.

얼굴 곱고 재질 조흔
선을 보러 보내는 이
소문 펴저 넓히 들려
구름가티 모아드러
짝을 구해 인연 매저
나의 나가 열여슷 살
그린 임을 마질 때는
임의 나가 열둘이라
첫날밤에 서로 맛나
잠 한소곰 자고 나아
어린 임을 겻헤 뉘고
임의 그동 살펴보니
쿨쿨쿨쿨 코만 골며
새 색기가 복음자리
아모러 줄 모르고서
숨쉬드시 숨쉬는지
혼자 사랑 그득하다
그나마나 몃칠 안에
임게서야 엇지 알리
병이 나서 멀이 갓다.
이로부터 홀로 몸이
나신 부모 실하에서
싀집살이 한다고야
써나가니 고상일 뿐

닭알에도 뼤가 잇다.
가난방이 싀집에서
고상에도 더욱 고상
죽 한 끼도 어려웁다.
서리 우에 눈이 더해
늙은이가 아등아등
스럼에도 더욱 스럼
네의 팔자 긔박하여
나의 귀한 자식짜지
업는 숭을 잡어내며
명 재촉해 주엇나니
안할 걱정 다하면서
고기반찬 하여 달랴
이리 복고 저리 복겨
명주옷을 지어달랴
속이 쓰려 살 수 업네.
그전 솜씨 남어 잇서
돈을 버러 살어가매
바느질과 질쌈으로
모진 목숨 아니 끈처
듯고 보는 정신이야
봄이 오면 쏫치 피어
초롱초롱 하는고야.
나비들이 오락가락

가을 오면 달 알에서
늣기는이 눈물이야
베레 소리 숫뚤숫뚤
장마처럼 나리도다.
주린 귀신 어데 있냐
주린 범아 어데 있냐
나를 빨리 잡어가라
나를 빨리 물어가라.
흘러가는 해와 달도
히어가는 머리털도
나에게는 더듸고나
나에게는 더듸고나.
효자 일곱 둔 니라도
그는 뭐슬 못 이기어
개가 갓다 하엿스니
실썰싸지 하엿는가.
그런 자식 한아 업는
굿센 철문 쌧틀고서
나의 신세 엇더하랴
새 세상에 나가고저
씃을 하나 힘이 부쳐
지내노니 지낼스록
그렁저렁 견대고서
고상이며 스럼이라. (씃)

9월 25일. 맑. 리 참판 어른을 차저가 뵈엿다. 길에 나서 보니 요마적 양복장이가 만히 퍼젓다. 단장 집고 양복 입으니 제법 신사갓다마는, 참으로 모다 신사인지는 모르겟다. 지금 사람들은 만히 옷치레만 하는 이가 잇다. 그 속은 엇더하든지 것트로 보기만 훌륭하면 고만인 줄 안다. 참뜻 잇는 이에게야 북그럽지 아니하랴. 의복도 자긔 정도에 맛당하여야 하지, 괴벗고 은장도 차는 격이라, 누가 웃지 아니하랴. 래일 끈이는 굴머도 의복 호사는 한다니, 남의 눈에 곱게만 보이기 위하야 사는 것인가. 진실로 자긔의 몸을 위함이 아니니다. 그러면 이 세상을 헛것으로 사는 것이오 참것으로 사는 것 아니라, 점점 극도에 이르면 거품이 되어 업서지겟다. 엇지 슬프지 아니하랴

또한 입들만 벌이면 누른 금이빨이 두세네 개식 잇다. 옛날 서양인들이 우리 조선을 황금나라라 일캇더니 과연 황금이 만함으로 주체를 못하여서 이빨 사이에싸지 씨엇는가. 부자네는 말할 것 업거니와 가난방이도 금이라. 금이에 입맛이 더 나는지는 모르지마는, 귀한 금을 너머 함부루 쓴다. 손과 발을 부지러니 놀이어 넉넉이 버르면서 그런 짓 저런 짓 하거드면 누가 걱정하랴. 다만 게으름방이가 부모네가 애쓰어 작만한 돈을 부지럽시 업시는 것이 원통하도다. 양복, 단장, 금이에 시톄 류행하는 부랑자가 색기를 펵으나 친다. 그래서 자동챠로 그득그득 실어다가 화류계 료리집으로 모라간다. 양양한 긔세와 도도한 홍치가 씃이 업시 그네들 세상으로 생각한다. 한 잇는 돈을 한 업시 쓰노니, 반드시 씃날 때 잇스려니, 씃날 때 누우치리라. 고상하리라.

9월 26일. 맑. 광신태에 가서 봉텬 써날 준비를 하엿다.

내의 팔자

어느 식골 바다가에 시무 집쯤 되는 마을 가운대 가장 크고 놉흔 집이 잇다. 집 주위에는 아즉 늙지 아니한 나무가 연하여 울타리 모양으로 서서, 그 가는 가지가 비쌀가티 씩씩하니 쌔더나아 서로 얼키어 아모리 모진 바다바람이 불어오아도 집웅 용마람 한아 아니 벗기어진다. 집 뒤에는 조고만한 산이 잇서 바외틈으로 샘이 퐁퐁 솟아나고 집 압헤는 크나큰 바다가 잇서 힌 물껼 사이로 배가 오락가락한다. 얼굴이 좀 긴 듯하고 눈은 크고 코는 주저안지랴다 만 듯하고 입은 가루 째지고, 키는 크고 말소리 울엉울엉 우슴소리 껄껄하여, 제밥 외입도 하여 본 드시 간들간들한 맛도 있는 것 갓고, 제밥 잘난 것처럼 자긔에게 맷맷한 이가 잇스면 호랑이 노릇도 하여 보고, 술잔이나 마시면 개알개알하면서 호락호락한 집안사람을 못 견대게 굴며, 기집이라면 정신을 일코 혹하여 마치 암내 낸 암개 뒤에 짤어다니는 숫개처럼 붓그럽을 줄 드러운 줄 아모런 줄 모르고 간음하기나 일삼어 지내다가 어느 해 창병싸지 올이여 코가 한맛터라면 아조 업서지게 될 것슬 다행히 양약 륙백륙호 사아 치료하매 겨우 병신은 면하엿다. 그러나 오십 줄에 드러가는 나이라도 오히려 시럽신 짓만 하여 사람이 못된 이는 이 집 주인인 박문이라.

어리어서부터 부자 아들로 공부는 잘 아니하고 한갓 난봉만 피엿다. 열다섯이 넘어도 그 근처 짤 둔 이들이 한아도 그를 사외 삼으랴 하지 아니하다. 다만 양반을 팔어 돈을 구하는 어느 완고가 짤의 신세는 생각도 아니하고, 논 몃 섬지기에 욕심내아 청혼하엿다. 중매장이는 구문으로 열 마지기 주기로, 짤 판 집에는 다섯 섬지기 주기로 계약하고 청단 왕래 다 하고 길일 양신 가리어 전안 우례 마치다. 박문은 신랑이로대 한다하는 기생서방 모양으로 넘어나 잡갑스러 보는 이마닥 숭을 내고, 듯는 이마닥 비웃는다. 신부 송씨는 비록 가난방이 집에서 자라 낫슬망정, 이런 상쓰런 꼴이야 듯도 보도 못한 것이라. 날로 밤으로 아니꼰 꼴만 당한다. 어데서 술 취하여 드러오면 송씨다려 춤을 추라며, 노래 부르라며, 장단 치라며, 이것저것 가진 짓 다 하라 하여, 잠시라도 부지를 못하게 한다.

그럭저럭 십여 년 지내매 마을 잡기 집들과 상관하여 갈스록 박대가 심하여 각금각금 나진 말도 하고 혹 짜리기도 하고, 혹 밀며 쏘차내기도 한다. 착한 송씨는 참고 견대엿다. 그런대 첫 몸에도 짤, 둣재 몸에도 짤, 아울러 둘을 두엇다. 형은 춘영, 아우는 추영이라 일홈하다. 두 짤은 모다 그 어머니만 달머 얼굴이 두렷하고 눈이 곱고 코도 조코 입모숩은 더구나 아릇답고 귀며 목이며 손이며 발이며, 한아 구진 것이 업고, 소리며 승품이며 행실이며 재조가 한아 나진 것이 업다.

우로 어른은 싀어머님 한 분 게시다. 몸이 보라매처럼 조고만한대 소리는 새벽 여호 소리라, 도모지 녀자의 온순하고 종용하고 얌전하고 아름답고 인자한 것은 한아도 업고, 다만 사나웁고 써들고 독하고 거칠고, 찬바람이 나아, 아모리 착한 며누리라도 그의 쯧은 밧기 어렵다. 더구나 그 아들이 난봉내어 불순 불효하니, 왼 집안에 화락할 날은 적고 요란한 날만 만하다. 모자간 쌈을 하여 몃 번 죽는다고 목을 맨 일도 잇다. 목을 매면 송씨가 지성으로 빌어 끌러 노코 위로하여 주엇다. 그러나 송씨의 고마운 줄은 생각지 아니하고, 그 아들에게 못하는 홰풀이를 그 며누리에게 하여, 몹시 욕도 하고, 몹시 쏘지기도 하며, 짜리기도 하여 일 년 열두 달 삼백륙십오 일을 지내도 진실로 깃븐 날이 업다. 게다가 아조 이상한 승질이 잇서 그 아들 며누리 사이에 금실 조케 지내는 것을 웬수스럽게 실어하여 밤이나 낫이나 쏙 발키고, 만일 그 내외간에 한자리에서 자는 일만 알으면 몸부듬을 하고 야단친다. 서로 처음 맛나 신랑 신부로 잇슬 때에는 그 아들이 그러틋 잡갑스럽게 하여도 아모 말도 아니하고 아모 쑤중도 아니하드니, 차차 여러 해 되어 가매 무슨 악막가 들이엇는지 맘이 표독하여 푸르족족한 얼굴비치로 칼끗가티 찌르는 듯한 말소리로 이리저리 심히 굴며, 불초한 아들의 걱정까지 모다 쓰러다 며누리게만 몹시 하니, 한편으로는 남편의 소백, 한편으로는 싀어머니의 학대라.

때는 봄이라 바다 우로 엷은 안개는 바야흐로 거치고 먼 산에 아지랑 씨고 울타리 애나무입이 쌰족쌰족 솟아나고, 뒤동산에 금잔대풀 다복하게 자라나고, 여러 가지 꼿치란 꼿츤 이슬을 머금고 옴치엇다 피엇다 하면서 가진 행긔를 들날리며, 나비와 벌들은 춤을 추고 노래하면서 이 꼿 저 꼿 차지며 군데군데 모앗다가 분분히 날으며 오락가락하여, 왼 공중으로 거침업시 협쓸고 다니며, 넓은 하늘에서 더할 수 업시 큰 사랑하는 쌋쌋한 정을 왼몸으로부터 왼 맘 속까지 유들유들 기름이 흐르게 겹겹이 배게 느어 주는 해비치 비최여 온다. 얼엇든 살이 녹아지는 듯, 구덧든 쌔가 풀어지는 듯, 맷치엿든 한이 업서지는 듯, 답답하고 갑갑하고 아프든 가슴이 열이어지는 듯, 모다 형용하여 이를 수 업는대, 혼자 몸과 혼자 맘으로 움지기는 것 것잡을 수 업서 취한 듯 미칠 듯하는고야. 사이사이 들이는 종지리 소리며 꾀고리 소리, 서로 깃버 노래하며 서로 불러 화답하니, 더욱더욱 창자가 끈어질 듯하며 때때로 보이는 대들보 우에 쌍짜란이 안저 재미스럽게 지제구는 제비며 바다로 쌍쌍이 질거웁게 날어가는 원앙새가 잠긴 회포를 이러킨다. 뒤산으로 샘물 지르러 갓다오면서 해당화 한 가지를 손에다 썩어 들고 도라오아 보니, 마침 그 싀어머니는 낫잠을 자아 코를 들들 골고 긴 쉼을 쉬는지라, 송씨는 자긔 방으로 드러오아 경대를 압헤 노코 쏫가지 드른 채 어엿븐 자긔 얼굴과 몸맵시를 보앗다. 그러면서 함부로 너울러진 머리가닥을 귀 밋헤로 드리게 하여 가벼운 바람에 가는 수양버들 가지 날이드시 살살 흔들이며 나직한 쪽에 비취비녀는 구름 사이로 보이는 별처럼 쌘짝거리며, 달가티 환한 얼굴에 날칸 붓으로 그리어낸 듯한 눈섭이며 흑백이 분명하고도 가느스럼한 아룻다운 눈맵시며, 하야코 묘묘한 귀며, 알맛고 반뜻한 코며, 쏫빗가티 붉으스럼한 두 쌤이며, 붉으데데한 입모숨이 마치 잘 호은 듯 아츰쏫처럼 다무리고 잇스며, 쎌기 속 가튼 목이며 우알에 버들입 빗 가튼 명주옷, 아름다운 기름이 줄줄 흐르는 듯한 날신한 허리며, 홈으족족한 허리 알에 모양에 조고만한 발맵시, 자긔가 보아도 에엿브고 아름답운대, 더구나 가늘고 좀 긴 듯한 분통 가튼 손에 해당화 한 가지 들이엇스니 참으로 금상첨화라. 아모리 정업는 우리 임이란들 이때 이 모양 볼작시면 엇지 아니 그립으며, 엇지 아니 사랑하며, 엇지 아니 깃버하랴 하고, 자긔가 자긔 자랑 겸 한탄하든 차에 박게로부터 가죽신 쓰는 소리가 짝짝 나드니 방문이 쌔득 열이며 방 안에는 향긔가 진동하고 집안에는 서긔가 돈다.

싀어머니 쉼을 쌔어 보니 해가 거의 서산에 기우러젓다. 송씨 이로부터 배가 불러 열 달 만에 춘영을 나앗다.

그 이듬해 가을이라, 나무입은 누르어 써러지고, 뜰 압헤 국화는 숭숭이 티엿고, 찬바람은 솔솔 붉어오고, 바다 우로 기러기는 쌍쌍히 여러 동무와 함씌 날어다니고, 맑은 놉흔 하늘에 달비즌 휘영창하니 밝고, 밤은 길고 쉬쏘람이는 음악 소리를 가취는대 깁흔 밤에 홀로 누어 이리 둥굴 저리 둥굴하며 명주 이불을 혼자 몸에 휘휘 두르고 비개를 반만 비고 억지로 잠을 자랴 하나 눈이 감기지 아니한다. 이 밤에 박문이는 그 마을 색주가 집에서 술을 반이나 취하여 우연히 집으로 도라오아 정신업시 안해 방으로 드러가더라. 그 뒤로 열달 지내여 추영을 나앗다.

그러나 이상한 싀어머니는 엇지하여 춘영과 추영을 나앗나 하고 더욱 학대가 심하다. 그래서 춘영과 추영까지도 미우어한다. 그 아들은 더욱 미우어하여 그 다음부터는 쏙 그 며누리와 함씌 자아 가면서 박문이가 송씨와 한가지 한자리에 안찌도 못하게 금한다. 박문은 장성하여 가매 그 어머니 말도 듯지 아니하고 그 어머니게 포악이나 잘 하고, 분이 나서 나가면 몃칠 만에 겨우 도라오니, 말미암어 어머니게 불효가 크고, 아해게 불화가 심하다. 두 쌀 나은 뒤로는 날이나 밤이나 독한 시어머니 쏠만 보고 사나운 시집싸리만 당하여, 남편네의 손목 한번도 잡을 수가 업고나. 엉둥덩둥 조흔 때 모다 지내고, 벌서 곱은 얼굴 재칠하고, 야위고 쌔가 드러나고 이마에 주름이 잡히고, 압이가 몃 개 싸지고, 머리에 파쑤리가 석기고, 긔운이 허든허든하여진다.

다만 재미 부치는 것은 두 쌀뿐, 자나쌔나 두 쌀을 겻헤 두고 나진 말 한 마대 아니하고, 소리 놉히어 쑤중 한번 아니하며, 가만가만히 일러 오순도순 가르치며, 좀 더웁기나 춥기나 하여도 병이 날가 두려하며, 잠자리며 음식 범절 매우 조심하여 맛당하게 하고, 혹 상하여 숭이 짓가 혹 병이 나서 야휠까 항시 생각하며 걱정되고, 엇지하면 곱게 기르고 얌전하게 가르칠가 하여 말 한마대 소리 한아, 안짐앉기, 거름거리, 몸가지기, 움지기기, 진정하기, 음식 절차며 의복 절차며 남편 공대하는 법, 어른 뫼시는 법, 동무씨리 지내는 법, 다른 사람에게 수작하는 법, 알에 사람들 부리는 법, 사당 공경하는 법, 텬디신명 공경하는 법, 무당 뎜장이에게 속지 아니하는 일, 김생에게 대하는 일, 모다 가르치고, 또한 겨를이 잇스면 글을 가르치며, 글을 지어 보며, 글시를 쓰어 보아 가진 예술 가초아 익히게 하다.

여느 해 녀름에 큰 바람이 사오 일 연하여 불드니, 텬디가 음침하여 귀신이 우는 듯, 사람마다 살긔가 양양하더라. 난데업는 광풍이 모라오며 짱이 쌔질 듯 디동하드니 느닷업시 해일이 이러나아, 굼실굼실한 큰 물결이 왼 세게를 뒤쓰를 듯 급히 드러오니, 바로 한마을이 물속에 잠기었다. 박문의 모자는 드대어 고기배 속에 장사하고, 겨우 송씨 삼 모녀만 물 우로 쩌어 뒤산 턱에 걸이엇는데, 마침 구원하는 배가 오아서 그 세 사람은 그 산 우로 옴기어 누이고 배속에 찬 물을 모다 빼어 두어 시 지난 뒤에 다시 살어낫다.

그날 저녁나절이 되매 바다물이 거의 물러가고 물 친 집만 남엇다. 마을집 사람에 살어난 이가 몃 못 된다.

삼 모녀 정신을 차리어 보니, 누가 자긔네를 구원하여 살이엇고나. 고마운 은혜를 엇지 한입으로 모다 말하랴. 누가 구원하엿는지 알 수도 업다. 구원하는 배는 먼저 세 사람만 갓가운 산 우에로 건지어노코 얼는 수술하여 겨우 살이어 두고 다시 다른 곳으로 구원하러 감이라. 그럼으로 그곳에야 삼 모녀쁜. 삼 모녀 긔운을 가다듬어 기엄기엄 집으로 나리어오니, 다른 식구는 한아도 업고나. 비 오드시 쏘다지는 눈물은 옷밧헤 봄비가티 얼마큼 향긔가 흐르는 듯, 간신히 애통을 쓰치고 삼 모녀가 살어난 괴를 하다. 갓가유 일가 한아 업고 다만 그 집 마름과 일 보아 주는 이 몃이 오아서 친절히 위로하여 준다. 그날부터 여러 배 사공을 더불고 시어머니며 남편의 신톄를 차지랴고 몃 날 몃 밤 몃 달을 정성 드리고 힘을 쓰되, 망망한 바다에 어느 곳에 잠기엇는지 알 수가 업다. 할 수 업시 제수만 만히 차리어 제문을 지어 바다 언덕에 가서 지성으로 통곡하면서 제사을 지내다. 제사 마치고 그 집을 팔어 배를 타고 서울로 올라오아 인왕산 밋헤 깨긋한 곳을 가리어 기와집 삼십여 간 사아 밧채는 행랑 두고, 몸채만 차지하며 살다. 삼백여 석 밧는 것은 추수하면 서울로 가지어오아 삼 모녀 다른 걱정은 업시 잇다. 춘영의 나는 십팔, 추영의 나는 십륙. 어느 중학교 졸업한 리정화로 큰 사위, 김성옥으로 다음 사위 삼엇다.

리정화는 근본 서울 사람으로 조흔 가정에서 자라나아 법다웁게 기르고 가르치어 잘 배호고 잘 익히어 중학교에서도 품행 단정하고 학력 우등으로 일홈 잇는 이라, 이십여 세싸지 장가가지 아니하고 장차 일본 가서 대학교 다니랴고 집에 홀로 익히어 준비한다. 어느 반연으로 송씨의 싸님과 의혼되어 마침내 결혼한 바라.

정화는 첫날부터 춘영을 참으로 사랑하여 요됴숙녀 군자의 배필이 되엇다. 정화의 부모며 집안 사람들이 춘영을 칭송하여 극히 귀한 이가 되엇다. 정화의 집안은 사시에 봄바람이 불고 화긔가 만당하다.

정화도 춘영에게 대하여 모든 것을 모다 만족하게 생각하고 아름답게 녀기지마는, 다만 한 가지 신교육 못 바든 것이 유감으로 생각키어, 저녁으로 두 시간씩 교수하여 가장 필요한 학문을 가르치어 몃 달 만에 숙명녀학교에 립학시기어 다니게 하다. 춘영은 재조가 비상하여 남보담 몃 곱이나 지나아 한아를 물으면 열이나 알어 중도에 진급하여 겨우 두 해 마치고 졸업하니, 신학식으로도 서울 녀자게에 머리 갈 만하다.

춘영은 졸업한 뒤에도 학문에 자미를 두어, 음식 의복 상봉하솔 모든 일하는 사이, 혹 한가한 겨를이 있거나 교요한 밤에나, 자긔 방으로 드러가아 책상을 압헤 노코 문학 서류를 가만히 읽어 보며, 혹 시나 노래나 소설도 지어 보며, 혹 신문, 잡지도 뒤적거리다. 그럼으로 춘영의 방은 서재 갓기도 하다. 아츰마닥 일즉 이러나아 마당하며 뜰이며 마루며 방이며 모다 깨끗이 쓸고 밥을 지며 모든 일 한다. 더구나 춘영의 방에는 운치 잇고 담아한 그림 병풍을 둘러세고, 방바닥에 몬지 한아 업시 영이 돌게 치고, 의장을 한구석 노코 이불자리는 골방에 느어 두고, 책상 우에 반쓰시 책을 세우어 노코 경대를 그 겻헤 두고, 꼿 몃 가지 류리병에 쏩아 노아, 어느 때든지 그 방문만 열으로 향긔가 진동하여, 마치 선녀가 하강한 곳가티 서긔가 돗는 듯하다. 춘영은 자긔 방쁜 아니라 자긔 남편의 방까지 가서 치어 주며, 이불자리, 의복, 서책, 책상 제반 문구를 정돈하여 준다.

정화의 맘에는 이 세상 모든 녀자 중에 자긔 안에 춘영 가튼 이는 업다 한다. 춘영의 맘에는 이 세상 모든 남자 중에 자긔 남편 정화 가튼 이는 업다 한다. 정화는 넘어 춘영을 사랑하여 일본 공부도 아니 가랴 한다. 춘영은 그런 줄 알고 하루밤에 서로 맛나 이런 말 저런 말 하다가 정화보고 하는 말이, 지금 학술보담 나으랴면 더 배호셔야지오. 지금 사람보담 더 나스신 사람 되시랴면 더 닥그시야지오. 그러면 공부 준비하시든 것을 게속하시어 대학교까지 다니시야 하지오 하며 빙그시 웃고 정화의 얼굴 처다본다. 정화는 그 사이 게으르게 지냄을 누으치고, 바로 깨치어 더욱 분발하여 더 깁흔 학술을 알고 더 놉흔 사람 되기를 결심하고, 춘삼월 조흔 때 모든 향긔를 시처오는 꼿바람을 마시고 따뜻한 긔운을 쏘아 나리는 해비츨 쏘이면서 책 광주리를 가지고 동경으로 드러가다. 써나기는 어느 날 달밤이라. 아름다운 양복 입은 남자와 반양복 입은 녀자가 부산 가는 차 속으로 드러간다. 어느덧 긔챠가 소리지르며 써나랴 한다. 이 두 사람은 서로 나누엇다. 서로 나누면서 련애하는 정줄은 마치 뎐기성 줄처럼 동경까지 연하엿다. 아모리 날칸 칼날로써 그 줄은 끈으랴도 끈어지지 아니하고, 아모리 놉고 흠한 산이라도, 아모리 넓고 큰 바다라도, 아모리 멀고 먼 곳이라도 그 줄은 통한다. 정화는 탈 업시 동경 가서 공부 잘 하고, 춘영은 집에 도라오아 잘 잇다. 몃칠 지낸 뒤에 어느 아츰에 까치가 춘영의 방문 압헤 오아서 지저구지저구 한다. 춘영의 맘에 오늘 무슨 깃븐 소식이나 잇스려니 하고 기다리드니 과연 체부가 편지 한 장 전하고 간다. 어서 밧비 쩨어 보니 춘영 압헤로 한 쏘각 잇다. 가로대,

봄바람에 숨을 쉬는 나무들은 가지가지 꼿치 피고 꼿치 피어 향긔 내니 향긔 맛고 춤을 추는 나비며 노래 부르는 별이 눈에 보일 째마닥, 압 처마로 쌍쌍히 날어드러오면서 지저구는 제비소리며 뒤동산에 쩨싹으로 훌훌 날어다니면서 서로 부르는 꾀고리 소리 귀에 들일 째마닥, 그립은 생각나며 생각날스록 그립운 정 못 이기어며 못 견대어 멀이 동해를 향하고 우둑하니 서서 빌고 빌어 주시는 지극한 정에 나는 아모 탈 업시 드러오아 튼튼이 잇스며, 일과도 연하여 한갓 맘과 힘을 배홈에 쓰고 다른 일을 생각하지 아니하랴도, 써어오르는 달을 처다보든지 지내가는 구름을 바라보든지 하면 엇지할 수 업시 서울 숨을 쉬어, 나도 그 달과 구름가티 우리집에 비치기도 하며 지내기도 하나이다. 나는 이러틋 배홈에 맘을 만히 두어도 그러하옵거든, 오롯히 홀로 잇서 싸막싸막하면 간절간절하여 자나쌔나 못 이지는 이야, 텬디 만물이 모다 회포만 도아주어, 가고 갈스록 깁고 기퍼 드대어 답답하고 갑갑하고

괴롭으리라. 아모리 괴롭은들 참고 참어 잠시 고생을 견대면 깃븜이 잇스리다. 더욱더욱 몸이나 평안히 잇삽기 바라며 붓대를 놋노라.

년 월 일 ○ ○ 상장

답상장

남대문 역에서 작별하신 후 수륙 수만리 먼나 먼 길에 안녕히 드러가시엇는지, 날이 마치도록 밤이 새도록, 차에서 배에서 사지를 편히 펴지 못하시고 잠도 못 기무시어 머리 멀미나 아니 나섯시며 수토불복하여 소화불량 병이나 아니 나섯시며, 하도 피로하시어 어릿어릿하시기나 아니 하신지, 두루 생각하든 차 만금 정서를 주시어 보오니, 만만 안녕하신 듯, 그동안 자나깨나 그립든 뜻이 얼마큼 위로되어 깃붑나이다. 룡이 움지기는 듯, 봉이 날으는 듯, 쑴풀쑴풀하며 너울너울하는 드시 정의 피를 움지기어 쓰신 글시며 텬사가 부르지지는 듯 선인이 노래하는 듯, 맑고 아름다운 소리 정의 뜻을 나타내어 적은 글월, 보고 볼스록 왼몸에 짯짯한 긔운이 도는 듯, 사랑하시는 샘이 소사나는 듯하여, 문득 그립은 회포를 이지며 가슴이 열이엇나이다. 더욱더욱 튼튼하옵시게 기시어 부지런이 공부하시옵기 바랍나이다. 동텬을 향하여 빌고 빌으면서 붓을 놋나이다.

년 월 일 ○ ○ 상장

그 다음에 열흘만큼 편지 왕래하여 서로 소식 알고, 녀름 휘가가 되면 쏙 도라오앗다 가아 오년 후 어느 대학 마치고 도라오다.

김성옥은 근본 시골 사람으로 일즉 부모를 여희고 홀로 도라다니다가 엇던 은인을 맛나 중학교싸지 마치엇다. 승행이 순실하고 재질이 총명하며, 매우 인자하여 사람에 물건에 대하여 사랑하는 맘이 기펴 누구든지 에엿버하며 공경한다. 이십이 넘어 나가 더할스록 일홈이 더 나아 소문이 왼 서울에 들이니, 송씨 그 말을 듯고 사람을 노아 그의 래력과 덕행과 학식을 알어보아, 곳 사위를 삼어 드대어 데릴사위로 하여 함씌 한집에서 살임하고 지내다.

송씨는 두 딸이 출가하고서는 박문이 일가 가운대 소목 단는 대로 양자를 구하다. 하도 그 집이 망하여 먼 일가에도 한아 양자감이 업다. 겨우 어느 시골구석에서 지게 지고 다니든 아이를 간신히 구하여 양자로 정하다. 아이는 십오 세오, 일홈은 봉운이라.

봉운은 서울로 오면서 보통학교에 립학하여 공부하다. 승질이 소방하고 재조가 노둔하여 헛세월만 보낸다. 다섯 달 다니어도 가갸거겨— 줄 한아 못 쌔친다. 게다가 어린 것이 술이라면 홀홀 드러마시고, 갈보집도 다닌다. 돈은 물 쓰듯 한다. 남산만한 황금 가진 부자라도 그런 아들 두거드면 마침내 거지가 되겟다. 송씨는 몃 해 동안 두 딸 더불고 얼마큼 회포를 이젓드니, 다시 봉운을 맛나 눈물로 지낸다. 봉운의 나가 이십이 갓가우매, 더욱 난봉을 펴고 도라다니다. 학교에서는 벌서 출학을 당하다. 평양, 대구, 부산싸지 가서 부랑자로 삼 주일씩 구류도 여러 차레 당하고 논과 밧 잇든 것을 거의 업시엿다. 그래서 송씨 수중에 돈이 적어가니 양모는 더구나 드라다보도 아니하고, 스스로 의절하여 압헤 오지도 아니한다. 송씨는 내의 팔자라 엇지 하랴, 봉운은 내의 양자로 녀기지 아니하겟다. 조곰도 의리 업는 놈이라, 내게 돈픈이나 잇슬 때는 어머니 어머니 하고 가장 친한 듯하드니, 제가 다 업시고 지금이 지경 되매 아조 끈어버리니 무슨 정리로 모자라 하리오. 차라리 박씨의 종사는 멸할지언정 봉운은 고만두겟다, 나는 다음 사위게 의탁하여 죽을 때짜지 있겟다 하고, 김성옥을 불러 이런 사정 말하니, 성옥이 기피 감동하여 극히 정성으로 봉양한다. 송씨는 큰딸에게며 다음 딸에게 오락가락하면서 남은 세월 보내다가 맛침내 김성옥 집에서 상사낫다. 두 딸이며 두 사위가 노아 초종 치루고 장레모시다. 김성옥은 대대외손봉사하기로 하다. (쯧)

일기

6권

1919. 9. 27. ~ 1919. 10. 19.

1919년(단기 4252년)

9월

9월 27일. 맑. 오전 팔 시 주인댁을 써나 남대문 안 한일은행을 차즈니 아즉 문이 열이지 아니 하엿다. 등목 상뎜으로 드러가서 양복 속옷을 사앗다. 오전 구 시 한일은행 문이 열이매 일천으로 드러서 돈을 차젓다. 남대문역에 이르니 구 시 반이라, 챠표 사아가지고 한 시 동안이나 기다리어 경봉 즉행챠에 오르다. 도 군이 전송 나오아 행구를 가지엇다 주며 이천 리 원정에 평안히 가기를 빌더라. 공덕리를 지나가니 새칠한 숩 사이로 누른 풀 욱어진 대원군의 무덤이 보인다. 한때 중앙 정권을 가지고 삼천리 강토를 이럭저럭하든 이도 이미 한줌 흙이 되엿구나. 수색水色역에 다다르니 누른 벼가 왼 들에 가득하다. 논쑤렁 베는 이가 드문드문 널이고 볏목 수그러진 것을 보면서 어슬렁어슬렁 거러다니는 이가 두세넷식 얼이엇다. 자둣 빗, 힌 빗, 붉은 빗의 들국화는 산지시락에 방축 우에 밧 언덕에 홀로 피어 가을빗츨 자랑하는 듯 각금 각금 창 사이로 비최어든다. 장단부터 비롯하여 인삼밧이 보이든이 군대군대 연하여 송도까지 다앗다. 군왕장상의 노든 터를 인삼밧으로 갈을 줄 누가 알엇스리. 고려자기와 금은보패를 광이 밋헤서 흔이 엇는다더라. 옛사람들을 볼 수 업는대 한갓 그 자최만 남엇도다. 또한 고은 산과 맑은 물은 옛사람도 보앗나니, 옛사람 얼굴이 그 산과 물에 행혀 비최어 잇는가 하여 깃브게 바라보앗노라. 사리원에 이르니 재령벌 봉산벌이 넓드란이 열이어, 하늘과 짱이 서로 다은 듯 멀이 보인다. 눈이 아득하고 가슴이 시언하다. 비단 가튼 산과 물 곱고 아름다은 평양에 이르니 수권으로 머리 싼 미인네가 정거장에 오락가락하며 아름다은 눈매에 구슬 가튼 눈물이 방울방울 듯는 듯, 아마 정든 임을 보내는가, 아모 관게 업는 내 역시 얼마큼 써나기 슬터라. 정거장마닥 올라오는 녀자가 번접하기 남자보담 더하다. 어대메 쌀갑이 얼마니, 조갑이 얼마니, 소리 노피 짓거린다.(*남도 사람들은 국상복을 입엇다.) 남자네는 싹은 머리에 무릇 감투을 쓧스나 백입을 쓴 이는 한아도 업고나. 차연관車輦館 지나니 순사가 우리네게만 어데 가느냐 무르며 행구를 금사하다. 안동역에 정거하더니 해관 세역군이 한 쩨 뭉처오아 행구를 펴트려 보며 '피쓰톨' 찬 병정이 눈방울을 휘둥굴휘둥굴 내둘러 보면서 오앗다갓다하며, 우리네들을 개 몰 드시 모라 지나인 타는 목판 의자 노은 간으로 쏫는다. 죽어도 자유로 죽으랴 하는 우리네는 다 가튼 사람에 다 가튼 돈 주며 다 가티 타고 못가랴 하면서 옴기지 아니할 양으로 긔챠 역군과 큰소리 질러 다토오나, 법은 멀고 주먹이 갓가은 판에 엇지할 수 업시 물불처럼 쓰러나는 긔성을 억지로 억제하고 못 이긔는 테하고 가마니 가더라. 나는 그 일본인 속에 욋달게 씨어 안저 아모 말 업시 거러안젓다. 발 개고 안젓다, 쪼그리고 안젓다, 기대고 안젓다, 숫벅 졸앗다, 번썩 쎄엇다. 저들 세상인 드시 써드는 일인의 이약이 소리에 더구나 잠을 잘 수 업다. 게 다시 밤의 찬 긔운이 왼몸을 쏘아 몸써리치게 차다. 팔장을 씨고 가슴을 옴추려 맑은 눈으로 밝은 뎐긔등만 처다

보앗다. 시침은 열두 시를 가르치더라.

9월 28일. 넓은 하늘에 구름이 흐리다. 아츰 찬바람에 봉텬역에 나리다. 바로 챠 타고 동순창으로 드러가니, 적막한 집에 아는 이 두엇 잇서 반갑게 마지더라. 의창합에서 리 의관이 나오앗단 말 듯고 날드시 오아 깃버하더라. 배 속이 출출하던 차에 맛난 밥 한 그릇을 모다 먹고 차저볼 사람 모다 차젓다. 의창합에 나그내를 정하고 편히 누어 자앗다. 익선동과 광신태에 편지하다. 그전 행구를 살피어보니 병륙의 편지 한 장, 한주 군 편지 두 장이 잇더라.

9월 29일. 구름 하늘이 비를 곳 나릴 듯하다가 저녁나절에는 볏치 조곰 낫다. 큰 약방을 차저드니 내어 놋는 사향이 고린내만 풍기다. 그러나 한 량중에 일백삼십 원, 용 한 량중에 일백이십 원, 웅담 한 보에 십이 원, 도모지 가량 업시 갑을 부른다. 두 말 아니하고 도라오아 이웃집에서 감초 열다슷 동을 사앗다. 팔백 원이라 돈도 적지 아니하다. 길가에서보다 붉은 비단폭 기와 톄통에다 너줄한 부전 다른 기를 여남 개 드럿고, 쟁과리, 북, 징 가튼 것을 울이면서 백여 명이 겅충거리며 너울거리며 나가는데, 그 가운대 비단으로 만든 들쌔시 가튼 것에 붉은 비단에 큰 글자 쓴 선판을 실코 넷이 써미고 간다. 그 뒤에 점잔한 분네가 세넷이 챠 타고 짤어갓다. 누가 글시 쓴 것을 어데로 가저가는지, 마치 광대들의 그동을 쑤몃다. 두 편의 구경군들은 삼쌔가티 느러섯다. 장사하러 오아 사는 서양인 남녀들도 그 축에 씨어서 무엇슬 소근거리더라. 지나인들은 글시 쓴 조히는 극히 존중히 녀기어 어느 집에든지 수지로 함부로 내어버리는 이 업고, 반드시 통을 거러노코 그 속에 모인다. 아마 글시를 위하여 오늘 구경쌔리를 지엇는가 하노라.

9월 30일. 맑. 동순창에 가아 리 의관의 식가와 감초 갑을 회게하여 주다. 리 의관 더불고 황사후통 차저가아 함명준咸明俊을 다리고 정거장에 나아가다. 비로소 마챠에 탓다. 큰 가매만 한데 이러서면 키 큰 이는 머리를 숙이야 하겟다. 제비들이 뎐긔성 줄에 느러안드시 두 편으로 비좁게 사람들이 거러안젓고 그 가운대며 드러가는 데며 나가는 데에 씩씩하니 드러섯다. 창 박게로 모라 드러오는 몬지는, 도모지 좁은 곳에서 숨을 쉴 수 업시 피어 날온다. 정거장 못 밋치어 대하물大荷物 운수運輸하는 집으로 드러가니 그 사무事務 보는 탁자卓子 압헤로 겹겹히 지나인이 느러서서 무슨 말인지 짓거리더라. 나는 함명준 짜러 그 안에 드러가서 하물게荷物偈 주임主任을 보고 감초 내어갈 일을 무러보다. 하도 물건이 만하여 지금부터 두어 달 지나지 아니하면 못 실겟다 대답함으로 할 수 업시 그만두고, 안동현으로나 바로 운수하여 달라고 하여 드대어 부탁하엿다. 도라 와서 책사에 가아 몃 가지 책을 사앗다. 리 의관은 단소 가지고 동순창에 놀러갓다.

10월

10월 1일. 맑. 아츰 먹고 바로 동순창에 가아보니, 리 의관은 기생방에 가아 아즉 아니 오앗다 하더라. 륙십 되어가는 노인이 오히려 방탕한 맘을 이기지 못하여 그 버릇 그대로 가지고 잇스니, 나가 만하다고 사람이 다 된 것은 아니더라.

나 혼자 나아오아서 황사후통 함명준을 차지니, 벌서 나아갓다 한다. 곳 정거장으로 장다름질하여 갓다. 그 물건들이 바다가티 산가티 싸인 데로 이 사이 저 사이로 더듬어 물건들을 다는 큰 창고倉庫 속으로 드러가아 함명준을 맛낫다. 우리 감초도 새벽에 수레로 실어오아 이 창고 문 압헤 싸이어 잇다. 안진방이 저울을 노코 일인 한아가 그 겻헤 안저 여러 장 되는 장부책을 뒤적거리면서 물건을 다는 대로 그 근중斤重을 적는다. 뭇 사람들이 무거운 짐짝을 궁굴이어온다, 메어온다, 끌어온다, 짬을 흘이며 씽씽거리며, 식식하며 맛치 개미들이 큰 버레를 물어가드시 군대군대 엉키엉키 모아서 서로 먼저 안진방이 저울 우에 노랴고 눈방울을 뒤집고 팔다리를 휘저서 밀치락달치락 다토면서 모진 소리로 세 치를 빼어 욕지거리를 하여 간신히 짐 한 덩이씩 달어내다. 우리도 그네들과 아구쌈을 하고서 대여섯 시간 만에야 감초 열다섯 짝을 모다 달엇다. 달고 나니 긔운이 팡진 듯 목이 말러 말할 힘도 업는 듯, 더구나 안개가티 피어난 몬지는 얼굴과 왼 옷 우에 체체이 안저 쏙 재강아지 비치다. 사람 살기가 과연 고상이다. 이런 몬지 속에서 숨을 쉬고 짬을 내어 무엇을 어더 먹으려고 하는고나. 그래서 사람씌리 다토며 싸오며 수고하는 것 매우 답답하고 갑갑하게 보인다. 잘 꾀하여 그러틋 어지럽지 아니하도록 할 수 업는가. 그만한 물건을 겨우 안진방이 저울 한아로 모다 달랴하니 하물며 규칙 업고 교육 업는 그네들이 더구나 써들지 아니하랴. 임자 업고 갑업는 짱이라고 한샛 차지하여 예다 제다 드문드문 삼사칭 백여 간 집을 짓는 이들이 돈만 귀한 줄 알고 돈만 모이랴고 욕심내는가. 그 집 속에서 홀로 호강하려 하는가. 슬픈 것은 세력 업는 이며 돈 업는 이라, 한가지 사람으로 태어나서 다만 부리는 말과 소 노릇을 하는가. 깨치어라, 사람 노릇하여라. 사람임으로 말과 소와 가티 버는 것이야 누가 말하리마는, 사람 노릇 하는 이들이 사람임으로 치지 아니하고 말이나 소로만 녀기는 것이 진실로 원통함이라. 인력거를 잡어타고 정거장 안을 거치여 일인만 사는 곳을 지나다. 넓고 빈 짱에 지나인을 시키어 벽돌집을 여긔저긔 짓는다. 우리네도 넓고 놉은 집을 짓고 십다. 저녁때가 되어도 리 의관은 오지 아니한다. 책사에 가는 길에 동순창에 드러보니, 홍안백발로 취하여 누엇다. 가기 시러하는 리 의관을 다리고 소남문 밖에 가서 고책사를 차젓다. 리수당이 신신부탁하든 책을 무러보다. 두어 가지 책를 사매 리 의관이 골을 푸르르 내며 도라간다. 알 수 업다. 엇지 그런가. 아마 기생집에나 술집에로 더불고 가면 조하할 터인대 글자 한아 모르는 이를 책사로 끌고 다니니, 아모 자미업겟다. 자미업어 도라간 것이다.

나는 책를 엽헤 끼고 선뜻선뜻 거러오앗다. 어느 골목을 지나다 보다. 이 집 저 집에서 꼿츨 만든다. 군대군대 모아 안저 비단 쪽을 오리어 풀로 부치어 가지며 꼿츨 짓는다. 모란화, 해당화, 장미화, 리화, 도화, 행화—, 꼿치란 꼿츤 다 진는다. 참으로 꼿이다. 나비가 보면 춤을 추며 날어오며, 벌이 보면 노래하며 날어오겟다. 지나 녀자는 반드시 귀에 고리 달고 머리에 꼿츨 찌른다. 그대지 어엿부지도 아니한 이가 꼿츠로 단장한 것 오히려 보기 슬타. 나도 정든 미인이 잇섯드면 그 꼿한 가지나마 사아가지고 오앗겟다. 미인이야 말쌔지 하는 꼿치니 이런 꼿츠로만 비하랴. 고은 꼿츨 보고 펏석 미인을 그립엇다. 이 세상에 미인은 잇스나 나와 정든 미인은 업다. 아모리 미인이 만한들 아모 인연 업는 이야 무슨 사랑이 잇스랴. 꼿츤 엇지 사랑하는가. 곳 아름다움을 사랑함이라. 꼿의 아름다움을 사랑할진대 사람의 아름다움이야 더욱 사랑하지 아니하랴. 그러나 꼿의 아름다움은 그 얼굴만이거니와, 사람의 아름다움 온 그 얼굴뿐 아니라 곳 덕승, 품행, 학식, 자예, 용모, 자태, 음성, 언어, 그 동작이니, 모든 아름다움을 가초아 가지기 어렵다. 어려우나 그 몃 가지를 가초아야 참으로 미인이라. 내게 그립은 미인 노릇하기는 미인에도 더구나 되기 어렵은 미인이라. 이 의미로써 나는 아즉 나와 정든 미인이 업다 함이노라.

외창합으로 도라오아 보니, 리 의관은 오히려 노긔가 등등하다. 쏭쒸고 성내는 이처름 우슨 이도 잇다. 중언부언하면서 나진 말을 씨월거린다. 욕지기가 날 듯 트름이 날 듯하다. 아모 말 하지 아니하고 잠잠하니 잇섯다. 속으로 밋친 늙은이다, 우슨 늙은이다, 불상한 늙은이다 하엿다. 얼마 동안에 입이 아퍼서 그치어는지 고만두더라. 조흔 말도 여러 번 하면 듯기 슬커늘, 하물며 나진 말이며, 맛당한 말도 여러 번 하면 듯기 슬커늘, 하물며 쓸대 업는 말이며, 반뜻하고 분면하고 삿삿한 말도 수십업시 찟거리면 염징이 나거든, 하물며 아등아등하고 구시렁대고 굿말하는 잔소리이야 효자 순손도 모다 승순하지 못하리라. 나는 우리 조부모 일을 생각하여 다른 노인이라도 씁직히 공경한다. 리 의관과 그동안 말마대 다토지 아니하고 지냇다. 지낸 사이 날마닥 저녁마닥 술잔 마시고 고시랑거리는 소리 귀가 아펏섯다. 시방쁜 아니라 그 꼴은 내가 생각하여도 무던이 보아주엇다. 참엇다. 그의 집에서 그 자제와 며누리가 잘 승순하엿는가. 그의 말에도 부자간에 뜻이 조치 못하다 하며, 더구나 부부간 의절하기는 이십 년이라더라. 노상 그의 부인만 허물 잇는 것 아니다. 나도 남에게 잘못하는가 기피 도리혀 살피엇다. 나도 늙어지면 그러할가 미리 조심하며 두려한다. 드르니 나가기 전에 의창합에 있는 젊은 손들과 몃 번 쌈하여 사정업시 망신하고 몰이엇다면서 오히려 정을 다시리지 아니하는고나. 이 늙은이야 애도룹다. 속아지를 참지 못하는가. 흔이 이런 속아지로 말미암어 가정불화하며 친족간에나 벗 사이에나 다른 사람들과의 의 상하고 척짓는 이가 세상에 만하다. 만함으로 걱정이다. 걱정되어 씻거리노라.

저녁 먹고 주인과 식가 회게 마치고 리 의관에게 십오 원 주며 나오는 날로 자하라 하엿다. 그 집에서 지나오든 세 사람과 동행하여 써낫다. 당목 다섯 자 박구어 짐을 싸아 수레에 실코 인력거 우에서 정거장 까지 오앗다. 전송 나오는 이가 오륙 인이라. 리 의관도 그 틈에 씨엇다. 과자 사아 주는 이도 잇다. 술을 사아 주는 이도 잇다. 오후 열 시라, 조선 가는 챠에 올라 안젓다. 여러 사람과 작별하다. 챠 소리가 나며 챠가 헐덕거리기 비롯하드니 장다름질 한다. 나는 일인들 사이에 자리를 어덧다. 쑴인가, 쌧는가, 취하엿는가, 괴로운 정신을 밝키지 못하고 긴 밤을 지내다.

10월 2일. 계관산부터 먼동이 트기 시작하드니, 봉황성 다다르매 아조 밝은 새벽이 되엇다. 이 마을 저 마을에서 밥 짓는 연긔가 누려가는 숩 사이로 뭉게뭉게 픠여올라, 산골마닥 어린 안개와 서로 어울이어 자옥하게 씨엇다. 무 배채 밧헤 물주는 이며, 소 말 몰고 풀언덕으로 가는 이며, 물 지러 가지고 가는 이 그것도 쏘한 경치로 보인다. 안동역에 나리어 바로 오번통 대동大同여관 리혁호李赫鎬 집으로 드러갓다. 짐을 맥기고 시가市街로 도라다니다가 아는 벗도 찻고 물건 갑도 무러보다. 마치 바돌판처름 구역區域을 나누어 몃 번番 통 몇 정목丁目 몃 번디番地라 하엿는대, 가령 팔정목 사번디라면 한 가지 번디가 몃이 되는지 모름으로 처음 보는 이는 정신이 현란하여 그 번디만 보고는 차질 수 업다. 반드시 그 문패가 잇서야 찻겟다. 물건 갑은 서울보담 놉더라. 일인의 상점이 질비하다. 리 군과 가티 여러 상점을 더처 지나인 목욕탕으로 드러가다. 벽돌 이칭집 우에 한가운대에 리발소가 잇고, 전후좌우로 란간 우에 한 간식 한 간식 사이 막어 꼭 두 사람식 누어 자게 자리, 요를 쌀아 노코 그 가운대에 차상 한아식 노아, 차며 과실을 맘대로 드러마시고 먹게 하엿다. 옷을 벗스니 '쏘이'가 옷을 벽 말고지에 걸어 주며 목욕통으로 인도한다. 휘장을 것고 어느 골방에 드러가니 두 편으로 타원형楕圓形의 목통木桶이 노이고, 통 우에 더운물 대는 철관鐵管이 잇다. 통 안에는 맑고 더운 물이 반이나 차앗다. 통 란간에는 수권과 비누가 잇다. 나는 먼저 물을 쪄어서 발과 뒤를 싯고, 가마니 목욕통으로 드러누어 한참 동안이나 몸때를 불이엇다. 왼 살이 유들유들하매 두 손으로 죽죽 문대어 드러운 때를 맑아케 닥것다. 가티 간 리 군 손을 빌어 등멱까지 하고, 나오아 벽에 걸인 큰 톄경을 보니, 힌 눈 가튼 살비듬에 도화색을 띄엇다. 바로 리발하고 면도하고 손톱 발톱 다 자르니, 깨끗한 몸이 새 사람인 듯 옥골선인玉骨仙人인 듯, 문득 진세塵世의 일을 이진 듯하다. 참새알 만한 포도를 사아 먹고, 차를 마시고 비개를 놉히 비고 팔다리를 쑥 뻣고 번뜻이 누어서, 엇지 할 양으로 이러케 호강하는가 하고 혼자 픽 우섯다. 몸에 물씌가 거치매 옷을 나리어 입고 나오앗다. 거리 몬지를 무름쓰고 도라오아 리혁호 군을 다리고 일인 공회당公會堂으로 가서 신문 잡지를 뒤적거리다가 양료리를 청하여 먹엇다. 한입에도 차지 아니할 것을 한 그릇식 한 그릇식 내어 오다. 얼굴이 돌얌즉한 키가 조고만한 몸 부피가 방파짐한 일녀인이 료리를 장만하여 심부름 겸하여 오앗다가앗다 대여섯 번 거름하다. 처음 먹어 맛을 모름인지 오히려 우리네 음식만 못하다. 누린내 나는 고기며, 비린내 나는 생선이며, 골머리 쑤시는 술에, 아조 비우가 상한다. 순전한 양료리가 아니오, 일본 료리 겸한 것인 듯하다. 우리네 먹을 것은 얼마 못되어도 그 갑은 우리네 료리의 곱절이라. 슬프다, 부랑자들은 무슨 맛을 취하여 이런 것에 돈을 내버리는가. 나는 두어 벗을 위하여 함인대 벗의 청으로 이곳에 오앗다. 그러나 벗은 맛잇는 드시 먹으니, 도리혀 다행이다. 저녁밥을 급히 먹고 쏜살가티 정거장에 가서 짐 금사를 마치고 금역특별챠檢疫特別車로 올라탓다. 리 군이 전송 나오아 매우 욕보앗다. 짐을 가지엇다 주며 챠표를 사아 주다. 쑤루루 하니 압녹강 철교를 지나아 신의주로 가서, 가람 가에 철도鐵道 창고倉庫집 압헤 나리다. 먼저 일인, 다음에 우리네, 그 다음에 지나인, 차레차레로 한아씩 승명과 년영과 부터 온 곳과 장차 갈 곳을 무러 적는 순사 흔병이 대여섯 잇서 일일히 번호 막이어 긔록하고 쏘한 번호 막인 패쪽 한아를 주어 그 건네편 변소로 가라 한다. 그 변소 문 압헤는 하얀 옷 입은 젊은 간호부들 십여 명이 류리통을 가지고 느러서서 뒤지를 주며, "대변하시면 이 뒤지를 도로 주시오." 하면서 잇다. 아니 밴 아이를 나란 모양으로, 아니 마린 대변을 누라고 간호부가 재촉하더라. 만일 아니 나오면 류리 대롱으로 파아낸다 하나, 야숙히 나오지 아니하는고야. 어렵은 해산이 이 모양인지, 얼마큼 부인네 사정을 살피어 알겟다. 하는 수 업시 류리 대롱을 어더 억지로 파아냇다. 참으로 세상을 지내자면 생똥싸는 일도 잇고나 하고 가마니 우섯다. 그래서 그 류리 대롱을 간호부에게 주엇다. 소독한 물에 손을 싯다. 짐을 가지고 창고 속으로 드러가니, 그 텬정에는 뎐긔등이 키어 잇고, 그 바닥에는 방석이 쌀이엇다. 자리 한아 잡어 요를 쌀고 덥호며 편안히 누엇다. 순사와 흔병들은 우리네 행장을 심히 뒨다. 한편에서는 음식을 팔으며 한편에서는 비파를 쯧는다. 맑고 깁흔 압녹강을 슷처오는 바람은 배속싸지 서늘하게 불어오고, 압녹강 철교며 건너 방툭에 버려 잇는 뎐긔등들은 쌘짝쌘짝 모든 별인 듯 검으스름한 것이 마치 이묵이처름 슬밍슬멍 우알로 오르랑나르랑하는 배와 움지기지 아니하고 우두거니 써어 잇는 배와 고기 잡는 불을 실코 가몰가몰 나가는 배들이 뎐긔등 빗헤 어른어른하는 물롱

올 사이로 보인다. 밤이 기펴 한잠 자앗다. 쑴에도 또한 압녹강 노름이러라.

10월 3일. 맑. 변또밥을 먹고 써낫다. 오전 칠 시쯤 다시 신의주역으로 오아 나리어 이십 분 동안 기다리어 즉행차에 올라 안젓다. 점심 째 지우어 황주에서 나리다. 짐은 정거장에 막기고 인력거 잡어타고 황주 읍내로 가앗다. 김성려 집을 무르니 모른다. 한 골목을 지내어 어느 젊은 학생인 듯한 이를 보고 뭇는 차에 한 사십쯤 되어 보이는 얼굴이 너부데데한 키가 중쑬쑬한 왼눈 한아 구진, 금이를 두세 개 박은, 쌀자루를 엽헤 씨고 경제화 신소 해오족해오족 거러오는 부인이 잇다. 나와 말하던 젊은이가 쌈싹 놀내며 저긔 오신다 하며 누가 임자 아들을 차저오앗소 하드니 나보고 이 어른이 김성려의 모친이라 하다. 나는 바로 말하엿다. 나는 서울에서 온 병교 형님 되는 이오, 좀 자뎨를 보랴고 오앗소. 대답하되 큰자식 성려는 일본 류학 가서 아니 오고, 다음 자식 성채도 평양 가서 아니 오고, 다만 쌀 성애만 집에 잇소. 그러나저러나 집으로 가십시다 하거늘, 하도 감사하여 나 혼자 차저갈 터이니, 일 보시고 도라오시오 하며 잠시 작별하고, 인력거를 재촉하여 벽성碧城리 이백십륙 번디 김상필金相弼 씨 가로 차저갓다.

호박입이 다복 덥힌 초가집에 사랑이 두어 간 되고 사랑 엽헤 안대문이 달이고 대문 안에 대평상이 노이엇다. 차지니 사십쯤 된 머리 싹은, 얼굴이 돌얌직하고 붉고 술내 나며 키도 중키나 되며 걸걸한 듯한 이가 나오앗다. 인사하고 보니 성채의 부친이라. 주거니 밧거니 이약이를 재미스럽게 하엿다. 냉면을 사온다, 고기를 사다 짓다듬는다, 매우 관대할 양이다. 나는 냉면만 먹고 써나오랴 하니 한사고 말인다. 처음 보아도 그처럼 감사하게 하는데, 그냥 쑤리고 올 수 업다. 서로 수작할수록 정이 기퍼 간다. 깃븜과 우슴으로 지내다가, 저녁상이 나오매 밥 한 그릇을 배부르게 먹엇다. 고기로만 만든 반찬이 넷이요, 게젓이며 김치 두 그릇 아울러 열 가지나 된다. 아마 그 싸님 되는 고등녀학교 사범과싸지 졸업한 영애씨가 더욱 수고하엿는가부다. 그는 서울 오아 학교 다니를 째 궁할머니 댁에서 잇섯다. 그래서 궁할머니 댁과 정친하게 지냇다. 그 관게로 이러케 친절히 녀긴다. 마침 누구 편지를 차저보랴 하엿다. 주인게서 엣분아 엣분아 부른다. 그러나 엣분이란 성애는 아니 나오다. 서울 오아서 레절을 배홈으로 말미암인지, 함부로 남 압헤 나시지 아니한다. 아즉 큰 처자이라, 사랑 벽에 걸인 사진만 보아도 얌전한 듯하다. 아마도 복 잇는 총각이 다리어가리라. 몹시 만류함을 듯지 아니하고 섭섭히 써나 달 알에 홀로 도라오다. 각금각금 덕월德月산을 도라보고 성애 댁의 고마움을 사레하엿다.

정거장싸지 오리 남어 되는대, 큰길 나무 그늘 사이로 내 거름자와 동무하여 서로 위로하면서 어실렁어실렁 오앗다. 서쪽으로 재령 봉산이 통한 넓은 들이 한업시 멀이 보인다. 가슴이 상쾌하고 호포가 열인다. 유난스럽게 맛잇는 능금은 왼 나무에 주절주절 열어잇다. 그 능금으로 왼 황주를 덥더라도 가할 듯 아니하다. 몃 개 사아 맛을 보니, 과연 그럿다. 서걱서걱 연하고 물 만코 단맛 잇고 속싸지 시언하다. 바로 우리집으로 가는 터이면 한 상자 사아 가지고 가서 왼 집안 사람 모아서 재미잇게 먹겟다마는, 다른 길이 되어서 뜻대로 못하니 서운하다. 정거장 드러서니 의자 우에서 여러 사람이 이불, 요를 피고 쿨쿨 자더라. 서해 바다에서 불어오는 찬바림이 창문으로 술술 쏘다저 드러온다. 자는 이는 그런 줄 모른다. 창문을 모다 다더 노코 나도 그 겻헤 안젓다. 거짐 닭 울 째나 되어서 짐을 수하물로 부치고, 챠를 타고 쓴 눈으로 지내다.

10월 4일. 구름이 씨어 하늘이 맑지 못하다. 개성역 다다르니 괴질 금사표 업는 이는 잡어 나리더라. 동방이 번하여지든이 챠가 갈수록 차차 밝어진다. 어느덧 남대문 역에 오아 나리니, 타국 지경에서 온 이라 하여, 순사 둘이 서서 여행증명서를 내어 보며 승명, 주소, 년영을 적으며 아니쏩게 싸실싸실하게 군다. 바로 짐을 차저 어느 벙어리 짐군에 지이고 한가지 광신태로 드러가아, 짐은 그 벽장 속에 느어 두엇다. 사아 가지고 온 과자 한 갑과 능금 몇 개를 주인 할머니게 드리다. 하도 맛이 잇다 하시면서 자시더라. 나흘 만에 오날 저녁에야 비로소 다리 뻣고 편히 잣다. 집에서 옷만 보내엇섯고 편지는 업더라. 집이며 황주며 리한주며 리혁호 군에게 편지 부치다.

10월 5일. 구름 씨엇다. 수당을 맛나 이약이하엿다.

10월 6일. 비가 지내다. 가을비에 더욱 회포가 난다. 김노석 어른이 차저오서, 한문에 대하여 언론하시엇다. 한문은 아즉 페하지 못할 것으로 주장하더라.

10월 7일. 구름이 씨어 오히려 비올 뜻이 잇다. 남대문 박게로부터 영추문 박게까지 가서 누구를 차젓다가 한아도 못 맛낫다. 추석 준비하는 이 집 저 집에서 음식거리를 사아간다, 음식을 장만한다, 매우 분주하더라. 아마 우리 싀골에서도 이러할 터이지 집 생각이 더 난다.

10월 8일. 일긔가 맑고 밝다. 고기반찬에 고기국에 떡 아울러 아츰밥을 배부르게 먹엇다. 오후 한 시쯤 인절미 몇 개를 먹고 나아가다 보다. 어린이, 젊은이, 늙은이, 누구 말할 것 업시 새 옷을 새뜩하게 입고 골묵골목에서 굼을굼을 오락가락하다. 음식 광주리를 이고 지고 성문 박게 차레차로 가는 이, 장군가티 밀이다. 조상의 무덤, 부모의 무덤, 서방의 무덤, 안해의 무덤, 모든 귀신들도 추석 먹이에 쏘한 배불럿스리라. 시구문 박게서 무덤풀 휘어잡고 엉엉 우는 고은 아씨네 눈에서 눈물이 퍽 쏘다지겟다. 붉은 두루막이 입은 어린아이와 푸른 두루막이 입은 젊은이네를 뒤로 압흐로 더불고 성뫼 가는 팔자 조흔 이야 고기, 밥, 떡, 술 만히 먹어 기름진 얼굴에 깃븐 우슴을 띄우엇겟다. 우리집에서도 집안 어른 아이 모다 모아 욱실욱실하게 지내면서 다만 전주 가서 잇는 숙질이며, 서울 잇는 나까지 셋이 빈 것을 서운이 너기겟다. 서대문 밧 죽첨정에 가서 리수당을 차젓다. 그 집에 그 사외의 형 늪영섭 군이 병으로 누어 잇다. 늪 군을 위로하다. 그때 림대목도 차저왓다. 마침 도라오랴 하매 수당이 의원 리해동 군을 차저보자 하며, 임대목도 한가지 가보자 하더라. 그래서 세 사람이 작반하여 나섯다. 나는 거름이 속하여 수당보담도 림대목보담도 몃 거름 압섯다. 나는 올봄에 한 번 리해동 군을 차저갓다 못 맛난 일도 잇섯다. 그러나 오래 됨으로 그 집을 잘 긔억을 못할 듯할 쑨 아니라, 이상히 그편으로 가기가 슬타. 쏘한 가아 차저도 그이가 집에 아니 잇슬 듯하기에, 몃 번 주저하다가 드대어 쓸이어 가앗다. 먼저 어느 골목 어느 대문 압헤 지내면서 그 집 문패를 상고하여 보다. 동저고리 바람으로 잇는 늙은 주인 한아와 모시 두루막이 입은 이, 검은 양복 입은 이 두 젊은이가 서로 이약이하고 잇다가, 와락 대문을 열고 이리 드러오시오 한다. 나는 리해동이 차지러 왓소. 젊은이 리해동이 예 잇소 하고 억지로 끈다. 드러가아 보니, 사랑방문은 환이 열이고 아모도 업고, 그네들만 그 사랑마루 란간에 거러안젓다. 그 다음에 수당과 림대목을 억지로 쓰러드린다. 우리네 몸을 뒤어보다. 아모 것도 쎗긴 것은 업다. 꼭 붓들고 노치 아니한다. 그러자 그 마을 어느 사람이 어린아이 둘을 다리왓다. 그 사람까지 아울러 넷. 경찰서로 가자 한다. 어린아이가 쌕쌕 울더라. 마침내 모시 두루막이 입은 이가 이 네 사람을 더불고 써나며, 검은 양복 입은 이는 아즉 거긔 잇다. 우리 네은 나오다가 서대문 우편국 압헤서 뎐챠를 타다. 쏘 파출소 순사 한아가 달엇다. 종로경찰서로 드러가다. 이칭 우로 쓸어 안치다. 거의 어두어서 얼굴 넓은 미복한 일인 좌등이란 이가 나를 오라고 손을 치며 어느 방으로 드러간다. 나도 쌀어갓다. 네 발 달은 둥근 의자에 안치다. 승명, 본적, 주소, 나이, 경녁과 오날 리해동이 차저간 일 모다 뭇는다. 무르면서 적으며 적으면서 무러 이것저것 고지알개지알 성거스럽게 군다. 리해동이 차지러 간 것이 그짓말이라 하고, 문을 여러노코 그 엽헤 고등게 사무실로 가더니, 나를 사무실 행하고 그 문턱 서라고 하고, 모든 이게로 다니며 무슨 조히 쪼각을 보이고 내 얼굴을 처다본다. 뭇 눈이 내 얼굴로 모인다. 보고서는 고개를 끄덕거린다. 그러드니 십여 명이 이러나서 나 잇는 데로 오다. 나를 한가운대 마루판에 쑬이어 안치며, 웬 안경 쓰고 박킨 사진 한 장을 보이며, 이것이 너 아니냐 한다. 입모습은 거의 나와 갓다. 얼굴 전형도 가튼 듯하나, 그 사진은 조곰 넓다. 나는 아니라 하엿다. 뭇 무리가 구두발질로 수업시 차다. 나는 아니라 하면 그 무리는 너라 하며, 먼저 안젓든 의자를 드러마구 싸리며 차다. 나는 죽어도 아니다 하니, 마침내 그치고 사진을 다시 본다. 갓다 하는 이도 잇고, 입만 갓다 하는 이도 있다. 날 취조하는 이는 전혀 사진이 네 것이라 네 집에서 가저왓다 하며, 눈을 부라리며 야단치며 응얼거리며 푸념하며 쌤을 치며 머리를 두드리며 죽일 듯하다. 아모리 그런들 청텬백일가티 광명정대한 내의 행위와 철석가티 굿센 내의 맘이야 무슨 죄가 잇스며, 무슨 굴핌이 잇스랴. 도모지 몸의 압흔 줄은 모르겟고 맘의 밝은 것만 몃 곱 더하다. 공자가 양호 얼굴과 가터 광싸에서 욕을 보앗다. 양호가 광싸 사람에게 행학한 일이 잇섯다. 그럼으로 공자를 양호로 알고 죽이랴 하엿다. 이 사진 사람은 김광 혹 김택이란 이라, 나를 김가라 하고 죽이랴 한다. 승인 공자게서도 횡액을 면치 못하거든 낸들 엇지 횡액을 면하랴. 연하여 봉텬 다니며 장사하는 일을 재세히 뭇는다. 돈 쓴 일을 더욱 자세히 조사한다. 상해 봉텬으로 다니며 독립운동한다 하며 군다. 그지음에 림대목, 수당, 다른 이들은 다 보냇다 하는 보고가 잇다. 나의 수당과 가티 장사하는 것을 한갓 그짓말로 돌이고, 오날도 그 부자를 이끌고 그 강도 류련하는 집으로 드러갓다 억탁한다.

수당을 다시 부르다가 자는 곳을 몰라 그만 두엇다. 더 할 취조 업서 명일까지 기다리라 하고, 그 알에 서무게 사무실로 보낸다. 나는 한구석에서 해진 담요 한 째기 쌀고 안저 부처 노릇하엿다. 배도 아니 곱흐고 잠도 아니 온다. 창 박게로 보이는 환한 달 비치니 더구나 내의 맘을 괴롭게 한다. 그러나 다른 생각은 아니하고 다만 내 맘도 저 달가티 밝어 아모 허물 업스려니마는 달은 홀로 써어 거침업시 다니는대 나는 엇지 자유를 일엇나 저절로 탄식하엿다.

10월 9일. 이른 새벽 밝은 달비치 서산에 지우러지며 그 두렷한 얼굴로 류리창 뜰코 나를 드려다보는 모양 하도 정답다. 얼마 동안 아니면 서산을 넘어갈 터인가. 작별 겸하여 내 압헤 보인다. 이때 문득 생각커는 것은 전주 잇는 게부며 아오라, 아마 나처럼 저 달은 보앗스려니. 나는 곳 달을 보매 게부며 아오를 보는 듯 반 천리 타향에 서로 나누어 서로 고상하는 일 맘이 타고 쌔가 녹을 듯. 무엇이라고 말할 수 업다. 다만 끌는 것은 정뿐.

해가 차차 밝어 여달 시 쯤 되어가매 순사들이 구름가티 모아드러 출근부에 도장을 찍고 가더라. 나도 쓸이어 우칭으로 올라갓다. 혹 도망할가 두려하여 꼭 수직하는 이 잇다. 뒷간에만 가랴도 꼭 말하고 수직군 압양하여 간다. 일동일정을 저 맘대로 못한다. 경찰서를 사람들이 무서할 만도 하겟다. 거의 점심 째 지우어 설렁탕 한 그릇 사아다 먹는대 그 겻헤 돈 업시 붓드러 온 이 한아가 잇섯다. 또 한 그릇 사아다 먹이엇다. 저녁나절 되여 고등게 부장이 나를 불러 취조하다가 일 잇슴으로 못 마친다 하면서 나갓다. 다시 좌등이 나를 다리고 어느 방으로 드러 가서 여러 가지 머리가 압흐도록, 서가 달토록, 다리가 저리도록 취조하엿다. 그러고 이칭 큰 마루방 걸상에 거러 안친다. 보니 림대목이 또 불려 오아 안젓다. 조곰 잇다가 림대목은 취조하려 불러가고, 수당은 취조 마치고 나오더라. 씌엄씌엄 서로 말 못하게 하고 안친다. 수당 차저온 손리연이란 이도 붓드러 오앗더라. 림대목은 바로 보낸나 다시 아니 오고, 수당과 리연만 번 차레로 불러 취조한다. 그럭저럭 밤이 되니 알에 사무실로 모라나린다. 또 한구석에서 세 사람이 해진 요두엇 째기 가지고 밤을 새다. 어느 순사는 친절하게 밥도 사아 먹엇냐 무르며 사아먹이랴 주선도 하더라. 자다 보니 웬 젊은 양복장이와 젊은 녀자를 붓드러다 노앗더라. 밤이 깁헛다. 비가 부실부실 나리다.

10월 10일. 맑. 오전 구 시쯤 우칭에 올이어 안치더라. 오날도 말 한마대 뭇지 아니하고 볼머두다. 무슨 일로 불이어 오는 사람인지, 무슨 죄로 잡히어오는 사람인지, 쓴한 게 수 업시 드러온다. 노로 손목을 칭칭 얼그며 허리를 쩌어 압헤 세고 드러오는 것 죄는 잇든지 업든지 참아볼 수 업스며 심문실에나 형사실에서 "알개개! 알구 어머니!" 하고 매를 못 이기어 부르지지는 소리, 죄는 잇든지 업든지 참아 드를 수 업도다. 저녁나절 빵을 사아 먹엇다. 저녁에 알에 사무실로 가서 한구석에서 세 사람이 억개를 마조 대고 마루방 판바닥에 안젓다. 쩌러진 담요 두 쪽은 쌀고 한 쪽은 우에 덥다. 제 팔을 비개 삼고 누엇다. 또 두어 사람을 료리집에서 붓드러 오더라. 밤이 깁도록 술 마시고 잇다가 다른 죄 업시 잡히어 오는 이라.

10월 11일. 맑. 느진 아츰쯤 되어 우칭으로 올이어 안친다. 웬 싀골 과부 아들이 난봉 내랴다가 붓들어어 오앗다. 그는 논밧 아울러 이만 원 갑 되는 것을 서울 오아서 나진 놈들에게 돌이어 이천 원에 팔기로 계약하고 선금 천 원을 차저 몃백 원은 구문으로 무엇으로 시지부지 다 업시고 다만 이백 원 남어 기생집에서 자고 료리집에서 놀다가 그 나진 놈들은 먼저 모다 나가고 그 과부 아들 어린 것만 홀로 처젓는대, 그 놈들이 서로 짜고 부랑자로 몰아 잡어느어 삼칠일 구류하게 하여 그 계약 긔한이 지내면 바로 천 원에 차지하랴고 함이다. 경찰서에서는 별로 뭇지도 아니하고 삼 일 동안이나 흔거니 두엇다고 게우 두어 마대 뭇고 보냇다더라. 설넝탕 한 그릇 먹엇다. 우리네야 무슨 죄가 잇서 오앗스랴마는, 모든 이들이 무슨 죄진 사람처럼 보며 군다. 나도 처음 당한 일이오, 수당도 처음 당한 일이라, 천여 석 밧는 수당이야말로 이런 고상 더구나 뜻박게러니. 노리텡텡한 설넝탕으로 요기하고 신발로 마구 밥고 다니는 마루판에서 거지발싸개 가튼 요때기 쌀고 자는 것, 스스로 우습기도 하다. 쏘한 약복장이 둘을 붓드러오앗다. 그는 어느 벗과 료리집에서 술 먹다가 씨러저 자앗다. 그 돈 낼 사람은 슬그머니 먼저 갓다. 나종에 료리집 주인이 약복장 둘을 잡고 료리갑 물어라 하니 약복장이는 제가 낼 것 아니라 하여 드대어 쌈하다 경찰서로 옴이라. 웬 일인 한아는 술 먹고 어느 파출소에 오아서 주정하다가 불이어 오앗다. 오히려 큰소리를 질러 쌧쌧한 체하나 잘 용서하여 주더라. 우리네 붓드러 온 이가 우리네 압헤 오아서 도리혀 친절한 드시 이약이하여 들인다. 저녁에 강본 경부가 먼저 수당과 리연이란 이 불러 나아가라 하더니, 그 다음에 나를 오라 하여 가로대 "그대는 단순한 장사나 하지 독립운동에 참예하지 말지어라. 독립은 개인의 힘으로 못되는 것이라." 하더라. 나는 대답하여 가로대 "독립은 시대가 시키는 것이라, 시대가 시키면 사람이 짜러 하지마는, 나는 무엇보담도 국가의 가장 힘쓸 것은 국가의 실력이니 실력은 곳 산업 발전이라. 산업 발전하려고 그 한 부분 되는 상업을 비롯함이라." 하고, 나오다가 고등게 가서 나를 붓드러 오든 박관식 군과 나를 취조하든 좌등을 차저보고 "그동안 우리 때문에 매우 수고하엿소." 하고, 작별하여 도라오아 주인 할머니 댁으로 드러오니, 그 사이 하도 념녀하시고 걱정되어 얼굴까지 새칠하시엇다. 문을 열고 놀내시며 나오서 팔을 잡고 반기는 양 절친한 정리라. 그 애정이 만하신 눈으로 눈물이 뚝뚝 듯고, 그 인자하신 풍도가 흐르는 손으로는 내의 마진 자리를 어르마지어 주신다. 엇지 감사한지, 도모지 입으로 말이 아니 나온다. 나는 그 사이 우리집에 이런 기별 하엿는가 더욱 걱정하엿다. 혹 집안 어른까지 알으시고 먼 곳에서 밤낫 걱정되시면 불초한 자식이 부모에게 불효막대不孝莫大하겟다. 오즉 애쓰시리. 답답하시리. 나는 경찰서에 고상하는 것보담도 집에서 알으시고 걱정되실가 더욱 두려하고 놀내엇다. 아모 죄 업는 죽을 일 업는 내 몸에야 비록 한때 고통을 당한다 할지라도 내 맘에야 아모 관게가 업서 아모스랑토 아니하지마는 드르시는 이야 그런 줄 알으시랴. 더구나 위흠한 이 세상에 객지에 잇는 자식이면 부모네게서 자나깨나 생각하시고 무슨 탈이 업나 하시는 가운대, 만일 경찰서에 드러갓다는 소식 드르시면 크게 놀내시리니, 내 한 몸 고상될 쑨 아니라, 부모며 윈 집안 사람이 넉을 일으 터이니, 나는 이로 말미암어 부모와 집안 사람들에게 오히려 죄를 지어 죄송만만하겟다. 그래서 주인댁에서 우리집에 기별하섯는가 무럿드니, 불행 중 다행으로 나와 가튼 생각으로 기별은 아니하엿더라. 집에서 온 편지 보다.

10월 12일. 비가 줄줄 나리다. 주인 할머니 감긔약 두어 첩을 지어오고 바로 박사 아자씨 가아 뵈옵고 오다.

10월 13일. 저녁나절 쏘내기가 쏘다지다. 광신태에 나아가보니 리혁호 편지가 오앗다. 다만 간초를 보냇다 하엿스되 아즉 철도국에서 기별 업다. 집에 편지하다.

10월 14일. 맑. 왼팔을 보니 마진 곳이 상하여 먹이 지고, 누르고 붉엇고 푸릇푸릇하여, 쌔가 쑤시고 동작動作이 불인不仁하여 그냥 두면 도리혀 더할가 두려하여 세부란쓰 병원에 가서 외과外科의원에게 약을 사 어더 바르고 옥도뎡기 한 병과 물약 한 병을 가지고 도라오다.

10월 15일(舊曆 八月 二十二日). 맑. 주인 할머니 생신이라. 감홍로 한 병과 도야지고기 한 덩이 사아드리다.

10월 16일. 맑. 아츰에 박사 아지씨 병환에 문안 가앗다. 저녁에 국수 한 그릇을 달게 먹엇다.

10월 17일. 아츰 저녁으로는 찬바람이 움지긴다. 해가 쌋쌋하니 비최는 것이 참으로 사랑웁다. 남대문 박게 가다 보다. 큰 거리 두가에 등롱을 드문드문 연하여 달엇다. 한가운대 연지 부친 벼쪽 달은 대를 세엇다. 이는 우리네 사는 집은 아니라. 남대문 턱으로 무슨 탈 쓴 것들이 쎄쎼이 모라 드러온다. 바치 상예나 늘쌔시 가튼 것을 여러 무리가 쎠미고 가며 방장수 가튼 것, 성복 상인 가튼 것, 이것저것, 이상야릇한 것이 쒸며 다름질하며 겅충거리며, 우줄우줄 너울너울, 과연 가관이다. 신상제 겸하여 대제 지내고 룡산에서 모다 풀이어 오는 것이라 구경하는 사람들이 좌우로 겹겹이 섯다. 압헤 거침이 만하여 거름을 멈추고 나도 쏘한 그네 틈에 씨엇다가 나아가 볼일 마치고 도라오앗다.

10월 18일. 아츰에 이러나아 보니 밤사이 비가 지내어 짱바닥이 저졋다. 힌 구름이 날으드시 군데군데 몰이어 푸른 하늘을 쓸고 간다. 완산에서 오신 이가 우리 시골 소식을 들이어주며 영승원永陞園에 가서 료리짜지 대접하니, 하도 고마우며 잘 먹엇다.

저녁에 주인어른의 이약이를 듯다. 서울 숙부인 아모가 늘 기생처럼 모양내고 다니며, 텬하 잡년 노릇함으로, 그 남편 되는 누구도 큰 부랑자가 되엇다. 다만 그 시어머니는 각금각금 주먹으로써 가슴에 박망이질을 한다더라.

어느 곳 한 며느리는 몹시 그 시어머니게 말대답한다. 시어머니 홰가 나지마는 참고 견대어 그 아들에게는 그런 말도 아니하고 잇섯다. 하루는 엇지하여 쏘 말대답이 비 오듯 하니, 시어머니 참지 못하여 쑤중하면서 몸부듬하다. 마침 그 남편이 그 겻헤서 가마니 듯고 어머니게 불효한다 하여 두 아들 나은 안에를 내어보내랴고 부모에게 고하다. 그 시아버니 아들, 며느리 대하여 가로대, 며느리가 그런 일을 할 리가 잇너냐. 만일 그렷스면 말대답 다시 말어라. 비록 허물 잇스나 고치면 착하나니 용서하여라 하니, 그 아들 그 뒤 삼 년을 쓴엇다. 삼 년 후에 그 며느리 그 남편 압헤 발이 달토록 빌어 드대어 내외 화합하엿다더라.

10월 19일. 새벽하늘에 구름이 캄캄하니 씨엇고 우레소리 우루룽 번개불이 번적번적 곳 큰비가 쏘다질 듯하더니 겨우 몃 방울 써러치고 구름이 헤어지며 해쌀이 환하게 비최다. 병석 군이 편지 보냇다. 바로 답장하다.

계부주게며 아오에게 편지하다. 날이 점점 차아가니 더욱 생각키어 아못조록 몸이 병 업시 지내기를 빌다.

저녁밥 먹고 뒤뜰에서 어정거리며 우러러보니, 소리개 수천 마리가 왼 공중을 에둘러 훨훨 날으다. 한 놈은 가장 노피 써어, 마치 그 알에 모든 놈를 지휘하는 듯 감독하는 듯 즘잔스럽게 슬슬 도라다닌다. 오르랑나르랑하는 놈, 빙빙 도는 놈, 벼 짜는 복가티 왓다갓다하는 놈, 혜성처럼 쑥 가는 놈, 이놈 저놈 자유롭게 노는 것 과연 부러웁다. 나는 언제나 날개 도치어 저러틋 거침업시 날어볼까. 아즉도 복음자리에서 쭘을 쉬는 듯.

마침 참새 한 쩨가 그 사이로 지내간다. 입버릇 사나은 소리개들은 오히려 얌전한 드시 한아도 잡어 맛보지 아니하니, 진실로 그야말로 세게 평화는 그네가 지키는가 부다. 되잔한 짱덩이 가지고 쌈 한 번에 몃 백만 죽엄을 내고서, 마지못하여 강화한다고 내 압헤 큰 감 노코자 하여 서로 다토는 이네야 엇지 붓그럽지 아니하랴. 우두거니 한참 서서 바라보앗노라.

왼팔이 이내 아프다. 무슨 죈가.

일기

7권

1919. 10. 20. ~ 1919. 12. 6.

1919년(단기 4252년)

10월

10월 20일. 맑. 처음 서리. 가난방이 헐버슨 이 추어 견대기 어렵겟다. 「서리아츰」 노래를 어덧다. 다른 책에 적엇노라. 박사 아자씨 문병하다. 송정식 군을 차젓다.

10월 21일. 맑. 그렁저렁 날을 마지고 보내다. 한번 갓 날은 다시 아니 오니 마질 적마닥 두려웁고 보낼 적마닥 앗가웁다. 박사 아지씨게 문안하다. 주인 할머니 약을 지어드리다.

10월 22일. 맑. 거리에 나서보니 젊은이가 발서 솜옷 입은 이도 잇더라. 광신태에서 리 의관 동수를 맛낫다.

박사 아자씨게 문안하다. 아지씨게서는 황달로 괴롭어하시더라. 종작업는 이는 문병하러 오아서 병인을 놀내게 병이 더하다며 낫지 못할 병이라 한다. 도리혀 병을 더치게 함이라. 비록 위로는 못할지언정 악담조채 하랴. 아마도 학교 바람이 쐬이어 맛당히 가르침을 바더야 하겟다. 도모지 배홈이 업는 이가 우리네 가운대에 하도 만하니 말 한마대 아름다은 것 넉넉이 드를 수 업노라. 이미 늙으신네는 하실 수 업거니와 젊은이 어린이들은 애써 배호아야 하겟다.

10월 23일. 맑. 박사 아자씨 문안하다. 주인 할머니게서 자신 약을 매우 효음 잇다 하시며 고맙다 일캇더라. 그러니 쾌차하지 아니하섯기에 또 약을 지어다 드리다.

10월 24일. 맑. 박사 아자씨 문병하다. 고등녀자학교 문을 지내다 보다. 구름 가튼 머리가 엉덩이에 치렁치렁 달 가튼 얼굴이 이들이들한 처자들이며 꼿가티 고은 아씨네가 학교 마당에서 오락가락하면서 활발스럽게 자미스럽게 놀다. 아마 공부하다가 쉬는 참인 듯. 글도 배호고 재조도 지니어 마침내 왼 녀자게에 조흔 본이 되며 아울러 어진 어미와 착한 안에가 되기를 빌다. 병륙의 편지 보고 바로 됴고약 일 원어치 사아 집에 보내다. 먼저 관훈동 우편소로 갓더니 젊은 사무원이 넘어 싸부러 작란만 하면서 이 핑게 저 핑게 함으로 종로 우편소로 가서 부치다. 부피가 아조 적어 잘 밧지 아니하랴고 하며 게다가 조고만한 패쪽을 달어오라 하기어 목수집에 차저가아 나무쪽을 사아 밧비 우편소로 갓다. 다른 일 가트면 그대지 속히 하랴고 애쓸 것 업지마는 아버지 종환으로 구하여 보내는 약이니 하도 민망하여 어서어서 서들엇다.

10월 25일. 맑. 주인 어른게서 이불을 새로 지어 빌이다. 완산형님의 편지 오다. 나도 이미 편지 보낸는대.

광신태 나아가 보니 감초는 아즉도 기별 업다.

10월 26일. 구름 씨엇다. 금마金馬병원 병석 군에게서 기드란 편지가 오다. 의사가 어데로 가서 아조 아니옴으로 달리 의사를 엇드랴 하여도 도모지 업스니 이 일을 엇지 하엿스면 조켓느냐 뭇는 것이라. 나는 서울에서 어디 보랴하여도 맛당치 못하니 마침내 엇지 못하면 병원을 작파하든지 그대의 뜻대로 할지어다 하여 답장하다.

10월 27일. 구름이 씨엇다. 정충신 군에게 편지 보내다.

저녁에 이약이 한마대 듯다.

그는 지금 서울 사는 한 아모갠데, 알로 스 아오가 잇다. 그 아비 살어잇슬 때 그 아오게 이천석지기 논을 직분하엿다. 그러나 한가는 제 아비 죽은 뒤 그 텬치 스모와 착한 아오의 논을 억어지로 거의 다 빼서 가지고 게우 이백석지기만 그대로 두엇다. 하루는 거짓 아오의 편지를 쓰어 제게로 부치게 하다. 편지는 곳 칼을 들은 놈이 한가를 찌르랴 하면서 네 아오의 논을 아오에게 도로 보내라 하는 그림과 글을 적엇다. 한가는 그 편지를 바더보고 일부러 깜짝 놀내며, 아오 놈이 형을 죽이려 함이라 하고, 그 스모에게 몹시 공박하엿다. 아오는 드대어 가화로 써 미치엇다. 어느 날 한가가 그 스모보고 공박하며 아오의 업는 일을 지어내며 미친 것을 더하여 고소장을 만드러 경무청에 고소하라 하니 스모 벌벌 쩔며 그놈 하란 대로 부르는 대로 적엇다. 다 적으니 그것을 가지고 사랑으로 나아가서 일인 변호사하고 무슨 이약이 하던이, 스모 불러내어 그 자리에서 글시를 쓰이어보다. 일인은 고개를 끄덕끄덕 하며 스모의 도장을 먼저 쓴 고소장에 찍다. 그래서 아오를 경무청에다 잡어느코 것흐로 울며불며 하면서 내 아오는 스모가 고소하여 경무청에 구류시기엇다 하며, 먹을 것을 보낸다, 위하는 체하엿다. 한 달 만에 무죄방송된 아오는 몃칠 뒤에 룡산 집에서 화를 못 이기어 자긔가 목을 매어 죽엇다. 사흘만에 경찰서에서 순사가 나다라오아 그 시톄를 가지어간다. 스모와 종 춘금을 붓드러 갓다. 경찰서에서는 한가의 말마틋 스모와 종이 서로 아오를 죽이엇다 악형한다. 손틉 사이에 대못을 하여 찌르며 내 자식 내가 죽엿다 하면 노아 보낸다 하며 춘금이는 죽엿다 하여서 발서 나갓다고 거짓말로 돌라 웅락밧다. 춘금에게도 그러케 해서 응락 바더 재판소로 보내다. 재판관은 아모리 보아도 그네가 살인할 사람은 아닌 듯하여 백방하라 하엿다. 한가와 일인 변호사가 경모청에 고소하엿든 고소장까지 정거하여 할 수 업시 십 년 징역 되엿다. 징역 되매 한가는 아오의 논마지기와 스모의 패물까지 모다 차지하엿다러라. 슬프다, 재물로써 아오를 죽이고 스모를 징역시기는냐. 어리석다, 아모리 하라 한들 자긔 아들을 경무청에 고소하느냐!

10월 28일. 맑. 잠을 잣나 아니 잣나 하며 꿈을 쒸엿나 아니 쒸엿나. 그 사이에 글을 어덧다

有有無無無如有，無無有有有如無.

有與無之玄妙理，玄玄妙妙玄妙中.[1]

10월 29일. 맑. 광신태에 가서 보니 감초 열 짝만 오앗더라.

박사 아자씨를 차저갓다 못 보앗다.

정재섭 군이 차저오앗더라.

10월 30일. 맑. 박사 아자씨 병환 뭇다. 장현중張鉉重 군君을 차젓다. 재동齋洞 골목을 지내다. 녀자보통학교 생도들이 고등녀자보통학교로 오앗다 가는 길이라, 가장 뒤에 쌀아가는 녀교사가 잇다. 아마 이십쯤 되어 보인다. 싸캄한 치마를 알에 몸에 홀쪽하니 홈홈하니 둘러 입고, 양말 버선에 구두발로 쑤벅쑤벅 거러가면서, 그 조곰만한 오약손에 국화 한 가지 가지고 회회 내두르고 뱅그시 우스니, 쏘한 아름다웁다. 그러나 남의 녀자를 보고 그립어하는 것은 마치 남의 재물財物을 보니 욕

1 있음이 있고 없음이 없으니, 없음은 있음과 같고
없음이 없고 있음이 있으니, 있음은 없음과 같네.
있음과 없음의 현묘한 이치는, 현묘하고 현묘한 현묘 속에 있네.

심냄과 다르지 아니하니 그립어할 것 아니며, 만일 그립어하다 하면 간음奸淫한 뜻을 두고 연하여 간음하고자 하면 마치 재물을 욕심내다가 도적할 뜻을 두고 드대어 도적하고자 함과 가트니, 진실로 죄악罪惡이 아니랴. 그럼으로 발서 그립어함이 얼마큼 간음의 뜻을 두지 아니하엿는가? 그러치 아니하고 저 녀자가 학식이 녁녁하니 그 녁녁한 학식을 그립어한다든지, 행위가 착하니 그 착한 행위 이 세상을 휘덥겟다. 박사 아자씨 보고 오는 길에 고등녀학교 문을 지내다 텬장절이라면서 술 한잔 못 어더마시어 어한禦寒도 못 하엿는지 부드런 살비듬이 싸파랏케 어른 냥으로 으시시 추어하는 드시 두 억개를 가슴쌔로 옥으리고 등을 활처럼 굽히고 손을 토수 속으로 거짐 다 드러보내고 왼몸을 독수리처럼 웅숭거리면서 학교 문으로 쏘다저 나오는 크고 적은 녀자들 참으로 애색하여 보인다. 무엇을 바라고 차듸찬 이른 아츰에 그러틋 추어하며 나오앗나. 올치 학교에서 식式하엿구려. 식이란 먹을 식자 식인가. 아니, 차라리 먹을 식이면 먹기나 하겟지. 레식이란 식자니 허리가 아프도록 절만 하엿겟다. 아마 과자 한 봉지는 어더 먹을 터이지. 자세히 살피어도 여러 녀자에 과자 봉지 가진 이는 볼 수 업다. 발서 입에 들쓰렷나, 혹 호주머니 속에 느엇나, 알 수 업다. 그러면 과자 어더먹으러 오앗나. 아니, 텬황페하 텬장절 축하식에 참여하러 오앗구려. 충성을 아못조록 지극히 하여야지 선량한 국민이 되고, 더구나 졸업하면 판임관 될 것이오, 귀작 부인도 될 것이라. 알엇다. 알엇다.

파출소 잣가이 잇는 집들만 국긔를 쏘지엇더라. 광화문 압헤를 지내다. 놉흔 모자를 쓰고 양복 덧옷을 입고 경긔도청에서 나오는 이가 만하다. 아마 술잔이나 마시엇는지, 얼굴비츤 원숭이 볼기짝이다. 소방대연십消防隊演習이라 말 탄 병뎡이 이리 닷고 저리 닷는다. 물색업는 구경군들은 큰 거리 두 가에 빽빽하니 느러섯다. 구태여 압헤로 드러갈 것 업건마는 서로 밀며 남보담 뒤지지 아니하랴고 쑥쑥 비어지니, 말 탄 병뎡이 아구쌈하여 물리치다. 그것도 또한 구경이로구나, 바라보니 남산南山 기슭麓 숩 우로 울긋불긋한 긔旗쪽이 번듯긴다. 무슨 노름노리가 잇는 듯 또한 탕 소리가 나면서 공중에 연긔 헤치다. 무엇인지 하늘을 행하고 줄곳 쏘니 옥황상제玉皇上帝게서 성내지 아니하실는가. 만일 성내시면 엇지할는가. 아이들이 작난으로 팔매던지어 어느 어른 게신 곳에 여내 범犯하거드면 그 어른이 성낼는가 아니 낼는가. 비록 아이들 뜻에는 꼭 어른을 해롭게 하자고 함은 아닐지라도 사실事實은 해롭게 함이니, 어른은 성내고 꾸중하렷다. 그러면 옥황상제게서 꾸중하시겟다. 꾸중하시는 소리 들일는가 하여 귀를 기우리고 잠잣고 잇섯다. 하도 멀고 놉흐니 아모리 무엇이라 하신들 들이지 아니하겟다. 나는 그 탕 소리 날 적마다 옥황상제게서 편안하시지 못할가 두려우어하엿다.

리텬용 군을 차저 보앗다. 송정식 군이 차저오앗더라.

11월

11월 1일(已未 九月 九日). 맑. 하루식 하루식 지내어 발서 가을도 거의 다하여가니, 시간의 나아감은 이러틋 빠르어 줄곳 장다름질하는데, 나의 나아감은 엇더한가. 한 거름 하다가 쉬고 두 거름 하다가 쉬어, 쉼이 나아감보담 더하며, 게으름이 부지럼보담 더하며, 물러음이 나아감보담 더하니, 답답하고 민망하고 두렵다. 관연 내가 잘못한 허물이냐,

혹은 무엇이 방해하여 그런가. 비록 방해는 방해려니와 나는 나대로 굿세게 ᄭᅮ준히 부지러니 하고 나아가면 텬하에 누구가 가릿거려 그치게 멈추게 물러오게 하랴. 그런즉 내의 허물인 듯 지낸 동안 그르친 것을 허물로 녀기어 뉘우침보담 차라리 압헤 할 일을 밋고 어서 ᄲᅢᆺ비 함이 나흐니, 이미 간 날 간 일은 고만두고서라도 오는 날 오는 일을 생각하고 하며 하자 하니, 울렁거리는 가슴이 터질 듯 마음이 조린다. 어제는 어제니 도라본들 엇지하랴마는, 오날은 오날이라, 무엇을 한다 할 것 잇는가 업는가. 햄이 잇다면 무엇을 햇는가. 햄이 업다면 무엇을 아니햇는가. 무슨 빗이나 소리를 내어 눈에나 귀에 듯기고 보이게 한 것이 잇는가. 혹 눈에 귀에 듯기고 보이지 아니하는 것을 하엿는가 하면 사실 듯고 보게 한 것은 업스나 그 아니 듯기고 아니 보이는 것은 잇다. 무엇이냐.

마음을 오날 밝은 하날과 가티 밝히어 아모 ᄯᅴᄭᅳᆯ이 섹기지 아니하게 하엿다. 그래서 태양太陽의 광명光明이 내의 가슴에 환하니 비최고 태양의 다숨이 내의 몸에 기피 들렷다. 그러나 누가 듯지 못, 보지 못하는 것을 ᄭᅩᆨ 그러하다고 미드랴. 밋지 아니하면 곳 업는 것으로 녀길지니, 못 밋는 이는 오날 햄이 업다 하겟다. 그러나 내가 나를 밋지 못하랴. 진실로 그러함이 잇기에 잇다고 함이니, 참으로 햄 잇슴을 내라야 알고 내라야 밋겟다. 그럼으로 나는 나대로 미드며 나아간다. 오날ᄲᅮᆫ으로만 말고서 한평생平生이 이러하다 할진대 엇더할는가, 그도 ᄯᅩ한 한가지로다. 왼 텬하가 다 이러할지대, 엇더할는가, 그도 ᄯᅩ한 한가지로다. 그러면 몸은 어데 두고 사는가. 다만 마음을 두고 마음만으로 햄이 잇서서 몸의 햄은 업시 듯도 보도 못할지니, 듯도 보도 못하면 몸은 곳 업서지겟다. 아니라, 오날 햄 가운대 가장 햄을 말하자니 그러하지, 무릇 햄을 말하자면 밥도 먹고 글도 보고 물건 사기 팔기도 하고, 방문訪問도 하고 글시도 읽히엇다. 그러면 한평생 왼 텬하가 무릇 모든 것을 하는 가운대 가장 마음의 햄이 잇스면 그야말로 무한한 질거움이 아니냐. 그럿토록 하랴 하며 하기 바라고 빈다. 한갓 눈에 귀에 듯고 보는 것만으로 하엿다 함은 눈과 귀를 위하며, 눈과 귀로만으로 사는 사람의 햄일진저. 그네의 햄은 그뿐. 곳 그뿐으로 알고 미드리니, 둘 하고 둘 아는 이가 구태여 한아만 하고 한아만 아는 이게 햄이 잇다 업다 함을 엇든지 아니 엇든지 무슨 손익損益이 잇스랴. 둘 하는 이도 더욱 더 하려니와, 한아 하는 이는 한아마자 하여야 할 것이니, 비록 어리석으나 나는 나대로 둘을 아울러 하고 알고 미드라.

박사 아자씨 차젓다. 진고개 책집을 거치어 구리개 네거리로 나오다 보니, 얼눙덜눙한 휘장을 치고 크게 유전양행有田洋行이라 쓰어 부치엇다. 그 압헤는 들마루가티 목판木板을 쌀고 목판 우에는 큰곰 여달마리를 동아바로 허리를 얽고 쇠사실로 코를 뜰어 잡어맸다. 곰은 그 쇠사실이며 동아바를 버서나랴고 머리를 이리 흔들고 저리 흔들며 몸부듬을 한다. 내야말로 넨들 오즉 갑갑하고 답답하고 슬프랴. 만일 저 줄에 얽키지 아니하엿스면 무슨 고생 하겟느냐. 산과 들을 헵쓸고 네 맘대로 자유롭게 놀 터인데, 하루에 겨우 굶어죽기 면할 마큼 어더먹고 큰 몽둥이로 어더마즈면서 여러 가지 재조 놀이고 쉴 때는 잡어매니, 네의 힘도 쓸대업다. 하릴업시 네 자유를 일코 재칠하니 야위며 늙는고나. 그러나 엇던 놈은 무엇이 질거은지 사지를 움지기어 재조를 하며 깃븜 모양을 보이니 미욱한 김생이다. 네 살에 오히려 괴롭고 붓그려 낫 붉힐 일이건마는 도로 번접스럽게 굴는고나. 그것도 구경이라 하여 사람들이 만히 모이엇더라.

음녁陰曆으론 구월 구일이라. 몃 벗이 얼이어 신나무 알에서 국화를 바라보면서 두루마리 펼치어 노코 술상을 버리어 한 잔 두 잔 마시며 노래나 부르지지면 가을 회포가 얼마큼 덜일 듯, 무엇이 그리 밧버 그도 못하니 더욱 답답하고 가엽도다.

기픈 밤에 기러기 소리 씨럭씨럭 몃 마대 들인다. 달비츤 맑고 밝으며, 바람결은 어슬어슬하다. 책을 뒤적뒤적하고 잇다가 잠잣고 홀로 안저 그립든 고향故鄕 생각이 갑작히 이러난다. 저 기러기는 우리 시골을 향하여 가는고나. 두 활개를 펴고 활활 날러 찬 공중空中에 놉히 써어 남방南方으로 가아 한동안 질겁게 놀겟다. 내가 어리어서 헤엄치든 내물가에도 나리어안질 것이요, 쏫 캐러 다니든 산마루도 지날 것이오, 모추락이 사양하러 다니든 벌판에도 거칠 것이라. 그래서 나 보든 산천山川을 네가 보며 나 밥든 산야山野를 네가 밥으리라. 부대 우리집 우로 지날 째 놉드란 소리 지르지 마라. 더구나 밤에면 감암히 아모 소리 업시 지나라. 그리 안해도 날 그립어 울렁거리는 그의 가슴에 더욱 놀낼가 하노라. 더구나 부모 형뎨의 기피 든 잠을 쌔칠가 두려하노라. 문 열고 나아가아 남텬南天을 우러러 바라보니, 기러기는 발서 가몰가몰 멀이 갓다. 보이지 아니한다. 소리도 들이지 아니한다. 그래도 행혀나 보일가 들일가 하여 우두거니 오래 섯스니, 왓단 달은 서쪽으로 점점 기우러지며 여러 별들은 싼작싹작하며 찬바람은 겹옷 속싸지 쑬코 드러오아 왼몸을 싸늘하게 하다. 늘 보아도 오로지 무슨 큰 리치덩이로만 보이는 것은 하늘이라. 저것이 무엇인가 하는 생각을 머리 속에 갈머두고 볼 적마닥 내어갈다(硏究). 가장 시방처럼 고요한 맑은 밤에 보기가 더욱 조타. 조하서 홀로 섯다. 악가 나든 집 생각은 악가 그 기러기와 한가지 남방으로 도라가고, 이제 나는 생각은 하늘로 행하여 오르랴 한다. 내가 만일 저 별에 가서 보거드면 이 디구地球도 또한 별로 보이려니 혹 저 별 속에도 누가 잇서서 나와 가티 이 디구를 바라다보며 이러틋 생각하지 아니하는가. 우리 보기에는 이 디구가 가장 큰 것으로 녀기지마는, 하늘에서 또한 적은 별에 지나지 못한다. 이미 이 디구를 다 도라다니어 보앗다는 이 말을 듯건댄, 아모 매인 데가 업다 하니, 과연 홀로 공중空中에 뜬 것이다. 그래서 줄곳 움지기어 뺑뺑 돈다. 그러면 이 고요한 밤에도 움지기겟다. 디구가 움지기면 디구 우에 잇는 물건들이 흔들이지 아니하냐. 그것은 하도 크나큰 덩이가 움지기니 거긔 부터잇는 조곰만한 물건들이야 엇지 짤어 움직이랴. 더구나 겹겹히 갓득 싸이어 잇는 공긔空氣(노)가 쏵 누르고 잇스니 그 사이 씨어잇는 물건들은 디구와 한 덩이 되어 왼통으로는 움지길지나 낫낫으로는 움지기지 아니한다. 큰 소가 거러갈지나 그 소의 털은 낫낫이 거러가지 아니한다. 한갓 그 털이 감안히 잇다 하여 그 소도 감안히 잇다고 할 수 업다. 그럼으로 디구는 움지기어도 물건은 짤어 움지긴다 할 수 업다. 그러나 이 물건들을 싸고 잇는 공긔가 움지기면(이것이 바람이라) 물건들도 더러 움지긴다.

한참 잇스니 별들이 얼마큼 그 자리를 움기엇다. 저 별들만 움기는 것 아니라, 이 디구도 고만큼 움기엇다. 참으로 디구가 그러틋 움기니 별들이 움긴 것처럼 보인다. 저 별에서는 이 디구별이 움기어 보일 것이라. 이러틋 움지기는 가운대 고요함이 잇고, 고요한 가운대 움지김이 잇도다. 이 디구는 움지기는데 이 몸(내 몸)은 고요하고, 이 몸은 고요한데 이 디구는 움지긴다.—

11월 2일. 구름이 씨엇고 다숩다. 박사 아자씨 차젓다. 송정식 군도 차젓다. 김 군도 차젓더니, 그 안에서 죽엇단 뎐보電報 보고 그적긔 시골집에 도라갓다. 듯고 놀나워 가슴이 울렁거린다. 엇지 그런가. 벗의 일인가. 죽은 이가 불상하다. 아즉도 젊은 신네인데. 가엽서라. 한 번 핀 꼿이 어느 때던지 고대로 잇기는 바랄 수 업지마는 바야흐로 핀 꼿이 먼저 지는 것과 아름다은 꼿이 쉬이 지는 것은 더구나 앗갑다. 김 군은 항상 서울에서 홀로 잇섯다. 아마 죽은 때 보도 못하엿겟다. 그는 서울에 집도 사노코 장차 그 부인을 더불고 질겁게 사랴 하엿다. 그런데!

광신태 가서 보니 감초가 모다 오아 싸이엇다.

일본 신문을 보니 지난 삼십일 일 텬장절 저녁에 동경 외무성 겻헤 폭탄을 던지엿다더라. 어제부터 순사들이 매우 불만족하다고 동맹파업 하엿다더니, 과연 거리에 한도環刀 차고 다니는 이가 적어젓다.

11월 3일. 맑. 아흠에 일즉 박사 아지씨 보앗다. 집에 편지 보냇다. 기러기 소리에 한시漢詩을 어덧노라

秋夜長長心事亂, 天高露下雁飛飛.
況玆萬國風塵裏, 遠去家鄕未得歸.

밤은 길고 마음은 산란한데
놉흔 하늘에 이슬 나리고 기러기 날논고나.
더구나 분란한 이 세계에
집을 써나 멀이 가서 도라오지 못 하노니.

11월 4일. 맑고 푹하다. 광신태에 갓섯다. 주인집에 홀로 잇스닌가 병신 거지가 오앗다. 손으로 문만 두드리며 말도 못한다. 일전 한 입을 가지고 나아가서 주랴하니 그냥 던지랴하는 뜻으로 손짓을 한다. 그래

도 나는 사람대접을 함부루 할 수 업서 친히 주엇다. 그는 매우 고마우어하며 몃 번 절하고 가더라.

11월 5일. 구름은 해를 가리어 보이지 아니하니 하루만 못 보아도 보고 십흔 생각나서 어서어서 래일이 오면 일즉 이러나아 동텬을 행하여 바라보고저 간절히 기다릴인다. 그러나 힙스럼하게 겹겹히 쌀인 구름은 왼 하늘을 바눌귀 만한 틈 한아 업시 잔뜩 싸고 잇서 도모지 어데로 움길 뜻이 업스니 그대로 잇스면 래일도 오날 모양이겟다. 만일 밤에라도 풍백風伯(바람)이 성내어 이러나서 냅데 어느 구석으로 모라치면 하릴업시 눈물을 뿌리면서 날는 드시 달어나리라. 그러나 풍백은 아즉 잠잣고 일지 아니하니 저녁달까지 그 속에 느어 오롯히 보이지 아니한다. 달은 아못조록 빠지어나오려 하여 얼굴을 조곰만 드러내어도 바로 감춘다. 다만 두렷한 모양이 엄푸릇하게 그 사이로 비최인다. 마치 엷은 비단 휘장 안에 잇는 미인의 얼굴인 듯 오래 서서 바라보아도 볼스록 사랑은 정이 더하여 얼는 공중으로 솟그치어 올라가서 구름을 헤치고 보고 십다. 것잡을 수 업시 보고 십다. 그래서 억개춤을 추고 발을 둥당거리어 한번 펄적 뛰어보앗다. 쏘 한번 뛰엇다. 뛰고 뛰어도 줄곳 그 대종으로 놉히 오르지 못해서 발서 나려지다. 그러다가 훅 뒤를 도라다보니 웬 눈도 코도 업는 놈이 누엇다.

시게는 압집 벽에서 쩽쩽 열 마대 울더라.

박사 아자씨 보앗다.

11월 6일. 이러나서 보다. 흰 구름은 회색 구름을 이웃하여 잇고 푸른 하늘이 틈틈이 보이는데, 번한 빗은 회색 구름에서 새고 환한 빗은 힌 구름에서 나오아, 밝아케 쏘는 빗헤 눈이 시어 뜰 수 업다. 바로 머리를 숙이고 잠작고 잇스니 더할 수 업는 무슨 정이 가득한 다사은 것이 왼몸을 담쑥 안어주는 듯 야릿야릿하니 땃땃하다.

11월 7일. 맑. 조 형에게 편지하다. 박사 아자씨 보앗다.

11월 8일. 맑. 양쥬 누의에게 편지하엿다. 박사 아자씨 보앗다.

11월 9일. 맑. 우물 엽헤서 세수하다. 통에 담긴 물이 얼엇다. 처다보니 집웅마다 서리가 하얏고 담 알에 나무입흔 오그락쭈그락 시드러 부스럭부스럭 나린다. 그 사이로 거러오니 발 밋헤서 와석버석 가진 소리가 난다. 발서 멀구나무(오동)는 가지만 앙당하니 남어 깁흔 잠드럿더라. 광신태에 가다. 박사 아자씨 보다.

11월 10일. 맑. 박사 아자씨 보앗다. 배채 한 쌔리에 여달 돈식 주고 사아 짐장한다는데 매우 밧븐 모양이다. 박사 아지씨는 황달이 아즉도 나흐시지 아니하니 걱정이다.

흔이 문병하러 온 이의 하는 말을 드르면 병이 낫지 못하겟다. 누구가 이 병으로 죽엇다, 아모는 무슨 약을 먹고 나섯다, 아모는 무슨 약 마시고 죽엇다, 저 병이 저러하시니 이 일을 엇지할가, 병이 기프니 나슬 긔망이 업다. 이러니저러니 함부루 시아리지 아니하고 애빌애빌 조살거리어 한갓 병인을 놀라게 하더라. 이것은 남을 위로하려고 온 것이 아니라 남에게 포악하려고 온 것이라. 아모리 죽을 사람이라도 죽어라 하든지 죽으리라 하든지 하면 듯기 시러할 쑨 아니라 쏘한 놀라나니, 더구나 병인이야 그리 안해도 맘이 약하여 낫지 못하고 죽을가 죽을가 하면서 두려하는데 폭발탄가티 사정업시 나리는 폭담으로 죽겟다, 죽는다 하여 들이면 누구가 질거하랴. 만일 그 효자 슌손이 그 겻헤서 그런 말을 드르면 원수처럼 녀기어 바로 푸념할지니라. 약으로 말하더라도 내가 분명히 증흠하여 본 것으로도 오히려 남의 증세를 잘 모르고 이르지 못할 것이어늘, 실상 내가 아모 증흠도 업시 어느 사람 이약이 듯고 옴기니, 병인이 지각업시 전하는 대로 이 약 저 약을 쓰다가 병이나 더치면 엇지 할는가. 내가 말을 참지 못하여 사람을 죽이는 일도 잇슬지니라. 그럼으로 문병하러 갓스면 대개 병세가 엇더한가 살피어보고 병인에게는 아못조록 깃브게 위로하여주어 만수무강할 줄로 빌고 말하며, 그 자손에게도 그러틋하여 념어 걱정 아니 되게 할지며, 무슨 구하는 약이나 무엇이 잇스면 힘쓰어주어 비록 죽을 병이라도 도아서 나스게 하여야 할지니라. 도모지 말 한마디를 입 박게 내노랴면 몃 번 생각하여 이 말을 남이 드르면 엇더하게 생각할는가, 만일 남이 내에게 이와 가튼 말을 하여 들이면 나는 엇더하게 드를는가 하여, 몬저 나를 남의 자리에 박구어 생각하면 그대지 그르침 업슬지니라. 힌옥의 점은 오히려 갈어 업실지나 이 말의 점은 엇지 할 수 업다 하엿스니, 과연 말 한마디 그르침이 사람의 죽고 살고 나라의 망하고 흥함에 미치는 일도 잇는지라, 엇지 문병하는 말만 조심하랴. 어느 말이든지 조심하여야 하겟다.

11월 11일. 구름이 세엇다. 푸른 하늘은 틈틈이 보인다. 주인댁 청결이라 아츰부터 텬장에 거무집을 떨으며 방을 치며 뜰 마당을 쓸며 수채 구멍을 치어, 왼 공중에 몬지가 부여케 일게 부산나케 굴엇다. 시골 놈이 시골 농가에서는 고얀이 글 읽는다고 핑게하여 책상이나 압헤 노코 우둑하니 안저 편히 지내드니, 서울에서는 도리혀 비를 잡고 마당도 쓸며 광이를 잡고 수채도 치는가. 내가 내 집에서 이러게 하엿스면 내의 부모 처자가 우섯스렷다. 또한 집안을 잘 치니 세감사리 잘하겟다 칭찬도 하섯스렷다. 문득 이러틋 생각히여 혼지 퍽 우섯다. 박사 아자씨 보앗다.

사동거리 더터서 종로로 나오아 책전을 몃 차저 이 책 저 책 뒤적거리다가, 저녁밥이 되엇슬가 혹 하여노코 기다릴는가 하여 어서 밧비 도라드니 마루 우에 밥상만 보아 노이엇다. 방에는 한 사람도 업다. 청결금사는 지내갓다. 어느덧 뎐등이 키어젓다. 다른 손들은 어데 가서 아니 오니 오기만 기다리고 밥상을 바라보아 야숙히 오랫만에 모다 모이어 먹엇다. 남의 사정을 살피어야 하겟다. 한 저녁 시키게 되면 누구가 조하하리오. 자긔 처자라도 오히려 시러할 터인데 하물며 남이야 오죽하랴. 더구나 차듸찬 이때 밥이며 국이며 숙늉이 한데 두면 바로 섬식는데 오래 동안 기다리게 하면, 주인의 고상도 적지 안코 음식도 맛업스려니, 미안한들 엇지 해찰부리고 쏘다 다니어 늣게 도라오랴. 할 수 업는 볼일이나 잇스면 하릴 업거니와 그러치 아니하면 어데서든지 밥먹을 때를 어긔지 아니하여야 하겟다. 지나 상해에서는 손들이 어데 갓다가 밥 먹을 때를 어긔어 도라오면 밥을 주지 아니 한다더라. 그런곳도 잇스니 밥 먹을 때를 어긔지 아니하는 버릇을 지어야 하겟다. 쏙 상해 가튼데서 손 노릇하려함으로 미리 그런 버릇을 가지자함만 아니라 진실로 때를 어긔지 아니함은 가장 조흔 버릇이라. 밥때 뿐 아니라 어느 때에든지 반드시 지키어 남으로 하여곰 부지럽시 기다리게 애타게 하지 아니할 것이라. 남과 상약한 시간에 늣게 간다든지 아니 간다든지 하면 한갓 흐린 사람, 시럽신 사람만 될 뿐 아니오, 또한 일도 크게 그르치며 세상에 버릴 물건이 될지니라.

一. 때를 앗겨라. 때를 앗겨라. 때가 가면 묵숨도 가니.
때를 앗겨라. 때를 앗겨라.
二. 때를 지켯라. 때를 지켯라. 때를 일으면 일도 일나니.
때를 지켯라. 때를 지켯라. (끗)

11월 12일. 구름 끼엇다.

아츰에 어데를 가려고 거리로 나섯다. 작고 큰 녀자들이 불룩한 책보를 엽헤 끼고 재게 거러간다. 아마 학교로 가는 것이라. 조선의 모든 녀자가 모다 이러틋 공부하엿스면 녀자게도 훌륭하겟다. 한갓 하는 것 업시 집안에서 아니꼬은 내외한다고 아모 배홈 업시 아모 아는 것 업시 아모 재조 업시 한정 잇는 금보다 은보다 금강석보다 무엇보다 귀한 세월을 헛도히 지내니 엇지하자는 일인가. 그 허물이 누구게 잇는가. 다른 나라 사람에는 녀자도 남자만큼 학식도 잇고 재조도 잇고 사업도 잇서 영웅, 호걸, 문장이 적지 아니하는데, 우리네의 녀자는 고사하고 남자도 아즉 무식하고 미욱하고 거록하지 못하는고나. 그러나 녀자도 급히 남처럼 배호야 하며, 힘쓰야 하며, 잘나야 하겟다. 이러틋 이루자면 몬저 배호야 하지. 잘 배호어라, 부지러니 부지러니 하기를 빌다.

바람에는 할 수 업다. 서울 완고네가 수년 전까지도 녀자면 반드시 박게 다닐 때 장옷 아니면 무름쌔를 두루고 모냥 사나웁게 걸이석거리게 보이더니, 이제는 거의 다 업서젓다. 바람이란 엇던 것인가. 곳 개화바람이라. 아모리 완고라도 마츰내 바구지 못하는지라. 바구지 못하여 머리도 싹고 녀자도 얼마콤 개방하여 학교도 다니고 의복도 개량하엿다. 차차 이 바람이 시골로 슬슬 불어가면 시골도 서울이 될 터이지. 그러면 이곳저곳 고은 산과 고은 들에 개화꼿이 피어 환하겟다. 어느 때 이럴는가. 어서 빨이 되기를 바라고 기다린다.

11월 13일. 구름이 가득 끼엇다. 박사 아자씨 보앗다. 광신태에 갓섯다. 조 형 편지 보니 오는 십륙일에 일본 구경 간다 하엿다. 거의 한 달포 걸일 듯. 선악이 개위사라 하엿스니 한번 구경하는 것이 무방하지. 미리 편안히 갓다 오기를 빌엇다. 진고개에서 안마긔게를 사아 주인 할머니게 드렷다. 늘 팔다리가 저리어 늘 주무르거나 자근자근 뚜드리거나 하여야 하는 터이기에, 이 긔계를 대고 그 자루를 연하여 돌이면 돌이는 대로 흔들이고 쩔이어 그 저리고 쑤시던 데가 시원하여진다. 또한 집에 업지 못할 것이다.

11월 14일. 안개과 구름이 왼 텬디에 가득하여 날새는 줄을 모르겟다. 마치 봄비처럼 부실부실 나리기 비롯하더니 그치기도 하고 독구기도 하여, 게으른 이 낫잠 자기에 조흘 만콤 우장 업는 이 나드리하지 못할 마콤 길을 질게 한다. 또 멍틀멀틀 뭉게뭉게 캄캄하게 몰려 닷는 구름은 금시 큰 쏘나기가 쏘다질 듯하여 나아다니는 사람의 맘을 산란스럽게 한다. 그러나 비 오는 시간보다 비 안 오는 시간이 만하다. 박사 아자씨 차저보고 오다가 모자며 두루막이를 적시엇다.

11월 15일. 맑. 여산학교 선생과 생도에게 편지 부치엇다.

박사 아자씨 보앗다. 정충시 군의 답장이 이르다.

11월 16일. 맑. 진상숙 군이 편지 보냇기에 바로 답장하엿다. 박사 아자씨 보앗다.

11월 17일. 녀름 장마가티 비가 오다. 박사 아자씨 보앗다. 주인 할머니 병환 나섯다.

11월 18일. 구름은 덩이덩이 몰이어 다니고 바람은 쓸쓸 볼다. 한데 나아다니는 이들은 왼몸을 웅숭커리고 거름이 한샛 더 빠르다. 기픈 우물에는 짐이 연긔처럼 피어오르고 웅덩이 물과 쏠물과 활작 드러내노인 물들은 어름이 되어 마치 류리나 수정 모양이다. 이러하게 갑작이 춥으니 아모 두텁은 옷 한 벌 장만하지 못한 이들이야 자못 엇더하게 지낼는가. 또한 엽드란 옷, 한 덩이 밥에, 차듸찬 바루방에서 잇는 이들이야 더구나 엇더하게 지내는가. 나도 아즉 겹옷만 입고 잇스나, 그네들보다는 호강이 아닌가. 아마 집에서는 이 아츰 추위에 깜작 놀래며 내 생각하엿스렷다. 이러틋 칩을 줄은 누구든지 미리 알엇스렷다. 그러나 솜옷 한 벌도 지어 아니 보내니 무슨 연고나 업는가. 무슨 연고로 말미암어 나를 생각하면서도 또한 힘이 미치지 못하여 그러함인가. 몸이 아퍼도 부모를 부르고, 배가 곱하도 부모를 부르고, 추어도 부모를 부름은 사람의 자연한 정리라. 나는 그대지 칩지는 아니하여도 이때 부모를 부르고 십다. 진실로 부모게서는 몬저 나를 생각하시어 "이 추위에 엇더하게 지내는가." 하시면서 옷을 지어 보내라고 성화가티 재촉하시엇스리라만은 내 옷을 지어 보내는 이 누구냐. 그도 무심하고 무정하지 아니하여 얼마콤 나를 생각하엿스련만은 병이 나서 그러함인가. 사랑이 적어서 그러함인가. 혹 보냇섯스나 우편이 게으르게 하여 그러함인가. 집을 생각하면서 소식이며 옷 보내기를 기다리노라.

새벽에 주인 할마니 약을 두어 첩 지어 오앗다. 김인수 군에게서 답장 편지가 오앗다.

11월 19일. 맑. 박사 아자씨 보앗다. 몹시 칩다. 저녁에 신명희 군이 그 시골로부터 오앗다. 전라북도, 충청남북도, 경기도 한쪽에 자눈이 싸이엇다 하더라.

신길봉 군 편지가 오앗다.

11월 20일. 구름이 끼고 비가 사이사이 나리다.

집에서 편지가 이르다. 한아버지 편지, 어머니 편지, 작은어머니 편지, 아오 편지, 그의 편지 모다 펴보니 합선대부 도라가섯다니 놀랍다. 다른 연고는 업다니 다행이다. 그런대 안에서 한 편지는 도모지 알 수 업다. 글시가 하도 못 쓰이엇스며 말도 되랴 마랴 하엿다. 한 줄만 보기도 얼마콤 수고하엿다. 아름다운 넉넉한 내 말을 잘 지어 쓰면 알기 쉽고 이러기 조흐며, 한샛 잘 된 내 글시를 잘 익히어 쓰면 보기 곱고 읽기 쉽다. 편지를 거의 다 보아가는 차에 솜옷 소포가 이르다. 과연 집에서 나를 생각하고 솜옷을 미리 지어 노코 행혀 도라올는가 하여 기다리엇다가 마침내 오지는 아니하고 추위만 갑작히 크게 이르니 드대어 보내엇다. 참 고맙다. 내의 집이 아닌들 누구가 나를 이처럼 알뜰히 사랑하여 멀이 가 잇는 외론 몸을 위로하랴. 사랑의 바다가 가림 업시 한업시 싹 업시 크고 길고 넓고 놉고 깁고 두텁게 출렁출렁 굼실굼실 흐르어 내의 왼몸을 에두러드니, 진실로 내의 집은 나를 사랑하는 사랑의 바다가 아닌가. 나는 이 바다에 배를 둥실둥실 씌고 왼 세게을 다닐가 하노라.

드르니 장춘관 료리집 일보는 아모가 그 부모가 남에게 빌린 돈 십원을 가지고 어제 어느 기생 더불고 놀다가, 한강 인도교 한가온대에 가서 기생과 배를 마조 대고 긴 비단 수권으로 칭칭 감어 매고 가람 물에 싸저 죽엇다더라. 그전에도 싸저 죽은 이가 만하다. 도모지 알 수 업다. 다 엇지해 죽는가. 남들은 더더 사랴고 애도 쓰고 힘도 쓰는대, 과연 죽기가 지극히 쉽다, 저러틋 죽으랴면. 그러나 기생 안고 죽엇스니 한이 업슬가. 다만 그 기생만 사랑하다가 죽기도 가티 죽엇스니 후생에도 그 기생과 서로 가티 팔자 조케 태어나아 부부 인연 다시 매저 질겁게 살을는가. 아마 그 죽은 이네의 바라는 바는 후생에도 이러틋 하여지자 하는 뜻으로 서로 안고 죽음이 아닌가. 그러나 저생에 드러가면 염라대왕이 그네 바라는 대로 하여 줄는지. 이생에 덕을 만히 닥거야 저생에 가서 거룩한 복을 엇는다 하니, 바라는 것도 덕을 닥은 이야 어들 터이라. 그러면 한갓 료리집에서 기생만 더불고 부랑자 노릇한 이가 얼마나 덕을 닥것나. 도리혀 죄나 아니 지엇나. 죄를 지엇다 하면 염라대왕게서 크게 성내시며 벌을 크게 주리니 가엽다 죽은 이여.

11월 21일. 구름 씨고 비도 사이사이 쑤린다. 양주 팔당리 종매에게 편지하엿다. 그 누님 사정을 넉넉히 알겟다. 그러나 아모리 생각하여도 그 뜻이 깃브게 질겁게 위로할 수 업다. 그래서 이생에는 이러하니 저생에 가서나 다시 팔자 조흔 남매 매저 나는 벌가티 누님은 나비가티 봄바람을 마저 향긔롭고 고은 쏫 차저 오락가락하면서 살어지어라 하엿다.

11월 22일. 아조 맑은 하늘은 아니라 비가 올 듯 올 듯.

광신태에 갔다오다. 큰 거리에 어린 판수가 발서 장가들엇는지 탕근에 갓을 쓰고 지팡이로 압흘 가리고 간다. 마침 거리에서 놀든 게집아이들이 잇다가 그 판수의 목을 손으로 만지며 성가스럽게 군다. 판수는 획 도라서며 지팡이로 싸린다. 아이들은 하하 웃고 물러섯다가 가마니 가서 건들인다. 판수는 쏘 홰를 내더라. 넘어 어린이가 어른 노릇하랴니 과연 아이들이 드러주지 아니하는고나.

11월 23일. 맑. 박사 아자씨 뵈앗다. 광신태 가서 감초를 다 팔다. 이화학고 중등과 졸업한 어느 녀자가 진고개 갈보집으로 팔이어갓다. 그것은 제 아비가 제 서방에게 팔엇고 제 서방이 진고개에 팔엇다 하니 대개 학교에서 뱃다 하는 이가 이러틋 팔이어 다니는가. 파는 놈은 엇던 놈이며 팔이는 이는 엇던 인가. 아모리 돈이 아숩기로 사람을 팔며 사람에도 쌀을 파는가. 아모리 아비의 명령이 잇기로 사람으로서 물건 노릇하는가. 물건에도 짐승 노릇하는가. 배홈이 업슬지라도 그러하지 아니할 일인대 하물며 중등학교 졸업싸지 한 이로 그럴 수 잇는가. 요마적 학교 졸업하고도 상당 짝을 엇지 못하고 돈 잇는 이게 팔이어 가는 이도 만하지만은 구태어 갈보집으로 드러갈 것인가. 뭇 산아이를 보랴고 그럼인가. 첫재 그 아비 그 서방 놈의 죄지만은 둘재 그 게집도 미친 것이라. 잔약한 녀자 신세로 엇지할 수 업서 그런 것인가. 그럿키로 못할 노릇이야 할 수 잇스랴. 차라리 죽을지언뎡 그냥 죽는 일은 적어도 허물 짓고 사는 죄는 크다. 슬프다. 엇지해야 세상의 이러틋한 불상한 이들을 구원하여줄가.

11월 24일. 맑. 박사 아자씨 뵈앗다.

11월 25일. 맑. (十月 三日) 한배님 四三七二回(四二五二)의 탄강하신 날.

님이 보시든 산과 물은 우리도 보며
님이 밟으시든 흙과 물은 우리도 밟으련만은,
님의 얼굴과 자최를 못보니
그를 슬어우어 하노라.

임의 검[신神]은 하늘 게시어 골千잘해 슷이 업시
온누리 뭇 우리를 나려다보시련만은
하도나 놉고 멀어 아니 보이니
그립어 미칠 듯하노라.

날이 지나고 지날스록 님의 생각 더하고 더하는대
임쎄서 나리신 그날이 야린 가슴에
더구나 작히나 그리우어하랴.

11월 26일. 구름 셰엇다. 박사 아자씨 뵈앗다. 광신태 갓섯다. 경찰서에서 게엄이 심하더라.

11월 27일 구름 끼엇다. 서대문 박게 가서 정미소精米所 다여섯 대나 더듬어서 왕겨 한 섬 사아 수레에 실이어 박사 아자씨 댁에 갓다 드리엇다. 경성부청에 가서 주인댁 디단세를 드리엇다. 밤에 병륙과 한주 군이 오앗다. 양륙 군에서 편지가 오다. 광신태에 갓섯다.

11월 28일. 맑. 경찰서에서 게엄이 심하더라. 병륙이 다리고 박사 아자씨 뵈앗다. 한준 군은 인천을 갓다. 경찰서에서 게엄이 심하더라.

11월 29일. 맑. 광신태 갓섯다. 찬 군에 편지 보내다.

박사 아자씨 뵈앗다. 아츰 우물에 세수하러 갓더니 압집 엄엄이 물을 지러준다. 그것도 고맙다. 거리에 다니며 보다. 흔이 산아이가 녀자를 흘긋흘긋 잘 처다본다. 그 가온대로 시골 산아이가 더구나 얄밉게 치다본다. 처다보기 뿐만 아니라 더구나 무엇이라 수근수근하며 참으로 드럽게 군다. 그러면서도 오히려 녀자가 엇더하니 하여 올호다 글흐다 한다. 그네가 자긔는 짐승 노릇하면서 녀자만 사람 노릇하라고 함인가. 사람 노릇도 말고서 자긔가티 짐승 노릇하여라 함인가. 나 보기에는 녀자는 얌전하여도 산아이가 얌전하지 못하다. 녀자는 그대지 남자를 흘긋흘긋 보지 아니한다. 진실로 붓그려 하는 모양이 잇스며 여린 모양이 잇다. 나는 산아이가 곳 사람 노릇하여 부지럽시 녀자만 나무래지 말지어라.

학동 병석 군이 오아갓다.

11월 30일. 비가 올 듯.

쥐 주문

쥐야 쥐야 서대쥐야, 손이 절여 발이 절여 입이 절여
사대륙신 모도 절여 두 눈이 오소리 사파

겻방에서 쥐가 저녁마다 부시럭부시럭함으로 주인 할머니게서 주문을 읽다.

십일월도 발서 다 지낫다. 하는 일 업시 날과 달을 보내는고나. 텬황신가 디황신가. 이 몸이 과연 편안해서 그런가. 텬하만사가 모다 하잘 것 업서 그런가. 진실로 한가한 가온대 오히려 밧브다. 맘을 잠시도 노아둘 수 업다. 꽉 지니고 잇서야 하겟다. 꽉 지니지 못하면 나란 것도 업겟다. 그럼으로 황금보다도 공명보다도 무엇보다도 썩 잘 지니어 나란 것을 잇게 하여야 하겟다. 이것이 황금에든지 공명에든지 무엇에든지 혼이 붓다니어 다시 내에게 도라오지 아니하나니, 도라오지 아니하면 드대어 나란 빈 쌩탕이만일지며 물것품일지니라. 우두거니 안저서 눈을 감엇다 써엇다 하면서 맘을 거두어 모이어 지키고 잇다. 이미 나아가 이곳저곳에서 이것저것 더듬어 차지하려고 하다가 몰이어 도라오아, 갓가지로 가초아 무엇이 조코 무엇이 아름답고 무엇이 엇더하다 하며 서로 야단이다. 한동안은 도모지 크게 어질업다. 한참만에 비로소 고요하여지니 그때에야 내가 꽉 붓들고 지닌다. 그러하자니 한가하여도 밧브다.

12월

12월 1일. 구름 끼어 비올 듯. 솜옷이 도리혀 더웁다.

이웃집에서 고사떡을 보냇다. 나도 배부르게 어더 먹엇다. 서울에서도 음 시월이면 집집이 빌더라. 서울에서는 차차 차차 함부루 빌는 일이 업서진다. 시골에서는 아즉도 머리만 조곰 아퍼도 무당을 부른다,

무슨 뱅이를 한다 야단이지만은 서울서는 약을 지어먹이며 의원을 청해보인다 하여서 썻썻한 일로 치료하려 한다. 이런 것이 아마 문명의 바람인가 하노라.

가령 귀신이 잇서 사람으로 하여곰 병나게 한다 하면 그 귀신이 사람 몸을 꼬지고 눌르고 괴롭게 쓰리게 아프게 해서 병이 난다하면 과연 이런 사실이 잇는가. 귀신이 무슨 까닥에 사람 몸에 병나게 하는가. 주린 귀신이 먹기 위하여 그러함인가. 그래서 음식을 차리어 노코 빌으면 귀신이 용서하여 아니 아프게 하여주는가. 그런다 하면 한번 먹어본 귀신이 입맛 부치어 각금각금 오아 병을 내면 아모리 부자집인들 마침내 당할 수 잇스랴. 또 그러치 아니하고 귀신을 공경하지 아니하거나 혹 귀신을 덧거스리거나 해서 귀신이 성내어 병나게 한다 하면 비록 음식을 가지고 빈들 드를 수 잇스랴. 참으로 정성을 드리지 아니하면 아니 드를 터이라. 그러나 병이란 사람이 몸 조섭을 잘못하든지 몸이 여리든지 병에 물들든지 하면 병이 나나니 약을 먹으며 잘 조섭하여야 나슬 수 잇다. 병나면 누구든지 의원에게 보이고 약 몬저 구하여 먹으며 조섭을 하나 한갓 귀신에게 빌지는 아니한다. 비랴면 놉고 올흔 귀신 곳 하늘님에게나 빌을 것이라. 몬저 죄 짓지 말고 착한 사람으로써 비르야 비는 보람이 잇다. 죄만 잇스면 빌어도 쓸대 업나니라.

12월 2일. 맑. 봄날 모양으로 다숩다. 늣김이 잇서 짝을 구하는 이의 노래를 지엇노라(陰 十月 十日).

하늘이 나를 나흐시매
나의 짝도 나흐시엇스리라.
그러나 넓온 누리 가온대

어대메 나의 짝이 잇는가.
그도 나를 못 어더
애쓰고 구하렷다.
그가 이미 짝을 어덧다면
나만 홀로 짝이 업는가
나는 다만 그를 구하고저.
밤나지로 생각하노라.
어느덧 조흔 바람 불어오며
그와 내가 어으르게 되엇스니
나는 짝을 엇덧고나.
그도 나를 짝 삼는다.
오래동안 혼자 그리든 몸이
맛날 일 생각하매 가슴이 열이어
답답하든 맘이 시언해지고
외롭든 몸이 든든해진다.
깃븜으로 서로 마지어
영원한 사랑으로 미리 비노라.(끗)

박사 아자씨게 세 번이나 갓다.

12월 3일. 다숩다. 구름 씨어 비가 곳 쏘다질 듯. 박사 아자씨가 영평 추수하러 가시는대 뎐챠 타고 동대문 안에까지 갓섯다. 나는 숭일동崇一洞 삼십삼三十三 번디 리동수李東秀 시를 차젓다. 그는 풍병으로 왼쪽 다리를 움지기지 못하고 왼쪽 억개 알에 요강만한 담종이 드러나아, 발서 두어 달포 자리에 겨우 안젓다 누엇다 하엿다. 그러나 병구원하는 이는 다만 그의 큰머느리뿐, 욋단 시골집 가튼 집에서 홀로 잇서, 게다가 병은 점점 더 기퍼지며 문병하는 이도 업스니 하도 답답하고 갑갑하여 죽으랴고 약을 먹고 한참 쌈을칫다가 다시 깨어낫다 한다. 그가 일전 아츰에 사람을 보내어 나를 맛나기 바라기에 오날 차저갓다. 그는 저거번 봉텬 갓섯슬 때 통역하기 위하여 한가지 햇섯다. 나는 그를 알기는 그때부터라. 그럼으로 그 병으로 괴로운 가온대 나를 보아지라 함이라. 그는 다 자란 아들이 넷이나 잇다. 그 아들들은 지금 서울에서 무슨 버리하고 잇는 모양이다. 그러면 안에도 잇고 아들을 넷이나 둔 이가 아조 자식 업고 안에도 업고 형뎨 친척도 업는 이처럼 고단하고 가엽슨가. 누구가 팔자 사낫다 하랴만은 슬픔은 슬픔대로, 누구가 불상하다 하랴만은 고상은 고상대로 하는고나. 이 허물이 그에게 잇슬가, 그 안에나 아들에게 잇슬가. 일즉 드르니 그 안에와는 십년 전부터 싸우고 끈첫다 한다. 나도 격겨 보앗지만은 그 속아지는 아조 고약하다. 진실로 승순하는 안에나 효양하는 아들이 아니면 부지하기는 어려우리라. 그러나 아비 병에 자식이 모른 체하고 도라다보지 아니하면 누구가 도아주랴. 이에 알겟다. 자식이 만한 이라고 한갓 팔자 조타 하지 아니할 것이라. 사랑이 업는 자식이야 싼 남과 무엇이 다르리오. 정이 업는 안에야 싼 남과 무엇이 다르리오. 평평하게 말하자면 그 아비며 그 자식이 서로 사랑이 업시 싼 남처럼 지나온 것이라, 그는 그 아들이 그런 병이 낫서도 또한 도라보지 아니햇든지 모르겟다. 하나 자식은 자식의 도리를 하여야 하겟다. 아모리 아비가 아비 노릇을 잘못하여도 사식이 사람이 되엿스면 사람 노릇하자니, 그 아비게 대하여 공경하며 극히 사랑하여, 더구나 병이 난 때에는 정성을 다하여 구원하여야 하겟다. 그네들이 부자간에도 이러틋 무정할지댄, 하물며 다른 사람에게야 엇더하겟느냐. 사람이란 동정하는 맘이 잇서 서로 사랑하며 서로 도아줌으로 이 세게도 지니고 길고 길게 살어온다. 그러하지 아니하면 서로 해하고 서로 죽이어 마치 짐승처럼 아모 도덕 업시 힘신 놈이 주장하여, 마침내 참혹한 가온대 마주막 마치엇스리라.

수당을 차저 리동수의 사정을 말하여 구제하려 하노라.

지아비는 안에를 사랑할지며
지어미는 남편을 사랑할지라.
어버이는 자식을 사랑할지며
자식은 어버이를 사랑할지라.
왼 세게 가온대에 가장 갓가온
부부며 친자 사이 사랑 안하면
더구나 누구에게 사랑할는가.
사람과 사람 사이 사랑 안하면
서로 도음 업서서 서로 해하고
드대어 서로 죽여 짐숭 가트매
바라고 하잘 것이 다시 업도다.
바라고 하자 하는 이 누리에서
사랑과 사랑으로 서로 매이어
왼갓 일을 비롯해 나아갈지니
이로부터 사람을 배홀지어다. (끗)

12월 4일. 맑. 다숩다. 수당을 차저 돈 십 원을 어더 리동수를 차저가아서 주엇다.

두어 달 전부터 머리 우에 벼룩만한 종긔가 나아 마치 사마구처럼 된 것이 차차 커진다. 세부란쓰 병원을 차저가아 진찰햇다. 세부란쓰 병원 문을 열고 드러가니, 문직이가 잇서 구쓰 신은 이는 구쓰 신은 대로 드러가게 하고, 다른 신발 한 이는 반드시 그 신을 벗고 그 대신 '스리빠'를 신고 드러 가게 한다. 바루 방 한가온대에 진찰권을 파는 데가 잇다. 나도 십 전 주고 진찰권 한 장을 삿다. 그 진찰권에 적힌 말이 "병원에 올 때에는 반드시 이 진찰권을 가지고 오시오. 만일 일허바려 가지고 오지 못할 때에는 다시 진찰권을 사야 되겟소. 임의 진찰을 밧고 약제만 청구코저 하시면 본인과 대리인을 관계하지 아니하고 이 진찰권을 가지고 오시오." 하엿다. 남자며 녀자며 늙은이, 젊은이, 어린이 모든 병인이 가득히 모이엇다. 나는 진찰권과 나무패쪽 한아 가지고 피부과를 차저 패쪽만 주엇다. 몬저 온 이는 몬저 보고 나종에 온 이는 나종에 본다. 얼마동안 기다리고 잇다가 나를 부르기에 드러가아 보이니, 의원이 어느 때부터 그런가 무르면서 조히쪽에다 적는다. 나는 그 조히쪽 가지고 다시 진찰권 파는 대로 오아 돈을 내어주고 한 쪼각만 가지고 도로 피부과로 가서 의원의 수술을 밧고 약을 어더 발럿다. 이것도 처음에 벼룩만 햇슬 때에 의원에게 보이엇더라면 아조 쉽게 나슬 것을 늣게 다스리니 여러 날 걸이겟다. 무슨 병이든지 애적에 곳 고치지 아니하면 나종에는 어렵다. 찬 군의 답장 보다

12월 5일. 맑고 다숩다. 박사 아자씨 댁으로 더처서 세부란쓰 병원에 갓섯다. 한 시간이나 기다리어서 약을 어더 발럿다. 그 갑이 삼십 전. 오전 륙 시에 병륙이 떠낫다.

12월 6일. 맑고 다숩다. 세부란쓰 병원에 갓섯다. 마침 기다리고 잇는 동안에 김복주를 맛낫다. 김복주는 전주 자혜병원에 다니더니 예

오아서 간호부 노릇한다. 서로 반가우어 자미스럽게 이약이햇다. 복주는 내의 집사람들이 무고하냐 무르면서 녯일을 이쓸어낸다. 내가 전주 반석리 살 때 바로 이웃해서 지낫다. 그래 늘 내 집에 놀러온 일도 잇섯다. 집 사람이며 어린 아이들까지 친하게 굴엇다. 타향에서 고향 사람을 맛나니 더구나 깃브다. 오다가 우조당右照堂 시계포에 드러가니 주인댁 시계를 아즉 못 고치엇다 하더라.

박사 아자씨댁으로 거치어 도라오앗다.

저녁나절 광화문 우편국에서 병석 군이 한 뎐화 호출장이 오앗다. 밧비 광화문 우편국에 가아 보니 아즉 시간이 아니 되엇다. 기다리는 동안에 웬 탐스럽게 생긴 녀자가 적먹이 아이를 업고 편지 두어 장을 가지고 날다려 자긔 남편에게 뎐보를 하겟스나, 자긔는 글을 모르니 좀 쓰어 주십시사 한다. 나는 뎐보 용지를 어더 가지고 그의 남편 잇는 곳과 그 성명을 쓰고 그의 말대로 곳 오라고 쓰엇다. 그의 남편은 황해도 해주 해서海西자동챠부에 자동챠 운전수로 가 잇다. 그런대 또 다른 곳에서 돈을 만히 주리니 오라는 편지가 오앗다. 이 녀자는 남편도 맛나기 겸하여 어서 밧비 오라고 그 사이 네 번이나 편지 하엿스나 아니 오니, 이에 뎐보하자 함이라. 그러나 자긔는 할 줄을 아지 못하여 나보고 해 달라 하기에 해주엇다. 뎐보를 하자면 우편소나 우편국에 가서 뎐보하겟다고 하면 뎐보하는 조히를 공으로 준다. 그 조히에 저 사람 잇는 곳과 성명을 자세히 쓰고 그 다음에 할 말을 간단하고도 분명하게 쓴다. 그리고 내 일홈도 쓰기도 한다. 곳 내 성명과 할 말을 쓴 글자 셈을 세어 모다 일곱 자에 이십 전 한다. 또 한쪽에 내 잇는 곳과 성명을 쓴다. 다 쓰어 드리면 우편국 사무원이 바더 부치어 준다. 이런 것이야 누구든지 알어야 하겟다. 오후 다섯 시에 뎐화 마치고 도라오앗다.

일기

8권

1919. 12. 7. ~ 1920. 5. 16.

1919년(단기 4252년)

12월

12월 7일. 맑. 조곰 바람결이 차다. 리 의관 동수가 자긔 세째 아들에게 편지 한 장 하여 달라고 하기에 그 큰아들의 첩 일녀에게 차저가 안부를 무르니, 두어 달 전에 강원도 어대에서 편지 오고 그 뒤에는 도모지 어대 잇는지 소식이 업스니 모르겟다 하며 웨 자긔 아들이 여럿 잇는대 당신에게 편지해다고 하느냐 하면서 조살거린다. 나도 그의 부탁하는 것을 이미 허락하엿기에 그의 잇는 곳을 알려고 차저가서 무름이라, 넘어 간섭하는 것이야 "남의 친환에 단지라." 멋 마디 말하다가 도라오앗다.

수당을 차저갓다. 세부란쓰 병원에서 어제 성락철 시가 멀이 갓다 한다.

12월 8일. 자못 차다. 눈도 조곰 뿌리엇다. 이웃집 사람이 수채 구멍 고치러 오앗다. 더불고 주인댁 광속을 치며 진흙을 추어내며 목판을 노코 흙으로 덥허 한참 동안 일햇다. 도 군, 황종규 군, 신명희 군들은 저녁나절 옴기엇다.

12월 9일. 맑고 춥다. 세부란쓰 병원에 갓섯다. 오 의원이 내 머리 약 바르던 곳에는 마치 버섯 가튼 것을 뽑어내어 보이며 거의 다 나섯다

한다. 박사 아자씨 보앗다. 박사 아자씨게서 어제 저녁에 오시엇다 하기에 가 보앗다. 조 형이 일본 일광에 편지 부치어 오앗다.

12월 10일. 맑고 춥다. 병륙 편지 보앗다. 박사 아자씨 보앗다.

12월 11일. 맑지 못하다. 박사 아자씨며 수당을 보앗다. 주인댁 시계를 차지러 갓더니 아즉 다 고치지 못햇다 하기에 그냥 도라오앗다.

12월 12일. 맑다. 박사 아자씨 댁에 가서 나무 한 바리며 쌀 다섯 되를 사아드리엇다. 저녁에 시계를 차저다 주인댁에 드리엇다.

12월 13일. 눈이 오다. 리발햇다. 박사 아자씨 보앗다.

12월 14일. 맑고 춥다. 도 군을 차저보앗다. 박사 아자씨 보앗다. 환형이 차저오앗다

12월 15일. 구름이 씨엇다. 압집 세 든 신과댁이 쑴을 쒸고 고사하여 고사썩을 만히 가지오아 배부르게 먹엇다. 드르니 사 형뎨 되는 리 아모의 집으로 그 신 부인이 출가하여 겨우 아들 둘 낫고 상부하엿다. 초상을 다 치루고 그 세 시아재들에게 세집 두어 간만 어더주시면 아들 다리고 바느질품 팔어 살겟다 하니, 세 시아재가 드른 체도 아니하고 도라안저서 하는 말이 "곳 개가 갈 터인대 남의 조흔 일만 해." 하더라. 하는 수 업서 그 형의 집을 어더 두 아들과 가티 날마다 양복점에 다니어 일하고 월급 바더 살다가 이 압집으로 드러온 터이라더라. 박사 아자씨 보앗다.

12월 16일. 눈 쑤리다. 몹시 춥다. 박사 아자씨 차저갓다 못 뵈앗다. 독한 감긔가 다닌다. 일본 사람에는 입을 싸맨 이가 만히 길에 보인다. 아마 감긔 예방인 듯. 이 사이 죽은 이도 만하다디라. 이리틋 춘 날 배부르고 두터운 옷 입은 이도 매우 추어하는대, 하물며 주리고 헐버슨 이야 오즉하랴. 더구나 감옥 속에 가친 이야 엇더하겟느냐. 엇더케 하

여야 고루고루 배부르게 두터운 옷 입게 다숩게 편안하게 할가. 진실로 가엽서라 그네들이여.

12월 17일. 춥다. 맘이 몹시 불쾌하다. 푸념 드럿다. 박사 아자씨 보다.

12월 18일. 맑고 춥다. 맘이 불쾌하다. 늘 푸념. 박사 아자씨 보다.

12월 19일. 맑고 춥다. 황쥬 벽성리璧星里 김상필相弼 시의 편지 오앗다. 맘이 불쾌하다. 머리가 아프다. 푸념. 핑게다. 박사 아자씨 보다.

12월 20일. 맑고도 옥동가티 춥다. 박사 아자씨 보다. 리희용 군 차저보다. 맘이 불쾌. 머리가 아프다. 푸념. 종형의 편지 보고 바로 양쥬 누님게 편지 부치다. 리도와 황종규 군이 오앗더라. 전쥬 작은아버님게 상서.

사람이 아모리 내게 잘못할지라도 나만 아모 잘못한 일이 업스면 내의 허물이 업슬지니, 내의 허물이 업스면 내의 맘은 편안할 것이라. 그러나 사람의 걱정하는 것은 내의 걱정도 되는 것이 잇나니 한갓 내의 허물만 업다 하여 내의 편안할 수 잇스랴. 비록 남이 내게 모든 무례와 불경을 하여도 그것만 야숙히 알지 아니하고, 도리혀 더욱 내 몸과 내 맘을 살피어 바루지 못한 것과 아름답지 못한 것이 한아도 업도록 예어가면 쏘한 질겁지 아니하랴. 그런대 네가 불쾌하다 하니 무엇을 말미암어 그런가. 네가 스스로 그런가. 혹 남에게 움지기어 그런가. 그럴 듯도 하고 어리서기도 하고 애다롭기도 하여 싸징도 내어보고 우슴도 해보다가 저절로 너그럽게 하여 왼누리를 불상스럽게 녀기엇다.

12월 21일. 맑. 심사가 불평. 박사 아자씨 보앗다. 도를 차저보다.

12월 22일. 맑다. 맘이 깃브지 못하다.

12월 23일. 맑다. 음 십일월 이일 동지. 병석 편지 보고 바로 답장. 맘이 불평. 집에 편지해 도 군께 부치다.

12월 24일. 맑고 쌋쌋해 사랑웁다. 맘이 불안. 박사 아자씨 보앗다. 텬하에 공것은 업다. 내가 알게든지 모르게든지 남에게 덕을 베풀면 반드시 알게든지 모르게든지 남의 덕을 밧나니라. 이 세계에 가장 불상한 사람이 잇스니 덕 업는 이라. 덕만 만하면 그는 무엇보다도 남보다 복이 만하리니 말 한마디 맘 한번 잘못 쓰지 말지니라. 엇지하여야 내부터 덕을 닥가 그 불상한 사람들을 구원할가 하노라.

12월 25일. 맑다. 맘이 불안. 양쥬 누님 편지 오다. 바로 집에 편지 부치다. 박사 아자씨 보앗다.

12월 26일. 구름 끼어 침침하다. 박사 아자씨 보앗고 조선은행에 갓섯다. 사람이 하도 만하다. 돈도 쏘한 만한 듯하다. 청운 맛낫다.

12월 27일. 눈이 오다. 박사 아자씨 보앗다. 문을 발러 드리다. 리한주 군 맛나보앗다. 송정식 군 보앗다.

12월 28일. 맑고 춥다. 눈이 반 자 더 싸이엇다. 박사 아자씨 보앗다. 집에서 옷이 오앗다.

12월 29일. 맑다. 박사 아자씨 보앗다. 생양골 박남진이 송형식과 가티 차저오앗다.

12월 30일. 맑다. 박사 아자씨 차젓다. 송형식과 박동진을 차저보앗다. 눈에 뎐화줄이 다 써러젓다. 눈이 녹지 아니하여 길길이 빙판이 되엇더라. 나는 말다웁지 아니한 말에는 차라리 대답지 아니하고 잠잣고저 하노라. 개가 내게 향하여 짓고 대드르면 내가 잠잣고 지날지언정 내가 그 개와 가티 마조 짓거리지는 아니 하겟노라. 사람이 개와 가티 무엇을 말하리요. 더욱 남의 사정을 넉넉히 살피어라. 다만 내의 좁은 뜻만 가지고 그대로만 하자면 나 혼자만 이 세상에 사는 셈이라. 남과 가티 지나지 못할지니라. 내게는 부모도 게시고 형뎨도 잇고 처자도 잇고 다른 사람도 잇스니 남의 뜻과 서로 어울러 비로소 이 세상에 사는지라. 야숙한 이는 다만 제 뜻대로만 하자 하다가 그 뜻대로 못되면 성내고 슬펴하고 원망하고 분하여 하고 핑게하고 남 탓하고 푸념하고 짓거리고 독살펴고야 다치어 마침내 홀로 욋단 몸 되니 오히려 불상한 사람이 아니랴.

12월 31일. 구름 씨엇다. 박사 아자씨 보앗다. 환형(쥬영 씨)이 류행감긔로 괴로어한단 말을 비로소 듯고 바로 가아 보다. 이 해를 마재 보내니 답답한 맘 비할 바 업다. 아모 함이 업시 지나지 아니햇나, 아모 책에다 적어 둘 만한 일 한 가지나 햇섯나, 무슨 죄나 짓지 아니 햇섯나 하고 도로히 생각하니, 과연 헛보낸 듯 참으로 자랑하잘 것이 업슨 인가. 내 맘쌧은 더 할 수 업시 깃븐 일도 잇섯고 답답한 일도 잇고 그립음도 잇고 바람도 잇고 기다림도 잇다. 그래서 새해를 마지면서 지남을 누우치는 대신으로 더 잘 되기를 빌고 하리라 햇다. 비록 지남은 거룩하지 못할지나, 마지음은 거룩하게 가멸하게 하자 한다. 쏠쏠하는 산골 사이 샘물줄기가 비롯함과 지나옴은 그대지 넉넉하고 크지 못하나, 일 리, 이 리, …… 십 리, 백 리, 천 리 나아가면 가람도 되고 바다도 되어, 가림 업시 넓고 큰다. 그와 가티 내의 것도 더욱더욱 커지기 밋는다. 이 뜻으로 이 해를 보내고 새해를 마지노라.

형식 군을 차젓다,

1920년(단기 4253년)

1920년(단기 4253년)

1월

1월 1일. 맑고 좀 땃땃하다. 박사 숙과 환형을 가보다. 고통한다. 집에서 편지 오앗다. 찬 군 김용순 군에게서 년하장 오앗다.

1월 2일. 구름 씨엇다. 박사 아자씨 보앗다.

1월 3일. 맑다. 박사 아자씨 보앗다. 환형을 차저보니 병이 중해서 나를 몰라본다. 이 일을 엇지해, 도모지 구원할 도리 업는 것 갓다. 다만 아프고 답답하고 갑갑한 맘만 움지기어 더할 수 업시 쓰리엇다. 늰상훈을 정동석 집에서 차저보앗다.

은동 리정호正鎬 군이 차저오앗다. 유홍종洪鍾 병원에 가서 머리 종긔를 다스리엇다.

오후 이 시 반에 환형이 마주막 갓다.

一

환형은 우리 사람 가온대 밋는 이에 한아라.

문명한 사람에도 가장 문명한 정신을 가지엇다. 깨긋하고 아름답고 깁고 먼 뜻이 마치 묵고 거친 풀언덕에 하얀 유리 쏫가티 그 재태와 운치를 빼어내는 드시 답답하고 캄캄한 사회에 자라나서 조곰도 구진 것 나진 것 그른 것을 물드리지 아니하고, 새로 굿셈으로 오름으로 꾸준히 부지런히 나아갓다.

二

환형은 우리 한글 임자에 한아라.

그 조흔 뜻으로 먼저 다스리지 못한 우리 한글에 크게 애쓰고 힘쓧다. 일즉 오성학교를 졸업하고 그길로 한힌샘(周始經先生) 스승에게 배어 십여 년 래로 이로써 밤이나 나지나 맘을 이에 두어 갈고 갈다. 갈어 올스록 더욱 오묘하고 신통함에 이르러, 그 조예가 자못 크고 기펴 아마 우리글 학자에 중심이 되어, 그 밧뿐 교육 사무의 겨를에 조선어 사전을 편집하고, 조선어 보급하기 위하여 강십을 열랴 하엿다. 진실로 우리글에 대하여 그마큼 정성이 지극한 이 업고, 쏘한 그만큼 연구한 이 업다. 참 조선 문학게도 불행이다. 이러틋 생각할스록 더구나 앗갑고 가엽고 슬프다.

三

환형은 내의 정든 벗 가온대 한아다.

내가 올봄에 서울 오아 비로소 환형과 서로 맛낫다. 그전부터 서로 누군지 엇더한 인지 대개 알엇스나, 맛날 기회가 쉽지 못하여 그립울 짜름이더니, 내가 차저가아 보고 두어 마디 말에 사랑이 서로 쏘이엇다. 그 다음으로는 서로 오앗다갓다 하면서 우리글 연구도 하고 조선어 발행 게획도 쐬하여 보아, 날과 달이 가고 갈스록 정과 의가 기펴젓다. 길고 길게 서로 사랑으로 지날가 하엿더니, 엇지 이에 이를 줄 알엇느냐. 과연 인생이 무상한 것이라. 슬프다. 쓰거운 눈물이 쑥 쑥 ············.

1월 4일. 맑다. 성수 군을 차저보다. 기승 씨를 차저 위로햇다. 도, 진상숙, 리숙석 군 들의 년하장이 오다. 박사 숙 뵈엇다.

1월 5일. 맑다. 오후 십이 시 오십 분이라, 남대문역에서 환형을 보냇다. 박사 아자씨 뵈엇다.

왼누리 모든 사람
사람이 얼말는지
참으로 이룬 사람
가온대 사람다온
사람이 만치만은
참으로 만치 못해
진실로 우리네에
멋치나 될동말동
환형이 이에 잇서
참으로 이룬 사람
귀하고 귀한지라.
참사람 노릇하여
정직한 덕행이며
더구나 우리글에
갈음에 자나깨나
심오한 학식에도

가장 된 학자로서
애쓰고 힘을 다해
이러틋 글동산에
바라고 기다리며
어느덧 되는 꼿이
환한 빗 비최려니
그립고 우러럿다
도로서 지는고야.
슬프다 엇지해서
사람도 앗가우며
가엽다 이 일이여
이럼에 이르르니
배홈도 앗가웁네.
마주막 쪄나가니
유명은 다를지나
쏘다시 못 볼 일을
눈물만 줄줄줄줄
정이야 다르리오.
쏘 한번 생각하매
저저로 흐르도다. (끗)

1월 6일. 하늘이 흐리다. 박사 아자씨 뵈엇다. 집에 흔옷 부치다. 편지도 보내다. 송택규 군을 차저보다.

1월 7일. 눈이 만히 오다. 저거번도 고대로 싸이엇는대 쏘 더욱 싸이니 왼 세계가 눈 부자라. 엇던 이는 풍년 들것다 하며 깃버하더라. 박사 아자씨 뵈옵고 장현중 군을 차저보다. 김인수 군의 년하장이 오다.

1월 8일 맑다. 박사 아자씨 뵈엇다. 리귀손 년하장 오다. 걸 아자씨가 소석과 한가지 오아 찻다. 송정식 군을 차저보다. 날마다 백오십 명 가량 잡어가든 독감의 세력이 차차 감하여 요마적은 사오십 명쯤. 그러나 시골로 출장하여 야단하는 듯하다. 주인댁에 비옷 짐 사드리다. 삼소음과 안약을 지어드리다. 너는 맘을 늘 떳떳히 넉넉히 꾸준히 바르게 크게 밝게 굿세게 가지어라. 그래서 고요하매 산가티 움지기매 물가티 해라.

1월 9일. 맑다. 남대문 밧 송윤옥 객주집에 가서 걸 아자씨를 차저 맛낫다. 박사 아자씨며 김승수 군을 차젓다.

1월 10일. 맑고 조곰 푹은하여 눈이 녹다. 박사 아자씨 뵈엇다. 조곰 오한이 잇고 신열 두통이 잇서 식사도 여전하지 못. 밤에는 잠도 잘 못 잣다.

1월 11일. 눈이 녹다. 박사 아자씨 뵈엇다. 수당 뵈엇다. 부탁을 맛다. 밤잠을 전혀 이루지 못. 허한이 나다.

1월 12일. 맑다. 눈이 녹고 저녁에 조곰 비가 나리더니, 눈으로 화하여 또 힌 세계를 이루다. 아조 신긔가 불평하다. 어릿어릿하니 가서 박사 아자씨 뵈엇다. 종로에서 뎐챠를 탓다. 비위가 상하여 무엇이 곳 뒤끌어 오르는 듯, 과연 진정할 수 업다. 간신히 남대문 안 한일은행 지점에 가서 돈을 차저가지고 남대문 안 우편소에 가서 돈을 부치다. 조히를 펴고 글시 쓸 새 몸과 정신이 매우 괴롭어 견댈 수 업다. 만일 친한이 집이나 아는 이 집이 그 겻헤 잇스면 바로 차저가아 눗고 십흐다. 이 우편소에는 안질 자리도 업스니 하는 수 업다. 붓대를 잡고 서서 비상한 고통을 당하엿다. 내 얼굴에서는 비방울 가튼 짬이 뚝뚝 떠러젓다. 그래도 이 뒤로부터는 조곰 낫다. 구두가 파무치는 진흙길로 어릿어릿 거름하여 수당을 차저보고 부치고 남은 돈을 주엇다. 수당께야 이런 사정을 말 아니하랴. 수당은 듯고 놀래며 내 손을 자조자조 만저 주신다. 나를 참으로 사랑하여 주시는 이는 내 부모 외에도 또 잇는 줄을 깨치다. 그대 진중한 병이 아닐지라도 객디에서 병이 나면 누가 진심으로 간호하랴. 더구나 돌님 감긔가 다니는 때 병이라면 엇던 이는 크게 쓰리어 제 어미 아비도 잘 간호하지 안한다. 하물며 싸 남이야 보기나 할가. 나는 뒤소리 하며 군소리하며 정 업시 사랑 업시 하는 이에게는 내의 고통을 말하기도 실타. 비록 속업시 말한들 오히려 학대, 천대만 바들지니, 차라리 말 안코 내 몸은 고통하되 내 맘이나 편안하게 하겟다 함이라.

조 형의 편지를 보다.

1월 13일. 맑고 춥다. 박사 아자씨 뵈엇다. 아조 음식맛이 씨다. 오날 밤에야 잠 조곰 잣다.

1월 14일. 맑고 춥다. 박사 아자씨 뵈엇다. 슈당 뵈엇다. 오히려 바람 쏘이기가 슳다. 슈당께서는 벌서 바람 쏘인다고 걱정한다.

1월 15일. 맑고 춥다. 박사 아자씨 뵈엇다.

1월 16일. 맑다. 박사 아자씨 뵈엇다.

1월 17일. 맑다. 박사 아자씨 뵈엇다. 도 군이 오아 보다.

1월 18일. 맑다. 박사 아자씨 뵈엇다.

1월 19일. 맑다. 박사 아자씨 뵈엇다

1월 20일. 맑다. 박사 아자씨 뵈엇다.

1월 21일. 맑다. 박사 아자씨 뵈엇다.

1월 22일. 흐렷다. 박사 아자씨 뵈엇다.

1월 23일. 흐렷다. 박사 아자씨 뵈엇다. 조 형에게 편지 보냇다.

1월 24일. 맑다. 박사 아자씨 뵈엇다. 김규엽金奎瀵 군 편지 오앗다.

1월 25일. 맑다. 황종규宗規 군이 오아 보다. 박사 아자씨 뵈엇다.

1월 26일. 맑다. 조곰 따뜻하여 눈을 녹이다. 박사 아자씨 뵈엇다.

1월 27일. 맑고 다숩다. 어름과 눈을 만히 녹이다. 박사 아자씨 뵈엇다. 도 군과 종규 군을 차저보앗다.

1월 28일. 다수어 봄날 갓흐다. 박사 아자씨 뵈엇다. 저녁나절 비 오아다. 밤에는 눈이 오다.

1월 29일. 맑고 따뜻하여 씩 봄날이다. 눈과 어름이 퍽 눅이엇다. 박사 아자씨 뵈엇다.

1월 30일. 맑고 다숩다. 박사 아자씨 뵈엇다. 조 형 편지 보앗다.

1월 31일. 조곰 흐리엇다. 박사 아자씨 뵈엇다.

2월

2월 1일. 비 오다. 어름과 눈이 거의 다 녹다. 요마적은 아조 봄날이라 과연 봄이 오앗고나. 박사 아자씨 뵈엇다.

2월 2일. 맑다. 다숩다. 박사 아자씨 뵈엇다. 길이 하도 질어 다니기 어렵다. 샛댁 잘못하면 진흙투성이 하겟다. 혹 잡바지는 이도 잇다. 더구나 부인네는 잡바지면 우세스럼으로 아조 붓그러하여 몸 아픈 것은 생각지도 아니하고 바로 이러나아 쌜쌜 간다. 내 구두도 마치 진흙 속에서 잡어낸 가물치 머리 갓다. 두루막이 뒤자락과 바지 뒤 알에는 진흙점이 잔뜩 튀어 박히엇다.

2월 3일. 조곰 춥다. 김영관이 차저오앗다 한다. 나도 차저가서 못 맛낫다. 섭섭하다. 박사 아자씨 뵈엇다. 도 군을 차저보앗다. 찬 군의 편지 보다.

2월 4일. 맑다. 박사 아자씨 뵈엇다.

2월 5일. 맑다. 박사 아자씨 뵈엇다. 수당 뵈엇다. 도 군이 오앗다.

2월 6일. 맑다. 박사 아자씨 뵈엇다. 수당 뵈엇다. 송적식을 차젓다가 못 맛낫다. 저녁에 박사 아자씨게 가서 물러옴을 고하엿다.

2월 7일. 맑다. 조고마한 봇다리를 들고 남대문의 광신태에 가다가 수당을 맛나 바로 정거장으로 갓다. 오전 구 시 오십 분이라 챠를 탓다. 수당과 유兪진홍 군과 동행하다. 특급행챠임으로 승객이 하도 만하여 서서 잇는 이도 적지 아니하다. 챠가 내둘리는 바람에 챠 실경 우에서 목탄이 나려젓다. 마침 그 알에 잇던 세 살쯤 된 아이가 이마를 상하엿다. 매우 만히 다치어 피가 철철 흐른다. 여러 사람들이 서로 가엽서 하면서 처다본다. 내가 사아가지고 가는 옥도뎡기가 잇서 곳 그 상처를 발러 주엇다. 또한 의원이 잇다. 소독한 무명으로 싸아준다. 모든 사람에는 모든 편리가 잇슴을 알겟다. 저녁나절 지내어 강경역에 다다랏다. 수당과 작별하엿다. 정거장 박게 나오니 자동챠가 잇다. "이것이 여산으로 가는 것이오." 무럿다. "아니요. 요마적 몃칠은 길이 질어 못 다님네다." 하더라. 하릴업시 봇다리를 들고 철썩철썩 진흙 구두로 거러오다 길 가온대에서 웬 소년 한아를 맛낫다. 서울 일도 무르며 이곳 일도 말한다. "이곳에서는 도적이 이러나아 밤중에 길가에서 사람을 죽이엇스니 주막에서 기무시고 가시오." 하면서 친절히 군다. 고맙다. 그러나 내 맘이 든든하니 아모 걱정업시 도라오다. 진터쯤 오니 발서 캄캄하고나. 가만가만 조심하여 발을 듸듸어 여산 읍터 지내어 논틀길로 지웃둥지웃둥 어릿어릿하여 집에 이르다. 오후 칠 시쯤 일러라. 오래 동안 만에 집을 보니 과연 반갑고 깃브다.

2월 8일. 맑다. 집안 어른 차저뵈다. 주인집, 박사 댁, 조 형에게 편지하다.

2월 9일. 맑고 다숩다. 모새골 하라부지를 차저뵈엇다.

2월 10일. 맑고 짯짯하다. 『인현승모덕행녹』을 다 적어 맞추엇다.

2월 11일. 맑고 다숩다. 노성 고모에게 편지 보냇다.

2월 12일. 맑고 다숩다. 여산 읍내 가서 학교, 우편소, 지동, 병원을 방문하다. 아버지 후발제 종환에 약을 사아오다. 새술막 송 서방을 차저 보앗다.

2월 13일. 날이 흐리다.

2월 14일. 눈비가 오다. 길이 하도 질어 도모지 어대든지 갈 수 업다. 할아버님게오서 준시 수정과를 밤 가온대 잡수시고 이내 쏙 체하서 매우 괴롭게 지내시다.

2월 15일. 눈비가 오다. 할아버님 병환이 한모양이시다.

2월 16일. 오히려 눈비가 개지 아니하다. 노성 아주머님게에서 이바지 한 짐이 오앗다.

2월 17일. 조곰 맑다. 노성 하인이 도라가다.

2월 18일. 맑다. 할아버님 병환과 아버님 종환이 이제ᄭᅡ지 덜음이 업다. 슷헤 아버님게 상서.

2월 19일. 흐렷다. 리수당에게 편지 부치다. 할아버님 환후는 행복하섯다.

2월 20일. 맑다. 庚申 正月 一日. 차례, 세배, 성뫼하다.

2월 21일. 날이 흐리엇다. 아버님 종환도 차도가 잇다.

2월 22일. 눈비가 오다.

2월 23일. 흐렷다.

2월 24일. 맑다.

2월 25일. 맑다.

2월 26일. 맑다.

2월 27일. 맑다.

2월 28일. 흐렷다. 눈이 오다. 지동志洞 가다.

2월 29일. 맑다. 수당의 편지 보앗다.

3월

3월 1일. 맑다

3월 2일. 맑다. 밧소르지 가다.

3월 3일. 맑다. 한주漢周 군君이 오아 찻다.

3월 4일. 맑고 조곰 흐렷다. 밤에 눈이 좀 뿌리다.

3월 5일. 맑다. 차례하엿다.

3월 6일. 맑다.

3월 7일. 맑고 쌋쌋하다. 룡희 모자와 뎨수 모녀와 한가지 써낫다. 나는 두 인력거를 압헤 쓰리고 쌀엇다. 길이 하도 질어 과연 다니기 어렵다. 도라서 오동뎡길로 오아도 고생은 고생대로 햇다. 강경이 뎡거장에 이르니(오후 일 시 사십 분 챠) 챠는 발서 써낫다. 하릴업시 사처방으로 드럿다. 거의 저녁나절쯤 되어서 밥을 사아 먹고 쏘 뎡거장으로 갓다. 나는 강경이 리발소로 가서 머리 깍고 과자 세 봉지 사아가지고 오니 아직도 챠 써날 때가 멀엇다. 얼마큼 기다리어 오후 팔 시 반에 챠를 타고 팟거리 뎡거장에 가다.(오후 십 시) 정월 열이렛날 밤 달은 산 너머로 내다본다. 간신히 김서방네 한아를 차저 어더 팟거리 장터까지 오아 뎨수씨는 그 친댁으로 가셧다. 우리는 아는 마느래며 아이 한아를 어더 룡희를 업히고 짐을 지어 막은고개를 너머가아 막은골에 이르니 다행이 밧대문은 열이어 잇다. 그러나 사람들은 쑴속이라. 여러 마디 소리를 질러 자는 이들을 쌔엇다. 이것이 쑴인가 아닌가. 서로 반가이 맛낫다. 이약이하며 밥을 먹고 나니 사방에서 닭 우는 소리가 들이더라.

3월 8일. 맑다. 알에우 말로 다니며 인사 치르다.

3월 9일. 맑다. 등불 빗헤 다만 내의 거름자와 짝을 지어 팟거리 뎡거장에 이르니 아직 챠가 아니 오앗다. 오후 열 시에 챠를 타고 열한 시쯤 되어 한밧에 오다.

3월 10일. 오전 영 시 사십오 분 챠에 오르다. 지동 돈燉 군을 맛나 한가지 졸며 걸상에 안젓다. 아조 괴롭다. 몸 한아를 편히 둘 곳이 업서 겨우 엉덩이만 부치고 잇다. 오전 칠 시쯤 남대문 뎡거장에 나리다. 뎐차 타고 오아 종로에서 나리어 뎐동골로 드러오다가 썩국 한 사발 먹엇다. 드대어 돈 군을 짤어 도 군을 차저보고 박사 아자씨도 차저보고 익선동 사번디로 오다. 집에며 양쥬 누의에게 편지 부치다. 마침 수당이 차저오아 깃부게 맛낫다.

3월 11일. 맑다. 김영관을 차지니 발서 시골 나려갓더라.

3월 12일. 맑다. 일본 비행기를 처음 보다. 서울 하늘에 써어다닌다. 프르르 소리가 왼 공즁을 울인다. 마치 잠자리 모양으로 날어다닌다.

제법 잘 논다.

3월 13일. 맑다. 리양전, 도기섭, 조 형, 찬 군에게 편지하다.

3월 14일. 맑다. 도 군을 차젓다.

3월 15일. 맑다. 저녁에 가는 비가 오다. 저녁나절 양주 누의님이 리중국 군을 더불고 차저오앗다. 서로 이약이햇다.

3월 16일. 맑다. 누의님 더불고 안국동 박사 아자씨며 리중섭을 차젓다. 돈 군을 맛낫다. 도 군이 차젓오앗다.

3월 17일. 맑다. 오전 칠 시 이십 분 차에 누의님과 돈 군, 도 군을 고향으로 보냇다. 남대문 뎡거장에서 병륙 편지 보다. 아버지 종환이 아조 나섯다니 깃부다.

3월 18일. 맑다. 나의 생일이다(庚申 正月 二十八日). 양홍긔 군이 차저오다.

3월 19일. 조곰 흐리고 매우 다숩다. 양홍긔 군을 차젓다.

3월 20일. 비 오다. 안국동 가다. 구진 비에 저물도록 여관에 잇섯다. 가마니 여러 가지 생각이 난다. 걱정이며 회포며 그리운 일 두루두루 엉키어 움지긴다.

3월 20일. 맑엇다가 저녁나절은 흐렷다. 진흙길을 헤치고 안국동으로 팔판동 김영운에게까지 차젓다. 김영운 군은 어제사 이사하여 오날은 집 슈리 하너라고 매우 밧분 모양이다. 겨우 문 박게 서서 몃 마디 이약이하고 도라오다. 저녁나절에 탑동 공원에 나아가아 어느 걸상에 걸어안젓섯다. 마침내 갓가히 걸상에 서양 부인 한아가 일본 녀인과 나란이 안저서 서로 소곤소곤한다. 그 압헤 넓은 잔디밧 우에 말쑥한 옷을 입은 아홉 살, 여달 살, 일곱 살, 여섯 살씀 되는 서양 아이가 넷이 잇다. 그 가온대 일홉 살박이만 사나이다. 이리 뛰고 저리 뛰며 가

드락질도 하며 닥갑이질도 하면서 장이 활발스럽게 놀다가 한편 금붕어 노는 못가에로 몰이어갓다. 얼마 동안 아니 되어서 뭇 아이들이 몰이며 어느 아이 우는 소리가 난다. 도라다보니 여섯 살박이 서양 계집아이가 그 못에 빠젓다. 그 형들이 밧비 건저내어 서로 손을 잡고 잇글고 온다. 이약이하고 잇는 서양 부인은 그 아이 울움을 듯고 불끈 이러나아 달려온다. 오며가며 하다가 마조첫다. 그 형 되는 아이들이 무엇이라고 짓거리며 이르되 부인은 다만 방그시 우스면서 그 아이 손을 쓸고 가아 안젓던 걸상에 안치고 옷을 고치어 입히며 친절히 시처준다. 그러나 하얏고 깨끗한 옷이 한번 구정물에 적시엇스매 하릴업시 드레저서 두 다리며 치마 밋이 쌔멋더라. 아모 교육 업는 이 가트면 그 아이를 두다리며 야단할 것이다. 그 아이는 비록 두다린다 하여도 아모 효험이 업다. 이런 때 차라리 친절히 하여주며 조용히 이르는 것이 맛당하다. 과연 부인은 자륵한 듯하다. 이로 밀으어 알겟다.

조 형의 편지 보다.

3월 21일. 비.

3월 22일. 비.

3월 23일. 흐렷다.

3월 24일. 흐리고 찬 긔운이 몹시 돕다. 곱불이며 마마가 도라다닌다더라.

3월 25일. 아츰나절에는 맑고 저녁나절에는 흐렷다. 박사 아자씨 심부름으로 대묘동大廟洞 권용규 진찰소權用圭診察所에 갓섯다.

3월 26일. 맑고 흐렷다. 요마적 집 소식 듯지 못하니 하도나 답답. 더구나 아버님 종환이 쾌차하시엇는지 알고저 하여 더욱 굼굼.

3월 27일. 맑다. 아츰밥 먹음 뒤에 바로 안국동 가서 박사 아자씨 심부름으로 조선은행소까지 갓다오다. 하산 어른을 차젓다가 못 맛낫다. 저녁밥 먹은 뒤에 여관에 홀로 안저 집에 보낼 편지를 쓰다. 답답한 회포를 다 그리지 못하고 몃 마디 말로 문안을 알외엇다. 주인집 사람들이 모다 어대로 가면서 나다려 집을 보라 한다. 커나컨 집에 혼자 잇스니 낫가티 밝은 뎐긔등 알에에 한갓 시게 소리만 쪽닥쪽닥. 여러 가지 심사가 어지러이 뒤논다.

3월 28일. 흐렷다. 집 편지 보냇다.

3월 29일. 맑다. 도 군과 한가지 갓던 장張 군이 오아 보기에 집 소식을 드러 얼마큼 맘이 위로된다.

3월 30일. 흐렷다. 동아일보를 청구하여 집으로 보내게 하다.

3월 31일. 흐렷다. 안국동 박사 아자씨를 그 사이 날마다 한두 번식 가아 뵈외다. 조곰 나스신 듯 자못 깃부다.

4월

4월 1일. 비오다. 중앙학교에 갓섯다.

4월 2일. 새벽부터 저믈도록 비가 오다. 밤 쑴에 룡 한 마리가 우리 집안 마루 가온대에서 나오아 루마루로 올라가다가 문득 누렁 저고리, 록색 치마 입은 미인으로 변환하여 내의 압헤서 어리광치엇다. 무슨 증조인지 모르겟다. 동아일보를 비로소 보앗다. 언론과 문귀가 비록 충분하다 못할지나, 사상과 주지는 과연 아름답도다. 이로 말맘어 우리네가 늣김도 씌침도 만할 것이라, 진실로 깃부며 고마워 길고 길게 나아가기를 빌다.

4월 3일. 간 봄부터 교회며 회사며 신문 잡지가 마치 저믄 하늘에 별들이 하나식 하나식 도다나드시 생겨난다. 어느 것이 혜성 돗드시 한동안 잇다가 업서질런지 어느 것이 위성이나 항성가티 영원히 잇슬런지 알 수는 업스나, 우리네의 생활도 아조 새로워지며 복잡하여지는 것은 참으로 놀랍고 깃분 바—라.

4월 4일. 비. 저녁나절은 개엇다. 밤에 뜰에 서서 하늘을 우러러보다. 포르스럼한 하늘에 두렷한 달이 떳다. 엇지 사랑스러운지 도모지 자고 십흔 생각이 나지 아니한다. "惜花春起早 愛月夜眠遲" 꼿츨 앗기매 봄에 이러나기를 일이하고 달을 사랑하매 밤에 자기를 더듸한다. 하는 글이 과연 거짓말 아니다. 박사 아자씨 심부름으로 권용규 씨를 가 보다.

4월 5일. 아침에 일어나아 보니 온 하늘에 구름 한 점 업고나. 그 사이 장마로 지나다가 갠 날을 마지니 맘이 시언하다. 더구나 종묘 동산 나무들은 푸른 빗갈을 새참스럽게 나타낸다. 여러 대 군왕의 령혼 그 나무 밋헤서 게시는가 쏘한 푸른 빗갈에 늣기심이 잇슬는가. 아— 새롭다, 나무 풀이여. 우리네도 그와 가티 새롭기를. 도 군이 그 중형과 한가지 오앗다. 병륙에게 편지 부치다.

4월 6일. 맑다. 리수영壽永군을 차저보다. 요마적 신문이며 잡지가 만히 난다. 한동안 막히엇던 언론이 비로소 조곰 터지매, 이것저것 여러 가지 문제를 풀랴 하여 함부루 덤부루 짓거린다. 그것도 쏘한 업는 이보다는 깃부고 반기는 바—지마는, 아울러 보건댄 못처럼 애쓰고 힘드러 지은 것 가온대 전혀 자긔네의 리상의 의사만 말하여 자긔의 자랑에 지내지 아니하다. 만일 자긔네의 의사로 하여곰 모든 우리네에게 알리려 하면 아못조록 말을 알기 쉬은 말로써 적으야 될 것 아닌가. 비록 그 의사가 조흔 줄로 짐작하고 반기어보랴 한들 과연 어려운 문자가 만히 석기어 잇스니, 마치 이 업는 늙은이가 군 가리 씹기와 갓다. 아모리 먹고 십허 입에 느코 우물우물한들 잘 먹히지 아니한다. 그럼으로 모든 우리네가 골고로 맛 볼 수 업다. 나의 생각에는 신문이던지 잡지던지 연설을 될 수 잇는 대로나 볼 수 잇는 이, 들을 수 잇는 이들이 보도록 듯도록 짓거리야 하겟다. 그러면 우리네의 우리글 볼 만한 이는 누구던지 볼 수 잇게 하고 십흐다. 그라서 모든 우리네의 슬기를 넓히며 밝히며 바로잡고 십흐다. 혹 몃 가지는 보통중학교 졸업한 뎡도의 볼 마큼하게 함이 가하지만은, 이처럼 온 것이 모다 그러하여서는 유식한 이들는 더욱 유식하고 무식한 이들는 더욱 무식하겟다. 나는 오히려 유식한 이들에게는 그만두더래도 무식한 이들에게는 꼭 가르치며 깨치여 주야 하겟다. 쉰 말로 할 수 업는 말이야 하는 수업시 고다로 쓰고, 그 글 적은 조히 우에나 알에에 그 말을 풀어 적엇스면 더구나 조흐겟다. 이는 곳 여러 신문과 잡지 가온대 우리네의 우리글 알 만 이를 위하여 무슨 말이든지 짓거리기를 바람이라. 수영 군에게 말하엿다.

집의 편지 보다. 아모 연고 업스니 다행 다행. 깃부고 깃부다. 그러나 어머님게오서 감긔를 지내시엇다 하니 아조 평복되시엇는지 몰라 복민 복민. 신명희 군, 조 형 편지도 보다.

4월 7일. 맑다. 다숩다. 조 형게며 신명희 군게 답장 보냇다 집에서 부친 옷이 오다. 박사 아자씨 심부름으로 오상현相鉉 집에 갓섯다.

4월 8일. 맑다. 송정식 군을 보앗다.

4월 9일. 맑고 다숩다.

4월 10일. 맑다. 조 형 편지며 아버지 하서 보앗다.

4월 11일. 다숩고 조곰 흐렷다. 리경景 군 도라가는 길에 집 편지부티다. 수당을 보고 도라오다. 박사 아자씨도 뵈앗다. 오후 칠 시 이십 분, 남대문에서 부산 가는 차를 탓다. 차에는 사람이 하도 많하여 좀처로 걸상 차지하지 못하겟다. 겨우 걸상 사이에 서서 잇다가 수원을 지내여 간신히 엉덩이를 걸상에 부티어, 졸기도 하고 깨기도 하면서 어느덧 한밧에 이르다. 일 시 이십 분. 금일여관錦一旅館 김양현金良絃 집에로 들어 자다.

4월 12일. 가는 비가 부슬부슬 나리다. 오전 륙 시 십 분 호남차를 탓다. 이곳저곳 마을마다 밥 짓는 연긔는 저진 듯이 어리엇고 살구쏫, 복숭아쏫들은 바야흐로 무리녹고 버들과 풀비츤 한창 푸르다. 산은 곱고 물은 맑어 마치 산수화를 펼처 논 듯 운치가 아울러 가 최고 시흥詩興이 저절로 움지긴다. 이윽고 바로 보매 눈이 훤하고 가슴이 시원하다. 이미 강경들에 다달러더라. 오전 팔 시 사십 분, 가람 언덕에서 소 몰고 가는 이, 버들 사이로 힛끗힛끗 보이는 것 쏘한 아름다은 경치다. 봄물이 온 들에 가득하여 씃업는 바다 갓다. 겻헤 안진 로인이 "올해는 물이 저러틋 만하니 아마 풍년이겟다." 하며 매우 깃버한다. 긔차는 검은 연긔를 토하여 흐린 하늘을 더욱 흐리게 하면서 한소리 놉히 지르고 멈추다. 곳 솜리에서 나리다. 오전 구 시 사십 분.

얼마 동안 잇다가, 경편차에 오르다. 더구나 적은 차간에 탄 사람은 넘어 만하다. 삼례에 이르니 기생 한 쎄가 오른다. 압헤 서서 솔솔 불어드는 바람결에 갓가지 향긔를 피며 마치 활작 드러난 쏫가티 고은 모양과 조흔 봄비츨 자랑하는 듯. 오후 십이 시 이십 분 전주에 다달럿다. 가득히 피인 앵도쏫나무 알로 어슬렁어슬렁 거름하여 소석서림素石書林으로 차저드니, 마침 주인공은 어데 가고 한 아이가 잇서 반갑게 마진다. 전일 내가 이곳에 잇섯슬 째 내의게 배호던 아이라. 국밥 한 그릇을 사다 주어 잘 먹엇다. 리광녈 군을 차저보다. 비록 제 자가에서 운송 영업은 할망정 문사하는 버릇은 노치 아니하여 붓과 벼루를 벗삼는다. 과연 선생의 비치다.

쌔이엇든 회포를 미처 풀지 못하고 곳 이러나오아 제이학교에 갓다. 서로 보아지랴든 조 형을 맛나매 갑작이 어느 말을 먼저 이끄러낼는지 모르겟다. 차차 이약이하자 하고 청운을 찻고 완산촌 누님 집으로 들어오다. 누님은 놀래며 반긴다. 오랫만에 맛낫다. 한참 동안 이약이를 꾸준히 햇다. 저녁에 청운도 차저오앗다.

4월 13일. 흐렷다. 정석모 씨를 차저보다. 정 참봉에게 점심을 배부르게 어더먹다. 재등 총독이 오앗다고 큰 거리에는 행인도 금한다. 또한 관청에는 넉을 일은 듯이 부산낫다. 더구나 외인은 들지도 못하게 한다. 과연 엄하고나. 리종소 씨를 차저보고 수당 편지도 전햇다. 리완옥 군도 맛낫다.

4월 14일. 흐렷다 개다. 오후 한 시에 총독이 갓다더라. 리종소 씨의 소개로 도청 림야게에 들어가아 리동길을 보고 우리 산일을 말햇다. 다시 리동길의 소개로 림야 조사게 권연욱을 보다. 권씨는 미리 정인초 군에게 내의 일을 들엇더라. 그가 김봉배 신고서에 도장 찍어 간 것은 다름이 아니라 게쟁으로 달리지 아니한 신고서임으로 그럼일러라. 그러나 나는 권 씨에게 우리 산일을 다 말하여 들이엇다. 권 씨는 그 주임에게 소개하여 준다. 재세히 이약이하여 김봉배의 맛당하지 못한 짜닭을 알리다. 그래서 우리 신고서를 차저보니 네 장에 하나도 업고 겨우 위조한 것 두 장쑨. 신고할 째 한데 부티엇던 산의 도면이며 증거서류며 진술서는 모다 업서젓다. 진실로 놀랫다. 주임은 할 말이 업서 다만 여산으로 도라가서 면사무소에 가아 차저서 잇스면 다시 가지고 오시고 만일 업스면 다시 신고서를 면장 경유하여 가지오라 한다. 나는 먼저 산 신고나 접수식이고자 하여 주임의 쓰 주는 조히 조각을 가지고 나오다가 학무게 김병직 씨를 차저서 그리던 이약이 하고 한가지 오다. 청료리를 사아주어 달게 먹다. 아는 이들을 맛나자 작별하고 누님집으로 들엇다. 저녁에 리종소 씨며 리완옥 군이 차저오아 놀다.

4월 15일. 맑다. 이른 아침에 전주를 써나 삼례에 이르니, 그제야 아침밥을 먹더라. 거러서 사십 리 오다. 독적골 병룡이 집을 보고 재 한아 넘어 모새골 종조부 뵈옵고 솔나무 사이로 나아오니 우리집이 갓가워진다. 동산 알에 마늘 밧에서 놀고 잇던 어린아이들은 양복 입은 나를 누군지 모르고 한갓 두렵은 모양이더니, 자세히 보고서 아버지 하면서 달려온다. 집에 드니 다른 탈은 업는 듯. 한아버지며 아버지게 다녀온 일을 모다 알외엇다. 안에서 어머님게서는 감긔로 고로이 지내섯다가 지금은 나스시다 하며, 지낸 집안일을 말슴하신다. 이 자식이 이러하게 도라다니고 집에서 하는 일은 도아드리지 아니함으로 더욱 부모 걱정이 만하신 듯 죄송스럽다. 뜰에 누엇던 개는 놀래며 이러나 심히 짓는다. 과연 주인이 도로혀 손인가. 드물게 보는 개의 눈으로야 나의 얼굴을 엇지 알어보랴. 방으로 들어가니 쏘한 깃버하는 이 잇더라. 참으로 사랑하는 뜻은 내의 몸에로 모인다. 가정의 질거움 이로도써 알지로다.

4월 16일. 맑다. 연산면사무소에 가서 최 면장 보고 신고서 접수부를 청하여 보니 신고서는 지내해 사월 일일에 분명히 바덧더라. 도청에 다녀온 일을 말하고 다시 신고서 경유를 청하니 신고 긔한이 지냇다 하여 다만 한 조각 조히에 이러 싸닭으로 못함을 적어서 부티어준다. 우편소며 학교로 해서 도라오아 신고서에 부틸 글을 쓧다 점을도록.

4월 17일. 맑다. 오전 오 시 반에 이러낫다. 남은 시간은 삼십 분쁜. 하도 밧비 밥을 짓더니 그 밥을 먹고 써나게 하다. 과연 나의 집이다. 남의 집이면 삼십 분은 말고서 륙십 분 동안이라도 구태여 밥을 먹이어 보내랴 힘쓰겟느냐. 병륙을 더불고 여산 네거리에 오아 거의 삼십 분이나 지내어 자동차를 타고 강경에 이르다. 곳 차를 타아 솜리로 갓다. 익산 군청에 들어가아 산일과 신고서 일을 말햇다. 산림게 박영기는 제게 아모 책임이 업다 하기에 혀를 괴롭게 아니하고 써나오다. 다시 차를 타다 강경에서 병륙은 나리다. 나는 오후 팔 시 남대문에서 나리다. 바로 여관에 드니 주인은 병환이 나섯다. 모든 학생과 한가지 잣다. 하도 곤하여 죽은 드시 잣섯다.

4월 18일. 맑다. 박사 아자씨며 수당을 뵈앗다.

4월 19일. 맑다. 조 형에게 편지 부티다. 좀 곤하다.

4월 20일. 맑다. 몸이 파리해서 그런지 여행 여독이 오히려 풀리지 아니하여 사지가 느릇느릇하고 정신이 어릿어릿하다. 박사 아자씨 댁으로서 탑골공원에 이르어 우두거니 걸상 우에 오래 안젓섯다. 알에로 슬슬 나리는 쏫들은 소리 업시 써러지고 우에로 쏘족쏘족 소사나는 싹들은 힘잇시 자란다. 이에 쏫 써러짐을 보매 가을에 닙 써러짐을 미리 알겟다. 그러나 한갓 봄의 쏫 피는 것 싹 나는 것만 보고 십고 발서 쏫 지고 닙 써러짐은 보기 실흐다. 이것은 곳 사람의 뜻이라, 자연한 것으로 보면 피고 나고 써러짐이 엇지 서로 다르랴. 피면 반드시 지고, 나면 반드시 죽음이 잇나니, 무엇을 하고 십다 하기 슬타 하랴만은 사람의 뜻은 그러하지 아니하다. 곳 피고 나고 자라는 것들을 사랑옵게 녀기며 아울러 그 모양과 빗갈을 사랑함으로써 지고 죽고 써러지는 것들은 슬허함이라. 쌍 우에 가득한 쏫숭이를 사람들이 함부루 밟어드렌다. 그

가 가지에 있슬 때는 사람들이 모다 아름답다 하며 우러러보고 이커르더니, 이제 짱에 쌀이매 누가 그를 사랑하냐. 과연 앗갑다. 슬프다. 사람들이 우에만 우러러볼 줄 알고 알에를 나리어다 볼 줄은 모르는고나.

4월 21일. 맑다. 집에 편지 부티다. 수당게서 차저오앗다. 오후에 신명희 군을 더불고 경복궁 구경하다. 한편에서는 집을 크게 넓고 놉게 짓느라고 엉치엉치 쑥닥쑥닥 소리가 짱을 울린다 옛 그릇이며 그림을 버린 집으로 드러가아 보니 우리들은 과연 재조가 놉흔 훌륭한 조상을 두엇더라. 하도 묘하고 아름다은 것 다시 비할 바 업스니 우리들은 옛날 문명을 가히 자랑하겟다. 근정전을 둘러서 경회루 알에 가서 이윽히 안젓스니 동산을 거처 불어오는 바람은 바야흐로 지려는 오얏꼿츨 더욱 재촉하여 써러치니 함부루 펄펄 날리며 못물에 둥둥 썻다. 그 밋헤서 놀든 고기들은 먹을 것인 줄로 알고 쒸며 반긴다. 담 알에 쏘싸은 풀은 스스로 자라나는대 동산의 고목은 가지가 삭어서 저절로 써러진다. 지낸 일을 생각하매 숨결 가튼대 보이는 것 마다 늣김이 만하도다.

4월 22일. 맑다. 진고개 책사를 한 박귀 돌아 더듬엇다. 박사 아자씨 심부럼으로 유홍종劉洪鍾 군을 차저보고 약을 지어다 드렷다.

4월 23일. 맑다. 박물관, 동물원, 식물원 구경을 갓다. 먼저 박물관으로 드니 옛날 그릇이며 그림이 신묘하여 과연 놀랠 만하다. 나는 하나씩 하나씩 자세히 볼 양으로 천천이 걸어가며, 혹 오래 섯기도 햇다. 이미 삼천 년 압헤 것— 곳 돌과 흙으로 맨든 것을 보매, 공교하고 신기한 것, 진실로 다른 나라의 압잡이 노릇 될 만하다. 슬프다. 우리도 우리 뒷사람들이 보면 쏘한 옛일로 늣기리라. 그러면 우리도 뒷사람들이 보고 칭송하며 자랑할 만한 자최를 두고 가야 하겟다. 이제 예 서서 예를 늣기면서 참 힘쓰어 하고자 오는 압흘 밋도다.

어느 학교인지 검은 치마 힌 저고리 입은 적고 큰 녀학생이 삼십이 명, 그 교사인 듯한 양녀 두 명, 힌 두루막이 입은 이 한아, 한 쩨를 지어 서로 석겨 오면서 교사는 이것저것 가르처 주느라고 부산나케 씨월거린다. 차차 구경군이 물밀드시 드러오앗다. 집에며 길에며 풀밧헤쌔지 군대군대 모이어 오락가락하는 이, 혹 멈추어 섯는 이, 혹 우두거니 안젓는 이, 혹 마조 대하여 소곤소곤 이약이하는 이, 혹 음식 먹는 이, 혹 수통 겻해 모아서 물 마시는 이, 혹 네댓식 쩨지어 다니는 이, 혹 어린아이를 이끌고 다니는 이, 혹 동부인하고 다니는 이, 혹 로인을 뫼시고 다니는 이, 과연 만하다. 그 가온대 남자보다 여자가 더 만하다. 녀자에는 여염집 부인도 잇고, 교사 학생도 잇고, 기생 갈보도 잇다. 샌뜻한 비테 비단 것은 우알에 칠칠 흐르게 입엇다. 식물원에 드러서 보니, 여러 가지 꼬치 한창 가득히 피엇다. 자짓 빗, 보리은 빗, 힌 빗, 누린 빗, 푸른 빗 모다 가춰어 서로 빗최는대, 가진 향긔가 움지겨 코를 쏜다. 모든 녀자 가온대 미인도 적지 안하다. 이 쏫들과 한가지 비츨 나타내며 향긔를 편다. 더구나 하얀 오얏꼬촌 아름다은 향긔가 다른 쏫보다 더 난다. 나는 오얏나무 알에 오래 안저서 솔솔 부는 바람결에 가진 향긔를 드려마시고 잠잣고 조랏다. 다시 동물원에 이르어 쌔끗한 두루미 소리며 사자의 엉커거리는 소리를 드르니 답답하든 가슴이 시원다. 나아가 코길이를 보니 긴 코를 목책 박게로 내어 모든 사람의 희롱하는 휴지 조각이며 유지 겁줄을 바더먹고 잇다. 그러틋 큰 짐승이 쏘한 먹기만 위하여 생기엇는가. 거의 저녁나절이 되어서 도라오앗다.

경복궁의 봄

一.　풀들은 담 알에서 스스로 나아
무럭무럭 자라며 ᄭᅩᆺ싸옵도다.
고목은 동산에서 저절로 삭어
슬그머니 써러저 나리는도다.

二.　근정전은 외로이 웃둑 소삿고
경회루는 쓸쓸히 서어 잇는대
때때로 불어드는 서늘바람에
검푸른 못 물결이 흐늘이도다.

三.　발서 진 오얏ᄭᅩᆺ흔 무슴 일로써
펄펄 날어오아서 둥둥 ᄯᅥᆺ는가.
밋헤 놀든 고기는 깃버한 드시
풍덩풍덩 뛰면서 굽흘거린다.

四.　지나간 다온 봄에 가진 자랑을
함부로 다하고서 이에 이르다.
슬프다 북악산에 구든 바위만
솔나무와 한가지 장구하도다.

리별(봄)

一. 맛나자 리별일세 이를 어이해
오래동안 그립든 가진 회포를
미처 풀지 못해서 서로 나뉘니
섭섭하고 서운함 말할 수 업다.

二. 동산에 고운 꼿도 나를 반기어
벙글벙글 웃는 듯 피어 잇스며
뜰 우에 새론 풀도 나를 반기어
쏘족쏘족 솟는 듯 나오는고야.

三. 동구에 버들가지 너울거리며
나를 가지 못하게 만류하는 듯
세내에 흐르는 물 소리지르며
나를 가지 못하게 부르지는 듯.

四. 이 일을 생각하매 맘이 산란해
다리가 허든거려 더디 걸린다.
쏘다시 뒤로 오는 바람결에서
슬프게 우는 소리 멀리 들린다.

창경원昌慶苑의 봄

봄이 오다 서울에도
봄이 조타 창경원昌慶苑의
닷슨 집이 뭉게뭉게
짱으로서 소사나다.
아지랑이 자옥하니
하늘까지 흐렷스며
바람조차 고요한대
쏘는 해빗 짯짜하다.
모든 풀닙 자라나고
모든 쏫치 피는도다.
모든 새는 알을 나아
보금자리 품엇스며
모든 짐숭 색기 길러
아양거려 깃버한다.
모든 사람 이를 보려
구름가티 모아든다.
향취 업는 사구라는
빗만 가저 자랑하고
발서 지는 오얏쏫츤
몬지 속에 무치인다.
더디 되는 무궁화는
피는 째를 기다리고

도화 행화 개나라는
한때 봄을 다투온다.
아름다은 남자 녀자
산뜻하니 옷을 입고
군대군대 떼를 지어
오락가락 하는도다.
도홍빗과 뉴륙 색에
어른어른 서로 비처
이것도 꼿 저것도 꼿
분변하기 어렵도다.
매은 향긔 코를 쏘며
고은 모양 눈에 든다.
싸웃하다 두루미는
맑은 소리 부르지고
위엄 만한 사자 색기
젓먹으며 엉커리고
육중하다 코기리는
굼실굼실 노는고나.
말 잘하는 앵무새는
지저구며 인사하고
호사스런 공작이는
깃을 벌려 보이도다.
한떼 서로 짝을 지어
암놈 수놈 화락하니

봄의 나는 짯짯한 정
저절로서 기펴진다.
오랫동안 감춰엇든
옛사람의 자최로써
우리네게 지난 일을
밝히 알려 주는도다.
우리네는 이로부터
더욱 놀래 쑴을 쌔고
고상하고 신통함을
등걸바라 이으려니
이러트시 늣기고서
방석 가튼 잔디밧헤
편히 안저 잠잠하니
꼿츨 찻는 나비와 벌
깃분 힘을 다하면서
펄펄 날어드는고나.
나도 쏘한 이에 봄을
질거웁게 알엇도다.

우리가 할 일

一. 심웅深雄하고 원대遠大한 뜻을 품고서
이 누리를 앞에로 나아가노니
부지런이 꾸준히 배고 읽히어

반드시 바른 길로 말미암어라.

二. 내가 가진 영혼靈魂을 밝고 밝히면
온 천지天地 온갓 것이 비최이나니
그 가온대 선악善惡을 분별分別하여서
지선지미至善至美하도록 하라 해보라.

三. 크고 넓은 바다에 바람 물결이
잠잣고 고요하지 아니하노니
저 언덕을 향하여 건느어갈 새
괴롭고 어려움을 참고 견대라.

四. 드대어 낙원樂園에로 다다르고자
머리는 발보다도 먼저 앞세니
신체身體를 튼튼토록 보양保養하면서
영원永遠한 대우주大宇宙를 거처가거라.

4월 24일. 맑다. 서소문 밧 털둑길로 가다보다. 역부 두엇이 레루 실은 박퀴차를 레루길로 확 밀고 쌀어오니, 한 순사가 마침 그곳에 이르어 그것을 보고 눈을 부릅쓰고 꾸짓는다. 혹 길가는 사람이 상할가 함이라. 그런대 역부는 이미 논 것임으로 미처 것잡지 못한다. 그 마짐바라기에 쏘한 레루 실은 차가 노이어 잇나. 그럼으로 이제 역부가 밀고 온 차는 쌜리 가다가 그와 서로 마조처 멈추엇다. 한 아이가 그 노이어 잇는 차 우에 안저서 맬고로미 보고 잇다. 순사는 그 아이를 싸리려고 다름질하여 가니 아이는 달어난다. 순사는 아이와 닥가비질하더니 마침내 아이를 잡어 찻던 칼을 빼어 가지고 엉덩이를 냅데 친다. 아이는 하도 놀래어 소리를 버럭 지르며, 죽을 힘 다 쓰어 핵 뿌리고 냅배더라. 금년 사월부터 태형을 업셋다더니, 과연 회초리 대신으로 칼을 쓰는가. 알고 무서우어라.

4월 25일. 아츰나절은 맑고 다숩다가 저녁나절은 모진 바람이 이러나며 우레가 요란하며 비가 한줄기 지내다. 신명희 군, 차영텬永天 군, 김영진永晋 군을 더불고 남산을 오르다. 총독부를 지내서 남산 지스럭에 다달르니, 대판 조일신문사가 역사의 그림을 비리어 걸어 한 사람에 십 전식 밧고 보인다. 우리도 그 축에 씨이어 구경하다. 한갓 일본의 무사의 그림만으로 자랑함이더라. 더 나아가니 일본 신사에서 제를 지내는지 대강이에 탈을 쓰고 몸에 삼베 장삼을 입은 자가 이십여 명이라. 두 편으로 마조 향하고 안저 늙은 개부랄 알는 소리를 하며, 젓대를 불며, 북을 치고 잇는대 그것도 구경이라고 사람들이 삼대가티 드러섯다. 일인들은 그 틈을 비집고 동전 두어 닙을 던지어 주더라.

우리는 남산 갈비를 밟어 나리어오면서 혹 안젓기도 하고 혹 걸시도 하며, 꼿도 보고 물소리도 듯고, 서울을 굽흐려 보며 늣기기도 햇다. 한양공원에는 새길을 크게 내느라고 남산 갈비대도 끈고 큰 나무도 벼어 버리더라. 우리는 숭례문 겻혜 오아서 서로 갈리다. 교통거리를 지내다. 어느 젊은 부인이 댓 살쯤 된 아이를 열세넷쯤 된 게집아이에게 업히어 더불고 간다. 게집아이는 아이를 나려노며 하는 말이 "또한 거러가는 것이 어쩌한가." 하더라. 나는 그 말을 매오 멋거리 잇게 드럿다.

4월 26일.(陰 三月 初八) 맑다. 찬 군이 편지 보내엇다. 곳 답장. 전주 게부주에게 편지 부티엇다. 저녁에 박사 아자씨 댁에 가서 제사지냇다. 박사 아자씨의 선대 긔고인대 참아 궐사할 수는 업다. 내 대신 해달라 하시기에 어찌할 수 업시 내가 참예함이라. 제사지내고 나니 어느덧 새로 한 시 반이라. 익선동 여관으로 도라오다. 여관 대문을 쏙 장기엇다. 대문을 두다리며 천호만호 하여도 아모 기별이 업고나. 과연 갑갑하다. 이 집에서 자는 이도 십여 인이라. 모다 춘몽에 저젓나 혹 알고서 성가스러닌가 아니 열어주나. 객디의 괴론 맛은 이런 때 알겟더라. 내 집 가트면 이무릅게 하려니 늘 나를 알뜰이 사랑하고 더구나 이런 때에는 잠 아니 자고 일부러 기다리난 이도 잇스려니. 내가 아수니 더욱 집 생각이 난다.

4월 27일. 맑다. 병륙의 편지를 보다. 병석 군이 론산에 가서 료리집에서 여러 협잡군과 한가지 굴며 형의 논을 팔는다 하며 그 협잡군이 연산면사무소에 오아 내 압헤로 잇는 논을 조사하여 가고 쏘 우리집에 차저오아 내가 론메에게 량류하며 팔은 줄로 말하엿다 하니 세상의 이러한 일이 만하다. 남을 속이고 남을 돌라 남의 것을 빼스랴 한다. 어리석고 종작업고 얼업는 아오는 그 놈들에게 속히고 돌리어 마침내 헤어나지 못하니 가엽고 애닯다. 그러나 주책업시 함부로 돈을 업시니 엇지 다 도아주리오. 우로 조상을 사모하고 알로 자녀를 사랑하매 온 가족을 위하여 부랑한 아오를 도아볼 수 업다. 요마적 화류게가 온 나라를 차지하고, 부랑자가 온 화류게를 차지하엿다. 한갓 우리집만 걱정이 아니라 쏘한 나라의 걱정이 아닌가. 과연 답답하다.

4월 28일. 맑다. 집에 편지 부티다. 서대문 박게로 지나다. 길가에 수 난 명 사람이 느러섯다. 오날 왕세자 혼인 가례 날이라 정치범인들을 감옥소에서 내어놋다. 이에 나오는 이를 마지러 온 이가 이러틋 만하다. 지나다 보니 지나가는 양인 한아가 빙그시 웃는다. 모든 사람 가온대 깃버하는 이도 잇다. 아마 서로 나누어 오래동안 그립어하든 그 친척과 그 벗인 듯하다. 나는 일이 잇서 미처 나오는 이들을 못 보고 도라오다.

4월 29일. 맑다. 주인어른이 알타. 원긔가 타락하엿다. 보중익긔탕 두 첩을 지어다 주엇다. 또한 영삼 반 근을 어더 오다. 먼저부터 모다 두 근 반이라 시가 근 백 원. 그 병을 위하여 어더다 먹이엇다. 나를 위하여 주든지 아니하든지 나는 오히려 불상히 녀기어 구원하엿다.

4월 30일. 맑다. 주인어른은 차차 나서간다. 원긔를 도읍기는 과연 인삼이 조흔 약이다. 박사 아지씨 일로 경성 부청에 가서 도로 용가옥 건에 대하여 담판하고 오다.

5월

5월 1일. 맑다. 속구보에게 편지하다. 김영운에게 가서 저녁밥싸지 먹고 오다. 여관에 도라오아 보니 한 방의 잇던 학생이 모다 나갓다. 나는 늘 하는 버릇으로 오날 밤에도 책을 보다가 열한 시쯤 해서 잠을 잣다. 영창문 여는 소리가 벽녁갓다. 쌈작 놀래어 깨니 나갓던 학생들이 단성사 구경을 마치고 도라오앗다. 드르니 주인이 열 시부터 대문을 꼭 장구고 열지 아니햇다. 거의 열두 시나 지내어 드러오는 학생들은 대문 박게서 몸부듬을 하면서 대문 열라고 하여도 주인은 하인을 불러 단속하며 열어주지 말라 하니 학생들은 하는 수 업시 한대서 자는 수 업고 또한 오래 섯기도 괴롭어 한쌧 부애가 낫다. 겨우 겻헤 집 사람에게 간청하여 열고 드러오앗다. 그래서 남은 부애로써 죄 업는 영창만 놀래게 열며 힘업는 하인만 향해서 두런거린다. 주인은 불 가튼 성품을 참지 못하고 와르르 나오아 큰 먹소리로 모진 꾸중을 나린다. 학생은 굿세게 매첫던 가슴이 더욱 격동하여 말대답하니 한동안 혈전舌戰이 억세게 이러낫다. 마침내 평화하지 못하고 서로 나누이려 하며 밥갑을 시엄하고 써내보내려 한다. 나는 간신히 가란치어 이 밤이나 지내고 밝은 날 보내게 하자 하여 드대여 자리 비개를 마조 대고 두러누엇다.

5월 2일. 맑다. 주인을 위하여 돈 륙십 원을 어더다 주엇다. 오철호 군을 더불고 중앙학림 박한영 화상을 차저보다. 전북 묘가 곳 이 학교로 되엇고, 우암 조부 때부터 세건하던 송동이라 일컷는 집이 이 학교 강사실로 되엇다. 전후좌우에 고목이 욱어지고 고은 산, 힌 돌, 맑은 물 과연 선경이라. 산새는 때때로 울고 드런 몬지는 한 점도 날리지 아니한다. 주거니 밧거니 한동안 이약이하다 점심밥을 먹다. 특별히 괴언 송이버섯 전골은 새삼스럽게 맛이 난다. 담아한 산나물, 더구나 쌔끗한 뜻이 잇다. 저녁나절에야 그 주인싸지 동무하여 세 사람이 홀로 한가한 모양으로 천천히 걸어서 도라오앗다. 수당게서 써나오는 길에 박사 아자씨를 뵈니 마침 뒤를 보는대 분문이 아퍼 견댈 수 업서 죽겟다 하면서 정신을 못 차린다. 나는 곳 유홍종 병원에 달리어 가아 상의하고 약을 가지오앗다. 초저녁이나 되어서 여관으로 오다. 방에 잇던 학생들은 한아도 남지 아니하고 모다 다른 집으로 옴기엇다. 쏘한 섭섭하고 심심하다.

5월 3일. 맑나. 박사 아자씨 일로써 경성 부청에 갓섯다.

5월 4일. 맑고 다숩고 흐렷다. 하도 가물다. 어제 저녁에 동텬에 처음으로 소사오르는 달비치 농창히 익은 홍시 가텃섯다. 주인은 오히려 낫지 아니한다. 인삼은 날마다 다리어 쓴다. 나는 내가 남에게 위한 것이 넉넉하지 못해서 남이 나를 위하지 아니하는가. 참고 견대고 기다리나 바라는 바는 이르지 아니하니 진실로 답답하고 갑갑하다. 나는 아츰 언덕 풀닙에 매친 이슬방울을 진주나 혹 다른 구실로 알고 집어가지려 하는가. 밋지 못할 이를 꼭 밋고 일을 바람이 아닌가. 세상에는 거짓과 헛것이 만하며 도적놈과 음탕자가 만하다. 나는 도적놈을 어진 사람으로 녁이지 아니하는가. 나는 이에 속히는 인가. 나는 도로혀 그네들은 불상히 녁이로라.

5월 5일. 흐리다. 훈훈하다. 어대 갓다오아 드르니 도 군이 그 조문 병보 듯고 시골로 도라간다고 차저오앗다 갓다더라. 요마적 여러 날 가물으니 인심이 소요하다. 이 해도 흉년이 되나니, 백성이 주리어 죽겟나니, 어느 말장이가 "이 해 륙칠쯤은 논밧이 밝아케 되리니." 함을 밋고 말하며 걱정하는 이, 하늘을 원망하는 이, 모다 들어 적을 수 업다. 만일 래일부터 비가 비롯하여 닷새만 잇어도 쏘한 비 때문에 살 수 업나니 하며 하늘을 원망하렷다. 사람의 맘은 간사하다. 얼마 동안이 아니 되어서 이러게 변하고 저러케 변한다. 마치 어리아이가 하잘 것 업는 것을 가지고 깃벗다 분냇다 하는 것과 다름업도다.

5월 6일. 비가 아츰부터 비롯하여 밤싸지 연하여 오다.

5월 7일. 비가 조곰 그치다. 집에 편지 부치다. 조 형 편지 보다.

5월 8일. 비가 저물도록 오다.

旅窓夜雨自鳴之, 兼起胸中萬緒情.

貪兒欲呑全世界, 賢士悲望此人生.

片時過去櫻花節, 滿地鬱繆槿葉菁.

還使無知同草木，永爲天下共和平.[1]

5월 9일. 맑다. 리능화能和 씨氏를 맛낫다. 쑷헤 아버님 편지 보앗다.

5월 10일. 맑다. 박사 아자씨 심부름으로 부청에 갓섯다.

5월 11일. 맑다. 병석의 편지 오다. 날근 구두 보내달라고 햇다. 작년에 맷기고 갓더니. 속구우續龜友에게 편지 부티다.

5월 12일. 맑다. 조선불교회에 갓섯다. 두세넷 사람이 모이엇다. 이런 이약이 저런 이약이 들을 만하다.

5월 13일. 맑다. 박사 아자씨 심부름으로 조로 늰호중尹號重 대서소에 갓섯다.

5월 14일. 맑다. 수당의 부탁으로 경성부청에 갓섯다.

5월 15일. 맑다. 김병수金柄株 군君, 소병식蘇秉寔 군君이 차저오앗다. 저녁에 야시夜市 구경햇다. 종로에서 이겸직李謙直 군君의 편지 보고 곳 답장햇다.

5월 16일. 아츰나절은 맑더니 저녁나절은 구름이 엷게 끼고 바람이 불며 비방울이 뚝뚝 써러지다. 도燾 군君에게서 편지 오다. 바로 대답하다. 불교회에서 놀엇다. 박사 아자씨 병환이 위중하더라.

---

1 객창(客窓)에 밤비 소리 절로 나니
가슴속에 온갖 감정이 함께 일어나는구나.
탐욕스런 놈들은 온 세계를 삼키고자 하는데
어진 선비들은 이 인생을 슬피 바라보네.
잠깐 사이에 벚꽃 피는 계절 지나더니
온 땅에 무궁화 울창하게 자라나는구나.
돌이켜 무지(無知)한 초목과 같이 그대로 자라게 둔다면
천하는 모두 함께 평화를 영원히 누리겠지.

야시夜市

바람은 잠잠하고 깁지 못한 밤
큰 거리 한쪽에로 버린 촉불에
빗만 쌀어 모이는 온갖 버레들
등피燈臺에 부드치며 불꼿헤 탄다.
불비츤 멀리이서 환이 비최니
길에 쌀린 모래도 반작거린다.
싸구려오 싸구려 하는 소리에
군대군대 모아서 갑을 부르며
사랴마랴 하면서 지웃거리고
오락가락하는 이 만키도 하다.
억개를 서로 견줘 거러가노니
몸 한번 두루 세기 어려웁도다.
두루막이 치마폭 서로 협슬여
무엇이 헐한지를 차저다니나
구름 가튼 머리에 꼿 가튼 얼굴
아름다은 향긔가 움즉이도다.
취한 듯 미친 듯이 쪼차다니는
화랑花郞과 화랑녀는 때를 맛낫다.
손목을 마조 잡고 소근거리며
짝짝이 아울러서 어술거린다.
팔려는 물건보다 사려는 사람
몃 곱절이 더하여 밀리는고나.

발 밋헤 이러키는 가는 몬지에
부허(呼吸器官 肺)를 드레는 줄 누가 알으랴.

꿈 적기.

一. 己未 四月 日夜. 주인 할머니 꿈에 하늘과 짱이 아울러 벌넘벌넘하더니 그 가온대로 룡이 네다섯 마리가 서로 날러 한가지 휘휘감고 주인댁 웃방(곳 내가 잠자리하는 방)에 나려 안지며 그 입으로 감자 가튼 여의주를 작구 배터내거늘 내는 대로 주서 나를 주며 감추라 하면서 꾸준히 줄곳 주서 나를 주엇다 하더라.

一. 己未 五月 日夜. 꿈에 하늘이 벌넘거리며 해, 달, 별 세 비치 서로 어으르어 환한 박휘가 두렷두렷하니 휘황찬란하다가 나종에는 서로 얼키어 내 몸까지 고리 줄 모양으로 드리어 다앗다.

一. 己未 十月 十日夜. 꿈에 산수 고은 별장, 정자도 여럿이오. 백여 간 방이며 다락이며 전후좌우 전답이 수백만 마지기라. 내가 집주인으로서 단장 집고 뒤동산에 어슬거리다가 섯스니 여산 집에서 흰옷 입은 어른 하나, 어린아이 하나, 힌 양洋의 색기 한 마리가 나란이 서서 나를 행하고 오는대 그 가온대 양이 몬저 달어 내게로 오아 내 몸에 안기매 나는 그 양을 안고 별장 집으로 도라가아 웬 덕성스런 미인과 짝을 매저 지나다가 소 가튼 아이를 나아 어덧다.

一. 己未 十月 十二日夜. 꿈에 주인 할머니와 가티 가서 민부자의 집이며 온행을 모디 인게 밧고 조선은행을 주관햇다.

一. 己未 十月 十七日夜. 꿈에 여산집의 전명삼이 사든 집 뒤 바로 산 밋헤로 무덤 다섯이 가로 나란이 잇고 그 무덤 사이로 다섯 코기리처럼 생긴 돌이 소사나며 바로 화하여 짐승이 다섯 마리 나란이 서서 그 머리를 이리저리 흔들거리며 놀고 잇스니, 집안사람이며 다른 사람들이 큰 경사가 낫다 하고 치하며 구름가티 모아들어 구경한다. 그러나 다른 이들은 무서하여 그 짐승 갓가히 가지 못하나 나는 미리 그들 일홈도 아는 고로 그들 일홈대로 짐승 일홈을 부르며 갓가히 가서 그 머리를 씨다듬으며 잇스니, 그중 맨 몬저 난 짐승이 다시 화하여 거룩한 대장부가 되어 나를 향해 춤추고 노래할 새 나도 화답하여 노래하며 춤추엇다. 노래는 대개 이제야 때 맛나 일하겟다 함이더라(白號石人).

一. 己未 十月 十七日夜. 주인 할머니 꿈에, 웬 무주개 가튼 다리가 하늘까지 다아 노이엇는대 드대어 오르니 늙은 부인 젊은 부인들이 여러 백 명 모아 모다 휘황찬란한 의복을 입고 잇는대 우리 할머님게오서 병기 오앗느냐 하거늘 휘도라다보니 내가 오아 부인들 때문에 오르지 못하고 알에 서서 잇다 하니, 할머님게옵서 "그러치." 하시면서 주인 할머님게 무슨 비단으로 싼 조고만한 옥함을 병기에 주어야 하겟다 하시나 나는 다른 부인들 때문에 못 오른다 하니, 그대로 주며 "이 속에 열쇠가 잇스니 몃칠 아니면 저절로 열이리라. 꼭 병기게 전하여 주라." 하시며 주거늘 주인 할머니가 바더가지고 오아 나를 주엇다더라.

一. 己未 十月 七日夜. 꿈에 크나큰 물결이 굼실굼실 출렁출렁 에두러 오아 왼 서울 집을 다 덥고 미러오아 다만 나 잇는 주인댁 뜰가에 질럼질럼 하더라.

一. 己未 十月 日夜. 꿈에 왼 산과 들에 큰물이 출렁출렁 가득가득 에두러 내 집에 이르는대 나는 그 물 우에 나무쪽을 쓰이고 밟고 다니며 물에 빠진 사람들을 구원하다가 한편 집에 아모 한편 집에 아모를 아울러 거나리고 지나엇다.

一. 己未 十一月 十一日夜. 陽 一九二○年 一月 一日. 친할머님게옵셔 내게 금궤와 서적을 만히 주시더라.

이 우의 꿈은 그때 쉰 꿈인 바, 비록 이상하기는 하나 도모지 그때의 생각함이엇든지 무슨 외계外界의 자극刺戟을 밧든지 하야 곳 제 생각이 엉키여 쉬어지는 것이다. 구태어 꼭 미들 것 아니니다.

일기

9권

1920. 5. 17. ~ 1920. 6. 14.

1920년(단기 4253년) 경신년庚申年

5월

5월 17일(庚申 三月 二十九日). 맑다. 아즉 밝지 못한 새벽이라. "내가 나의 손으로써 어느 어른 시테屍體를 거두엇다." 이렇듯 쑴을 쒸다 마침 누가 나를 이러킨다. 나는 쑴을 깨어 살펴보니 안국동 박사 아자씨 집에서 급히 오라고 보낸 사람이 겻헤 잇서 가기를 재촉한다. 바로 옷을 입고 안국동을 갓다. 과연 아자씨 병환이 위급하다. 나는 녹용을 구하기 위하여 편지를 쓰어 리희재禧宰 씨에게 부티고 쏘한 심부름으로 경성 디방법원에 갓섯고, 쏘한 의원 권용규權用圭 씨에게 가서 병세를 말해 들리고, 저녁나절에 구해온 록용을 가지고 권용규 씨에게 다시 가서 록용팔미탕 한 제을 지어다 드리다. 마침내 익선동益善洞 여관旅館으로 도라오지 아니하고, 아자씨 엽에 앉아서 그 손도 주물러 주고 그 발도 문질러 주며, 사이사이 이약이도 하여 얼마큼 위로해드리다. 밤이 이미 기퍼 대문 밧 큰길에도 다니는 사람의 발자옥 소리가 씃치고 다만 어대로 멀리 들리는 다드미 소리만 잇다. 이곳에서는 아자씨에게서 힘업시 신음呻吟하는 소리며 화로 우에 약 쓸는 소리가 내 가슴을 조리게 하는고나. 아자씨쎄서는 약을 마시고 그대로 내게 의지하여 안

지섯다. 한참 잇다가 "내가 똥을 누엇다." 하신다. 아주머니가 들어오아 그 바지를 벗기어 친다. 아자씨께서는 "번열煩熱이 난다." 하시면서, 그 벗은 테로 게시다. 또 "바삐 약을 다리라." 하시기에 연하여 약을 다리어 드렷다. 아자씨께서는 아주 어눌한 소리로 겨우 "궁동 로인과 병구秉矩 어머니 불쌍하다." 말씀하시다.

평거平居의 알흐시야 눕지는 아니하시는 어른이라 이 밤에야말로 누으시라고 심甚히 권햇다. 하릴업시 누으시더라.

5월 18일(庚申 四月一日). 고요한 밤에 홀로 비최는 등불燈火만 환하다. 더할 수 업시 마른 다리는 뼈가 활짝 드러나고 아조 숭하게 색칠한 얼굴은 푸른비치 나타난다. 여내 숨소리가 약하여진다. 한갓 환한 눈방울만 휘둥굴휘둥굴, 아모 말슴도 못하신다. 손으로는 가슴을 긁으며 입으로는 우물우물. 차차 정신을 차리지 못하신다. 어느덧 숨소리가 나지 아니하고 영원永遠한 기픈 잠을 들어섯다. 때는 오전 사 시 삼십분. 나는 흐르는 눈물을 그치지 못하고 아자씨 몸을 거두엇다. 아주머니는 들랑날랑하면서 무슨 옷가지 그릇 가지를 박게로 옴긴다. 행랑아범 더불고 건너방으로 시톄를 옮기엇다. 쌀 한 되, 나무 한 가지, 돈 한 푼 업고 게다가 집까지 남에게 잡힌 집에 아모 친척 한아 업고 다만 어린아이며 약한 녀인만 울고 잇다. 이 일을 당하매 엇지 치루어 나갈가. 오히려 슬픈 생각보다도 할 일의 걱정이 더 간절하다.

아자씨와 나와는 한 일가라 이십여 촌 간이다. 그러나 십 년 전부터 뵈압고 친햇다. 더구나 작년 칠월 병환 나스며부터 그 불쌍한 정상情狀을 생각하여 그 사이 열 달 동안에 내가 서울 잇슬 적에는 하루에 반드시 한두 번식 아자씨를 차저 뵈앗다. 혹 심부름 혹 의약 구하기, 모든 일을 내 맘껏 힘껏 하여 드렷다. 나는 그 어른 생명이 이 세상에 남어 게실 때까지는 구원하여 살이어보겠다 하며 오더니 하늘도 귀신도 도옵지 아니하여 드대어 이 세상을 떠나가시니 죽음을 보내며 또한 그저 버릴 수 업다. 내 일가라 하여서 그럼이 아니라 남이라도 정만 잇스면 그러하리라. 사람이 사람을 사랑하지 아니하랴. 사랑하므로 그러하며 이미 살엇슴을 사랑하엿스니 그 죽음도 사랑하여야 하겟다. 그래서 초종 장사를 엇더하게 할가 가만히 예산豫算하엿다.

엽서로써 몃 곳 아는 대에 부고하며 아자씨 사촌, 종손에게 특별 뎐보햇다. 헛튼 거름으로 이곳저곳 차저가 돈을 변통하다 거의 저녁나절에 도라오니 뉴진태柳鎭泰 씨가 전 중앙학회 돈 백 원을 가지오앗다. 또 유민회維民會의 정봉설鄭逢卨 씨, 리복승馥承 씨가 차저오앗다. 부인이 울지는 아니하고 나서서 이이들에게 초종 장사를 모다 맛더 해달라 하며, 나다려 엇더케 할 양으로 맛더가지고 잇느냐 한다. 나는 정색하여 "저 어른네가 이러틋 돈까지 주선하여 가지고 오아 보시는 것도 하도 고마온대 이 일까지 맛더 해라 함은 넘어 염치업는 일이외다. 나도 엇지할 수 업는 사정에 이 일을 보아드리자 함이니 내 생각대로 한껏 잘 하리다." 하며 무언의 간섭을 막엇다. 그러나 대개 그 뜻대로 조차 혹 더하기도 하고 혹 덜하기도 한다. 벌써 모인 녀인네가 십여 인. 이 입에서 이 말, 저 입에서 저 말 나아 이것 해라 저것 해라 이러케 하여지라 저러케 하여지라 숫더리니 과연 일하기 어렵고 어렵다. 한 잇는 돈에 쓸 것은 한업시 만하니 이를 엇지하잔 말가. 참으로 가엽고 가엽다.

마침 수의壽衣 한 벌이 가최어 어느 뎐당포에 잇다. 곳 사라 하니 녀인들은 풋 돈푼이나 부의 드러옴을 씀직이 알고 "그까위 수의를 엇지 쓰리오." 하며 실허한다.

조선장의사朝鮮葬儀社에 가서 염장이를 청한다. 유호중劉浩種 군에게 진단서를 맡어 오다. 이 날은 더웁고 맑다. 이 밤도 잠 못 잣다.

5월 19일. 맑다. 뎐당포의 수의가 맛당히 조흐기에 녀인들 말을 아니 듯고 사오다. 누구 집에서 해두엇든 관재를 판다는대 나무가 훌륭하고도 갑이 헐하다. 여섯 조각에 십사 원으로 사앗더니 길이가 조곰 싸르어 쓰지 못하고 또 다시 온쌍막이로 맞추다.

염장이 유퇴선劉頹先이 오다. 제복 마르며 온갓 것을 살리며 염장이 더불고 차례차례 염십하다.

동아일보사에서 이 집 정경을 그리어 냇더라. 이 글을 보고도 불상히 녀기여 돈을 보낸 이도 잇고 친구의 집에서 몃 원 백지 양촉들의 부의賻儀며 조객弔客이 연하여 오더라.

궁동 로인의 소원에 그 싸님 무덤과 한가지 아자씨 무덤을 하여지라 한다. 곳 내외분 합폄이라. 합장 허가를 마터야 하겟다. 그러나 나는 이 밧분 가온대 잠시도 나갈 수 업다. 송정식宋廷植 군을 차저보고 마구 억어지를 씃다. 송 군을 고양군高陽郡 한지면漢芝面 사무소에 가서 또한 억어쓰고 뫼디증명墓地証明을 어더오다. 더하여 합장허가를 경성부청에 청하다.

황종규黃宗奎 군이 군친 간다 차저오앗다. 엇지 밧븐지 내 집에 편지 한 장 쓰어 부티지 못하다. 매우 섭섭.

5월 20일. 맑고 더웁다. 아츰에 관을 가지어오앗다. 튼튼히 싸이엇다. 이 관을 맞추기 전에 샂든 관재는 궁동 로인에게로 보내엇다.

염상이 더불고 립관식히다. 송정식 군이 합장 허가 때문에 부청 민적게 사람과 애쓰어 교섭交涉한다. 아자씨 전처인 황 씨는 민적에 적히지 아니햇다. 그럼으로 아니 허가한다더라. 아자씨 사망신고만 햇다. 한

성漢城장의사에 상두군과 상예를 계약하고 마추다. 염장이를 보내는 대 돈이 적어서 하도 창피한 꼴을 당하엿다. 성복제를 지내다. 내게도 베옷을 지어준다. 례로는 복이 업스나 정으로 입겟다.

5월 21일. 맑다. 간신히 조절히 쓰어 초종은 지냇다. 그러나 오히려 기구器具잇는 집의 초종에 비하여도 붓그럽지 아니하다. 수의든지 관이든지 딸린 것이 모다 그러하다. 송 군이 간신히 부청 숙직원宿直員에게 허가를 어더 오다. 나도 십 원을 부의하여 장사에 쓰게 하며 일군 넷을 사아두다. 정응설 씨는 날마다 오아 보더라.

미리 성준영成俊永 군에게 광중壙中 일을 감역監役하게 하다.

5월 22일. 맑다. 오전 네 시에 일군을 보내어 광중 일 식히다. 오전 아홉 시에 상예군이 오다. 바로 발인하다. 나는 혼백을 뫼시고 인력거를 탓다. 마침 써나랴니 부청 하인이 호출장을 가지고 오아 상인을 잡어가려 하는구려. 하는 수 업시 리복승複承 씨를 보내어 송정식 군에게 알리다. 그러고 자촉하여 써나가다. 뒤에 짤는 이 이십여 인이더라. 거리 몬지를 헤치고 수구문水口門 밧게로 나아가니 욱어진 풀 속에 울룩불룩한 무덤이 수업시 보인다. 사람의 죽음이 저러틋 한줌 흙에 지나지 못하는가. 저절로 늣기어 눈물만 줄줄. 아— 아자씨게서도 쓸쓸한 솔밧 속을 드러가어 길게 누으시는고나. 오전 십 시 사십 분 하관下棺하다. 오후 두 시에 장사를 마치다. 모이엇든 여러 손임들은 한갓 손수건으로써 눈물만 이리저리 시츠며 허처 가더라. 혼백을 뫼시고 도라오니 집에서 보낸 하인이 무슨 급한 일인지 줄다름하여 오앗슴으로 숨이 차아 말을 못한다. 드대어 도라드니 집의 녀인들이 지금싸지 놀랜 모양으로 "아싸 부청 하인이 오아 상인을 잡어간다 하며 야단하엿기에 하인을 보냇다." 한다. 송정식 군을 차저가 보다. 정식 군이 부청에 가서 말하니 나종에 그 사실을 조사하겠다 하며 다른 일은 업다더라.

서울 풍속은 집을 가신다. 무당 한아는 고리짝을 닥닥 긁으며 한아는 나뭇가지를 가지고 집사람의 등을 치며 곡에 노래에 사설을 석거 엉덩이를 웃줄거리며 억개를 엇슬거리며 함부루 짓거린다. 모든 녀인들은 신인이나 선녀나 하강한 듯이 반기며 어울러젓다. 혹 안진 이도 잇고 혹 선 이도 잇고 혹 무당과 마조 잡고 너울거리는 이도 잇다. 드르니 이는 상가의 재앙이 잇슬까 두려하여 굿함이러라. 참 죽은 이를 공경하여 보내는 집에서야 엇지 무당의 굿을 하랴. 풍속이 어지럽을 뿐 아니라 상가의 도리가 아니니다. 상가에서는 한갓 슬플 뿐. 무슨 다른 생각이 잇스랴. 입으로는 애고애고 울면서 맘으로는 그대지 스럽지 아니한가. 맘으로 우는 이야 어느 겨를에 자긔 신세타령과 장래 걱정을 할 수 잇스랴. 경상도 마누라의 메나리조는 한갓 노래로 녀긴다. 곳 그의 스런 사정을 남의 귀에 이약이처럼 들리는 것이라. 아모 배움 업는 녀인네의 곡소리에는 흔히 메나리조로 듣기니 차라리 우름은 우름대로 노래는 노래대로 하는 것이 가하다. 또한 상가에서는 죄를 무슨 법정法定과 다르니 누구를 원망한다든지 누구에게 하소연할 까닭이 업다. 오로지 슬픔을 못 이기어 울을 싸름.

이날 밤에도 빈대들에게 물리어 잘 자지 못하다.

5월 23일. 맑다. 문서를 정리하다. 부의금 이백십오 원 칠십오 전에 쓴 돈이 이백칠 원 십칠 전이다. 남은 돈은 아주머니게 드리다. 또 무당집에(사재삼생) 죽은 이 위하여 굿하러 궁동 로인과 아주머니가 갓다더라. 황종규 군 편지 오다.

5월 24일. 맑다. 궁동 로인과 아주머니 더불고 시구문 밧 아자씨 무덤에 갓섯다.(高陽郡 漢芝洞 新堂里 京城肥料工場 後麓中)

5월 25일. 맑다. 수당 댁에 갓섯다. 마침 떡과 고기를 주어 배가 불럿다. 김병주金柄株 군이 차저오아 밤이 깁도록 이약이하다 도라갓다. 도都 군이 차저 오앗더라.

5월 26일. 저녁나절에 소나기 한줄금 지내다. 리겸익箝益 군이 차저 오앗다더라. 소병식 군을 차저 보다. 김영준永準 군, 리병준秉俊 군, 김용준用俊 군, 리종문種文 군들 강십하러 오앗다. 차저오아 시골 소식을 들리어준다.

5월 27일. 오후에 북한산 봉오리로 검은 구름이 덥허 나리며 온 하늘이 컴컴하며 우레소리가 우루룽 우박이 쏘다지며 소나기가 쏴쏴 줄줄 개천물이 출렁출렁, 저녁 연긔싸지 적신다.

덩이덩이 흘러가는 사이사이로 나올랴 마랴 하면서 환한 비츨 조곰조곰 밀이는 달은 구름과 숨박국질한다.

온 우박은 칠팔십 로인네도 처음 보는 것이라 하더라. 국기가 밤톨만이나 하여 거의 반 시간이나 쏘다젓다. 나무닙과 열마가 부서저 써러젓다. 아마 보리나 모도 만히 상하엿겟다. 이는 큰 텬변이 아닌가. 가엽서라.

5월 28일. 맑다. 거리에 나가니 드럽든 진테미며 몬지가 보이지 아니하고 다만 해빗헤 반작반작 비츨 내는 가는 모래만 길 우에 쌀리엇다. 다복히 자라는 가지가 함부로 색인 '샛푸라' 나무는 어지럽은 그림자만 길가에 나타냇다. 아즉도 물러가지 아니하는 구름은 덩이덩이 뭉치어 둥둥 쓰어 남산 우로 지나며 서늘한 바람은 맑은 긔운을 더하여 슬슬 불으며 온 산천은 깨긋히 목욕한 듯 보는 이 맘도 상연하다.

조선불교회에 갓섯다. 도 군도 차저보엇다. 김세연金洗涓 군, 고순흠欽 군도 맛나 그립든 이약이를 한쌔번에 다 쏘닷다. 안국동 아주머니도 뵈엇다. 김병주炳株 군이 차저오앗다. 신명희申明嬉 군이 뎐보 보고 집에 도라간다더라. 아마 그 부친의 병환이 위중한 듯. 객디에 잇는 이는 이런 경우境遇에 과연 민조롭다. 지난 일이라 박사 아자씨 림종 시에 하도 늣기엇다. 그 자질이 겻헤 잇섯데면 얼마나 엇더할는지. 마주막 떠나는 자리에 보도 못하고 가는 아비며 뵈압지 못한 자식의 맘. 더구나 엇더할는지. 서로 못 보니 서로 한이다. 이로 말미암어 '부모가 게시면 멀리 놀지 말라.' 하는 말이 잇는갑외다. 그러나 일이 잇는 이야 엇지 부모의 겻헤 잇슬 수 잇스랴. 혹 타향에나 타국에나 가아 잇기도 한다. 비록 알뜰한 효도는 못할지라도 그보다는 큰일만 잇스면 갈지니라. 한갓 이런 일에 어릿거려 못할 것 아니다. 그래서 부모에게까지도 영광되게 하거드면 그것은 쏘한 효도가 아니랴.

5월 29일. 맑다. 저녁나절 동북쪽 하늘에 검은 구름이 께엇고 잠시 동안 무지개가 섯다가 없어지고 바람이 불어오더니 곳 그치다.

겸익箝益 군을 차저보고 경성 부청으로 서대문 밧게 가서 수당을 뵈압고 하려든 이약이를 다 하고서 도라오는 길에 안국동 아주머니 뵈앗다. 앞으로 살어나갈 길을 걱정하고 잇다. 듣기 참 딱하다. 낸들 엇지하여 줄 길이 생각히지 아니한다. 그러나 겻헤서 긴 담뱃대 깨치어 물고 욋달리 매삽게 상그러지게 옴치고 안저서 텬생의 과부 태도態度며 담숙담숙 벌리는 입에서 사박스럽게 나오는 말이 얼마큼 내 눈과 귀를 아프게 군다. 흔이 보면 욋달게 된 이는 추접과 화긔가 적다. 과연 욋달게 되엇슴으로 그런가. 혹 텬생이 그런가. 아지 모르겠다. 그러나 젊은 이에든지 늙은이에든지 팔자가 사나운 이 가온대 독살스럽고 이상야릇한 일이 만하다. 그 맘이든지 그 말이든지 그 행위가 순히지 못, 착하지 못, 바르지 못하여 반드시 죄를 지어 그 앙화와 천벌을 후생에까지 이르기 전에 이생에서 바로 보고 바로 밧고 잇다. 그러나 팔자 가진 이

가온대에는 순하고 착하고 바르어 그 맘과 말과 행위가 그대지 그른 것 업시 얼굴에도 화긔가 드러나며 맘에는 짜뜻한 정이 넘쳐 흐르더라. 슬프다. 후생의 잘될 양으로 기도하며 불공하며 굿하지만 말고 이생에 하루에 한 시라도 일즉 깨치어 착한 맘을 가지며 착한 말 착한 일을 하라. 그러면 후생짜지 갈 것 업시 래일 명년 곳 생전에 복을 어더 보리라. 아모리 빌고 빌더라도 사나운 맘 가지고 사나운 말, 사나운 일만 하면 죽어서 디옥으로 가아 텬벌을 밧기 전에 살아서 곳 재앙과 텬벌을 바드리니 그것을 바든 이들을 못 보는가. 아니 보이는가. 구태어 누구라 말하잘 것 업지만은 이 세상에도 만히만히 살어잇다. 쏘한 남에게만 잇는 것 아니라 나도 사나운 짓만 하면 곳 내가 바더보리라. 그럼으로 극히 삼가하며 힘쓰어 착한 사람 노릇하여라 스스로 경계警戒하엿다.

여관에 도라오니 주인 로인이 소포小包며 편지를 내어준다. 나는 그것을 보지도 아니하고서 벌써 내 집에서 오앗구나! 내 몸이 편안한가 걱정하여 편지로 묻고 내 옷이 더런가 걱정하여 옷을 보냇스려니 하여 깃븐 뜻이 저절로 움지기어 편지봉투封套를 곱게 쓰일 겨를 업시 우둑우둑 뜻고 얼른 쓰어내어 스르로 읽으니 과연 그러하다. 그런대 더구나 깃븐 것은 조부모며 형제 처자며 집안 친척이 다 무고하다 함이라. 곳 그 편지 쓴 이가 겻헤 잇서 그의 이약이를 듣는 듯, 가만히 그의 아름다운 목소리가 내 귀에 들리는 듯, 쏘 그의 고은 모양이 내 눈에 보이는 듯, 무슨 소리가 내 겻헤서 난다 하면 모다 집안사람의 목소리로 들리고, 무슨 형용形容이 내 겻헤서 나타난다 하면 모다 집안사람의 형용으로 보인다. 나는 다시 소포를 끄르고 옷을 내어 보니 아못쪼록 얌전스럽게 하느라고 깨긋히 시처 알뜰히 호엇다. 하 그리 애쓴 줄은 모르되 옷이 검어지어 아쉽던 때 오아 고마워하엿다. 이 옷 진 이가 내 겻헤 잇섯으면 얼마나 깃버하여 벙글벙글 우스면서 내의 치사를 바덧슬는지. 혹 맛지 못하게 하엿다 꾸중을 들을가 두려하여 내 얼굴을 설근설근 보며 내 말 나오기를 기다리고 잇슬는지 하렷다. 혼자 이렇듯 생각하며 픽 우섯다.

밤이 깁도록 뎐등 알에서 박사 아자씨 상사에 부의한 이들에게 감사장을 올리려 하여 오십여 장을 쓰어 곳 우편통에 너엇다. 김영준英俊 군, 리병준秉俊 군을 차젓다.

5월 30일. 먼 하늘에 때인 구름이 마치 산 봉오리 모양으로 뾰족뾰족 소사나아 보인다. 빛은 검고 푸르고 히다. 시골 사람이 오아 하는 말이 하도 가물어서 모자리며 논이 말릿다 한다. 매우 비를 기다리는 모양이다. 내 집에서 나 오기를 기다리드시 하는가 보다. 서울에서도 비를 기다린다. 겨우 우박만 지나가고 그 뒤에 아모 소식消息이 업스니 이대로 길게 가물는지. 더구나 동대문 안 배채 장사들은 배채를 위하여 더 기다린다. 뺏삭 말른 개천 바닥에서는 바람만 움직이면 곳 몬지가 일어날 듯하다. 만일 비 한 번만 넉넉히 오앗스면 산과 들과 내川가 기름지고 풀과 나무들은 빛나겟다만은 아니 오니 아즉은 하늘만 바라보고 빌 짜름.

집에 편지를 부치다. 안에 하는 편지가 이 말 저 말만 햇다. 아이들 잘 기르며 가르치란 말이며 내의 고상한 말이라. 붓을 들고 생각히는 대로 적으려니 도모지 슷히 아니 난다 하다가 밧분 일이 잇서 그만두엇다. 그러나 보는 이가 살 알아줄는시 알고서 잘 할는지 모르겟다. 이러케 객디에 잇스니 집사람과 한가지 말할 때가 적다. 일 년 동안 한두 번. 한두 번 맛나더라도 나그내 집의 지나는 손가티 하도 밧비 지내니 엉둥덩둥하여 아모 뜻하는 말도 못하고 겨우 서운한 말만 들리고 온다. 그러므로 온 뒤에 차치 생각히는 대로 하고자 하는 말이 쌔이고 쌔인다. 그래서 편지나 쓸 때는 그 쌔이엇든 말이 작고 풀리어 적힌다. 그러나 함부로 적은 말이 된 것 안 된 것만 하렷다. 아마 보는 이도 짐작이야 하렷다. 엇지 한 말이 다 잘 되기를 바라랴. 하물며 배는 읽히는 글월 처음부터 아름답고 알뜰하게 하랴. 차차 되렷다. 잘 되겠지.

배자. 읽히자. 부지런히 부지런히.

어제밤에 이상한 꿈을 꾸엇다. 내의 벗 두 사람과 한가지 어대로 놀러갓다. 그곳은 나무와 풀이 무리녹고 고운 꽃치 만히 피엇다. 지나다 보니 염라국왕의 집이 잇다. 우리는 염라대왕을 차저보려고 갓다. 두 사람은 내 압헤 몬저 서서 그 집 문에 이르다. 염라대왕이란 키 크고 위염 잇는 어른이 나오아 마지면서 두 사람의 뺌을 치고 꾸중하여 쪼차낸다. 그 다음에 내게는 벙글벙글 웃는 낫으로 고맙다 하며 손으로 내 등을 어리만지며 나가시라 한다. 꿈이란 알 수 업다. 생각도 아니한 일이지. 엇지 이러듯 뀌엇나. 과연 내가 진 죄야 모르겠느냐. 내가 진 죄가 업스면 아모리 무서운 염라대왕을 뵌들 두려하랴. 반드시 뵌들 염라대왕도 미워 아니하렷다. 도리혀 사랑하렷다. 그러면 내가 죄가 업는 까닭인가. 그러나 이 세상의 모든 사람을 더불고 염라국에 갓스면 두렵어하는 이도 만히 잇스렷다. 죄만 업스면 엇지 두려하리오. 나는 염라대왕을 두렵어하지 말고 죄를 두려하엿스면 죄를 짓지 아니하렷다. 죄를 아니 지려고 착한 일을 하렷다. 착한 사람 되렷다. 그러면 조켓다.

5월 31일. 더웁다. 나는 큰 거리로 지나가다가 자동차 가는 바람에 날리는 몬지를 만히 들여 마셧다. 무엇이 좋다고 이런 몬지를 마시면서 서울 서울 하고 오아 잇는가. 드런 몬지며 구린내 석긴 공긔를 오히려 구수하게 향긔롭게 녀기는지. 부모께 깨끗이 바든 허패를 엇지하여서 드레는지 이때 더욱 생각난다. 내 시골 조흔 공긔가. 산 푸르고 물 맑고 구름 거친 곳에 몬지 한 점 잇스랴. 과연 깨끗도 하지. 나는 엇지 그것을 버리고 떠나오앗나. 이 생각하면 벗석 가고 십다. 서울을 떠나고 십다. 그러나 물에 바다요 집에는 서울이라. 그 집에 사람이 아니 모이랴. 사람을 맛나고저 사구고저 만히 보고 만히 듣고저 일하고저 하여 드런 것도 생각지 아니하고 고상도 생각지 아니하고 견대어 잇는 바이다. 조선불교회에 들어갓다. 겸익 군을 맛나서 냉면 한 그릇 어더먹엇다. 동아일보사에 가서 유근 씨 보엇다. 그 어른은 그 사이 오래 병환으로 매우 고통하셧다. 과연 새치하더라.

잔소리 잔소리 웨 그리 만한가. 하로 한때 입을 다무릴 적이 업다. 무슨 잔소린가 남의 흠담 아니면 거짓말 아니면 달달 볶는 소리. 아니면 힛덥고 자랑하는 말. 도모지 사나운 뜻을 고대로 나타내는고나. 참 불상하다. 그런 잔소리하는 이. 엇지 그러한가.

6월

6월 1일. 맑고 더웁다. 김갑제甲濟 군을 찾엇다. 동아일보사에 갓섯다. 석롱石儂께서는 큰 병환을 치루엇다 하는대 과연 얼굴이 새칠하고 야외엇다. 박사 아자씨 상사에 긔사한 것은 매우 고맙다 사례하엿다. 중앙학교에 차지갓다. 오랫만에 갓더니 처음 보는 선생이 많다. 교장에게 박사 아자씨 상사에 부의하여 주서서 고맙니다 사례하엿다. 늘 보아도 깃버하는 리중화重華 군과 지난 이약이 하엿다. 서대문 밧 수당

쌔 가서 쑬 바른 떡을 만히 먹엇다.

저녁에 김영준이 차저오다. 이미 생각하엿든 모든 이약이를 차례차례 햇더니 썩 재미잇시 듣는다. 디방 청년회에며 교육에며 회사에며 온갓 사업에 가지엇든 뜻을 보이엇다. 밤에 기펴서야 서로 나누엇다.

6월 2일. 더웁다. 신명회 군의 편지 오다. 송정식 군을 차저보다. 길가에만 나서면 아니쏩게 보이는 것이 잇다. 인력거! 인력거! 한가지 사람으로 누구는 우에서 타고 누구는 알에서 쓸는가. 탄 이는 오히려 더워하여 부채를 가지엇다만은 끄는 이는 쌈을 뚝뚝 흘리면서 쉴 겨를도 업시 밧비 달어난다. 진실로 타지도 말고 쓸지도 마는 것이 조켓다. 한가지 사람으로서 엇지 그럴가.

저녁에 재동파출소齋洞派出所 겻헤로 지나다 웬 호사한 젊은 사내와 에엿분 젊은 부인婦人이 파출소에서 부인은 "네가 내 손을 아니 잡엇느냐." 사내는 "내가 아니 잡엇다." 서로 다톤다. 좁은 길 컴컴한 곳에서 부인의 손목을 잡엇다는대 부인이 그 사내놈을 끌고 파출소에 온 것이다. 사람의 몸을 가지고 짐승의 행위를 하는가. 슬프다. 엇지하여야 이 짐승의 무리를 다시 사람 노릇하게 할는가. 게다가 더구나 사람을 짐승 되게 가르치지나 아니하는가. 사람은 맛당히 사람을 배고 사람을 이룰지니라.

6월 3일. 더웁다. 하도 가물어 걱정이다. 시골 농가에서는 얼마나 걱정할는지 만일 못자리가 빽삭 말러버리면 울고 싸는 이도 잇겟다. 어서 비 오기를 비노라.

리호성鎬成 씨를 차저뵈다. 도 군이 차저오앗다.

음녁으로 미루어 생각하니 오날은 아버님 생신이다. 뫼시고 잇섯으면 과연 깃브엇스련만은 반 천 리 밧게 외달리 잇스니 민조롭고 죄송하다. 나도 그러려니오아 나의 부모께서는 오즉 내 말을 하섯으랴. "편안히 잇는가. 무엇하는가. 잠자리나 조흔가. 밥이나 잘 먹는가." 하시고 내가 집에 아니 잇슴을 서운히 녀기시겟다.

6월 4일. 더웁다. 리겸익 군을 차젓다가 못 보다. 송정식 군을 차저보다. 사람의 처음 보고 까닭 업시 너무 친한 테하는 이며 무슨 청하는 일에선 친하게 허락하는 이며, 말이 실상에 벗는 이며, 말이 수다한 이며, 제 자랑만 하는 이며, 나에게 추앙하는 이며, 의리가 당당한 테하는 이며, 충직한 테하는 이며, 아는 테하는 이며, 똑똑한 테하는 이며, 제법 례의 염치을 직히는 테하는 이며, 착한 테하는 이며, 부자인 테하는 이며, 귀인한 테하는 이며, 남의 말을 잘하는 이며, 남의 말만 들으려 하는 이며, 남에게 얼업시 의탁하는 이며, 남을 부리려 하는 이며, 남을 지릅써보는 이며, 남에게 핑게하는 이들 빗지 말어라.

6월 5일. 아츰에 하늘이 흐리고 가는 비가 오더니 한 시간이 못 되어서 그치다. 이것이 가물는 짓이라. 어느덧 구름은 다 거치고 뜨거운 햇비치 비최니 온갓 풀과 나무도 또한 바라던 비에 락심하는 듯. 다만 하늘을 향하여 고요히 섯다.

주인 로인과 안국동 아주머니는 박사 아자씨 위하여 '진오귀'를 하러 한강 건네 로들로 갓다. 돈 일백륙십 원을 쓰어 무당에게 진오귀란 굿을 한다더라. 그네는 무당의 굿만 하면 죽은 이든지 산 이든지 복을 어들 줄 꼭 밋는다. 그러면 아모리 죄악이 만한 사람이라도 돈이 만하여 무당께 빌기만 하면 복을 어들가. 무릇 적선한 집에는 반드시 경사가 잇고 적악한 집에는 반드시 앙화가 잇는지라. 엇지 무당의 굿으로나 비는 것과 중의 불공으로나 재 올리는 것으로 아모 착한 일 못한 사람이 복 엇기 바라리. 어리석고 미욱하고 종작업고 주책업고 무지 무식한 계집들이나 그런대 혹하여 잇고 얼업는 짓 하겟지. 과연 걱정이다. 이런 계집들을 엇지 하여야 맛당히 어진 부인 노릇하게 할는가.

주인 로인이 저녁에 도라오다. 벌세 복은 엇지 못하고 더불고 갓던 행랑아범의 어린 아들이 어대로 갓는지 한강에 빠저 죽엇는지 업서저 점심째부터 아모리 차저도 보이지 아니한다 하더라. 도무지 어린아이를 강가에로 더불고 가는 것이 슬기 업는 것이오, 만일 갓스면 더욱 조심하여 살필 것이지 엇지하여 죽엇는지 살엇는지 모를 짜에 이르럿냐. 가엽고나. 가엽고나. 비록 가세가 넉넉하더라도 진오귀나 무엇이나 하고 아니할 터인지 하물며 남의 부조한 돈으로 초종 장사싸지 오날싸지 지내오는 터에 쓸대업는 것을 하고 계집들을 삼십여 명이나 청하여 더불고 한강 건네싸지 가서 남의 귀한 어린아이싸지 업시게 하엿나. 이런 것으로 보아도 서울 계집이 시골 부인보다 더 사사스럽고 얄구지다. 말 만코 수다스럽고 나들이 잘하여 치마자락에 바람이 나고 각박하고 간사하고 호사 잘하고 소기기 잘하고 아모 일업시 음란스럽고 요물스럽고 힛더웁고 것치레만 하랴 하고 사내 등골만 쌔어 먹는 계집은 아마 서울에 소산인 듯 만키도 만한가 보더라. 어서 가르치어 그렇지 아니하도록 하고 십다. 곳 배워 어진 안에와 어진 어미 노릇 하여라 바란다.

엇그제 안국동 갓섯을 때 다시 무당에게 굿한다 하기에 나는 그것이 부지럽다 하며, "생각해 보시오. 어린아이 더불고 장래 살아갈 일을. 엇지 할가 집 한 칸 업시 돈 한 닙 업시 쏘한 알뜰이 도아주는 이 업시 전히 아주머니 힘뿐으로써 살 일을 깁히 생각하여야 하지오. 그야말로 무당의 굿을 하면 귓기신 어른과 그 처자가 복을 엇는다 쏙 미드십엇나. 그러면 서울 사람의 사람 죽어서 굿한 집마다 거룩한 복을 어덧나

잇가. 엇지 못하엿나잇가. 전 황후 민씨는 어느 명산대천에 아니 빈 대 업다지마는 엇지 해서 복 엇기는 고사하고 귓기가 그러틋 악착하엿습잇가. 이제 아모리 아주머니가 굿을 한다더라도 나라 기구나 부자집, 세도집 기구만치는 못하리다. 그런 기구 잇게 거룩하게 한 나라집, 부자집, 세도집도 복을 못 바더 지금 거지나 불쌍한 사람 된 이가 만한대 하물며 할 형편도 못 되는 이가 하지 아니하여도 맛당한 일을 억지로 하면 무슨 복이 오릿가. 흔이 굿 잘하는 집에 재앙이 만하오. 일년 열두 달에 한 번도 굿하지 아니하고 점장이나 무당의 소리도 못 듯는 집에서는 복이 만하여 매우 화락하게 지내오. 그럼으로 옛말에도 사람이 말 아니하면 귀신이 모른다 하엿소. 엇지 모르던 귀신을 청하여 알리며 재앙조차 오기를 일부러 구하랴. 덕 업는 복 업는 사람에게는 재앙이 오기가 쉬우니 무당께 굿을 식히고 중에게 재를 올리게 함보담 내가 맘을 착하게 쓸 행위를 잘 닥거가는 것이 맛당하외다. 남은 돈이 잇스면 장래 살기에 쓸 생각하고 앗기고 앗기어 무당께 굿은 말으시오." 하엿더니 내 말은 듣지 아니하고 주인 로인의 말만 듣고 함부로 돈을 업애고 한강 가에까지 갓섯다. 안국동 갓더니 아주머니는 내 말을 아니 들엇다고 후회하더라.

6월 6일. 하늘이 흐리기에 비 올가 하엿더니 아츰나절 지내어 구름은 모다 헤치고 쓰거운 햇빗만 쏘인다. 송택규澤圭 군을 차저 보다. 송형식亨植 군도 보다.

취롱醉儂 군을 차저 이런 이약이 저런 이약이 하다가 여관으로 도라오앗더니 마침 정충시鄭忠時 군이 차저오앗다. 한 솟헤 밥 먹고 한 이불 덥고 한 학교에서 공부하던 벗 가온대 가장 정답고 가장 사랑하고 지나던 벗이라. 서로 사범학교를 맛추고 서로 나누인 팔 년 만에 오날 처음 맛나니 엇지 하도 깃브고 반가운지 붓으로 형용하여 적을 수 업고 혀로 비유하여 말할 수 업다. 잠간 동안 도리혀 아모 말도 못하고 뻔한이 서로 보고만 잇섯다. 나도 그대를 보기를 팔 년 전 얼굴보다 낫게 녀기엇더니 그대도 날 보기를 그대지 그전 얼굴에 다르지 아니하다 한다. 대강 몃 마디 이약이 하다가 다시 취롱쌔 가서 한가지 탑골공원에 헛튼 걸음을 하다.

오날은 길가에서나 공원에서 여러 벗을 맛낫다.

안국동 행랑아범 일헛던 아이는 영등포永登浦에 가서 차저오앗다더라. 어제 주인댁 굿하기 위하여 따라서 한강 가에 갓다가 그 굿하는 바람에 정신을 차리지 못하여 그 사랑하는 아이를 일헛다. 그래서 그 아범 어멈이 미친 것가티 굴며 그 아이 차저다니엇다. 왜떡 파는 이가 웬 아이가 앗가 왜떡 한 개 사아먹고 강가에서 놀엇노라 말하니 그 말을 듣고서는 더구나 넉을 일코 강가에 우로 알로 방황하며 왓다갓다하되 아이 보엇다는 이는 한아도 업고 빈 배만 버드나무에 매이어 잇다. 배 밋헤서는 노는 고기만 뛴다. 가는 물결은 저녁 해비츨 바더 번질번질한 빗갈이 마치 가벼운 바람에 날리는 미인의 비단 치마 주름가티 아름답고 부드럽게 번적거린다. 그 아범 어멈은 속절업시 한숨만 들어 쉬고 내쉬며 우두거니 이런 광경光景을 나려다 보다가 다시 그 근처 잇든 사람이며 마을을 차저보며 지성至誠으로 뭇는다. 그러나 아이는 거름자도 보이지 아니한다. 어느덧 저녁 연긔烟氣는 이 마을 저 마을에서 일어나는대 행인은 길에 끗치고 다만 마을 집에서 "아버지, 어머니. 저녁 진지 잡수시오." 하는 소리가 난다. 밤이 차차 기퍼지고 이 집 저 집 문을 닫으니 누구를 대하여 무를 곳도 업섯다. 할 길 업시 도라오아 말똥말똥 뜬 눈으로 누엇다 일어나 안젓다 섯다 서성거리다 하면서 간신히 하로 밤을 지내며 오날 첫새벽부터 나아가 서울 파출소며 경찰서마다 차저 말하고 다시 한강 가에로 갓섯다. 물은 스스로 흐르고 배는 한가히 뜨어잇다. 뭇고자 한들 대답할 이 잇스랴. 불타드시 뜨거운 피가 펵펵 끄러오르는 가슴에 한갓 생각히는 것은 저 물속에나 잠겨 잇는가. 만일 귀신도 이런 줄 알면서 어서 나를 맘을 시원하게 무엇이라 말 한마디라도 할 터이지마는 아마 귀신도 업는 것이지 하고 허든거리는 다리로 향방 모르고 나아가 영등포까지 이르다.

그 아이는 그날 무당굿을 보다가 실흔 맘이 나서 제 집으로 도라오려 하여 나슨 길에 나아갈수록 싼 곳 싼 사람만 맛낫다. 그제야 다른 덴 줄 알고 길가에 안저서 쌕쌕 울엇다. 마침 솔 비어 지고 가는 이가 이 아이를 보고 불상히 녀기어 그 아이의 집은 모르는 고로 그냥 바작에 담어가지고 가서 하로밤 자이엇다. 오날은 이 아이를 제 자식 삼으랴고 민적民籍하러 더불고 가는 길이다. 이 길에서 이 아이 차지러 가던 그 아범을 맛낫다. 그리하여 서로 연고를 말하고 기쁘게 나뉘어 오앗다 더라.

6월 7일. 아츰나절 비가 몃 방울 써러지더니 바로 그치고 말엇다. 비 오기는 야숙이 실흔 모양인 듯도 하고 돈만 아는 부자가 돈이 앗가워 쓰지 안는드시 앗기는 듯도 하다. 퍽으나 흔하게 올 째는 밤낫 줄곳 연하여 펑펑 쏘다지더니 이러케 가물 째는 넘어나 아니 오니 만인의 기다리고 바라는 양이 마치 주린 아이가 어미의 젖 주기를 기다리고 바라듯 한다. 어서 어서 태양의 쓰거운 빗헤 사해四海가 쓸어 그 김이 물억물억 이러나 하늘로 오르다가 놉흔 공중의 찬바람을 맛나 낫낫이 서로 어리어 제 무게대로 뚝뚝 써러저 하로 동안만 줄줄 좍좍 나리엇스면 여기저기 말럿던 짱에 물이 질컥질컥하고 목마러 하던 풀과 나무는 번질번질 기름지겟다. 나는 하늘께 이러틋 하소연하며 다시 비노라.

정충시 군을 차저 보다.

김병룡秉龍 군을 차젓다. 그의 시골 갓다 온 이약이며 내의 서울 이약이를 서로 주거니 밧거니 한참 짓거리엇다.

6월 8일. 가뭄은 모질고 비는 아니 오는구나. 더위는 한썻 위엄을 내여 온누리를 괴롭게 한다.

어대를 갓다가 도라오아 보니 웬 모르는 사람(參禮 西本亭)의 편지 한 장이 책상 우에 노히어 잇다. 그 편지는 전주공립데이보통학교로부터 오앗다. 그 뜻은 나를 언제 알엇든지 하도 그립어 생각하여 한번 만나보기를 바라고 지금도 전주데이학교에 잇는 줄로 알고 만일 숙직하시는 밤만 일러주시면 꼭 그 밤에 가 뵈압겟다 하고 우표 한아을 보내며 곳 답장하여 달랏다. 나는 아지는 못하겟스나 무슨 까닭으로 보겟다는 것과 전주에 아니 잇다는 편지를 하여 부티엇다. 주인은 밥짓는 엄엄을 다 내보냇더라. 김병룡 군이 시골에서 엿을 가져오앗다 하며 주더라.

6월 9일. 오날은 몹시 더웁다. 땀이 저절로 흐르다.

주인은 이웃집 로인과 말다툼이 나서 서로 잘햇노라 하고 얼굴을 붉히고 분을 못 견대어 더럭더럭 울며 스스로 슬허하는 양이다. 이웃집 로인은 나보고 공담하여라 하지마는 차라리 입을 다무리고 우두커니 잇는 것이 조켓기에 한 때 부처 모양으로 지냇다.

안국동 아주머니가 오다. 주인은 또 눈물을 흘리며 하소연하려나 슬허하더라. 울음도 여러 가지인 까닭으로 말미암아 난다. 슬퍼서 나는 울음도 잇고, 분해서 나는 울음도 잇고, 원통하여서 나는 울음도 잇고, 괴롭고 아퍼서 나는 울음도 잇고, 갑갑하고 답답하여서 나는 울음도 잇고, 떼거지 쓰어 나는 울음도 잇고, 것흐로 남을 속히려 하여 내는 울음도 잇고, 넘어 깃버서 나는 울음도 잇고, 주리고 추어서 우는 울음도 잇고, 홀로 외로워하여 우는 울음도 잇고, 아수어 우는 울음도 잇고, 사랑온 이를 그립어 우는 울음도 잇고, 때와 뜻을 못 어더 우는 울음도 잇다. 무릇 사람을 살피어 보면 어쩌서 우는 울음인지 알겠다. 주인의 울음은 구태여 말하지 아니하리라.

어제 쫏기어 나갓던 밥짓는 어미가 다시 들어오앗다. 주인은 밥짓는 어미를 쫏고서 그 대신 밥을 짓는다, 물을 질는다, 상을 채린다, 설거지한다, 방 마루를 친다 하여 밧비 구는 터에 아순대로나마 허리가 쫍은 로인 하나를 더불어다 두고 한가지 조석 치닥거리하고 지내더니 밥짓는 어미가 오는가 또 두는가 보다.

김용순用淳 군이 차저오아 교원강습소教員講拾所 이약이를 들리다.

6월 10일. 바람도 아니 부는대 나려 쏘이는 볕이 한껏 더울 뿐 온 몸에서 짬만 슬슬하게 난다. 고순흠高洵欽 군을 차젓다. 로동에 있는『공제』잡지회 주간 정태신鄭泰信 군을 처음 보다. 잡지에 대하여 뜻한 바를 말하엿다. 이 회에 들다. 저녁에 탑동공원에서 우리네가 하는 양악소리를 들엇다. 오랫만이다. 하 그리 깃분 줄은 모르겟스나 그립어 듣고 십허하던 소리를 어더 들은 듯 맘이 저절로 늣긴다.

취롱醉瀧 군이 륙당六堂의 편지를 보인다. 그 사이 그곳에서 만히 갈어 얼막큼 더 비치 나타나는가 보다. 한 조각 종이에 할 말은 거의 다 적엇다. 또한 시詩도 잇더라. 과연 고맙고 깃부다.

6월 11일. 더웁기만 하고 비는 아니 온다. 교원강십소를 차저 갓다. 녯날 우리 사범학교師範學校 집일러라. 우리 손으로 심엇던 나부가 거의 반 아람이나 되게 컷다. 그 나무들이 령혼이 잇서 서로 말하는 터이면 오직 반가히 마질는지 모르겠으나 다만 말 못하는 푸른 닙을 가지고 잇서 마치 우산이나 차일遮日 모양으로 쓰겁게 나려 쏘이는 해빗을 가려준다. 나는 그것도 고마워서 친구 맛나 손잡는 대신으로 그 나무 몸동이를 꽉 안어보엇다. 그러고 한참 동안 그 나무에 기대여 서서 녯일을 생각하엿다. 슬프기도 하며 깃부기도 하다. 학교는 그때의 학교가 아니나 나무는 그때의 나무라 그때의 학교 일은 아득하여 기픈 숨결 갓고 이제 나무 가지는 반공중에 욱어져 구름 가튼데 나는 어쩌한가. 나무를 대하여 스스로 위로할 짜름이다.

종소리를 듣다. 쏘한 넷 소리가 아니다. 그러나 강십하는 벗들은 교실敎室에서 퉁퉁거리고 나오는 것이 꼭 옛날 우리 공부할 째 모양이다. 나는 쌈박 이제를 이저버리고 잠간 녯날 사람이 되어서 모든 벗들과 한가지 차도 짤어 마시고 이약이도 하엿다. 그러다가 그네들의 공부함을 위하여 그립던 회포를 다 풀지 못하고 바로 도라오앗다.

저녁에 김병룡秉龍 군을 차저갓다. 병룡 군은 어대 가서 아즉 아니 들어오고 그 집에서 숙식宿食하는 학생學生만 잇다. 나는 바로 도라서 오다가 대문턱에서 방황하는 승을 만낫다. 승은 그 집안 대문으로 이미 들어가서 동냥을 엇고도 다시 싼 집으로 알고 사랑 대문으로 들어온 터이라. 들어서 살펴보니 한가지 집이라. 그래서 나오다가 나와 마조첫다.

나는 이에 쏘한 도리가 잇슴을 깨치다. 무릇 불교니, 유교니, 예수교니 무슨 교니 하는 것들이 모다 들어가는 길만 다른 것이 아닌가. 마침내 그 기픈 고데 들어가면 반드시 한 집이리라. 그러나 한 집은 한 집이되 한 집 안에도 큰방, 작은방, 찬방, 건네방, 골방, 마루방들이 난호아 잇스리니 누구가 큰방을 차지할는지 누구가 작은방을 차지할는지는 모르겟다. 쏘한 그 집을 들어감에도 반드시 큰 문, 작은 문이 잇스리니 누구가 큰 문으로 누구가 작은 문으로 들어갈는지는 모르겟다. 그러면 구태여 작은 문으로 들어가 작은방을 차지할 것 아니라. 바로 큰 문으로 들어가 큰방을 차지하고 십다. 썻썻하게 바룬 데로 가고 십다. 곳 큰 문으로 큰방에까지. 엇지 엇지 굽을길로 도라서 작은 문을 들어가랴. 승에게 이러틋 말하니 승도 벙글벙글 웃으며 "예. 그렇습니다." 하고 도라가더라.

6월 12일. 잠결에 비 오는 소리가 들리는 듯하여 깜작 반가워 일어나아 보니 아직 밤은 밝지 아니하엿더라. 술술 나리는 비가 줄곳 그치지 아니하다. 거의 뜰 알에는 웅덩이(洿)다. 가히 적은 배도 뜨이겟다. 또한 처마에서는 폭포수가 흐르고 양철 채양에서는 양금洋琴 뜻는 소리가 나니 마치 선경仙境에 안진 모양이다.

만인이 깃부어 하면서 이러나겟다. 오날 아츰에 달포 괴로우어하든 가믐은 어느덧 사라젓다. 그 대신 장마가 오는가. 과연 때마추어 오니 모들을 잘 내렷다. 롱부들은 우장을 두르고 왼 들을 나아가 노래하면서 일하겟다.

날이 밝엇다. 사방으로 바라다보니 모든 산들이 호찬하는 부자집 소년이 새 옷 입고 나슨 것가티 번칠하니 아름답다. 담 넘어 보이는 나무들은 밤 사이 몰라보게 자란 듯. 고은 닙은 방긋방긋 웃는 듯. 여린 가지는 너울너울 춤추는 듯. 갑갑한 가슴을 얼마큼 시원하게 하다.

6월 13일. 구름은 끼엇다. 저녁나절 가는 비가 부실부실 나리더니 밤에는 조곰 독구엇다.

정충시 군, 김용순用淳 군, 장현식鉉識 군을 찾엇다.

6월 14일. 비 오다. 저물도록, 밤새도록. 이만해도 흡족洽足하겟다. 아모리 그 가믐에 말른 밧, 논이라도 물이 괴겟다. 갑자기 우리 시골 생각이 난다. 우리 마을 사람들도 깃버하려니 이 논 저 논에서 "얼늘리아 상사듸아." 부르는 소리가 가늘게 들리는 듯, 군대군대 모여 모 심는 모양이 어려시 보이는 듯하다.

로동 『공제』 잡지부에 「나아가서」, 「수레 뒤에서」의 두 가지 노래를 지어 보냇다. 불교회에서 한참 놀앗다.

일기

10권

1920. 6. 15. ~ 1920. 7. 19.

1920년(단기 4253년)

6월

6월 15일. 줄줄 비가 내리다. 조금 동안도 아니 그치다.

오날은 음력 사월 이십구일이다. 할아버님 생신이다. 춘추가 놉으신데 늘 겻헤서 못 뫼시고 오래 객디에 잇서 걱정만 되시게 한다. 더구나 오날 아츰에는 얼마나 나를 생각하섯으랴. 집안사람이 거의 다 모앗스련마는 나만 반 천리 타향에 머물러 잇고나. 수심이 간절한 가온대 들리는 비소리가 가슴을 울린다. 가슴은 자조 두근거리며 쌔 속싸지 절인다.

6월 16일. 구름은 씨엇어도 비는 아니 오다. 거리에 나아가니 왼 진터미며 몬지가 모다 식겨나갓는지 아조 쌔끗하여 보인다.

6월 17일. 아츰나절은 비가 오다. 리대영大泳 군에게 편지 보냇다. 정충시忠時 군을 차저보앗다.

6월 18일. 밝다. 이번 비는 팔도에 골고루 오앗다니 아마 풍년이겟다. 더구나 모낼 쌔는 꼭 마추엇스니 우리 비의 바라든 바와 하고자 하는 바에 맛당하다. 요마적 농사짓는 마을에서는 모 심을나 보리 거둘나 과연 밧부겟다. 과연 밧부어서 우리집에서도 내에게 편지 한 장 못 부티는가. 소식 모르니 굼굼하다. 조 형의 편지 보다. 신명희明嬉 군 부친상의 부고가 오앗다. 신명희 군에 조장弔狀을 보내다.

6월 19일. 아츰나절은 구름이 찌엇더니 저녁나절은 개이엇다. 김용순用順 군 더불고 지나인 리발소에 가서 리발理髮하다. 다른 리발소보다 십오 전이나 헐하므로 리발하러 온 이가 만하다. 날마다 백 명식만 해도 한아에 삼십 전식이면 삼십 원의 버리다. 넘어 리발 갑을 노피 밧는 데서는 그 대신 리발하러 오는 이가 적으므로 날마다 몃 사람도 못 되리니 도리어 리가 업겟다. 지내인은 외국에서 와 이 나라 사람보다도 더 바더야 할 터인대 이 나라 사람보다도 더 적게 밧고 또한 친절親切히 하니 그것이 외국에 오아서 버리이하는 솜씨인가. 나는 벗에게 쓸이어 오날 비로소 가앗다. 과연 듯든 말과 갓다. 리발하러 오는 이가 이리 작구 모임이 그럴 듯하다.

저녁에 가티 잇는 학생들에게 과자를 어더먹엇다. 부실부실 오는 가는 비 맛고 사온 것이므로 그런지 과자가 축축하고 질기어 야숙히 씨피지 아니한다. 겨우 두어 개 우물우물 침 발러서 넘기엇다. 하늘에 구름이 잔뜩 찌어 별은 한아도 보이지 아니한다.

비는 소리 업시 나리더라. 주인집에서는 지낸 한 달 동안 초하로 보름을 박사 아자씨 상사 핑게하고 굼기엇든 전내방에 래일로 음식 올리려 하여 동내洞內 마님을 뫼시어 오아 쏙싹쏙싹, 지글지글 밤이 깁도록 그치지 아니한다. 아마 래일 아츰에는 내 배도 한번 부를는가 보다.

6월 20일.(甲申 五月 五日) 저녁나절은 가는 비가 부실부실 나리다. 오날은 단오端午 공일空日이므로 서방님네며 아씨네가 거리거리 미어지게 나오아 오락가락한다. 더구나 어엿분 아기씨네들은 송화색 적삼에 분홍치마를 입고 곱게 비슨 머리에 향취 나는 창포를 꼿고 초록 바탕 비단신을 신고 고사리 가튼 손에 노리개감을 사들고 해오족해오족 하며 그 어머닌지 누이인지 아조머닌지 젊은 아씨네와 가티 발자옥을 마추어 걸어다니는 아이들 누구가 보든지 아양스럽고 사랑우어 과연 단오의 늣김을 이러키겟다. 이런 한때를 만남에 더욱 집 생각이 나고 집 소식 막힌 것이 굼굼하여 진실로 못 견대겟다. 나만 이러할 뿐 아니라 우리집에서는 오직 나를 생각하엿스랴. 그것이 그러하지 아니하랴. 나를 알뜰히 알어주고 사랑하여 주는 이는 우리집 박게 업고 우리집을 알뜰히 알어주고 사랑하는 이는 나박게 업다. 부모, 형뎨, 처자 사이에 하루 잠시라도 서로 떠나지 못할 터인대 머나 먼 다른 곳에 오아 오래 동안 도라가지 아니하고 머물러 잇스니 자나깨나 밤이든지 낫이든지 비가 오든지 비가 개든지 바람이 부든지 쏫이 피든지 나무와 풀이 욱어지든지 달이 밝든지 눈이 오든지 조흔 구경거리를 보든지 조흔 소리를 듯든지 맛잇는 음식을 먹든지 어느 곳 어느 때 어느 것에 다달러 생각하지 아니하랴. 이 생각을 말미암어 다른 생각에 이 사랑으로 말미암어 다른 사랑에 나아가나니 정리도 그러하고 도리도 그러하다. 만일 내 집을 사랑하지 아니하고 남의 집을 사랑한다 하며 내 자식, 내 형뎨, 내 남편을 사랑하지 아니하고 다른 사람을 사랑한다 함은 왼통 거즛이다. 비록 사랑하는 냥이더라도 거즛이다. 혹 경우境遇에 쌀어서 나라를 우하여 민족을 우하여 여러 사람을 우하여 불상한 이를 우하여 가엽슨 이를 우하여 사랑함은 진실로 맛당한 일이라. 그것도 나의 갓가온 대로부터 나아가는 생각이다. 그러므로 왼 세상 사람 가온대 먼 남을 제 부치보다 더 사랑한다 하는 이는 이 경우 박게는 아니 밋겟다.

찬 군에게 편지 부치다. 리대영大詠 군의 편지 보다. 낡은 옷을 우편으로 집에 보냇다. 진고개 책사에 가서 여러 책을 뒤적거려 보다.

6월 21일. 아츰나절은 비가 올 듯하더니 저녁나절은 아조 개이엇다. 권덕규德奎 군을 ᄯᅡᆯ어가서 목욕沐浴하엿다. 젊은 일본 녀인이 잇다. 날마다 발가버슨 사내를 만히 보겟다. 그네들은 남녀유별男女有別이 업다. 나도 옷을 벗고 그 게집 압헤서 어렵스럼 업시 나아가앗다. 목욕물은 맑다. 아직 목욕하러 온 이가 적으므로 아조 편하다. ᄯᅡᄯᅳᆺ한 물로서 드러운 ᄯᅢ를 ᄭᅢᆺ긋이 시쳣다. 왼몸에 ᄭᅵ엇든 몬지가 모다 ᄯᅥᆯ어지니 ᄯᅡᆷ구멍이 방긋방긋 열이겟다. 맘이 얼마큼 시원한지 모르겟다. 더구나 권 군과 가티 ᄭᅮ준히 이약이하면서 하엿스니 재미도 잇다. 그럼 가만가만 가는 목소리로 겨우 권과 나만 알어듯게 하엿다. 그 겻헤 녀인네 목욕탕에서는 서로 ᄯᅥ드는 소리가 야단이다. 요마적 게집들은 사내보다 더 수다스런가. ᄯᅩ한 서울 게집네의 입ᄲᅮ리야 여북하랴. 말이라면 곳잘 하지. 말만 하기는 그만이지. 악착스런 소리, 얄구진 소리, 이상야릇한 소리, 각박한 소리, 모질고 독한 소리, 간사한 소리, 거즛 소리들 ᄲᅮᆫ. 첨 맛나면 살가웁고 시원스럽기 참배 맛 갓지마는 차차 지내면 시름맛고 귀찮고 아귀 귀신에나 몽다리 귀신에 어더 붓들린 것 갓다. 어ᄶᅵ하야만 이네들을 가르치어 보다 착한 사람 노릇하게 할는가. 진실로 어리석고 불상한 이들이다. 나날 ᄯᅢᄯᅢ 죄만 짓고 잇서 한갓 죄에 죄가 더하여 마침내 죄로 ᄶᅥ어 죽으니 가엽다 애닯다.

오날은 한 해 가온대 가장 나지 깊란 날이라. 그 대신 밤은 가장 ᄶᅡ룹다. 이름을 하지夏至라 하니라.

6월 22일. 맑다. 각금각금 바람이 불어 그대지 더웁든 아니하다. 집에며 조 형에게 편지를 부치엇다. 송정식廷植 군을 차젓다.

탑골공원에 갓섯다. 서울 맨 기와집에 초가草家는 얼마가 아니엇다. 집은 만하고 ᄯᅡᆼ은 좁으니 이 집 담이 저 집 담이오. 아조 ᄯᅳᆯ 바닥도 업는 집이 잇다. 그러므로 나무 심을 짱이 업다. 그러므로 녀름이 되어도 나무 그늘에서 쌈 드릴 만한 곳도 업다. 다행히 탑골공원이 잇서 그윽히 나무 그늘도 잇고 푸근한 잔디밧도 잇고 고운 쏫도 피어 잇고 고기 노는 못도 잇고 정자도 잇고 걸상도 잇스니, 오래동안 안저서 쉴 만도 하다. 군대군대 모인 사람들은 혹 조는 이도 잇고, 무슨 근심하는 듯한 이며 무엇을 골쏘리 생각하는 듯한 이도 잇고, 이약이하는 이도 잇고, 무슨 말인지 귀에 대고 약속하는 이도 잇고, 뒤짐 씨고 어정어정하는 이도 잇다. 나도 그 가온대 한 사람이라. 나는 잠자고 잇서 모든 사람의 하는 모양을 살피어 저 사람들은 무슨 뜻을 가지고 잇는가 짐작하여 보앗다. 사람에 대하야 사람의 일을 생각히고 물건에 대하얀 물건의 일을 생각힘이 쏘한 사람의 생각이다. 나는 책상 우에서 강단講壇 알에서만 배호지 아니한다. 어느 곳 어느 째 어느 것에든지 배홀 것은 곳 배혼다. 그래서 어른에게도 배고, 아이에게도 배고, 즘승에게도 배고, 새에게도 배고, 벌레에게도 배고, 물, 불, 나무, 풀, 산, 들, 돌, 바람, 달, 별 …… 들에게도 밴다. 그러면 이 세게世界를 내의 책상이나 강단으로 알고 온 우주宇宙를 내의 교당으로 안다. 배라 배라 부지런히, 쑤준히.

6월 23일. 맑다. 더웁지도 아니하다.

취롱醉儂을 차저서 더불고 탑골공원에 가서 나무 그늘에 갓가히 안저 글도 보고 이약이도 햇다. 아마 녯날 죽림칠현竹林七賢도 이러햇섯겟다. 요즈막 웨 그리 편안한가. 발에서는 불이 나게 손에서는 바람이 일게 도라다니며 살려고 애쓰는 이 세상 가온대 나는 어찌 이럴가. 스스로 의문疑問이다. 김영준 군을 차저보다.

청운에게서 편지 오다. 어느 이십여 세 된 청년이 서울 오아 공부하겟다고 그 공부할 곳을 알리어 달라 하엿다. 그 사이 한문만 배호아 한문은 넉넉하지마는 시대와 대세를 살펴보건대 새 학문을 배호야 하겟다 하여 부탁함이라. 과연 작년부터 시골 서울 모든 사람이 만히 깨엇다. 그래서 크드란 사람이 학교에 들어가는 이도 적지 안하고 작구작구 배호려 한다. 비록 느지나마 배홀 것은 맛당히 배호야 하겟다. 부지런히 배호어라. 새로 배호어라.

저녁나절 여관에 도라오앗다.

아직 저녁밥은 질 뜻도 아니하고 한편 마루에서 다듬이 소리만, 마조 대어하는 이약이도 듯지 못할 만큼 들리다. 하든 버릇으로 나는 책장만 뒤적거리며 보고 잇섯다. 갑자기 다듬이 소리보담 십 배倍나 더한 소리가 들린다. 몹시 내 귀에 닑은 소리다. 도라다보들 안해도 벌쓰어 알겟다. 또 누게 핑게, 또 누게 탓, 또 누게 모진 말 하는 소리 그야말로 치가 떨린다. 갈범 소리도 아니오. 표범 소리, 사자 소리도 아니오. 늑대 소리, 일히 소리, 여호 소리, 첫새벽 암닭 소리 갓다. 늘 들어서 얼마큼 사납고 모진 줄을 모를 터이지마는 차차 들어갈스록 선악이 분명하여지니 나의 총명이 더욱 밝어서 그런가. 그의 소리가 더욱 사나워서 그런가. 사람과 갓가히 할스록 정들고 오래 가티 잇슬스록 정이 기퍼지는대 이는 갓가히 할스록 정이 들지 아니하고 오래 가티 잇을스록 정이 멀어지니 그의 맘은 참 알 수 업다. 그러나 내가 잘못하여 그런가 하고 오래 동안 살피어 조심하고 공경하엿다마는 도무지 아니 된다. 하우불이下愚不移인가 공자도 그 안애를 내보내고 소크라테스도 그 안애를 감화하지 못햇다. 낸들 어찌하랴 이런 이에게야. 슬프다. 슬프다. 그 악착한 소리를 화락한 소리로 익한 심징을 착한 심정으로, 거즛 하는 행위를 바른 행위로 고치엇스면 참 깃부겟다. 노래하며 춤도 추겟다. 과연 자세히 들으니 저거번 이웃집 마느래와 주인이 말다툼하고 쓴엇다 함이라. 그 주인 보고 말말씃헤 롱담弄談으로 당신은 동내 사람들이 "야단치는 이"라 별명 지어 부릅데다 하닌가 성을 내고 망자존대妄自尊大하고 물이야 불이야 버럭버럭 소리를 지르며 부득부득 이를 갈고 불공대텬지不恭戴天之 원수나 맛나듯이 지금까지 각금각금 뒤소리 하며 누구다려 아니 역성한다고 아등거린다.

一. 핑게 말라. 제가 잘못하고 구태 남에 핑계하랴.

一. 남의 탓 말라. 저는 잘하지 못하면서 구태 남보고만 잘하라 하며 또한 제 뜻과 가티 하기를 바라랴.

一. 모진 말 말라. 입은 덕문德門이오 복문福門이니 구태 그 덕과 복을 배터버리고 악과 죄를 물어들이랴.

一. 남의 숭을 보지 말라. 제가 썩 잘한다더래도 또한 부족不足한 것이 잇나니 더구나 남의 부족한 것 업기를 이르랴.

一. 남의게 나진 말 말라. 내가 말하기 전에 반드시 남의 말을 내 맘으로 대신하여 생각하면 남의 조하함을 나도 조하하고 남의 실허함은 나도 실허하리니 내가 나의 나진 말을 해도 아니 조흘 터인대 하물며 남의 나진 말이랴.

6월 24일. 맑다. 서늘한 바람이 사이사이 불엇다. 취롱에게서 저녁나절까지 보냇다. 글씨도 쓰어주며 냉면冷麪도 어더먹고 책도 보고 이약이도 하고 누엇다가 안젓다가 섯다가 내 맘대로 하엿다.

6월 25일. 맑다. 옷이 넘어 드레지엇기에 양복을 입엇다.

객디에서 먹기도 그러하려니와 의복도 늘 깨끗이 입기가 어렵다. "가빈家貧에 사현처思賢妻"라 함과 가티 객디에서도 현처가 과연 생각난다. 의복이든지 음식이든지 알뜰히 하여주련마는 누가 잇서 그 대신 하여주랴. 밤이면 별을 보고 나지면 구름을 보아 영원한 진리眞理와 허영虛榮한 이름을 세칠 짜름.

아츰나절부터 몸이 느릇느릇 하더니 저녁나절에는 머리가 흐릿흐릿 하고 아조 고달피어 한잠을 자고 나앗다.

6월 26일. 밝고 덥다. 청운淸雲쎄 편지 회답하다. 몸이 무겁고 맘이 시원하지 아니하다. 무엇이 아순 때에는 더구나 집 생각이 난다. 집에 잇섯더라면 아모 걱정 업겟다 하는 생각. 이 생각이 어찌 나나. 이는 집에서 어린냥 하든 버릇이 아직까지도 남어 잇서서 그런가. 호강하든 버릇이 오히려 잇서서 그런가. 과연 우론 조부모가 게시어 나를 지극히 사랑하여 주시고 알론 형뎨 처자가 잇서 나를 알뜰히 사랑하여 주니 아모리 다른 이들이 나를 사랑하여준다 한들 어찌 이에 더하랴. 만일 이와 꼭 한가지로 나를 사랑하여 주는 이가 잇다 하면 특별한 것이요. 또한 바라는 바의 박게 잇는 것이니 내가 아모리 아숩더라도 요구要求하지도 못할 것이다. 그러므로 나의 가장 갓가운 부치에게나 사정할 수박게 업고 의지할 수박게 업다. 만일 내 부치 가온대 아순 일이 잇더라도 내가 힘쓰어 도아주어야 하겟다. 한썻 사랑하여주어야 하겟다. 그러면 서로 응당 그러켓다. 혹 조부모께서며 형뎨, 처자들도 무슨 병이 난다든지 하면 반드시 나를 벗석 생각하렷다. 과연 그러니 더욱 더욱 왼 집안이 평안하기를 날날 때때로 빌고 빈다.

6월 27일. 아츰나절 비가 올듯하더니 오후에 바로 개엇다. 서대문 턱을 지나다.

양인 한 쎄가 무너진 성모롱이로 정동貞洞을 향하여 간다. 놉드란 코에 깁숙한 눈에 썌족한 얼굴은 텬생 그네들이지마는, 온통 분홍 옷으로 우알에 산뜻하니 채린 녀자며, 양산 그늘에서도 저절로 빗갈이 반짝반짝하는 비단옷을 입은 녀자, 혈색이 붉으스럼하며 유들유들한 샐 비치 두 팔에서 어른어른 비최게 엷은 적삼을 입고 보들보들한 비단 치마가 그 거러가는 바람에 저절로 옴치락펼치락하여 파란 물결가티 번적인다. 그 사내와 손찔을 서로 잡고 쌍쌍이 서서 나아가며 사내는 벙글벙글, 녀자는 뱅긋뱅긋 우스면서 주거니 밧거니 이약이하는 것, 마치 길가에서도 그네의 가정을 이룬 듯 보는 이로 하여금 홍치 잇게 느씨더라. 우리네는 어써하냐.

누가 그 부인과 한가지 길가에로 손목 잡고 엇개를 비겨 다니며 소근소근 자미스럽게 하겟느냐. 한갓 부랑자가 기생이나 매음녀나 더불고 다닐 싸름. 그러면 잡놈 노릇하여 잡년과 가티 다니며 즐거워함은 맛당히 녀겨 맛당히 할 제 안애와 가티 다니며 즐거워함은 우습고 이상히 녀기니 참 이상하다. 과연 그 안애 대신 기생을 더불고 다니면 즐거워하는 이가 만히 잇다. 그 안애와는 그 가정에서도 제 맘대로 하지 못하여 아조 초라하고 심심하고 재미업게 지나니 '연애戀愛'란 무엇인지 모르겟고 다만 쓸쓸한 바람과 씩씩한 얼굴로서 부부 사이가 멀어서 것풋하면 서로 아니쐽고 야속한 생각만 나아 나종에는 원수처럼 녀기는 이도 잇도다. 이를 속히 고치어 우리네도 부부 화락하여 이 세상을 한 단락團欒한 가정으로 화化하여야 하겟다.

6월 28일. 맑다. 더옵다. 가물다.

집에서 옷이 오다. 편지도 오다.

집안이 아모 탈 업다니 깃부다. 비가 아니 오아서 모를 다 못 내어 아직도 셋에 한아 쯤은 백답白畓으로 그냥 잇다니 걱정이다. 만일 흉년이 되면 가멸치 못한 이들이 어써케 살어갈가. 그러나 엇지 사람의 맘대로 흉년을 풍년으로 변하게 하겟느냐. 흉년도 잇고 풍년도 잇지마는 우리네 풍년에 만히 남겨 싸아둔 것이 업서서 걱정이다. 신명희 군의 답장이며 삼례 서본행西本幸이 편지가 오다.

6월 29일. 맑고 덥다. 장현중鉉重을 차저보다. 김영준永準 군, 리병준秉俊 군이 차저오앗다더라.

이약이

어느 나라 임검이 욕심이 만하다. 다섯 살 된 딸을 두어 매우 사랑하여 재물을 잔뜩 모아주랴고 백성의 재물을 거두되 오히려 넉넉히 녀기지 아니하더니, 하로 저녁 꿈에 한 로인이 와 이르되 네가 재물을 엇고자 하느냐 내가 술법이 잇서 잘 금을 맨드노라 하니, 임검이 깃붜하고 그 술법 보기를 청하거늘, 로인이 손을 써 궤를 만지니 왼 궤가 다 황금이 되며 자리를 만지니 자리도 황금이 되다. 이에 임검께 일러 갈오대 이로써 너를 주리니 너 맘에 넉넉하냐. 임검이 갈오대 넉넉지 못하외다 하니 로인이 이상하여 그 까닭을 물으니 임검이 갈오대 나는 그 술법을 엇고자 하외다 하매 로인이 허락하여 이에 손으로 만지어 금 이루는 법을 전하여 주니, 임검이 시험하여 볼 새 그릇이든지 문이든지 담이든지 돌이든지 만지는 대로 금이 되다. 크게 깃붜하여 미칠 듯하다. 급히 그 딸을 불러 그 법을 뵈니 그 딸이 추례하니 잇서 갈오대 제가 바야흐로 배가 고프니 황금을 먹을 수 업나이다. 임검이 떡을 집어주니 그 띡도 황금이 되다. 그것을 씹으니 금이 단단하여 이발이 아퍼 울거늘 임검이 어르만지며 위로할 동안에 딸도 금으로 만든 사람이 되어 울지도 못하고 말도 못하는 지라. 임검이 크게 놀래 부르지지며 깨엇다. 이로부터 욕심이 덜하다 하더라.

6월 30일. 더웁다. 더웁든 가온대 가장 더웁다. "춥다. 춥다." 하든 때가 어제 갓더니 어느덧 "더위. 더워." 하며 괴롭어하는고나. 아모리 더위가 괴롭게 한들 얼마만 지내면 물러가고 다시 찬바람이 불어오리라. 그러나 시방 이 더위를 못 견대어서 미칠 듯 울 듯하다. 더구나 쓰거운 피가 가득히 속에 찬 우리네야 오직 더워하랴. 안박헤로 수백 집 통장적을 지치는 드시 강철이라도 녹일 듯한 더위가 펄펄 끌흐니 어름을 갈어 마시고 어름 속에 들어 잇서도 오히려 시원하지 아니하겟다. 다행이 우리네도 팔자 조하 "평두노자요대선平頭奴子搖大扇 오월불열의청추五月不熱疑淸秋[1]" 할 것 가트면 어쩔는지 모르겟스나 이른바 "속대발광욕태곡束帶發狂欲太哭[2]" 할 것 가트다. 마치 못하여 "피서방림천避暑訪林泉" 하러 취롱就儂, 소롱小儂과 한가지 재동宰洞 막바지 그윽한 숩속으로 들어가 산골작 들 사이로 졸졸 흐르는 물을 차젓다. 먼저 온 이가 만히 잇서 한 박적어치 될 만하게 고인 물터에는 거의 다 차지하엿다. 이것도 늦게 온 이는 어씨 못하는고나. 겨우 두어 줌 되는 물에 해오작해오작 왼몸을 시쳣다. 과연 가물어서 물이 귀한가. 온갓 물건이 귀한 줄을 알겟다. 물도 흔한 고데서는 그다지 귀한 줄은 알겟느냐. 귀한 것만 귀히 녀기지 아니함 쏘한 흔한 것도 흔하다고 함부로 쓰지 아니하겟다. 그러면 바다에 가서도 쏘한 물을 함부로 쓸 것 아니다. 몃천

---

1 이백의 시 구절에서 따온 말. "더벅머리 사내종이 큰 부채를 부치니 오월에도 덥지않아 시원한 가을 같도다."

2 두보의 시 구절 "더위에 의관을 차려입고 있으니 미칠 것 같아 소리를 지르고 싶다.(속대발광욕대규束帶發狂欲大叫)"에서 따온 말.

억만 원 재산을 가젓어도 돈을 함부로 쓸 것 아니다. 흔한 것도 늘 흔하다 하여 함부로 쓰면 마침내 귀해지겟고 귀한 것도 늘 귀하다 하여 함부로 아니 쓰고 작구 모아 두면 마침내 흔하여지겟다. 이 돌 틈에서 나오는 한 방울 물이 작구 모아서 한 박적 물이 되고 세내가 되고 가람이 되고 바다가 된다.

그나마나 더럽든 때를 시처버리니 한것 개안하다. 늙은 소나무는 수만 주 빽빽이 느러섯는대 드리운 그늘에 서늘한 바람이 슬슬 불어온다. 그겻헤 담 넘어로 창덕궁昌德宮 집 짓는 역군役軍소리가 "엉차! 엉차!" 야단스럽게 써든다. 돌 우에나 풀 우에 군대군대 두세넷식 모아 안저서 혹 책도 보는 이, 혹 단소短簫나 호적胡笛 부는 이, 혹 륙자백이나 수심가 부르는 이, 안진 이, 눈 이, 혹 목욕하러 오는 이, 목욕하는 이, 목욕하고 도라가는 이, 빨래하는 이, 여러 아이를 더불고 마상馬上에 봉한식縫寒食하니 도중島中에 속모춘速暮春이라 하는 이들 모다 더위를 피避하여 옴이다. 사람의 뜻은 거의 마창가지라. 이 더위야 누가 더워하지 아니하랴. 한대디방寒帶地方에서 사는 이와 아이 식히어 큰 부채 부치고 누엇는 이와 운중선인雲中仙人과 송간백학松間白鶴은 모르거니와 너나 할 것 업시 모다 더워하는구려. 그래서 깁은 숩속에까지 사람들이 들어오앗다. 만일 사람들이 악한 것을 이 더위가티 피하고 착한 것을 이 숩속가티 찾으면 오직 깃부고 즐거우랴마는 더위를 피하여 숩속은 차저 들어도 악한 것은 피하여 착한 것에 온 그대지 차저 들지 아니하니 애닯고 가엾어라 사람들이여. 더위가 구십칠九十七 도度오르다.

7월

7월 1일. 九十五 度의 더위. 서풍西風이 슬슬 불다. 책도 보고 이약이도 하다.

어찌 덥든지 그러게 나들이 잘하던 아씨네도 거리에 다니는 이가 몃치 못 된다. 종로에 이르니 기생 셋이 뎐차에서 내린다. 화생소花生素 옷으로 왼몸을 다 감어 그 살비치 거의 어른어른 비췬다. 그 가늘고 성글성글한 옷이 얼마큼 시원할는지 모르겟다마는 살비치 보이게 되니 풍긔風氣를 어지럽게 하겟다. 기생뿐 아니라 다른 아씨네도 기생 옷처럼 해 입고 다니니 아름다온 맵시는 잇는지 모르겟지마는 구태여 기생에게 배홀 까닭이 잇느냐. 더구나 치마 뒤가 엿차면 벌어저 날리니 속옷까지 활작 드러난다. 옷이란 아못조록 몸을 가리어 살비치 나타나지 아니하게 함이 맛당하다. 녀름이 되면 밝아둥이가 되어 게집 사내 분별分別 업시 즘승처럼 한가지 구는 이들가티 아모 레의禮儀도 업고 풍리風理도 아니 직히면 우리네 조상부터 훌륭한 사람 노릇하는 사람의 자손子孫으로서 될 수 잇느냐. 사람은 반드시 사람으로서 사람의 일을 하여야 하겟다. 아모리 그 이웃에 밝아둥이가 만히 잇더라도 그것을 배홀 것 아니다. 무어더러 즘승을 배호랴. 우리네 옷도 조금 두터운 감으로 하여서 왼 살과 속옷이 보이지 안하도록 튼튼하고 씩씩하게 하여 입어야 하겟다. 아모리 엷은 감으로 해 입으나 조금 두터운 감으로 해 입으나 더위는 거의 마찬가지라. 아모리 더웁더라도 레의와 풍기는 지켜야 하겟다. 서양 부인네의 옷은 우리네 겹것 가터도 잘 견대어 지낸다. 다 가튼 사람으로 우리네는 못 견대랴. 조흔 것이어든 다른 나라 사람에게도 배호고 나진 것이거든 내 것이라도 버리어라. 우리네는 만히 만히 배호야 하겟다. 어서 어서 배호어라.

저녁나절 하늘에 구름이 벌이엇다. 히고 누리고 검고 붉다. 솜숭이 갓기 하며 물노을 갓기도 하며 꼿동산 갓기도 하며 먹장삼 갓기도 하더니, 차차 히고 누르고 붉음은 걷히고 한갓 검은 빗이 구렁창과 골작구니로부터 피여오르다. 어느덧 하늘과 짱이 캄캄하고 여러 별만 눈을 쓰다.

벌서 뎐긔등 불이 밝엇다. 모긔가 한 마리 두 마리 모여들어 뎐기등 알에서 분분芬芬히 나른다. 만일 저놈들이 우리가 잠잣고 잇스면 우리 피를 쌥아 먹겟다. 아마 우리 잇는 대를 저의 식당食堂으로 알고 오앗는가보다. 그래서 미리 배불릴 생각을 하며 넘어나 깃붜서 '앵. 앵.' 노래 부르고 도라다닌다. 더구나 더위는 그놈들을 도아주는 듯이 우리네 몸의 가리엇든 옷을 벳기어 거침업시 활작 드러난 살을 그놈들이 기드란 입쑤리로 한쌋 먹기 조케 하엿다. 그놈뿐 아니라 빈대, 벼룩이 왼몸을 에우어 모아든다. 빈대란 놈은 자리에 요 밋헤 납작 어분드리엇다가 가마니 살살 거러오아 쏙 무르며 뜨드며, 벼룩이란 놈은 몬지 사이에 씨어잇다 갑작이 나오아서 펄썩펄썩 쒸어오아 쓱금하니 물어뜻는고나. 더구나 집 생각 세상 생각, 이 걱정 저 걱정 두루두루 엉키여 잠이 냉큼 들지 아니하는대 모기, 빈대, 벼룩 여러 놈에게 부댁기니 요마적처럼 짜른 밤이라도 한잠 편안히 잘 수 업다. 누엇다 일어나 보면 배가 불룩불룩한 놈들이 둥그적둥그적 하며 네 구석에로 가기도 하고 벽으로 오르기도 하고 벽 우에 부터 잇기도 하다. 요 바닥에는 붉은 점이 얼룩얼룩하며 벽에는 붉은 대닙이 녀긔저긔 그리어 잇다. 이것이 모다 사람의 피나. 과연 혈죽血竹은 이고데 잇구려. 누가 순절殉節이나 하엿는지.

7월 2일. 아츰에 비가 멋 방울 듯는다. "아츰비가 길지 아니하다." 함과 가티 과연 곳 그치고 구름만 인 하늘에 힙스럼하니 검으스럼하니 찌엇다. 꼭 한진막 속에 들어 잇는 것가티 더위가 괴롭게 한다. 바람은 조곰도 불지 아니하고 비는 금방 쏘다질 듯하다. 어떤 사람은 "어대가 시원한 곳인가." 하며 어릿어릿한다. 마치 큰 병을 치르고 아직 소복 못 된 사람처럼 아조 힘업시 보이고 어떤 사람은 무슨 화가 북바치는 드시, 번열병이 나는 듯이 안절부절 정처定處업시 어슬거린다. 그러나 로동勞動하는 이들은 흐르는 땀을 시칠 겨를도 업시 밧부게 쑤무적거린다.

비가 오다.

저녁나절부터 솰솰 쏘다지다. 맘이 시원하다. 이 비가 왼 조선에 골고로 오는지 이번에 흡족하게 오더래도 저거번 못 낸 모를 모다 내겟다. 그러면 그대지 늣지 아니하니 곳잘 자라나아 벼가 가지가 벌고 가지마다 꼿치 피고 꼿마다 열마 맺고 열마마다 톡톡 녀무러, 되로 말로 섬으로 되어 집집마닥 가득가득 싸이면, 떡도 하고 술도 비지고 닭, 돗도 잡어 마을마다 잔치 열어 서로서로 깃뻐하며 춤추고 노래하겟다. 이러면 오죽 조흐리. 이에 빌고 비노라.

차영천永天 군과 가티 진고개에 갓섯다. 영텬 군이 책을 사아 보겟다 하여 책전마다 뒤지어 청년靑年의 볼만한 책을 골라서 사앗다. 몃만 권 되는 책 가온대 맛당히 읽을 책을 골르기도 쉽지 못하다. 잠시 번적 그 뎨목題目만 보고 이 책은 맛당하고 저 책은 못 맛당하다 하며 썩 골라내기가, 마치 모든 녀자 가온대 언뜻 보고 내 안애를 가리어 엇기가티 어렵다. 한갓 그 얼굴은 어엿분 줄 아지마는 그 맘과 학식과 행우가 어써한지 모르드시 한갓 그 뎨목은 훌륭하지마는 그 뜻과 글이 어써한지 모르겟다. 그럼 그 책을 지은이가 어써한 인가 먼저 살피어보고 그 다음에 뎨목을 본다. 마치 내 안애를 구하매 먼저 그 경녁經歷과 가뎡家

庭을 살피어보고 그 다음에 그이를 보드시 하면, 어쩌한 경녁 가진 이며 엇더한 가뎡에서 자란 이며 어쩌한 인지 알 터이니, 이 책도 어쩌한 이가 어쩌한 뎨목을 지엇는지 알 터이라. 그래서 어쩌한 이임을 알려고 하매 왼 나라 사람이 기리고 왼 세계 사람이 기리여 쏘 다시 내의 양심良心으로 생각하여 조흔 사람이거드면, 반드시 밋고 그 뎨목을 보고 맛당하거드면 취取할 것이다. 그러나 어쩐 경우境遇에는 조커니 낫거니 가릴 것 업시 취하여 볼 수도 잇다. 우리가 이제 공자, 석가, 예수 가튼 모든 이를 배호지마는 다시 왼 세계 사람 누구게든지 온갓 짐승, 버레, 산천초목, 일월성신에게든지라도 배홀 것이 잇다. 과연 배홀 것이 만한 가온대 스승께나 책에서 배호는 것이 가장 든든하고 미덥고 바루고 참되다. 그럼 스승과 늘 나와 가티 잇슬 수도 업스니 책과 나 늘 가티 잇서야 하겟다. 책을 작구 사잣구나. 줄곳 읽잣구나.

7월 3일. 비가 개이다. 이번 비도 넉넉지 못하다. 그러나 고만큼이라도 닷새 걸러 한 번식 오앗으면 그대지 흉년은 아니 되겟다. 대개 그 사이 지낸 것으로는 서울 갓가온 곳에는 풍년 되기를 밋겟다.

김사영思濚 군의 편지 오다. 편지를 보고서 기다리어 점심째쯤 김 군이 차저오아 만낫다. 그동안 오래 막히엇든 말하고 바로 나누엇다.

하얀 구름이 하늘로부터 피여 나리드니 북한산北漢山 허리까지 덮혓다. 인왕산仁王山, 목멱산木覓山(南山) 모다 머리는 아니 보인다. 무슨 비밀을 직히는지 아조 뭇사람께 아니 보이려 한다. 잠잣고 무슨 소리도 아니 들린다. 그러하므로 그 소리도 못 듯고 모양도 못 보니 더욱 의심이 난다. 구태 그 비밀을 알려고 할 것 업시마는 무슨 비밀이라면 반드시 알고 십다. 그러나 우리 인생人生의 비밀도 모르는대 더구나 자연계自然界의 비밀, 신神의 비밀이야 알려한들 알 수가 잇겟느냐. 이 사로 하는 모든 사람 가온대 누가 누구의 귀에 남 못 듯게 비밀을 말함도 쏘한 모르겟다. 나도 남에게 비밀을 말할 째에는 꼭 그이에게만 듯기므로 그 박게 다른 사람은 모르리라. 그러면 이 비밀을 모르는 이는 알고저 하리엇다. 무엇을 비밀히 하는가. 나도 알고 남도 알어 의심이 업시 지냇으면 조켓다.

7월 4일. 구름이 씨엇다. 바람은 조곰치도 업다. 짱은 솟이 되고 하늘은 솟지방(쏙경)이 되고 태양太陽은 불이 되어 그 가운대 공긔는 불가티 쓰르니 그 가운대 사는 사람이 견댈 수 잇느냐. 봄내 부얼부얼하든 살과 쌔를 이에 조리어 아조 단단한 엉터리만 남쌔 할는가 보다. 아마 영사靈砂 내는대 일전一煎, 이전二煎 구전九煎까지 하면 영악靈嶽이 되듯이 영걸된 사람이 될는가. 넘어 미련스런 나도 그제음에 영하게 되엇스면 조켓다.

정충신 군, 김영준 군을 차저봤다. 김 군과 수당째 가서 봤다. 동강桐江도 만낫다.

7월 5일. 비가 오다. 저녁에 주인을 짤어 훈동勳洞 절에 갓섯다. 박사아자씨 사십구일 불공한다. 녀인만 십이 인 보앗다. 사오 인 중들은 나무아미타불 관세음보살을 부르며 북과 징과 종과 새납을 치며 절을 하며 지장보살 압헤서 뒤시럭을 이루더니, 늙은 중이 나와 한가온대 탁자우에서 법문을 한다. 불경을 읽으면서 "나고 살고 병나고 늙고 죽음에 령혼은 아모 고통이 업고 어리어서 죽으나 젊어서 죽으나 늙어서 죽으나 먼저 죽으나 나종에 죽으나 반드시 인연이 잇서 그러함이니, 그 죽는 것을 슬퍼할 것 아니라 한번 인연이 잇서 낫다가 인연이 잇서 죽나니, 그 죽고 살음을 사람의 뜻대로 할 수 업다." 하며 말한다. 그 다음에 쏘 중들이 서로 얼이어 춤을 추며 주문을 읽는다. 그 다음에 축문을 읽는대 모인 녀인들이 돈을 내 중 압헤 놋는다. 이것은 반드시 그 친구의 불공에 오거드면 돈을 내는 법이라더라. 그 다음에 디장부처 압헤 노핫던 과일을 좀 괴어 박사 아자씨 위패 압헤 노핫다. 제사를 지냇다 마치니 닭이 울더라. 맛업는 과일을 두 개씀 집어 먹엇다. 중들이며 녀인네들은 밥을 비비어 잘들 먹는다. 비를 흠신 맛고 주인을 붓들고 도라오다.

7월 6일. 비가 오다.

저녁에 취롱 군과 가티 청년회관에서 장덕수 씨의 강연을 듯다. 천여 인 넘어 모엿다. 자조자조 손벽치는 소리가 나다. 십일 시씀하여 도라오다.

7월 7일. 비가 오다. 심심하고 출출하다. 집에 잇섯으면 이러치 아니하렷다. 하다가 아이들 더불고 놀더라도.

글을 지으려 하여도 도무지 생각히지 아니한다. 맘이 어지러서 그런가 생각이 넉넉지 못하여 그런가.

7월 8일. 비 오다. 한강물이 이십사 척尺 노피나 부럿다. 이 골 저 골에서 큰물이 나다. 수해水害가 적지 아니하겟다. 저번에는 가물어서 걱정이더니 이번에는 장마 때문에 걱정이다. 무엇이든지 알맛지 못하면 걱정이다. 알지 못하여 걱정, 알어도 걱정, 깃부지 못하여 걱정, 넘어 깃부어도 걱정, 못 먹어 걱정, 넘어 먹어 걱정, 못 입어 걱정, 잘 입어 걱정, 못 살어 걱정, 잘 살어 걱정, 비 오아도 걱정, 바람 불어도 걱정, 님 그리어 걱정, 님 못 보아도 걱정, 이것저것 모다 걱정이다. 사람은 맨 걱정덩이로만 된 것인가. 이 세상에 나면서 걱정을 가지고 이 세상을 버릴 때 그 걱정도 버리는가. 누구든지 무슨 걱정이든지 업는 이 업는 듯하다. 누구든지 그 걱정을 버리랴면 이 세상을 버려야 하는가 보다.

도모지 걱정이란 무엇인가 모르겟다.

7월 9일. 비 오다. 한강물이 삼십륙 척尺 구 촌寸 노펏다. 오십여 년 동안에 처음 난 큰물이라더라. 전주全州에서는 한 평坪에 사 석四石쯤 이나 비가 오앗는대 전국全國 내內 가장 만하다더라. 우리 시골도 만히 오앗는지 수피水被 본 것이나 업는지 알고 십다.

김병룡 군과 취룡과 소룡과 가티 남산에 오르다. 과연 한강물이 왕십리往十里까지, 구룡산九龍山, 신新룡산까지 가득 찻다. 강가의 잇든 마을과 산들은 마치 섬 모양으로 드문드문 가믈가믈 보인다. 겨우 그 숩만 보이고 사람과 집은 아니 보이고. 부연한 물결만 굼실굼실 흐르더라. 사람이나 빠지지 아니햇나. 그 강가에서 사든 이들은 과연 참혹慘酷하겟다. 집 업는 이도 잇고 주리는 이도 잇고 부모, 형뎨, 처자 서로 나누이어 죽엇나 살엇나 모르고 우는 이도 잇겟다. 그 집이고 논, 밧이고 세간사리, 그릇이고 가축家畜들의 재산財產이야 업서진 생각도 나지 못하고 시방 죽게 되엇스니 오죽 애닯으랴. 아프랴. 과연 가엽다. 그네는 그런대 우리는 게다가 구경한다고 산 우에 가서 어슬거리나. 이 산 봉오리 저 산 봉오리 맨 구경하는 사람뿐이다. 슬프다. 저 물에 빠진 이들은 누가 잇서 건지어 주랴. 이 세상 사람이 거의 다 빠저도 건저줄 이 누구인가. 스스로 헴하여 나올 짜름.

뎐차, 화차가 모다 다니지 못한다. 뎐차는 뎐기 발뎐소發電所가 물에 잠기어 뎐긔가 불통不通하고, 화차는 찻길이 물에 잠기기도 하고 터지기도 하엿다.

돈燉 군의 조모 상사의 부고가 오다.

7월 10일. 아직도 하늘이 빙판에 잡바진 쇠눈깔가티 희무륵하니 뜬 눈에 눈물이 글성글성하여 조곰만 더하면 눈물이 줄줄 나리겟다. 아니

나 다를가 점심쯤 되어서 줄줄 나린다. 나는 그럴 줄 알고서 우산을 가지고 나섯다. 취롱 보고 정충시 군을 차저서 더불어 수표교水標橋을 건너다. 개천물이 출렁출렁 흐르다. 해진 용수며, 나무 신작이며 나무토막이며 이영 조각이며 바가지 조각 남스랑이 둥둥 쓰어나리어온다. 뭇사람이 서서 "저긔, 저것 저것!" 하면서 기다란 간질대 씃헤 낫을 맨 것을 가지고 한아씩 둘씩 서로 다토며 건진다. 그 물 흘러내려서 크고 깁게 된 곳에는 사람도 저 모양으로 쓰엇스련마는 뉘라서 애쓰어 건지는가.

물빛은 검은 듯 누린 듯하다. 이 서울 드레운 진터미며 몬지는 깨끗히 쓸어 간다. 그러나 동대문 박게로 나가서 가람으로 지나서 바다에 이르면 드런 것도 업서지고 검은 빗 누린 빗도 업서지고 한갓 맑을 싸름이겟다. 우리도 아직은 드런 맘이 석기엇지마는 큰 도道를 이루면 맑으렷다.

정충시 군이 지나료리 한 상을 사아준다. 주리든 차에 썩 잘 먹엇다.

진고개 삼월오복점三越吳服店[3]에 갓섯다. 그 문안에 들어서니 조선인 '쌘이'가 구두에 덧신을 씌어 준다. 번접하게 이것저것 보고 다닌다. 맨 그네들 쌘. 그네의 계집들 쌘, 코를 쏘는 냄새, 향수 냄샌지 왜것들 냄샌지, 눈에 어리는 것, 왜것들 노리개감, 옷감 부시럭이. 우리네 소용은 만히 업다. 하칭에서 중칭에로, 중칭에서 상칭으로 올랏다가 그냥 나리어오아 나오다. 비는 여내 줄줄줄. 우산도 하릴업다. 비는 비대로 옷을 적신다. 조선은행소 압헤 이르니 더욱 쏘다진다. 함박으로 줍박으로 퍼부는 듯 은행소 문 엽헤 섯섯다. 뎐차는 사람을 가득가득 실코

3 미스코시오복점. 1906년 일본 미스코시백화점의 경성출장소로 출발, 1929년 미스코시백화점 경성지점으로 승격되었다. 신세계백화점의 전신.

배 모양으로 물 헤치고 오락가락하다. 말이 수레를 쓸고 마구 뛰어간다. 사람들이 이리 닷고 저리 닷는다. 자행거, 인력거가 쏘살가티 나간다. 왜것들은 거의 미천이 내뵈게 옷을 것고 진검진검 걸어간다. 밥 한 숫 질 동안이나 잇섯다가 거우 뎐차의 등에 실히어 오앗다.

저녁에 찬燦 군과 장현식鉉識 군과 김용순用淳 군이 차저오앗다. 쌈작 반가우니 말이 아니 나온다. 이것저것 생각이 엉키엉키 엉크러저 어느 씃부터 잡어낼 수 업다. 솔솔 풀이지 아니한다. 래일 맛나자고 바로 갈리엇다.

7월 11일. 구름이 흐리엇다. 쏘내기도 지낫다. 좀 고쌜이 들엇다. 몸이 찟빗찟빗하다. 밥 먹고 나면 폐색질(쏠각질)이 나아 야숙이 개지 아니 하니 매우 거북하고나. 장현식 군 가에 가서 찬 군을 보앗다. 동경 이약이도 만히 들엇다.

7월 12일. 구름만 씨엇다. 오날 고등법원에서 조선민족대표 사십팔인 공판을 비롯한다더라. 그러나 손병희 씨는 싸로 하려고 이 공판에는 참예하지 아니하엿다. 웬 싸닭인지 모르겟다. 찬 군을 만낫다. 저녁에 내게서 한가지 자앗다.

7월 13일. 쏘내기 한줄기 지낫다. 나하고 한가지 잇든 학생들이 휴가되여 그 시골로 각각 도라가다. 아츰에 일즉 써낫다. 써난 뒤에 주인은 "에— 시원, 섭섭하다." 한다. 어씨 내 귀에는 이상야릇하게 들인다. 사람은 말고서 강아지라도 한집에 몃칠만 잇다가 다른 데로 가더라도 시원할 것 아니어든 하물며 사람인대 고짜위 매몰한(늣업는) 말을 할가보냐. 들이는 말마다 그러하다. 착한 사람 되여라. 착한 사람, 착한 사람. 겻헤 잇스면 쏙 씨안어 주겟다. 어엿븐 안애처럼. 어엿븐 게집보다도 더 사랑하겟다. 웨 그리 고약한 이가 만한가. 맛나는 이 가온대 착한 이는 적으니 나는 과연 스럽고 외롭다.

7월 14일. 구름이 흐렷다. 아츰에 찬 군이 써낫다. 써날 째 보든 못햇다. 김영준 군, 리병준 군을 차저보다. 몹시 더웁다.

하로 한번 안국동 아주머니를 가아 본다. 오날도 가앗다. 쌀이 업다니, 옷이 업다니, 나무가 업다니, 굼는니, 헐벗는니 하는 소리 참아 못 듯겟다. 박사 아자씨 도라가실 째 그 어른 손그릇 속에서 뒤지어낸 돈 삼백 원 넘어나 종작업시 허평대평 다 쓰어 버리고서, 겨우 몃 달이 못 되여 돈이 업시 죽겟다 하니 과연 애닯은 일이다. 그째에도 내가 말하기를 "그 돈을 업는 것으로 녀기고 기피 감추어 두시오." 하엿다. 어씨 그 말을 고지들엇스며 미덧스랴. 지금 그러케 될 수박게 업지. 집에 손님도 치지 아니하고 딴 벌이도 업시 돈이 어디서 나랴. 나는 이런 것이 모다 걱정이다.

7월 15일. 흐렷다. 썩 더웁다. 쌈이 줄줄 흐르다. 우레 소리가 멀리 들린다. 저녁 무렵에 소나기가 두어 줄기 지나다. "쏘내기 삼형뎨"라드니 한아는 작고하엿다.

안국동 갓드니 아주머니는 "아츰도 못 쓰려 먹엇드니 배고퍼 못 견대겟다." 한다. 래일은 류월 초하로요 모레는 졸곡날이라. "술 한잔 부어 놀 돈이 업다." 하니 곳 입쌀이 나간다. "무당에게며, 중에게 비느라고 만한 돈을 업시지 말고 참 그 아자씨 졸곡에든지 소상, 대상에든지 쓰엇스면 오죽 맛당하겟소. 그러나 이미 지난 일을 구태어 탓할 것 업스니 이로부터 살어갈 걱정뿐이외다." 하엿다.

저녁에 누엇스니 빈대란 빈대는 모다 내 피를 쌜아 먹으려고 에우어 모인다. 요 밋헤서는 우물우물, 요 우에서는 구물구물하여 마치 빈대 방석 쌀고 누엇는 양이다. 어씨 잠이 들랴. 더구나 주인집, 도마에서

쏙싹쏙싹. 서투른 여편네들이 음식은 잘못 장만하며 한갓 마루에서 퉁탕퉁탕. 주인의 잔소리 큰소리 아올러 야단이다. 그 버르장이로 수선되느라고 래일 치성인지 전내奠乃방에 올리는 것인지 하려는 터이다. 그 싸위가 무슨 정성 잇스며 신에겐들 무슨 공경이 잇스랴. 죄는 죄대로 지며 사납기는 사나운 대로 하며 아모리 빌고 빌어 텬복을 바란들 하늘님쎄서 눈 아니 멀고 귀 아니 먹고 바보가 아니시어든 어찌 고지듯고 속이실가. 벌서 우리네보다 먼저 알으섯다. 신쎄 빌으려 말고 사납지 말며 죄짓지 말라. 이 불상한 인생아.

7월 16일. 좀 흐렷다. 더위가 무섭다. 취룡 군을 차저가서 이약이하얏다. 정충시 군을 차젓다가 못 보고 장현식鉉識 군만 차저서 보앗다.

나는 아모 하는 일도 업시 잇서도 이 더위에 몹시 부대기는대 하물며 로동勞動하는 이들이야 오즉하랴. 밥 먹기, 잠자기싸지 괴로워하니 진실로 이 몸이 잇는 것도 괴로워함이다. 왼몸이 후줄근하야 씨라린 듯 개로온 듯 정신은 개안하지 못하다. 얼굴은 새칠하고 팔다리는 야외엇다. 이때 이곳에서는 더웁다 하지마는 북빙양, 남빙양 갓가운 곳에는 칩다 하니라. 한가지 때에도 그 잇는 곳을 싸라 다르지 아니한가. 쏘한 그 후에 쌀어서 칩으면 칩다 더우면 더웁다 하여 곳 녀름에는 더웁다 겨울에는 칩다 함이 아닌가. 그러나 밤은 본래 칩거나 더웁거나 하는 것 아니다. 다만 박게로 부터 오는 더위, 추위로 말미암어 더워, 추워한다. 그러면 본래 맘자리대로 가지고 잇스면 칩지도 더웁지도 아니하겟다고 밋노라.

7월 17일. 몹시 더웁다. 저녁나절에 쏘내기 삼형데 지낫다. 오날도 그렁저렁 지낫다. 도무지 하고저 하는 일이 뜻대로 아니 된다. 다만 싼 일이 괴얀히 나를 성가스럽게 한다. 진실로 세상일이란 모다 이러하다. 웨 남에게 억들려 놀리랴. 나는 스스로 할 짜름. 그러나 스스로 함은 적고 딸리거나 매이어 함이 만하다. 말미암어 밧브고 어지럽다. 집에서 사촌 누의님 편지만 오앗다.

7월 18일. 저녁나절 비 오다. 김영운永運 군을 차저 보다. 김 군의 어르신네와 리호성鎬成 씨와 김우현宇鉉 씨를 뵈엇다. 동아일보사에서 동경학우회東京學友會 강연단講演團의 청강권聽講券을 사가지고 단성사團城社로 갓섯다. 연설을 들을 양으로 수천 명이 모앗다. 간신히 그 사이 끼엿섯다. 거의 한 시간이나 기다리어 새로 한 시쯤 회를 열다. 동아일보사 주간 장덕수의 압잡이 말이 잇고, 그 다음 그 순회巡廻강연단장 김준연의 「世界改造와 吾人覺悟」에 써 말이 잇고, 그 다음 김도연度演의 「朝鮮社會에 對하야」에 써 말하는 제음, 종로 경찰서에서 쏘다저 나오아 왼 단성사를 에우어싸고 들어 이 회를 치안방해治安妨害라 하며 허티니, 빈 주먹만 가진 우리네 말 타고 칼 찬 그네들을 바구어 낼 수 잇느냐. 마구 쏘차 모는 소리에 다 질려 나는 눈물만 흘리고 나오니 하늘도 눈물 가튼 비를 줄줄 나린다. 갓득이 옷깃만 적시고 살낭살낭 도라가더라.

7월 19일. 밤새도록 큰비가 쏘다지다. 연하여 저물도록 쏘다지다. 심심하고 출출하니 모든 회포가 움직인다. 김병룡 군과 가티 취룡 군을 차저갓섯다. 한별 군과 양국여楊菊汝도 오앗다. 주머니 털기를 해서 돈 일 원씩 둥그치여냇다. 고기 사고 술 사고 하여 배를 불리엇다. 비 오는 날 이것도 운치로더라.

南原梁草溪殉節詩[4]

黃玹 梅泉 作

八尺堂堂熊虎姿，風塵顧眄足男兒.
高才未試憐身賤，大義將伸奈數奇.
天外鬼啼悲宇宙，地中屍出凜鬚眉.
恍疑草木軍聲起，夜夜鷄城月墮時.

---

4 **남원 양초계 순절시**

매천 황현 작

팔척의 당당한 웅호의 자질이여,
난세를 돌아보니 참으로 남아로다.
높은 재주 시험하지 못했으니 낮은 신분이 가련하고
대의를 장차 펴려 하니 나쁜 운수를 어찌할까.
하늘 밖에선 귀신이 울어 우주를 슬퍼하고,
땅속에서 시신이 나오니 수염 눈썹도 늠름하네.
언뜻 초목 사이에서 군대 함성 이는 듯하니,
밤마다 계성(鷄城)에 달 지는 때라네.

매천(梅泉) 황현(黃玹, 1855~1910)이 1907년에 지은 「양초계를 애도하다(哀梁草溪)」이다. '순절시(殉節詩)'라 했지만 양초계가 쓴 것은 아니며, 황현이 양초계의 순절(殉節) 소식을 듣고 쓴 것이다. '양초계'는 남원의 향리로 만년에 초계(草溪, 지금의 합천군 초계면) 수령을 지낸 양한규(梁漢奎, 1844~1907)인데, 1906년 섣달 그믐날에 의병을 모아 진위대(鎭衛隊)를 습격했다가 순절했다. 황현이 시에 붙인 서(序)에 의하면, 열흘 뒤에 일본 병졸들이 시신을 파내었더니 마치 살아있는 듯이 노기충천한 모습이었다고 한다. 『매천집(梅泉集)』에 전하는 작품과는 일부 차이가 있는데, 여기서는 가람이 옮긴 글자에 맞추어 번역했다. 참고로 『매천집』에 맞추어서 원문을 수정하려면, "八→七", "奈→歎", "鬼→魂", "恍→恍" "鷄城→蛟山"로 고쳐야 한다. 마지막 구의 교산(蛟山)은 남원에 있는 교룡산(蛟龍山)을 가리키는 것으로 알려져 있다.

巷哭相連三百郡, 國華滿載一孤舟.[5]

5 골목마다 곡하는 소리 삼백 고을에 이어지고,
외로운 배 한 척엔 국화가 가득 실렸네.

황현(黃玹)의 시 「면암 선생을 곡하다(哭勉菴先生)」 제6수의 함련(頷聯)이다. 1906년 작이다. 면암 선생은 의병장으로 순국한 최익현(崔益鉉, 1833~1906)이다.

일기

11권

1920. 7. 20. ~ 1920. 9. 12.

1920년(단기 4253년)

7월

7월 20일. 비가 오다. 개천에 물이 철철 넘으며 길에 웅덩이가 여긔저긔 나고 더러 문어진 집도 잇다. 가물 적에 비, 비 바라든 소리가 쑥 드러가고 비, 비 슬혀하는 소리가 야단이다. 구태어 비뿐이랴. 무엇이든지 넘어 지나든가 모자라든가 하면 조치 안한 소리가 난다. 꼭 맛당한 것 박게 조흔 것이 업다. 그러나 비는 과연 만히 온다. 큰물로 말미암어 죽은 이가 얼마며 해를 본 이가 얼마뇨. 대개 소문에도 몃만 인이라.

7월 21일. 구름 씨엇다. 초복 날. 수당의 말슴으로서 구두 한 커리를 최창식昌植 가게에 마추엇다. 김사영思瀠 군이 세심관洗心館에서 불러서 저녁밥을 잘 먹엇다. 시럽시 복다름인가 보다. 전황은 낫다 하여도 료리집에서는 돈이 흔한지 이 방 저 방에 기생과 사내들이 가득가득 차서 홍청거리고 놀더라.

전쥬에 큰물이 삼십 척 놉히나 나서 일천오백 호나 물에 잠기고 오백여 호나 무너지고 오십여 호나 물에 쓰엇다 하는 소식을 듯고 곳 조 형쎄 편지 부치다.

7월 22일. 맑다. 사이사이 구름이 끼엇다. 뎐동典東여관에 갓섯다. 허흔 씨는 아니 오섯다더라. 송현松現학교에 가서 강십하는 여러 벗을 맛나보앗다. 조선불교회에서 한별[권덕규權悳奎]을 맛나 쓸이어 청양淸羊리를 갓다. 뎐차에 나리어 음식점에서 국수와 술로써 배를 불리고 나오아서 내물로서 째를 시쳣다. 물은 얏지도 깁지도 아니하여 드러서 메욕하기 십상 조타. 더구나 버들나무 깃흔 그늘에서 흐르는 물결을 헤치면서 간은 모래를 앙구어 이리저리 문지르기 자미스럽다. 왼몸이 서늘하니 속싸지 시원하다. 우알에 메욕하는 이 군대군대 두엇씩 세넷씩 잇다. 해가 인왕산 현으로 지울러저서 도라오앗다.

저녁에 김영준 군을 차저가서 이약이 만히 들엇다.

7월 23일. 맑다. 더웁기는 하여도 조곰 바람 불어 얼마큼 낫더라. 김용순 군과 리중갑 군을 차저보다.

김영준 군에게 조선 녁사책을 사주엇다. 『동국통감』, 『연여실긔술』 각 한 질씩. 송정식 군을 송원규元圭 군 집에서 보앗다. 마침 전라남도 장성 김병주炳株 군 부친이 와 게시다. 이 어른은 원규 군 처부妻父다. 그 맛싸님 병 고치러 가티 오앗다. 그 싸님은 금년에 서른세 살인대 이내 한 번도 수태하지 못하얏다. 그 남편이 "만일 종내 수태하지 못하면 아조 버리겟다." 하얏슴으로 그와 그 부모가 크게 걱정하여 서울로 와 세부란쓰 병원에서 수술까지 바덧다. 알에 배를 갈르고 자궁 자리를 바로 잡앗더니 그 뒤로 긔운을 차리지 못하고 드대어 길게 눈을 감엇다. 오날 긔차에 실혀 그 시가로 보냇다더라. 아이를 나흐려 하여 아모 병 업는 이가 일부러 병을 지어 도리혀 죽엇스니 그도 수한인가 운명인가 모르겟다. 삼십이나 넘고 아들 쌀 한아 업는 신세에 더구나 남편의 박대하는 말을 듯고 억지로 생산하야 보려다가 이에 이르럿다.

이 사람 저 사람 이 집 저 집의 사정을 자세히 들으면 온갓 복을 가초어 가진 이 과연 적고나. 돈이 만한 이는 자손이 업다든지 자손 만한 이는 돈이 업다든지 핫어미로도 소박을 맛는다든지 핫아비로도 뇨녀를 맛낫다든지 이렁저렁 다 각각 남모를 스럼과 아픔을 가지고 잇는 이가 만하다. 참으로 깃븜과 질거움을 가지고 왼 사랑의 덩어리로 이룬 가뎡이 더구나 적고나.

7월 24일. 맑다. 가끔가끔 서늘바람이 불다. 김영준 군과 가티 수당을 가보다. 신문관에서 『남훈전태평가』 일곱 권을 외상으로 어더다가 벗들에게 난호어 주엇다. 김용순 군이 술을 사아 먹인다. 잘 먹지는 못하나마 정으로 주는 것을 아니 먹을 수 업다. 두어 잔 마시니 호긔가 나는 듯하다.

취롱 더불고 정충시 군과 김영준, 리병준, 리중갑重甲 군을 차저보다. 래일 쩌나갈 양으로 짐을 매더라. 남 가려는 것을 보니 나도 벗석 가고 십다. 그러나 나도 며칠 아니면 갈 터이지.

7월 25일. 맑다. 아츰에 일즉 이러나서 남대문 정거장에로 쏜살가티 갓다. 리능화能和 씨, 박한영漢永 씨, 오철호鐵浩 군, 김영준 군, 리중갑 군을 송별하얏다.

김용순 군, 정충시 군을 차저보앗다. 송택규, 송정식 군을 보다. 나는 고상하여도 남을 호강하게, 나는 배고파도 남을 배부르게, 나는 괴로워도 남을 질거웁게, 나는 쑤지저도 남을 사랑하여야 할 것인가, 남을 위하려다가 나는 앗브고 아픈 일을 당하여 애를 자지리 태인다. 본래 사람 일이 그러하지. 오로지 나 혼자 못 사는 이 세상에 남을 건지려다가 나싸지 빠지는 것가티 남을 구원하려다가 나싸지 긔친다. 어씨할 수 업는 일이지. 서로 살자닌가. 서로 그려야 할 것이라. 안국동 아주머니를 가 보니 깜작 놀래며 "웨 요마적 신색이 쌔칠하시냐. 무슨 걱정이 게시냐 무슨 병이 잇스시냐." 뭇는다. 아모 걱정, 아모 병 업지마는 쌔칠한 머리털도 싸르지 못하고 드레인 입성도 가러입지 못하니 아마 남의 눈에는 그러케 보이는가 보다.

넘어 언사가 조흔 서울 아씨네 입으로야 사내 간장을 마디마디 녹이어낼 듯, 아양스럽고 간사하여 정다운 듯 위하는 듯, 충고하는 듯하지마는 것흐로만 그러치 속으로야 원수처럼, 노리개처럼, 먹을 것처럼 녀기며 거즛뿌리로 이러니저러니 입모숩을 야빌야빌하며 혹 웃기도 하고 혹 울기도 하여 자기의 것 스럼을 자랑하며 남의 동정을 구하려 한다. 주인은 그 사이 새초롬한이 아모 말도 아니 한다. 저그나 생각이 엇든지 그야말로 사랑하며 위한다든지 하면, 것으로 나리, 나리하고 바—로 수선스럽게 덤빌 터인대 마지못하여 하는 모양이다.

내가 무슨 죄악이 잇섯나. 웨 나를 원수처럼 녀길가. 내가 관게하든 일만 모다 밝히면 절을 골백 번 하며 잇서지어다 빌어도 시원히 써나겟다. 과연 내싼에는 맘껏 힘껏 오히려 내 조부모에게 못하든 정성을 다하엿다. 슬프다. 사람 맘으로야 어찌 그러랴. 도무지 고치지 아니하고 날날 째때로 거즛뿌리만 일삼어 입을 잠시 다무리지 아니하고 깨진 갱과리처럼 울리니 차마 못 듯겟다. 한갓 남을 속히려 도르려 하는구려. 아니 속히고 아니 돌리면 살긔가 넘치는 눈에 푸르죽죽한 얼굴에 이를 부득부득 갈며 선치가 썰리게 몹시 군다. 나 대하여는 이내껏 아모 나즌 말 못하고 사남을 펴지 못하지마는 나 아니 듯는 대에야 수다한 말이 만하엿으리라. 늘 하는 버릇에 악착히 짓거리는 발이 보다 남의 숭이다. 남의 흠담이다. 자긔 일은 모다 올흐고 착하고 바르고 남 일은 모다 글흐고 모질고 굽엇다 하며, 남의 말은 모다 거즛뿔이고 자긔 말은 모다 참말이라 한다. 웨 그리 속을 못 차리는지, 의젓지 못한지, 음전치 못한지, 사람 노릇을 못하는지 모르겟다. 가엽다. 사람 형상으로서 어찌 그러랴.

7월 26일. 맑고 조금 서늘하다.

오날 어머님 생신이다. 머나먼 서울에서 외로이 이날을 맛나니 다른 날보다도 더욱 간절하고 더욱 섭섭하고 더욱 황송하다. 맛당히 집에 잇서서 음식이라도 맛잇게 장만하고 가족이라도 거의 다 모이게 하야 국 한 묵음, 밥 한술이라도 더 잡수라고 권하여 드리엇스면 오즉 조흐며 오즉 깃브며 오즉 썻썻하랴마는, 봄녀름이 다 지나도록 한 번도 아니 가 뵈앗고 더구나 생신날도 아니 가 뵈오니 어머니께서도 간절히 섭섭히 생각하싯겟다. 또한 집안에서 모다 간절히 섭섭히 생각하겟다. 또한 나를 푸념도 하고 꾸지름도 하겟다.

일 년 만에 한번씩 이르는 부모의 생신에 다른 날보다 더 깃브게 위로하여 드리야 할 것인대 이러틋 객디에서 도리혀 부모의 걱정만 되시게 하니 과연 불초한 놈이다. 이 세상에서 천년 만년 뫼시려 하는 부모를, 더욱 늙어 가시는 부모를 밤낫으로 지성으로 봉양하지 못하고야 백세 후 아모리 효도하고저 한들 미칠 수 잇스랴. 어머니 어머니 어린냥하면서 부르고 어머니 젖콕지도 만지고 어머니 쌈도 대고 어머니 품에도 안길 때, 어머니 잡수실 것이든지 입으실 것이든지 해서 드리며 어머님의 짯뜻한 바람에 꼿다운 웃음도 하고 알뜰한 사랑에 가득한 깃븜도 가지야 한다. 온 세상에 모진 바람이 불으며 사나운 물결이 움지기며 아구 귀신들이 야단치는 가온대에도 오즉 부모는 나를 지도하여 주시고 보호保護하여 주시고 구원하여 주신다. 이 세상에서 누구가 나의 부모처럼 이러케 하겟느냐. 오날 맛나서 죽자 살자 하며 조하하다가 래일 써나서 원수라 하며 미워하는 이사 사람의 사이에야 비할 것 잇스랴.

부모께는 나를 나흐시며 기르시며 가르치시너라고 고생하섯고 어느 때 어느 곳 어느 것에 나를 생각하시지 아니함이 업스며 맘을 힘을 다 쓰시니, 내게는 이 우에 더할 수 업스며 내게는 이러케 할 이도 다시업도다.

날이 가고 밤이 오거나 밤이 가고 날이 오거나 그립은 것은 우리 부모요 사랑운 것은 우리 부모니, 세상은 업서도 우리 부모는 업지 못할 것이오, 텬디는 박귀어도 우리 부모는 박구지 못할 것이다. 바다가 크다 하여도 부모처럼 크지 못하고, 산이 놉다 하여도 부모처럼 놉지 못하고, 꼿이 곱다 하여도 부모처럼 곱지 못하고, 태양이 짜뜻하여도 부모처럼 짜뜻하지 못하다. 가장 우리 부모— 가장 우리 부모—

새도 잇든 숩에 뜻이 잇고 고기도 노는 방죽에 맘이 잇드시 나도 항상 고향에, 부모께 맘이 잇는 바, 이에 가진 회포를 새삼스럽게 억제하지 못하여 가슴이 울렁울렁, 간장이 끈어질 듯.

종로 경남京南자동차소 압헤서 정충시 군을 송별하얏다.

최창식昌植 가게에 갓드니 구두를 아직 못 지엇다 한다. 긔한한 날을 직히지 아니한다. 나진 버릇을 한다. 장사란 가장 신용을 지녀야 하겟다. 래일, 모레, 글픠 하고 미루기만 하고 무엇무엇 핑게만 한다. 곳 고치야 하겟다. 정직하여야 하겟다.

7월 27일. 구름이 씨엇고 몹시 더웁다. 리발하니 조곰 시원하다.

송정식 군을 차저보나. 조 형의 편지 보다. 이번 큰물에 큰 탈은 업다 하니 깃브다. 김병룡 군 더불고 이런 이악이 저런 이악이하며 매우 질거웁게 지낫다. 쏙 가튼 사람씨리도 언제든지 맛남에 깃브고 써나매 섭섭하다. 늘 가티 잇섯으면 조켓다.

7월 28일. 구름은 씨엇다. 서풍이 사이사이 분다.

수당께 갓섯다. 맘으로 하는 이악이를 맘으로 들엇다. 조선불교회에서 소롱小儂(리명칠命七 군)과 가티 이러니저러니 지난 일을 말햇다. 과연 자미스럽다. 쑴결가티 지나든 일을 다시 나타내매 우습기도 하고 누위칠만하다. 한별(權悳奎 君)과 김병룡 군도 모아들다. 그렁저렁 이악이 동무가 만하아 이악이 거리도 늘엇다.

최창식 구두 가개에 갓섯다. 엇그제 오날로 미루더니 오날도 딴전을 보며 "차저가실 긔한 날이 오날인가오." 한다. 가마니 보니 아즉 시작도 아니햇다. 대번 푸념을 하겟다마는 수당의 부탁임을 생각하여 몃마디 곱게 이르고 말엇다.

7월 29일. 구름이 씨고 몹시 더웁다. 삼청동三淸洞 막바지 골작을 차저갓섯다. 바우 틈, 돌 사이, 모래 우, 소나무 알에로 졸졸 찰찰 물은 흐르고 도모지 진애는 한 점도 업는 듯, 아조 별텬지다. 그러틋 사나운 더위도 이곳에는 비치지 못한다. 오히려 솔가지 사이로 짜뜻한 햇비치 비최엇스면 조켓다. 바우로 병풍을 두루고 모래로 자리를 펴고 솔나무 닙으로 채일을 치고 밝애둥이 새서방 되어 맑을 물로 신부를 삼어 잔뜩 씨안고 안젓다 누엇다 쉬엇다 노핫다 하엿드니, 답답하고 갑갑하든 가슴이 개원하고 시원타. 쏘한 물소리, 맴이 소리, 새 소리, 소나무 소리, 가진 음악을 가최며 욱어진 물속에서 갬이들은 오락가락하는고야. 자못 내 맘도 물가티 맑아서 한가지 사랑운 가뎡을 이루엇다.

김영운을 차저 못 보다.

운현궁雲峴宮 압헤 지나다 보다. 한 사십 남짓한 게집 비렁방이 잇다. 헛튼 머리털은 숫빗 가튼 이마를 가리엇다. 위통은 활작 버섯거니

와 엉덩이까지 거의 다 드러내노코 이를 잡는다. 한가지 사람이오. 더구나 동포 형뎨이다. 맨짱으로 자리삼고 더럽고도 숭한 모양으로 잇는고야. 저윽이 사람 맘으로야 비단 방석 우에서 홀로 편안히 잇고저 하랴. 배곱흔 놈 겻헤서 배불러 죽는 놈도 잇다 한다. 어찌 사람의 일로 고르지 못하랴. 다니매 반드시 자동차, 인력거나 타고 잇스매, 평상平床, 교의나 의지하는 이만도 이를 구원하여 주어야 하겟다. 아못조록 이런 이 노릇도 말고 이런 이 노릇 아니 되게 힘쓰어야 하겟다. 다 가튼 눈으로 볼진댄 다 가튼 맘이 움지기리라. 누라서 한심치 아니할가. 만일 남이 죽거니 나는 상관이 업다 하면 천하 사람이 모다 죽어도 상관업을가. 동포 형뎨가 모다 죽어도 상관이 업을가. 아니, 나 혼자는 못 사는 것이다. 반드시 남과 가티 하여야 할 것이니 곳 남을 위하는 것은 나를 위함이 아닌가. 어찌하여야 사람마다 헐벗고 주리지나 아니하게 할가. 아마도 입을 것 먹을 것 넉넉한 이가 헐벗고 주린 이를 구원하여야 하겟다. 쏘한 어찌하여야 먹을 것 입을 것 넉넉한 이로 하여곰 헐벗고 주린 이를 구원하게 할가.

저녁에 잠은 아직 아니 들고 왼몸에 다 쌈투성이를 해가지고 근천스런 홀아비 신락운이 이처럼 휴줄근한 옷을 휘둘러 감고 두러누엇다. 빈대, 벼룩은 여전히 와 물지, 게다가 언제 노핫는지 장판은 거의 다 썩어서 어긔저긔 거뭇거뭇하며, 시추물 가튼 물이며 장판도 더워서 쌈을 흘리는지 번질번질하게 물이 소사난다. 누구가 이런 줄을 아르랴. 아른들 무엇을 하랴. 과연 지나기도 어려웁다. 괴로웁다.

7월 30일. 구름만 끼엇다. 북악산 봉오리는 구름 투성이를 하엿다. 각금각금 텬동소리가 난다. 때는 오후 두 시쯤. 농가에서는 이것을 "유두 하라. 비가 울엇다." 한다. 느지감치 울면 서리를 물리친다. 곡식 열마가 잘 옮은다 하며 깃브어하는 이도 잇다. 겨우 저녁 무렵에 비가 몃 방웅 뚝뚝 쩌러진다. 줄줄 죽죽 한참 쏘다지엇으면 맘이 시원하겟다. 해가 지엇는지 아니 지엇는지 하늘 짱이 캄캄하며 바람도 불지 아니하니 훈듯하고 후줄근하여 풍선風扇이나 엽헤 놀리고 빙수氷水나 두어 그릇 마시엇스면 조켓다.

수당께 갓섯다. 생각이 깁고 넓고 빽빽하고 아름답고 갈래갈래 바로 잡히고 자리잡힌 학설學說이 진실로 그 맘에서 울어난 것이다. 이 사학자의 붓 끗 입 끗으로만 하는 말이 아니다. 듯기도 자미잇고 알기도 쉽다. 그러나 그 학설대로 실행하기는 어렵고 어렵다. 김병룡 군의 집에서 유두 차례 음식을 대접바덧다.

7월 31일. 몹시 더웁고 구름이 씨엇다. 비가 곳 쏘다질 듯하다.

수당께 갓섯다. 이 말 저 말 끗헤 내 호号를 지어 준다. 한자漢字로 임당任堂이라 한다. 나는 이미 '가람'이라 햇다. 가람은 '강'이란 우리말이니 온갓 샘물이 모이어 가람이 되고 가람물이 나아가 바다가 된다. 그러면 샘과 바다 사이에 잇는 것이다. 그 근원도 무궁하고 그 끗도 무궁하니 영원永遠하며 이 골물 저 골물 합하야 진실로 떳떳함을 이루니 완전完全하며, 산과 들 사이사이 씨어 잇서 무陸틀 기름지게 하니 됴화調和함이라. 이 세 가지 뜻을 부티어 지음이라. 우리말로는 '가람'이라 하고 한자로는 '任堂'이라 하겟다.

리중갑重甲 군의 편지 보고 곳 답장하다. 리찬 군 병륙에게 편지 부티다. 흔옷을 우편으로 보냇다.

저녁에 불교회에 갓섯다. 취룡이 그 본집으로서 약주 한 병 가지고 오앗다. 안주짜지 맛잇게 가득히 차리어 노코 기다리든 제음이라. 과연 잘 먹엇다. 중복中伏다림일러라. 거의 취하여 오륙 인이 쩨를 지어

야시 구경을 나갓다. 이 긋헤서 저 긋까지 한 번 도랏다. 나종에 김병룡 군과 가티 여관께까지 오앗다. 어찌 훈훈하고 짬이 나는지 잠이 냉큼 들지 아니 하더라. (陰曆 庚申 六月 十六日)

8월

8월 1일. 어느덧 잠을 깨엇다. 좔좔 졸졸 하는 소리 마치 내 시골 룡화산龍華山 속에서 이 골작 저 골작 물 흐르는 소리가티 들린다. 나는 내 시골에 도라가서 룡화산 속에 누워 잇는가 하며 갑자기 깃브어서 눈을 번쩍 뜨어보니, 왼 집 기와골로 흘러나리는 물이 작은 폭포수 모양이다. 남산이든지 북악산이든지 모다 아니 보이고 해쌀도 아니 보이고 왼 공중空中에는 구름뿐이오 왼 짱에는 물이다. 담 넘어로 보이는 이웃집 뜰 나무며 종묘宗廟 숩은 검으스럼하니 숙어저 잇스며 뒤뜰, 앞뜰에서는 샘물이 솟아나고 뒷마당, 압마당에는 배를 쓰이게 되엿다.

알애방 시계가 일곱 점을 쩽쩽 울린다. 함박으로 퍼붓는지 좁막으로 퍼붓는지 늘 한대종으로 줄줄 좍좍 점을도록— 밤새도록—

개인 날에도 물이 흐르는 방바닥이야 오날 가튼 날 더구나 어쩌하겟느냐. 겨우 물 아니 나는 자리를 골라서 엉덩이를 부치고 안젓다. 그래도 텬장에서 물이 쏘다지든 아니하니 녯날 허 정승보다는 호강이다. (허조許稠란 정승政丞이 하도 가난하여 비 오는 날 우산 밧고 안저서 그 처자다려 하는 말이 우리는 우산이나 잇거니 우산도 업는 이는 어찌하겟느냐 하엿다.) 과연 이 비에 고생하는 이며 이 큰물에 고생하는 이야 어쩌하겟느냐. 아니 보아도 보는 듯 안쓰럽고 가엾다.

정충시 군, 김영준 군, 리병준秉俊에게 편지 부치다.

비소리가 하도 사납게 들린다. 곳 기와장을 깨트릴 듯. 서울을 쏘을 만들이는 듯 두렵고도 무섭다. 밤중에도 한잠 못 잣다. 물이 새는 집, 물이 밀리어 드는 집, 문어지는 집, 잡바지는 집에서야 잠자기는 그만 두고서 목숨 살기도 어렵겟다. 더군다나 캄캄한 밤에 어찌들 지나는가. 이런 생각 저런 생각 하는대 내 눈은 텬장에 걸린 뎐긔등 빗과 가티 밝다.

8월 2일. 비가 사이사이 오다 말다 하다. 점을도록 집에만 잇섯다. 마을 사람들이 놀러오아서 어제밤 비 때문에 고생한 이악이를 한다.

밝아벗고 어린아이 더불고 자다가 갑자기 물을 맛나 그냥 뛰어나가앗다는 동, 솟과 동의가 둥둥 쓰어서 방으로 들어온다는 동, 옷과 요와 이불이 저젓다는 동, 집이 문어젓다는 동, 집이 텰텰 새어서 방 안에 물이 흔건하다는 동, 담이 문어젓다는 동, 그릇이 모다 쓰어내려갓다는 동, 이런 동, 저런 동 큰 야단이다.

신문을 보니 한강물이 삼십사 척 이 촌 놉헛고, 한 평에 대하여 팔 석石 팔 두斗 구 승升이 싸이엇다더라.

김병룡 군 가에서 불경 이악이를 듯고 놀앗다.

8월 3일. 개이엇다. 문 박게로 나가니 보이는 곳마다 새 모양이다. 과연 개벽開闢한 듯. 길이 개천도 되고 쏘도 되고 웅덩이도 되어 지질 판판하기도 하고 웁벅집벅하기도 하고 쎄틀빼틀 하기도 하며 집은 한쪽으로 쎄딱한이 기우러진 것도 잇고 엉그주춤한이 주저안진 것도 잇고 납작한이 나려안진 것도 잇고 벽만 문어진 것도 잇스며, 담은 잡바진 것도 잇고 문어진 것도 잇다. 거리거리 모얌모얌 잇서서 하는 이악이가 모다 물 이악이다. 내 집에서는 어쩌코 누구 집에서는 어쩌타 하며 어느 골묵에서는 어쪄코 어느 골묵에서는 어쪄타 한다. 그러틋 호사잘하고 그런 아씨네도 후줄근하고도 드러운 옷을 입고 나서 다니며, 이 집 저 집에서 저젓던 물건을 내어 말리며, 그러케 몹시 더웁다고 피하던 해빗도 서로 반기어 쏘인다. 그 사이 며칠 하늘을 가리고 왼 세상을 어둡나라 만드럿든 구름도 해빗이 한번 비최매 어느 곳으로 쏫기어 갓는지 그림자도 볼 수 업스나, 서풍이 슬슬 부는 것이 아마 그 뒤를 조치가는 듯하다. 새파란 하늘비츤 볼스록 사랑스럽다. 내 맘도 모든 욕심이 업서지면 저 하늘과 가티 되련마는—.

온 비는 오날까지 한 평에 대하야 십오 척이다더라.

8월 4일. 맑다. 한나지에는 왼 하늘에 구름 한 덩이 업시 새파랏고 놉드란한이 보이고 서풍이 서늘하게 부니 더웁지도 안코 춥지도 안하여 맘이 시원하고 깃브다. 어느덧 녀름이 거의 다 간 듯 그러케 몹시 위엄부리든 더위도 얼마 동안 아니면 물러가겟다. 오날부터 판연히 다르다. 아마 장마 뒤인가 서늘함인지 모르지마는 발서 가을이 오앗다 할만도 하다. 뒤뜰에 뽕나무 닙이 만히 써러젓다. 그 가지에 고온 싹이 쏀족쏀족 나오든 것이 어제 갓더니 이에 락엽落葉이 되다니 봄녀름도 잠깐이다. 요사이 해가 에지간이 싸르어진 듯 그 대신 밤이 쐐 길어진 듯하다. 나지는 맴이 소리가 맑고 놉으며 밤에는 귀또람이 소리가 어지럽다. 나그내 집에서 손 노릇하는 이들은 더욱이 집 생각 나고 공방에서 홀로 잇서 한숨 쉬는 아씨네는 더욱이 스러하겟다. 내야말로 더욱이 간절한 회포을 억지로 진정할 수 업다. 그립은 고향, 부모, 형뎨, 처자, 친척도 보고 지고 사랑하는 벗들도 보고 지다. 사람의 맘이란 기후를 싸러 더우면 더웁다 추면 춥다 하드시 쏘한 봄의 싸뜻한 바람, 아름다운 쏫츨 보면 깃브어하고, 가을의 쓸쓸한 바람 시드는 닙을 보면 슬펴하는 것이다. 과연 가을을 맛나면 시드는 닙 뿐 아니라 밝은 달을 보든지 버레소리를 듯든지 이상히 스릅다. 스름으로 다른 때 보고 십은 이가 이때 더웁 보고 십고 다른 때 늑기든 것이 이때 더욱 늑기고 다른 때 스릅든 것이 이때 더욱 스릅다. 이 생각과 이 회포가 나만 그러랴. 왼 텬하 사람이 모다 그러리라. 그러나 나보다 더 아쉰 이, 더 늑기는 이, 더 스른 이는 더 어찌 견댈가. 짜뜻한 봄바람을 빌 수만 잇스면 죽자고 비러다가 너나 할 것 업시 쓰리고 괴롭지 안케 다 가티 질거운 가온대서 노랏스면 조켓다. 나는 꼭 나 혼자만 호강하고저 아니하며 편안하고저 아니하며 거룩한 복녹을 밧고저 아니한다. 왼 텬하 사람이 모다 호강하고 편안하고 거룩한 복녹을 엇고도 비록 나는 고생하고 욕보고 빈천貧賤할지라도 누구를 원망치 안켓고 누구를 허물하지 안켓다.

수당께 갓섯다. 최창식昌植이 구두를 지어 가지고 오앗다. 신어보닌가 꼭 맞는다. 바로 신엇다.

송정식 군이 차저오앗다. 저녁밥 먹고 곳 송정식 군을 차저가 더불고 태평동太平洞 삼통三通여관에 가서 걸傑 씨 아자씨를 차저서 몃 마디 인사하고 한가지 나오아 종로 야시 구경을 햇다. 전과 가티 전도 만히 벌려 노핫고 사람도 만히 오락가락한다. 그 가온대 더욱 아씨네가 만함은 오히려 전보다도 만한 듯, 더구나 서로 손을 잡고 이리 쓸며 저리 쓸고 다니는 모양, 아마 서로 잇으면 서로 못 차질가 두려함인 듯 매우 거북스럽고 어리숙하다. 과연 어떤 이는 넋빠진 사람처럼 입을 딱 벌리고 전을 보고 섯스며 어떤 이는 해찰부리다가 그 동무를 일코 아모개 아모개 찻느라고 야단이다. 과연 궁벽한 촌에서만 자라난 이가 처음으로 이런 대 구경을 할 것이면 정신이 휑한이 어리벙벙하겟다. 그러나 제 정신만 꼭 지니고 다니면 이보다 더한 비록 천병만마千兵萬馬 중中이라도 암시랑토 아니하겟지. 참 내 정신은 내가 어느 때든지 어느 곳에든지 가지고 잇서야 하겟다. 그러지 아니하면 죽엇다. 비록 죽지 아니하얏다 하여도 꼭 살엇다 할 수 업다. 곳 죽은 이와 한가지다. 이런 뜻으로 보면 이 야시에 온 이에도 꼭 살어잇다 할 만한 이가 며치나 되는지 모르다. 대개 죽은 이처럼 보인다. 독갑이처럼 보인다. 또한 칠팔십 년 못다 가서 거의 다 송장될 것이다. 거의 다 귀신 될 것이다. 사람이 칠팔십 년 산다고 그것을 그대지 씀직이 녀길 것 아니다. 하루사리(버레)와 마치 한가지다. 이 영원한 우주 사이에 그가티 짜른 시간을 차지하고 한갓 숨결가티 지내려 하나. 참 정신을 잠시라도 가지고 참 생각을 나타내어야 하겟다. 참 정신을 가지고 참 생각을 나타내게 되면 그까진 야시만 구경하겟느냐. 왼 세게, 왼 우주도 구경할 수 잇고 구태어 차저갈 것 업시 가만히 안저서 누어서도 구경할 수가 잇겟다. 어찌 그러냐 하면 사람의 몸은 한정이 잇지마는 사람의 맘은 한정이 업시 왼 세게와 왼 우주와 한가지 통하여 잇슴이다. 그러나 참 정신이 업는 이는 헛것이 막고 가리어 뵈지도 들리지도 아니한다. 또한 참 생각은 아조 날 수도 업다. 그럼으로 참 살엇다는 것은 참 정신 참 생각 잇슴을 이름이다. 이 글월 적고서 뜰 알에로 나아가 거닐새 바야흐로 달이 동텬에 쓰어오르며 맑고 푸른 하늘에 별은 드문드문 버리엇다. 고요한 기픈 밤에 나는 홀로 하늘의 별과 달을 벗하여 오래동안 잠을 못 들엇다.

8월 5일. 맑다. 아츰은 매우 서늘하다(섭씨 십팔 도). 겹옷을 입어도 더웁지 안할 만큼. 과연 십여 년래 처음 되는 긔후다더라. 안국동으로 소격동昭格洞께로 지내다 보니 색기로 줄을 매어 노코 그 겻헤 순사巡

査가 직히고 잇다. 그것은 곽란으로 죽은 사람이 잇다 하여 괴질怪疾인가 의심하고 교통交通을 못하게 함이다. 신문을 보든지, 상현尙玄, 석전石顚의 말을 듯든지 경상남도 디방에는 괴질이 만히 퍼졋다. 사람이 만히 상한다더라. 이렁듯 긔후가 갑작이 변할스록 배탈나기가 쉽고 괴질에 걸리기도 쉽겟다. 참 음식이며 잠자리를 조심하여야 하겟다.

저녁에 뎐동典東여관에 가서 허흔憲 씨 보앗다. 오래간만에 맛난다 하며 썀작 반가워한다. 미국 흑인이 음악회에 가티 가자고 쓰는 것을 친구 한아나 더 차저볼 욕심으로 그냥 쑤리고 갈리엇다. 고순흠順欽 군을 차젓다 못 만낫다. 취롱, 소롱, 한별 군만 맛나서 작난치다가 도라오앗다.

8월 6일. 맑다. 수당께 가서 영삼嶺蔘 두 근과 로자路資 십 원을 어덧다. 주인의 약 삼소음蔘蘇飮 세 첩貼을 지어다 주엇다. 안국동 다녀오아서 저녁밥을 먹엇다. 김병룡秉龍 군이 차저오앗다. 보찜을 가지고 써나다. 주인과 차영텬永天 군이 문 밧개까지 나오아서 전송한다. 주인은 부디 편안히 가서 속속히 도라오라고 자조 말한다. 내가 꼭 잇서야 될 일이 잇다고 한다. 이내 내가 잇섯을 째는 아모 것도 밝히지 못하고 이에 내가 써날 제야 그 짜외 말을 한다. 홍홍하기는 하여도 무슨 싸닭인지는 모르겟다. 송정식 군을 차저보고 취롱께 가서 자앗다. 예는 음식점이 엽헤 잇슴으로 나즈나 밤이나 조용한 째는 업는 듯하다. 공자께서는 '식불언食不言' 하섯다 하지마는 사람마다 공자가 아니니 어찌 먹으매 말이 업스랴. 도로혀 다른 째보다도 먹을 째에는 말이 더 만한 것이 항다반恒茶飯 하는 일이다. 그것은 배속에 밥이든지 고기든지 술이든지 잡채雜菜든지 과실果實이든지 만히 들어가면 조하서 깃버서 저절로 우슴도 나오고 이악이도 나오고 노래도 나오고 쏘한 배속이 든든하고 취한 제음 성내기도 하고 다토기도 하고 울기도 하나니, 과연 이 자리가 흔히 시끄럽게 되고 어지럽게 된다. 나처럼 얼는 하면 곤하게 자는 잠도 곳 잘 깨는 이가 더구나 난장판 가튼 이 음식점 엽헤서 아모리 한잠 자려한들 냉큼 들겟느냐. 짓거리는 소리 떠드는 소리 다토는 소리 웃음소리, 노래 소리 우는 소리 모다 귀창을 찌르는 드시 울리더라. 겨우 열두 점 종치는 소리 듯고서야 불지불식간에 잠을 들엇다.

맛당히 주인집에서 자고 래일 아츰에 써나련마는 말 막하고 수다한 주인집에서 하루밤이라도 자기가 슬타. 만일 자고서 래일 써난다 하면 맘으로는 그북스럽게 괴롭게 녀기면서도 아조 것흐로는 친절하고 자상한 드시 일즉 밥을 지어라 반찬을 장만하여라 하며 한참 북새를 이루고 덤성거리는 꼴을 누가 보아주랴. 차라리 찬물 한 그릇이라도 참뜻으로나 조고마한 사랑으로나 쓰어줄 것 가트면 암만이라도 고맙게 생각하고 사례하려니와, 옥밥 진수라도 뜻 업시 사랑 업시 주는 것이야 무엇으로 고맙게 생각하며 사례하리오. 미리 내가 알어채리고 그만두는 것이 올흐다. 이전에 그 것헤만 보고 거즛말만 밋고 참 고맙게 생각하고 사례하얏지마는, 인제야 나도 시골뚝이가 아니라 발서 서울 삿나외처럼 약기도 하엿슴으로 썩하면 이 맛이오 번하면 눈치라. 그의 간장을 들여다 볼 듯.

8월 7일. 아츰 오 시에 일어낫다. 아즉도 뎐기등은 환히 비최엇다. 이미 두어 시 전부터 잠을 깨엇다. 엽헤 음식집 압헤서 웬 자가 나 만히 먹은 유세하고 참외 장사 더불고 크게 다토는 모양이다. 그러느라고 왁자근한이 야단일러라. 가만히 듯자니 "내가 참외를 사자고 들어서니 어마지두에 발길로 나를 찬다." 하며 "젊은 놈이 늙은이를 모르느냐. 너는 아비도 업는 놈이냐." 한다. 다음에 "그런 것이 아니외다. 당신이 처음부터 아조 불품사납게 대어들며 남의 참외를 가지고 썩엇느니 골앗느니 하며 함부로 쑥쑥 빼어 이리저리 버리기에 웨 그러시오. 좀 저만치 서시오 하고 팔을 쓰러 밀엇드니 됩데 행게맹게한 소리로 발길로 로인을 찻다고 무함을 잡읍잇가." 한다. 그자는 더욱 굿세게 악을 쓰고 작구 덤비며 치고 맛고 하는 양인지 썩썩 쑥탁 소리가 난다. 아마 다른 이들도 만이 모아선 모양이다. 그 쌈은 말리는 이도 한아도 업고 서로 씻고 싸불며 오히려 그 쌈을 도아준다. 마치 닭이나 개싸리 싸호는 것을 보드시 하는가 보다. 오랫만에야 두 자가 긔운이 핑젓는지 어쩟는지 시지부지하다가 말더라.

참 그 늙은 자는 점잔치 못하다. 비록 제 나가 골백 살 되아도 네댓 살 된 아이가 과실 한 개나 누른밥 덩이 가지고 서로 다토는 것 갓다. 주제에 무슨 나를 만히 먹엇다고 남 압헤 어찌 커컨 소리를 하는가. 과연 나가 만할망뎡 남에게 자랑할 것, 유세할 것 잇느냐. 한쌧 만하야 칠팔십 년. 이것을 다시 천년만년—무궁무진한 우주에 견주어보면 얼마가 아니 된다. 그 짜릅기 몃 억만 자 되는 길에기에 한 치나 될동말동한 것을 가지고 아조 씀씩히 녀기고 넉넉히 생각하다. 더구나 우리 사람씨리 한세상에 나서 한때에 한 나라에서 서로 사는대 너와 나가 서로 틀림이 만하야 칠팔십, 적어야 일이 년. 그것이 조곰 만하고 조곰 적다고 하야 만한 이는 적은 이에게 거만하고 적은 이는 만한 이에게 공경함이라. 오로지 부형은 훨석 나보다 먼저 나서서 나가 만하시니 내 부형을 공경하는 이는 남의 부형도 공경하렷다. 곳 나 만한 이를 공경한다 함이라. 이것이 어린 사람이나 젊은 사람의 일일 것이오. 자뎨는 훨석 나보다 나종에 나서 나가 적으니 내 자뎨를 사랑하는 이는 남의 자뎨도 사랑하렷다. 곳 나 적은 이를 사랑한다 함이라. 이것이 어른이나 늙은이의 일일 것이다. 그러나 한갓 나만 가지고 남과 남 사이 공경하는 것뿐 아니다. 비록 나가 적어도 인격이 놉고 학식이 만하면 그만 못한 이는 비록 나가 그보다 만하여도 스승으로 공경하고 배기도 하며 쏘한 뎨자로 사랑하고 가르치기도 한다. 꼭 나 만타고 공경을 밧는 것 아니다. 되지 못한 이들은 흔히 나 만한 것만 가지고 유세하기가 이사다. 그래서 나는 잘햇든지 못햇든지 나보다 나 적은 이에 대하야 억지로 어른 노릇하려 한다. 무론 나 만한 것도 어른 노릇하는대 한 조건條件이지마는 덕이 놉고 학식이 넉넉하여야 하겟다. 과연 덕이 놉고 학식이 넉넉하면 비록 나는 적어도 어른이겟다. 진실로 나만 가지고 유세하지 못할 뿐 아니라 온갓 무엇이든지 가지고도 유세할 것이 업다. 제가 제 노릇만 할 싸름. 하늘이 놉하도 놉은 톄하느냐, 사람들이 놉다 할 쑨, 짱이 두터워도 두터운 톄 하드냐, 사람들이 두터웁다 할 쑨, 승인이 커도 컨톄하드냐, 사람들이 커다할 쑨이니, 우리도 하늘과 짱 사이에 나서 살으며 승인으로 배흐거든 아모리 부귀하여도 부귀한 톄 말 것이며 아모리 자손이 만하여도 만한 톄 말 것이며 아모리 나가 만하여도 만한 톄 말 것이다. 다만 다른 사람들이 기릴 싸름.

장교長橋 겻헤서 설렁탕 한 그릇을 사아 먹엇다. 하로밤 지내니 속이 비어서 훌쭉한 제음 구수한 고기 우린 물에 밥 말은 것이 들어가니 가을경을 지내어 새칠하고 밝앗든 텬지가 봄 녀름 맛나서 짜뜻하고 훈듯한 것 갓다.

취룡 군은 여러 번 그만 두라고 하여도 긔어이 나를 짤어 보찜을 가지고 정거장싸지 오아 만리타국을 보내는 드시 한번 가면 십 년 이십 년 뒤에나 다시 맛날 이를 보내는 드시 섭섭히 녀긴다. 겨우 오백 리 갓다가 다직하여도 할 달 안에 다시 올 이를 이러틋 섭섭히 하는구려. 그러나 그만 섭섭할 쑨이랴. 나도 참 섭섭하다. 어씨 그러지 안켓느냐. 그 사이 서로 부틴 정과 사랑은 아모리 밝은 눈으로 그 틈을 보랴도 아니 보일 것이오. 아모리 날칸 칼날로도 그 사이를 끈으랴 하여도 아니 끈칠 것이다. 이쯤 되엿스니 잠시라도 서로 못 보면 섭섭치 아니하겟느냐. 과연 사랑하는 사람씨리는 이러한 것이다. 무슨 큰 것을 쓰이어 노코 오는 듯 스스론 허든허든하며 가슴이 조린다.

차를 타러 들어가니 긴 쇠사실 줄을 이 기동 저 기동 사이에 느러노핫다. 웬 쌔닭인지 또 누구를 묵그려는가 하고 자세히 보니 "차를 타라 하기 전에는 타지 마오." 쓰어 부치엇다. 그네의 하라는 대로 할 밧게 할 수가 업습으로 한참 서서 잇섯다.

마침내 쇠사실 줄을 풀어노니 마침 기다리고 잇든 사람들이 너나 할 것 업시 물밀듯이 쏘다저 나간다. 마구 다름질한다. 과연 도보경주徒步競走다. 나도 그 틈에 기어서 차를 탓다.

차 속에는 그대지 분비치 안타. 한쪽 빈자리를 어더서 편히 거러안젓다. 하늘에 구름 씨어서 햇비츤 볼 수 업스나 바람은 슬슬 불어 차창 사이로 솔솔 들어오니 더운 줄 모르겟다. 그래도 웃옷을 다 벗고 속옷만 입은 이도 잇고 홀홀 부채만 부치는 이도 잇는 가온대 알엣도리를 확작 들어내고 비시감치 두러 누운 이도 잇다. 그는 조선 사람은 아닐러라.

어느덧 쎄 소리가 나며 우닥탁쑥닥거리며 화차는 남산을 등젓다. 한강 가에 이르니 나려다 보이는 집들은 쌔뭇쌔뭇한이 몰골이 숭하다. 저거번 장마에 룡궁龍宮이 되엇더니 요마적 개인 날에 다시 복구復舊하얏스나 아직도 개원치 못하고나.

로들강변에 놉히 자란 나무들 중터리짜지 물째 무든 테두리가 잇고 나즉한 가지에 부튼 닙사구들은 거의 다 황토색黃土色이다. 발서 가을 바람이나 마진 듯 놉흔 가지 푸른 닙사구들은 기름이 듯는 드시 무리 녹여 그 사이 잇는 웅덩이 물에 은은히 비최엿다.

영등포永登浦를 지내니 넓고 넓은 들에 벼 포기는 한아도 푸르고 자란 것이 업고 모다 노랏고 시드런 것뿐. 이것을 볼 때 누구든지 밥 먹을 맘이 나지 아니하겟다. 더구나 이 논 임자들이야 엇더하겟느냐. 더구나 돈싸지 귀한 이때 어씨 살어갈가.

수원水原들 벼는 퍽으나 되엿고 여긔저긔 하얀한 옷을 입은 이들이 군대군대 모아서 푸른 벼 포기 사이로 훌쳐나가는 것이 새쯧한 그림 속 갓다. 올해로는 처음 벼가 이쯤 자란 것을 보앗다. 과연 서울에서는 벼가 어써케 되는 줄 모르겟구려. 마을 집웅에 울타리에 호박 넝쿨넝쿨 엉키엉키 욱어젓는 것이며 밧이랑에 논두렁에 콩 포기 팥 포기 소복소복 어울러젔는 것, 서울에서는 도모지 못 보는 것이다. 저절로 홍이 나며 롱촌이 불거웁다.

내 엽헤 웬 털보 한아가 안젓다. 눈과 코와 귀만 빼노코 맨 털투성이라 제 벗인지 무엇인지 마조 안저 주거니 밧거니 짓거리며 참외, 사과를 싹어서 아삭아삭 새밀며 남을 흘긋흘긋 처다보고 빙글빙글 웃는다. 여러 사람의 눈들은 모다 이 사람을 향하얏다. 각금각금 우슨 말을 하여 여러 사람을 웃기기도 하고 정거장마다 참외, 사과를 사아들이어 먹는다. 혹 남에게도 한 조각씩 주기도 한다. 그북하게 안저서 꾸벅꾸벅 졸고 잇다가 한편으로 넘어 박히면 깜짝 놀래서 이러나는 것보다는 이런 것이라도 보고 웃고 잇는 것이 자미스럽다.

한편에서는 코 고는 이도 잇고 꾸벅꾸벅 조는 이도 잇다. 웬 부인인지 기생인지, 한 이십 될나 말나 한 이가 내 맞은편에 안젓다. 얼굴이 샢족하고 눈매가 꼬부장한이 앙큼스럽게 생겻다. 문어를 두어 개 사가지고 질경질경한 밧싸지 오도록 씹고 잇다. 바로 그 압헤 또한 섀칠한 사십쯤 되어 보이는 녀인이 아이를 더불고 안젓다. 그 아이는 배고파서 그런지 어쪈지 매우 보채어 매우 시름맛다. 이리저리 왓다갓다하며 더구나 그 옷 잘 입은 젊은 녀인에게 대어들어 그 발등도 밟기도 하고 그 무릅에 기대기도 하니, 아조 앗기고 앗기는 옷을 하마 드럽가 하여 눈쌀을 잔뜩 찡거리고 톡 쏘는 말로 저리 가라고 하며 왈칵 미러버린다. 아이는 하마트라면 넘어 박힐 번햇다. 다행히 그 어머니가 그 뒤에서 얼른 바덧기에.— 게다가 더욱 성이 나서 볼품사납게 푸념한다. 그 어머니는 아모 말도 못하고 낫만 불켯다. 아마 아이는 그가 문어쪽 먹는 것 보고 저도 먹고 십흐나 참아 빼슬 수도 업고 달랄 수도 업서 갓가히 가서 다만 치어다보고 잇는 것을 주기는새로 도리혀 밀트려버리니 오즉 무렴하겟느냐. 과연 엉엉 울더라.

"한밧이올시다!" 소리가 난다. 바로 봇짐을 가지고 나려서 칭게層階 가튼 데로 올라가서 나려오아 정거장에 나섯다. 밥장사집 하인들이 삼십여 인이나 죽 느러서서 서로 이끌고 가려 한다. "점심을 잡수시오. 아죽 차 시간이 멀어요." 하며 나그네 한아라도 낙거가려고 애를 달는다. 그러나 나그네들은 거의 다 대합실로 들어가고 밥장사집에로 가는 이는 적다. 나그네 한아가 밥장사집을 차저가려 하니 서로 다토어 다려가려 한다. 마치 고기 만한 둠벙에 낙기밥을 던지면 뭇 고기가 서로 물고 이끌 듯하다가 마침내 어쪈 놈이 끌고 간다. 다른 놈들은 닭 쏫든 개가 울 넘어를 치어다보드시 락심천만하고 잇더라.

새로 두 시나 되여 호남선 차에 올랐다. 이 간 저 간 사람이 갓득하다. 내 압헤는 웬 뚱뚱하고 목니 구진 젊은 자가 키가 호리호리하고 얼굴인 좀 야위고 도람즉하고 간은 모시 치마, 적삼 입고 금니발 해 박은 젊은 녀인 한아를 더불고 안젓다. 그 녀인은 학교 물림인지 트레머리는 아니햇서도 일본말은 하는 테한다. “고레와 목포 육기뎃스까.” 하는 소리를 들어도 알겟다. 웨 우리말로 “이 차는 목포로 갑잇가.” 못하고 구태어 다른 말을 쓰나. 아조 주저넘고 건방스럽게 보인다. 과연 조곰도 어렵스럼이 업시 되지 못한 문자를 함부로 쓴다. ‘꼭’이라 할 데를 ‘절대덕絶對的’이라니 ‘억지’라 할 데를 ‘강제强制’라 하니 말마다 고린내나는 한문 문자 투성이다. 흔이 녀인들은 한문자나 배어 알면 더할 수 업는 자랑으로 녀기고 쓰는 것이다. 그러나 쓰지 아니할 데에 쓰는 것이 아니 되엇다. 일본말 배면 일본말로만, 영어 배면 영어로만 씻거리고 십흔가보다. 더 나아가면 그 말의 임자인 나라 사람까지도 배 마추어 살고자 할는지 모르겟다. 대개 외국말을 배는 것은 외국 사람과 교제交際할 제 쓰고저, 외국의 학술을 배고저 함이오. 내 말을 버리고 그 말로 대신 쓰자고 배홈이 아니다. 녀인뿐 아니라 사내도 거풋하면 외국말로 우리끼리도 쓰는 이가 잇스니 이상히 듯기에 얄미웁다. 더구나 그 뚱뚱이와 가티 입을 서로 대고 하도 수선하게 씻거리는 것 보기에도 얄미웁다. 무슨 재판을 하는이, 어썬 놈은 죽일 놈이니 하며 가장 쏙쏙하고 가장 잘난 테하며 이 세상에 사내로는 긔 뚱뚱이오, 게집으로는 자긔뿐인 듯 호긔만장豪氣萬丈이다. 뚱뚱이가 ‘자네, 자네’ 하는 말을 들으면 가시버시(夫婦) 사이는 아닌 듯하나 그것도 알 수 업다. 서로 손목을 잡고 다리를 꼬고 가슴에 기대어 잇는 것을 보면 하다가 작은마느래나 되는가. 아모 상관이 업지마는 눈꼴틀리어 보기가 슬타.

찻거리께를 지내매 갑작이 이상한 생각이 난다. 내 발질이 만히 익엇든 짱이고 인연이 깁고 정친한 이가 사는 곳임으로 나려서 차저보지 못하고 그냥 지내자니 아니 서운하겟느냐. 올봄의 한밤중에 처자를 더불고 방황彷徨하든 일도 생각히고 십여 년 전에 가마 타고 초례醮禮지내려 가든 일도 생각힌다. 때가 이미 오래 되엇는대 정은 오히려 새롭고나. 어제 갓기도 하고 꿈 속 갓기도 하다.

늘 보아도 강경 들은 가슴이 열리는 듯 시원하다. 새파란 비치 한결가티 끗업시 보이는대 슬슬 시처가는 바람에 물결가티 번데기는 것 만경창파인 듯. 멀리 구름 속에로 보이는 룡화산은 아름답게 소사 잠자코 서서 나 오기를 기다리고 나를 바라다보고 잇는 듯 화차도 오히려 더된 듯 도라오기가 더욱 밧브다.

강경에서 내리다. 한밧 청년과 강경 청년과 풋뽈 경쟁을 한다. 운동복 입은 청년들이 사오십 명, 정거장 밧게로 나아간다. 길가에는 구경군이 산덩이처럼 싸이어 잇다. 연산 가는 자동차를 부르니 아직 아니 써난다 하여 나도 구경군 틈에 들어 한가지 황산 운동장에로 갓섯다. 운동장은 그대지 넓지 못하나 뺑 둘러서 사람들이 울타리 햇다. 언제 시작할는지 기다릴 수 업서 바로 도라서 강경의 황게 다리로 리종식鐘植 군을 차젓다. 군은 마침 잇지 안하고 그 형 종태鐘台 군이 족형族兄 병구秉龜 씨와 장기 두고 잇다. 김갑길甲吉은 나를 보고 매우 반갑게 인사한다. 다음에 종태 군이며 병구 형도 휙 도라다보고 난 줄 알고 깜작 놀래며 반가한다. 장사하는 이악이 몃 마디 듯고 써낫다. 병구 형이 점심을 사준다기에 밥집에로 끌리어 가니 밥은 업서지고 술만 잇다. 술이나마 두어 잔 마시자기에 마지 못하야 목을 추기고 자동차집에로 왓다. 마침 써나려 한다. 병구 형과 가티 올라탓다. 정거장 갓가이 와서 보찜을 차저 가지고 자동차 우에서 도란도란 이악이하면서 보리밥 한 솟 질 동안에 여산을 오다. 해는 이미 기울엇다. 산봉오리에서는 검은 비치 나고 골작구니에서는 캄캄한 비치 나고 마을마다 깃흔 연긔가 자옥하다.

여산에서 비로소 한 손에 우산 들고 한 손에 보찜 들고 걸씨 비롯하다. 서로 어울러지고 욱어진 화곡이며 애숭이 포푸라 나무며 온갓 풀과 꼿들은 온갓 버레들의 음악 속에서 또한 저녁 이슬을 먹음고 느럭느러 자라는 그 사이 한줄기 편편한 길로 도라오다 썩 동구에 들으니 좌우 숩풀은 그윽이 어위고 압헤 세내는 가득히 흐른다.

집에 드니 할아버님, 아버님, 어머님, 아우들, 안애, 아이들—, 마을 사람까지 깃브어 하더라. 서울 이악이로 슨사를 드리니 본대 번화한 가뎡에 더욱 싸뜻한 봄바람이 불고 새로운 향긔가 움지기는 듯, 깁숙한 돈산에 아름다운 꼿츤 붉은 입모습을 옴추고 에엿분 얼굴이 어두운 저녁에 홀로 빗나며 은근히 나를 향하여 그립든 정을 하소연하는 듯, 째는 오후 일곱 시일러라.

8월 8일. 구름이 버서지고 맑은 하늘에 뜨거운 해비치 비최인다.

아츰에 일어나 뜰 박게로 거닐며 심호흡深呼吸을 하니 서울에서 몬지 석기고 구리내 나는 공긔空氣를 마시든 일이 문득 생각히어 곳 구역이 나려다가 만다. 늘 드러운 가온대 잇서서 드런 줄도 모르다가 자못 깨긋한 대를 맛나니 과연 드런 줄을 알겟다. 풀닙 끗헤 매달린 이슬방울은 낫낫이 진주眞珠요, 돌 사이 부드처 흐르는 물은 굽이굽이 폭폴러라. 물 맑고 산 곱고 숩 깁흔 고향은 내의 자랑이다. 보배롭기 금옥 갓고 아름답기 비단 갓고 에엿쁘기 미인 갓다. 구태여 삼신산三神山 차저갈 것 잇느냐, 암 걱정업시 잇스면 예가 곳 삼신산이오, 구태여 무릉도원武陵桃源 차저갈 것 잇느냐, 가마니 숨어 잇스면 예가 곳 무릉도원이오, 구태여 동정호洞庭湖나 소상강瀟湘江 차저갈 것 잇스랴, 아츰저녁 모든 경치景致를 뜻잇시 보거드면 예가 곳 동뎡호, 소상강이다. 다만 그러틋 할 이가 적은 것이 한限이노라.

왼 집안 어른께 차저다니며 인사 치루엇다.

8월 9일. 맑다.

책상자를 열고 보니 검의줄이 세엇고 붓과 벼루를 내어 보니 몬지가 가득하다. 고요히 안저서 책상을 압헤 놋고 책장을 펴고 보니 녯 벗을 대한 듯 질거운 우슴을 쯔인 얼굴이 마즘 벽에 걸린 거울에 반사反射한다.

아츰밥에 닭고기를 씨부니 맛이 새삼스럽게 더 나며 밥이 더 먹힌다. 배부르고 걱정업스니 희황씨羲皇氏 팔자—다.

8월 10일. 맑고 더웁다.

오날은 말복 날. 마주막 더위의 엉터리가 빠저 가느라고 그런지 이가티 서늘하든 곳에도 몹시 더웁다. 어실렁어실렁 걸어가서 밝가니 벗고 댓들보 물에 텀벙 드러가니 곳 더위가 씻은 드시 업서지엇다.

김병룡 군, 오철호 군, 조춘원 형, 김영준 군께 편지 부치다.

8월 11일. 맑다. 더웁다. 아츰 햇빛에 온갓 비치 찬란燦爛하고 이슬 바람에 온갓 향긔가 움지긴다. 뜰에, 동산에, 울 안에, 울 밧게 맨 꼿치다. 꼬치 피어잇다. 붉고 누린 맨드라미꼿, 히고 붉은 봉숭하꼿, 분홍빗인 맛무레꼿, 쪽물 빗인 닭어가비꼿, 하얀 련꼿, 자지빗인 도라지꼿, 연홍빗인 들국화꼿, 누른 돌쑥갓꼿, 붉으스럼한 강아지꼿, 새빩안한 홍파초芭蕉꼿, 검고 히고 푸른 수국꼿, 누르스럼한 나발꼿, 백설 가튼 박꼿, 황금 가튼 호박꼿, 이 꼿들 보면서 이러저리 거닐새 향긔론 이슬은 옷깃을 적시고 쯔어오르는 햇비츤 거름자를 옴기더라. 날이 지도록 온갓 소리가 난다. 사람소리, 개소리, 소소리, 도야지소리, 닭소리, 쥐소리, 참새소리, 검정새소리, 쐬고리소리, 제비소리, 쑤쑹이소리, 파랑새소리, 싸치소리, 가마귀소리, 비둘기소리, 부엉이소리, 올바미소리들은 그만두고라도 전후좌우, 욱어진 풀 속에로, 무리 녹은 숩속에로 왕매미, 쓸 매미소리, 열치, 불무치소리, 쐿도람이소리, 짱갑이소리, 쌔구리소리, 씁북이소리, 게다가 물소리까지 더하니 어찌 조용타 하랴. 여러가지 소리론 경성시가京城市街보다도 더하면 더햇지 적지 안하겟다. 무엇이 심심타 하랴. 이러케 써드는 대서 잇스며. 그러면 온갓 빗갈, 온갓 소리 가최어 잇스니 저윽이 뜻만 두어 보고 들으면 조용치도 안하고 심심치도 안하다. 웨 서울은 조타 하고 거긔로만 가려하며 시골은 슳타 하고 예는 버리려 하냐. 너는 말금한이 이런 줄까지도 알면서 그러냐 하면 나는 아즉 대답은 안하겟다. 그러나 나는 서울 가서 잇서도 늘 뜻은 시골 와서 잇다. 참 시골을 실허 안하며 버리지 안한다. 오히려 서울보다 시골을 사랑하며 자랑한다. 더구나 내 시골을 더 사랑하고 자랑한다.

8월 12일. 구름 끼고 더웁다. 비가 몃 방울 뚝뚝 써러지다가 말다. 수당, 한동화, 김사영思瀛 군께 편지 부치다.

8월 13일. 구름 끼고 빗방울도 써러젓다.

리릉李陵의 「답소무서答蘇武書」를 죽 나려보앗다. 하도 늑겨 눈물이 흐르다.

8월 14일. 비가 오다. 「불상한 동무」를 읽어 보다. 과연 세상이 무정한 줄을 알겟고나. 속절업시 눈물이 쏘다지다. 약한 자와, 구차와, 업시네김 밧는 자— 제 혼자 불상하고나. 남의게 동정밧고자 할 것 아니다. 더구나 동정밧고저 아니하는 이가 참 불상한 이다. 참 불상하다.

8월 15일. 맑다. 칠월 초이일. 한아버님 긔고忌故날이다. 삼 년 만에 처음 도라오는 긔고 날. 이를트면 대상大祥날이겟다. 그러나 한아버님께서 게신인가 부재모상父在母喪을 아버지께서 겨우 일주년복一週年服

으로 작년 오날에 소상 겸하여 대상까지 마치섯다. 이것이 고래 례의古來禮儀이란다. 다 가튼 부모이지마는 아네가 살어잇고 어미만 궉기면 복을 삼 년에 한 해를 주리어 입게 하고 어미가 살어잇고 아비만 궉기면 그 복은 꼭 삼 년을 입게 한 것이다. 아마 남존여비男尊女卑하다 하여 부모에도 아비보다 어미가 못한 양으로 마련된 듯하다. 부모에게도 차별대위差別待遇를 하여왓으니 모든 것이 좀처럼 평등되기는 어렵겟다.

세월이 빠른 것이다. 어느덧 삼 년이 되앗다. 한아버님께서 건네방에서 벽에 등을 기대고 안저서 내가 사다 드린 사탕이나 과자를 압족하신 입에 느히시고 저물도록 움울움울하시든 모양이 어제 갓더니 지금은 캄캄한 꿈결 갓다.

슬프다. 다시 한아버님의 그 모양을 볼 수가 업고나. 한아머님은 발서 구름 우 백옥루에 기픈 꿈을 꾸이고 길게 편안히 누으섯다. 어찌 차저뵐 길이 잇스랴. 행혀 오날 저녁에 나려오서서 우리를 보고 가섯스면 조흐련마는 우리는 밤새도록 잠을 아니 자고 저윽이 음식을 차려 노코 "애고, 애고! 어여, 어여." 소리를 부르지며 다 자저가는 촉불 알에서 기다리어도 한아버님께서는 거름자도 비최지 아니하시니, 웨 그러시는지 모르겟다. 혹, 아모 자초업시 다니어가섯는지도 모르겟다. 만일 한아버님께서 그전 모양을 드러내시고 나타나시면 우리가 힘껏 붓들고 다시 못 가시게 할 터인가. 그래서 아모도 모르게 다니어가섯는지 모르겟다. 왼 집안사람이 거의 다 모이엇다. 한아도 한아버님 뵌 이는 업다. 보지 못하니 더욱 서럽다.

8월 16일. 맑다. 김용순用淳 군이 차저왓다. 이 더위에 멀리 온 일을 생각하매 더욱 고맙다. 찬 군, 리한주漢周 군도 차저왓다. 만루挽留하여 밤까지 이약이하고 한가지 잣다.

8월 17일. 맑다. 용순 군, 찬 군, 한주 군과 가티 독지동篤志洞을 가서 돈 군에게 문상하다. 황종규宗奎 군도 만낫다. 돈 군도 만낫다. 점심까지 어더먹고 저녁나절에야 도라왓다. 용순 군과는 더욱 앗가운 작별을 햇다. 정충시 군 편지를 보다.

8월 18일. 구름이 씨엇다. 압들에 벼를 보니 잘 되엇다. 만두레 하는 사람의 등쏠이 아조 보이지 아니하고 다만 벼 입만 샛댁거린다. 벼 포기 한아가 굽단지만 하고 벼 줄기 한아가 수수대 갓다. 크게 풍년이 될는가 보다. 엇개을 엇슬거려지고 엉덩이을 흔들며, 종가래를 비스감치 들고 논틀로 어슬렁거리는, 깃븐 우슴을 가득히 쓰인 롱인들은 퍽 조하한다. 과연 그러켓다.

8월 19일. 아츰해 뜰 무렵에 장군봉 우에로 무지개가 빗겨 잇다. 비 올 듯하더니 구름은 슬슬 허치고 해가 나다러온다.

8월 20일. 더웁다, 맑다. 책이나 보고 소일消日하얏다. 집에 잇든지 다른 고데 잇든지 나와 늘 친한 벗은 책이다. 동서고금인東西古今人의 사상思想과 감정感情을 알겟다. 만일 이러한 책들이 업섯드면 과연 심심하여 살 수 업겟다. 한갓 사람 더불고 이악이하는 것처럼 주거니 밧거니 하며 써드는 맛은 업스나 그 대신 조용하고 은은하고 비밀하고 심오深奧하고 신뫼神妙하고 정일精一한 맛이야 이에 더할 것 업스며 견줄 것 업스리라. 참 질거웁다.

8월 21일. 몹시 더웁고 구름도 좀 씨엇다 개엇다 하고 바람도 좀 불다 말다 한다. 오전 아홉 시쯤, 병륙 군을 더불고 공립보통학교 내에서 여산구락부礪山俱樂部 창립총회를 엶을 가보다. 아즉 사람들이 덜어 모이엇기에 의사醫師 리용긔龍基를 차젓으나 못 보앗다. 겨우 열한 시 반이나 되어서 회會를 열엇다. 림시의장臨時議長을 유치훈兪致勳으로 냇다. 되지 안케 나서서 씨월거린다. 취지 설명하고, 규칙 통과하다가 임원 선정選定에 이르어 회장을 두어야 하겟다는 이 잇서 거의 한 시간을 허비하여 종다수從多數 취결로 회장 업시 간사幹事만으로 하게 하고, 다음에 회원 명부를 정리하고, 다음에 사업 진행 토의討議로 문뎨 삼고 의연義捐금 모집을 한다. 최상最上 이백 원. 최하가 이 원이고 특별特別히 시가時價 일천오백 원 된다는 집을 의연한 이도 잇서, 모다 이 천칠백여 원이 들어왓다. 병륙의 일홈으로 이십 원, 나 보든 책 몃 권을 의연하엿다. 왼통 모인 이가 일백칠십이 인이다. 모다 돈 몃 원씩 의연하더라. 매우 깃부다. 해가 이미 지고 저녁이 어두엇다. 장군 허터지듯 시슬시슬 다 도라가더라.

8월 22일. 저녁나절 쏘내가 오다. 오래 가믈엇더니 한 비에 흡족洽足하다.

8월 23일. 쏘내가 오다. 사방에서 물소리가 야단이다.

8월 24일. 맑다. 독선거리 가서 차 군을 차젓다. 리룡기龍基병원에서 괴질 예방 주사를 맞앗다. 리철주哲周 군을 차저 보다.

8월 25일. 더웁다. 흐리엇다.

8월 26일. 더웁다. 비오다. 김봉수鳳洙 군이 오앗다가 비 때문에 자다.

8월 27일. 맑다. 비오다. 봉수 군이 가다. 리한주 군이 오다.

8월 28일. 저녁 비 오다. 조 형, 김영준 군의 편지 보다.

8월 29일. 밤새도록 비가 오다.

8월 30일. 비 오다. 아츰에 큰물이 낫다. 올해, 제일 큰물이라더라.

8월 31일. 흐렷다. 리룡긔병원에 가서 괴질 예방 주사 햇다. 독지동 갓섯다. 돈 군, 희 군을 만낫다. 푸시시한 이약이 하다가 해가 저물엇다. 신발로 풀 이슬을 털면서 도라오앗다.

9월

9월 1일. 흐리엇다. 매우 더웁다. 섭시 백삼 도. 조부 강녕하시고 부모 안녕하시고, 형뎨, 처자 무고하니 즐거운 가뎡에 왼 주우周圍에 온갓 자연自然과 왼 방에 쌔인 서책을 벗삼어 더욱 질거웁다.

9월 2일. 맑앗다 흐리엇다 한다. 송정식 군, 도燾 군의 편지 보다. 몹시 더웁다.

9월 3일. 맑다가 흐리엇다 한다. 몹시 더웁다. 섭시 백이 도. 김영운 군에게 편지 부치다. 『남화경南華經』을 읽다.

9월 4일. 저녁나절 비방울이 뚝뚝 쩌러지다 만다. 더위는 여전.

9월 5일. 몹시 더웁다. 구름은 덩이덩이 어울리엇다. 새양골 갓섯다. 두 아자씨(현남顯南 씨氏 현상顯相 씨氏)와 이약이하다가 저녁밥 짓는 연긔 나는 것 보고 독적골 병룡의 집을 다니어서 왓다.

9월 6일. 여전히 더웁다. 비가 오다.

9월 7일. 비 오다. 돌물이 불엇다. 정긔남基男 군이 오아서 리발해 주엇다. 단골 김옥동玉童이 차젓더라. 김영운 군의 편지 보다.

9월 8일. 비가 조곰 오다.

9월 9일. 맑다. 대뜰보 돌 우에서 물소리 듯고 오래 안젓엇다.

9월 10일. 맑다. 참실골 세내물을 쌀어서 거름햇엇다.

9월 11일. 맑다. 수당쌔, 리도燾 군쎄 편지 부치다.

9월 12일. 맑다. 셋재 아오 식히어 썻보리 열 말을 여산 장에 팔러 보냇더니 지낸 장보다 한 말에 대하여 삼십오 전이나 써러지어 겨우 오십 전쯤 한다 하므로 못 팔고 도라오앗더라.

새앙골 자근 아자씨가 차저오아서 잤다. 얼마큼 심심하든 차 롱촌 이악이라도 드르니 재미잇는 것도 잇다. 여러 날 말 몃 마디 못햇드니 혀가 어좁은 듯하다.

忌故日[1]

高祖考 六月 卄九日

高祖妣 宋氏(鎭川) 五月 十一日

高祖妣 金氏(江陵) 四月 九日

伯曾祖考 十一月 十五日

伯曾祖妣 俞氏 三月 十一日 (杞溪)

伯曾祖妣 鄭氏(東萊) 十月 一日

再從祖考 十二月 晦日

再從祖妣

曾祖考 九月 六日

曾祖妣 四月 五日

祖母 七月 二日

生辰

祖父主 四月 卄九日

1 기고(忌故) 즉 제사 날짜와 생신 날짜를 적어 놓은 것이다.

父主 四月 十七日

母主 六月 十一日

仲父主 十二月 三日

仲叔母主 四月 十四日

季父主 十月 二十六日

祖母主 正月 十八日/ 正月 二十八日/ 十二月 三日

釋弟 正月` 十九日

參弟 十二月 卄四日

參弟嫂 十一月 八日

陸弟 八月 四日

陸弟嫂 三月 二十三日

龍弟 十一月 四日

從兄 正月 卄七日

(文) 從弟 五月 十七日

從祖父主 四月 卄二日

外祖父主 七月 卄三日

일기

12권

1920. 9. 13. ~ 1920. 11. 30.

1920년(단기 4253년)

9월

9월 13일. 비오다. 리백李白의 시詩를 보다. 속이 시원하다.

9월 14일. 비오다. 창 밧게서 들어오는 비소리 온갓 회포를 자아낸다. 혹 봉텬에서 듯던 비소리 갓기도 하고 혹 서울에서 듯던 비소리 갓기도 하다. 그러나 파초 입, 벽오동 입, 포도 입, 련입, 호박입, 박입에 써러지는 비소리야 이 집에서 쑨. 게다가 콸콸 퀄퀄 흐르는 물소리 비갠 머리에 놉히 들린다. 밤낫으로 그치지 아니하고 더구나 비 올 째 더 놉히 들린다.

9월 15일. 맑다. 아침저녁은 쐐 싼듯싼듯하다.

9월 16일. 맑다. 벼가 거의 익엇다. 아이들 골마리에 산과山果가 가득하다. 산에 살으니 가을을 맛나면 보리수니, 밤이니, 어름이니, 머루니, 개금이니 하는 먹을 것이 만타. 이것도 산의 덕인가보다.

9월 17일. 히물근 구름이 놉히 쌀리어 잇다. 사방의 고교하고 쓸쓸한 것이 벌서 가을 맛을 알린다.

9월 18일. 맑다. 어린놈을 더불고 찬물내기에 가서 머루도 싸고 버섯도 쌋다. 버섯 일홈을 오히려 어린놈에게 배웟다.

9월 19일. 구름 씨고 비오다.

9월 20일. 맑엇다. 그렁저렁 오날도 지냇다. 이 모양으론 넘어 답답해서 못 견대겟다. 배우는 것이 잇나, 깨치는 것이 잇나. 하욤이 업스니 어찌잔 일인가.

9월 21일. 구름이 끼엇다. 저녁에는 다시 녀름처럼 더웁더라. 서울 안국동 병구 집에 편지 부치엇다.

적막寂寞한 향촌생활鄕村生活에는 비록 지의기쇄志毅氣鎖한 청년青年이라도 흔히 타락墮落하기 쉽겟다. 원악 타락墮落한 이의 반근착절盤根錯節한 총수叢藪 속에서 약개특립독행若箇特立獨行의 사士가 잇다 한들 과부적중寡不敵衆의 세勢로써 마침내 굴복屈伏하고 말지니, 더구나 지기박약志氣薄弱한 청년青年으로야 어찌 백절불굴百折不屈의 력力으로써 굿게 저항抵抗하랴. 한갓 인습적因襲的 사상思想, 감정感情, 풍속風俗, 습관習慣의 탈을 벗지 못하고 대개 타락墮落으로 부패腐敗에 부패腐敗로 시멸澌滅에 이르겟도다.

9월 22일. 구름이 끼엇다. 저녁나절부터 비방울이 뚝뚝 써러지기 비롯더니 난데업시 사난 바람이 이러나아 나무까지가 한편으로 쏠리며 집 이엉이 날리며 소내기가 좍좍 쏘다지며 우레 소리가 우루룽 하더니 밤중에사 겨우 그치다.

9월 23일. 개엇다. 이러나 보니 압들 벼들이 모다 씰려 노앗다.

추분秋分날.

9월 24일. 하늘이 흐렷다. 녀름부터 자조 비가 오니 구름만 조곰 끼어도 또 비가 올가 장마가 질가 하고 하늘을 자세히 처다본다. 그러고 바람 소리만 나도 비가 오는 듯하다.

9월 25일. 맑다. 래일이 발서 추석날인가. 내 집이며 이웃집에서 썩

방아 빠수는 소리가 고요하든 마을을 식그러케 한다. 아마 으레 송편낫이나 어더 먹을는가 보다. 벼는 더러 묵고 새저 죽은 것도 만코 바람비 마저 아조 씨러진 것도 만치마는 대개 풍년이라 하겟스니, 떡도 하여 먹고 술도 하여 마시고 고기도 사다 먹으며 새 옷도 하여 입으며, 세계를 알겟느냐 나라를 알겟느냐 한갓 배부르고 칩지만 안하면 그만이지, 남은 촌놈이라 하든지 시골뚝이라 하든지 상관할 것 업시 항상 이러틋 지내며 가시버시 화합하며, 자식이나 나하 기르고 돈이나 모아 논밧 마직이나 사 보태어 형세가 더럭더럭 늘어 가면 더 바랄 것 업지. 이러한 이들만 사는 고데서 온갓 곡식이 가득이 여문 이때를 당하여 아니 먹어도 배부른 것 가트나, 이 새 저 새 가온대 먹새가 가장 크다 하며 갓싸지 음식을 만들어 노코 한번 량껏 먹어작힐 것인데, 금년이 풍년인 대신에 쌀갑시 헐하고 돈이 귀하여 그대지 넉넉히 차리든 못하는 모양이다. 그러나저러나 래일을 당하여 보자.

9월 26일. 맑다. 추석날이다. 채례를 지냇다. 전주를 가다. 해가 거의 하늘 한가온대 오앗다. 농지울, 통샘을 지내어 광대구렁에 이르니 다리가 좀 아피다. 통샘에서 삼례싸지를 광대구렁이라 이른다. 말은 십리라 하지마는 실상은 시오리나 된다. 서울 남대문 밧게 가장 긴 십 리라 하더라. 좌우 솔나무 뿐이오. 매우 회젓한 골목이다. 오랫동안 집에서만 쏙 잇다가 오날 줄곧 걸으니 과연 고달피다. 바람도 업고 쏘이는 가을볏이 오히려 더웁다. 땀은 흐르고 목은 마렵다. 푸른 두루막이 붉은 저고리 어른이며 아이들이 솔나무 사이로 쑥쑥 비어지며 새각시며 늙은 마느래들이 때지어 오며, 무덤 압에서 울고 안진 마느래며 치마자락을 거두어 자분 솔나무에 비겨 안저 이악이하는 아씨들의 몸꼴이며 몸짓으로도 아조 촌스럽지 아니하여, 그래도 전주가 갓가운 곳인 줄을 알게 한다. 어느덧 삼례역에 다달럿다. 한 시간이나 기달리엇다. 유창석昌錫 군을 맛낫다. 봉암리 아자씨(儒氏)를 맛낫다. 한가지 차를 탓다. 동산촌東山村을 지내니 넓은 들에 흰 모래만 쌔이엇다. 저거번 큰 물이 이러케 햇다더라. 솔 사이로 덕진을 바라다보니 모인 사람들은 바다 갓다. 서울 가트면 창경원昌慶苑이 이러하렷다. 예서 오르는 이가 차를 더 무겁게 한다. 차는 비틀비틀 헐덕거리며 전주에 이르다. 나리든 별로 정소석을 차젓다. 마침 썩이 잇서서 잘 먹엇다. 그치지 못할 이악이를 다음에 미루고 조 형 집에 갓엇다. 그동안 큰물이며 모진 병을 치룬 누의님과 생질과 사장을 보니, 참으로 다시 살어난 이들을 맛나는 듯 반갑기 이를 수 업다. 피차 지낸 이악이를 햇다. 그러자 조 형이 송종악種岳 씨를 더불고 오앗다. 한참 써들엇다. 정소석은 한가지 조 형 집에 오앗다가 바로 갓다.

9월 27일. 맑다.

조 형과 가티 추인을 차젓다. 바로 산밋 대숩 속인데 밤낫 고요한 처사處士집 터일레라. 추인도 보고 청운도 보다. 몃 마디 뭇는 말 대답하고 청운과 가티 조 형 집에로 오다. 정소석도 차저오앗다. 오래 막히엇든 이악이가 퍽 터졋다. 저녁나절 김병직 형을 차젓다가 붓들려 밥과 술을 먹엇다. 리광렬 군을 차젓다. 정소석, 조 형과 가티 광렬 군에게 쓸리어 나아갓다. 푸른 하늘에 밝은 달이 썩 좋게 비친다. 네 사람이 짝을 지어 이악이하면서 거름한다. 지나료리집에 들어가서 술을 마시엇다. 열네 살 된 아이가 둘이 잇다. 얼굴이 한아는 넓직하고 한아는 도랑직하다. 다 팔리어 오앗다더라. 바야흐로 꼿다운 꼿봉오리 가튼 것들이 진흙이나 해금창 가튼 고데 썩게 되니, 꼿다운 비치며 아름다운 향긔가 덧업시 사라지게 되는고나. 가엽다. 불상타. 조 형 집에로 도라오니 밤이 기펏더라.

9월 28일. 맑다. 리종소鐘韶 형을 차젓다. 연하여 아침밥을 먹엇다. 추인을 차젓다. 청운을 맛나서 한가지 소석을 차젓다 못 보다. 청운이 점심을 사주어 먹고 뎨이학교로 갓다. 김정상正相을 맛낫다. 저녁에 송종악 씨 집에서 놀다가 신석주奭柱 군이 차저오아 끌리어 나섯다. 료리집에 가서 밤이 깁도록 놀엇다. 정인초寅蕉 군을 차저보다. 김병직 형이 차저오앗다더라.

9월 29일. 맑다. 송종익 씨가 아침밥을 먹이다. 추인을 차젓다. 정석모鄭碩模 씨를 차젓다. 정소석을 차젓다. 마침 청운, 리병호炳浩 군, 김한주漢柱 군을 맛나서 장관파집에로 갓다. 예서 박동전 군을 맛낫다. 정소석, 김한주 군은 군산을 가고 나와 청운과 병호 군은 소석서림 우칭에로 올라가서 이악이하다가 다만 청운과 가티 남텬南川교에서 엇슬거리다. 저녁에 청운, 추인, 전 군이 차저오아 이식하도록 이악이하다.

9월 30일. 맑다. 정인초 군, 송종악 씨, 리종소, 추인을 차저보다. 공영共榮운송부 가서 광렬 군을, 칠성七星자동차부 가서 신석주 군을 찻고 전주역에 이르다. 조 형과 청운이 오아 작별한다. 십 시 반 차를 타고 완산을 등지고 떠낫다. 열한 시쯤 나리어서 북풍을 안꼬 도라오다. 책상머리에 수당의 편지며 조 형의 엽서가 오아 노히엇더라. 오날 오전 한 시쯤 병룡 뎨가 아들을 어덧다더라.

10월

10월 1일. 맑다. 화평 맹석孟錫이 종형뎨 동행하여 오앗더라.

10월 2일. 맑다. 수당, 취롱, 조 형, 김사영 들에게 편지 부치다.

10월 3일. 흐리다. 저녁에 비오다. 전북 도청에서 김봉배鳳培와 산림계쟁건山林係爭件에 대하여 오라 하엿다.

10월 4일. 아침나절은 흐리고 저녁나절은 개이엇다.

10월 5일. 맑다. 맹석 종형데가 써낫다. 소산장, 누의님, 유 형께 편지하다.

10월 6일. 맑다.

아버지 짤어서 솜리를 가다. 느지감치 써나서 점심때쯤 장목재에 이르다. 당수주 뵈압고 질그럿 만드는 것도 보고 밥과 술도 먹고 이악이도 하다가 써낫다. 당수주께서 길을 일러주시기 위하여 거의 십 리 되는 룡못 압들까지 오셧다. 바라다보니 넓은 들이다. 누른 벼가 왼 들에 가득하여 마치 황금세계黃金世界 갓다. 저녁나절 솜리에 다달럿다. 김종원鐘遠 군을 맛나 신성여관新成旅館 리기순羅基順 집에 들다.

10월 7일. 맑다. 아침에 이 집 로파老婆가 그 짤과 사외를 더불고 싸운다. 서로 이놈, 저년 하면서 야단이다. 로파는 모진 입쭈리로 사난 소리가 도모지 그치지 아니한다. 웨 그러는지 모르겟다. 대수롭지 아니한 일을 핑게 삼어 마침내 원수처럼 보고 성가스럽게 군다. 등기소登記所에 가서 산야구증명山野舊證明책을 열람閱覽햇다. 군청에 가서 진사동 산장 증거 서류를 도로 달라고 신청햇다. 이것은 구한국 적에 증명 낼 째 군청에서 들이어 온 것이라. 재무주임 산본중태랑山本重太郎은 말하되 이것을 주어야할가 아니 주어야할가 자세히 모르니 조사하여 보겟다 하고, 다른 서긔며 고원雇員들은 발서 군청 물건이 되엇으니 아니 주어야 하겟다 하며, 쏘한 올 륙월에 불살러 버리엇다, 이러니저러니 쑥쑥 나서서 함부로 말하거늘, 어씨 이것이 군청 물건이 되엇으며 어찌 이것을 불살러 버리엇으며 어찌 이것을 내어주지 못하겟느냐 하고 마디마디 무르며 써드니, 산본이가 말하되 조사하여 들일 터이니 여관에 도라갓다가 오후에 다시 오느라 하더라. 오종 소리 난 뒤 삼십 분쯤 지내서 군청에 들어갓다. 산본이며 군서긔가 점심도 못 먹고 한국 법령책을 노코 뒤적그리느라고 북새를 이룬다. 마침내 산본이가 하는 말이 이것은 과연 확실히 군청에 보관하여 잇고 또한 군청에서 꼭 보관할 것이니 아조 환부치 못하겟다 하며, 군서긔 식히어 그 말을 신청서에다 쓰어 준다. 전주로 써나는 차 시간이 겨우 삼십 분 남엇다. 군서긔는 신청서 환부할 것을 쓰어가지고 또한 다른 서긔 도장을 마치고 군수실로 드려보냇다. 군수실에서는 다만 이삼 인의 써든 이악이 소리만 들린다. 가만히 기다리고만 잇다가는 차 시간만 쓸치겟다. 하는 수 업시 군수실 문을 벗석 열고 들어가서 실레한다 하고 전후 사정을 말하니, 그제야 군수가 깜짝 놀래며 그러냐 하고 그 신청서를 대강 보는 체하고 도장을 쑥 찍어준다. 나오아 다시 익산군 인을 마치어 도라오다. 식산殖產 은행에서 정근建을 보고 십 원자리 지화를 일 원자리로 박구다. 여관에서 밥갑(한 상에 사십 전)을 주고 송영환永煥 리발소를 차저보고 정거장에로 가니 마침 차가 써나려 한다. 급히 차표를 사아 올라타고 전주에 이르니 저녁나절일레라. 벽초碧蕉여관에 들어가니 강상득尙得, 정신현信鉉 두 증인이 오아 잇더라. 나아가 술 한잔식 사서 먹이고 나는 바로 완산 밋 조 형 집에로 갓다. 조 형 집은 아모 연고 업다. 한참 잇스니 조 형도 학교에서 도라오더라. 밥을 먹고 조 형 더불고 벽초여관에 갓다가 오다. 추인과 소석도 맛낫다.

10월 8일. 맑다. 아침밥 먹은 뒤에 곳 벽초여관에 가서 아버지 뫼시고 증인들 다리고 도청에 가서 림야 조사하는 산원삼차랑山元三次郎을 보고 통지서며 위임장을 주다. 마침 김봉배鳳培게 뭇는 참이다. 밧게로 나아가 기다리라 한다. 거의 점심때 되어서 뭇는다. 처음에 승명과 생년월 다음에 내 산장 된 까닭, 다음에 금양禁養하든 일, 다음에 발매하든 일, 다음에 식림植林한 일, 다음에 수호守護한 일의 여러 가지를 자세히 뭇는다. 뭇는 대로 시언히 대답하다. 그러자 점심 먹는다고 그치다. 한 시간을 지내어 다시 뭇는다. 그리하여 오후 네 시가 지냇다. 산원이 말하되 증거가 넘어 넉넉하니 증인을 뭇잘 것 업시 도로 보내어라 한다. 오히려 남은 말이 잇스니 다만 아버지와 나만 래일 또 오란다. 벽초여관에로 도라오아 나는 아버지 뫼시고 조 형 집에로 오다. 저녁밥 뒤에 아버지께서는 벽초여관에로 가시다. 리종소 군도 오다. 청운이 오아 이약이하다가 한가지 자다.

10월 9일. 맑다. 벽초여관에로서 도청에 가다. 먼저 김봉배에게 뭇는다. 김봉배 증인이란 랑산朗山 최상학相學께 뭇는다. 한갓 증거 업는 거즘말만 한다. 김가 칠대조가 내 팔대조게 산직이를 맥기고 성남城南리로 이사하였다는 동, 내 증조부 용산할 때 하라버지게서 상복 입고 제 집에 가셔서 수표를 쓰엇다는 동 한다. 그러나 이 수표에는 '許給一塘地地', '癸巳 五月 十四日', '李軍' 이라 쓰엿다. 내 증조부께서는 경인庚寅 구월 칠일에 도라가섯는데 웨 그 뒤 사 년 만에야 용산하섯으며, 웨 그때까지 상복을 입어섯으리며, 웨 수표를 해주섯으리요. 글시도 아니오, 글 뜻도 아니오, 수결手決도 아니다. 내 사대조께서 비로소 여산에로 오섯다. 웨 팔대조께서 김가의 산지기 노릇 하섯스리오. 아조 거즛말이다. 대개 김가의 말은 이러하다. 청취서에 도장을 찍엇다. 오날은 반공일. 다른 서긔며 고원들은 모다 가고 왼 실내가 휑 비엇다. 우리 증인들도 제대로 들어오아 섯다. 산본이가 강상득께 무러본다.

이윽히 뭇다가 골을 내며 그만둔다. 벽초여관에로 도라오아 점심 먹고 밥갑(열한 상에 십 원)을 주다. 서로 써낫다. 강은 제 고데로 가다. 정거장에로 가다. 마침 차가 가려한다. 아버지께서며 정신현(눈구) 씨는 차를 타시고 가섯다. 나는 조 형 집에로 오다. 조 형에게 십 원을 빌어가지고 써낫다. 조 형은 정거장까지 오앗다. 오후 오 시 차에 전주를 등지고 차 가는 대로 가다. 솜리에 나리어 남대문 차표를 사아가지고 차에 올랏다. 십일 시쯤 한밧에 나렷다. 정거장 대합실에서 안저 잠을 자앗다.

10월 10일. 맑다. 오전 한 시 삼십 분에 차를 타고 칠 시쯤 남대문에서 내렷다. 리도燾 군을 차저보고 이악이하다. 썩국을 사먹고 머리를 싹엇다. 익선동 여관에로 오다. 수당을 차저보다. 취롱 차저보다. 안국동 아주머니를 차저보다.

10월 11일. 맑다. 김병룡 군을 보다. 한별, 소롱을 맛낫다. 정충시, 김용순, 김영준, 김종원鐘袁 군에게 편지 부치다. 송정식 군을 보다.

10월 12일. 맑다. 소병식 군을 보다. 조 형, 병륙에게 편지 부치다. 리양전 군의 편지가 오아잇다. 답장을 부치다.

10월 13일. 맑다. 도 군, 송정식 군이 차저오앗다. 석전石顚도 맛나보다.

10월 14일. 맑다. 상현尙玄 어른도 보다. 밤에 송정식 군을 차저보다.

10월 15일. 맑다. 진고개서 추사秋史 글씨를 삼십 전에 사앗다.

10월 16일. 맑다. 안국동 아주머니께 이 원을 바덧다. 주인께 일 원을 쒸어주엇다. 김영운永運 군을 차젓다가 못 보앗다. 최익한 군을 차저보다. 정인초寅崔 군에게 편지 부치다.

10월 17일. 신명희申明嬉 군과 도 군을 차저보다. 수당께 갓다. 김시학時學 씨를 맛낫다. 신석주辛奭柱 군에게 편지 부치다.

오날은 증조부曾祖父 긔고忌故 날이다.(陰曆 九月 六日) 나는 제사에 참예치 못하는고나. 자손의 도리로는 썩썩이 참사參祀하여야 할 터인데 윗달리로 이고데 머물러 잇스니 한갓 생각하고 늑기일 짜름이다. 해긔를 던차마다 달엇다. 일본의 신상제일新嘗祭日일레라. 딱각발에 게집이나 사내들이 갓싸지로 탈을 뒤집어쓰고 둑가비로 되고 봉다리 귀신, 아귀 귀신도 되고, 원숭이도 되고, 개도 되고, 여호도 되고, 괴도 되고, 살싸지도 되어, 이 고샷 저 고샷에로 뛰어다나며 써들더라.

10월 18일. 비가 몃 방울 쑥쑥 써러지다 말다. 조선은행에 갓섯다. 취롱께 가서 놀엇다. 딱각발의 놀음은 오날싸지 연한다. 조곰 고쌜 들어 신긔神氣가 시언치 못하다. 송택규 군을 맛낫다.

10월 19일. 맑다. 최롱께 가서 놀엇다. 수당께도 갓엇다.

10월 20일. 구름 끼엇다. 나지는 더웁다. 庚申 九月 九日. 취롱께 갓다. 박인선絪善 씨에게 술을 어더 마시다. 도 군을 차젓더니 업서서 못 보앗다. 도 군을 차젓다가 못 보다. 신길봉申吉奉 군이 차저오앗더라.

10월 21일. 맑다. 집에 편지 부치엇다. 도 군이 집에로 갓다더라. 도 군쁜 아니라 만히 학생들이 학비가 어려우어 집에로 도라갓다더라. 쌀 갑은 헐하고 돈은 귀하니 시골에서 부형들이 학비를 대어주지 못한다. 할 수 업시 중도퇴학中道退學 하는구나. 가엽고 애닯은 일이다. 리중갑重甲 군의 편지 보다. 백강百强 군을 맛낫다.

10월 22일. 맑다. 조 형의 편지 보다. 백호白豪 군이 차저오다. 명천鳴川 윤화중尹和重 군이 차저오다. 『추사척독秋史尺牘』을 어더다 보다.

10월 23일. 맑다. 북창北窓 사이로 칩은 바람이 들어오다. 아츰에 이러나니 신긔가 불평하다. 저물도록 머리가 아프고 코미티 타는 듯. 취롱 더불고 경복궁景福宮에 들어갓다. 총독부 짓는 소리쁜. 화중和重 군이 차저오다. 저녁에 취롱과 김승렬承烈 씨가 차저오앗다. 추사 글씨를 보이다. 추사 글시(진고개에서 어든) 이악이도 하였다.

10월 24일. 맑다. 취룡씨 가서 가티 안국동 백사 번디 김승렬承烈 씨를 차젓다. 추사 글씨를 만히 내어 보인다. 한참 동안 추사 싸닭에 이 세상 밧에서 놀엇다. 다시 취룡씨로 가서 한별과 석전石顚을 맛나 이악이 듯다. 저녁에 삼청동 김영운永運 군을 차저 말말하다 도라오니 전라도 장성長城 변동욱邊東旭이란 부자가 그 안해며 적은마느래며 아들, 딸, 종들 아울러 여닐곱 더불고 올라오아 아래방을 치고 들엇더라. 시골 사람이 서울 구경할 만도 하다. 그러나 돈 업는 이야 먹고 살기도 어렵은데 무슨 주제에 구경싸지 하랴. 돈이 만하여 함부로 쓰고 단이는 이는 스스로 건방지고 거드름스럽다. 가난한 우리네 살림에 누가 가멸하랴. 저윽이 뜻이 잇스면 얌전하고 조촐할 것이다.

10월 25일. 맑다. 승동承洞 례배당禮拜堂 아페를 지나다 보니 늙은이, 졂은이, 게집들이 산가티 모아 잇스며 구름가티 모아든다. 이는 목사牧師 김익두益斗한테 병을 고치러 옴이다. 혹 병을 고치고 나온다는 이가 말하되 김 목사 아페 가기 전에 김 목사를 보이면 이 병이 쏙 낫겟다 생각하고 밋고 가야만 병이 고치어진다 하며, 김익두가 병 고친 이들을 다 모아 노코 누가 이번에 병이 낫엇느냐고 물으니 그 가온대 한 게집이 나서서 내가 낫엇슴이다. 무슨 병이 낫엇느냐 하니, 개루은 병이 낫엇나이다. 어데 개루온 병이 낫엇느냐 하닌가, 거긔 개루온 병이 낫엇나이다 하니 온 보든 이가 모다 크게 웃더라 한다. 그 병을 고치는 법은 김익두가 병든 이를 엽에 노코 한울님 아버지시어 이 병을 낫게 하여 줍소서 하며 그 병든 몸을 손으로 만지며 문진다더라. 그래서 봉사가 눈을 쓰고 귀먹어리가 귀가 트이고 벙어리가 말을 한다더라. 과연 그럴가. 사내보다 게집들이 더 만히 병 고치러 온다더라. 그리고 금반지며 금비

녀며 은이며 옥이며 돈을 작구 주어 김익두가 큰 부자가 되엇다더라.

수당께 갓다. 취롱께 백강께, 김지연志淵께 갓다. 집에서 편지며 겹옷이 오앗다. 한아버님 다리 부스럼과 룡희 머리 뒤꼭지 부스럼이 그저 그러타 하니 걱정된다.

10월 26일. 맑다. 겹옷을 갈어입엇다. 송정식 군을 차젓다. 김용철容哲 군도 맛낫다. 안국동 아주머니 집에 갓다. 보름 상식上食에 참예하다. 취롱께 가서 놀엇다. 저녁에 장성에서 온 이들이 전우田愚 이약이를 한다. 이를테면 부인네 입는 아래 트더진 바지가 되놈의 것이라고 하여 사내 입는 밑 막은 바지를 입힌다더라. 한번은 어느 주막집에서 밥을 사먹는데 맨 왜 사긔그릇이라 핑계하고 아니 먹거늘, 다시 유긔그릇을 채리어 들이니 먹은지라, 먹고서 밥갑을 주는데 왜 은전을 주니 아니 받고 조선 돈으로 달라 하니 전우도 얼굴이 붉고 다시 아모 말 못하엿다더라. 리중갑重甲 군에게 편지 부치다. 정충시 군에게 편지 오다. 최익한 군이 차저 오다.

10월 27일. 맑다. 최익한益韓 군을 차저보다. 글월 이약이 하엿다. 최군의 한문학이 기피 되엇다. 과연 들을 만한 것이 만하다.

리희용羲用을 차젓다. 리 국장局長은 어데 갓다고 한다. 희용 군은 내가 부르닌가 마지못해서 나온 듯하다. 겨우 찬마루 쪽에 걸어안저 나다려 안지라 한다. 나도 몬지 불고 잠간 안젓엇다. 두어 마디 인사말만 하고 곧 이러나 오앗다. 손 접대할마는 사랑방이 업거드면 내 어느 집을 사흘세라도 내어서 빌리어 주겠다마는 여러 간 사랑방을 가지고 나가튼 손이 들어안지면 그 방을 드렙가 하여 그런지 한데서 푸대접하니 내가 천한 사람인가보다. 귀족 가트면 그러잔할 걸. 소경이 눈멂 탓이나 하지 개천 나무라 무엇하나.

10월 28일. 맑다. 아침에는 안개가 자옥하니 끼엇다. 조선불교회 가서 놀엇다. 조 형께며 리광렬光烈 군에게 편지하다.

10월 29일. 아침에는 안개가 자옥하니 끼엇다가 한나절쯤 되어 맑게 개이다. 하산何山을 차젓다가 못 보앗다. 계부주의 편지를 보앗다.(오 원을 보내엇다.) 주인이 쏘 리 박사, 리 박사 하며 들석거리고 내게까지 푸념을 준다. 우습다. 똥을 무서우어 피하나. 내가 차라리 참고 말지. 사람의 맘이란 알 수 업는 것이다. 함부로 사람의 말만 듯고 미들 것 아니오, 착하다고 녀길 것도 아니오, 사납다고 녀길 것도 아니다. 입으로는 비록 승인의 말을 한다더라도 속으로는 악한惡漢의 맘을 가지엇고나. 이 세상에 가장 흔한 것이 이것이다. 악한에게 속기 쉽고 욕보기 쉽고 해 보기 쉽도다.

슬프다. 이 세상을 어찌할가.

10월 30일. 맑다. 도 군의 편지가 오다. 곧 답장하다. 화관족두리(一圓 八十錢), 첩지(一圓 二十錢), 소잠小蠶(三十錢), 룡잠(一圓 二十錢)들 사아 서령이(二十錢)에 느허 집에로 보내는데 우세郵貰까지 모다 오 원五圓이 들엇다. 집에 편지하다.

10월 31일. 구름이 끼엇다. 오날은 텬장절이란다. 순사가 다니며 집집에 붉은 둥근 긔를 적간해 보며 아니 단 집 사람은 이레 구류拘留식힌다 하더라. 그 바람에 작년 오날에는 아니 달엇든 집들이 다 달엇더라. 붉은 베쪽이 여긔저긔 공중空中에서 번드긴다. 과연 덕부노화德富蘆花의 말가티 충군애국은 왼통 공중에 잇더라. 수당을 맛낫다. 송진우鎭禹 군, 현상윤相允 군이 감옥에서 나오앗다기에 가 보다. 신관身官은 그대지 변하지 아니하엿더라. 송정식 군을 보앗다. 취롱을 보다.

11월

11월 1일. 맑다. 무슨 날인지 오날도 그 긔를 달라 하여 달엇더라. 중림동中林洞(약현藥峴) 가서 김사영思渶 군을 차젓다가 못 보고 도라오다. 허혼憲 씨를 차저 못 보다. 녀자고등보통학교 전람회展覽會를 구경하다. 글씨며 작문이며 바느질한 것이며 손잡신한 것이며 우리나라 풍속風俗에 몃 가지들을 벌이어 노앗다. 대개 게집아이의 성적成績으로는 매우 깜찍하지마는 전혀 일본물이 들엇고 아조 조선 것은 적다. 그러나 그나마도 아니 가르치는 것보다는 나흘가. 어서 배어야 할 것이다. 배운 게집아이 가온대도 못된 것이 업지 아니하나 아니 배울 수 업다. 그러나 다만 건방지고 주저넘어 개살구 질어트어진 것처럼 되어서는 아니 되겟다. 아못조록 잘 배우기를 비노라.

장성 변씨 일행一行도 떠낫다.

작년 오월 십이일 병교橋 군이 갈 때에 가지고 간 돈 때문에 큰 걱정되어 작년 륙월 륙일에 내가 송택규澤圭 군에게 삼백오십 원을 어더다가 쥬인과 박사 아자씨를 주엇다. 주인과 박사 아자씨의 이름으로써 어더 쓰는 이로 하고 내 이름으로 써 보증인을 했엇다. 보증인으로 쓰이기는 과연 처음이다. 그러나 작년 칠월쯤 해서 주인집 압채 아홉 간을 전세 일천일백 원에 잡히어 송택규 세음細音을 다 밝히기로 햇다. 그러자 마침 내가 할머임 소상小祥에 시골을 나리어 갓다. 박사 아자씨는 그새 돈을 바더 겨우 일백오십 원만 송 씨에게 건느엇다. 그 뒤 박사 아자씨는 황달병을 들어 올봄에 도라갓다. 나는 주인에게 송 씨 돈을 줄곳 말하여 오앗다. 그러나 이제까지 내 머리만 아프게 하더니 일전에 주인집을 모다 이천 원에 잡히어 돈을 바더가지고 송 씨 돈 본금 이

백 원만 준다. 내가 그 돈을 바더가지고 송 씨게 가다가 마침 송정식 군을 맛낫다. 송 군이 나를 차저온다고 하기에 다시 집에로 들어오다. 한참 기다리니 송 군이 오다. 주인과 송 군을 맛대미치어 말을 시기다. 쥬인이 사정을 말하고 리전은 왼통 못 주겟다 하니 송 군이 말이 "나는 송택규 대신에 오앗으니 내 맘대로 하지는 못하다. 건방진 짓이나 리전이 통 팔십 원 내에 삼십 원을 감하니 오십 원만 주오." 한다. 쥬인은 밧게로 나가던이 한참 잇다가 들어오아 쥬머니 속에 들은 돈이 이것뿐이오 하며 이십 원을 끄어내어 주며 갑자기 눈물을 줄줄 흘리며 매우 스럽게 울며 억어지를 쓴다. 송 군이 마지못해 이백이십 원만 바더가지고 륙십 원 이자는 탕감하여 주었다. 그래서 영수증을 쓰어 주었다. 나는 그새 송택규 군에게 늘 졸리고 쥬인에게 미움 밧치엇다. 오날 씃나니 과연 시언하다.

11월 2일. 아츰나절은 자옥한 안개가 끼엇다. 윤수중寿重 군을 차저서 가티 장일환一煥 군을 차젓다. 하산何山을 차저 못 보다. 허흔憲 씨를 차저보다. 오래 안저 이악이하다. 저녁에 거리에 나섯다. 오는 사람 가는 사람 만하다. 이 집 저 집 던긔등 비츤 밝게 비치는데 보이는 녀인네 얼굴과 맵시는 더욱 아름답고 더욱 에엿브다. 더구나 내 엽에 갓가이 스치어 지날 때 코를 쏘는 향취가 움지긴다. 밤에 보이는 게집은 거의 다 미인만인가. 아무리 참정권을 달라고 써드는 게집이라도 게집은 게집이지 사내는 아니다. 하물며 도장 안에서 볏을 쏘이지 못하고 산 게집이야 한갓 오종종하니 잔여릴 싸름이로다. 그럼으로 게집이라면 발서 여린 것으로 생각힌다. 보드럽고 순하고 싸뜻하고 얌전한 것은 여린 사람의 만히 가진 것이다. 매우 튼튼하여 사내처럼 굿세고 큼직햇으면 조켔다. 어찌 서울 게집은 맨 난장이가티 키는 짜른가. 게다가 허리조차 압으로 조곰 ㅅ오부장하지, 게다가 주둥이는 종조리새 열씨 ㅆㅏ듯하지, 웨 그리 턱은 엷은가. 어서 교육을 넓히어 조흔 이 되기를 비노라.

김사영思漢 군의 편지 보다.

11월 3일. 맑다. 아침에 가서 하산何山을 차저보다. 청년 시대는 긔질이 자연을 이기는 고로 잘 공부를 해서 속을 실하게 채우어야 하겠다 하는 말을 들엇다. 김사영 군을 차저보다. 시베리아 이악이를 들엇다. 가림 업시 넓은 들에 토장빛 가튼 흙이 매우 걸으며 물을 대기도 조흔데 우리나라 사람이 가서 비로소 벼를 심어 돈을 만히 벌었다. 하로갈이에 잘 되면 백 석은 츄슈하는데 한 사람이 열흘갈이 이상도 짓을 슈가 있다. 나무숩도 퍽 넓고 만하여 긔차 화통에도 나무토막을 쓴다. 나무는 잣나무며 참나무가 만하고 나무가 저절로 삭어 나려진 것도 잇고 잡바진 것도 있어 석탄 가튼 광물이 만히 있다. 금도 만히 있다. 우리나라 사람들이 금도 만히 파아 정부에 팔기도 하고 혹 음문에다 항肛문에다 ㅆㅣ어내어 가마니 슈츌을 한다. 돈 한 입 업시 한 해라도 우리나라 사람 사는 마을에서 머물을 슈 있다. 서로 밥을 해쥬는지라. 학교 교사로 있으면 일 년에 천 원 이상도 된다. 정치는 전혀 자치인데 디방에서는 사람ㅆㅣ리 위원을 선정하여 막기고 중앙정부에서도 위원을 선정하여 막기되 다만 가난한 이들에게 만히 막긴다. 로동자, 농사짓는 이, 군인들이 권리를 쥐고 부자의 재산은 모다 정부에서 관게하여 쥬쥬 모양으로 리익 배당을 밧고 제 자유로 쓰지는 못하게 하여 한갓 공익상에 쓰이게 하고 또 혼자 장거두지 못하게 하여 지화를 일 년만에 고처 발행한다. 교육은 칠 세부터 십륙 세ㅆㅏ지 의무 교육인데 이것은 오로지 정부가 다 감당한다. 그래서 십륙 세ㅆㅏ지는 공부만 하지 다른 로동은 아니한다. 자식은 그 부모가 나키만 하지 기르기도 가르치기도 아니한다. 학교에서는 교슈는 얼마 아니한다. 모다 책을 주어 제 집에 도라가서 읽히어 다만 모르는 것만 교사에게 뭇게 한다. 그래서 그 아이 학력대로 아모 졸업장 업시도 즁학교나 대학교에 립학할 수도 있다. 힘으로나 정신으로나 로동 아니하는 이는 하로 밥 한쌔도 아니 준다. 반드시 일을 한 표가 있어야 준다. 육신은 사십오 세까지, 정신으로는 오십오 세까지 로동하고 그 뒤에는 가만히 안저서 정부의 힘을 어더 먹고 살게 한다. 이런 것이 렌닝주의主義 곳 볼쓰벡기주의라. 그래서 전쟁은 아조 업시고 그 나라 사람이나 남의 나라 사람이나 서로 넘나들며 살게 한다더라.

11월 4일. 바람 불고 비 오다. 세부란쓰병원에 가서 정 군을 차저 못 보다. 오날 저녁부터 갑작이 칩다. 굿돌은 싸늘하고 요이불은 엷으니 왼몸에 소름이 치며 잠이 잘 들지 아니한다.

11월 5일. 맑다. 오날도 칩다. 저녁에 하산 어른을 차저 못 보다. 긴 밤에 추위만 더불고 싸홈하다가 내 잠만 밋지엇다.

11월 6일. 맑다. 도 군의 편지 보다. 송정식 군을 차저보다.

11월 7일. 흐리고 비도 조곰 오다. 김승렬承烈 씨를 차젓다. 김영운 군을 차저서 가티 김일駠을 차저보다. 술도 어더먹고 이약이도 만히 들엇다. 송택규澤圭 군에게 편지 부치다.

11월 8일. 비오다. 저물도록 취룡께서 놀었다. 병룡 군도 맛낫다.

리중갑重甲 군의 편지 보다. 참뜻에 울어나서 적은 글이 과연 자미잇다. 나를 생각하는 것이든지, 때를 늑기는 것이든지 모다 나로 하여금 더욱 고마운 생각을 이러킨다.

독일에서 공부하고 오앗다는 문창도昌都 씨를 차저보다. 그는 공예

工藝를 전공專攻하여 작년 가을 귀국해서 공예전십소傳習所를 이루어 오다가 상무실업단장常務實業團長이란 아모에게 속히어 팡이 나고서 이제야 깨치어 자긔집에서 비롯할 생각인데 뜻 가튼 이를 맛나고저 하는 터이라. 이를터면 물감이든지, 화장품化粧品이든지, 문방제구文房諸具를 맨들어 자작자급自作自給을 하게 함이다. 어서 이런 것이 널리 퍼지어 우리네 가정마다 다 업業이 있게 하였으면 조켓다.

11월 9일. 맑다. 아츰에 구름이 것히고 햇비치 반작반작 비치며 하늘과 땅이 한껏 맑다. 수당께 갔더니 돈 말이 잇서 바로 여관에로 오아 주인에게 백사십 원을 차저가지고 다시 수당께 갔엇다.

11월 10일. 맑다. 취롱께서 오날을 보내다.

11월 11일. 맑다. 이웃집 어린아이 우는 소리에 밤이 깁도록 잠을 못 들엇다. 스스로 느낌이 잇어 노래를 적엇다. 그러나 이것은 이 서울 사는 사람의 흉이 있는 것이다.

밤은 칩고 깁은데 어떤 집에서
어린아이 보채는 소리 나도다.
얼음 가튼 구돌에 요, 이불 좇아
넓지도 못하고도 엷데엷도다.
조히 해진 오래론[窓] 바람 들오며
구녁 뚫린 바람엔[壁] 별이 모이다.
게다가 하루만에 죽 한 그릇도
어더먹지 못하고 주리엇도다.
다행이 어찌하여 돈이 생기면
그날만 잘 먹고서 옷만 치레해

아직도 남은 것은 옛날 자랄 제
잘 먹고 잘 입엇든 버릇이로다.
누구라서 오날날 가난뱅이가
옛날에 가멸한 줄 알엇으리요.
오막살이 집인들 저의 집이랴.
오날밤만 지내면 쫓겨간다지.

11월 12일. 맑다. 조 형의 편지 보다. 집에 편지 부치다. 옷 부치어 달라고.

11월 13일. 맑다.(陰曆 十月 三日) 한배님 나리신 날(四千三百七十七年)이다. 저녁에 김병룡秉龍 군 더불고 각황사覺皇寺에 가서 대종교大倧教 주최主催한 강연講演을 듯다. 한별 군의 대종교 위치位置, 최창극昌極의 놉은 은덕恩德, 박일병一秉의 텬산天山(白頭山)에 대한 연설演說을 듯다. 한별의 녁사적歷史的임과 최의 종교적宗教的임과 박의 지리적地理的임은 각각 다른 비치 잇서 듯는 이들에게 돕음을 퍽 많이 준다. 상딸 초사흘이란 것은 오날을 이름이라.

11월 14일. 맑다. 조선불교회에서 박석전石顚의 릉음경楞嚴經 강의講義며 한별 군의 조선어강의를 듣기 비롯다.

11월 15일. 맑다. 취룡께서 해를 지엇다. 병택秉澤의 편지 보다.

11월 16일. 흐리다. 오날 저녁에는 주인집에서 대감노름을 하다. 아츰붙어 떡방아를 찌며 나물을 장만하며 빈대떡을 붗이며 집안을 깨끗이 쓸며 누름흙을 펴며 장구며 새납을 가지어 오며 무당(만심)을 불러오더니 둥덩둥 소리가 나면서 무엇무엇이라고 지저귀며 한 열세 살 된 게집아이는 벙거지를 쓰고 람藍전복을 입고 새납을 두 손에 치껴들고 춤을 추며 새납 치고 마루 우에서 이리 오앗다 저리 갔다 다리를 경충거리며 소매를 너울거리며 엉덩이를 흔들며 뛰기도 하고 한쪽에로 기웃둥거리기도 하고 네 활개를 벌리기도 하고 옴추기도 하며, 움지기고 그치기를 줄곳 장구 소리를 맞후어 하다가, 또 장구만 치고 사설辭說한다. 사설하다가 또 춤추다 잠간 그치고 모든 이게 술 한 잔식 먹인다. 이 술은 반드시 값을 주고 먹는다. 모인 이에 게집이 더욱 많더라. 게집은 맨 젊은 것뿐 쉬운 남은이나 모이었다. 예서제서 돈이 꽤 쏘다지듯 한다. 그런데 맨저고리 바람으로 머리털억이 밤숭이 같고 얼굴은 된장빛 같고 팔뚝은 무쇠 같은 젊은 사내 대여섯이 술 먹고 걸쉰 목소리로 노래를 부르며 뜰 우에 마루까지 들어오아 춤도 추며 욕찌거리도 하며 게목도 지르며 무당의 장구도 뺏어다가 마당에서 굿거리장단에 선소리도 부르며 "만심아, 만심아!" 불르며 한껏 떠든다. 그러닌가 무당도 넋을 잃고 굿도 못한다. 주인이 갈범 가튼 소리를 높이 질르어, "남이 간신히 정성을 드리어 굿을 하는데 웨 오아서 야료를 펴며 방해를 부리느냐." 하니, 대답하는 말이 "대감노름이든지 무당 식히어 하는 굿에 원악 붙어 구경하는 이가 모아들어 이러케 노는 것이라." 하며 조곰도 그치지 아니하고 오히려 야단을 더한다. 어느덧 순포막에 기별하여 친히 아는 순사를 불르어 오다. 순사가 오아 멷 마디 일르고 갔다. 또 무당이 굿을 하다 아까 그네들이 더욱 먼저보다 야단이다. 순사까지 불르어서 우리를 쫓으니 매우 권리가 좋고나 하며……. 주인은 또 안된 놈들이라며 꾸지지니 과연 씨가 먹지 못하는 말이다. 도리혀 남의 감정만 더 이럭히어 나진 소리를 내게 한다. 호랑이 담배 먹을 적에 금곡 가서 눕서신 영감 밑에서 함부루 하던 버릇을 누구에게 하랴고 인제는 틀리엇다. "웨 남보고 이놈 저놈 하느냐?" 하며 크게 다투다 또 순사를 불러오다. 또 춤추고 장구치고 굿한다. 순사가 가자 그네들이 다시 들어오아 뜨들며 성이 가스럽게 군다. 그제음에 주인이 신주 꼭대기보다 더 위한다는 창안昌晏이가 그 사람에게 손을 댔다고 하여 단번 밀어내 꼭 기어 수채돌에 나자빠지었다. 목에서며 손등에서 피가 듯는다. 이럴 제 주인의 긔성이 어떠하겠느냐. 그네들과 맞장구치며 야단이지. 겨우 순사의 힘을 빌어 가랁지다. 다음에 굿하다. 그네들은 또한 몹시 굶다. 이제는 주인의 수양딸 사외가 그네들에게 뺨을 맞고 멱둥이를 잡히었다. 하는 수 없시 일인 순사가 오아서 말리었다. 진실로 무당굿은 경찰서에서 못하게 하더니 작년(봄) 만세 뒤에론 그다지 삶히지 아니해서 하게 됨이다. 그러나 참 알릴 수는 업어서 일 순사에는 끄리는 모양이다. 그러나 그네들에게 맷맷하게 보이어 지내오다가 순사가 오니 행혀 역성이나 하여 주기를 밋고 긔고만장한 주인네 꼴이야 그릴(形容) 수 업다. 다음에 벙거지 쓴 계집아이가 이 마루 저 마루, 이 방 저 방, 뜰로 마당에로 장광에로 부억에로 뒷간께로 광께로 대문 밖에로 거리까지로 다니며, 그 손에 잡히는 대로 장적가비거니 몽둥이거니 간질대거니 방망치거니 가지고 마구 닥치는 대로 두다리어 부신다. 너럭지며, 옴박이며, 문이며, 창이며, 벽이며, 장롱이며, 의거리며, 사람이며, 쌍이며 가랠 것 없시 때린다. 주인도 많이 어더맞는다. 나 자는 방에도 네 번이나 들어오아 씨월거리며 지내갔다. 다행이 때리지는 아니해, 그러나 창 구녁을 여럿을 내었다. 시끄럴 뿐 아니라 칩어서도 못 자겠다. 꽃 달고 끈 달은 벙거지며 람전복에 넓은 띠를 띤 꼴은 맞히 무관의 복색을 채린 이 계집아이가 북북 소리지르며 이러틋 뛰어 오았다갔다하는 것은 과연 미친년도 아니오 귀신도 아닐레라. 제 딴에는 제가 대감 들리엇다 하고 이러는 터이다. 그래서 돈을 많이많이 주면 소원성취 하여 드리마, 상덕을 물어 주시마 한다. 주인은 자주자주 돈을 준다. 무당은 비는데 정성은 없고 돈 버는 데만 힘쓴다. 어리석은 녀인네야 그런 줄 누가 알리. 한껏 빌어준다는 것만 끔찍하게 알지 돈이 적지 안하게 모이다. 무당은 그 굿을 그치고 또 장구 치고 새납을 울리며, 사이사이 새납은 울리지도 않고 장구만 가지고 아울러 그래도 하고, 우는 듯이 사설도 한다. 그러나 그 사설도 다른 것 아니오 같은 몇 마디를 늘 도로 지저군다. 도모지 어데 비기지도 못할 말이오. 오로지 거즛뿐이라. 먼저는 좋다고 하다가 나종에 낮다고 하며 먼저 팔십까지 산다고 하다가 나종에는 구십까지 산다고 한다는 따윌레라. 미욱한 사람이나 믿을가 무엇을 안다고 무당께 굿하며 무엇을 빈다고 무당께 굿하랴. 밤이 새도록 굿은 끚내지 아니하더라.

11월 17일. 흐리다. 비오다. 아침에 무당이 갔다. 그것도 굿 덕인지 밥상에 반찬은 한 두어 가지 더 놓이엇다. 각황사에서 릉음경 배다. 김병룡 군이 차저오았다.

11월 18일. 흐리다. 집에서 편지며 솜옷이 오았다.

꽃과 아이

ㄱ

어느 날 뜰에 피인 꽃을 보고
스스로 깃부어서 웃었노라.

꽃이야 무슨 거짓 짓었으랴.
오로지 아름다움 갖일 따름.

ㄴ

참으로 곱은 빛갈 갖후었고
참으로 깨끗한 뜻 나타내며

이 누리 드러움을 벗어나아
외로이 높이 섰어 있는고야.

ㄷ

아마도 꽃의 벗도 어린아이.
참뜻을 가진 이도 어린아이.

어린아이 고대로 자라나면
어린아이 고대로 참일 따름.

ㄹ

거즛을 가르치며 배우어서
참뜻을 깨틀이고 나아가니

그것이 불상하지 아니하랴.
어찌해 꽃만 보고 사랑하리.

11월 19일. 맑다. 아침에 종로 드틈전에서 청갑사靑甲紗, 홍영초紅英綃 청홍사靑弘紗 들을 사 광화문 우편국에 부치엇다. 안경방에 돋보기 안경(二圓 三十錢) 한아를 맞추엇다.

병륙에게며 찬贊 군에게며 리중갑 군에게며 김사영 군에게 편지 부치다. 김사영思潫 군 편지를 부치다. 사방은 고요하고 밤은 깁은데 누가 "문 열어 주시오." 하는 소리가 노피 들린다. 나도 잠결에 듯고 누가 그러는지 혹 이웃집에서 그러는지 알 수 업서서 내버려두고 잇섯다. 그러나 그 소리가 그치지 아니하고 오래도록 부르다가 나종에는 목단는 소리로 압집 세든 홀어멈 아들 연홍이를 부르며 문 열라 한다. 이제야 연홍 어멈인 줄 알고 저절로 깜짝 놀래며 곳 불상한 생각이 난다. 그는 일즉 아들 둘 나고 홀어미 되어 이내 홀로 그 아들을 기르며 가르치며 그 아들과 가티 정자丁字 양복점에 다니며 월급 바드며 남보다 날마다 일즉 이러나아 밥을 해먹고 이러틋이 밤중에야 돌아오아 밥을 지어먹고 겨우 한잠 자고 쉰다. 이러틋 괴롭게 살더라. 그러나 아즉도 그의 나는 사십 못 되엇다. 오히려 졂은 때에 외로이 춘풍추월과 화조월석을 다 보내며 몸이 고달피도록 일을 하나 누라서 짜뜻한 말 위로 한마디 해 주랴. 거픗하면 저 홀어미가 슷슷내 수절도 못하니 혹 가마니 누구를 달리 지내느니 하며 아주 항게방게한 헛말을 자아내는 이도 없지 아니하다. 그러하니 그 깨끗한 맘과 몸으로 오즉 쓰리고, 원통하고, 아프고, 답답하고, 갑갑하고, 서럽고, 괴로랴. 다만 이 세상에서 두 아들에만 의지하고 이것을 자미로 깃붐으로 질거움으로 경사으로 알고 괴로운 목숨을 지탱한다. 그런대 이 밤에 이처럼 한 시간이나 한데 서서 문을 열라고 할 적에 더욱 간절이 스러운 생각이 나겟느냐. 나는 빨리 이러나 골마리를 웅키어 잡고 나아가 대문을 열어주엇다. 과연 연홍의 세 모자가 한가지 들어온다. 어찌 안쓰럽고 가엽은지 내가 잠결에 들을 때 곳 이러나오아 문을 열어주지 못한 것이 후회後悔된다. 이런 생각이 하도 간절해서 잠을 냉큼 들지 못하다. 그러케 노픈 소리로 문 열어 주시오 하고 부르는데 십여 인 집안 식구가 모다 잠만 자고 모르는가. 한아도 나오아 보는 이가 업는 듯 이 방 저 방에서 코 고는 소리뿐. 슬프다. 이 세상이 이러케 잠 속이며 꿈속인가. 누가 노피 부르는지 누가 먼저 깨는지 알지도 못하는고나.

문 열다

압의 집 홀어멈 모다 세 식구
두 아들 더불고 살림하도다.
열여섯 되든 해 시집을 가아
첫 몸에 큰아들 낳아 기르며
담 봄에 또 아들 낳아 기르고
스물셋 되든 해 홀어미 되다.
외로분 괴로운 남은 목숨을
오로지 아들께 의지하고서
꽂 아츰 달 저녁 봄과 가을을
덧없시 보내고 홀로 잇도다.
사내를 여인 뒤 슯이 견대며
시아재 보고서 아순 말 하되
집 몉 간 힘쓰어 얻어주시면
두 아들 더불고 살어지리다.
시아재 그 말을 들은 체 않고
누구의 좋은 일 시겨주랴고
얼마가 아니면 서방해 갈 껄.

이렇게 하든 말 아들이 듣고
철모른 맘에도 원통하여서
눈물을 흘리고 말햇다는 동.
속 모른 남들은 믿지 못하여
마츰내 누구를 달고 있느니
그러니저러니 수다한 소리
여긔서 저긔서 듯긴다는 동.
이적지 긴 동안 아들과 같이
양복점 다니며 일하여 주고
달달이 돈 받어 잇서 사는데
그러끠 붙어서 이 압집에로
사흘세 내고서 들이었으며
날마다 남보다 일즉 이러나
아츰밥을 지어먹고 나아가
뼈가 저리도록 수고하다가
한 깊은 밤에야 겨우 돌아와
밥을 지어먹고 잠을 자도다.
가엽고 안쓰럼 그릴 수 없고
따뜻한 바람을 맛일 수 없다.
바람이 뿌리는 이 깊은 밤에
잠결에 들리는 소리 있도다.
문 열어 주시요 높이 부르며
오래껏 밖에서 기다리도다.
갑자기 놀래서 나아가보니

앞의 집 홀어멈 세 식구로다.
골백번 부르는 그 소리엔들
누구가 깨어서 알엇으리요.
이 집안 모든 이 깊이 든 잠은
꿈이나 꾸이고 코나 골 따름.(끗)

11월 20일. 비 오다 개다. 오후에 중앙구락부 총회를 가아 보다. 한 삼십 인 모이었다. 느진 저녁에아 회를 마추었다. 누구가 내 뜻은 알어 보지도 아니하고 함부루 내 이름을 쓰어 임원이니 무엇이니 하여 막긴다. 이런 것이 이 시대 류행流行하는 데모구라신가 알 수 업다. 서리가 하야케 오았다.

11월 21일. 맑다. 주인이 물세 걷으러 영평永平을 간다. 아츰에 청량淸陽리 정거장가지 나가 쩌내어보내다. 도라오아 각황사로 가 한 시간쯤 강연을 듯다. 이에서 최익한益韓 군을 짤어서 한배임 가르치시는 길로 들어가다. 나는 한배임 가르치심을 미듬은 진실로 오랜 것으로 생각한다. 한배임쎄서는 우리의 등걸에 가장 비롯하고 거룩하시고 놉흐시고 크시어 다시 우 업고 긋업고 가업는 등걸이시다. 골잘해 먼저부터 우리 등걸들쎄서 한배임을 가장 놉히시고 사랑하시고 미더오며 우리로부터 골잘해 그지없는 뒤에도 우리 자손들이 한배임을 가장 놉히고 사랑하고 미들지니라. 이를터면 우리 등걸이든지 우리든지 이승에 생겨나흘 적에 반드시 삼신쎄서 맨들어 나이시엇다 하니 삼신 곳 한배임이시라. 한배임쎄서는 하늘에 게실 적에는 환인桓仁이시엇고 하늘과 짱 사이에 게실 적에는 환웅桓雄이시엇고 이승에 내리시엇을 적에는 단군檀君이시엇다. 이러하므로 삼신이라 이름이다. 이러틋 우리는 사람마다 집마다 한배임을 놉히고 미덧다. 실상 이제 새삼스럽게 한배임 가르치심을 밋는다 하잘 것 업다. 이미 사천 년 긴 동안이나 놉히시고 미드시어 오앗다. 그러나 이때는 다른 때와 다르어 온갓 다른 교란 것이 들어오아 한배임의 가르치심을 어지럽게 하므로 다른 때보다 더욱 얼을 차리고 힘을 다하여 한배임의 가르치심을 넏리 펴어 널리 알이어 우로는 우리 등걸의 큰 뜻을 바더 잇고 알로는 우리 자손에게 이 뜻을 전하여 우리는 우리대로 문명을 짓고 문명 자랑하며 살어야 함이다. 저의 어버이를 공경하지 안하고 다른 어버이를 공경하며 저의 아들을 사랑하지 안하고 다른 아들을 사랑한다 함은 합리合理한 일이 아니다. 진실로 우리가 한배임을 버리고 누구를 놉히며 미드랴. 한껏 한배임 가르치심이 이 누리로 가득하여 나아가기를 빌고 비노라. 최익한, 한별, 취롱과 함께 놀다. 밤이 새도록.

11월 22일. 맑다. 어데 가서 엿을 어더먹다. 요새 시골에 땅 만히 가진 부잣집은 엿동고리며 무엇이 만히 들어오겟다. 누구던지 흔히 주는 것은 실허하지 아니하더라. 나게는 아무것도 누가 주는 이가 업스니 홀로 깨끗한 듯이 남이 주기를 바라지도 아니한다. 그러나 뜻 업시 주는 것을 어찌 바드며 뜻 잇시 주는 것을 어찌 안 바드랴. 꼭 주지도 말고 밧지도 안할 것은 아니다.

11월 23일. 맑다. 최익한, 취롱과 리의백宜白 『오계집梧係集』을 난후어 벡기기 비롯다.

11월 24일. 맑다. 집에 편지도 부치고 헌옷도 부치다. 각황사에 가서 릉엄경 강의 듯고 한별 군이 업서서 대신 조선말을 가르치엇다. 갑작이 생각이 잘 안 나오아서 갑갑하였다. 한 해 만에 처음 해보닌가 그런지 뜻밖에 해서 그런지 오히려 배우는 이에게 배움도 있다. 실상 나는 한갓 가르친다고만 생각지 안하고 또한 배우는 줄로 생각한다. 다시 말하면 서로 모르는 것을 아는 이가 일깨어 주고 모르는 이는 새기어 듯고 모르는 것일랑 작구 의심내어 무르며 대답하면서 알고저 함이다. 알랴는 것도 한이 업다. 어데까지 가령 남보다 좀 만히 알 따름으로 선생 노릇도 하나니 곧 그것만이지 다른 것으로는 뎨자가 선생보다 더 아는 수도 없지 안하다. 나는 실이 남보다 모르는 것이 만하니 남만치나 알고저 힘쓰노라. 김일 군을 맛낫다.

11월 25일. 맑다. 리정화貞和 종시宗氏를 차저 더불고 리득 시를 차젔고 홍가인可人을 차젔다.

11월 26일. 맑다. 리상재 시를 차젔고 가인도 차젔다. 취롱과 한가지. 최롱이 "불교를 조선화하고저 함이외다." 하니 상재 시가, "웨 큰 것을 작게 만드려 하나. 마치 일본인이 태화泰和혼이라 듯이 조고만한 도량度量를 가지고 아주 작은 사람이 되었다. 불교도 크게 생각하여 크게 이루면 반드시 다른 나라 사람들이 조선 불교라 하고 말 것이니라." 하며 말을 잇어 "이 누리에 가장 참뜻을 가지고 나아가는 이는 조선인뿐. 실상 죄를 짓지 아니하는 이는 우리네뿐. 그러므로 폭발탄 한 개만 들어오아도 하늘임이 어서 얼른 치어버리어 못 쓰게 하고, 가르칠 교자든 착한 일 하라는 무슨 교니 무슨 교니 하는 교가 만히 이러난다. 그래서 다른 나라에서는 군함 하나 짓었다 하면 우리네는 교 하나를 더 느리었다. 발서 태을太乙교가 이러낫다 하기에 엣기 조고마한 군함 하나 생겻고 하였으며, 청림靑林교가 이러낫다 하기에 엣기 일 사단은 느린 셈이라."고 하였노라.

"일즉 청년들에게 한강에 가 부어를 잡으라면 그 부어 길이만한 그물을 쓰어가지고 가면 부어 한 마리도 못 잡을 것이니 부어 하나를 잡으랴도 한강만한 그물을 쓰어 가지고 가거라 말하였다."는 동, "어릴 적 글 읽을 때 서산과 표지를 만들다가 공교하게 하랴면 도리혀 작어짐을 쌔다랐다. 그 서산과 표지를 만드는데 아못조록 공교하게 하랴고 요모저모 문지러내니 나종에는 아모 것도 아니 남엇다." 말하더라. 벌서 권덕규德奎 군이 「가명인두상假明人頭上에 일봉一棒」[1]을 지어서 『동아일보』에 긔재하였을 때 여긔저긔에서 포념과 쑤지럼을 하는지라. 그때 마침 상재 시가 덕규 군을 맛낫다 하는 말, "남들이 그 속에도 무엇이 잇는 줄 아는데 구태 쓰집어낼 것이 무엇인가." 하였다며, 흔히 연설할 때 모든 청중聽衆에게 경구驚句가 만하다더니 오늘 맛나 들으니 과연 그러하고나.

홍가인은 것흐로 보기도 단아한 학자라. 말말쓰테 장미화니 백합화니 하고 자연계界의 자랑으로 떠드는대, 한번 들 언덕에 허튼걸음 하는데 장미화, 백합화보다도 쌰족쌰족 나오는 발미테 밟힌 이름 업는 풀들이 더 무한한 신비神秘를 가지고 잇는 듯하더라 함에, 더욱 한가지 느씨었다.

11월 27일. 맑다. 물이 어럿다. 가인을 세네 번 차저 못보다. 김태흠泰欽 시(로석老石어른)가 차저오시었다. 오랫만 뵈니 하도 깃부고 갑작이 할 말이 생각히지 아니하더라.

11월 28일. 맑다. 취롱과 가티 가인을 차저 못 보다. 조 형의 편지 오다.

1 「가명인 두상에 일봉(假明人 頭上에 一棒)」은 '가짜 명(明)나라 사람 머리에 몽둥이 한 대'라는 의미로 명나라를 숭배하는 조선후기 유신들과 사림을 비판한 권덕규(權悳奎, 1890~1950)의 논설인데 1920년 5월 8일과 9일 『동아일보』 1면에 실렸다.

나그내집 달

一

달이 비최다 창문에.
창문을 열으니 방 속까지에
안젓스나 누엇스나 섯스나
한줄기 달비치
나를 짜른다.

二

밤은 깊으고
집안은 고요한데
이웃집에서
게집 사내 도란거리는
소리 들린다.

11월 29일. 맑다. 수당께 갓섯다. 영어나 한문이나 더 읽히어 어느 대학에나 갈가.

11월 30일. 맑다. 거리에 지내다가 웬 집 대문간에 서 잇는 크드란 게집아이를 보앗다. 얼굴이던지 몸쏠이 아름답다. 우에 쟈켓트(털실로 만든 저고리)를 입엇다. 그 쟈켓트 밋이 그 엉덩이를 더퍼 그 무릅학 우에 싸지 치렁치렁 드렷다. 그러고 그 알에서는 잇대어 무색 명주 한 주름 잡은 단속것이 썩 보드랍고도 운치잇게 보인다. 그러자 그 게집아이가 살짝 돌아서 들어간다. 그 단속것 자락이 그 당기슷과 가티 한들한들 흔들린다. 마치 봄바람에 버들가야지 갓다. 나의 맘이 문득 어지러진다. 마츰내 취한다. 나는 늘 맘을 깨끗이 가지기를 힘쓰어 이런 것을 보더라도 끌리지 아니하려 하엿더니 어찌 이럴가. 나는 그 맘과 싸홈을 하여 그 맘을 죽이고저 하나 도모지 쉽게 이기지 못하고 오히려 그 맘이 나를 이기려 하니 과연 두려웁다. 무섭다. 그러나 언제까지던지 싸홈을 이기어 그 맘을 죽이던지 물리치던지 하여 내 맘을 깨끗이 하려 하노라.

오날은 사촌 장봉 군의 혼일이다. 못 보니 섭섭하다.

金澤榮滄江, 平生絶作[2]

先我飛雁後我去, 秋風秋雨滿江鄕.[3]

渡臨津江[4]

渡口楓木昇曉日, 舟人蓬笠捲新霜.[5]

---

2 창강 김택영의 평생 대표작.

3 내 앞에 나는 기러기 내 뒤로부터 지나가고
가을바람 가을비는 강촌에 가득하네.

김택영의 대표작 가운데 하나로 일컬어지는 「문안(聞雁)」의 전구와 결구인데, 전구는 현재 전하는 것과 일부 차이가 있다. 시의 전편은 다음과 같다. "明河初灩別書堂, 錦水邊山驛路長. 鴻雁後飛過我去, 秋風秋雨滿江鄕.(은하수 고와질 무렵 서당을 떠났는데, 금강과 변산 사이 역로 길기도 하네. 기러기 뒤에서 날아와 나를 스쳐 지나가고, 가을바람 가을비는 강촌에 가득하네.)"

4 **임진강을 건너며**

나루 입구 단풍나무엔 새벽해가 떠오르고
뱃사람 삿갓에는 새 서리가 내려앉네.

5 김택영의 「조도임진(朝渡臨津)」 가운데 경련(頸聯)이다. 김택영의 문집에는 "木"은

唐人詩[6]

鷄聲茅店月, 人情[迹]板橋霜.[7]

"林"으로, "蓬"은 "篷"으로 되어 있다. 시 전편은 다음과 같다. "嫋嫋秋風起天末, 翛翛鴻雁適何方. 朝辭漢府鷄聲裏, 夕宿臨江蟹籪傍. 渡口楓林升曉日, 舟人篷笠捲新霜. 是非成敗皆泡沫, 看取沙邊古戰場.(살랑살랑 가을바람 하늘 끝에서 불어오는데, 훨훨 기러기는 어디로 가는가. 아침에 닭 울음 속에서 한양을 떠나, 저녁엔 게통발 놓은 임진강 가에서 묵네. 나루 입구 단풍 숲엔 새벽해가 떠오르고, 사공의 삿갓에는 새 서리가 내려앉네. 시비와 성패는 모두 물거품이라, 모래사장 옛 전쟁터를 바라보네.)"

6 **당나라 사람의 시**

초가 지붕 객점의 달에 닭이 울고
널다리 위 서리에 사람의 자취 남았네.

7 온정균(溫庭筠)의 「상산조행(商山早行)」 함련(頷聯)인데, "情"은 "迹"의 오기인 듯하다. 이 구절은 "早行"의 풍경을 절묘하게 그린 구절로 일컬어진다.

일기

13권

1920. 12. 1. ~ 1921. 2. 9.

1920년(단기 4253년)

12월

12월 1일. 흐리다. 도燾 군의 편지만 보다.

12월 2일. 안개가 끼었다. 저물도록 끄므릇하며 칩다.

12월 3일. 안개가 끼었다.

12월 4일. 맑다. 낮 지우어서 주인집에 웬 사람이 옷에다 피를 얼룩얼룩하게 묻히고 담을 넘어오다가 장독을 깨틀고 나를 살리어 주시오 하며 오니, 그때 집안에 있던 녀인들이 놀래어 대문 밖에로 뛰어 나아가며 대낮에 도적이 들었오 하고 소리지르니, 맞힘 순사와 형사들이 구름같이 모아들어 에우어싸아 앞 담 문을 차고 앞집으로 나아가 숨은 것을 잡어갔다더라. 나종에 들으니, 이웃 골목 뉘 집에서 스스로 상해정부 파원이라 하고 군자금을 달라 하거늘 그 집에서 경찰서로 기별했다. 그래서 형사 셋이 나오아 직히었는데 오날 낮 지우어서 그이가 오았음으로 잡으려 할 제, 갑작이 육혈포을 노아 조선인 형사 하나를 바로 죽이고 일인 형사 하나를 꺼우러트리니, 조선인 형사 하나가 있다가 장적가비로 패 그이 이마를 터트리고 드대어 싸흠을 하니 그이는 마츰내 견대지 못하고 달어난지라. 그래서 그길로 이 주인집에 들어온 것이다.

12월 5일. 맑다. 각황사에서 불교회 제일긔 총회를 열었다. 전긔등이 밝어서야 서로 헤지었다. 리사란 이름을 맞긴다.

12월 6일. 맑다. 아츰부터 저물도록 안개가 끼었다. 칩다. 저녁나절에 홍가인可人(명희命熹)이 찾어오았다더라.

12월 7일. 맑다. 아츰에 가인을 찾었나. 취봉을 보앗다. 저녁에 해복헌海福軒에서 여러 뜻 같은 이와 한가지 가인을 더불고 술을 먹었다. 여관에 도라오아 김병룡 군에게 붓잡히어 가서 떡을 먹었다.

12월 8일. 맑다. 칩다. 저녁에 석전石顚, 상현尙玄, 취롱, 한별과 같이 김병룡 군의 집에 가서 술, 밥, 떡에 배가 불렀다. 여관에 도라오아 보니 아버님 편지가 오아 있다. 곧 나리어오라 하시었다. 취롱과 병룡 군을 찾어보고 작별했다.

12월 9일. 흐리다. 아츰 일곱 시를 대어 정거장에 나아갔다. 한 사십분이나 늦어서 차를 탔다. 차 속이 하도 분비어 편히 앉이도 못하고 또한 담배 내에 머리가 아프다. 과연 고달피다. 천안 정거장을 이르니 페랑이에 목하숭이 붙이어 쓴 부상들이 보인다. 아모 어렵스럼 없이 남의 빈 자리에 썩 앉는다. 얄구진 일인이 성을 내어 함부루 욕지거리를 하며 조선인 전체까지 긇이 말한다. 또 한구석에서는 늙은 일인들이 창밖에로 내다보면서 조선인의 가옥이며 풍속을 비웃어 말한다. 한구석에서는 젊은 일인들이 조선인을 조롱하여 말한다. 조선인은 외국어 발음을 썩 잘한다고 선천적으로 남의 나라에 동화성同化性이 있다 한다 하며 스스로 서지 못하고 남에게 기대어 사는 사람들임으로 남의 말을 잘 배워 지껄인다 하더라. 어느덧 솜리 오아서 병국이 조부를 맞나 경편차로서 전주에 이르니 병국 형제가 맞웅나오았다. 병국을 딸어 들어가니 누의임 집이다. 아버지 보옵고 글적바리도 하고 이악이도 하고 닭이 두어 홰나 운 뒤에야 들어오는 조 형을 보고 잤다.

12월 10일. 흐리다. 아츰나절에 재판소에 갔다. 김봉배金鳳培 놈과의 산송山訟이다. 그놈 대리 변호사 지하일준志賀日俊이 무슨 일이 있다고 연긔延期를 했다. 이로붙어 오십 일쯤. 아버지께서 변호사 리규남圭南에게 이악이하시는데 김봉배 놈이 욕지거리를 한다. 아주 환장하였다. 가래지 못하겠다. 리광열 군을 찾었다. 정추인秋人을 찾었다. 청운淸雲을 찾어 저녁밥을 어더먹었다.

12월 11일. 비 오다. 아츰 열 시 반에 아버님과 당숙주를 뫼시고 정거장에 나오았다. 청운이 오아 보낸다. 전주를 떠나 삼례에 이르니 비가 줄곳 나리어 길이 질다. 주막에 들어앉었다가 저녁나절에야 나서서 창들 병무秉珷의 집에 이르러 자다.

12월 12일. 맑다. 여러 일가집 인사를 치르고 떠났다. 금마산金馬山 밑에 오아서 아버님께 하직하고 당숙주만 뫼시고 사자암獅子庵에 올아가다. 산골작 좁은 길에 울퉁불퉁한 바위며 졸졸 흐르는 물이며 찍찍한 소나무며 맑앟게 입 벗은 아까샤나무 사이로 걸으니 자못 더러운 티껄 맘을 잊어버리고 깨끗한 딴 세상에 이른 듯하다. 사자암에 들어 주지住持 백금회錦悔를 보고 말마디 하다가 점심을 어더먹고 『묘법련화경妙法蓮華經』(世宗朝 國語解譯刊本) 제이, 제삼 두 책을 얻었다. 야숙이 안 줄랴는 것을 이렇게 말하고 저렇게 말하여 더구나 당숙주께서 말슴하시어 마츰내 얻었다. 실상 귀한 책이다. 당숙주께서는 일부러 나 때문에 여긔가지 오시었다. 이미 이 암자를 중수重修할 때 많이 힘쓰어 주신 일이 있음으로 금회와는 친분이 있스시다. 어찌 다행ㅎ지 아니하랴. 저녁나절에 사자암을 떠났다. 당숙께서 산마루턱가지 올아오시어 갈 길을 잃어주신다. 과연 황송 감격하다. 저녁 해빛은 룡화산 마루턱에 잦었는데 한 고개를 넘으니 옛 잣 묵은 터일러라. 사람은 없고 빈 골작에 물만 흐르다. 걸음이 짐짓 더디 걸리며 곧 생각힌 노래가 있다.

> 사자암 찾어보고 옛 잣을 넘어드니
> 맑앟게 빈 골작에 물만 졸졸 흐르도다.
> 알괘라 고요하고 깨끗한 맛을.

방석 같은 바위에 옷을 벗어 놓고 목욕했다. 내 맘이 한껏 깨끗한 듯. 줄곳 산길을 찾어 집에 도라오다. 저녁에 집안 인사 치르고 아래집 새 종수 상면하다.

12월 13일. 맑다. 모새골 가서 종조부 뵈옵고, 독적골 가서 어머님 뵈옵고 새로 난 족하 상면하다. 어린놈이 사탕 안 사오았다고 두런거린다.

12월 14일. 맑었다 흐리었다 한다.

12월 15일. 맑다. 어머님께서 집에 안 인는다고 걱정하신다.

12월 16일. 흐리다. 떠나 저녁에 서울 다달었다. 주인도 시골에서 오았다.

12월 17일. 맑다. 집에며 조 형에게 편지하다. 취롱 보다. 저녁에 리명칠命七 집에 가서 이바지를 배부르게 어더먹었다. 저녁 비 오다.

12월 18일. 맑다. 수당께 갔다. 송정식定植, 김병직炳稙 형에게 편지하다.

12월 19일. 바람 불고 바람꽃이 일었다. 칩다. 수당께 갔다. 밤에 눈.

12월 20일. 맑다. 이러나 보니 눈빛이다. 작년 사월 십오일붙어 이 달 십오일까지 이 집에서 밥 먹은 셈과 수당과 나에게 갓다 쓴 셈을 하여 주인에게 알리어 밝히니 오히려 주인이 내놓을 돈이 칠십이 원일레라.

찬 군의 편지 보다. 밤에 눈 오았다.

12월 21일. 눈이 오다. 낮에 개이다. 취룡 군하고 최익한益韓 군을 찾었다가 못 맛났다. 조 형의 편지를 보았다. 새해가 갓가우니 새해 맛일 차비로 그런지 거리거리 골목골목 오락가락하는 사람이 꽤 많다. 눈이 온 서울을 히게 하여 드러운 티껄은 꼴도 보이지 아니한다. 그러나 해빛이 빛이는 곧마다 얼마 동안 아니 되어서 흙은 흙대로 집은 집대로 개천은 개천대로 길은 길대로 티껄은 티껄대로 낳여 난다. 더구나 여러 사람 뭇발질에 밟히며 녹아나는 길에 눈들은 흙에 섞이어 질컥질컥한다. 그 가온대 옷 드렝가 두려하여 두루막이 자락이나 치마자락을 웅키어 잡고 길가에로 살금살금 걸어가는 것도 그럴듯하더라. 리강하姜河 군을 맛았다.

12월 22일. 맑다. 동지다. 김병룡 군을 찾었더니 팟죽을 주어 먹었다.

12월 23일. 맑다. 김승수 군, 장현식鉉植 군을 찾었다.

12월 24일. 눈이 크게 오다. 두어 자 높이 쌔이다. 최익한 군을 찾어 보았다. 저녁에 승동勝洞 예배당에 가다. 래일 예수 탄일 경축한다고 면려勉勵청년회가 주견하여 연극을 벌인다. 늙은이, 젊은이, 어린이, 게집, 사내 많이 모이었다. 새새 자미스런 것이 있서 모든 사람을 웃긴다. 밤이 깊어서 도라오다. 온 서울을 눈 우로 맑게 빛인 달은 더욱 사랑스럽다. 우럴어보나 굽으리어 보나 티껄 한 점 없이 깨끗하니 나도 또한 경도요대瓊島搖臺 가온대 있는 한 사람인 듯. 퍽으나 좋다. 도모지 여관에 들어 잘 맘도 나지 않고 눈을 밟으면서 큰길로 오락가락하여 이 밤을 지내고 싶다. 더구나 사방이 고요하고 달만 밝으니 이 세상은 모다 나 혼자 사는 세상 같더라.

12월 25일. 맑다. 리강하姜河 군을 찾어 못 보다.

12월 26일. 눈이 오다. 두어 자 높이 쌔이다. 저녁 나절에아 눈이 개이다. 차영천永天 군이 그 집에로 도라갔다.

12월 27일. 퍽 칩다. 수산守山에게며 대원大原에게 년하年賀 엽서를 보내다.

12월 28일. 퍽 칩다. 정충시忠時 군, 리중갑重甲 군에게 편지 보내다.

12월 29일. 좀 푸근하다. 전주 제일, 제이 두 학교에 년하 엽서를 보내다. 눈은 많이 녹었다. 그러나 아직 큰 덩이는 아니 녹어 여긔저긔 길가며, 개천에며, 집웅에며, 담 밑에며, 구렁에며, 마당 구석에며, 산에며, 들에 가득가득 쌔이어 해만 넘어가면 몹시 칩은 침을 내어 살을 찌르는 듯 뼈를 버히는 듯하다. 밥 잘 먹고 잠 잘 자는 이 몸도 견대기가 어렵거든 하물며 헐벗고 주리는 이며 감옥에 있는 이들이랴.

차영천永天 군께며 도道 군께 편지 보내다.

12월 30일. 하늘에 구름이 끼었다. 바람은 없고 푸근하여 눈이 많이 녹는다. 재동 네거리를 지내다 웬 열두세 살쯤 된 아이가 한 두세 살쯤 되는 아이를 다 해진 포다기에 싸아 업고 엷디엷은 옷에 오날같이 푸근한 날에도 오히려 치위를 못 견대어 입쌀이 새파랗고 덜덜 떨며 서서 힘없는 목소리로 "여보시오 여보시오. 길 가시는 어른들이시어. 저의 어머니가 어끄제 해산하고 치운 방에서 죽 한 그릇 얻어먹지도 못하고 두러누어 곳 죽게 되었으니 좀 도아주시오. 도아주시오." 한다. 이 소리 듣고서는 참아 걸음이 걸리지 아니한다. 이 아이 몰골을 보든지 소리를 듣든지 이 아이 집 사정事情은 알 수 있다. 어찌해서 이 아이가 이렇듯 주리고 치우어하게 되었는지 모르겠으나 도모지 아이의 죄는 아닐 것이다. 비록 그 어미 아비가 잘못하였다 할지라도 이 아이의 이것을 보고 들으매 어찌 불상하지 아니하랴. 과연 누구든지 이것을 못 본 체 못 들은 체하고 지나갈 수 업다. 가마니 온 세상을 생각하면 한껏 호강하는 이들도 많이 있고 한껏 고생하는 이들도 많이 있다. 그러나 이것은 아직 내 눈에 보이지 귀에 들리지 아니한 것이니 시방 내 귀에 들리고 내 눈에 보이는 이것처럼 가엾이 녀길 수 업다. 주머니에 돈만 많이 늫어 가지고 단이면 불상한 이도 많이 도아주겠다마는 한갖 생각만 가지고 참으로 예지 못하니 또한 불상한 것이다. 우리네를 온 세게 몯은 나라에 견주면 또한 이 아이와 길 가는 이들과의 틀리나 같으니 내 혼자 이 아이보다 가멸[富]하다고 무엇을 이르랴. 같은 형제 사이에 이러하니 더욱 동정의 눈물을 흚이노라. 안국동 병구집에 갔다. 송정식定植 군, 리종림種林 시를 찾어보다.

12월 31일. 흐리었다. 저녁밥 먹으러 들어오아 보니 김영운永運 군이 찾어오았다가 명함名啣에 오후 네 시쯤 꼭 그 집에로 오아달라고 적었 놓고 갔으며, 조 형의 편지가 오아 있는데 이 저녁에 서울 오겠다고 쓰이었다. 곧 밥을 먹고 나아가 송정식定植 군을 찾어 손님 있을 만한 방을 물으니 없다 한다. 최익한崔益韓 군을 찾어 무르으니 있다 하여 미리 부탁하고 곧 남대문 정거장에로 갔다. 떠나러 맞이러 보내러 온 사람이 닮은 날 저녁보다는 많지 못하다. 기다리는 동안에 대합실待合室에서 신문이며 잡지를 뒤적거리어 보고 신명희明嬉 군께 편지도 쓰어 보냈다. 어느덧 여달 시가 되었다. 곳 출구出口에 나아가 섯다. 여긔도 순사巡査가 오아 저리 묾어서라 바루 서라 하고 수선을 편다. 조곰 있스니 저편 캄캄한 속에로 긔차汽車가 푸푸 소리를 내고 들어온다. 승객乘客이 한아, 둘, 셋, 넷 작구작구 나리어 나온다. 정신을 차리고 눈을 휘둛어보니 싱검은 두루막이에 몸집이 호리호리하고 얼굴이 좁읏

한 이는 발서 조 형인 줄을 알었고, 몸집이 국고 얼굴이 넓웃한 이는 발서 청운 선생인 줄을 알었다. 앞으로 나서 손을 서로 잡고 이악이하면서 걸어나오아 전차에 옮었다. 한참 동안에 종로鐘路 네거리에 다닯었다. 곳 나리어 전동典洞 큰길로 가아 어느 장국집에서 장국 한 그릇, 술 두어 잔 먹고 드대어 최익한 군 집에 들어갔다. 이악이하다가 밤이 깁어 익선동에로 도라오다. 발서 한 해가 다 갔다. 느낌이 있서 한시漢詩를 지었다.

獨夜寒燈多旅情, 懷思今古展縱橫.

春風秋雨荏苒裏, 三十年如一夢醒.[1]

1 차가운 등불에 홀로 새는 밤엔 여정(旅情)이 많아,
옛일과 요즘 일 생각이 종횡으로 펼쳐지네.
봄바람 가을비 흘러가노라니,
삼십 년 세월이 한바탕 꿈만 같구나.

1921년(단기 4254년) 辛酉

1921년(단기 4254년) 신유辛酉

1월

1월 1일. 흐리고 또 비 오다. 조 형과 청운과 한가지 승수 군, 리상재 시, 수당을 찾었다. 저녁밥 먹고 조 형께 가서 이악이하다가 깊은 밤에 돌아오다. 리전烇, 도燾, 리동근東根, 김영준永俊, 신석주信奭主, 리중갑重甲, 차영천永天, 양병태楊秉泰, 리양전良傳, 신명희申明嬉, 리대동大楝 군들께서 년시 편지가 오았다.

1월 2일. 흐리었다가 맑었다. 조 형, 천운, 최익한益韓 군이 찾어오았다. 더불고 나아가 불교회에 갔었다. 오후에는 수당께 갔었다. 밤에 조 형께 가다. 다시 청운과 같이 세 사람이 나아가 종로로 태평동太平洞까지 이르어 고물상점古物商店을 찾어보고 도라오아 익한益韓 군 집에서 자다. 송정식定植 군을 찾었다.

1월 3일. 맑다. 오전 다섯 시에 이러나다. 바로 조 형과 청운과 같이 남대문 정거장을 갔다. 일곱 시 이십 분에 떠났다. 차 속에 들어가 작별하고 익선동에로 도라오니 아즉 이러나지도 아니햇더라. 송정식 군과 리 참판參判을 찾어보다. 리 참판은 예순이 넘은 늙은이가 젊은 계집을 얻으려 오았다. 청진동淸進洞 기생조합장妓生組合長의 누구를 어더갔다더라. 김영운永運 군을 찾어 못 보다. 리강하姜河 군이 찾어오았다. 불교회에 갔다. 삼십본산주지회三十本山住持會가 있다더니 여러 승려僧侶가 오다. 많이 인사하였다. 안국동 병구秉矩 집에 갔다 오다.

1월 4일. 맑다. 김병룡秉龍 군을 찾었다. 수당께 갔었다. 맞힘 누구가 인삼정과人蔘正果를 보냇다. 두어 개 주어서 먹었다. 달기는 달어도 오히려 삼 맛이 있다. 송도 사람은 인삼으로 김치도 담어 먹고 정과도 하여 먹는다더니 아마 이것도 거긔서 가지어 온 듯하다.

1월 5일. 눈이 좀 뿌리다. 최익한益韓 군을 찾어 푸석한 이악이 하다가 오종午鐘 소리를 듣고 불교회로 가서 책도 보고 이악이도 들었다.

조 형께 편지 보냇다. 피혁공업예산서皮革工業豫算書와 전보電報와를 한데 늫어 보냇다. 피혁공업에는 주금株金을 모아 달라함이오. 전보는 지낸 달 삼십일일 조 형의 시학관侍學官 된 것을 감축한다고 전주에서 누가 내게 조 형이 있는 줄 알고 보낸 것이다. 그러나 이제야 주인이 내게 전하여 줌으로 도로 보냄이다.

1월 6일. 아츰에 이러나 보니 눈이 오았다. 아츰나절에는 구름이 끼었고 저녁나절에는 하늘이 맑었다. 김로석老石 선생을 찾어 보다. 로석 선생이 최익한 군의 집을 모른다 하기에 한가지 익한 군을 찾어보고 이러니저러니 이악이하였다. 오후에야 불교회로 갔다. 두어 시 동안이나 지낸 뒤에로 로석 선생, 김병룡秉龍 군, 오철호撤浩 군, 박석전石顚 선생들과 같이 선림동 해동여관海東旅館에 갔다. 들어가는 문 한쪽에 삼십본산주지환영회三十本山住持歡迎會라고 쓰어 붓였다. 나도 주진住持가. 불교회 리산理事지, 무엇인지, 주인主人 편한 사람으로 나오라 하기에 나옴이다. 들어가니 그 가온대 가장 웃둑 솟아있는 집 알에ㅅ간 넓은 방이 있다. 네 벽에는 김운양金雲養(允植), 박석운朴石雲(箕陽)의 글시며 김소호小湖(應元), 조소림趙小琳(錫晋), 안심전安心田(中植), 리관재貫齋(道榮)의 그림이 있고, 새새 큰 거울도 있서 내 얼굴을 내가 보게 되었다. 그러나 나는 내 얼굴을 보지 아니하려 한다. 쓸데없이 나만 더 하였으니 그대지 어엿부지도 안한데다가 가는 주름만 더 잡히어 내 맘을 놀래게 할가 하노라. 내 맘은 한 살 먹었을 때나, 세 살 먹었을 때나, 열 살 먹었을 때나, 스무 살 먹었을 때나, 지금이나 다름이 없으련마는, 남들이 어른이라니 퍽 크었다 하니 아마도 내 얼굴을 보고 하는 말인 듯. 그래서 차라리 내 얼굴을 내가 아니 보노라. 차차 중들이 모아든다. 한 칠십 명이나 모았다. 상투 있는 것이 중 아니라 하면 중 아닌 이는 로석 선생 하나쁜이다. 여러 주지住持게 인사하고 같이 섞이어 그우ㅅ간으로 옮아갔다. 나도 의자倚子 한아를 차지하고 앉저 술도 받어 마시고 밥도 먹고 이악이도 들었다. 이럭저럭 배가 불었다. 배불은 제음 김병룡 군하고 로석 선생하고 같이 달어오았다. 때는 오후 칠 시. 주인집 문이 발서 장그었다. 밥 짓는 이를 불어 문을 열이고 나 있던 방으로 들어오니 내가 쓰는 책상 우에 리종소鐘韶 군의 명함名啣이 놓이었다. 나 나간 뒤에 찾어오았던가 보다. 맞나지 못하여 섭섭하다.

1월 7일. 맑다. 좀 푹은하다. 김병룡 군에며 불교회를 들리어서 고양군高揚郡청에 가서 김영운 군을 보고 수당께로 갔다. 리종소鐘韶 군을 맞나 보다. 먼저 가서 인사하고 다음 장수長水 군수郡守 하였다는 치하하고 이악이를 끌어내어 한참 동안 떠들었다. 해가 서산西山에 기울었다. 돌아오다. 광화문光化門 앞에로 지내어 경복궁景福宮 담을 둚어서 동록銅綠이 나서 새파란 근춘문建春門 글시를 치어다보면서 팔판동八判洞에 가서 김영운 군을 찾었다. 김 군의 따님이 나오아 아직 군청에서 아니 오시었다 한다. 나는 들은 말이 있기에 시골서 옮아오신 손님이 게신가 엿주어라 하였더니 과연 김영룡永龍 군이 나오았다. 서로 손목을 잡고 인사한 뒤에 딸어 들어갔다.

오랫동안 막히었던 이악이를 실꾸리에서 실 물어내듯이 끊이지 않고 하는 차에 김영운 군도 돌아오았다. 이악이 벗이 한아 더하니 더욱 자미스러워 곳 이러나아 오랴도 엉덩이가 넹큼 자리에 떨어지지 안한다. 그러자 저녁 밥상이 들어온다. 배가 좀 곮으던 참에 막우 퍼어 먹고 다시 이악이를 꾸준히 하였다. 긴 양촉洋燭 한 자루를 다 달리고 떠나오다. 리전烇, 대권大權 군, 신석주信奭主 군, 김영준永俊 군, 리양전良傳 양군들께 편지 답송答送하다. 한시漢詩 책을 뒤적거리어 보다가 잠이 들었다.

1월 8일. 치웁다. 일부러 리종소鐘韶 군을 찾어갔다가 맞나보지 못했다. 리중갑重甲 군께서 편지가 오았다. 해를 보내고 맞이하면서 여러 가지 느낌이 있는가 보다. 대개 몃 가지를 적어서 하소연한다. 그처럼 알뜰한 생각을 가지었으니 퍽 고마웁다. 대원정차大原正次게서 편지 오았다.

1월 9일. 치웁다. 맑다. 오날은 공일이오. 또한 슷달 초하루다. 주인집 아츰밥은 공일 핑게 대고 학생들이 아츰밥을 늦게 먹더라도 관게치 안할 줄 알고 거의 점심나절이 되어서야 밥을 준다. 전붙어 하던 버릇으로 오날은 초하루인가 전내방에 치성한다 합시고 밥그릇이며 반찬그릇을 이리 가지고 오았다 저리 가지고 오았다 하면서 잔치상이나 보는이 만큼 수선을 편다. 나는 아츰밥을 먹고 어느 집에 갔더니 거긔서는 점심상을 받고 앉어서 나보고 점심도 같이 떠어 보자 하더라. 오날도 안국동 아주머니 집에 갔더니 약藥방에서는 약값을 날마다 받으러 온다느니 집 잡은 이는 돈 변리邊利를 날마다 받으러 온다느니 쌀 장사는 쌀값을 날마다 오아 좁은다느니 반찬 가게에서는 반찬값을 날마다 오아 좁은다 하며 신세자탄身世自歎 하는 이악이 끊이지 않고 나온다. 그 이악이를 드르면 그럴 듯하지마는 아모 종작없이 주착이 없이 잘못하여 지내 노코 나종에야 이러니저러니 한들 무슨 소용所用이 있스랴. 다만 듯기에 안스럽고 가엽기만 하더라. 리도燾 군의 편지를 보다.

1월 10일. 종일終日토록 끄뭇하고 치웁다. 정충시忠時 군의 편지를 보다

1월 11일. 아츰에 일어나 보니 간밤에 눈이 오았다. 신석주辛奭主 군의 편지 보았다. 저거번 년시年始 편지 답송答送햇더니 그 글이 좋다고 고마우어 또 이번에 편지한 것이다. 저거번 편지에 "닭의 첫 소리를 반갑다. 첫날 첫 글을 고마우어한다. 한배임이 도와주심을 비노라." 하였더니 이것이 아마 신 군의 맘속에 앵기었는가보다.

1월 12일. 맑고도 치웁다. 익한益韓 군을 찾어보다. 김승렬承列 씨를 찾어보다. 원악 김추사秋史 글씨를 좋아하는 인가. 어디서든지 추사 글씨만 보기만 보면 꼭 뺏던지 꼭 빌리어 가지고 오아 모摹나 림臨을 한다더니 바야흐로 추사 진묵眞墨을 모摹하고 있다. 그러나 내가 오기에 나하고 이악이 품앗이 하기에 시간時間을 뺏기었다. 또 김로석老石어른이 오시었다. 밝은 창窓 고요한 집에서 딴 세계世界를 일우어 두 김金과 한 리李가 한가지 놀았다. 승렬承烈 시는 김추사 도가만 아니라 김승탄僧嘆 단골도 된다. 승탄의 이악이가 또 한 세게를 찾이하였다. 이렇듯 해를 보내는 것도 이 사람들에게는 자미滋味있는 일일러라. 수당게도 갔다가 전등電燈이 눈 뜨는 것을 보고 도라오다. 주인집 저녁밥은 발서 먹었다. 밥 하는 이 사정을 생각하여 미안未安한 맘이 난다. 이처럼 치운 때 밥 한 상이라도 차리어 놓으랴면 오즉 괴로웁겠느냐. 이러

케 생각하여주는 대신에 밥에 돌이 섞이었던지 밥이 섭석었던지 국이 쓰던지, 반찬이 맛없던지 아모 푸념과 잔소리를 아니하였다.

1월 13일. 맑다. 책이나 보는 것이 내의 일인가. 답답하고나.

1월 14일. 맑다. 서울 시골 할 것 없이 늙은이 젊은이 할 것 없이 서로서로 남을 헐고 낮보고 없이 여기며 서로 맞나 술이나 먹고 그렁저렁 하는 이가 적지 않다. 멀고 깁고 큰 뜻을 가지고 이 누리에 나아가고저 할진댄 어찌 이렇고 되리오. 나붙어 하는 일 없이 지내니 내야말로 걱정이다.

1월 15일. 맑다. 오후 중앙구락부 의사회에 갔다. 아모 한 일도 없이 빈 말만 가지고 짓거린다. 다만 모든 사람 담배 내에 골머리가 앓었다. 리중갑重甲 군께 편지 답송하다.

1월 16일. 흐리었다. 푹은했다. 얼음이 눅이어 길은 질었다. 각황사覺皇寺 릉엄경楞嚴經 강의講義 들으러 갔다가 애류崖溜(權悳奎 君) 대신 조선어를 가르치었다. 송정식宋廷植 군이 찾어오다. 저녁에 김병룡 군하고 각황사에 가서 강연講演을 들었다. 오날은 서가書架의 새별 보고 도道를 깨친 날(見明星悟道, 납일臘日)이라고 우리도 그렇듯 도를 깨치자고 떠들더라.

1월 17일. 맑다. 푹하다. 대종교회(재동齋洞 막바지)에 갔었다. 낡은 초가草家에 마루 한 간 방, 네 간이다. 한 간 방에는 한배임 영정影幀을 뫼시었고, 한 간 방에는 학생 두엇이 붙이어 있고, 마루는 비어 있고 다만 맞임 벽이 노래 두 마디가 쓰이어 있어 보는 사람을 맘을 깊이 느끼게 한다. 또 한 간 방에는 참다운 강姜 선생님께 홀로 찾이하시고 게시다. 들어가 '참'이란 것을 이악이하였다. 옪댕이에 있는 화로불도 뜨거운 힘을 돕아 그릇에 담기는 약물을 끓이며 복을복을 하는 소리가 우리 이악이 소리와 어울리다. 그러자 웬 아름다운 젊은 사내 한아가 찾어 오았다. 나는 일어나 오다. 나오며 보니 늙스그러한 밥 지어주는 어멈 같은 이가 문ㅅ간께 있는 방에 나오며 나를 흘긋흘긋 치어다보더라. 안국동 병구秉矩 집에로 해서 수당께로 해서 불교회로 해서 도라오다.

저녁에 김병룡秉龍 군이 오아 이악이하여 주어 꽤 심심ㅎ치 아니하더니 또 로석 선생이 오시어 한 편篇 도서道書를 강론講論하시니 온 방안 공긔空氣가 맑아지었다.

주인이 이불을 주아 덮으라 한다. 겨울이 거의 다 가도록 이불을 아니 덮었다. 겨우내 요 한아 가지고 지냇더니 어제야 베를 사 이불의를 꾸미었다 하며 선심善心하는 체 한다. 그러나 아심찮다. 오날 아츰에도 돈을 비웃 산다고 꿔어달라는 것을 돈이 없어 못 주었더니 "돈을 못 받을가 하여 아니 꿔어주기로 작정했다."고 두런거리었다. 밥값을 그러끠 삼백 원이나 주고도 이내 참고 견대어 온 이가 긔까진 돈 몇 원을 끔직이 알어서 아니 주랴. 과연 돈이 없어 못 주었지. 그러나저러나 남이 무엇이라던지 가래지 말고 내 행실만 참되게 착하게 아름다웁게 해가자.

1월 18일. 맑고 푹하다. 아츰밥 먹고 거리에 나아가니 새아씨, 도령님, 서방님, 아씨네가 책보를 옆에 끼고 교동校洞 골목에 듬북이 나아간다. 전날 같으면 아즉 저의 집에서 일어나지도 아니하고 이불 속에서 기지개만 쓰고 있을 것인데 이마적 해서는 학교을 단인다고 이렇듯 일즉 일어나아 오히려 공부 시간에 늦일가 하여 줄달음질을 하니 과연 새 풍조風潮의 힘이 놀라웁다. 될 수만 있스면 우리 이천만 형제가 몯아 이렇듯 학교를 단이어 맞히고 나오았으면 좋겠다. 그렇지 못하거든 젊고 어린 형제들이나 몯아 학교를 단이어 마치고 나오았으면 좋겠다. 아즉도 학교가 무엇인지 모르고 옛 복음자리에서 깁은 꿈만 꿔고 있는 이가 얼마나 되겠느냐.

1월 19일. 눈이 나리다. 아츰나절 진고개에 갔다. 낡은 책집에 둘러서 『화음류초華音類秒』란 것을 한 책 사아 들고 두루막에 부드치어 쌔이랴는 눈을 뚝뚝 털면서 불교회에 들어갔다. 『릉엄경楞嚴經』 역문譯文을 등사판謄寫版에 박히고 있는 취롱翠農이며, 고뿔 말미로 지침을 캑캑하고 있는 애류崖溜며, 정금단좌整襟端坐하고 있는 로석老石 어른이 슴슴하든 물렵에 나 한아 더한 것을 얼마큼 해롭잖게 아는 듯. 이 입에서 이 이악이 저 입에서 저 이악이가 쏙쏙 비어지어 나온다. 그러자 도인道人 이악이가 나서 오게梧溪로 비롯하여 청학青鶴까지 이르어 애류가 벽장에서 『불교통사佛教通史』를 끄어내아 청학을 쓴 대문을 나하고 같이 읽어보다. 배꽃 같은 눈송이는 류리창琉璃窓에 떨어지어 부드친다. 한편에서는 등사謄寫하는 소리가 쓱쓱. 한편에서는 글 읽는 소리가 중을중을. 한편에서는 로석 어른이 졸며 코고는 소리다. 나는 애류와 다시 웃은 이악이를 이어내며 껄껄 웃는 바람에 로석 어른이 졸음을 깨어 나아가시었고 그 대신 지나통支那通이란 박朴이 들어오다. 그야말로 지내 통한 이악이가 눈과 같이 끊이지 않고 쏘다진다. 혹 자미스런 일도 있고 혹 웃운 일도 있고 혹 한심한 일도 있다. 취롱도 등사을 마치고 떡을 사아오아 먹인다. 먹고서는 몯아 같이 각황사覺皇事에 갔다. 석전石顚과 강원講員 몇흔 발서 오아서 강의講義를 비롯다. 강의를 맞힐 새 나는 이러나 오았다. 오자 맞흠 저녁밥을 먹인다. 집에서 옷 보퉁이가 오아있다. 끒어보고 그냥 두고 같이 있는 학생 셋을 더불고 다시 각황사로 가다. 각황사 대문 앞에 이르니 사람들이 듬뿍이 섯다. 간신이 엇개를 비지고 들어갔다. 주는 조이에 신을 싸아 가지고 강당講

堂에 들으니 최익한益漢 군이 손목을 끈다. 한가지 주저앉어 이악이도 하고 몯이는 것을 보다. 전후좌우前後左右에 사람들이 가득이 느러앉언는데 오히려 올 사람이 많은가 대문께서는 싸우는 소리가 크게 들린다. 함부로 들이지 않고 들어오는 표를 가진 이만 들이니 표 없는 이가 들어오랴고 야단하는지, 한쪽에는 물동이에 남바위 쓴 채 들어온 게집도 있고 틀에머리에 하이카라 한 아씨네도 있스며, 한쪽에는 망건 우에 힌 갓을 언고 선 이도 있고, 눈에다 류리알 붗이고 외투外套 입은 채 뒷짐 찌고 선 이도 있다. 어느덧 시종時鐘이 일곱 점 친다. 그 소리가 끝도 안 나서 손ㅅ바닥 치는 소리가 각황사를 울린다. 불교청년회 도진호都鎭鎬 군이 나서 몃 마디 말하더니 그 담에 머리털이 귀 밑에까지 덮고 얼굴이 도랴즉하고 하관이 좀 빤 듯하고 몸 부피가 좀 간야린 듯한 이가 통역通譯군 한아하고 같이 단壇에 오르다. 이가 유종렬柳宗悅이라 한다. 불교와 예술藝術로 말하다. 통역이 일본말이 좀 서투른가 잘못한다 해서 쫓기어 나리어 갔다. 그러쟈 대문게서 큰소리가 나며 사람들이 물밀듯이 들이민다. 잠시 연설이 그치었다. 그런데 한쪽에서 통역 없이고 하쟣거니 통역 서이고 하쟣거니 하다가 맞흠내 통역 서이고 하게 되다. 유종렬은 불교니 예술이니 떠들고서 저의 조선에 미술관美術館을 짓는대 도아달라고 줆은다. 그러나 참으로 믿브지 아니하는 모양들이다. 그대지 큰 동정은 얻지 못하였다. 말말 가온대 "나는 다른 일본인과는 다르게 조선을 위한다."고 까지도 하나 듣은 이는 꼭 알 수 없이 생각들 한다. 그런 말로 맞히고 나리어온 뒤 통역은 그냥 있어서 유종렬을 도와주자고 긴 소리 짜른 소리 하다가 여러 사람한테 푸념까지 맞났다. 그 담에 청년 웅변雄辯이란 박일병一秉 군이 나올랴 할 제 어떤 청년 한아가 이러서서 박일병이 먼저 시간에 할 터인데 늦게 오았으니 시간 도적이라고 하며 사죄를 식히자고 한다. 사방에서 건방진 놈 소리가 나며 奚아내자 하다가 시지부지하고 박이 단에 썩 올아섯다. 인생人生과 예술이란 것으로 말한다.

"인생은 곧 예술이오, 예술은 곧 인생이라."

"예술의 자리가 가장 무엇보다도 높다."

"고대 조선의 예술이 누리에 짝이 없더니만 이제 이르러서는 있던 것도 없이고도 하지도 아니한다."

"서산에 삭으러지는 석양에 썩어가는 나무가지 우 앉어 우는 새의 눈물 한 방울도, 어린 양을 사나운 사자가 잡어먹으려 할 제 그 발발 떠는 모양을 한배임 나리신 백두산 우에 뜬 구름 한 쪼각도, 강화 삼랑성江華三郎城에 이끼 낀 돌 한 덩이도 우리네 손으로 그리어 이천만 눈앞에 내놓지 못하니 어찌 아니 슮으랴."

"이로붙어 우리가 예술의 새 쇠북이 되아 큰소리를 내자."

하고 그치니 도진호가 고마운 뜻을 말하고 맞히다. 나도 뭇사람과 한가지 나오았다. 달빛은 어슴푸러하고 눈빛은 하얗다. 나도 달과 눈 사이로 걸어올 새 자못 시詩나 그림 속 한 사람 곳 예술 속 사람인 듯.

1월 20일. 맑었다. 아츰에 재동 네거리를 지내다. 베옷을 하얗게 입은 젊은 녀인 네댓이 짝을 지어간다. 뉘 복을 입었는지 모르겠다. 나는 홀어미 떼나 아닌가 하고 보았다. 요새 사나운 고뿔이 들어 야단이며 사람들을 퍽 괴롭게 한다. 앓는 이도 있고 죽는 이도 있다. 도모지 치위가 고르지 못하니 고뿔에 걸리기도 쉽다. 아마도 조심을 더하여야 할 것이다.

1월 21일. 맑다. 불교회에 가서『성경통지盛京通志』를 찾어가지고 수당께 나아갔다. 대개 두어 시간 놀다가 다시 불교회로 오았다.

조 형의 편지를 보다.

1월 22일. 아츰나절 눈이 오다. 김성수性洙 군을 찾어갔다. 자긔 혼례婚禮날이 오는 이십구일이라 하며 꼭 오아달라고 한다. 이 마을 산김가의 신혼新婚식을 례배당禮拜堂에서 하게 되기는 한서韓西 자손子孫의 처음이것다. 또한 남도 사람이 강계江界 녀자와 혼인하기도 처음이것다. 과연 이른바 문명식文明式이다. 어찌 좋지 아니하랴. 송진우宋鎭禹 군도 보고, 장덕수德秀 시도 보다. 덕수 시의 중형 덕준德俊 시는 저거번 북간도에 갔다가 병화兵火에 석이어 간 곧을 알지 못한단 이, 죽었단 이 하여 그 맛형이 찾으러 갔다가 도모지 종적宗敵을 모르고 어제야 돌아오았다 하며, 그 어머니는 그 아들 일을 생각하여 슲이 운다 하며 그의 부인은 시방 태중인데 병이 나서 누었다 한다. 옆에 방에서 흐륵흐륵 느끼며 통곡하는 소리도 듣기고 앓는 이의 신음呻吟하는 소리도 듯긴다. 사람마다 거룩한 복을 갓후기는 어려웁고 아처럽은 일 맞나기는 쉽다. 장 시의 어머니께서도 일즉 젊어서 남편을 여이고 한갓 세 아들 다리고 살어오다가 아직 삼십도 못 된 가온대 아들이 간 곧도 모르게 죽었다 하니 오즉 슲으고 앏랴. 곳 그 정상을 보고 듣는 이도 눈물이 난다.

1월 23일. 맑고도 따뜻하여 발서 봄날 같다. 수당을 찾어갔다가 못 보고 돌아오았다. 리중갑 군 편지 보다.

1월 24일. 맑다. 따뜻하다. 수당께 갔다가 못 보았다.

1월 25일. 맑고 따뜻하다. 최익한 군을 찾어보고 중앙구락부를 들어서 서대문턱을 지내다. 소 한 마리가 무거우어 보이는 큰 궤짝을 싫은 술에를 이끌고 가는데 입 아구니를 딱 벌리고 혓바닥을 쑥 빼어놓고 죽을 힘을 다 쓰며 걷는다. 그러나 옆에 뒤에 딸어가는 사람은 오히려 더디 간다 하며 긴 회초리로 아모 사정없이 따리며 몰으니 소는 뚜렷한 눈깔을 둥굴이며 침을 질질 흘이며 아모 소리도 없이 앞발을 굿세게 디디고 목아지를 내둘은다. 보는 이가 뉘 아니 아처롭게 녀기랴마는 그 소를 몰고 가는 이들은 아처롭게 녀기기보다도 빨이 아니 가는 것을 원수처럼 녀긴다. 아모리 우리 부리는 짐승일망정 그같이 몹시 부리는가. 만일 그 소가 없으면 반듯이 그이들이 지게에다 지고 가던지 엇개에다 메고 가던지 술에에다 싫고 끌고 가던지 할 것 아닌가. 그러자면 그이들이 그 소 대신 힘을 쓰어야 할 것을 소가 한꺼번에 끌고 가니 그이들은 그냥 걸어만 가기가 조래가 나서 그러하는가. 넘어나 승승해서 그러하는가. 그런 줄 모르고 짐승은 부리어먹고 잡어먹을 것으로만 알고서 그러하는가. 알 수 업도다. 나는 그 짐승이나 그이들이나 미련하기가 다르지 아니하다고 생각하며 또한 그 짐승이 사람에게 부리는 것이나 그이들이 사람에게 부리는 것이 다르지 아니하다고 생각하노니, 그이들이 그 짐승과 한가지면서 무엇을 짐승보다 낫다고 짐승께 몹시 하는고. 슲으다. 네가 짐승이냐 사람이냐, 너나 나나 사람 노릇 못하는 이때에 웨 짐승을 사랑하지 아니하냐. 너나 나나 더욱 짐승을 사랑하며 사람 노릇을 공부하여 가자. 슲으다. 원악 짐승으로서 사람의 짐승 노릇하기는 그러할 듯하거니와 원악 사람으로서 짐승 노릇하기는 원통하지 아니하냐. 그러나저러나 짐승을 부리기는 부리더라도 그것도 사랑하여 아낄 데 아끼고 식힐 데 식히어야 할 것이다. 나는 이 모양을 보고서 아처른 맘에 눈물이 날 번했다. 어찌 그렇듯 인정이 없는가 하여서.

1월 26일. 아츰붙터 저녁가지 끄므릇하다. 아주 봄날같이 푹은해서 깁은 구렁에나 또한 그늘진 곧에 쌔었던 눈이 퍽 눅는다. 깊숙한 고삿

길들은 맨 진수렁이 되어 그리 단이는 이마다 알에ㅅ둘이는 진흙투성이을 한다. 오날같은 날 보면 서울 사람의 입성[衣服] 아끼는 것이 얼마나 중한지 알겠다. 말숙한 옷을 입고 단이는 이가 썩 적다. 더구나 녀자들은 적다. 겨우 녀학생들이 마지못해서 학교 갔다 돌아가는 것 밖에는 몇이 못 될 듯하다. 만일 길이 보송보송 하거드면 이렇게 푹은한 날 어데 구경을 간다고 핑게하고 나오던지 무슨 일이 있다고 나오던지 하여 아작아작 해오족해오족 고샅길로 거리로 단이는 아씨네가 퍽으나 많을 것을. 옷을 제 몸ㅅ동이보다도 더 아끼는 서울 아씨네가 어찌 진 길에 나아단이며 진흙투성이를 하겠느냐. 만일 여러 날 여러 달 두고서 이렇게 질었으면 서울 아씨네의 신 값은 아니 들겠다. 또한 나들이옷도 더레지 아니하겠다. 그러나 단이지 못하여 온몸이 좀이 쑤시어 못 견대리라. 그러면 하는 수 없이 인력거나 자동차라도 불어 타고 온 서울을 한 바퀴라도 돌아단이어야 하렷다. 그러나 돈이 없어 그 노릇도 못하는 아씨야말로 참 갑갑하고 답답하여 못 견대리라. 옷을 아끼는 것도 좋으나 때 가는 것과 돈 쓰는 것도 아끼어 놀 때 놀고 쓸 데 쓰었으면 좋겠다. 쓸데없는 옷 호사만 말고 노리개감만 사아 가지지 말고 깨꽝맞인 물건이나 사들이지 말며, 하욤없이 엉둥덩둥 낮과 밤을 보내지 말고 아모 일 없이 나들이도 말고, 무슨 공부를 하던지 무슨 일을 하던지 하다가 새새 겨를을 타아 어데 구경을 가던지 어데 오아아 놀던지 하는 것은 좋지 않은 것 아니지마는, 도모지 그렇지 못하고 한갓 호사만 구경만 일삼으니 걱정 아니냐. 탈 아니냐. 저녁에 김영운 군이 찾어오아 이악이 하다가 갔다.

1월 27일. 온 한울에 구름이 끼었다. 빛이란 저녁 전긔등에서 볼 따름.

로석 어른과 김병룡 군과 최익한 군과 한가지 경성도서관圖書館을 가다. 재동 막바지로 쑥 올아서 경성도서관이라고 쓴 현판懸板 있는 문간으로 들어가니 왼쪽에는 새로 뜨지한 집이 있다. 이것은 잡지종람소란다. 밝아벗은 늙은 버드나무 사이로 다복한 애소나무 숲을 보면서 한 걸음 두 걸음 나아가는 굽은 길에는 그윽하고 고요한 맛이 있어 발서 시끄러운 티끌의 괴롬을 잊이게 한다. 과연 글 읽기에 맞당한 곧이다. 전날 귀족들이 놀음놀이 하는 곧이고 게다가 양게택梁啓鐸 시 발긔發起로 된 통천교회統天敎會이던 취운정翠雲亭 그 이름과 같이 파란 벵끼옷을 입은 집이 곳 도서관일러라. 조고만 집에 좁은 방에 책도 그대지 많치 못하다. 삼십만이 넘는 사람을 가진 이 서울에서 요것을 도서관이라기는 또한 부끄럽다마는 그나마도 업을 적보다는 낫지 아니하랴. 우리는 다행이 아는 이가 있서 책 싸는 데를 보이어 주어 대개 책 이름만 슬슬 보고 다시 밖에 놓인 빼닫이에 있는 책 목녹을 자세히 보아 『조선어학사』를 달라서 볼 데 보고 베낄 데 베끼다가 동행同行들의 재촉을 못 이기어 오종 소리가 나자 도라오다.

벗 한아가 조선말 배우러 저녁에 오았다.

1월 28일. 눈이 오았고 오다. 주인은 창덕궁 고종高宗 대상에 가서 어제밤 지내고 아츰에야 돌아오더라.

사동寺洞 어귀에 지내다. 푸른 옷 붉은 옷 입고 탈박아지 같은 것을 뒤집어쓰고 말을 탄 이가 나란히 있고 그 뒤에는 일본물 들은 꽃무덕이가 죽 놓이고 길 좌우에는 늙은이, 젊은이, 게집, 사내들이 산덤이 같이 섯다. 이렇게 눈이 뿌리고 길이 진 데도 구경이라면 파고드는 이들이 이미 오아 있는 이도 암만인데 더욱더욱 모아드는 이가 구름 같다. 오날 조명구趙命九의 죽음이 나아간다 하니 이은 부귀 겸한 집안인가 훌륭한 구경거리가 있을 줄로 알고 구경군이 모인 것이다. 그러나 구경에는 정성이 지극한 이들이다. 이러케 모이고 서서 기다리고 있스니 놀랄 만하다. 여간 나올 일이 있더라도 눈 오는 핑게, 길이 진 핑게하고 아니 나올 이들이 눈과 진 것도 관게하지 아니하니 알겠다. 그네들이 꼭 하고저 하는 일만 있스면 아모리 찬바람, 쓴 비에도 굿세게 나아갈 줄을. 그러면 그 뜻을 옮기에 하욤즉한 일을 이 구경하듯이 하였으면 좋겠다. 진실로 용긔가 없는 것도 아니오, 게으른 것도 아니오. 다만 하욤직한 일에는 하자는 뜻이 없는 것이 걱정이다. 나는 이러케 구경꾼에 구경꾼 노릇하고서 불교회로 가서 책을 보다가 이 날을 보내다.

1월 29일. 좀 칩어도 맑다. 로석 어른하고 원동苑洞 있는 누구를 찾었다 못 보고 나는 병구 집을 들러서 불교회로 갔었다. 맞힘 국여菊如(梁建植)며 소롱素濃(李命七)도 오았다. 퍽이나 유행流行하는 '련애'란 말을 잇어내니 더구나 련애를 전문 삼어 연구하는 소설가인 국여 입으로는 우리 사회의 누구누구가 어떻게 했다는 사실인 이악이가 푸짐하게 나온다. 자미스럽기도 하고 웃읍기도 하여 하마터라면 허리를 분지를 번 보았다. 또한 서승효承孝 군이 오아서 신문 긔자인 이악이로 새롭고도 이상야릇한 소문을 쏘다내니 자리가 한껏 더 부픗하다. 이악이 소리가 그치자 시종이 뗑, 뗑, 뗑 친다. 이 동무들이 한가지 짝을 지어 낫었다. 길은 어찌 질은지 두루막이 자락을 걷어잡고 신발을 굷아 디디며 갈밭 새로 앙금앙금 기어단이는 갈기 모양으로 길가로 살살 걸어서 우미優美관을 지내서 종로로 나서니 발서 꽃같이 꾸민 자동차 두 마리가 중앙청년회관 앞에 다달었다. 그런데 신랑 신부 구경들은 빽빽이 들어섯다. 우리는 회관 앞에로 가서 보니 빈 자동차만 놓였다. 간신이 엇개를 비비고 문으로 들으니 문 안은 오히려 문 밝에 보다 더 빽빽이 섯다.

사람 새로 요리조리 비끼어 칭칭다리를 올아서 큰 강당으로 들어가다. 강당에는 맨 가운대에 화초분을 한 줄로 나란히 늘어놓코 그 좌우에는 광묵으로 길게 깔어놓고 그 밖에는 걸상을 족 늘어놓고 강단 우에는 맨 앞줄에 화초분을 늘어넣고 한쪽에는 피아노를 놓았고 우리들 들어가는 문에는 사내가 서서 인도引導하고 또 한쪽 문에는 틀에머리 한 녀자가 서서 녀자 손님을 인도한다. 그래서 한편 걸상에는 사내들만 앉게 하고 한편 걸상에는 녀자들만 앉게 한다. 우리가 들어올 적에는 대여섯 사람의 남자요, 이십여 명의 녀자이더니 차차 모아들어 녀자, 남자, 젊은이, 늙은이. 썩 어엿븐 아씨네며, 썩 하이칼라 한 아씨네며, 여학생이며 여염집 부인네며, 더불고 온 어린 아이들이며, 비단 두루막이 입은 이며, 높은 모자 쓰고 후로꼬트 입은 이며, 일본 사람의 사내며, 여자며, 중앙학교 생도며 몯은 구경꾼들 아울러 천여 인이다. 사람이 넘어 많이 밀리어 우칭에서는 알고 알고 하며 몹시 분대질치는 소리가 난다. 어느덧 오후 네 시다. 온 강당에 몯은 이의 눈방울이 한 곧에로 쏠리어 본다. 한쪽 문으로는 초록 저고리 분홍치마의 어린 처녀 셋과 문의 있는 힌 비단옷 입은 여학생 같은 아씨들과 각각 찬란한 꽃송이를 손에 들고, 빛나는 꽃송이를 꽂인 머리를 엷은 힌 비단으로 싸고 비단 자락은 느실느실 늘어졌고 하얀 빛갈 좋은 비단깃으로만 칠칠 감았고 어엿브고 아릿답기보다 탐스럽고 귀인성 잇게 살빛 좋게 보이는 붉으레한 얼굴이 모란꽃이 바야흐로 피는 듯한 신부를 가운대 세고, 한쪽 문으로는 김승순勝淳 군을 양복장이 셋이 부축하고 한쪽에서 옥녀 같은 녀자 가는 손길을 요리조리 놀리어 타내는 피아노 소리와 어우르어, 신랑 신부가 나란이 서서 두 걸음 천천이 들어온다. 두 늙은 목사 앞에 오아 섯다. 목사는 기도하고 서약誓約서를 읽어들리고 신랑 신부 서로 한평생 화락하며 살기를 맹세 식이며 신랑 신부의 도장을 찍힌다. 그 뒤엔 웬 청년이 피아노 소리를 맞추어 노래를 부른다. 그러고 신랑 신부는 돌아서 사진을 박힌다. 그러고 신랑 신부가 엇개를 마주 겻고 나아간다. 그래서 혼레는 끝났다. 몯아 그 뒤를 딸어 나아갔다. 우리도 명월관까지 갔다. 발서 방방이 음식을 소담하게 차려 놓았다. 어느 자리 한쪽을 찾이하고 앉어서 먹고 싶은 대로 먹었다. 그동안 신랑 신부는 어느 사진관에 가서 다시 사진을 박히고 들어오아서 한가지 짝을 지어 단이며 이 방 저 방 앉인 손들께 인사치룬다. 우리는 한 구석방에 있어서 신랑 신부의 얼굴도 잘 못 보고, 소리도 잘 못 듯고, 다만 음식만 먹었다. 그러고 배부른 즘에 달아오았다.

1월 30일. 맑고 칩다. 김병직炳稙 형의 편지를 보다. 주인집에서 웬 늙은 암중하고 이런 이악이를 한다.

옛적에 어느 곧에 한 홀어미가 한 자식 며누리하고 사는데, 그 자식 며누리가 효도하지 못하여 구박이 심하매 홀어머니가 두 다리를 뻗고 슲이 우는지라. 그 때 맞힘 한 보살이 오아

"웨 우느냐."

뭇거늘, 대답하되

"자식 며누리가 넘어 몹시 함으로 슲어 우노라."

하니, 보살이 말하대

"당신이 지금붙어 나무아미타불을 작구 찾이면 저승에 가서 팔자가 좋으리라."

하였다. 홀어미 그 말을 듣고 울음을 그치고 있는 동안에 발서 보살이 가르친 나무아미타불은 잊어버린지라. 토심스럽지마는 그 며누리더

러 보살이 아까 무엇이라고 하더냐 물으니, 며누리 거즛하여

"무엇은 무엇이여. '건네 말 남첨지'라 하였지."

하였다. 그 뒤로 홀어미 때때로 '건네 말 남첨지'만 부르기가 일이다. 자식이 어데 갔다가 들어오아 제 안에 보고

"웨 저렇게 '건네 말 남첨지'는 찾는다냐?"

하거늘 대답하되,

"그것도 모르오? 어제 저녁에 건네 말 남첨지가 오아 자고 갓지. 그래서 미치어 부른다오."

하니 자식놈이 성을 내어,

"그것을 어찌하여 며누리년 저렇게 떠들어 소문내면 자식 딸도 못 여우어 먹지. 그러면 어찌할가."

하고 두 년놈이 상의하여 죽이기로 작정했다. 그래서 그 어미를 업고 년놈이 뒷산에로 올아가 칭암절벽 우에 앉히고 장차 발길로 느닷없이 차아 떨어치라 하여도 또한 '건네 말 남첨지'만 찾는지라. 그럴 제 난데없는 오색구름이 피어나며 하늘서 선녀가 나리어 오아 뫼시고 올아 나는지라. 그 자식 며누리 돌아오아 집이며 논밭을 다 팔고 다만 앉어서 '건네 말 남첨지'를 찾었다. 그러다가 하루는 년놈이 뒷산에 올아가서 그 어미 앉히었던 자리에 앉고 '건네 말 남첨지'만 찾고 제 계집더러 차라 하여 맞힘내 떨어져 죽었고, 그년도 혼자 몹시 고생하고 죽었다더라.

이악이가 자미스러워 적어두노라. 저녁에 김병룡 군 집에 가서 로석어른과 주인과 착한 말을 하다가 조선말 배러 오는 이가 있기에 돌아오다. 리중갑 군에며 조 형에게 편지 쓰어 붗이다.

1월 31일. 맑다. 수당께 갔다. 오날에야 맞났다. 오상근祥根 씨도 찾었다. 오게(梧溪集 李宣白氏) 글모이 벗기던 것은 끝을 냈다.

2월

2월 1일. 맑다. 발서 올해에도 첫 달을 지냈구나. 어디든지 가서 하고 싶은 공부나 더 하였으면 좋겠다. 아모 일도 안 되니 답답하다.

2월 2일. 맑다. 불교회에 갔더니 하몽(何夢 李相協)이 오아서 떠들어 댄다. 원악 신문장이의 행색으로 남의 집을 잘 알아 야릇한 명사名士의 행실이며 신기神氣한 숙녀淑女의 행실을 들먹거릴 새 우습기도 하고 가엽기도 하다.

2월 3일. 맑다. 지난 달 가운대 내 배도 앞었고, 온 집 식구食口가 모다 배가 아프었다고 하더니, 다름이 아니라 그시양이 배에 들어가았음으로 아프었던 것이다. 주인이 뒤ㅅ간에 가서 그시양을 발견發見하고 회충산蛔蟲酸을 사아다 먹는 것을 보고 나도 그때 그시양으로 배 알었음을 알었다. 아마 그때 밥 먹을 물엽에 생것으로 된 나물을 먹었다. 그 나물에 그시양 씨가 섞이었던 것이다. 과연 생것은 먹지 아니할 것이다. 그시양이던지 촌충이가 다 생것 먹는 데 섞이어 사람 배속에 들어가 크는 것이다. 음식을 맨드는 이도 매우 조심하려니와 음식을 먹는 이도 매우 삼가하여야 할 것이다.

2월 4일. 맑다. 김수동壽東 군에게 돈 이 원을 꿔어가지고 가서 흔옷을 집으로 붙이었다. 그러고 목욕하고 리발하고 양말도 사아 신다. 저녁에 편지를 쓰어 집에 보내다. 김영운 군이 오아 설쇠자고 한다.

2월 5일. 맑다. 불교회 취롱께 갔었다. 맞힘 취롱의 따님이 오았다. 낡은 옷에 해진 신에 야윈 얼굴에 그 아버지를 보고서 하소연이 있는 모양이다. 남들은 슬비슴을 해준다 하니 인자 열네 살쯤 된 아이가 남과 같이 슬비슴 하고 싶지 아니 하겠느냐. 그러나 취롱은 어찌할 수도 없다. 더구나 그 딸은 취롱이 속태는 딸이다. 집으로도 아니 가겠다고 떼를 쓰니 집으로 보낼 수도 없고 다만 학교를 단이겠다고 떼를 쓰나 그것도 그렇기가 어렵고 또한 옷 해 입히고 신 사아 신기고 밥 사아 먹이기도 어렵다. 그러나 그는 학교를 단이지 못하면 천고원한이 되겠다 하며 가끔가끔 아버지가 보고 싶어 온다 하며 이렇듯 찾어온다더라. 취롱도 원악 부인이 맞지 못하여 다음에 부인을 얻었으니 또한 맞지 못하고도 그 몸에는 이 따님까지 두었다. 그러나 다음 부인과는 어찌할 수 없어 서로 갈리었단다. 그러니 어린 딸이 그 어미를 좇지 아니하고 그 아버지를 좇아오아 있다. 비록 처음 부인은 집에 있스나 이 아이는 집으로는 아니 간다 맹세한 듯하다. 취롱도 넉넉지 못한 객지에서 자긔 한몸 치닥거리도 어려운데 더구나 그 따님까지랴. 듣고 보기가 하도 딱하다. 어찌 사람들은 불행한 것이 많은가. 질거웁지 못한가. 걱정이 그대지 많은가. 가엾고도 아처롭다.

저녁나절은 한별과 국여菊茹와 소롱이 오아 승승하지 아니하다. 자미스럽게 이악이하던 즈음에 밖에서 불낫다고 야단이다. 나아가보니 건너 말 기와집에 불이 붙어 싱검은 내가 뭉게뭉게 펴올아 맑앟던 한울을 흐리더니 더욱더욱 펑펑 솟아나서 있는 데까지 불이 올듯하다. 사람들 모인다. 이 골목으로 저 골목으로 구름같이 모인다. 조수같이 밀린다. 어린 아이들은 개천에 빠지기도 하고 어떤 이는 꺼꾸러지기도 한다. 요새 사람들이 일캇는 따끔나리도 말을 타고 달리어온다. 소방대消防隊가 오았다. 그 옆집 사람들 울며불며 세간살이를 치느라고 부산났다. 그 가운대도 가장 및어 죽을 둥 살 둥 모르고 얼없이 이리저리 단이며 뛰고 동당거리는 이들은 불낸 집 임자네라. 그럭저럭 두어 시 동안에 불을 잡었다. 그러나 네 집이나 불 속에서 없어졌다. 이것을 볼 때에는 누구던지 불조심 아니하려는 이 없으리라. 곧 남의 집 불 난 것을 제 집 불 난 것처럼 생각하지 아니 하렷다마는 더구나 조심하여 제 집이나 남의 집이나 불이 아니 나도록 하여야 할 것이다. 사람들이 흔히 담배불이나 성냥불을 조심하지 아니한다. 저윽이 뜻이 있고야 그럴가. 더구나 밥 짓는 이던지, 바느질하는 이던지 불을 가까이 가지고 있는 이는 늘 조심하여야 할 것이다. 불낸 뒤에 아모리 불탠 것이 아깝다 원통하다 하고 운들 무슨 소용이 있스랴. 차라리 미리 조심해서 불을 내지 않는 것이 좋지 안할가. 그러나 오날 그 집 불낸 것이 온 서울 여러 집 경계가 되었으려니 하면 얼마큼 다행 아닐가. 또한 이 말 적은 것을 보고서도 길이 경계가 되어 불내는 것이 없으면 그런이만큼은 다행일가 하노라. 소롱 집에 끌리어 가서 힌떡과 술과를 퍽 먹었다.

2월 6일. 맑다. 요즈음 서울에 사나운 고뿔이 단인다고 여긔저긔 쓰어 붙이었다. 과연 입에 가점을 차고 단이는 이도 만하다. 또한 예방 주사를 맞이러 가는 이도 많다. 사람이 병을 무서하는 병이 생기어 겁도 내고 놀래기도 한다. 아모랗던지 사람들이 위생을 잘할 줄 알어가니 반가운 일이다. 어데 갔더니 그곧에 고뿔로 앓어 드러눈 이가 있다. 열 집을 가면 세네 집은 병 있는 집이다. 사나운 고뿔이 과연 사나웁다. 많이 퍼졋다. 사람은 작년처럼 여이지 않는 모양이다. 오히려 다행인가 하노라. 각황사 강습하는 데 들레서 수당께로 갔다.

수당 집 밥 짓는 어멈이 나를 보고 슬쇠러 집으로 아니 갔다고 숭한다. 말이야 옳지. 조부모 처자 있는 이가 일 년 만에 한 번 오는 슬날을 객지에서 보내는 것이 어찌 좋으랴. 그날도 다른 날이나 다를 것 없지마는 예붙어 오는 풍속 습관에 슬날이라고 일칼어 떡국도 먹고 차례도 지내고 세배도 하며 매우 질거웁게 노던 날이라. 이 집 저 집에서 떡치는 소리가 나며 슬비슴 감과 세찬을 사서 가지고 가는 이가 거리거리 가득하다. 상점마다 사람이 구름같이 모드락흐르락 하고 나무바리는 길을 막어 단일 수가 없다. 그래서 따금나리들이 회추리를 갖고 단이며 나무 장사들을 때린다. 그러나 얼굴을 쭈푸리고 아주 긔운 없이 단이는 이도 있다. 슬비슴 감과 세찬과를 하나도 사 가지고 가기는 고사하고 때묻은 옷도 빨어 입지 못하고 치위를 못 견대어 덜덜 썰다. 도모지 세상이 고르지 못해 어떤 이는 가멸하고, 어떤 이는 가난하고, 어떤 이는 귀하고, 어떤 이는 천하여 서로 어울리지 아니하구나. 넘어나 서로 다르니 불평不平이 그 때문에 생기는 도다.

송정식 군의 편지 오다. 찬 군에게, 송정식 군에게 편지 붗치다. 김병직炳稙 씨에게 편지 쓰어 붗이다.

2월 7일. 맑다. 경신庚申 십이월十二月 삼십일三十日이다. 내가 서룬 해로 보내는 날이다. 또한 우리집에서 내가 돌아올 줄로 짐작하고 매우 기다릴 날이다. 내가 일전에 붗은 편지도 아즉 우리집에 들어가지 아니 하였으리니 더구나 내가 돌아오려니 하리라. 할아버지도 그러하시고 아버지, 어머니도 그러하시고, 그 밝에 누구던지 나를 사랑하여 주는 이는 모다 그러하리라. 시러금 돌아가지 못한 것이 내던지 내 집에서던지 섭섭하노라. 그러나 가장 크게 느끼고 생각나는 것은 지낸 서룬 해 동안이다. 그동안 무엇을 햇던가. 아모 한 일이 없다. 아모 한 일이 없을 뿐 아니라. 장차 하려는 일을 마련해둔 것도 없다. 한갓 무엇을 느끼었다거나 생각해 본 일이 있다면 그것은 있었다. 그러면 강개탄식慷慨歎息이나 공상空想 망상妄想에 지내지 못한 것이다. 나도 사람으로 생기었다. 사람 노릇을 하여야 되겠다 하고 지낸 사오천 년에 이름 있던 사람과 지금 온 세계에 이름 있는 사람(사람 노릇한 사람)과 견주어 보면 나는 과연 사람 노릇을 햇던가. 사람 노릇을 하는가. 사람 노릇을 할가. 과연 지냄과 이제와는 참사람 노릇을 했다 한다 할 수 업다. 어째 그럴가. 나는 곳 예사람과 이제 사람과의 이름난 이와 같지 못한 것이 많다. 행실이던지, 학식이던지, 사업이 넉넉지 못함이다. 만일 행실이나 학식이나 사업이 넉넉하고도 오히려 이름이 업었더라면 그것은 붉그럽지도 아니하고 야숙하게 녀기지도 아니하겠다마는, 실상이 없어 걱정일 따름이다. 그러나 오날을 보낼 때 쓰리고 앓은 가슴이 래일을 맞이며 래년을 맞어 깃브고 시원한 가슴이 되려니 한배임께 비노라. 한배임이시어 래년부터는 생각이나 일이 거룩하게 일우도록 도와주시오. 곧 사람 노릇하게 도와주시오. 적어도 예 이제 이름 있는 사람과 같도록. 다만 그 이름만 같도록 하여 주시기는 바라지 않고 그 실상이 같도록 하여 주시기를 비노라.

불교회 가서 박일병 씨를 맞났다. 한별 군도 맞났다. 소때장이, 꼭도장이, 화랑이, 광대, 박첨지놀음, 사당놀음 이악이를 끄어내어 한별과 박 사이 혈전舌戰이 되었다. 고즈음 백우용禹鏞 씨가 오아 서양악 이악이로 중재仲裁를 식히다. 나는 한 방관자放觀者가 되었었다. 오후 오 시라 돌아오다. 거리거리 오락가락하는 이가 많다. 얼굴이 홍시 빛 되어 걸음을 비틀비틀하는 이 있다. 음식을 맨드는 구수한 냄새가 온 서울로 가득한 듯. 또한 느낌이 온 서울에 가득한 듯 슲어하는 이가 얼마며 깃버하는 이가 얼마랴. 여관 주인보고 저녁밥은 차리지 마라 하고 낫었다. 가는 사람 오는 사람 맞날 적마다 보니 매우 깃버하는 모양이다. 그러나 나는 깃브지 아니해, 외로이 있으니 답답하다. 서울에 나와 같이 외로이 있는 이도 얼마나 많겠느냐마는 내가 맞나는 사람에는 나와 같이 아니 깃버하는 이 없다. 더구나. 게집 사내 엇개를 견주고 서로 도란거리며 가는 이를 볼 새 새운 생각이 난다. 과연 아씨네들도 많이 다닌다. 그러나 내 짝은 한아도 업다. 아이들은 퍽 깃버하며 길가에까지 나오아 뛰고 놀더라. 팔판동八判洞 김영운永運 군을 찾었다. 그 대문간에 서서 사내 바지만 꿰고 있던 행랑어멈더러 주인댁 나리 게시냐 하니 곳 들어오라고 한다. 퇴마루에 신을 벗고서 방으로 들어갔다. 영운 군이 석냥을 갖이고 오아 램프에 불을 커며 나를 기다리고 있었노라 한다. 하던 이악이가 끝도 안 나서 밥상이 들어온다. 고기도 있고 짐도 있고 지짐이도 있스며 이것저것 상 우에 가득한 것이 모다 먹을 것이다. 시럽시 집에서 있는 이보다 낫게 얻어먹는가 보다. 반찬이 좋은 즈음에 밥 한 그릇을 다 먹었다. 남의 집에 가서 밥 한 그릇 다 먹기도 첨이다. 아마 안에서는 서울서 제일가게 주리던 거지가 오았는가 하렷다. 그렇기도 그럴 듯. 심지어 반찬가지 아니 남기었다. 게다가 배부른 즈음에 딴 홍이 나서 이악이 배를 바다에 뜨이었다. 한없이 정처 없이 나아간다. 영운 군을 이 바다에 빠져 헤맨다. 또한 권중학重鶴 군이 오다. 첨 인사하다. 그러나 맘으로 안 제야 오래다. 얼굴빛이 좀 검고 눈방울이 큼직하고 광대뼈가 내밀고 수염이 검으잡잡하게 나고 키는 다섯 자 남짓하고 한참 긔운이 좋아 젊은 안애나 첩이나 두엇 두고는 저녁마다 셈을 아니 빠질 듯한 사내다. 그는 곧 영운 군의 매부다. 그 부인이 천촉병으로 병원에 단이러 오았는데 딸어오았다. 참으로 금실은 찰떡같다더라. 오날 저녁에도 부인이 천촉이 나서 몹시 앓는다더라. 권은 근심이 가득해 보인다. 앉었다가 누었다가 하며 남의 이약이 소리가 잘 들기지도 아니하는 모양이다. 만판 맘이 그 부인에게 가 있는 듯. 자긔가 앎은 것보다 더 앎은 듯. 누구는 저렇게도 내외간 정다웁게 지내는가. 만일 내가 앎으다면 이렇게 하여 줄 이 누군가. 우리집에나 있을가. 무론 사랑하시는 할아버지, 아버지, 어머니, 또 누구, 누구, 그렇지. 그러나 내 안에가 앓는다 하면 저 권처럼은 못하겠다. 나도 무던히 사랑하지마는 넘어나 엄청나다. 그러나 안 되었다. 아들 딸 대여섯 된다는데, 더구나 지낸 칠월에 난 유아가 있다는데, 그 유아는 시골에다 유모 맞기고 오았다는데, 저렇게 병이 중하니 걱정이다. 곳 낫기를 비노라. 과연 권이 애탈 만도 하다. 또한 저윽이 인정을 목석 아닌 것은 그럴 만도 하겠다. 남이 장개간다닌가 저는 씨나락 오장이 지고 장에 가더라고 남이 안에 병 걱정하닌가 나도 벗석 새삼스럽게 김의 병 걱정이 난다. 김도 발서 십여 년 병이다. 늘 낫다고 하는 말은 들어 본 적 없었다. 지금은 낫었는지 더한지 모르겠다마는 더구나 낫살이나 더해가며 팽팽하고도 기름저 보이던 얼굴이 여긔저긔 주름이 잡히고 핏기운이 바터지는 데다가 병이란 놈이 온몸을 싸고 들어 좀처럼 떨어지지 아니하니, 얼굴이 더욱 야위어지고 어느새 늙은이 모양으로 낮에 일만 좀 하면 밤에는 펼처 누어 죽은 사람같이 아모 정신도 못 차리고 아모 긔운도 없이 저릅대기 조히 감어 놓은 모양으로 시원찬이 지냈다. 다행 요마적이나 튼튼하게 되었는지 보고도 싶어, 알고도 싶흐지. 권의 부인은 칠월 해산 뒤로 병이 낫다더라. 이렇듯 권은 권의 부인을 위하고 나도 김을 생각하는 가운대 또 한 친구가 찾어오았다. 그는 김병희炳憘 군이다. 두어 달 만에 서로 맞났다고 하며 뜨거운 손목을 서로 잡고 뜨거운 정이 물이녹게 인사도 하고 이약이도 하다. 이는 영운 군의 매부

의 매부다. 일즉 외국에 단이었다. 사 년 전에 세비리아 니코리쓰쿠에 그 부인과 같이 가서 있었다. 그러자 이 사람만 작년 칠월에 서울 오아 감옥 속에 있다가 올해 칠월에야 나오아서 다시 니코리쓰쿠에 가서 혼자 홀어미처럼 세네 달 나무 해 때고 있던 그 부인을 더불고 오았다. 그런데 지금 그 부인도 탈음병으로 병원에 있다더라. 이 사람도 나처럼 여관에 있는데 권이 오아 같이 슬쇠자고 해서 온 것이다. 밤 열두 시가 되다. 떡국과 술과 과일과 안주와의 한 상이 들어온다. 먹고 마시고 해서 빈 그릇 상만 내보내다. 오래 놀았다. 권은 김을 더불고 그 옆에 자긔 집에 가고 나는 영운 군 옆에서 자다.

2월 8일(辛酉 元旦). 맑다. 아츰에 일어나 겻문을 열고 보니 해가 발서 두어 발이나 올았다. 영운 군 딸이 고깨옷을 입고 들어오아 절을 한다. 손에다 동전 몇 입을 갖이고 벽에 기대서서 노래를 느러지게 부른다. 오날 다섯 살 되었다더라. 아츰 먹이는 일부러 밥을 지었다. 떡국보다 날까 하여 밥은 많이 먹힌다 하여 밥상을 들인다. 참 떡국보다 낫다. 먹고서 영운 군이 일어서기 전 떠나오았다. 영운 군은 고양高陽 군청에 출근한다. 나는 권중학 군을 찾었다. 맞힘 남매간(처남 매부) 떡국 상을 마주 받고 앉어 먹는다. 나는 술만 두 잔 얻어먹었다. 열 살쯤 되어 보이는 얌전하고도 묘한 처녀가 있서 나를 본다. 영운 군이 말하던 권의 따님인 듯하다. 안방 건네방 두 간뿐. 가온대 마루에는 세 사람만 서도 엉덩이가 서로 닿겠다. 시골서 데려오았다는 부리는 것이 있어 밥 해 주는 모양이다. 어찌다 치어다보니 마루 우 대들보에 고기 근이나 매달리었다. 그러나 병인이 있어 세항歲況이 없는 듯하다. 김병희 군과 같이 나오다. 골목골목에 세배군들이 떼떼로 오락가락. 사내 어른들 옷 호사는 그대지 훌륭하지 아니하나 녀인네 호사며 아이들 호사며 더구나 계집아이 호사, 하도 놀랍다. 옷감으로는 비단, 명주, 모사, 모직, 옥양목 들 보드랍고도 새뜩해 보이는 것이오. 빛갈로는 밝안 것, 새빩안 것, 붉은 것, 붉으레한 것, 푸른 것, 팔안 것, 새팔안 것, 누린 것, 노린 것, 검은 것, 검푸른 것, 검붉은 것, 뽀얀 것, 힌 것, 하얀 것, 자지빛, 초록빛, 회색 들 번칠번칠 반작반작하는 것이다. 어떤 늙은이는 곱게 입은 계집아이 사내아이들을 이끌고 벙글벙글 웃는 이도 있고, 어떤 아이들은 저의 남매 샌지 엇개를 서로 겻고 가며 어머니가 우리 아버지 마느래라는 동, 혹 앞뒤 서 가며 얼른 오라고 부르는 동, 어떤 아씨네는 꽃송이 같은 딸자식을 아모 뒤 좌우에 서고 가면서 조개 볼웃음을 치는 동, 어떤 계집아이는 비단옷으로만 입히어 피는 꽃인가, 피는 구름인가, 뜨어오르는 달인가, 연만한 구실인가, 공작인가, 앵무샌가, 꾀고린가, 제빈가, 범나빈가 할 만큼 하게 꿔미었다. 계집아이들이 서로 치마를 뜨어들고 심지어 속 속것까지라도 보이며 각각 호사 자랑한다. 자랑할 만큼 하기도 하다. 심지어 속 속것까지 비단이다. 그래서 옷 입은 태도가 아름답다. 시골 것 같으면 개가죽 소가죽같이 뻣뻣한 베고의 우에 보드란 비단옷을 입으니 우불퉁두불퉁 몰골이 숭하련마는 서울에서야 거의 다 옷 호사할 줄 알아 비단 입는 데는 어떻게 하면 좋고 낮진 것을 잘 안다. 오날 보아도 알겠다. 서울에서도 여염집 계집아이 옷 입힌 것과 기생집 계집아이 옷 입힌 것이 다르다. 암만 해도 옷 태도는 기생의 것들을 딸을 수 없다. 그러나 남의 소실들은 기생 우수치게 호사하고 갖갖이 태도를 가진다. 오히려 요마적 기생들은 금소한 모양이다. 남의 소실들인지는 모르되 오날도 길에 나단이는 많은 아씨네가 옷 호사를 한껏 했다. 일부러 치마 밑에도 비단 고의 자락이 보기 좋게 주름 잡히어 나오았다. 그네들은 제 서방께 곱게, 어엿브게, 아름답게,

꽃답게, 사랑웁게 보이랴고만 않고 다른 이까지 눈에 들이려 하는가 보다. 밥도 반찬이 좋으면 밥을 더 먹듯이 게집도 태도가 좋으면 사내가 더 어엿버하리라. 그러나 여학생들은 꼭 한모양으로 새캄한 모직이나 무명이나 명주 혹 비단 것으로 옷을 해 입고 단인다. 책보를 들고 학교 가는 이도 있고 갔다 오는 이도 있다. 종로, 교동, 전동 할 것 없이 길이란 길에는 꽃밭이 되었다. 그렇게 꿔미고 낫으니 좀더 낫게 보인다. 원악 밉게 생긴 것은 할 수 없어도 어지간 만한 것은 다 미인같이 보인다. 그러고 기생이라도 한 삼십 이하는 시면한 것이 업다. 더구나 녀학생에는 한아도 업다. 만일 있다면 그것은 시골에서 온 것이다. 그뿐더러 분까지도 바르지 아니하는 이 많다. 그 대신 메욕과 세수는 자주해서 몸은 깨끗할 것이다. 이것은 문명하여 갈수록 천연의 아름다움을 더 사랑하는 까닭이다. 그뿐더러 옷도 품이 넉넉하게 해 입는다. 서울도 십여 년 전에는 녀자의 저고리같이 매우 짜릅더니 시방은 사내 저고리같이 길다. 그러나 시골은 시방도 짜릅게 해 입어 저드랑이가 다 내다보인다. 그러나저러나 옷은 몸에 맞게, 제 형세에 적당하게 해 입는 것이 좋다. 서울처럼 너무 호사하는 것은 쓸데없는 일이다. 이런 생각하면서 안국동 병구 집에 들어가아 궤연 일곡하고 나니 방으로 작꾸 들어오라고 아주머니가 한다. 음식을 소담하게 한 상 차리어다 준다. 그러나 배가 붊어 그냥 내보내다. 또 김병룡 군의 집에 이르러 로석 어른께 세배하고 주는 떡국을 먹지 못하고 그냥 내보냇다. 취롱하고 리능화能和(尙玄 先生) 씨를 찾어 세배하고 나오아 다시 김병룡 군을 찾어 같이 유경종敬鍾 씨를 찾어보다. 연희延禧학교 뒤로 한참 가서 산 알에 고요한 말에 들어갔다. 사랑 앞에 늙지도 않은 소나무 한아 있다. 대문 앞에 찾이니 웬 처사 같은 로인 나오아서 반갑게 맞어들인다. 곳 그 안 건네

방으로 들었다. 절하고 본 뒤 글씨를 쓰어 말하다. 귀가 어두어 말소리가 안 듣기신다더라. 방에는 책이 가장 많이 싸이었다. 그것으로도 선생님 집인가 하겠다. 떡국 상을 차려 내오아서 먹었다. 시케는 꿀맛 같다. 과일이던지 고기 쓸어 놓은 것이던지, 나박지 담근 것이던지 썩 야점하고도 맛있다. 그러나 오날은 배가 미리 붊어 잘 먹지 못한다. 오날 같으면 서울 거지 노릇할 만하다. 어데 가던지 먹을 것이 많이 생긴다. 상을 물리고 차 한잔 마시고 도라오다. 그윽한 골작 숩 새길로 동행 세 사람이 앞서기도 하고 뒤서기도 하며 오르기도 하고 나리기도 하여 수당 집에 들렜다. 세배하기는 한 번 하고도 세배받기는 두 번이나 되다. 이런 장사는 남기었다. 이약이 듯다가 칠 시쯤 해서 여관에로 도라오았다.

2월 9일. 맑다. 아주 봄날이다. 양달에는 눈이 다 녹았다. 음달에만 아즉 얼음이 남았다. 최익한 군을 찾어보다. 불교회에 가다. 오날은 어제같이 사람들이 많이 단이지는 아니해도 여느 날보다는 많다. 불교회에서 놀다가 한별 군하고 각황사로 가서 보성普成학교 운동장運動場에서 공 차는 것을 나려다 보았다. 공을 차느라고 이리 몰리었다가 저리 몰리었다 하며 혹 잡바지기도 하며 꺼꾸러지기도 하며 뛰는 놈, 달리는 놈, 겅충거리는 놈, 소리 지르는 놈, 엉구주춤하는 놈의 장난군일러라. 조선어 강습이 끝도 안 나서 도라오다. 저녁에 취롱하고 상현尙玄 선생 집에 갔었다. 고산자古山子(金正浩)의 『대동지지大東地志』 열다섯 권을 구경했다. 과연 대학자다. 엮은 꼴이 갈래가 바르고도 자세하다. 아마 『대동여지도大東輿地圖』는 이 책 짓은 담에 짓은 듯하다. 이 책을 한 평생 정력을 다 들이어 짓은 듯. 진실로 우리나라 큰 보배다. 녁사, 지지에 대한 이악이를 듣고서 떡가지 주어 먹고 오다. 오날 최익한 군에게 이런 이악이를 들었다.

경상도 삼가三嘉 사는 한 참령 어머니께서 일즉 홀어미가 되었다. 하루는 알에묵에 누었느라니 동내 계집들이 오아 보아서 각각 제 서방 이악이를 하다가, 어찌 다 같은 사람으로 타고 나서 사내는 계집질하거나 첩을 두거나 관계챦고 계집만 서방질이나 개가를 못하게 하는가 하고 짓거리거늘, 한씨 어머니가 말하되, "자네들 모르게 그것은 사내들이 사내끼리 법을 짓었으니 그러챦겠나. 만일 계집인 우리들이 법을 짓으면 사내가 계집질도 못하게 첩도 못 얻게 할 것이니." 하고, "내가 지내보아도 참 견대지 못하겠다." 하고 조정에 말하고 개가법 트랴고 서울로 옮아오다가, 그 집안사람들에 붓들이어 갔다더라.

이마에 주름 끼고 턱에 수염 났으니
내 꼴이 닳어진 줄 번연이 알었으나
어버이 품에 안기었던 일 어제런가 하노라.

일기

14권

1921. 2. 10. ~ 1921. 5. 14.

1921년(단기 4254년) 신유辛酉

2월

2월 10일. 맑다. 아츰에는 치웁더니 해빛이 돋아나며 따뜻하다. 밥을 얻어먹고서는 어슬렁어슬렁 나아가다. 교동 골목으로 남학생 녀학생들이 시원하게 옮아간다. 계동繼洞 중앙中央학교에나 원동苑洞 휘문徽文학교에나 교동校洞, 재동宰洞 녀학교에 단이는 이들이 많이 이 길로 말미암는다. 혈색 좋은 소년少年과 청년靑年들이 엉덩이가 엇식엇식 발자욱이 툭툭 나려지며 날래게 걸어가는 모양 암만이라도 나아갈 수 있이 보인다. 만일 그네들이 그렇듯한 교육이나마 받지 않였으면 아주 피ㅅ긔운 없이 맞히 병든 이처럼 길을 가더라도 해오족해오족 하며 또한 늙은이같이 허리가 꼬부장하며 발로는 여달 팔자를 그리고 갈 것이다. 아무렇던가 배우고 가르칠 것이다. 불교회로 가서 유 서방 더불고 진고개 가서 책집이란 책집은 다 더듬었고 이 책 저 책 뒤적거리어 보다. 일본도 요마적 잡지가 퍽 생기었다. 책집 한 간을 다 찾이하고 버리어 있다. 어느 책이던지 떠들고 보면 맨 자데잔 소리 뿐. 도모지 그것들을 다 보아 주랴면 머리가 앓으고 터럭이 힐 것이다. 그래도 사람들은 내남없이 책이라면 파고든다. 누가 말래서 아니 듣는다. 나도 돈이나 많이 있으면 볼만한 책을 천 권이던지 만 권이던지 몇만 권이던지 사아 두고 보겠다. 세상에는 벗을 많이 두고 집에는 책을 많이 두고 십다.

다시 불교회로 오아 상현尙玄 선생하고 조선풍속 이악이 하다가 한가지 돌아오다. 저녁에 김병룡 군 집에 갔더니 로석 어른이 어데서 떡을 받어갖이고 오시었다. 먹기 슳도록 먹었다.

2월 11일. 구름이 끼었고 날이 푹하다. 수당께 갔었다.

리찬燦 군의 편지를 보다. 살기가 하도 슴슴해서 못 견대겠다고 했다. 그는 그럴 뿐이지마는 나는 쓰고 쓰어 못 견대겠다. 보이는 것마다 눈꼴이 사납고, 들이는 것마다 귀창이 저리고, 맞나는 것마다 속이 뒤집히고 아니꼽다. 어찌 이러고 살을가. 아마 스스로 죽었단 이들도 이러해서 그랬는가 보다. 나려다보니 튼튼한 땅이고 치어다보니 높다란 한울이다. 뒤적이 아닌 도막에 땅에로 들어갈 수도 없고 새 아닌 도막에 한울로 날아단일 수도 없다. 나는 어데로 오도 가도 못하고 다만 이 자리에서 밤과 날과를 보내는가. 이럴 적에는 방성대곡放聲大哭이라도 했으면 시원할 듯. 온몸에서 끓는 피가 엷은 겁줄을 터트리고 쏘다저 나오는 듯 도모지 세상이 원수 같다.

2월 12일. 밝다. 중앙구락부로 해서 불교회에 갔다. 그럭저럭 놀다가 양국여菊如하고 오후 두 시에 청년회관에 가서 연합청년회가 연 강연회에 들었다. 처음에는 최두선斗善 군의 인격적人格的 가치價値와 도덕적道德的 가치價値와에 대한 말이다. 거의 두 시간이나 떠들는 말이 넘어 학술어를 많이 쓰어 알어듣기 어렵고 넘어 시간이 오래 되어 실징이 난다. 과연 청중 속에서 "그만 그만.", "간단簡單 간단." 소리도 났다. 다음에 박일병一秉 군의 극劇과 문화文化에 대한 말이다. 넘어 익살을 부리어 웃우개 거리다. 다음에 장덕수德秀 군의 루소의 학설學說에 대한 말이다. 말의 갈래를 결 있이 낳우어 똑똑하게 하는데 청중들이 넘어 오래ㅅ동안 앉었음으로 아주 지질징이 나서 더러 가는 이도 있더라. 전긔등이 밝은 뒤에야 강연이 끝났다. 바루 돌아오아 김병룡 군의 집에 들렀다. 여러 어른네가 발서 오시어 음식상을 받고 앉이시었다. 나도 그 새에 끼어 앉어 떡국 한 그릇을 번쩍 먹었다. 그리고 술도 먹고 떡도 먹고 밤, 포 쪼각, 시케, 전들도 먹었다. 김승렬承烈 씨와 같이 내 여관에 돌아오아 말마디나 짓거리다가 잚이었다.

오날 낮에 한가운대 한울 힌 구름 새에 쪼각달 옆에 한 별이 보이더라. 어떤 이는 독일전쟁 날 적에도 별이 낮에 보이었다 하며 이것도 아마 전쟁이 일어날 징조라 하더라.

2월 13일. 눈이 오다. 눈이 오며 녹으니 길이 매우 질다. 각황사에 가서 강의를 듣고 취롱과 국여와 애류와 같이 불교회에 갔다. 석전 선생이 시골에서 비자를 갖이고 오았다. 두어 줌 내어놓고 먹인다. 좀 뜳은 듯해도 고숩다. 백우용禹鏞 군이 오아서 푸짐한 게집 이악이를 한다. 맘이 어지럽고 답답할 때는 이런 이악이라도 들으면 좀 난 듯하다. 아무 일이나 없이 노는 이에는 이악이가 꽤 소일消日거리가 되겠다. 사람 맘에는 무엇이던지 없는 것이 없으니 무슨 말을 듣던지 느낄 수도 있다. 웃기도 하고 울기도 한다. 사람끼리 모아 앉이면 흔히 이악이가 나온다. 사나는 매우 게집에 대한 이악이를 하기도 자미있어 하고 듣기도 자미있어 듣는다. 그러챦으면 남의 비평批評이다. 비평 가운대에도 남의 좋은 말보다도 남의 낫븐 말이 더 많다. 이것도 사람 맘이다. 사람 맘에는 좋은 것 낫븐 것이 있다. 만일 어떤 것이 좋으냐 어떤 것이 낫브냐 하면 그것은 시대에 딸어, 나라에 딸어, 사람에 딸어 다르다. 반듯이 내가 좋다는 것이 좋은 것만 아니요. 내가 낫브다는 것이 낫븐 것만 아니다. 사람의 맘을 생각고, 사람의 말을 듣고, 사람의 일을 보아 배울 것은 배우고, 바릴 것은 바리어 몯은 사람 가운대 가장 많은 사람이 좋아하는 사람 노릇을 하면 사람 가운대 가장 좋은 사람이 될 수 있다. 스스로 좋은 사람 되기를 힘쓸 따름이다. 남들 알던지, 모르던지, 이르던지, 헐던지 하는 것은 남들에게 있고 가멸하던지, 가난하던지 하는 것은 한울에 있다. 그러나 가멸과 가난을 한울에만 두고 스스로 게으르게 하여 아무 업業 없이 있는 것은 될 수 없다. 돈만 모이랴고 힘쓰면 가난한 이가 가멸할 수도 있다. 사람의 운수은 그 사람의 쓰는 맘과 힘을 딸어 있다고도 하겠다. 사람 한 번 났으면 반듯이 한 번 죽으리라 하는 것은 거줏 아니니 어느 날 죽으리라 하는 것은 미리 알 수 없다. 그러면 한 번 가난한 이가 한 번 가멸하리라 하겠다. 그러면 가난한 이가 가멸할 수도 있다. 그럼으로 힘쓰면 될 수도 있다. 그러나 힘쓰어도 아니 되는 것은 한울에 있다 하노라. 나는 날마다 보람 있어 하는 것은 없으나 무엇보다도 내가 스스로 사람 노릇하고자 애쓰고 힘쓰노라. 저녁에 병교 군 어머니 제사를 지내다. 열두 시 지내서도 잠을 못 자다.

2월 14일. 맑었으나 바람이 불고 칩다. 아츰밥 먹고 나서 김병룡 군 더불고 조선체육회서 연 공차는 회를 배재培材학교 운동장에로 가서 보다. 운동장이 네 길이나 넘어 되는 남쪽 언덕에 있었다. 구경군이 모아든다. 도모지 끊이지 아니하고 작구 모아든다. 학교로는 연희학교, 숭실학교, 휘문학교, 배재학교, 오산학교 들이고 그 밖에는 각처 청년단이며 음원대들이다. 구경군 아울어 삼사천 명 넘겠다. 처음에 숭실하고 을 배재란 것하고 찼다. 매우 긔운 있게 날래게 한다. 더구나 어제 온 눈이 바야흐로 눅이는 마당에서 맨 진흙투성이 하고 찬다. 더러 미끄러저서 잡바지기도 하고 업드러지도 했다. 응원대들은 뛰고 든다.

배재가 한 번 이기고, 숭실이 한 번 이기더니, 나중에 배재가 이기었다는 것을 숭실이 고지듣지 않으니 서로 다투어 두어 시간을 보냈다. 모인 이들은 어서어서 하라는 소리가 사방에서 야단이었다. 북악에서 쏟아지는 바람은 살을 찌르는 듯하다. 잔뜩 쭈그리고 댕곰하니 앉었는대 두 발은 구쓰 속에서 꽁꽁 얼었다. 건느어다보니 이화梨花학교에서 꽃 같은 녀자들이 울긋불긋하게 섯어 바라본다. 공 차는 구경보다 사람구경이 좋다. 다시 을 배재하고 연희하고 찻다. 한참 밀치락달치락 한다. 사방에서 숫더리는 소리는 응원대와 아울어 잠잠하던 공긔를 시끄럽힌다. 순사들은 눈을 휘둘리고 이리저리 오앗다갔다한다. 공 차던 것은 서로 이기었다 하고 또 서로 모얌모얌 모아서서 수군거린다. 해는 발서 서산에 기울었다. 시지부지 말어 바린다. 한갓 뭇사람의 푸념과 핀잔소리로 이별곡離別曲을 울리고 몯아 흩어졌다.

2월 15일. 맑다. 수당께로 들러서 불교회에 이르다. 정광진 군이 일본에서 모아 가져온 책을 보다. 불서 붙이를 퍽으나 모았다. 그 가운대에도 옛 조선 어른네께서 지은 것을 많이 모았다. 매우 고마운 일이다.

2월 16일. 눈이 오다. 송정식宋廷植 군의 편지가 오다. 동아일보가 오는 이십일일에 다시 이어서 발간한다고 호외號外신문이 돌다. 국민협회장 민원식元植이 참정권 운동하러 동경역驛 호텔 십삼 호실에 있다가 오날 오전 구 시 삼십오 분에 시물두셋쯤 된 청년에게 피살被殺됐다고 조선신문 호외가 돌었다. 김병룡 군을 찾어보다.

2월 17일. 맑다. 칩다. 두 달 동안이나 집 소식消息을 못 들으니 매우 답답하다. 저거번 슬날에도 도라가지 아니했더니 아마 삐처서 소식도 아니 알리어 주려는가 보다. 그러나 무슨 연고나 없는지 연고가 있어 그런지 모르겠다. 모를스록 답답하다. 더구나 늙으신 할아버님께서 게시니 근강하신지 늘 생각난다. 그러나 소식 없는 것이 깃븐 소식이면 오죽 좋겠느냐. 대개 연고 없는 줄로 여기고 있노라.

2월 18일. 맑다. 칩다. 주인이 앓다. 안국동 병구 집에 들레서 익한益翰 군을 찾었다가 못 보고 다만 그 아우 익채采 군을 보아 몇 마디 말하고서 나오아 불교회로 갔었다. 한별 군과 익한 군과를 맞났다. 『능엄경』을 보다가 저녁밥 얻어먹으러 여관에로 도라오었다.

2월 19일. 맑다. 각황사에 가서 최용식鏞植 군을 찾어보고 대종교에서 오는 이십이일 장소를 빌리어 달라는 말하고 익한 군의 집에로 가아 이약이 하다가 불교회로 갔었다. 저녁에 김병룡 군께 가서 놀았다.

2월 20일. 맑다. 각황사 강의를 가아 듣다. 박석전石顚 선생하고 각황사 사무실에 가서 대종교 강연 장소의 허락을 얻었다. 수당께 갔었다. 불교회로 오아서 『아미타경阿彌陀經』을 보았다. 집의 편지를 보다. 연고 없다니 깃브다.

2월 21일. 일어나 보니 눈이 많이 오아 싸이었고 또 그치지 아니한다. 불교회 가서 『능엄경』 번역을 했다. 저녁나절에 애류가 오아 끈다. 딸어서 신세계新世界 집에로 갔다. 맥주를 사아준다. 서로 이악이 하면서 그 맥주를 다 없이고 나오었다. 주인집에 돌아오아 보니 래일은 정월 보름날이라고 농포農圃 안마님이란 이를 붊어다 놓고 냄비에는 전유를 붗인다, 도마에는 고기를 다듬는다, 야단이다. 저녁에 같이 있는 학생들에게 끌리어 우미관에 갔었다. 맨 서양 계집 사내들의 희극 비극의 활동사진뿐. 번연이 헛된 그르메인 줄은 아지마는 그래도 얼마큼 느끼어 깃버도 하고 슲어도 한다. 원악 사람의 맘이란 일정히 멈울은 곳이 없는 것임으로 어데서 어떠한 것을 듣던지 보던지 맞나던지 반듯이 움직임이 있다. 있어 보매, 들으매, 맞나매, 알고 깃버하던지, 슲어

하던지, 깃버 슯어도 아니하던지, 무슨 생각이 나던지, 아니 나던지 한다. 중야中夜에 돌아오노라니 달빛이 훤히 빛인다. 길가에 자욱 눈은 아즉 슬어지지 아니했다. 오히려 달빛과 마주 빛이어 갓갓으로 아름다운 빛을 낳다낸다. 거긔에도 무슨 빛난 생명生命이 있는 듯. 그런데 이 빛 없은 생명을 이어가는 이야 하로밤만 지내면 따뜻한 해발에 슬어질 반작거리는 눈덩이만도 못한가. 그러나 달빛은 영원永遠한 의미意味를 가지고 두렷하게 나려다본다. 저 달이야 내게만 빛이는 것 아니고 온누리에 다 빛이련마는 한갓 내게만 정다웁게 빛이는가 하고 또한 저 달이야 온누리 사람이 보고 다 사랑하련마는 한갓 나 혼자 특별히 사랑하는가 하노라. 그러나 오날 저녁 이곧에 이 길에서 걸어가는 사람 가운대에는 나마큼 저 달을 뜻있게 보는 이도 없는 듯하다. 일부러 걸음을 천천ㅎ이 것지마는 같이 가는 이들이 남의 뜻은 모르고 넘어 재촉하는 고로, 북악北岳산에서 나려 쏘는 찬바람을 마시고 말과 눈과의 빛을 보면서 주인집에로 들어오다.

2월 22일. 맑다. 오날은 신유辛酉 정월 보름이고 중광절重光節이고 예붙어 아홉 번 밥 먹고 아홉 번 일한다는 날이고 몯은 재앙은 어제 저녁 제용과 앵막이에 다 붙이어 내버리고 새로운 거룩한 복을 빌어 맞인 날이다. 아츰밥붙어 거룩하게 얻어먹었다. 과연 내게도 거룩이 복이 많이 오기를 빌고 바라고 우리나라에도 거룩한 복이 많이 오기를 빌고 바란다.

불교회 가서『능엄경』번역을 쓰었다. 저녁나절에 병구 집에로 들레서 돌아오다. 저녁밥을 먹고서 곳 각황사에 갔었다. 한 천 명 모이었다. 아즉 연사演士들이 아니 오아 발서 시간을 맞후어 오아 기다리고 있던 청중이 손바닥을 두두리고 "어서, 어서!" 부르진다. 익한益翰 군이 나서 무엇이라고 한다. 그럭저럭 원악 정한 시간 여섯 시 삼십 분을 어느덧 가버리고 장차 일곱 시 오십 분이나 들어가려 한다. 청중들이 시간을 아끼는 듯이 손바닥을 울리며 강당이 떠나가게 숫들이고 분대질한다. 그래도 그 가운대 좀 먼저 온 연사라면 권덕규憲奎 군이다. 비록 정한 시간은 지냈지마는 우리의 붓그럼이라고 이것저것 흔들어 떠든다. 자못 자미스런 말이 많다. 권 군의 좌담座談과 다름없이 그 아모도 두려움 없이 막 쏫아 말하는 것이다. 그의 말과 같이 자긔는 얼굴 빡빡 얽고 키가 자릅고 몸둥이가 좀 똥똥하지마는 그의 맘은 썩 아긔똥하여 강연할 적에는 늘 석가나 공자나 예수들을 들먹거린다. 그 뿐더러 웃웁게도 본다. 진실로 세상 사람들 가운대 말로는 성인된 이가 많다. 실상 성인도 사람은 사람이다. 사람 가운대에도 가장 낫은 사람이다. 그만 못한 사람은 그만 못한 것을 힘쓰어 배우어야 할 것 아닌가. 만일 배우지는 않고 나도 성인이다 하면 성인이 될가. 권 군은 "내는 곳 너니라.", "나는 곳 성인이니라.", "성인은 곳 내니라." 하고 말했다. 우리네 가운대는 넘어 성인을 무서만 하고 두려워만 하고서 내가 곳 배우면 성인이 되리라는 생각을 가진 이 적음으로 또한 성인이란 것이 사람이란 뜻으로 한 말인가 보다. 그러나 어찌야 성인이 되리라는 말은 없다. 원악 '문제의 붓그럼'이란 사람 노릇 못해서 곳 사람다운 삶을 못해서 또한 성인만한 사람다운 삶을 못해서 붓그럽다는 뜻인가 보다. 그래서 이 뜻 저 뜻을 어울어 비빔밥 모양으로 맨들어 여러 사람께 들리는가 보다. 그 말이 그치어도 박일병一秉 군은 아니 오았다. 청중은 어린아이가 어미더러 젓 달라듯이 보채며 재촉한다. 사람이 많이 모이면 이상야릇한 이도 없는 것이 아니다. 마구 야단치며 떠드는 이들도 있다. 그래도 박은 아니 보인다. 맞히 강연을 한 연극으로 본다. 또한 연극인들 함부루 떠들고 보랴마는 아즉 이 서울 단성사團成社에서는 함부로 떠드는 것이 하던 버릇이다. 이렇게 떠들고 있는 즈음에 박이 오았다. 박은 '종광宗光'이란 문제로 짓거린다. 대종교의 뜻을 말한다. 군의 하던 강연 가운대 가장 조리條理있고 탈선脫線이 없는 듯하다. 그러나 청중은 다른 때같이 느끼지 안는 모양이다. 슬슬 나아가는 이도 적지 않다. 박의 말을 맞히고서 헡이었다. 맨 나종까지 대종교 청년 단원들과 같이 칠 것 치고 줄 것 주고 나오었다. 박과 조(룡해龍海) 군와 같이 오다가 녀자고등보통학교 지내서 갊이어 들어오었다. 달빛은 밝다. 일즉 나오아 답교하던 이는 발서 들어갔더라. 조 형의 편지를 보다. 도청에 들어간 뒤에도 더욱 밧븐 모양이다. 두통이 나는 모양이다.

2월 23일 맑다. 불교회로 들레서 각황사에 가서 『능엄경』을 번역한 것을 박히었다. 중앙구락부에 들렜더니 술 한잔 주어 마시었다. 다시 각황사에 오아 보니 강의를 시작한다. 강의 맞히고 돌아오다. 저녁에 집의 편지 답장을 쓰었다. 밤에 우박이 오다. 잠이 오지 않더라.

2월 24일. 어제 밤에 눈이 많이 오었고 오히려 개지 아니한다. 김병룡 군께 들렜다가 바로 나오아 우체통에 집에 가는 편지를 놓다. 지내다 보니 동아부인상회에 장사하는 하이칼라 아씨 두어 분이 인력거에서 나려 들어간다. 오날같이 풍설이 사나운 날에 인력거를 타고 단이는 것이 호강은 호강이다. 과연 동아부인상회는 상회붙어 하이칼라다. 그러닌가 그 상회에 소임 되는 사람도 하이칼라 아니겠느냐. 어떻던지 잘 벌으면 잘 쓰도 좋겠지. 그러나 한 돈쯤 벌고 한 돈 더 쓰는 것은 아니 된다. 스스로 이렇게 생각하면서 불교회에 갔다. 취룡은 집에서 오지 아니했다. 다만 김 서방만 있다. 어제붙어 보아도 김 서방은 앉얼부절하며 밧삭 야위고 꺼칠한 얼굴로 대단 편안하지 못한 모양이다. 나는 그이가 웨 그런가 하고 눈여기어 보고 생각고 물어보았다. 매우 붓그런 모양으로 대답을 냉큼 아니한다. 그럴스록 나는 더욱 의심난다. 한참 있다가 마지못해서 하는 말이 집안 식구가 이틀을 굶었는데 어제 저녁에 죽었는지도 모르겠다. 그러면 그는 불교회 집에서 자고 그 집에 아니 갔던 모양이다. 나는 이 말을 듣고 가슴이 조리며 애가 쓰인다. 어쨌으면 좋을가. 내의 몸에도 돈 한 닙 없지. 누구게 꾸일데도 없지. 도모지 책을 보아도 맘이 김 서방께 있다. 『몽산화상법어蒙山和尙法語』 한 권을 다 뒤적거리고 조선 옛말을 찾으며 한 시간 한 시간 지낼스록 안심할 수 없고 더욱 더욱 애가 쓰인다. 한 시간이라도 빨리 구원하여야 하겠는데. 더구나 김 서방 모습을 볼스록 견대지 못하겠다. 참지 못하겠다. 같이 도적질이라도 하여 살리는 것이 나을 줄로도 생각힌다. 가마니 사람이 굶어 죽는 것은 볼 수 없다. 이렇게 굶는 이가 이이뿐이랴. 이 서울 안에도 몇이나 될는지 모르겠다마는 곳 보는 이가 이러니 목석木石이 아닌 사람으로야 금수禽獸가 아닌 사람으로야 누가 차마 보겠느냐. 넓은 방에 달랑 두 사람이 앉었다. 한아는 굶어서 죽게 된 이로 더구나 굶어죽게 되는 처자를 생각하고 있고 한아는 굶어죽게 된 이를 보고 어쨌으면 구원해줄가. 얼는 구원해볼가 하고 생각하며 여러 가지로 마련하고 있다. 어느덧 저녁 나절이 되어 발서 일은 저녁 밥 먹는 이는 먹겠다. 어떻게던지 해서 오날밤은 그냥 넘기지 아니하겠다고 생각했다. 그 즈음에 애류崖溜도 오고 석전石顚 선생도 오고 상현尙玄 선생도 오았다. 맞힘 김 서방이 밖에 나아간 즈음에 김 서방 사정을 말하고 돈 가지신 이는 돈을 좀 내라고 하였다. 석전 선생이 주머니를 끎어 일 원 한 장을 준다. 가지고 나아가서 김 서방을 주었다. 우선 요기라도 식히라고 하였다. 그나마나 주어서 보내니 얼마큼 조리던 가슴이 펴진다. 김 서방은 본래 시골 사던 사람으로 작년 봄붙어 서울 오아 신문관新文館에서 일보다가 신문관에서 소임을 더는 까닭에 할 수 없이 나오아 아모 업을 얻지 못하니 백사장白沙場 같은 서울에서 한갓 빈손만 비비고 있으니 속절없이 주리는 수밖에 없지 아니하겠느냐. 그는 무슨 죄며 그의 처자는 무슨 죄냐. 그래도 도적질 않고 남을 속이지 않고 거즛뿌리 않고, 굶은 짓 않고, 도아주는 이 없으니 굶을 수밖에 없지 아니하겠느냐. 진실로 그이는 정직도 하다. 그이게 맞인 일도 맡기면 고지식하게 할 이다. 그러나 누가 일을 맡기나. 누가 정직한 것을 어엿븨 아나. 제 혼자 정직했지 제 혼자 굶었지. 장사를 하자니 돈이 없어 못하고, 롱사를 하자니 땅이 없어 못하고, 공장이 노릇을 하자니 재주가 없어 못하고, 구실을 단이자니 아니꼽어 못한다. 그러니 몸에 입을 것 입에 먹을 것이 아니 생긴다. 과연 이렇게 된 이가 오죽 많겠느냐. 이것을 생각하면 먹는 것도 살로 아니 가고 입는 것도 몸에 아니 다숩다. 언제나 우리네가 몯아 넉넉이 살며 깃븐 웃음을 칠가. 더구나 이 가난한 이들을 먼저 구원해낼가. 첫재 나붙어 가난을 벗을가. 이를 위하여 배우며 이를 위하여 일하고저 하노라. 요마적 사람을 맞나는 이마다 돈이 있어야지, 직업이 있어야지 하는 말뿐이다. 구주歐洲대전쟁 뒤에 세게 경제계經濟界가 몯오 구차하다. 그러닌가 우리나라도 구차할 수밖에. 그러닌가 가난한 이들은 더 구차한 것 아닌가. 슲으다 이 세상이여. 불상하다 가난한 이들이여.

2월 25일. 맑다. 불교회에 가보니 취롱(吳徹浩)이 오았다. 어데를 갔더니 나보고 "당신은 무슨 일을 하시는지 모르겠습니다." 하거늘 곳 대답하되 "그러하실 터이지요. 나도 내가 무슨 일을 하는지 모릅니다."고 하였노라. 수당께 갔더니 익한 군이며 뎡봉춘丁鳳春이란 이가 오아 있다. 처음 인사하고 한문냄새를 피었다. 뎡 씨의 말을 어울어 주느라고 이악이가 길었다.

2월 26일. 구름 끼고 비 오다. 김병룡하고 김성수 군을 찾었다. 정충시 군께 편지 붗이다. 상현 선생에게 선禪 이악이를 듣다. 익한益翰 군이 상현 선생께 가자고 저녁에 온다더니 오지 아니해서 기다리기만 할 뿐. 유고가 진 『애사哀史』를 보다.

2월 27일. 맑다. 따숩다. 각황사에 가서 강의 듣고 불교회로 갔다. 국여菊如가 오아서 이악이 한다. 수당께 갔다가 못 맞나고 도라오았다. 오날 이런 이악이를 들었다. 불교진홍회振興會에서 불교를 선전宣傳하기 위하여 우미관優美館에서 연극을 했다는데 염라대왕을 경찰서장이 잡어갔다더라.

2월 28일. 비 오다. 관철동貫鐵洞을 지내다 보니 네 살쯤 되어 보이는 아이가 한 청인 아이 지내는 것을 보고 "짭흐링, 짭흐링." 하고 불은다. 짭흐링은 미국사람으로 희극喜劇 잘하기로 이름난 이다. 그래서 어린아이도 그 이름은 안다. 세계 교통이 쉽으니 나라와 나라와며 사람과 사람과의 사이에 소문이 빠르다. 그러나 어데 성인이 있단 말은 듣지 못하고 다만 학자로나 예술가로나 영웅으로나 호걸로나 실업가로나 기술자로는 이름이 많이 듣긴다. 슯으다. 한 광대의 이름은 어린아이게까지 들리건마는 한 도덕道德가의 이름은 아즉 한 나라에도 들리지 안는구나.

3월

3월 1일. 새로 세 시쯤 우레가 울었다.

비가 부슬부슬 나리다. 발서 삼월 초하룻날인가. 올해도 열두 달에 두 달은 지내갔다. 한갓 살덩이[肉體]가 정신을 찾이하고 있을 뿐이다. 이 살덩이 때문에만 사람인지. 먹고 입고 자기만 하고 있을 따름. 먹기, 입기, 자기가 편안ㅎ지 못하면 죽겠다고 하지 안는가. 정신은 살덩이에 붙어서 떠날 수가 없다. 정신이 떠났다면 살덩이만이 살지 못한다. 다른 이라도 오아 살지나 이 살덩이는 비어 놓으면 마주막이다. 그만 썩어바린다. 그러나 다시 정신 때문에만 살어야 하겠다. 늘 살덩이에 어리끼어 아무 노릇 못하겠으니 어서 살덩이에 떠나면서도 아니 떠나는 사람은 하여야 하겠다. 나라는 내가 살덩이와 정신와가 같이 된 것이다. 곳 내게는 살덩이도 있고 정신도 있다. 그래서 온갓 고통이 이 살덩이로붙어 일어난다. 원악 내라는 것은 고통도 없다. 그러면 이 정신이 이 살덩이에 어리게지만 안는 사랑을 할 적이 참 내가 낳다나겠다. 나는 하루 밧븨 참내를 찾고저 하노라. 찾어라. 찾어라. 참내를 찾어라.

오날은 아무데도 아니 가고 집에 있어서 책을 보았다. 조 형께 편지도 써 붗이었다. 오상근祥根 씨를 찾어보고 교사 한아를 구해달라고 했다.

3월 2일. 맑다. 전동典東여관에 가서 뎡봉태丁鳳泰 군을 찾어보다. 어제밤 열두 시까지 익한 군하고 이약이 하다가 잣더니 늦잠이 들었다고 하면서 이불을 갠다. 방긋방긋 입살이 벌어지며 곡성曲城 사토리를 내어 떠든다. 김영철永哲 씨를 찾었다가 못 보고 수당을 찾었다가 못 보았다. 두 편에 나란히 앉어서 답하는 아씨네를 나려다보며 개천가로 걸어오아 불교회에 이르다. 한별 군이 안경을 붙이고 오아 눈이 앞으다 하여 둘우막 입은 채로 드러누어 잔다. 무슨 꿈을 꾸이는지 잠꼬

대를 한다. 나도 책을 보다가 그대로 누어서 잠들어바리었다. 한걸음에 우리집을 갔었다. 어머니 옆에서 자미스럽게 이악이했다. 그 즈음에 문 열리는 소리가 난다. 깨어보니 꿈이로구나. 한별을 일억히려다가 혼자 가시요 하는 말을 듣고 나오아 각황사로 가서 강의를 듣다. 저녁낮알 해ㅅ빛이 각황사 앞문에 빛인다. 뜰 우에 섯어 따뜻한 볏의 사랑을 받고 마당에서 어린 게집아이가 강아지 더불고 노는 것을 보다. 별궁 옆에로 지내다. 길 가운대는 진수렁이 되었다. 오는 사람 가는 사람들이 옷자락을 걷어잡고 징검징검 길가로 간다. 맞힘 어엿븐 젊은 아씨 한 분이 지낸다. 버들닙 빛 같은 명주치마를 걷어잡으니 눈을 뿌린 듯한 비단 속옷이 활작 드러났다. 그 옷에 흙 한 점이나 뛰어박일가 하여 한 발을 내어 듸듸고 고개를 배씩이 틀며 돌아다보고 또 한 발 내어 듸듸고 고개를 배씩이 틀며 돌아다본다. 나는 그 뒤를 딸어가다. 내가 고개를 들 때마다 눈이 서로 맞우친다. 그러나 그는 내 얼굴을 보려고 한 것은 아니다. 아름다운 꽃을 보매 구태 꺾어가지어 무엇하랴마는 그 향긔롭은 냄새야 맡어 어떠하리. 가는 바람에 슬슬 피어오는 향수 내가 코에 저젔고 가벼이 날리던 옷자락이 눈에 살아지지 않는다. 돌아오아 여관에 드니 나를 가장 질거웁게 하여주는 것은 책상에 놓인 책 몇 권뿐.

3월 3일. 맑다. 칩다. 꺽우로 겨울이 되려는지. 바람 끝이 매우 차다. 만일 한낮이 물엽은 따뜻하려니 여기고 아츰에 외투를 아니 입고 나오았은들 칩어서 못 견댔겠다. 한양골 가서 현공염公廉을 찾어보고 『옛노래 모임』을 물어보다. 그것은 그 모인 임자가 찾어갔다기에 얻어 보지 못했다. 탑동공원을 뚫고 나아가 불교회에 이르다. 다만 취룡 혼자 있다. 가운대 방문만 열어놓으면 맞히 간 겨울 몹시 칩던 날같이 찬바람이 쏟아진다. 취롱은 머리 골이 앓으다고 픽 씨러져 누웠다. 나의 귀는 시종 치는 소리나 듣고 눈은 신문新聞과 책과를 보고 있다. 저녁밥 먹을 즈음에야 애류도 오고 석전도 오아 여러 입에서 넝쿨진 말이 이어나며 고요하던 방 안이 갑작이 푸짐하게 어울이었다. 배고픈 생각이 나서 돌아오다. 입살이 퍼렇고 뺨이 빩안한 녀학생 둘이 무엇이라도 소근소근 하면서 교동 골목에서 나온다. 뾰족한 구쓰 코가 삽분삽분 나려지며 날래게 걷는다. 그 뒤에는 하얀 둘우막이 입은 젊은 아씨 한 분이 허리를 구부리고 여듧 팔자 걸음으로 해오족거리고 온다. 교육받은 녀자와 교육 못 받은 녀자와에 걸음걸이붙어 틀린다. 누구던지 다 같은 사람으로서 누구는 활발하고 누구는 활발하지 못한가. 아마 그의 정신도 그와 같으렸다. 도모지 서양녀자를 맞나보면 넘어 엉창나지. 오히려 우리 새내보다도 용맹스럽고 활발하다. 더구나 우리 녀자랴. 온 지구덩이를 제의 마당같이 알고 어렴스럼 없이 만리타국을 문턱 밟듯 하는 그네들은 그네들만이 사람인 듯하다. 몯은 것을 생각하면 머리 속이 어지럽다. 여관에 들어오아 앉으니 송정식 군이 찾어오았다.

3월 4일. 맑고 칩다. 송정식 군을 찾어보다. 수당께 갔다가 못 보고 돌아오다. 불국 유고의 짓은 『쟌발쟌 애사哀史』를 다 보았다. 과연 세계덕的 걸작傑作이라고 해서 붓그럽지 아니하다. 자세히 인정을 그리어 냈다. 어서 우리나라에서도 이러한 걸작이 많이 났으면 좋겠다. 유고는 발서 죽었지마는 시인詩人 문사는 아니 죽었다. 나라는 다르지마는 인정은 한가지다. 그런 경우에 누군들 슲어하지 아니하랴. 누군들 눈물 흘이지 아니하랴. 더구나 남보다 슬음, 앒음, 갑갑함, 답답함, 아처롬을 많이 가진 이랴. 퍽 눈물을 흘이었노라. 저녁때 권덕규 군이 나를 찾어오았다더라.

3월 5일. 맑다. 익한 군에게 『쟌발쟌 애사』를 갖다 주다. 중앙구락부를 들러서 불교회로 갔다. 이사회가 열리었다. 이것저것 결의했다. 시종이 여섯 점 치어서 돌아오다. 집에서 옷이 오았다. 옷 속에 염낭 한 개가 있고 염낭 속에는 몰에 생일에 쓰라는 것이 있다. 이처럼 나를 생각해주는가. 나는 오히려 내 생일도 잊었는데 내 생일 아닌 내 생일까지 기억하는 이가 있다. 이이가 다시 있을가. 이 뜻을 맛보매 슬어지게 취해진다. 사람과 사람 사이는 사랑이란 것으로 매인다. 만일 매인 줄이 끊어지면 서로 어울이지 아니한다. 그 줄은 시간으로나 공간으로도 잇어낼 수 있다. 곳 천리만리나 천년만년에 잇어낼 수 있다. 그래서 온 누리 사람들이 그 줄로 얽히얽히 산다. 부자, 형제, 부부 사이는 가장 그 줄이 가까이 얽히었다. 나는 이 줄을 벗어나려 하지 않는다. 차라리 이 줄에 더욱 가까이 얽히려 한다. 누가 이 줄을 끊을 이 있으며 누가 이 줄을 벗기어 낼 이 있으랴. 그리고 다른 사람과 사이에까지 잘 얽히려 한다. 서로 얽히자, 얽히자.

3월 6일. 맑다. 병구矩 집을 들레서 각황사에 갔다. 강의 듣는 이가 겨우 이십 인. 한별은 아니 오았다. 능엄경만 강의했다. 백강을 찾어 못 보고 불교회에 갔었다. 최성우 양건식 군이 오아 있다. 옛이악이를 한다. 듣고 있으니 시간 가는 줄 모르겠다. 김영진永晉 군에게 『부활復活』 책을 얻어오다. 조룡해 군을 찾어보았다. 저녁에 쟌발쟌 이악이를 하다. 같이 있는 이들께 하도 졸리어서 일곱 시붙어 열 시까지 했다. 『부활』을 읽고 영어를 읽다가 잠이 들었다.

3월 7일. 맑다. (정월 이십팔 일) 내 생일이다. 이곧에서는 나 혼자 알 따름. 서울 사람들은 생일 잔치를 잘 하는 모양이지마는 남의 생일에야 더구나 모르는 생일에야 무슨 잔치가 있으랴. 또한 나는 남에게 내 생일을 알려주지도 않고 남에게 돈을 주며 생일 잔치를 해달라고도 않는다. 아츰, 저녁 두 끼만 얻어먹었으면 좋다. 이 세상에는 하루 죽 한 그릇도 얻어먹지 못하는 이가 많다. 구태 생일이라고 일부러 더 돈을 들여 잔치하랴. 만일 집에 있어서 집안사람이 맘먹고 밥 한 그릇 국 한 그릇이라도 해주는 것은 차라리 이곳에서 진수성찬珍羞盛饌을 해주는 것보다도 낫게 알고 먹을 것이다. 과연 집에서는 나를 더욱 생각했으리라. 오히려 나보다도 내 생일을 잘 기억하였으니가. 반듯이 오날은 무슨 반찬을 갖후어 놓고 먹는가, 먹었는가, 무엇을 하고 있는가, 누구 더불고 노는가, 아모 병이나 없이 있는가, 아모 연고나 없는가 하며 다른 날에 비할 수 없이 간절하였으리라. 그러나 나는 다른 날과 다름없이 지냈다. 석가나 예수의 생일은 세상 사람들이 거의 다 알고 천 인 만 인 모아서 경절이라 하더라. 성인이란 이를 그처럼 위하는 것을 알지로다. 그러면 나도 성인이 될 때는 세상의 많은 사람들이 이제 내 집 사람같이 나를 위해줄 줄로 안다. 그러면 성인을 배우어 볼가. 곳 석가나 예수처럼 되어 볼가. 그러나 예수나 석가가 세상 사람들의 위해줌을 받기 위해서 성인 된 것일가. 아니다. 성인은 성인이다. 곳 예수는 예수요, 석가는 석가다. 그러면 나는 나다. 구태 생일만 위해 예수나 석가 되고자 하랴. 성인 되고저 하랴. 세상 사람들의 위해줌을 받기 위해할 것도 아니요 집안사람의 위해줌을 받기 위할 것도 아니다. 나는 나대로 나아간다. 천치면 천치요, 바보면 바보요, 군자면 군자요, 영웅이면 영웅이요, 성인이면 성인이다. 이 가운대서 무엇을 나의 대명사로 불을는지 모른다.

김원근瑗根 선생을 찾어보다. 성균관 근처에 가서 헤매고 경신학교에 이르러 물었다. 뚱뚱한 교사가 처음에는 아니꼽게 모른다고 대답하더니마는 어찌 생각고 그 앞에 초가 사이 길로 나려가다 물어보면 알리다 하더라. 곳 나오아 좁은 길로 들어섯어 어느 것을 보고 담배ㅅ대 물추리와 대뼘부리 만드는 집을 지내 낫익한 문간채 집 대문 옆에서 '쇠금'자 반도막에 '원'자에 구실 옥이 없고 '근'자에 나무 목이 없는 것을 보고 시러곰 이것이 김원근 선생의 집인 줄 알었다. 한참 서서 암만 불은들 누가 나오랴. 남의 집에 처음 가서 함부로 들어갈 수도 없고 다시 불으자니 넘어나 소요스럽고 그냥 돌아오자니 슴겁다. 그러자 맛힘 물장사가 물을 지고 들어간다. 주인보고 밖에서 사람이 찾는다고 하였더니 들어오라 한다. 나는 아모도 없다 하고 물장사가 말할 줄 알었다. 그러나 들어오라니 들어가면서도 의심난다. 마루께 다다라보니 키가 짝달막하고 몸집이 간여리고 얼굴이 조고만하고 검으잡잡한 우수염만 좀 난 어른이 서서 누구시요 한다. 나는 리병기올시다 하며 곳 리능화能和 선생의 편지 내 보이엇다. 방으로 들어갔다. 선생은 고뿔로 앓어서 이불을 둘으고 수권으로 머리를 싸매고 비개를 옆에 놓고 앉었다. 나는 미안해서 누우십시요 하고 여러 번 말해도 아니 듣는다. 도로혀 굳센 모양으로 힘 있는 소리를 내어 이악이를 한다. 매우 나를 보고 깃브다고 한다. 나는 첫재 인사로 그 따님(김마리아 英順) 말을 했다. 그 따님은 대구 감옥에서 병 가운대 있으며 열두 시붙어 네 시까지 맞인 두상이 이내 고름이 나 맑은 정신을 잃고 얼굴빛은 누렁다고 하며, 작년 가을 상처한 뒤 선생 손수 밥을 지어 자시고 지금도 그 손자 아이 한아 더불고 벗삼어 밥 지어 먹으며 있다고 한다. 그래도 그 손자는 보통학교에 보냈다고 한다. 과연 옷을 보아도 알겠다. 시컴었다. 홀아비가 그러찮겠느냐. 더구나 빈한한 선생이. 큰아들은 내외 가서 원산 철도 일하고 작은 아들은 가서 어느 골에 있으니, 홀아비에도 가장 외로운 이다. 돈과 쌀은 많지 못해도 책은 퍽 많다. 깨끗한 선생 집이다. 선생께서 책도 많이 지었다. 책을 보인다. 저녁나절까지 책을 뒤적거리면서 고요한 방에서 주거니 받거니 자미있이 짓거리었다. 선생과 나와는 오날 딴 세게에서 놀았다. 생일이야말로 잔치한 것보다도, 풍악 갖춘 것보다도, 더 깃브다. 다시 뵈옵기를 말하고 묽어오다. 저녁에 익한 군이 찾어오았기에 같이 상현 선생께 가서 놀았다. 열 시 지내서 오다.

3월 8일. 맑다. 중앙구락부 가서 김일駎 군을 보다. 웬 젊은 녀인이 『시조월보時兆月報』를 팔러 오았다. 얼굴이 밉잖게 보이는데 더구나 조개볼지게 웃음을 웃고 사부랑사부랑 한다. 나보고는 책을 사라고 아니한다. 실상 사란들 사지 못하겠다. 그 녀자 간 뒤에 짓거리고 싶은 대로 짓거리고 나오다. 수당 보고 오다가 불교회에 들레서 석전 선생과 애류 군과를 맞나 책을 뒤적거리며 이약이 하다.

3월 9일. 맑다. 나아가다 보니 웬 녀학생 한아가 무슨 급한 일이 있는지 달음질을 한다. 교동보통학교 생도들이 섯어 그 녀학생에게 "한아 둘, 한아 둘!" 불은다. 또한 집터 닦는 일군들이 섯어 "앞으로 갓!" 하고 소리 지른다. 녀학생은 돌아보지도 않고 그대로 가더라. 그러나 그의 맘에는 감정이 좋지 못했으리라. 반듯이 녀자를 없이 여기었다고 하리라. 과연 녀자를 사내같이 대우待遇하기는 아즉 되지 못하는 일이다. 어린아이들과 무식한 일군까지라도 녀자라면 낮본다. 그러나 낮보는 이가 낮브다. 녀자라고 낮브지 않다. 남자만이 높은 것 아니다. 사람은 사람으로 된 것이오. 녀자니 남자니 차별差別해서 누구를 높이고 누구를 낮힐 것 아니다. 진실로 사람과 사람과는 사랑으로 자유自由로 평등平等으로 살을 것이다. 김병룡 군을 찾어보다. 매우 앓고 낫다. 얼굴이 꺼칠하고 목이 잔뜩 쉬었다. 청인에게 리발했다. 리발만 해도 머리가 좀 시원한 듯. 불교회로 들어갔다. 따뜻한 알에묵에 편안히 누어서 잠을 잠간 잤다. 어제밤 열두 점 지내서 잤더니 잠이 온 것이다. 종로 경찰서 순사 부장 좌등이란 이가 오아서 서긔 유柳를 뭇는다. 뭇는 대로 대답했다. 이가 옷 속에 들어서 돌아다닌다. 그것이 내 살을 물지 아니해도 이상ㅎ이 군스럽다. 군스럽지마는 아즉 새 옷을 갈어입기 전에 견댈 수밖에 없다. 리도燾 군, 김우현宇鉉 군이 찾어오았다. 두 벗이 고향으로붙어 오았으니 고향 일을 자셍이 들었다. 더구나 집 소식을 들으니 깃브다.

3월 10일. 맑다. 수당께 갔다가 못 만났다. 상현 선생하고 가서 김지재知宰 선생을 찾어보았다. 소병식秉寔 군이 찾어오았다. 도, 우현 군을 찾어보다.

3월 11일. 구름 끼다. 오상근祥根 씨를 찾어보았다. 소학교 교사 한 아를 구해달라고 한다. 병식 군을 천거했다. 그리고 병식 군을 찾어보고 말했다. 저녁에 도, 우현 군, 병식 군이 찾어오았다.

3월 12일. 구름 끼다. 아츰에 김병룡 군 집에서 술과 떡을 얻어먹었다. 어제 상약이었기에 오상근 씨를 찾어보다. 녀교사 구해달라던 일은 아즉 두고 보고 병식 군을 천거하는 일은 또 모리 맞나서 처결하기로 상약하다. 목욕하다. 권덕규 군이 사흘세 집을 구해달라서 여러 복덕방福德房을 찾어 각쾌더러 물어보다. 아직 좋은 집이 없다. 저녁에 소병식秉植 찾어오았다.

집에 편지를 써 붗이다. 어머님께, 아버님께, 할아버님께, 아우게.

3월 13일. 맑다. 매우 칩다. 바람이 불다. 새 옷을 입고 헌옷을 집에 붗이다. 일긔책 두 권도 지낸 생일날 느낌이란 것도 보냈다. 오날은 공일이다. 비롯오 대종교회 경배에 참예하였다. 모인 이가 겨우 삼십 인쯤. 방에서 마루에서 마당에서 경배한다. 하도 집이 좁으닌니가. 제밥 뽄치 있게 할 수 없다. 한껏 정성을 들이어 한배임께 빌 따름이더라. 병구 집에 들레서 익한 군을 찾어보았다. 정충시 군 편지 오다. 리수영 군을 찾어보았다. 저녁에 송정식 군이며 조룡해龍海 군이 찾어오았다. 조에게는 대종교 잡지 원고를 도로 주었다.

3월 14일. 맑다. 바람이 사나웁게 불고 몹시 칩다(零下 五度). 도 군을 찾어보고 소병식 군을 찾어가서 같이 오상근 씨를 가보았다. 맞힘 신문긔자가 오아 있어 이악이 한다. 두 시간이나 지냈다. 바로 소와 오와가 서로 이악이하게 하다. 아주 소가 교사 가기로 작정했다. 다시 같이 나오아서 장교長橋 설렁탕집에 들어갔다. 원악 칩은 날이고 서울에서 이름난 설렁탕집임므로 먹으러 온 사람이 가득하다. 일인도 있다. 한 그릇 먹었더니 배가 불으다. 불교회로 들어가서 상현, 석전 선생, 한별을 맞났다. 소병식 군은 먼저 갔다. 전긔등 밝은 것을 보고 돌아오다.

3월 15일. 맑다. 어제보다는 덜 칩다. 수당께 갔었다. 시골서 이사 온다고 집을 고친다. 돌아오다가 불교회에 들렀다. 정광진 군의 이악이를 들었다. 정상원료井上圓了의 요긔妖怪 박사博士란 이름 얻은 일이다. 귀신이 있다니 없다니 하고 시험해 본 일일러라. 저녁에 김병룡 군께 가서 놀았다.

3월 16일. 맑기도 했고 흐리기도 했다. 소병식 군을 찾어보다. 불교회에서 놀다가 해질 어슬에 돌아오다.

3월 17일. 일어나 보니 눈이 오았다. 슳어지는 눈을 밟으면서 광화문 앒에 가서 박충목忠穆 군을 찾어보고 곶 떠나서 소병식 군을 찾어보다. 군은 밀양密陽에 교사 가기로 해서 오날 떠나간다고 한다. 곶 작별하고 불교회로 갔다. 조룡해 군을 찾어보다. 도 군, 우현 군을 찾어보다. 저녁에 비가 부슬부슬 나린다. 처마물 떨어지는 소리가 난다. 방에는 전긔등이 환이 밝다. 알에방에서 주인 다리를 치느라고 뚜딱뚜딱 한다. 같이 있는 학생은 학년끝 시험을 다 치루었다고 고달피어서 누어 잔다. 나는 조룡해 군께서 얻어온 돌쓰토이 진『인생론人生論』이란 책을 읽었다. 가끔가끔 황소 영각하는 소리 같은 소리가 들린다. 남대문 밖에서 기차가 오는지, 가는지, 그 소리만 들어도 집 생각이 버썩 난다. 가고 싶다. 부모를 보고 싶다. 처자를, 형제를 보고 싶다.

3월 18일. 맑다가 구름 끼었다. 길이 퍽 질다. 교동 길로 나아가니 녀자고등보통학교 학생들이 두엇식 세넷식 온다. 머리서는 기름내가 나고 얼굴에서는 분 빛이 낳다나고 옷자락에서는 바람이 난다. 학교에 가는 모양이다. 과연 활발하다. 보기에도 시원하고 깃브다. 불교회에 가서 놀았다. 한별 군을 만났다. 돌아오니 조 형 편지가 오았다. 저녁에 조룡해 군을 찾어보고 짓거리다 오다.

3월 19일. 오전에 구름 끼고 오후에 비 오다. 불교회를 갔었다. 다시 돌아오아 외투外套를 입고 나가 김병룡 군하고 청양淸凉사를 가다. 종로께서 전차를 탔다. 동대문께서 바꾸어 탔다. 이 차에는 시골 사람들이 많이 탔다. 무슨 불룩불룩한 보통이에 박아지를 매어 가지고 뻣뻣하고도 억센 듯한 옷자락에서는 워석워석하며 이 볼 저 볼에 코딱지가 다닥다닥 묻은 아이 두셋을 거느리고 차를 나리거니 타거니 한다. 발서 머슴방에 들어간 것처럼 선머슴 냄새가 난다. 한 십 리 사이에 시골 서울이 다르다. 가면서 방축 버들가야지 사이로 훤한 들과 소나무 가득한 산과 구석구석이 띠엄띠엄이 있는 마을들을 바라보니 고요하고 슴슴한 맛을 알겠다. 또한 우리집 생각도 난다. 시골집들을 보닌가. 아마 우리집 있는 마을도 저러하리. 내가 돌아가면 곳 저런 곧에 있으리.

일즉 내가 저런 곧에서 자랐다. 드대어 아스록한이 옛일도 생각힌다. 청양리 가서 논틀 밭틀로 어느 묻엄 옆에로 잔디밭을 밟고 큰 소나무 사이길로 나섯어 절로 들었다. 절은 크지도 않다. 다만 승방뿐.(암중들만 사는 절이다.) 늙은이, 젊은이, 어린이 몯아 사내 옷을 입고 머리를 깎었으니 계집인지 모르겠다. 참 혼자들만 사는지도 모르겠다. 그 뒤 산봉알이를 옮어서보니 뫼ㅅ날이 두 가닥으로 나아간 그 사이가 청양사다. 아주 좁은데다, 과연 집도 널리 못 짓겠다. 차차 사람들 모아든다. 나도 승방 한구석에 끼어 앉다. 술도 먹고, 국수도 먹고, 밥도 먹고, 사진도 박히고, 불교회 제일회 기념 축사도 들었다. 비는 부슬부슬 나린다. 어두어서 전차 타고 돌아오다. 저녁에 조룡해 군이 조선말 알러 오았다. 송정식 군도 오았다. 함부로 혼자 짓거리었다. 울에 소리가 크게 났다. 비가 쏟아지다. 김영준永準 군 편지 오았다.

3월 20일. 맑었다. 김영운永運 군을 찾어보고, 정화종 씨를 찾어보고서 경성일보사에 가서 라혜석蕙錫 여사女史의 전람展覽한 그림을 보다. 그림은 서양화西洋畵이다. 그 가운대 '신춘新春'이란 그림은 삼백오십원. 가장 값 적은 것이 삼 원이다. 한 사람으로 그림을 전람하기는 우리나라에서 처음이겠다. 과연 잘 가르치고 잘 배우기만 하면 재주가 낳다남이다. 만일 우리나라의 몯은 녀자로 하여금 교육을 받게 하며 다만 서양화뿐 아니라, 온갓 예술과 온갓 학술의 훌륭한 것을 보겠다. 그러면 어찌 라혜석 려사 한아만 이름이 날치겠느냐. 몇천 몇만 명원名媛이 낳다날는지 모르겠다. 무엇보다도 교육이 긴절緊切하다. 곳 교육을 해야 하겠다. 애류를 만났다. 서로 그림을 보고 고르다가 낢우었다. 수당께 단이어 오다. 조 형께 편지하다. 저녁에 도 군, 룡해 군이 오았다.

3월 21일. 맑다. 바람이 불고 칩다. 김승렬勝烈 씨를 찾어 같이 비碑

막으러 단이는 일인을 찾어보다. 여러 비 막은 것을 보다. 맨 조선 옛 비 막은 것이다. 돈만 있으면 몯우 사겠다마는 한갓 구경만 하고 나오았다. 불교회에 갔다. 저녁에 룡해 군께 가서 조선어를 말하다.

3월 22일. 맑다. 바람이 불다. 김병룡 군과 송정식 군을 찾어보다. 불교회에 갔다. 룡해 군이 오아서 놀았다. 신명희申明禧 군의 편지 보다.

3월 23일. 맑다. 김병룡 군을 보고서 김승렬 씨를 찾었다. 맛힘 박성찬性瓚이란 열네 살이 되었다는 아이가 글시를 쓴다. 주련액자珠聯額字를 쓴다. 각전행태랑角田幸太郎을 찾었다. 왕희지 글시 척본拓本[1]을 사앗다. 오후 김승렬 씨와 같이 경복궁 안에 들어가서 고적古跡 미술품美術品을 구경했다. 각전행태랑의 비碑 박는 것을 보았다. 각전은 비 잘 막기로 이름 있는 이다. 지금 총독부에 비 막는 소임으로 있다. 과연 잘 막는다. 비 우에 옥판선지玉板宣紙를 대고 조히를 구겸살 없이 펴고서 해면에 물을 적시어가지고 여내 착착 뚜드리어 조히 전면全面을 다 비碑에 붙인다. 그러고 비 가에로 벗어나 바람에 벌벌 날리는 조히는 또한 물을 적시어 비 돌에 붙이다. 그러고 왕겨를 늫어 베로 싸고 또 왜수권으로 둘우 말은 박망이 꼴 같은 것으로 비 한편에서붙어 차첨차첨 둥굴리어 싹싹 소리내며 민다. 그래서 온 조히가 비에 착 들어붙게 한다. 줄음 한아 나지 않는다. 아주 평평이 펴지었다. "큰 글자면 그만해도 글자 있는 데는 옴옥옴옥 잘 들어가되 작은 글자면 그 뒤에 또 털로 찍찍하게 부프게 맨든 솔로다 톡톡 친다." 하고 솔을 가지고 친다. 그러니 글자가 잘 들어갔다. 그러고 조히에 물기 다 마르며 힌 빛이 나랴마랴 할 김에 좀 몽근 겨을 베쪽으로 둥그렇게 싼 것 두 개에 한 개에다 먹

1 '탁본'이라고도 한다.

물을 칠하고 한 개로 그 먹물을 삶은삶은 찍어서 먹이 검으스럼하게 묻으면 곳 조히에 톡톡 치고 눌른다. 처음에는 먹이 묻은 동 만 동 하다가 차차 검엏게 된다. 그래서 온 조히에 글시는 글시대로 하얗게 보인다. 그래서 조히가 몯우 마른 뒤에 뜨이어낸다. 이렇듯 하는데 먹물은 오히려 낫븐 먹으로 갈은 것이 좋다 한다. 만일 큰 선비碑면 먼저 그 우에서 붙어 비돌에 물을 바르고 둘우말은 조히 한편을 대고 차차 펴가며 조히에 물을 칠한다더라. 그 긔구器具는 옥판선지 몇 장, 해면 두어 개, 왕겨 싼 방망이 두어 개, 솔 한 개, 몽근겨 싼 것 두 개, 물통 한 개, 먹통 한 개(먹통에는 먹 찍어 바르는 붓 같은 것 한아가 있다.), 칼 한아, 나무 조각 몇 개(조히 눌으는 것)다. 그 막이는 것 알었다. 수당께 갔다. 돌아오아 왕희지 글시 척본拓本, 김병룡 군께 주다. 저녁에 조룡해 군이 오았다.

3월 24일. 구름 끼었다. 김병룡 군을 보고서 불교회로 갔다. 아모도 없다. 혼자 돌아앉어서 책을 보았다. 정광진 군이 오았다. 취룡이 오았다. 애류崖留가 오았다. 국여가 오았다. 취룡과 애류와는 어제 오날 내게 두 번이나 찾어갔었다 한다. 저녁에 룡해 군께 갔었다.

3월 25일. 구름 끼고 비 오다. 불교회에 가서 한글 자체字體와 발음표發音表를 보고 적었다. 김승렬 씨를 만났다. 룡해 군을 보았다. 오날은 같이 있는 학생 한아가 시험 보러 간다 해서 아츰밥을 오전 칠 시 반에 먹었고 저녁에는 웬일인지 칠 시 반에야 밥을 준다. 나는 점심을 아니 먹는 것이 이미 버릇이 되었음으로 배고픈 줄은 모르겠다마는 원악 밥 먹는 동안이 멀어서 좋지 못하다. 어느 날에 일느었다가 어느 날에는 늦이니 과연 정한 규칙이 없구나. 규칙 없이 사는 살림살이인가. 그러챦겠느냐. 소경이 개천 나무랄 것 없다. 나붙어 가다듬어야 하겠다. 누가 내게 돈을 꾸이어 달라고 한다. 남이 남의 정항情況을 알랴. 남의 눈에 보이기는 나가 매우 푼푼한 모양인가 보다. 그러나 남의 말을 참아 뜨일 수 없어 남에게 가서 나도 돈을 꾸이려 했다. 남들도 나와 같이 돈이 없는지 없다 한다. 그러니 내에게 돈을 꾸이려 하는 이에게 빈말만 했다. 이렇듯 내에게도 돈을 꾸이라거니 무엇을 주선해 달라거니 하는 이가 가끔가끔 있다. 어느 때나 내 소원을 성취하고 남의 소원까지 풀어줄까. 나는 내가 남에게 무엇을 청했다가 얻지 못함보다도 남이 내게 무엇을 청함을 주지 못하는 것이 더 섭섭하고 답답하다. 더구나 내의 아는 이는 가난한 이가 많다. 가난한 것처럼 고생이고 괴로움이 없다. 가령 홀아비, 홀어미, 외로운 이들이 고생이고, 괴로웁고, 슲으고, 앞으고, 갑갑하고, 애닯고 아처롭다 하더라도 곳 죽지는 아니하랴고 밥을 먹는다. 그러나 가난이란 것은 원악 밥붙어 얻어먹기가 어려우니 세상에 가난처럼 어려운 것 없을 것이다. 흖이 가난이 사람을 죽이지 않는가. 그럼으로 가난을 물리치어야 살겠다. 누구던지 살랴면 가난이 딸어단이는 것처럼 놀라울 것이 없다. 사자보다, 호랑이보다 더 무서웁다. 이 세상 사람들이 몯아 공론하고 이 가난이란 놈을 멀리 쫓아버리었으면 좋겠다. 그러면 누구던지 배부르게 살 수 있겠다. 그러나 그 좋은 노릇을 아니하려 하는구나. 그럼으로 나 혼자 힘으로는 어찌할 수 없다. 그러니 세상 사람들이 고생이니 무엇이니 하고 눈물을 비절비절 흘리고 울며 얼굴을 잔뜩 찝부리고 슳어니 무어니 하는 것도 다 제가 스스로 짓고 스스로 받는 것이다. 또한 누구를 원망하랴.

옷이 발서 드러지니 또한 걱정이다. 실상 드런 옷을 입고 단이는 것도 가난한 이의 일이지마는 남과 같이 어울이어 지내자니 남이 드럽다고 할 것 같으면 남의 눈을 끄리어서도 좀 깨끗이 입어야 하겠다. 그러나 객지에서 더구나 가난한 이가 어찌할까. 이것이 고생 아니냐. 네대ㅅ달 동안에 돈이라고는 겨우 삼 원도 못 다 쓰었다. 비록 담배는 아니 먹고 술은 아니 먹고 계집은 아니 가까이 하지마는 목욕도 하여야지, 머리도 깎어야지, 양말도 사 신어야지, 우표니 엽서도 사야지, 구쓰도 고쳐야지, 조히도 사야지, 붓 먹도 사야지, 할 것은 아무리 아니 든대도 한 달에 삼사 원은 들 것을 그냥저냥 지내니 가장 즐기고 좋아하는 책도 요마적은 사아보지 못했다. 또한 모처럼 오랜만에 만난 벗에도 술 한잔 사주지 못했다. 나도 속은 맑음한 놈이 참으로 쓰리고 앞을 때가 많했다. 나는 집을 떠나 얻은 것은 이것뿐이다. 집에서는 나를 어떻게 생각할는지 벗들을 어떻게 생각할는지 모르되 나의 고생은 내가 가장 알뜰이 안다. 석가여래釋迦如來의 육 년六年 고행苦行이 어떠했었는지는 모르되 내가 큰 도를 깨칠 날은 아직 기약할 수 없다. 그러나 한평생을 이렇게만 살는가, 아니 살는가, 장차 더 훌륭하게 살는가, 우러러 한울을 보고 물어도 아모 대답이 없고, 구부리어 땅을 보고 물어도 아모 대답이 없구나. 다만 내 스스로 묻고 스스로 대답하되 "네 부지런히 로동해라. 꾸준히 로동하라. 그러면 잘 살리라." 한다.

3월 26일. 맑다. 따뜻하다. 로석老石 선생을 만났다. 수당 집에 가서 글씨를 쓰자고 한다. 각전행태랑角田幸太郎을 찾어보고 무장사비 척본鍪藏寺碑拓本 세 벌을 얻어다가 취롱, 애류, 로석 선생께 주었다. 수당 집에 가서 과연 글씨 대여섯 장을 쓰었다. 그리고 전주 조 형이 올는지 묽아서 곳 돌아오았다. 저녁에 룡해 군이 오았다. 조선말을 이러니저러니 짓거리고 있던 즈음에 대문 밖에서 누가 나를 찾는 소리가 난다. 자세ㅎ이 들으니 조 형이다. 단박에 뛰어나가아 대문을 열고 오래ㅅ동안 서로 잡지 못하던 손목을 서로 잡고, 서로 보지 못하던 얼굴을 서로 보고, 서로 듣지 못하던 말소리를 서로 듣고 방으로 들어오아 앉어서 가득이 쌓이었던 회포懷抱를 자아내며 지낸 일을 알리며 시종時鐘이 열두 점 치도록 있었다. 그러데 조 형은 어제 저녁에 오아서 일인하고 일인여관에 들어서 오날 저물도록 일하고 밤에야 겨를이 있었다 하고 그 여관에로 가서 자야 하겠다 하고 간다.

3월 27일. 맑다. 불교회에 가서 있다가 오후 두 시에 조 형을 맞나서 한가지 수당을 찾어갔다. 모레 시골서 이사 온다고 이 방 저 방 마루간 벽들의 도배하느라고 수선하다. 이미 도배한 안ㅅ방에 들어가 글시도 쓰고 이악이도 하면서 수당 오기를 기다리었다. 두 시간이나 지나서 수당이 오았다. 서로 이악이하려 할 즈음에 또 다른 이가 오아서 수당을 따갔다. 그럭저럭 저녁이 되었다. 할 이악이는 다음날로 미루고 조 형하고 돌아오아 간동 김 판서라는 이를 찾어보다. 사랑방이 없어서 안ㅅ방으로 들어갔다. 맞힘 밥을 먹느라고 찌개그릇, 빈 사발을 늘어놓았다. 주인 영감令監은 머리가 더러 히었고 얼굴이 야위었다. 내옷 많지나 때가 낀 옷을 입었다. 그래도 하던 버릇으로 하는 말은 매우 정있는 듯이 야빌야빌 짓거린다. 뜻밖에 문밖에서 나묵신 끄는 소리가 나더니 웬 일인 둘이 안뜰ㅎ방까지 들어섯어 집세를 아니 낸다고 야단이며 곳 주인 아들을 끌고 가려 한다. 주인은 놀랜 콩새 모양으로 앉어 뚜렷뚜렷 한다. 알에ㅅ방에서 밥을 먹던 부인네는 "에그, 웬일인가. 웬 재랄을 하는가." 하고 나다러 가며 한 일인은 끌고 가는 것을 말리며 하다가 맞힘내 조용하였다. 만일 그전 판세 같으면 누가 판서 집에 오아서 야단하랴. 과연 판서도 돈만 못하다. 별궁 옆에서 조 형과 갈이어 오았다. 룡해 군이 오았었다. 오날은 비우가 거슬어지며 몸이 좀 느릿하다.

3월 28일. 아츰나절까지 눈이 오았다. 외투를 입고 낫었다. 각전행태랑角田幸太郎을 찾어보고 익한 군 집에 갔었다. 익한 군의 형님을 보고 익한 군 일을 물었다. 군이 쉬이 벗어나올 듯하다더라. 안국동 병구 집에 갔다. 어제 저녁에 주인께 돈을 받으러 오아서 받지 못하고 나보고 십 원을 꾸이어 달라는 것을 못 꾸어 주었다. 그러나 오날은 관철동貫鐵洞 팔십칠八十七 번지番地로 이사 간다기에 아니 가 볼 수 없어 가 보았다. 또한 돈이 없다는 동, 주인이 돈을 갑지 안는다는 동, 아무 것도 전당 잡힐 것도 없다는 동 하며 울고 짜고 있다.

불교회 가서 일학一壑이란 어른의 글씨 쓰는 것을 보고 청인이 맨드러온 우동 한 그릇을 먹고 있다가 오후 네 시에 돌아오아 조 형 오기를 기다리었다. 어제 서로 맞나기로 언약했는데 웨 아니 오는지. 오날붙어 시학회의視學會議인지 있다더니 그 때문에 밧버서 그런지 모르겠다. 룡해 군이 오아서 「월의 감」을 배우었다.

3월 29일. 맑다. 송정식 군을 찾었다가 못 보고 불교회로 갔었다. 애류가 오았다. 조 형이 머무르는 수정원금여관壽町原金旅館을 찾어갔다. 조 형은 발서 총독부에 들어가고 아니 있다. 전화를 총독부에 걸었으나 아니 들린다. 다만 몇 마디 적어두고 오다. 오는데 진고개 가장 사람 많이 단이는 길로 돌아오다. 망권 쓰었던 자리가 보이는 새깎이들이 네대씩 어울이어 좌우로 눈을 휘둥굴리고 단이며 젊은 마느래 늙수그러한 마느래들이 여닐곱식 어울이어 단이며 상점마다 찬찬이 들이어다 본다. 시골 사람들이다. 시골 사람들은 옷 입은 몰골붙어 서울 사람과 아주 다르다. 더구나 게집들이야. 서울 게집들은 하루 이틀 밥은 굶어도 명주나 비단옷 아니면 아니 입으려 한다. 그리하여 명주나 비단으로 옷을 해 입는다. 그러고 요마적들은 비단, 명주 속속것, 단속것에 옥양목 치마를 입고 저고리는 무색 비단으로 해 입는다. 그럼으로 썩 맬숙하게 보인다. 그런데 시골 게집들은 속에 입는 것들은 뻣뻣한 개가죽 같은 옷감으로 해 입고 겻치마만 명주나 비단으로 해 입었다. 하도 퉁퉁한 것이 푸석하고 웡성하여 잘 어울이지 아니한다. 게다가 걸음걸이라던지 단장한 것이라던지, 도모지 앵길성이 없다. 누가 보던지 곳 시골 게집인 줄 알 것이다. 그러나 몰골이 서울 사람보다 아름답지 못한 대신에 그 마음의 덕성德性이 서울 사람보다 아름답고도 깨끗하다. 서울 사람은 시골 사람보다 말은 잘하고 거즛이 많고 음사가 많다. 그러나 시골 서울 할 것 없이 어데 사람이던지 다 같이 덕도 있고 얼굴도 아름다우면 좋겠다. 다시 불교회로 오았다. 맞힘 김영운 군이 찾어오아서 한가지 나아가 종로에 섯어 십읜習儀가 한다는데 구경하러 나오아 선 이들을 구경하였다. 종로 두 가로 사람들 찍찍하게 들어 있다. 늙은이, 젊은이, 게집, 사내, 녀학생, 남학생, 신사紳士니, 순사니, 탐정이니, 무엇이니 몯아 있다. 그 가운대도 기생이니, 색주가니, 알엣녁 장사하는 이(賣淫女)들이 더욱 많이 있다. 혹 헌옷, 때 묻은 옷, 수수한 옷을 입은 이도 있지마는 푸르고, 누루고, 새파랗고, 붉고, 검붉고, 붉으레하고, 하얗고 포로솜한 비단 저고리 치마가 느실느실, 번칠번칠하며 여러 사내들 눈을 끈다. 래일 태뫼太廟에 고종황제 위패位牌를 뫼신단지 하려고 오날 덕수궁을 간다는지 한다는 모양이다. 탑골공원에 들어가서 털방석 같은 잔듸밭에 앉었었다. 이 공원에도 사람이 여긔저긔 모얌모얌 잔뜩 찼다. 거리거리에 상투장이가 많이 단인다. 새파랗게 젊은이들이 새 탕권을 뒤집어쓰었다. 게다가 개화장을 가지었다. 몯아 부자인 듯 명주 둘우막이를 입고 가죽신을 신었다. 아마 래일 부태뫼祔太廟가 하는 바람에 차비관이니 무엇이니 하고 벼슬했다고 자랑 건으로 탕권을 쓴 것인가 보다. 요사이 시골서 사람들이 많이 옳아

오아 돈을 이백 원, 삼백 원, 몇천 원 들이고 이것을 벌었다더라. 저녁에 김갑기甲基라는 이가 찾어오았다. 고광규光圭 군이 찾어오았다. 오래ㅅ만에 만났다. 오래 못하던 이약이를 했다. 해룡 군은 고지식하게 오아 묻는다. 깃브다.

3월 30일. 맑다. 오날은 리왕가에서 고종황제와 명성황후와의 위패位牌를 태뫼太廟에 뫼시는 날이라. 시골 사람들은 어제, 그적긔붙어 구경하러 오아있다. 이 집 저 집에서 일즉한이 일어나서 오전 여달 시 아홉 시붙어 이 골목 저 골목에로 작구작구 나온다. 창덕궁 앞 길, 덕수궁 앞 길, 태뫼 앞 길, 종로, 광화문 앞 길, 남대문으로 통한 길, 전동에로 통한 길들에 맨 사람이다. 빽빽하다. 수십만 인이다. 서울 사람, 시골 사람, 게집, 사내, 늙은이, 젊은이, 어린이들이다. 일본 사람, 지내支那 사람, 서양 사람들도 있다. 오날은 넓은 종로길도 오히려 좁은 것 같다. 순사들은 자동차, 말을 타고 단이며 시위視威한다. 병정들도 다닌다. 두어 발쯤 순사 한아씩 섯어 있다. 길 한가운대만 좀 뺀히 보이고 두가에는 사람으로 담을 쌓다. "얘가 어데 갔나!", "아모개야!", "어머니!", "뉘님!", "아우님!", "언니!"라 부르며 이리저리 사람 사이를 비집고 단이며 찬는 이도 많다. 서로 손을 잡고 단이는 이도 많다. 헤 한이 입을 딱 벌리고 단이는 이도 많다. 시골 게집들은 혼인 때 납채옷을 끄어내어 입고 온 이도 많다. 오래ㅅ만에 처음 분을 바르고 온 이도 많다. 사람은 많으나 그다지 어엿븐 이를 보지 못하겠다. 아츰나절에는 시골 사람들이 많고 저녁나절에는 서울 사람들이 많다. 그래서 어엿브고 아름다운 얼굴과 모양은 저녁나절에 많이 보인다. 더구나 서울 게집에는 옷 호사하기 몸단장하기를 가장 힘쓰었다. 그럼으로 대개 시골 게집보다는 어엿브게, 아름다웁게 보인다. 여염집 부인네보다 기생들보다는 어엿브게 아름다웁게 보인다. 그것은 어엿브게, 아름다웁게 가꿀 탓이다. 원악 밉게 생긴 것도 어엿브게, 아름다웁게 가꾸면 얼막큼은 어엿브고 아름다우어진다. 그럼므로 서울 게집이 시골 게집보다, 기생이 서울 게집보다 더 어엿브게 아름다웁게 된 것이다. 불교회에 갔다가 상현 선생하고 종로 나오서 구경했다. 덕수궁으로 위패 뫼시러 간다. 울긋불긋하게 옷을 입은 이들이 울긋불긋하게 꾸민 기를 들고 울긋불긋한 가매를 메고 가고 사모관대紗帽冠帶한 이들이 인력거, 자동차를 타고 가고 리왕직시위대侍衛隊 병정들이 딸아간다. 나종에 위패를 뫼시고 올 때는 삼현육각三絃六角을 잡히고 간다. 내 앞에 선 녀학생 한아는 머리털억이 뽀얗다. 몬지가 잔떡 끼었다. 원악 몬지 속에로 단이는가 누구던지 몬지를 마시고 몬지를 가지겠다. 실상 깨끗하기는 시골마을이 낫지마는 내붙어 서울이 좋다고 오아 있다. 남들도 무엇이 좋은지 서울로만 오려고 하며 오아 있다. 그러나 아주 궁벽한 시골에서 사는 이들은 한 해에 한두 번씩 서울 같은 도회都會를 구경하는 것이 좋다. 듣고 보는 것이 새롭고도 다르니 듣고 볼만하다. 더구나 오날 같은 날은 구경할 만하다. 오날은 무엇보다도 사람 구경이 좋다. 조 형을 찾어가서 못 보았다.

3월 31일. 맑고 따뜻하다. 일찍 일어나서 조 형을 찾어가 보았다. 몇 마디 말하고 돌아오다가 김갑기 군을 찾어보다. 더불고 중동中東학교를 가서 최규동奎東 씨를 보고 말했다. 김은 작년붙어 청운靑雲이 내게 말하여 학교를 곪아 늫어달라고 했다. 요번에도 청운의 편지를 가지고 오았다. 그래서 김을 중동학교에 늫어 주려 한다. 바로 최와 김과가 서로 말하여 작정하게 했다. 그리고 나는 숙명淑明녀학교에 가서 정복수福壽의 전학하는 일을 말했다. 그래서 곳 신석주申奭柱 군에게 편지를 붗이었다. 각전행태랑角田幸太郞을 찾어보았다. 석전石顚께 무장사鍪藏寺 비문 한 장을 사다 주었다. 수당게 나아갔다 돌아오았다. 송정식 군, 택규 군이 찾어오았다더라. 조태정泰定 군을 만났다. 남원 병원에로 지수해 주었다. 곳 편지를 김영준 군께 붗이었다. 애류崖溜 군하고 중앙中央학교에 갔었다. 애류 군이 장국밥 한 그릇을 사준다. 배가 붊었다.

4월

4월 1일. 맑다. 푹은하다. 숙명녀학교淑明女學校에 갔었다. 어제 나더러 오날 오라고 했다. 그러나 사무실 문이 꼭 잠기었다. 한편에서는 어느 선생이 높이 섯어 "아모개, 아모개." 부른다. 맟히 경매소競賣所 모양으로 처녀들을 더불고 온 이들 듬뿍 모아 섯어 "아무개는 웨 아니 부르오." 하며 서로 짓거리며 야단이다. 어엿븐 아씨네가 여긔저긔 서 있다. 또한 학교 창문 사이로 얼굴만 보이는 아씨네가 있다. 아마 새로 입학하는 녀자를 붊어들이는 모양이다. 그 녀자의 어머니던지 아버지던지 언니던지 한가지 온 이까지 들인다. 나는 들어갈 수가 없다. 창문 열고 내다보는 한 일인더러 어제 정복수 전학해준다는 말을 물었다. 그는 모르는 모양이다. 그러나 "꼭 복수가 오아서 시험하여 득격得格하면 늏어주겠다." 한다. 그러하면서 학교가 배가 부른가 잔떡 트림을 하며 개씸한 버릇을 보인다. 잠간 섯어 보아도 여러 사람이 계집아이들을 다리고 오았다가 입학도 못 식히고 돌아갔다. 놀랍다. 한심하다. 학교가 없어 아이들을 못 가르치니 어찌할가. 그냥 놀리니 큰 탈이다. 곳 눈물이 쏟아진다. 점심때에 조 형이 찾어오았다. 같이 나아갔다. 가회동嘉會洞, 계동桂洞으로 지내서 태평동을 지내어 청인靑人 요리점料理店에서 우동 한 그릇을 먹고 수당께 갔다. 과자를 사아오았다. 과자를 먹으면서 이악이했다. 돌아오다가 불교회에 들어가서 조 형의 수대手袋 한아를 들고 오았다. 저녁밥에는 고기국이 놓이였다. 주인이 "나으리." 부르면서 "이 고기국은 영평에서 온 녀학생이 선생님을 위해서 사온 것이오." 한다. 오날은 점심도 먹고 과자도 먹었으니 배가 붉어 고기국도 맛이 없다. 다행이 조 형이 한 그릇 잘 먹으니 좋다. 나의 것을 조 형께 주었다. 조 형님은 여러 날 여러 밤 일인여관에서 밥도 달게 먹지 못, 잠도 달게 자지 못하였다. 이 저녁밥이 달다 한다. 조 형과 같이 나아가 각전행태랑을 찾어보고 진고개로 더터서 돌아오다. 수영壽永 군과 오경영景煐 군이 찾어오았다더라.

4월 2일. 비가 오다. 밤새도록 비가 오았다. 일찍 일어났다. 비를 무릅쓰고 조 형하고 남대문 밖에까지 갔다. 정거장에 사람들은 그다지 많지 못하다. 기차가 오았다. 차 속에 들어가 조 형을 작별했다. 정거장에서 세수하고 전차 타고 돌아오다. 송정식 군을 찾어보고 조해룡 군을 찾어보았다. 전前 봉명학교鳳命學校 집을 찾어보았다. 강십소講習所가 될 만한가 찾어보았다. 그처럼 크드란한 집을 비어둔 것은 넘어 아깝다. 어떤 집은 사람들이 가득가득 찾어 넘어 좁게 있지마는 어떤 집은 널리 비어 있구나. 원악 사회가 이렇듯 평균平均치 못하다. 그래서 광하천만간廣厦千萬間 가진 이도 있고, 한 간도 못 가진 이도 있다. 좀 고루고루 가지었으면 좋겠다.

4월 3일. 맑다. 길이 아츰나절에는 질었다. 로석 어른과 김병룡 군과 같이 서화협회전람회書畫協會展覽會를 중앙학교로 가서 보다. 우리가 맨 처음 가서 보는 이다. 아즉 다른 이는 오지 아니 했다. 돌아오아 불교회로 갔다가 국여菊如와 상현尙玄 선생과 취롱翠農과 같이 다시 서화 전람회를 구경했다. 구경하는 이가 꽤 많다. 그림이나 글시는 대개 지금 사람의 것이고 다만 네댓 폭이 옛사람의 것이다. 지금 사람의 그림이나 글시도 옛사람과 같이 그리고 쓰었으나 옛사람의 그림이나 글시처럼 신운이 적다. 아마 지금 사람도 신운이 있게 그리고 쓰련마는 아즉 예서는 볼 수 없고나. 한별 한아를 더하여 한가지 취운정翠雲亭 안을 지내서 오다. 일화一和 군과 도燾 군이 찾어오았다.

4월 4일. 구름 끼고 비 오다. 아츰에 김원근 씨를 찾어가서 책 한 권을 얻어까지고 오다. 불교회에서 한별을 맞나 서로 웃은 이악이 하다가 돌아오다. 조선일보에 리춘원春園이 돌아오았단 말이 낫다. 허영숙許英肅 하고 상사병이 나서 오았단다. 세상에서 무엇이 사랑우니 해도 춘원에게는 허영숙보다 더 사랑운 것이 없다. 이천만 동포니 삼천리강산이니 하고 남보다 더 떠들고 사랑하는 체한 이가 겨우 한 허영숙에게 빠지었다. 나도 한 허영숙이가 있으면 사랑을 바칠는지. 내 스스로 모를가 알까. 아니다. 나는 한 영숙이보다 더 큰 데 바치려 한다. 아즉 아모데로 무엇을 한다 하고 세상에 떠들지 아니했다. 나도 집에는 사랑운 안에도 있지마는 좀처럼 상사병은 아니 난다. 그러나 춘원 일을 들으면서 내 스스로 두려우어하고 놀라우어하노라. 더욱 얼을 차리어 가다듬을 것이로다.

4월 5일. 맑다. 불교회에 가니 아모도 없고 동아일보東亞日報, 매일신보每日新報, 조선일보朝鮮日報들이 방바닥에 놓이어 있다. 줄줄이 보던 즈음에 소롱素農도 오고 한별도 오았다. 한별은 소롱만 맞나면 웃우개 말을 한다. 나는 가마니 있어 이 두 사람이 서로 주고받고 하며 수수하게 구는 것이 볼만하다. 수당께 나아가다. 아즉 수당은 아니 오았다. 누엇다 앉었다 하고 기다리었다. 저녁나절에야 오다. 누가 과자를 가져오아 먹었다. 과자가 붓어지는 소리가 이악이 소리를 잇어서 난다. 하 그리 맛난 줄은 모르되 배는 곮으지는 아니하다. 김병룡 군을 맞나 같이 오다. 저녁에 조해룡 군을 찾어가서 노다. 그 안집에서는 여러 사내소리가 야단스럽게 들린다. 그 주인 마느래는 갓 마운 살 된 홀어미로 지금 녀자고등보통학교 재봉裁縫 교사로 단인단다. 몸집이 뚱뚱하고 살집이 보얗고 눈매가 포로죽죽하고 입살이 검붉어 아즉도 영감 없이는 하루밤 지내기가 어려운 터이라. 다행이 그 집에 어느 간이공업簡易工業학교 교사 단이는 젊은 사내가 기숙寄宿하고 있음으로 지극한 사랑을 받히고 다시 전 영감 생각도 날 겨를이 없는 듯. 만일 그이가 어데 가서 늦게만 오아도 밥을 먹지 아니하고 대문 밖에까지 나오아 섯어 기다리며, 만일 그이가 자긔 시골집에 가서 사흘만 되어도 밤에는 잠을 못 자고 낮에는 밥을 설치고 생각하며 기다리는 모양을 누가 보아줄 수 없으며, 그러다가 그이가 오면 벗언발로 뛰어나가 맞어 손목을 힘있게 잡고 그립어하던 눈물을 두어 방울 뚝뚝 떨어친다 하며, 학교만 갔다 오면 서로 끌어 않고 앉었고 누었다 잠시라도 서로 떨어지기를 싫어한다 하니, 금슬지락이라도 이러한 이 없을지며, 원앙鴛鴦새라도 이러할 수 없으리라. 그러나 이것은 오히려 젊은 축이거니와 육칠십 먹었다는 늙은 것이 이럴진댄 어찌 다 말할 것 있으랴. 차라기 그만두자. 그러나 오날 저녁 이 안집에서 떠드는 사내들은 몯아 녀자고등보통학교 선생이란다. 저런 것들이 학교 선생이니 하고 단이며 가르친다니 그를 배우는 이들이 얼마나 불행할까. 남녀 평등한 것과 자유로운 것은 매우 좋지마는 그야말로 련애戀愛니 미美니 하고 짓거리며 하는 것은 참 웃읍은 일이다. 김병룡 군 집에 들렛다. 맞힘 옆에 집에서 큰 싸움이 일어났다. 게집은 "알고! 알고!" 하며 사내는 내 불알 터진다 하며 야단이다. 자세히 들으니 그 게집이 제 서방이 시방 중녁하는 사이 뭇놈을 더불고 놀다가 오날 저녁에 시앗 싸움이 난 모양. 원악 돈은 귀한데 옷은 호사하고 싶고 사내 생각은 나니 서울도 이런 일이 적지 않다. 남편 있는 게집이 남편의 눈을 속이고 밤낮으로 딴 서방을 맞으러 단이니 더구나 남편 없은 홀어미야 말할 것이 없으며, 힌머리 나는 늙은 게집이 손자나 증손자 같은 놈을 가까이 하니 더구나 젊은 게집이야 말할 것이 없으며, 다만 게집만 나무랄 것 아니다. 사내도 그러하니 더구나 말할 것 있느냐. 게집이나 사내나 다 정조貞操를 직히어 행실을 깨끗이 가지어야 할 것이다. 도로혀 짐승만도 못한 것이 크게 붓그러운 바로다.

4월 6일. 한울이 흐리다. 한식寒食날, 어제 저녁붙어 맨들던 주인집 음식도 과연 한식인 때문에 잘 먹게 됨이다. 송편도 주고 밥도 주고 고기국도 준다. 또한 술도 준다. 김병룡 군께 갔더니 술을 준다. 불교회를 갔더니 한별이 청양사淸凉寺를 가자고 한다. 그래서 취룡과 같이 나아갔다. 발서 들이 푸른 빛 난다. 밭 갈고 갈애질 하는 힌옷 입은 어른네며 붉은 저고리 붉은 치마 입은 아이들이 나물 캐는 것이 보는 이로 하여금 자못 한 흥미興味를 일어킨다. 선술집에 들어가 술 한잔 얻어 마시고 버드나무 소나무 사이 길로 나아가 절을 찾었다. 이 집 저 집을 들어가 숭을 보고 웃우개말을 하다가 저녁밥을 시키어 먹고 해 진 뒤에 돌아오았다. 갑기甲基 군이 찾어오았다. 수영 군이 오았다. 집에며 소병식秉寔 군께 편지 붗이다. 동경 찬 군께도 편지하다.

4월 7일. 맑다. 바람 끝이 칩다. 한별 군과 리명칠命七 군이 찾어오았다.

4월 8일. 맑다. 전동典洞거리를 지내다보다. 어느 푸목점布木店에서 계집 셋이 섯어 옥양목을 산다. 한 계집은 옥양목을 만지어보다가 그 엽에 건 체경體鏡을 처다보고 머리에 쓴 조박이를 조곰씩 요리조리 집어단이며 이마 우 머리털을 씨다듬으며 얼굴을 짜옷짜옷 들이어다본다. 차차 텍 알에로 나리어서 저고리 동정과 깃을 펴며 옷고름을 척 드리우며 저고리 자락을 다독거린다. 그처럼 몸꼴을 아름답게 꾸미니 사내 눈에 아니 곱게 보이겠느냐. 게집의 버릇이 그런가. 게집의 생각이 그런가 늘 몸꼴을 곱게만 가지려 한다. 보기에는 추한 것보다 아름다운 것이 좋다. 그러나 몸꼴만 아름답게 하려 말고 마음붙어 아름답게 하였으면 좋겠다. 만일 마음 가지기를 때때로 이렇듯이 가다듬어 고치고 또 고치면 어진 부인이 되려마는 한갓 겉으로만 맵시를 내려하니 걱정이다. 사람은 안ㅎ밝이 같어야 쓴단 말 아니 없는가. 그러나 그 게집은 안ㅎ밝이 똑같은 아름다운 어진 부인인지 알 수 없다. 그러나 그러챦으면 걱정이다. 조 형 편지가 오았다. 김영준 군 편지 오았다. 저녁나절 바람 끝이 칩다.

4월 9일. 맑다. 각전행태랑角田幸太郎께 가서 무장사척본鍪藏寺拓本을 가지어 오다. 도 군을 찾어 못 보다. 수당께 갔다 오다. 김원근 씨가 찾어오았다더라.

4월 10일. 구름 끼었다. 각황사 능엄경 강의가 비롯하다. 가 듣다. 끝난 뒤 한별하고 유근柳槿 씨를 찾어보고 동아일보로 해서 원근 씨를 찾어보다. 불교회로 단이어오다. 오날 아츰 저녁은 문창안昌晏의 생일인 덕분에 잘 얻어먹었다. 술, 고기, 떡을. 주인이 가장 사랑하는 문창안이다. 한방 한 이불 속에서 같이 자고, 한 상 한 밥을 같이 먹고, 서로 떠나지 못, 서로 버리지 못하여 비록 젊은이끼리 된 가시버시 사이라도 이에 지낼 수 없는 두 사이라. 어째서 그렇게 사랑울가. 어째서 그렇게 되었을까 알지 못하겠다. 그러나 그 생일인 덕분에 잘 얻어먹었으니 고마웁기는 고마웁다. 조룡해 군이 오았다. 끝에 아바님 편지 오다.

4월 11일. 밤비가 개이지 아니하다. 송정식 군을 찾어보고 김승렬 씨를 찾어 못 보고 불교회로 가서 놀았다. 조 형께 편지 붗이다. 관철동 팔십칠 번지 병구秉矩 집을 찾어보다. 병구는 안국동에서 이사오았다.

4월 12일. 맑다. 황금정양복점黃金町洋服店을 찾어단이어 조 형의 양복을 구해보다. 조 형의 돈을 찾었다.

4월 13일. 맑다. 황금정 가서 양복 한 벌을 사서 조 형께 붗이다. 신문관 들레서 불교회로 해서 각황사로 해서 오았다. 옷이 하도 검고 더러워졌으니 창피하다. 돈 아순 줄은 누가 모르랴마는 나처럼 아는 이도 많지 않겠다. 그러나 남들은 오히려 나를 아무 걱정 없는 줄로 안다. 나더러 돈도 달라는 이 적지 않다. 내가 만일 돈을 많이 가졌으면 더구나 나더러 돈 달라는 이 많겠다. 많이 있으면 많이 쓰겠다. 없으니 어찌하랴. 내 걱정과 내 고생과 내 괴로움은 내 혼자 알 따름. 스스로 웃고 스스로 울 따름.

4월 14일. 일어나 보니 흙비가 온다. 부연한 몬지 온 공중空中에 가득하다. 해는 빛 없이 두렷이 보인다. 바람도 몹시 분다. 그 사이 삼사일 밤낮으로 녀름같이 더웁더니 오날은 이렇다. 내가 그 김에 고뿔이 들었다. 콧물이 줄줄 흐르고 목이 깔깔하며 소리가 맑게 나오지 안는다. 머리도 앒은 듯 밥맛도 없는 듯하고 온몸이 느른하다. 조 형께 편지 붗이다. 집 소식 못 들으니 답답하다. 저녁에는 달빛도 빛이고 별빛도 빛인다.

4월 15일. 흙비가 오히려 나린다. 어제만은 못하다. 집에서 옷이나 편지 오기를 퍽 기다리다. 옷이 하도 검으면 나드리 할 수도 없다. 내 마음은 암스랑치도 아니하지마는 남들이 싫어하닌가. 원악 거지가 다른 사람이 아니다. 아무라도 없으면 거지 노릇 할 밖에…. 나는 요즈음 거지와같이 지낸다. 그러므로 거지에게 매우 동정同情하여 불상히 여기고 애닯게 생각한다. 그러나 남을 속이거나 남을 죽이거나 해서 비단옷 입고 고기밥 먹고저 아니한다. 차라리 마음이나 깨끗한 거지로 살다가 죽을가 하노라. 김병직炳稙 형의 편지가 오다. 곳 답장하다. 수당을 찾어가서 못 보고 오다. 도燾 군이 오다.

4월 16일. 구름이 끼며 비오다. 집 편지, 옷이 오다. 새 옷을 입으니 개안하다. 이것도 우리집의 덕분인가 하니 퍽 웃웁다. 네가 네 길로 한 길이나 다 크고 지각도 날 만한데 오히려 네 집의 신세만 지니, 너는 네 집이 없으면 살 수 없겠다. 돈도 집의 돈, 옷도 집의 옷을 갖다 쓰는구나. 네 스스로 벌어서 돈도 쓰고 옷도 입어라. 그래야 네 스스로 마음이 편안하리라. 한갓 영웅을 배우느냐. 정객政客을 배우느냐. 장래의 영웅이나 정객 되기 전에 네 마음이 편앉치 못하니 이제 비록 바보 노릇하더라도 네 마음이나 편앉케 가져라. 그러나 너도 모르는 너를 하물며 남이 너를 알으랴. 남이 모르던지 뭬라고 훈수하던지 푸념하던지 지천하던지 헐던지 너는 네 스스로 할 것이다. 조 형 편지 보다. 집에 편지 붗이다.

4월 17일. 맑다. 아츰밥을 늦게 준다. 오날은 공일이라고. 그래서 각황사 강의하는 데를 늦게야 갔었다. 곽법경郭法鏡을 찾어보다. 백우용禹鏞 군이랑 한별이랑 같이 훈련원을 가서 육상경주대회陸上競走大會를 구경하다. 사람들이 가득히 들어섰다. 만 인쯤. 바람은 슬슬 불어 몬지가 부옇게 일어난다. 그 곁 공원에 옮아가 앉었다가 장충단奬忠壇

으로 갔다. 오래ㅅ만에 처음 보니 없던 것이 새로 있다. 못(池)이고 운동장이고 넓은 길, 다리 몯우가 인공人工으로 되어서 한 천연天然의 지경을 깨틀었다. 그러나 단이기는 좋고, 보기는 좋다. 소나무 사이 잔디밭 우에 일인들이 계집 사내 모암모암 앉어서 술 먹고, 노래하고, 춤추어 온통 춘흥春興을 저희들만 가진 듯하더라. 우리 일행은 다시 골작물을 딸아 옮아가 그윽한 곳에 앉었다. 웬 일인 네댓이 지낸다. 사내는 한아요, 맨 계집이다. 그 가운대 가장 젊고도 어엿븐 계집 한아가 그 뒤에 딸어가다가 우리를 보고 가졌던 우산을 들며 뱅긋이 웃고 뭬라고 하면서 간다. 그 다음에는 웬 일인 녀석이 두루막이에 탕근에 갓을 쓰고 간다. 그 뒤에는 양복 입은 아이들이 지낸다. 그 다음에는 웬 늙은이가 웬 아씨며 녀학생들을 더불고 간다. 날이 따뜻하고 꽃피고 풀 나고 새 우니 사람들의 마음도 스스로 벌떡거리어 산과 들로 단이며 놀이를 하는 것이다. 우리도 그 축에 한아이다. 돌아오다가 어느 술집에 들어가 한 잔 마시고 나오다. 불교회로 가서 좀 누었다가 여관에 오다. 조해룡 군이 오았다.

4월 18일. 맑다. 송진우鎭禹 군을 길에서 만났다. 병구 집을 찾어보다. 임응순林應淳 군의 편지를 보다. 윤수중尹壽重 군과 송창식昌植 군을 찾어보았다.

4월 19일. 맑다. 각전행태랑角田幸太郎을 찾어보고 무장사 적본鍪藏寺拓本 한아를 사오다. 도燾 군을 찾었다가 못 만났다. 불교회에 갔더니 그 집 주인이 굿을 하느라고 야단이더니 떡을 주어서 잘 먹었다. 수중壽重 군, 창식昌植 군을 찾어보다. 저녁에 조룡해 군에게 가서 놀다 오다. 바람은 잠자고 달빛도 환하다. 거리에 오락가락하는 사람들도 밤 보내기를 앗가워하는 듯 어정어정 걸어단이며 짓거린다. 그런데 어데서 노래가 들린다. 웬 미인이 나를 흘긋 쳐다보고 지내간다. 돌아오아 방안에 누었으니 잠은 아니 오고 달빛, 노래, 미인이 생각힌다.

4월 20일. 맑다. 김성수性洙 군을 찾어보다. 수당을 찾어갔다 못 보다. 김영운 군을 찾어보다.

4월 21일. 맑다. 오후 팔 시 문밖에서 —가 내 이름을 부르며 "전보電報 받으시오." 하는 소리가 청천벽력같이 들린다. 가슴이 뜨끔하며 손이 작구 떨린다. 전보를 받어가지고 보아도 글자가 잘 보이지 아니한다. 얼마큼 정신을 진정해가지고 다시 보니 셋재 아우가 '병위중 즉래'라 했다. 발서 남행南行차 시간이 지냈다. 곳 나아가 중동학교에 이르어 도 군을 찾었다. 맞흠 공부하는 시간이다. 하도 학생이 많이 앉어서 교실이 어느 구석에 도 군이 있는지 알 수 없다. 일은 급急하고 시간은 기다릴 수 없어 문을 열고 찾었다. 도 군을 맞나보고 말하고 돈 십 원을 꿔어가지고 불교회로 가서 취룡을 보고 돌아오다가 조룡해龍海 군과 김병룡 군을 찾어보고 여관에 들다. 오철호吳鐵浩 군과 김병룡 군은 찾어오아 위로까지 한다. 밤은 깊었으나 잠은 아니 온다. 닭이 울 즈음 비몽사몽非夢似夢 간에 할머님의 운명하시던 모양이 낳다나 보이고 집안 식구가 소복素服하고 보인다. 정신을 차리어 시계를 보니 이십이일 오전 오 시더라.

4월 22일. 맑다. 오전 일곱 시 이십 분에 남대문을 등지고 부산행 차에 실렀다. 머릿골이 앓어서 견댈 수 없고 배곮은 생각도 없다. 겨우 한밭에서 조그만 오등어 한 마리와 강경에서 장국밥 한 그릇을 사어 다 먹지도 못하였다. 오등어 토막은 장적가비 까밀기 같고 장국밥은 모래 까밀기 같다. 웨 그런지 모르겠다. 그럴 뿐 아니다. 또한 속이 뉘엇뉘엇하니 먹은 것이 작구 나올 듯하다. 강경이서 자동차 집을 찾어 물으니 요마적은 여산 사이로 아니 다닌단다. 가지고 온 봇짐을 양산대에 꿔어 들어 메고 쉴 겨를 없이 줄곳 걸어오다. 셋재 아우가 병이 위중타니 좀 낫었나 혹 죽었나. 혹 죽은 것을 그렇듯 전보했나. 꼭 죽었으면……. 걸음이 아니 걸리기도 하고 정신을 차릴 수 없기도 하고 느닷없이 뜨거운 눈물이 솓아질 듯도 하고 큰 울음이 나올 듯도 하다. 삼월 보름달은 동산 우에 두렷이 밝게 돋아오른다. 여산 읍내邑內를 지내서 진사동을 바라보니 웬 모닥불 빛이 빛이어 내 마음에 이상한 느낌을 준다. 가슴이 갑자기 나려앉는 듯 온 몸이 덜덜 떨린다. “저게 우리 셋재 아우의 집 앞에 놓인 모닥불 아닌가.(조선 풍속에 초상난 집에 저녁이면 모닥불을 놓고 밤을 새운다.) 암만 얼음하여 보아도 꼭 아우의 집— 불이다.” 점점 가까이 오니 더욱 의심할 것 없이 그다. 퇴뫼 모퉁이에 다달르니 갓가운 산 어데서 장사 지내느라고 달기질 치는 소리가 왁자근하니 들리고 셋재 아우 집에서 통곡 소리가 난다. 셋재 아우[秉準] 집에서 통곡소리가 난다. 셋재 아우 집에 들어오아 마당위에 씰어졌다. 울었다. 두 주먹을 불끈 쥐고 땅을 뚜드리고 가슴을 뚜드리고 울었다. 울다가 정신을 못 차리다. 한참 만에 깨어보니 어머님, 제수 씨, 작은어머님, 사촌 누의님들이 내 손목을 꼭 잡고 있다. 찬물도 먹인다. “가가 참 죽었나!” 소리를 버썩 지르고 다시 몸부듬을 했다. 집안사람들이 놀래며 붓들고 야단이다. 그럭저럭 밤이 깊었다. 줄줄 흐르는 눈물 사이로 울음을 석어하는 이악이 들린다. 그 아우가 사오일 신음呻吟신음 앓다가 그제붙어는 더욱 둑구며 허리가 쑤신다, 가슴이 앒으다 하더니 어제 저녁나절 이르러서는 더욱 앒어 못 견대며 소리를 지르다 뛰며 둥글며 얼굴이 벎언 하고 크고 작은 종긔腫氣가 온 몸에 여긔저긔 솟아나면서 숨을 쉬지 못하고 이어서 긴 잠을 들어버리었다더라. 웃사랑에 옮아오아 할아바님, 아바님 뵈다. 작은아바님, 당숙주, 여러 아우들, 종형제들, 동내 사람들은 앞산에서 그 아우 장사를 맞후고 돌아온다. 닭 운 뒤에아 잠을 좀 잤다.

4월 23일. 맑다. 아츰에 작은아바님 딸아서 셋재 아우의 묻힌 데를 가서 보다. "너는 발서 편안히 여긔 오아서 누웠느냐." 하고 눈물을 뿌리었다. 수당, 한동화東和, 김영운, 김일馹, 오철호, 김병룡, 리도 군들께 부고訃告하다.

4월 24일. 맑다. 새양골 작은아자씨가 오았다.

4월 25일. 맑다. 황종규黃宗奎 군이 찾어오았다. 명천 할머님께 상서上書했다.

4월 26일. 맑다. 지동경志洞炅 군이 찾어오아 놀다 갔다. 저녁 비 오다.

4월 27일. 비 오다. 꽃이 진다. 나리는 비와 지는 꽃은 내 마음을 더욱 쓰리게 한다.

4월 28일. 맑다. 오날 전주 가기로 했다가 독지동篤志洞 경炅 군이 아니 오기에 말었다. 그제 경 군하고 언약言約하얏는데 아마 경 군은 무슨 연고나 일이 있는가 보다.

4월 29일. 맑다. 아츰밥 먹고 기다리어도 오날도 경 군은 아니 온다. 혼자 떠나서 쉬엄쉬엄 걸어가니 오전 열한 시 삼십 분 차가 곳 떠난다. 조금만 빨리 걸었더라도 그 차를 탈 번했다. 삼례參禮 정거장에서 세 시간 반을 기다리어 차 타고 전주를 갔었다. 지내다가 소석서림素石書林을 찾어 들렜다. 다행이 소석, 송택규澤圭, 송형식衡植, 병석秉錫, 고동진東鎭 군 들이 있었다. 이렇저렁 이악이하다가 소석 집에서 저녁밥을 얻어먹고서 고 군과 병석 군과 같이 완산정完山町 조 형께로 갔었다. 조 형도 있고 누의님도 있고 조 형의 량친兩親께서도 계시고 조 형 백부伯父까지 오아 계시고 병국이 삼종형제며 류숙留宿하는 학생 둘이 있더라. 셋재 아우의 일을 말하며 울기도 하고 다른 이악이를 하여 웃기도 하다. 밤이 썩 깊어서 잠들었다.

4월 30일. 맑다. 고 군하고 정교喬 씨[秋人]를 찾어보고 소석서림을 갔다. 김한주漢柱 군을 맞나서 장관파 집에서 점심點心을 얻어먹었다. 고사정高砂町에로 가서 송택규 군을 찾어보다. 리경炅 군도 만났다. 오후 다섯 시에 고 군을 서울로 보냈다. 한청운淸雲[廣烈內]을 맞나고 조 형과 김한주 군과 같이 안安 씨 약국藥局 방에서 놀다가 조 형하고만 김병직 형을 찾었다. 조 형은 중로中路에서 무슨 일로 떨어졌다. 김형의 집을 찾으니 그 근처 포교당布敎堂이란 데로 가리친다. 가보니 두어 양복장이와 상투장이와 술을 먹었다. 내게도 인사 끝에 술 세 잔을 거울러 준다. 또 밥도 물 말아준다. 먹었다. 이악이하다. 그 다음에 조 형도 오았다. 다시 잔을 싲어 술을 붓다. 포교당 빈 집을 둘러보고 조 형과 같이 전주 공회公會당에로 가다. 속불거사俗佛居士 좌좌목佐佐木이란 이가 강연講演한다. 대개 일본인은 불교로 종교를 삼고 잘 믿고 잘 해 가자는 것이다. 다 듣고서 돌아오니 열두 점 치는 소리가 들리더라.

5월

5월 1일. 맑다. 아츰에 조 형은 어데 가고 정추인께서는 나를 오라고 전갈했다. 그러나 가기가 슳어서 핑게하고 누의님 더불고 이악이했다. 오후 세 시 조 형도 오았다. 저녁밥 먹을 짐에 끝에 아바님도 오시고,

추인, 청운 선생이 오시었다. 림응순林應淳 군도 찾어오아 본다. 청운하고 이악이 하다가 열두 시 된 뒤에 잤다. 저녁나절은 구름 끼었었다.

5월 2일. 흐리다. 추인, 소석, 송택규 군을 찾어보고 떠났다. 정거장에 이르니 청운이 작별作別하러 오아 있다. 한소리 긔적汽笛에 전주를 등지고 옳은편의 덕진德津 못을, 왼편의 동산촌을 바라보고 삼례에 나리었다. 왠 고산 산다는 늙은이를 맞나서 이악이를 들으면서 서울 남대문 밖에 제일 멀다는 광대구렁 십 리를 지냈다. 능지울 이르러 양병태楊秉泰 군을 만났고 련붕정이 다달러 모새ㅅ골 당숙을 맞났다. 새양골 작은아자씨를 찾어보고 뒤산 재 턱에 올라앉어 하는 말을 듣고 저녁밥 짓는 내를 보고 독적골 들레서 병룡이 집을 보고 돌아오다.

5월 3일. 맑다. 수당, 오철호 군, 조 형의 편지를 보다. 병구 집에 편지 붗이다.

5월 4일. 맑다. 명천鳴川(朗山面 虎岩里)을 가다. 오래ㅅ골을 지내서 산길로 드니 여긔저긔서 지저구는 종조리새 소리며 이 골짝 저 골짝서 떠드는 개구리 소리가 고요한 시골구석의 본뜻을 자아낸다. 또한 노랑개가 거멍 강아지를 데리고 서로 물거니 뛰거니 하면서 파랗게 욱어진 보리밭 이랑을 닫는 것도 볼 만하다. 윤 진사를 찾어보고 대고모大姑母 집을 찾어드니 대고모께서 깜짝 반가워하시며 손목을 잡으신다. 여러 해 싸아둔 이악이를 비롯하신다. 밤이 깊도록—.

5월 5일. 지난 밤붙어 큰비가 온다. 저녁 지을 물엽에야 긋치다. 오날도 이악이로 지냈다. 인절미를 해주며 먹인다. 아츰, 점심, 저녁을 새밥을 짓고 고기반찬에 술, 국을 더하여 주며 작구 먹으라고 하신다. 조고만 뱃속이 가득 찼다. 이렇듯 편하고서도 배부르니 이놈이 넘어나 호강인 듯 스스로 웃었다.

5월 6일. 맑다. 서울 가서 무엇 사달라는 돈 삼십오 원을 받어가지고 대고모를 작별했다. 리흔구憲求를 문병問病하고 윤일중一重 군, 윤정중定重 군을 찾어보고 윤 진사進士 집을 찾어가서 화중和重 군을 보고 점심까지 붓들리어 얻어먹고 집으로 돌아오다. 서울서 조룡해 군의 편지가 오다.

5월 7일. 맑다. 모새ㅅ골 가서 상봉이 앓는 것을 보다. 참 무서운 손님이 걸리었다. 온몸의 한 곧 성한데 없이 손님 자리가 빽빽하게 솟아나아 그 딱지가 허옇다. 줄곳 니를 부득부득 갈고 겨우 내는 목 쉰 소리로 남 알아듣지 못하게 무엇이라고 말한다. 오다가 합선 댁에 들레서 웬 편지 한 장을 보아 주었다. 저녁에 사랑에서 잠 한잠 자는데 어머님께서 나오시어 깨어 일어킨다. 안방으로 들어가 보니 —가 몸을 풀려한다(해산). 곳 남쪽 건네방으로 옮기었다. 먼저 어머님하고 그 방을 치었었다. 어머님께서는 부억에서 불을 때시고 나는 방에서 그를 잡아주었다. 어제 저녁 나절에 물을 질어가지고 오다가 잡바지어서 그 뒤붙어는 뱃속에서 아이가 알로 돌고 배가 앓어 못 견대어 태胎가 동動해서 그렇다고 안태음安胎飮을 쓰고 또 다른 약도 쓰었다. 그러더니 이제 보니 아이가 나오랴고 하는구나. 어머님께서 해산바라지 식이랴고 작은어머님을 더리러 가시었다. 나 혼자 — 허리를 잡고 앉었다. 작은어머님께서도 오시었다. 곳 아이가 나올 듯. 집을 폈다. 가끔가끔 헛힘 쓰인다하며 퍽 앓어한다. 나는 꼭 잡아주었다.

5월 8일(陰 辛酉 四月 一日). 오전 한 시쯤 되다. 아이가 와락 나온다. 작은어머님께서 받었다. 머스매란다. 닙을 열고 응아응아 운다. 눈을 뜨고 휘둘휘둘 본다. 닙살은 밝앟고 기름지며 눈ㅅ갈은 검엏고 빛났다. 이마가 넓높고, 콧날이 크고, 큰 귀가 뒤에 치붙고, 인중人中이 길고, 두골頭骨이 길고 둥글고, 머리털이 깜앟고, 닙 크고, 눈 크고, 뼈대가 너그럽고 살빛이 검붉고 맑으며 소리가 웅장雄壯하다. 아이가 삼줄을 목에 두 번이나 감었다. 간신ㅎ이 풀어 아이 무릅께 닿을 만하게 끊었다. 그래서 한 시 사십 분쯤 지내니 닭이 울더라. 한울이 맑다. 긔촌漪村 아자씨가 왔다 갔다.

5월 9일. 맑다. 삼(胎)을 사르다.

5월 10일. 맑다. 동경서 리찬燦 군의 편지가 오다. 리병석秉錫 군이 찾어오았다.

5월 11일. 맑다. 리병석 군이 찾어오았다.

5월 12일. 맑다. 여산보통학교에 가서 림철주哲周 군과 리전烇 군과 리한주漢周 군을 맞나보다. 나를 알아보는 생도도 많이 있다. 내가 이 학교를 떠난 제 발서 삼 년이다. 나 있을 제 교사는 한 사람도 없고 운동장이며 교실이 조금 더 늘었다. 녀자도 단이며 몯아 이백칠십 인이란다. 전보다는 매우 나아가는 모양이니 깃브다. 우편소로 해서 돌아오다. 밤에 증조할머님 제사를 지냈다.

5월 13일. 맑다. 명천할머님 편지가 오다. 곳 답장. 윤일중一重 군이 오았다 가다.

5월 14일. 맑다. 리찬 군의 편지 보다. 순사가 미복하고 나오아서 밤중에 병석 집으로붙어 작은아바님 댁, 끝에 아바님 댁, 인희집, 참숫골, 모샛골을 둘어오다.

일기

15권

1921. 5. 15. ~ 1921. 12. 31.*

* 이 부분은 일기 15권(1921 5. 15~12. 31) 부분인데『가람 日記 Ⅰ』(신구문화사, 1976.) 출판 후 그 원본이 유실되었다. 이에 따라, 여기에는『가람 日記 Ⅰ』(신구문화사. 1976, 152~159쪽)과「日記初」(『가람문선』, 신구문화사, 1966. 103~106쪽)에 실린 해당 부분을 수록한다.

1921년(단기 4254년)

5월

5월 22일. 비 오다가 저녁나절에 그치다. 동아일보사 안에 가서 유근柳根 선생을 조상하였다. 신문관新文館, 불교회를 거쳐서 집으로 오다.

5월 25일. 저녁나절은 구름이 끼었다. 아침에 동아일보사 안에 가서 유근 선생의 발인發靷함을 보다. 사람이 한 천 명 모였다. 선생의 널[棺]은 모든 사람의 눈물 가운데서 떠나간다. 선생께서는 이 사회 깨끗이 계시다가 가셨다. 그러므로 이 사회의 여러 사람에게 깊은 동정을 얻었다. 과연 선생의 가심을 서러워하니라.

집에서 편지가 왔다. 지난 21일 오후 2시에 광희가 죽었단다. 세상에 살아있기를 겨우 열나흘 동안, 왜 나왔다 죽었나. 풀이슬이나 하루살이와 다른 것 무엇인가. 또한 백 년도 이보다는 길다 할지라도 천 년이나 만 년에 비하면 짧은 것이다. 언제 죽던지 한 번 죽을 것이나, 그렇게 바로 죽을 줄은 과연 몰랐다. 나는 이 자식이 오래 살 줄로만 믿었다. 그러나 두어날 손님을 하다가 죽었다니, 그 손님 통에야 살 수 없는 것이다. 저번에 다 큰 아우도 이로써 잃고, 다 자란 재종아우도 이로써 잃었다. 어찌 내 자식이라 아니 잃으랴. 이런 것이 운수라면 운수겠다.

어찌 할 수 없는 일이다. 10달 동안 뱃속에서 어미를 괴롭게 하고 이제 죽어서 어미를 괴롭게 하느냐. 실상 저도 우리를 괴롭게 하자는 것은 아니다. 다만 더 오래 못 산 것이 저나 우리의 바라는 바에 어그러짐이다. 아마도 한 60년이나마 살아볼 것을 이렇게 빨리 죽었나. 10여일 전에 자식 낳았다고 기뻐하던 것이 이제 죽었다고 슲어할 줄이야 누가 알리. 원악 세상 일이 이러하여, 살었다 죽었다 하매 기뻤다 슬펐다 하느니. 우습다, 사람의 일이여.

5월 29일. 구름이 끼고 매우 덥다. 불교회에서 제3회 정기 총회를 열었다. 말하기 좋아하는 이들끼리 쓸데없는 말하다가 말다툼이 나서 여러 시간을 허비하다. 그래서 전기등이 밝아서 끝났다. 여기서 강정 몇 개를 언어먹고 밥 먹기가 싫어서 그냥 집으로 왔다.

6월

6월 2일. 맑다. 문일평文一平 군을 찾어보고 재미있게 놀았다. 군의 있는 집은 필운동弼雲洞 막바지 조그마한 산 밑에 있다. 바로 그 옆에는 사직단社稷壇 숲이 우거졌다. 군의 집은 이층집이다. 이층 위에서 수많은 가옥이 내려다보이고, 그 뒷산에서 온 서울이 거의 다 보인다. 군에게 끌리어 뒷산 위에까지 올라가 보다. 여기저기 꽃나무가 있어 항상 꽃이 끊이지 아니한다 하며, 또한 그 뒤는 울퉁불퉁하고 웁벅집벅한 바위 언덕이 있고, 그 밑에는 좋은 약물이 나와 흐른다더라. 가장 글 읽기 좋은 곳이다. 군은 신선같이 보인다. 그러나 먹을 것이 넉넉해야 신선 노릇도 하지. 군은 궁한 선비라 호구糊口하기에 골몰할 터이니 참 딱하다.

6월 3일. 맑다. 저녁에 용해 군이 와 의학전문학교에서 분란紛亂된 이야기를 푸짐하게 한다. 좁은 도량으로 도저히 조일朝日 사이에 평화를 이루지 못하겠다. 선생이란 가르치는 학생을 고르게 사랑하여야 한다. 만일 편벽하게 사랑하면 그 학생이 불평을 일으킬 것이다. 더구나 민족이 다른데, 제 동포라고 더욱 사랑하면 제 동포 아닌 이는 어찌 불평을 가지지 아니하랴. 제 동포를 더욱 사랑함은 당연한 일이다마는 그야말로 동화한다 하면서 너무 차등이 있으면 곳이 듣는가. 겉으로라도 동등으로 대우하는 체나 해야지. 그리고 동화한다 해야지 용해 군의 이야기를 들어도 구보久保 박산지 하는 자가 우리 조선 사람을 너무 멸시하므로 분란이 났다. 학생들은 언제나 그 꼴을 아니 볼가. 시일갈상是日曷喪으로 기다리는 모양이더라.

6월 4일. 맑다. 덥다. 아침마다 교동 골목으로 두서너 명씩 짝을 지어 가는 학생들을 나갈 때마다 만난다. 그네들은 우리 민족의 꽃이요, 우리나라의 꽃이다. 볼 때마다 아니 기쁠 수 없다. 아들딸 낳는 대로 학교로 보내야 할 것이다. 그러니 지금은 배우려 하여도 학교가 부족하고 학비도 댈 수 없는 이가 많다. 이 골목 저 골목에서 뛰어 노는 아이들이 몬우 학교 운동장에서 놀게 되어야 할 것이다. 그래서 차차 좋은 열매를 맺어야 할 것이다. 어서 그렇게 되기를 비노라.

6월 6일. 동아일보에서 지난 4일四日에 죽었다는 '이마리아'의 사진과 기사를 보다. 마리아는 워낙 우리 동포로서 해삼위에 가서 사는 이의 딸이다. 지금 열 몇 살의 아름다운 처녀다. 더구나 춤 잘 추기로 고명하다. 그래서 이번 해삼위 학생 음악단에 끼여 고국으로 도라왔다. 서울·시골 도회처를 돌아다니면서 연주하더니 군산에 이르러 손님[천연두天然痘]에 걸려서 죽었단다. 마리아를 생각하고 노래를 지었노라.

6월 24일. 비 오다 그치다. 익채益采 군이 찾어와 그 중형仲兄의 공판이 오날이라기에 용해 군을 데리고 재판소로 갔다. 비는 쫙쫙 쏟아진다. 제8호 법정에서 공판을 열다. 벌써 만원이라고 순사가 소리를 지르며 못 들어가게 하는 것을 어거지쓰고 들어갔다. 최익한崔益翰 군이 나를 쳐다보고 빙긋이 웃는다. 군자금 1,600원 모집해 주었다는 것을 강도범强盜犯, 경찰범警察犯으로 몰아서 징역 8년이라고 검사가 말한다. 익한 군의 말대답이며 변호사 김병로金炳魯의 변론이 다 바르고 분명하다. 그러나 어떻게 판결할는지 오는 7월 1일에 다시 공판을 연다니, 그때 보자. 쓸쓸한 판사의 얼굴은 아무리 보아도 따뜻한 정이 조금도 없는 듯, 맨 뒤에 익한 군의 하고자 하는 말을 마구 바사뜨린다. 간수는 곳 대들어 손목에 수갑을 채우고 머리에 용수를 씌우고 노로 허리를 묶어까지고 나간다.

6월 29일. 맑다. 불교회에 들렀더니 『삼강행실三綱行實』, 『이륜행실二倫行實』이란 책 2권이 와 있다. 이 책은 일찍 말은 들었으나 보기는 처음이라. 두 책이 다 임진왜란壬辰倭亂을 치렀고 옛적 우리말을 가지고 있는 매우 귀한 책이다. 이제 얻어보니 얼마나 다행한지 얼마나 기쁜지 모르겠다. 한별 군이 이 책 가운데 세 대문을 써 달라고 적어 놓은 편지가 있다. 부리나케 썼다. 저녁밥 먹을 무렵에 한별을 맞나 쓴 것을 주고 여관으로 오다.

7월

7월 1일. 맑다. 아침밥 먹는 길로 재판소에 가다. 한 시간 쯤 지나서 최익채崔益采 군이 오고, 두어 시간 지나 최익한崔益翰 군이 와 공판을 연다. 너무 방청인이 많다고 나를 들여보내지 아니한다. 재판소 마당으로 오락가락하다가 두어 시간을 보내서 오포午砲 소리가 나고 조금 있으려니까 익한 군이 용수를 쓰고 나온다. 들으니 징역 6년이라고 선고받았다. 바로 눈물이 쏟아진다.

7월 4일. 아침나절에는 안개가 자욱히 끼었고 하늘은 구름이 흐리었다. 불교회로 가서 고산자古山子의 편찬한 『대동지지大東地志』를 베꼈다.

7월 5일. 아침나절 구름 끼었다. 저녁나절 비가 온다. 오늘도 기상예보氣象豫報는 틀렸다. 구름만 끼리라던 것이 비가 온다. 불교회로 가서 글씨를 쓰고 한충韓冲 군과 바둑을 두고 석전石顚과 이야기를 하고, 불교회에 있는 외투 하나를 얻어 두르고 돌아오다. 밤새도록 비가 쏟아지다.

7월 23일. 맑다. 불교회로 가서 『훈민정음訓民正音』을 베꼈다.

7월 29일. 가는 비가 내리다. 점심 때 겨워 경성식도원京城食道園으로 가서 불교청년 재경유학생在京留學生 초대회招待會에 참예하였다. 이 회를 마치고 다시 술상을 벌여놓고 고희동高羲東 씨가 부채 그림 그리는 것을 보다가 불교회로 오다. 최익채 군에게 『우리말본』을 읽어주다.

9월

9월 2일. 맑다. 송귀봉宋龜峯의 「제율곡문 祭栗谷文」을 읽어보다. 그도 평생에 유일唯一인 지기知己를 잃고 흉중胸中에 쌓였던 회포를 드러내어 슬픈 소리를 부르짖었다. 슬프다. 이제 나는 누구를 지기하며 나의 지기는 누굴는지, 하늘을 우러르며 땅에 구부려 잠자코 앉아서 해가 서산에 기우는 줄을 몰랐다.

9월 3일. 맑다. 오히려 늦더위가 있다. 임재권을 찾았으나 못 보고 돌아오다가, 일인들의 황태자 귀국(구라파 미주 등지를 유람하고 돌아옴) 축하회 여흥餘興으로 가장제등행렬假裝提燈行列을 만났다. 엉덩이춤을 추고 어깻짓을 하며 거들거리고 가는 모양이 제법 사람을 웃길 만하다. 규연 군하고 옛이야기 하다가 밤이 깊어서 잤다.

9월 24일. 좀 흐렸다. 송귀봉宋龜峯의 글을 보았다. 그의 경륜經綸과 회포懷抱는 오히려 지금에도 짐작하겠더라.

10월

10월 2일. 맑다. 당시唐詩와 『이백시집李白詩集』을 보았다.

10월 3일. 맑다. 마산馬山 송 서방이 왔다. 한문 만능萬能을 말한다. 곳 한문만 능통하면 성인聖仁이 된다고 말한다. 그러하고 천하의 글이 한문만인 줄로 안다. 조선문, 몽고문蒙古文, 범문梵文 들을 이르고, 글이 사람의 몯은 기예技藝에 지나지 못한다고 말하였다. 그러나 오히려 이해하지 못하는 양이다. 그는 머리 깍고 수년 서울 가서 놀았다 하며 세상 물정과 학문 경계도 아는 듯하더니, 이같이 무식한 말을 한다. 이는 우리나라 사람 대부분의 사상이 그렇다. 그래서 한문만 가르치려고 학교 교육을 반대하고 꽃다운 소년 자제를 서당에서 썩힌다. 어찌 아깝지 아니하랴. 어찌 가엾지 아니하랴. 점심때 송 서방은 갔다.

10월 17일. 비 오다. 오세조五世祖 긍포공肯圃公께서 지으신 『부천록』을 읽어 보다. 온통 계자서라. 수천만의 말마디가 금조옥과金條玉科

다. 그 자손인 우리는 더욱 천하 보배로 알려니와 온 세상 사람에게 보이더라도 자랑할 만하다.

대개 수신서修身書라 성현의 말씀이라. 혹 이 시대에 맞지 않는 말씀이 있으나 그는 그 어른 시대를 표준하여 지은 것이니 그것만 참작參酌하여 보면 이로서 성인도 배우고 현인도 배울러라.

10월 19일. 맑다. 한퇴지韓退之의 글을 읽어보다.

10월 20일. 아침부터 온 비가 점심때까지 오다. 익채 군 형 익한 군은 간 18일부터 복역復役하고 병은 없이 있다 했으며, 『동아일보』는 어제 최남선 군이 가출옥했다 하니 다 듣기 깃브다.

10월 25일. 비가 올 듯하다 만다. 유종원柳宗元의 글을 보다. 한퇴지韓退之가 유자후柳子厚(종원宗元의 자字) 묘지명을 지었는데, "又例貶永州司馬 居閑, 益自刻苦, 務記覽. 爲詞章, 汎濫停蓄 爲深博無涯涘 而自肆於山水間."[1] 이람과 같이, 과연 산수를 보고 적음이 신묘神妙하구나. 만일 그가 우리 금강산을 보았더라면 어떻게 적었을는지 모르겠다.

10월 29일. 맑다. 정갑원 씨께서 정송강鄭松江의 『사미인곡思美人曲』을 얻어 와 베끼다.

---

1 "또한 전례에 따라 영주사마(永州司馬)로 좌천되었다. 한직(閑職)에 있게 되자 더욱 각고의 노력을 더하여 기송(記誦)하고 열람(閱覽)하는 데 힘을 기울였다. 문장과 시를 지으면 큰물이 가득 차서 넘쳐흐르듯 하고 깊고 넓기로는 마치 끝이 없는 듯하여, 스스로 산수 사이에서 거리낌이 없었다."

11월

11월 2일. 비 오다. 상달 초사흗이다. 우리네가 누구든지 느끼고 생각할 한배님 내리신 날이다. 대종교당大倧教堂에 갔다. 모인 이가 400여 인. 그 가운대는 윤덕영尹悳榮, 민병석閔丙奭, 이재곤李載崑 등 귀족도 있고, 귀족 부인도 있고, 또한 모르는 이도 많이 있다. 나는 가만히 한배님께 이 형제 자매들을 다 사람다운 사람이 되게 해주오소서 하고 빌었다.

11월 3일. 처음 눈이 오다. 들리는 말에 철원鐵原에는 한 자 눈이 왔다더라. 저녁에 한별하고 만두를 사서 먹고 우미관優美館으로 대종교大倧教 주최의 강연을 들으러 갔다. 벌써 만원이라고 하며 들이지 아니한다. 순사들은 회초리를 내두르며 모인 사람들을 쫓는다. 민중식 군의 인도를 얻어 들어갔다. 박일병朴一秉, 송진우宋鎭禹, 한별들의 말을 듣다. 귀족도 와서 들으며 손뼉을 자주 친다. 그것도 가관일러라. 한별이 조선어사전을 짓자고 말한다. 나도 좋도록 해보자고 하였다. 하 상궁河尙宮을 찾어보고 돈 20원을 주었다.

11월 4일. 비가 오다. 중앙학교中央學校를 찾어보고 도都 군君을 찾어보다. 홍명희洪命熹를 찾았으나 못 보고, 그 아우 성희를 보고 이야기하다가 정인보鄭寅普를 만났다. 깜짝 반가와하며 손을 잡고 매우 정답게 굴며 재미스럽게 이야기한다.

11월 7일. 말다. 대종교당大倧教堂에 가 보니 나더러 일을 보아 달라고 간절히 말한다. 나는 『신단실기神壇實記』 교열校閱을 맡아 그 일이 내 일이라고 말했다.

11월 13일. 맑다. 한별하고 광문회光文會에 가서 우리말본이며 그에

따른 책들을 한 짐 가져왔다. 불교회에서 하기로 하고 책상 하나를 차지하였다. 과연 두통거리다. 모두 말을 찾아 바로잡으려면 힘을 드리고 큰 애를 써야 하겠다. 한별하고 천도교당과 교동校洞 공립보통학교 교육전람회教育展覽會를 구경하다. 생도의 공부한 성적은 더 진보 못한 것같이 보이지 아니하다. 일본사람이 많이 섞이어 원악 조선 기운은 없어 보이다. 도화圖畵라든지 습자라든지가 다 그렇다. 조선 것은 조선 것으로 되어야 할 것을 조선 것을 딴 나라 것으로 하면 참값이 있을가. 참·착함·아름다움이 다 저의 것으로 이루어야 참 좋은 것이다. 꽃은 꽃, 사람은 사람, 하늘은 하늘 저의 것으로서 나타냄이라. 이에 제 것을 버리고 잃고서 무엇이 더 진보했다고 보이는고. 또한 알 수 없도다.

내 몸무게를 달아보니 십오 관 사백 돈이요. 키를 재어 보니 오 척 삼 촌이더라.

11월 26일. 도 군을 찾았으나 못 보앗다. 권덕규權悳奎·임경재任暻宰들과 휘문의숙徽文義塾에서 조선어연구회 발기회發起會를 열었다.

12월

12월 3일. 맑다. 휘문의숙에 가서 동지들과 조선어연구회 총회를 하였었다.

12월 8일. 맑다. 푸근하다. 김성수金性洙 군을 찾아보고 거기서 송진우宋鎭禹 군을 맛나고 지나던 이야기를 묻고 하고 돌아오다가 대종교당大倧敎堂에 가서 조용해 군과 이필근 군과를 찾아 우리말본을 풀어 말하고, 달 알에 외로이 자는 곳으로 도라왔다.

12월 29일. 흐리다. 저녁밥을 육당六堂 집에서 먹었다. 조선불교회를 속인俗人끼리 분발하여 하자고 서로 힘닿는 대로 돈을 내어 한 만 원을 모아 보자고 하며 먼저에 모인 몇몇이 낸다는 것이 4,000여 원이더라. 집에서 온 편지 보다.

12월 30일. 흐리다. 상현上玄 선생 댁에서 저녁밥을 먹었다. 석전石顚 스님, 퇴경退耕(권상로權相老) 스님도 같이 먹었다.

일기

16권

1922. 1. 1. ~ 1922. 7. 31.

1922년(단기 4255년) 壬戌

1922년(단기 4255년) 임술壬戌[1]

1월

1월 1일. 맑다. 한 상궁 집에, 대종교당에, 중학동中學洞 시교당施教堂에 다녀오다.

1월 2일. 맑다. 김영운永運, 김영룡永龍 군이 찾어오았다.

1월 3일. 맑다. 김영운, 김영룡 군을 찾어보았다. 한별이 사주는 음식을 먹었다.

1월 4일. 맑다. 송정식廷植 군을 찾어보다. 수당을 찾었다. 집에서 옷이 오았다. 상현尙玄 어른을 찾어보았다.

1월 5일. 흐림. 눈. 림철주 군이 찾어오았다. 수당을 가 보았다. 저녁에 석가여래의 성도成道에 하는 강연을 들었다.

1월 6일. 맑다. 편지를 청운淸雲께, 헌옷과 편지를 집에 붙이었다. 한삼의 연구한 력사歷史이야기를 듣고 더불어 우리말을 강론하얏다.

1월 7일. 맑다. 一五를 밥ㅅ주인께 주다. 송정식, 김병룡秉龍 군을 찾어 못 맞나다. 최익채 군하고 청년회관青年會館에 장식張植 군을 맞나

---

1 원래 '四三七六年'으로 썼다가 나중에 '一九二二(四二五五) 壬戌'로 고처 씀.

보다.

1월 8일. 맑다. 대종교당에 갔었다. 영운 군, 상현 어른을 찾어보다.

1월 9일. 눈. 조 형의 편지 오다. 조룡해龍海 군이 찾어오았다. 허흔憲 씨를 찾어 못 보다.

1월 10일. 눈. 조 형께 답장하다.

1월 11일. 눈. 경성도서관京城圖書館에 갔었다.

1월 12일. 흐리다. 저녁에 황종규宗奎 군을 찾어 못 보고 김우현宇鉉, 리일화一和 군을 맞나보고 달 알에 눈을 밟고 돌아오다.

1월 13일. 흐리다. 익채 군이 오았다. 한별이 음식을 사주어 먹었다. 김승렬承烈을 찾어보다.

1월 14일. 흐리다. 청운 선생이 찾어오다. 더불고 이악이하다가 오후에 날리는 눈발을 무릅쓰고 청진동 어느 음식집에 들어가 술을 마시고 났았다.

1월 15일. 눈. 오재순在淳을 찾어 못 보았다. 김필수弼洙, 윤수중壽重 군이 찾어오았다더라. 청운을 찾어보았다. 음식을 사주어 먹었다.

1월 16일. 맑다. 강치위. 오재순을 찾어 못 보았다.

1월 17일. 맑다. 강치위가 지독하다. 신명균明均, 김영진永晋 군이 찾어오았다. 대종교당에 갔었고 수당과 청운을 찾어보았다.

1월 18일. 맑다. 몹시 칩다. 한낮에 화씨華氏 二三도. 청운이 오아보다. 한가지 청년회관에 가서 김원근瑗根 씨며 대위大偉 군을 찾어보다. 한상궁, 김병룡 군을 찾어보았다.

1월 19일. 흐리고 칩다. 저녁에 수당, 청운을 찾어보다.

1월 20일. 맑다. 칩다. 정충시忠侍 군의 편지를 보았다.

1월 21일. 흐리고 몹시 칩다. 조용주鏞周 군을 찾어보고 상현 어른을 찾어보고 『균여전均如傳』을 얻어 보다. 유儒 씨를 찾어보았다.

1월 22일. 맑다. 새벽에 오재순을 찾어 못 보다. 대종교당에 갔었고 룡해 군을 찾어보았다. 윤수중 군이 오아 대고모의 편지를 전하여 준다. 밤에 수당을 찾어보았다. 익채 군이 찾어오았더라.

1월 23일. 맑다. 한일은행 남대문 지점을 단이어서 수당께 가 못 보고 오다. 룡해 군, 익채 군이 찾어오았고 정기남基南이 찾어오았다.

1월 24일. 맑다. 김영운 군 집, 김병룡, 한상궁, 신문관, 수당을 찾어보다.

1월 25일. 맑다. 열 시에 남대문역을 떠나다. 오철호 군이 오아 작별한다. 박한영漢永 씨, 곽법경郭法鏡 씨도 같이 차를 타았다. 이야기를 그치고 나리니 한밭이다. 과연 특급特急차라 할만하다. 철도호텔에서 곽 씨의 사주는 음식을 달게 먹고 곳 호남행 차에 오르다. 또 이야기를 하는 동안에 어느덧 함열을 다닯었다. 박곽두 스님을 작별하고 나리었다. 정거장 갓가이 있는 진중환陳重煥을 찾어 김영진永振, 리건호建鎬를 맞나보고 김하고만 같이 나서 오다가 갈이어 나는 명천鳴川 대고모 집으로 들다. 해는 바야흐로 서산 넘어 지었다. 한동안 고뿔로 돌아가실 번했으며 이제야 겨우 일어 앉었다시는 대고모를 굽어보고 몯은 하소연과 넉둘이를 다 듣고 밤이 이식하야 떡국을 먹고 자았다.

1월 26일. 맑다. 추위가 매우 풀리었다. 아츰밥 먹고 어실렁어실렁 집에 돌아오았다. 병석의 둘재 놈이 엇그제 죽었다고 일컷는다. 그 때문에 깃븜보다 슯븜이 더하구나. 모처럼 집에 오니 이러하야 울음소리가 들린다. 나는 집에 가면 웃음을 보려니 했더니 아 그렇잖다. 진실로 죽을 놈인가 죽었지마는 정으로는 아니 죽일 것을 잘못해서 죽이었나 하야 더욱 애처롭게 생각힌다.

1월 27일. 맑다. 신유년辛酉年 제석除夕날. 조 형께 편지 부치다.

1월 28일. 맑다. 임술년壬戌年 첫날, 차례 지냈다.

1월 29일. 맑다. 병석秉錫 군이 오아 잤다. 통골 대부가 떡국과 술을 주어 먹었다. 나는 이렇게 얻어먹은 것보다 이렇게 먹여 주게 되신 대부의 일을 더 고맙게 안다. 한 시물 해 앞서 집안에 머슴살고 단이더니 이에 이르렀으니 고맙지 않겠느냐.

1월 30일. 맑다. 『사긔렬전史記列傳』을 보았다. 합선대모가 병으로 귓기었다.

1월 31일. 맑다. 따뜻하다. 작목재 당숙께서 오시어 기무시다.

2월

2월 1일. 맑다. 「백이전伯夷傳」을 읽다.

2월 2일. 흐리고도 푹은하다. 할아버님께서 오 원을 주신다. 집안 어른들께 하직하고 떠났다. 강경을 다다르니 오정午正이다. 한 시간 훨석 기다리어 차를 타았다. 기촌綺村이 외종外從과 은동隱洞 김면수冕洙, 용익容翊을 맞나 이아기하다가 논메를 지내어 외삼촌하며 외삼촌 숙모를 맞났다. 맞났던 이가 몯아 팟갈이에서 나리고 외삼촌 숙모만 그 따님하고 같이 한밭까지 가다. 가수원에 이르니 한 이십쯤 되어 보이는 녀자가 나린다. 발간 저구리에 람치마를 입었고 때묻은 버선에 총 굵은 집신을 신었다. 아주 촌스럽고 수둥하야 어욺이지 아니한다. 내 옆에 앉은 서울 산다는 젊은 부인은 창을 열고 내다보고 웃으며 흉을 본다. 그러나 네가 만일 시골에서 생기어나아 잘았으면 너도 또한 저 모양이겠지. 나는 생각했다. 한밭에 이르어 좀 기다리어 다시 급행권을 사았다. 남편 산 넘어서 우렁찬 긔적汽笛 소리가 나더니 차바퀴가 썩 빨이 돌아든다. 맨 뒤에 달린 차에 오르니 앉는 자리가 깨끗하고도 폭신폭신하다. 남들이 일컷던 하이칼라 차란 것이 이로구나. 그러나 사람들이 이 간으로만 많이 밀리어서 자리 한아를 온통 찾이하고 편안히 눕지는 못하겠다. 내가 좋은 줄 아는 것은 남이 먼저 좋은 줄 알았으니 남의 좋은 자리를 억지로 뺏을 수도 없다. 누가 남을 제보다 더 사랑하고 먼저 찾이했던 좋은 자리를 내어주리오. 나중에 들어오아 앉을 자리가 없어 우두건이 선 이도 있더라.

이 차 속에는 호남선 차 속보다 문명文明하다. 기드란 담뱃대가 썩 적고 상투가 썩 드물고 선도에 정 씨가 임검 된단 말이 썩 귀하고 신문잡지 보는 이가 많고 아윤쓰타인의 상대성원리相對性原理설도 들리고 렌닝의 볼쓰베끼도 들린다. 오백 리를 오는 동안 남북의 긔후가 다른 줄을 겪거 알겠고 내외국인을 맞나보니 각기 인정이 다른 줄을 흝어 알겠더라.

저녁 여달 시에 남대문 역에서 나리어 곳 전차를 타고 락원동樂園洞 밥주인ㅅ집에로 들다. 밥을 얻어먹고 관철동觀徹洞 조선불교회관에 가아 자다.

2월 3일. 맑다. 김병룡 군을 찾어 못 보고 송택규澤圭, 원규元圭 군을 찾어보고 게서 송정식 군을 맞나보았다. 신문관에 단이어 ㄱ 군을 찾어 인쇄印刷업 말하고 돌아오아 한별을 맞나보다. 집에 편지 부치다. 정기남이 오아 고생스럽게 지낸다고 하며 돈 일 원을 가지어갔다.

2월 4일. 맑다. 김병룡 군이 찾어오았다. 한별하고 삼월오복상점三越吳福商店에 가아 구경하였다. 조 형께 편지 부치다. 리한주의 편지를 보았다. 김영운 군 집을 찾았었다.

2월 5일. 맑다. 백우용禹鏞 씨의 설 상을 얻어먹었다. 수당을 찾아보았다. 리한주漢周의 편지를 보았다.

2월 6일. 맑다. 퍽 녹이다. 김병룡 군의 설 상을 얻어먹었다. 한주 군께 편지 대답하다. 동경 리찬 군께 편지 부치다. 신문관에 갔었다.

2월 7일. 맑고 퍽 녹인다. 얼음이 많이 풀리다. 김용순用淳, 리대권大權, 리강하康河 군께 편지 부치다.

2월 8일. 맑다. 신길봉, 정기남 군이 찾아오아 보다.

2월 9일. 흐리다. 김용순 군의 편지 보았다.

2월 10일. 흐리다. 밤에 여섯 시 동안 끊이지 않고 비가 쏟아지다. 한별하고 이야기 하다가 새로 세 시를 지내어 잤다.

2월 11일. 비가 개고 하늘이 맑고 땅이 깨끗하다. 오날은 정월 보름이고 대종교의 중광절重光節이다. 맹주천 군을 찾어보고 대종교당에 가 경축식을 보고 천병天餠을 얻어먹었다. 김병룡 군을 찾어보았다. 저녁에 한충沖 군하고 달구경을 나서 수표교水標橋를 지나니 청인이 딱총을 놓는다. 그 소리가 사람을 놀래며 작구 터지어 난다. 갑자기 모아들은 사람이 한길로 빽빽하다. 탑동공원에 가서 걸상에 앉어 달을 쳐다보니 두렷하고 힌 속에 희미한 무늬가 있는 것이 만판 시詩ㅅ지경으로 보인다. 한 군을 돌아보며 저 달 알에서 벗을 더불고 술을 먹는 이도 있겠고, 미인을 더불고 희롱하는 이도 있겠고, 홀로 보며 시를 짓는 이도 있겠고, 깃버하는 이, 슯버하는 이도 있겠으나, 우리처럼 차디찬 나무쪽에 걸터앉어 번화한 물색을 눈에 두지 않고, 요란한 소리를 귀에 담지 않고, 다만지 저 맑은 하늘에 떠오르는 두렷한 달을 보는 것도 한 경겐가 하노라.

2월 12일. 맑다. 김승렬을 찾어보고 해려海旅를 맞났다. 김영운 군이 찾어오았다. 수당을 찾어 못 맞났다. 김용순 군 편지 보다.

2월 13일. 흐리다. 공회당公會堂에 가서 일인이 하는 가극歌劇을 구경하다. 꿈의 나라니 우의선녀羽衣仙女 — 단쓰 — 빠이요링, 하모니카를 한다. 일인이 우리 옷을 입고 일어로 하는 것이 웃읍다. 그러나 무엇이던지 배우어 자꾸자꾸 하고 하면 될 수 있는이 만큼 될 터이다. 이런 것도 우리네 가운대서 잘하는 이가 있어야 하겠다. 잘하면 우리도 일인들 가르치어 주겠다. 이것이 교육에 도움이 꽤 있겠다. 글만 가르치어 주는 것이 교육 아니인가. 이러한 극으로서 하는 것도 매우 자미있는 일이로라. 조 형의 편지 보았다.

2월 14일. 맑다. 김원근 씨를 찾어보았다. 김재희載熙 군을 맞나보았다. 저녁 한충冲 군하고 진고개를 가서 책집에로 단이며 보았다.

2월 15일. 맑다. 정원모元謨, 변일섭邊日燮 군이 찾어오았기에 아이들 교육에 아이들 편을 주관主觀으로 삼고 하여야 하겠다고 했다.

2월 16일. 맑다. 조용주趙鏞周 군을 찾어보았다.

2월 17일. 맑다. 저녁에 수당을 가보았다.

2월 18일. 맑다. 우리말연구회에 갔었다.

2월 19일. 맑다. 김갑제金甲濟 군을 이문당以文堂에 찾어보았고, 리승호升浩 군을 체부동體府洞에 정원모 군 변일섭 군을 내자동內資洞에 찾어보았고, 정화종貞和宗 씨氏를 불교회에서 맞났다. 대종교당에 경배하다.

2월 20일. 흐리다. 청운, 소석素石, 김한주漢柱 군이 찾어오다. 같이 창경원昌慶苑 구경을 하였다. 저녁에 청운하고 수당을 가보았다. 찬燦 군의 편지 보았다.

2월 21일. 맑다. 청운, 윤정중正重 군, 리숙우肅雨 군을 찾어보았다.

2월 22일. 비오다. 청운하고 정기용機用 씨 김한주 군을 삼각정三角町에 허흔憲 씨를 관철동貫鐵洞에 찾어보았다. 병륙 편지 보다. 도壽 군이 찾어오았다.

2월 23일. 흐리다. 소석, 청운, 한주 군이 찾어오았다. 청운하고 수당을 가 보았다.

2월 24일. 비가 오다. 청운을 찾어보고 이아기로 심심찮게 지냈다. 김병직炳稙 군 편지 보았다. 정기남基湳이 찾어오았다. 새앙골 아저씨께 편지 붙이다.

2월 25일. 흐리다. 몹시 칩다. 륙당을 맞났다. 청운이 찾어오았다. 리한주 군 편지 보았다.

2월 26일. 맑다. 몹시 칩다. 청운하고 소석을 송윤옥潤玉 집에 찾어보니 곳불 몸살은 낫어가더라. 설렁탕 한 그릇을 사주어 배를 채우었다.

2월 27일. 맑다. 몹시 칩다. 소석이 찾어오았다. 같이 송택규를 찾어보았다. 저녁에 청운하고 수당을 나가보았다. 서대문 우편국 옆에서 청운을 작별했다. 집에서 옷이 오았더라.

2월 28일. 맑다. 김병룡 군을 찾어보았다. 한충 군이 떡을 주어서 잘 먹었다. 룡해, 익채 군이 찾어오았다. 리승천 씨 병을 물었다. 이 주인이 가 벗이 같이 앓고 누었으니 과연 동병상련 한다. 더구나 끔즉이 서로 사랑받는 터에랴. 그러나 곳 낫기를 바라노라. 주인이 앓고 누었으니 손이 불안하다.

3월

3월 1일. 맑다. 탑골공원을 지나다가 시조를 지었노라.

ㄱ.

차데찬 겨울날 어느덧 다 지나고
따듯한 볕이 동산에 빛외이니
새들도 때를 맞난 듯 짖어귀며 반기더라.

ㄴ.

동산에 꽃이 피니 벌 나비 날아든다.
덤북 속 매화梅花야 뉘라서 알랴마는
들어난 도화 이화桃花李花만 서로 보고 새우리라 .

ㄷ.

굴엉에 얼음 녹고 메 우에 아지랑이 끼는데
안악은 나물 캐고 사내는 밭을 간다.
진실로 제 벌어 제 살옴이 죄질 것 없세라. (끝)

3월 2일. 맑다. 사촌 누의님 편지를 받아보다. 명규를 찾어보다.

3월 3일. 맑다. 김병룡 군에게 돈 오 원을 꿔어 쓰다. 집에 헌옷과 편지와를 붙이다. 김승렬承烈 군을 찾어보았다. 한주漢周 군께 편지하다.

3월 4일. 맑다. 불교회 리사회를 보다. 수당을 가 보다. 병구 집을 가 보다.

3월 5일. 맑다. 조룡해 군을 찾어보고 대종교당에 가보다. 송정식廷植 군을 찾어보고 병구 집으로 옮으라고 말했다. 문일평一平 군을 찾어보다.

3월 6일. 흐리다. 김병직炳稙 군에게 편지 부치다.

3월 7일. 흐리다 맑다. 불교회 두 돌 먹이를 먹으러 청양사淸凉寺에 가다. 동대문 밖에 낫으니 살구꽃은 뺨이 붉고 버들은 눈을 트는데 마을 아이들은 횟드기를 불며 논두렁에서 놀고 농부들은 광이를 메고 밭으로 간다. 그것을 보고 나는 더욱 봄뜻을 늣기었다. 청양사에 들어 석전 상인石顚上人께 부처ㅅ말도 듣고 메를 옮아 사방을 바라보기도 하다가 여러 사람이 모이어 밥을 먹는 자리에 나도 끼어 앉었다. 내 옆에 석전, 륙당이 있었다. 둘이 다 밥 잘 먹기로도 이름 있는 이다. 다른 이들끼리는 술도 먹고 떠들되 이 둘은 고개를 숙이고 밥만 먹는다. 다시 비빔밥을 맨들어 남긴 것 없이 먹어버리었다. 나도 퍽 먹었다. 고요한 솔숲 새잇길로 얼룩얼룩한 달그림자를 밟으며 두세 벗하고 이야기하며 청양리에 나오아 전차를 잡아타고 성 안에 돌아들다.

3월 8일. 맑다. 김영준永準의 편지 보다. 곳 답장.

3월 9일. 맑다. 도 군의 편지 보다. 최익채 군께 그 언니께 쓰어 보내라고 지난 겨울 밤비에 짓는 것을 쓰어 주다.

ㄱ.

널장에 밤이 깊고 고랗에 성에 끼니.
주리고 냐위신 몸이 으스스 소름칠 제
아마도 그 몹쓸 치위 뼛속꺼지 사뭇으리.

ㄴ.

겨울밤 더운 구돌 배부른 이내 몸이
어인 일로 아니 자고 오래도록 앉었는가.
창밖에 비 듯는 소리 애끊는 듯하여라.

ㄷ.

밤으나 낮으로 님 계신데 바라오니
지척咫尺이 천리라 보랸들 뵈랴마는
어찌다 예는 넋이아 뉘라서 막을소냐.

3월 10일. 맑다. 조 형, 찬 군, 도 군께 편지 붙이다.

3월 11일. 맑다. 허흔憲 씨를 찾어보다. 김승렬承烈, 림상종林尙鐘 씨를 찾어보다.

3월 12일. 맑다. 승호承浩 군을 맞났다. 황종규宗奎 군이 찾어오았다.

3월 13일. 맑다. 정화貞和 씨를 찾어보았다. 익채 군이 찾어오다.

3월 14일. 맑다. 익채 군이 찾어오다. 그 시골을 가는 길이다. 철물교 정류장停留場에 나아가 작별하다.

3월 15일. 흐리다. 밤에 비 오다. 정화 씨하고 저녁에 수당을 찾어보다. 고순흠順欽 군, 리병조秉祚 군도 맞났다. 돈이 지난해같이 귀하지 않겠고 쌀값은 높으면 높었지 떨어지지는 않으리란 수당의 말을 듣고 시계를 꺼내어보니 벌서 열 시. 정화 씨하고 돌아오다. 비는 후줄근하게 옷을 적신다. 야조개[夜照峴] 맞음 쪽의 한 선술집에 들어갔다. 이것도 경험 없는 나로는 처음 배우게 되었다. 술 한 잔 마시고는 술안주 한 가지만 먹음. 술안주에도 쪽애 논 고기 한 가닥을 이글이글한 숫불 우에 지글지글 구어먹음은 그것이 입에 들어오기 전에 맛난 줄 알아진다. 넉 잔에 이십 전. 종로 네거리에서 갈이어 불교회관에 들다.

3월 16일. 맑다. 칩다. 바람 불다. 조 형의 편지 보다. 요마적 마침 술 세월이 없는지 술ㅅ밥을 찌지 않으니 구들이 넘어 칩어 어제ㅅ밤에 하마 곳불 들 번했다. 오날까지 몸이 으스스한 것이, 정신이 썩 깨끗하지 못하다. 또한 밥도 맛나지 못, 시퍼런 배차 줄거리며 무우 쪽은 겨울을 다 지나 봄이 반이나 되도록 오히려 짜고도 쓰어 반찬으로는 다루기 어렵고 차라리 밭에나 버리어두면 돌우 살아날 듯. 그러나 먹기를 끊을 수 없으닌가, 살기가 슳지 안하닌가, 먹는 대로 먹고 사는 대로 산다. 남의 먹기, 살기는 나보다 못한 이도 있고 나은 이도 있겠지마는.

3월 17일. 바람. 칩다. 맑다. 익채 군 편지 보다. 신명균申明鈞 군, 리련건鍊乾 씨가 찾어오았다. 최익한益翰 군께 『능엄경楞嚴經』을 보냈다.

3월 18일. 맑다. 바람. 오후에 한별하고 보성普成학교, 중앙학교 졸업식을 구경하였다. 편지와 도장을 일화一和 군에게 붙여 집에 보내다. 수당께 나아가아 보았다. 익채 군께 편지 붙이다.

3월 19일. 비. 눈. 바람. 조룡해 군이 찾어오았다. 회충약蛔蟲藥을 갖다 준다. 오후에 한별하고 묵재墨宰하고 청양리에 나아가아 퍼런 들빛을 바라보며 솔밭으로 거닐었다. 여긔저긔 경성드뭇이 뾰족뾰족 솟아나는 풀은 참 사랑웁다. 아아 가림 없는 봄 기운, 수없는 봄 풀, 이름 없는 풀들 에엿브기도 하여라. 돌아오다가 심천풍天風을 맞나 동대문 밑 낙지집에 들어 낙지 맛보고 갈이었다. 도 군이 찾어오았더라.

3월 20일. 바람. 퍽 칩다. 때 아닌 치위가 이럴 줄은 몰았다. 겨울 강치위보다 더한데, 덧껍질을 벗고 피려는 꽃 및 뚜에를 트고 나오는 싹들 얼어죽을는지도 모르겠다. 따뜻한 봄이 오았다 하여 겨우 기지개

쓰고 빩아벗은 채로 쏙쏙 나오던 것들이 갑자기 이런 치위를 맞났으니 참 가엽다. 도燾 군을 찾어보았다.

3월 21일. 바람. 칩다. 수당이 찾어오았다. 익채 군의 편지 보다.

3월 22일. 맑다. 정동貞洞보통학교 박승두勝斗 군을 찾어보고 미동渼洞보통학교를 찾었다. 오상근祥根 군을 찾어보다. 그 병 있는 안애하고 지금 팔 년을 고생하되, 한갓 덕으로 하여 버리지 못하고, 하루도 웃음으로 오로지 지나본 적이 없었다고 하더라.

3월 23일. 아츰에 일어보니, 밤새도록 눈이 오아 쌓이었고 연애 자꾸 퍼붓는다. 게다가 바람좇아 몹시 분다. 밥도 먹으러 못 가고 설렁탕을 사다가 배를 채우었다. 잇다금 눈바라 치는 소리가 사람을 놀랜다. 꼼작 못하고 방안에만 들어 있었다. 엽집 기생이 혼서지婚書紙를 쓰러 오았기 그것도 할 일이라고 한참 괴로웠다. 기생 어미라도 한 사십 된 게 집이 단속것 바람으로 어려움 없이 들어오아 웃우개 소리로 온 방안이 떠들썩하게 짓거린다. 자못 심심하지는 않다. 다 써주고 떡을 얻어먹었다. 수당의 편지를 보았다. 저녁밥을 한별한테 얻어먹고. 오날은 이렁저렁 세수도 못했다.

3월 24일. 맑다. 눈이 녹는다 해도 고대로 있는 듯. 길은 퍽 질다. 저녁에는 꽁꽁 얼어붙었다. 수당께 나가보고 밤이 이슥해서 들어오다가 "제 마음을 제가 속이지 말라."고 생각히었다. 동경 찬 군 편지 보았다.

3월 25일. 맑다. 퍽 녹인다. 한별께 끌리어 남대문 밖을 나가 어느 장국밥집에서 배를 좀 축이고, 룡산을 거처서 로들에 이르다. 높은 곧에 올아 강변을 바라보고 눈구멍에 길을 물어 박정재朴定宰 들인 사충서원四忠書院과 성삼문成三問 들인 육신六臣 묘를 찾어보았다. 눈을 헤치며 비문碑文을 읽고 소나무 사이로 건일며, 예와 이제를 견주어 생각해

보다가 저절로 흐르는 눈물을 막지 못하였노라. 하얀 비단을 펼쳐놓은 듯한 눈 쌓인 먼 메와 갓가운 펄을 건너다보며 파란 물결에 수없이 반작거리는 별 같은 해빛을 나려다 보며 한강다리를 밟고 오다. 전차에 오르니 사람이 삼ㅅ대같이 들어섰다. 내 앞에 섰는 일본 계집애의 빩안 입술이 하맣더라면 내 입술에 닿을 번도 하였다. 꼭 항상 이런 것만 맞나볼 것 같으면 일부러 기생이나 갈보를 찾어갈 것 없은 이도 있으렸다. 욕심과 무지가 정조貞操와 수양修養을 떠나아 생리生理의 움즉임을 함부루 쓰고저 하여, 사내가 계집을 계집이 사내를 생각고 사랑하는 것이 많다. 아마도 계집이 사내가 서로 갓가이 굴면 피할 수 없는 것이라. 그러나 그렇다고 계집 사내가 서로 담쌓고 지나지는 못할 것이니 적당한 법을 직히어 살 수 밖에 없다. 아무리 뭬라고 한들 이 세상 사람의 마음과 일로는 항상 고르게 질겁게 살아가지 못할 것이고 싸움과 죽임이 끊이지 못할 뿐. 사람이 다 성인이 아니고 부처가 아니다. 반듯이 나만 좋게 하려니 맞흠내 짐승이 되어버릴 것이라. 이 전차 안에도 사람다운 사람이 몇이나 될가. 나붙어 사람다운 사람이 못 되었으니, 남이야 더구나 알 수 있으랴. 황금정[2]에서 나리었다. 불교회관에 드니 오후 두 시.

3월 26일. 맑다. 김성수性洙 군을 찾었다가 아즉 긔침起枕을 아니 했다기에 못 보고, 대종교당에 들어보니, 벌서 오전 열한 시라. 경배를 보고, 리능화能和 선생 댁에 가서 국수와아 떡을 얻어먹다. 도燾를 찾어보았다. 집에서 옷이 오았다. 룡해 군 찾어보고 『근대문예 십이강近代文藝十二講』을 얻어오다.

2 현재 을지로

3월 27일. 맑다. 한별 언니의 아들을 가보다. 내가 한별 언니더러 과연 한턱 낼만하다고 했다. 골격骨格이 비범非凡하고 미목眉目이 청수淸秀하다. 아기가 운다. 소리좇아 좋구나. 부인께서는 우리를 주려고 밥을 차린다. 밥 한 그릇을 한별과 같이 떠먹었다. 나는 입으로만 먹지 않고 정으로 먹었다. 정화貞和종 씨를 찾어보았다.

3월 28일. 맑다. 경炅 군이 찾어오았다더라. 서화성회書畵城會의 전람회展覽會를 구경하였다. 대관원大觀園에서 한별의 사주는 먹이를 먹었다.

3월 29일. 맑다. 정기남基南, 양용섭楊龍燮, 홍순철淳鐵 군이 찾어오았다. 병구 집을 찾어보고, 도燾, 경炅 군을 찾어보고, 송택규澤圭 군을 찾어보았다.

3월 30일. 맑다.

3월 31일. 맑다. 수당을 가 보았다. 집 편지 보았다.

4월

4월 1일. 맑다. 김영운永運 군을 찾어 못 보고 정화종 씨며 고경진敬鎭 군을 찾어보았다. 윤정중定重 군에게 끌리어 여러 책집과 여러 약방을 찾어단이고 어느 청인 음식점에 들어가 백알과 만두를 얻어먹었다. 저녁에 정화종 씨를 탑골공원에서 맞나 서로 손을 잡고 거닐다 갈리었다.

4월 2일. 맑다. 송정식廷植 군하고 장충단奬忠壇을 갔다가 송택규澤圭 축을 맞나서 안정사[靑蓮寺]를 나아가다. 훈련원 모롱이에서 대종교인 한 축을 맞나 같이 전차를 타았다. 왕십리를 지나 전차를 나리다. 우리처럼 어울인 축도 있고 기생들을 더불고 가는 축도 있어 우리와 압서거니 뒤서거니 하며 조그마한 골작우니로 들어가니 법당을 짓느라 일군들이 땅 다지는 소리가 야단이다. 벌서 밑에 있는 집들에다 사람이 가득가득 찬 모양이기에 맨 꼭대기 어느 빈집 한아를 찾어들었다. 나는 술을 대종교인 축에서 밥을 송택규 축에서 얻어먹고, 해가 서산을 넘어갈 때 돌아오았다.

4월 3일. 병규를 찾아보았다. 밥 주인 마느라가 밥값을 재촉한다. 원악 음식 솜씨가 글너서 음식맛이 없는지 내 입맛이 글너서 그런지 그동안 밥을 먹기는 먹어도 맛은 뭂았다. 옷치레만 할 줄 알고 목구녁 치레는 할 줄 모르는 이는 이런 서울 같은 곧에 많이 있다. 대개 기생 따위가 그렇다. 이것도 아마 기생 묽임이어 그런가 보다. 내 일즉 익선동에 있을 때 그 이웃집 누구가 그 처자더러 늘 이르는 말이 “음식은 먹으면 속으로 들어가 보이지 않고 옷은 입으면 남이 보는 것이니 음식은 굼더라도 옷은 잘해 입어야 남들이 부자로 알고 싯븨 녀기지 아니한다.”고 들었다. 그래서 그는 몇일 굼다가도 돈만 생기면 늘이어 먹을 생각은 아니하고 그 돈으로 좋은 옷감을 사다 옷을 해 입고 나서는 것을 보았다. 그런 이가 시골보다 서울에 수타게 있을 것이다. 그러나 그것은 눈비슴만 하여 어리석은 사람은 속이어 남의 재물을 많이 뺏어가지고 실컷 잘 먹고 잘 입고 잘 지나자는 것이다. 래일이 참 걱정이다. 이내껏 도道의 맛은 어떤지 모르고 음식맛만 쓴 줄 단 줄 안다.

4월 4일. 맑다. 경진 군하고 수당을 나가보았다. 익채 군의 편지 보았다.

4월 5일. 맑다. 정화종 씨를 찾어보았다. 조 형의 편지 보다.

4월 6일. 맑다. 흐리다. 한식寒食. 철호徹浩 군하고 한별을 딸아 수색

水色을 가다. 전차로서 남대문역에 이르니 어데 가는 이, 작별하러 나온 이, 손님 맞으러 나온 이가 도무지 빈틈없이 들어섰다. 간신히 그 사이를 뚫고 들어가 차를 탔다. 이등二等에 경의선의 맨 첫 정거장인 신촌新村역을 지나며 가지가 축 처지어 땅바닥에 닿게 된 소나무를 보았다. 아, 저것이 수송垂松. 서울 근처에 보물이다. 어느덧 훤한 들 너머로 번한 물빛이 보인다. 물을 것 없이 수색이로구나. 일행이 나리어 안양동安瀁洞으로 들어가다. 할미꽃을 어리만지며 잔디밭에 주저앉아 산마을의 봄빛을 띠운 한가한 사람이 되었다. 한별의 삼촌을 굽어보고 인사하며 그의 시제지낸 음식을 얻어먹고 다시 정거장에 이르니 사람이 많이 모이었다. 한 늙은이가 한 늙은이와 맞우 섯어 연방 구석이 비좁게 또한 줄줄 흐르는 듯이 짓거린다. 잇다금 문자도 쓰가며 익살도 부리어가며 욕지거리도 해가며 함부로 군다. 거긔에도 철학 쪽악이 있고 문학 쪽악이 있다. 자미있이 듣다가 오후 두 시 반 차를 타고 돌아오았다. 동광학교장 백남규 씨가 찾어오았다. 우리말을 가르치어 달라고.

4월 7일. 흐리다 맑다. 바람도 불다.

아홉 시 반. 주인집에 밥 먹으러 가니 게집아이가 부억 아구니에서 꿈우적거리며 밥 줄 생각을 아니한다. 달라고 재촉하다가 그만두고 전차을 잡아타고 동광東光학교로 달리어 갔다. 김승렬 [죽하竹下] 씨를 맞나 이악이가 이 세상을 떠나 딴 세상으로 들었다가, 다시 여러 선생을 맞나 첫인사를 치루고 학생들과도 첫인사를 하였다. 책상 위에 벌이어 놓은 과자를 두어 개 집어 먹고 대문 밖에 막 나서니 벌서 오종 소리가 들린다. 김원근瑗根 씨를 찾어보았다. 집에 편지와 옷을 보냈다. 저녁에 금곡원金谷園에 가서 삼십본산三十本山 연합사무소聯合事務所 소임

들이 사주는 음식을 먹었다.

4월 8일. 맑다. 탑골공원에서 고경진曝鎭 언니를 맞나 같이 수당을 나아가보았다. 밤이 새도록 잠 한소곰 못 잤다. 작년 이때에 죽은 셋재 아우가 생각히어 내가 과연 못견디겠노라. 죾죾 눈물이 흐르고 흑흑 늣기며 둥굴둥굴 누었다 일어 앉아, 우두커니 있다 섰다 이리저리 거닐다, 아우가 어데 꼭 있는 것같이 생각히여 곳 두 주먹을 불끈 쥐고 줄달음질이라도 하여 찾아가보고 싶으며, 아우가 곳 문밝에 오는 것 같이도 생각히어 얼핏 문 열고 내다보니, 달빛은 환이 빛이고 뜰에ㅅ나무ㅅ그림자는 세로 가로 누어있고 쌀쌀한 바람은 슬슬 불어든다. 아, 저 어린 나무그림자는 웬가. 저 달은 웨 빛이는가. 저 바람은 웨 부는가. 우리 아우는 보이지 않는데. 아우야, 아우야, 네 어데 있느냐. 있으면 어데 있다고 소리를 짊어라. 네가 소리 지를 수 없으면 내가 부르랴 하고 한번 소리를 버럭 지르려 고개를 들고 둚어보니, 팔척八尺 장신長身 하나가 완연히 마당 한가운대에 걸처 누었다. 아, 너냐. 아우냐. 번쩍 뛰어 당겨들며 덤벅 손목을 잡으려 하니 저도 뛰어 묾어간다. 깜작 놀라아 다시 정신을 가다듬어 자세히 보니 서천으로 기울어가는 달빛에 빗겨있는 나의 그림자로구나. 나는 잠잫고 고개를 숙여 흐르는 눈물만 주먹으로 씻었노라.

셋재 아우 여힌 한 돌

늙어가는 한 낭구에 자라나든 여듧 가지
궂은 비 모진 바람 다 같이 겪어오다
그늘도 어울지 못하여 가지 하나 꺾이도다.

놀기도 한곧에 자기도 한곧에
덤박머리 서로 잡고 접시밥 다토는 꼴
지금도 눈에 빛외어 보일 듯하여라.

너 여힌 그날붙어 슗어하는 이내 마음
그리운 생각이야 어느 날에 아니랴만
갓득이 오늘날에는 더 못 견대 하노라. (끝)

4월 9일. 맑다. 대종교당에 경배 보았다. 전주로서 오는 한 벗이 정기용機用 씨 편지를 가지고 오았다. 사 년 만에 처음 맞난다. 그는 지난달 그믐끠 오수로 돌아오았다며 거긔서 몇 사람끼리 몯여 강습을 하겠기 중등교과서를 사러오았다며, 또한 오는 길에 전주 정을 맞나는데 전주에도 중등과의 강습소를 세우고 바야흐로 그 교사를 구하려 내게 신신부탁申申付託 하더라고 하며 곳 구해내라고 조른다. 불교 리사회를 하다. 예닐곱이 모아 앉어 조용이 일ㅅ거리를 처리處理해 가다가 차차 수다한 이가 모아들아 겻고 틀거니 꽤 떠들더라. 나는 고경진 언니가 찾어오았기 문밝에로 나아가 접대接對하얐다. 저녁에 리 군이 찾아오아 돌아간다기 정기용, 조춘원 형에게 편지와 『조선어문전』 한 책을 보내었다. 리승천承天 집에 밥값을 헤어주고 떠났다.

4월 10일. 맑다. 륙당을 신문관으로 찾아 못 맞났다. 저녁나절 짐군 하나를 불러 요, 이불, 책 보퉁이를 지어가지고 서대문 턱을 넘어가아 수당 집을 거쳐 지형志亨 군을 앞에 세우고 죽첨정竹添町 이정목二町目 삼십삼 번지 송일남一男(교담敎燂) 집으로 들다. 터는 산기스락 한길가에 있어 높즉하고 모래땅이어서 매우 깨끗하다. 안ㅅ방 마루 건너ㅅ방에로 잠자리를 작정했다. 이 방은 하나나 둘쯤 있기 맛당하다. 남쪽으로 창이 나고 서쪽으로 문이 달리고 북쪽은 맨벽이어 겨울에는 복풍을 막아주는 대신에 여름에는 남풍을 받아들이겠다. 한때 치우면 한때 더운 것이 당연한 일이라. 구타여 비할 것 있으랴. 차차 지나보자. 주인 마느라도 늘 수당 집에 보던 이다. 말만 아니 하얏지, 썩 오랜 친구다. 나를 보고 반가워하는 빛이 얼굴에 나타난다. 나도 맛히 집안사람을 맛난 듯 아주 설지 않구나. 지형 군과 같이 다시 수당 집에로 갔다. 『륙상산집陸象山集』을 펴어 들고 뒤적거리다가 수당을 맛나 이런 말 저런 말 짓거리고 저녁밥을 먹고 신문도 보고 짓거리기도 하얐다. 어느덧 밤이 이윽하얐다. 수당하고 같이 나섰다. 달빛이 낮같이 밝다. 쳐다보니 새파란 하늘에 드문드문 별이 벌여있고 나려다보니 여긔저긔 총총들이 전긔등이 켜어 있다. 나 잘 집으로 들었다. 수당이 주인 마느라 더불고 한참 뭬라고 하더니 내 방으로 썩 들온다. 나이는 사십이 갓가운 듯하되 아즉도 붉은 뺨과 입슐은 고운 때가 가시지 않고 간얄핀 몸에 옷 입은 태도는 얌전하고도 아름답다. 붓그러운 듯이 고개를 숙이고 앉아,

"이 누지陋地에 뫼시겠사오니 제 마음이 미안未安하외다."

하기에 나는,

"걱정마시요. 달리 생각마시고 이로붙어 한집 식구食口로만 녀기어 주시오."

주인이,

"아주 반찬도 변변챦은데……."

나는,

"집에 자시던 대로 줍시오."

하며 수당께서도,

"아모 승허믈 없이 지나고 진정으로 해들이어라."

고. 또한 이집 문ㅅ간방에 먼저 오아 있는 학생들이 들어오아 차례로 인사하고 서로 뭇고 대답하다가 다 각기 돌아갔다. 나도 홀로 누어 자다. 밤은 고요하고 전긔등은 밝은데 잠이 넹큼 아니 오고 갑작이 집 생각도 난다. 우리집은 어떻게 지나는가. 지금 내가 집 생각하듯 집에서도 나를 생각하여주려니 하다가 그만 잠들어버리었다.

4월 11일. 맑다. 아츰에 일어나 보니 전긔등이 꺼지지 아니했다. 주인 마느라는 언제 일어났는지. 벌서 마루, 뜰, 마당을 다 쓸고 쌀을 함지박에 넣고 북북 딲는다. 뒤ㅅ동산에 올아 떠오르는 해를 바라보고 깊이 숨을 들이고 두 팔을 옥으렸다 펴었다 하기도 하고, 두 다리를 번갈아 들었다 나렸다 하기도 하고, 이리저리 건일다가 들어오아 양치養齒질, 세수洗手한 뒤 밥상을 받아보니, 밥은 보슬보슬 질지도 되지도 않고 탕 한 그릇, 복금 고추장, 짐치, 짠지, 고기장, 못짐 잰 것, 명태 무친 것 각 한 접시. 짜지도 싱겁지도 않고 퍽 맛갈스럽다. 사람이 얌전하면 그 솜씨도 얌전한가보다. 과연 듣던 말같이 음식 솜씨가 얌전하다. 바느질까지 얌전이 한다지. 오날이야 내 비우에 맞은 음식을 먹어 보았다.

천천히 걸어서 불교회에 이르기 삼십 분 걸렸다. 점심 때 륙당을 맞나보고 대종교당에 가서 어천御天절 경축을 보다. 조용원趙鏞元 군 형제들을 더불고 갔었다. 사람이 퍽 몯였다. 악공까지 오아 연방 풍악을 아뢴다. 간신히 어느 틈에 끼어 앉았다가 경축을 맞히고 돌아오다. 조용주鏞周 언니하고 탑골공원에 들어 엄청난 화두話頭를 가지고 실컷 서루 짓거렸다. 뱃속 시원하게. 이래서나 우리는 사는 자미를 찾으려 하지.

4월 12일. 맑다. 아츰 일곱 시쯤 일어나 뒤ㅅ산에 올랐다. 골작우니에 족 깔려 있는 기아집들을 나려다보며 락엽송 나무 사이로 어슬거리다. 새롭고 맑은 공긔를 들여쉬고 내쉬니 정신이 훨신 깨끗하다. 아츰해는 아득한 안개 속으로 두렷한 얼굴이 희끄므러하게 보이고, 온 서울바닥은 안개와 연긔 속에 잠겨 있어 어데가 어덴지 아주 모르겠다. 걸음들이 더 높이 오르어 동쪽을 바라보니 해ㅅ살이 벌어지고 서울 바닥은 큰 바다물과 같다. 몇 군데 뾰족집 맨 우층과 숲나무 끝만 내다보인다. 아, 저렇듯 더러운 공긔 속에서 사람들 사는구나. 개천바닥에나 뒤엄자리에서 고작고작 움즉이는 구더기나 다를 것 없이 사는구나. 무엇이 깨끗하다 하리요. 한참 고개를 숙이고 우두커니 섰었다.

4월 13일. 맑다. 통通동에서 넷재 제수가 편지 쓰어 보냈다. 저녁밥을 동대문 안 양사골에 새로 샀다는 최남선 씨 집에서 먹다. 모인 이가 이십여 명에 나 모르는 이가 여남은. 맛갈스럽고도 소담한 음식이다. 이것저것 걷음걷음 몰아넣어 배가 넘우 불은 줄 모르었다.

4월 14일. 맑다. 저녁나절 한별, 한충冲 군, 국여菊如가 나 있은 집 본다기 한가지 나아가 잠간 방에 들앉았다가 돌우 나오아 재판소 옆 어느 음식점에 들어 한 순배하고 갊렀다. 병석秉錫의 편지를 받아 보았다.

4월 15일. 맑다. 바람이 꽤 불다. 오후에 한별, 한샘, 취롱, 한충冲, 리용긔用基, 정광진胱震하고 봉상시奉常所에 가서 리왕직 소관인 장악원掌樂院 후신인 아악소雅樂所를 찾아보다. 먼저 사무실로 돌아가 함화진咸和鎮 씨와 김녕제寧濟 씨와 인사한 뒤에 악樂에 당한 책들을 얻어 뒤적거리며 이악이도 듣다. 지난 갑진甲辰 을사乙巳년간 일로전쟁日露戰爭ㅅ때 일본 군사가 뜻밖에 드밀어 공해公廨를 쓰는 통에 큼직하던 장악원 집도 갑자기 비어주게 되어, 악긔樂器와 서적書籍을 길가에 내놓고 밤을 새고 그 이튿날 어느 집에 들었다가 또 두어 날만에 이 꼴을 당하고, 이렇게 몇 번을 옮기느라고 그 사이 악긔와 서적은 거의 다 잃어버리었고 오늘날까지 간신히 줏어 모운 책이 이것들 뿐인데, 혹 총독부 도서게係에서, 혹 리왕직 도서게圖書係에서 빌어다 벗긴 것 삼천여 장이 된다 하며, 악긔는 칠십여 종 되던 것이 오늘날 남기는 오십오 종이라고 한다. 함咸, 김金 두 분을 딸아 마루에 벌여 논 악긔를 구경하다. 그 가운대 그 사적을 알 수 있는 것으로 보배인 경쇠는 세종대왕 때 십팔 년 동안을 가슴에 손을 대고 음악을 공부했다는 박란게蘭溪[堧]가 남양南陽 돌을 떠다 맨든 것인데, 이 돌은 맞히 회ㅅ같으되 다른 곧에는 나지 않고 지금은 남양에서도 나는 곧을 모른다. 어째 그러냐 하면 처음 그 돌을 캐아낼 때 그곧ㅅ백성들이 매우 괴로웠으므로 그 뒤로는 꼭 숨기고 잃어주지 않다가 그냥 모르게 되었다더라. 집에 돌아가니 저녁을 먹었더라.

4월 16일. 맑다. 바람은 사납다. 통골을 찾어가다. 이 사람 저 사람에게 길을 묻고 이 골목 저 골목으로 들어갔다 나오았다 하여 곱을곱을한 한 골목으로 깁숙이 들어가 맞흠내 리지용地用이라고 쓰어 붙인 문패를 찾았다. 썩 대문 안으로 들어서니 헙수룩한 사람 하나가 나온다. 보아니 그 집 하인이다. 안악에 전갈하야 들어보내니 조곰 있다 나오아 하는 말이 여산 아씨는 오날 아츰ㅅ차에 떠나섰다고 한다. 모처럼 옳아오아 있던 제수씨와 봉희를 못 맞나 보니 매우 섭섭하다. 나는 과연 그렇게 가실 줄은 몱았다. 더 오래 게시려니 하고 일전 편지 보고도 바루 찾어뵙지 못했다. 그렇게 가실 줄만 알았으면 아무리 밧븐 가운대라도 한번 찾어뵈올 것을.

리승호承浩 군을 찾아보고. 김영운永運, 정화貞和, 고경진, 김병룡秉

龍, 병표杓, 곽법경法鏡을 찾아 못 보았고, 병택秉澤 군을 찾아보고 곳 나려가라고 재촉하였다. 요마적 시골에서 학교 단이러 서울 온 사람들이 여긔저긔 경성드뭇한 여관旅館에 총총들이 들어있다. 그러나 학교가 적어서 입학하기 어렵다고 야단이다. 그래서 강습소講習所가 퍽 생겼다. 벌서 열다여섯 군데라지. 그러나 각기 잘해 갈는지 모르겠다. 제 집에서 학비를 당할 수 없는 것도 아니 생각고 로자ㅅ돈만 되면 올아온 이도 적지 않다. 어느 음식집에나 들아난 사랑에나 공원에 가 앉았으면 자꾸 오아 성가스럽게 하는 이가 곳 고학생苦學生이다. 인단仁丹이나, 엿을 사라며 돈을 달란다. 아마도 그러고 고학인들 될가 십지 않다. 참 큰 걱정이여. 익채益采 군이 찾아오았다.

4월 17일. 맑다. 집에 편지 붙이다. 수당 집에서 아츰을 주이 먹었다. 정기용機用 씨 편지 보았다. 고경진暻鎭 군이 찾아오았다.

4월 18일. 흐렸다 맑었다 한다. 병석秉錫 군, 리광렬光烈 군의 편지가 오았다. 날이 따뜻하다. 길거리에 나단이는 사람이 퍽 많다. 그 가운대 사내로는 나같이 검으죽죽한 때묻은 옷을 입은 이도 적지 않으나 게집으로는 대개 새뜻한 고운 옷을 입은 이가 많다. 그들은 곳 꽃구경하러 가는 이, 이 길거리를 구경하러 단이는 이, 바람 쐬러 나온 일레라. 그들 축에 나도 끼고 싶다. 몬지 낀 책상머리에 앉어 철필하고 씨름하는 것도 나의 소일이로되 남처럼 봄바람에 놀리는 것도 좋은 소일이다. 조 형의 편지를 보았다.

4월 19일. 맑다. 하경렬慶烈 씨의 편지가 오았다. 고경진 군을 찾어보고 전주全州 호영강습소湖英講習所 강사講師에 당한 일을 상의相議했다. 림철주林喆周 군이 찾어와 려관을 구해달라고 한다. 병구秉矩 집에 갔다 아주머니를 못 맞나 보았다. 병석, 정기용 씨게 편지 붙이다. 십칠

일十七日 정기용 씨 편지, 십팔일十八日 리광렬 군 편지, 십구일十九日 조 형 편지. 오날 하경렬 씨 편지가 몯아 나더러 호영강습소 일을 보아 달라고 조르는 말이다. 전주를 그리우어 하는 마음도 없지 않으나 아즉 서울을 떠나려 아니하니 곳 쉽게 가 있겠다기 어렵다.

4월 20일. 맑다. 저녁에 뒷산을 오르다. 한 조그마한 골작우니에 움집을 묻느라고 여러 사람들이 웃통을 벗어자키고 땅을 파며 떼ㅅ장을 나르며 짓거린다. 아이들은 그 옆에서 저녁밥 먹으라고 조르고 섰다. 이 골작우니에는 양인의 뾰족집이 웃둑웃둑 솟아 있다. 만리타국에서 온 양인들은 웨 고대광실을 짓고 살며 사오천 년 이 땅에서 살아오던 우리네는 웨 움집을 묻고 사려는가. 슳브다. 누구는 움집 짓고 누구는 뾰족집에 사는가. 여러 곳에로 찾어단이며 강사講師를 구하다.

4월 21일. 맑다. 조용주鏞周 군을 맞나 강사 된다는 허락을 받고 정기용 씨게 편지를 띠웠다. 경진暻鎭, 수당을 맞났다.

4월 22일. 맑다. 넘어 가믈어 보리 흉년이 되겠다고 시골 사람들이 걱정하고 쌀값이 오른다고 서울 사람들이 걱정한다. 한별이 말하던 함상훈咸尙勳이 찾어오아 강사 허락을 한다. 곳 려비旅費를 보내라고 정기용 씨게 전보電報 놓다. 『문예십이강文藝十二講』을 보다. 이러니저러니 짓거려 놓은 것이 남의 머릿속을 싯그럽게 한다. 도燾 군이 오았다. 밤에 잠을 잘못 잤다. 여러 빈대놈의 침노를 혼자 받느라고.

4월 23일. 흐리다. 비가 부실부실 나린다. 아츰에 천연동天然洞 오재순吳在淳을 찾었다. 일어나지 아니했다기 밥을 먹고 아홉 시 반에 다시 찾아보았다. 전붙어 하고저 하던 말을 다했다. 일은 반듯이 바른 데로 돌아간다고 하더라마는 다만 그 말만 바른 데로 돌아가고 말는지 아즉 모르겠구나. 전차電車 머리에 실리어 철물교鐵物橋에서 나리다. 불교회로 드니 책상머리에 병륙의 편지가 놓이었다. 뜯어보니 한아버님께서 미령靡寧하시다. 민망하다. 보냈다는 옷 보퉁이도 오다.

4월 24일. 정기용 씨, 조 형의 편지를 보다. 도 군이 오아 오날 저녁에 북경北京을 간다고 한다. 밥 먹으러 가 수당을 맞났다. 밤 열한 시 남대문역에 나가 도 군을 작별하다. "인자 대문 밨에 나가는 줄 알게." 하였다. 정기용 씨게 편지 붙이다.

4월 25일. 맑다. 정기용 씨 돈 사십 원을 보냈다. 취룡하고 륙당을 찾어보고 종로 우편소에 가서 돈을 찾어가지고 함상훈常勳 씨를 찾아보고 돈 십 원, 조용주鏞周 군을 찾아보고 돈 십 원을 주었다. 룡해龍海 군, 익채益采 군, 어영선魚英善 씨가 찾아오았다. 병구 집을 찾아보고 박사아저씨 대상(래일)에 쓰라고 돈 일 원을 주다. 박기홍基鴻, 신문관新文館 청인 책사에 단이며 청운이 사오라는 책을 사았다. 집에 헌옷과 닛병 약을 붙이다. 편지도.

4월 26일. 맑다. 남대문 우편국에서 전주로 전보電報를 놓고 남대문역에 이르니 조용주趙鏞周 씨, 함상훈咸尙勳 씨가 오아 있고 권덕규權悳奎 군, 조용원鏞元 군, 송정식廷植 군이 오아 우리 일행을 보내준다. 정식 군의 어르신네며 곽법경郭法鏡 씨도 우리와 동행하다. 오전 십 시에 떠났다. 한밧에 이르러 점심 먹고 솝니에 다다르다. 송 로인은 예서 갈이고 우리는 경편차에 옮아 전주평야全州平野를 바라보는 사이에 어느덧 덕진德津에 이르니 정기용鄭機用 씨, 하경렬河京烈 씨 및 여러분이 나오아 맞이한다. 더불고 전주역에 이르니 또 조 형, 변일섭邊日燮 씨, 리광렬光烈 군 민 십여 인이 마지한다. 드디어 신성여관新成旅館에 들어 자다.

4월 27일. 맑다. 하경렬 선생, 조 선생, 함 선생하고 나서 유치원幼稚

園, 다가산多佳山, 신흥新興학교, 제이학교第二學校, 향교鄕校, 곽법경의 불교 포교당布敎堂들을 보고, 동아일보東亞日報 지국支局에서 점심을 먹고 다시 나서 제일학교, 녀학교, 고등보통학교, 농업학교들은 구경하고, 청수정淸水町(校洞) 一六五 리학근學根 씨 집에 들어 주인을 정하다. 리광렬 군, 조 형을 찾고 한벽당寒碧堂 밑에서 목욕沐浴하다. 조 형이 찾어오았다.

4월 28일. 맑다. 청운淸雲, 소석素石, 조 형이 오았다. 주인은 일본 갔다. 동경東京에다 평화박람회平和博覽會를 열고 조선 사람으로 관광단觀光團을 짓어 구경식인다. 한 사람 앞에 돈이 적게 들어도 백여 원. 골골 면면 촌촌에 하나씩만 해도 몇십만 인. 거긔서 떨어지는 돈으로도 일본의 가멸을 더하겠다.

4월 29일. 맑다. 청운이 오다. 오후 네 시에 동아일보 지국에서 호영강습원湖英講習院 일을 의논하다. 조 형 댁에서 자다.

4월 30일. 맑다. 하재홍在弘 신석주辛奭柱를 찾어보다. 조 형 댁에서 저녁밥 먹다.

5월

5월 1일. 맑다. 한별, 취롱翠儂, 백남규白南奎 씨에게 편지 붙이다. 오날 강습원 개학하려던 것이 원주 김준희金駿熙 씨가 일본 관광하러 가서 아니 오았음으로 오는 오일五日로 연긔延期했다. 오후 오 시 제일학교 조선어연구회에서 두어 시간 떠들어댔다.

5월 2일. 맑다. 서석, 청운이 찾어오았다. 조용주 군하고 반석리로 지나다 노래 하나를 지었다.

저긔 저 큰 버들은 내 심은 나무이고
저긔서 오막살이 내뵈는 집 아닌가.
메와 물 여긔저긔도 내 노던 곧이로라.

5월 3일. 맑다. 수당, 송일남宋一男, 익채益采, 룡해 군께 편지 붙이다. 김준희 씨가 전승모承謨하고 찾아오아 같이 포교당과 향교를 가보고 딸아 김 씨 집에 가서 술밥을 먹었다. 백용희白庸熙 씨하고 김종래鍾來 씨를 찾어 같이 나오아 노닐다가 밤이 깊어서 돌아오다.

5월 4일. 맑다. 청운과 소석이 오았다. 래일 개학하려 모든 일을 다스리다. 조 선생, 함 선생, 하 선생하고 나서 남문 안 책집을 거쳐 동아일보 지국으로 해서 리광렬光烈, 최승렬崔昇烈, 리종대李鍾大를 찾다. 저녁에 조 형과 김병직炳稙 씨의 주는 음식을 리찬호贊鎬 씨 집에서 먹다. 먹고 나서 관등觀燈하다.(음력 사월 초팔일) 신우영申宇永 씨를 찾아보다.

5월 5일. 맑다. 오전 십일 시에 호영강습원湖英講習院 개학식을 하다. 반班을 갑甲 을乙로 낳우고 시간표를 꾸미다. 날더러 원감 노릇하라는 것을 굳세게 말하여 면하다. 하 선생이 조, 함과 나에게 저녁밥을 사 먹이다. 하 선생과 조 형 댁에 가서 같이 자다. 오날 오후는 구름 끼다.

5월 6일. 비 바람. 조 선생, 함 선생의 교수敎授를 보다.

5월 7일. 맑다. 남문 밖 레배당에 가다. 백용희 씨, 조, 하, 정 선생, 김한주漢柱 씨, 리용대鏞大 군이 찾어오았다. 저녁나절에 조, 하, 정, 김과 같이 군자정君子亭을 가 보다. 조 형 댁에 저녁밥 먹다.

5월 8일. 맑다. 수신修身, 조선어 교수를 하다. 오후에는 제일학교 가서 우리말연구회에 떠들다. 래일붙어 우리말 강의하기로 했다.

5월 9일. 맑다. 동의서同意書를 짓었다. 신석주 군을 맞났다. 집에 편지 하다. 신우연 씨를 맞났다. 제일학교에 가서 우리말 강의하다.

5월 10일. 맑다. 익채 군의 편지가 오다. 밤 여덟 시에 신석주 군 집에 갔었다. 리해동海東 군, 김건표建標 군, 유柳 녀교사, 송宋 녀교사들이 몯였고 차, 과자를 많이 사다 놓았다. 나는 우리말의 과거와 장래에 대하야 말했다. 녀자는 세 사람인데 그 가운대 하나인 유 씨란 이는 한 이십 살쯤 되어 보인다. 어제야 동경東京서 돌아오았다 하며 지금 유행하는 련애戀愛에 중독한 녀자라더라. 내 이악이를 반 도막이나 졸며 듣다가 딴 방으로 갓버린다. 밤이 이슥하여 돌아오았다.

5월 11일. 맑다. 밤비. 강습원講習院 온통을 더불고 오목대梧木坮 우에서 체조體操를 하다. 원주 김준희駿熙 씨가 오아보고 깃버하더라. 오날 오후 여섯 시붙어 서문 밝 레배당 유치원에서도 우리말 강의를 시작했다. 조 형이 찾아오았다.

5월 12일. 맑다.

5월 13일. 조 형 댁에 갔다.

5월 14일. 맑다가 밤비. 청운 소석을 남문 밝 레배당에 맞나서 같이 오아 주인 집에서 점심 먹고 조, 함을 더불고 최崔 학자 병심秉心을 찾고 메 넘고 물 건너 감천정甘泉亭이란 데서 잠깐 다리를 쉬고 돌아오다가 양진태梁珍泰 씨를 찾어 『춘향전』 두 책, 『심청전』 한 책, 『구운몽』 두 책, 『홍길동전』 한 책을 얻어오다.

5월 15일. 구름 끼고 밤에 비오다. 조 형 댁에 저녁밥을 먹다.

5월 16일. 맑다. 주인 학근學根이 일본으로서 돌아오다.

5월 17일. 밤비. 신석주申奭柱 군에게 청요리 대접을 받다.

5월 18일. 구름 끼고 밤에는 비.

5월 19일. 구름 끼다.

5월 20일. 맑다. 최익채崔益采, 박석전朴石顚께 편지 부치다. 작은아버지께서 오셨다. 하 선생이 오아 말하되 연구회 강습원 온통이 나를 대접한다기에 유치원의 오날 강의는 못한다 기별하고 오후에 조, 함을 더불고 제일학교로 해서 강습원을 딸아 자애원自愛園이란데 가서 술밥을 먹으며 이악이도 하고 즐겁게 놀았다. 날이 어두우어 백용희庸熙 씨가 고등보통학교에 양촉洋燭을 가지러 갔다가 그날 숙직宿直하는 손균옥孫均玉을 끌고 오았는데 손 군은 들어앉지도 않고 바루 가려고 한다. 그러다가 말말끝에 박길호吉浩 군과 쌈을 했다. 서로 말려 갈앉히고 돌아오다. 다시 손균옥孫均玉 군에게 끌려 숙직실宿直室에 들어 먹기도 싫은 술을 억어지로 먹었다. 겨우 두 순배 맞히고 일어서 나오다. 조 형 댁을 찾었다.

5월 21일. 비. 조 형 댁에 가서 작은아버님을 뵈옵고 려관에 돌아오았다가 오후에 조 형을 맞나 같이 가서 리상노相魯 씨를 맞났다. 저녁에 돌아오다.

5월 22일. 비.

5월 23일. 맑다. 강습원을 가 보니 강습원講習員 온통이 동맹휴학同盟休學하고 나를 만류하거늘, 하릴없이 강습원 온통을 모아놓고 여러 말 하되 맞흠내 듣지 않고, 내가 서울로 아주 옮아가버리거드면 공부工夫도 않고 서울로 딸아라도 가겠다하기에, 내가 다시 오기로 하고 연애공부를 식혔다. 오후에 제일학교 우리말연구회에 조선어문전 강의를 맞히고 유치원에 가서 송별연送別宴을 받았다. 조 형 댁에서 조, 하 두

분과 이악이하다 돌아오니 제일학교 우리말연구원研究員에서 긔념記念으로 부채 한 상자를 보냈더라. 연구원研究員 성명姓名은 박길호朴吉浩, 윤상방尹相芳, 조춘원趙春元, 하경렬河慶烈, 변일섭邊日燮, 전기풍田基豊, 권길훈權吉勳, 조용주趙鏞周, 김동주金東澍, 장석기張錫祺, 유정석柳正錫, 진소하陳少夏, 이교동李敎東, 백용희白庸熙.

5월 24일. 맑다. 강습원 온통에서 두어 말 이르고 떠나다. 강습원이 구두를 사주며 정거장까지 나온다는 것을 묽이쳐 못하게 하다. 호영 강습원에서 부채 한 상자며 모시 한 필이며 숙면주 한 필이며 여비旅費 오십 원을 준다. 오전 십일 시에 전주역을 떠나다. 소석, 청운, 조 형, 유정석柳正錫, 장석기張錫祺 강습원 대표 삼인들이 오아 작별한다. 작은아버님과 같이 삼례에 이르다. 짐군 하나를 얻어 숫고개 넘어 삼거리까지 오아 사촌 형님과 삼례장 보고 오는 이를 맞나 바꾸어 지이고 집에 들다. 리혁爀이가 오았거늘 의義로써 일깨워주다.

5월 25일. 맑다. 음력 사월 이십구일 한아버님 생신이다. 동내 사람을 모아 술을 낳아 먹이다. 리혁이 또 오았다가 아모 말도 못 붙이고 갔다. 노성魯性 윤석범錫範 군이 오았다. 김용순用淳 군, 리전李佺 군이 찾어오아 학교 기부금寄附金 모집募集만 말하다 갔다.

5월 26일. 맑다. 오후는 구름 끼다. 좀 더웁다. 나무가 욱어져 그늘이 한창 무르녹다. 진수당鎭壽堂에 교교이 앉아 졸기도 하고 글도 읽다. 아버지께서 서원 말 외조부님 문상하시러 가셨다. 밤에 돌아오시다.

5월 27일. 비. 석범錫範 군이 떠낫다.

5월 28일. 맑다. 책을 보고 글씨를 쓰었다.

5월 29일. 맑다. 황종규黃宗奎 군이 찾아오다. 소석께 편지하다.

5월 30일. 비. 오전 일곱 시에 여산서 마차타고 강경江景역에 이르러

십일 시 특급차를 타고 오후 칠 시에 서울에 이르다. 바루 송교담宋敎燂 집에로 들다. 수당을 찾아보다. 오날 호남湖南 차 속에서 김연수를 맞나 은동 소식을 들었다.

5월 31일. 맑다. 조선불교회관에 가서 한별과 취룡, 신문관에 가서 최성우崔誠愚와 박익선朴翊善을 맞났다. 오날은 단오날. 최남선 씨 집에서 아츰을 먹다. 리능화能和 씨와 양건식建植 군을 맞나고 백남규白南奎, 조룡해趙龍海 군을 찾어보다. 도燾 군君의 편지를 보다.

6월

6월 1일. 맑다. 병구秉矩와 병권秉權 군을 찾어보다. 익채 군이 오아 보다. 오재순吳在淳을 찾아보았다.

6월 2일. 맑다. 소석과 청운에게 편지를 붙이다. 청운의 편지가 오다. 한충韓冲 군과 미술美術 전람회展覽會를 가 구경하다.

6월 3일. 맑다. 소석과 김준희駿熙 씨와의 편지가 오다. 룡해 군이 오아 보았다. 김준희 씨, 소석께 곳 답장하다. 송정식 군을 맞났다.

6월 4일. 맑다. 오전에 김영운永運 군을 찾아보다. 대종교당에 들렛더니 젊은이들과 늙은이들과가 뜻이 틀려 서로 싸우더라. 나는 한별하고 불교회관에로 오아 석전石顚, 한별, 림청林靑 들 하고 다시 미술전람회에 가다. 익채 군이 오다. 호영강습원 온통에게 편지 한 장을 부치다.

6월 5일. 아츰나절은 맑고 저녁나절은 비 오다. 교동校洞을 지나다. 손의암孫義菴의 장의葬儀를 구경하다. 구경군이 삼대 들어서듯 하였다. 간신히 사람 사이를 뚫고 나오다. 문일평一平 군을 맞났다. 정운경雲慶, 조용원鏞元 군을 더불고 목욕하다. 한별과 백우용白禹鏞 군을 더불고 남대문 밝 음식집에 요긔饒飢했다. 익채 군이 찾어오아 보다.

6월 6일. 구름 끼다. 일곱 시 반에 동광東光학교에 가서 오후 네 시에 돌아오니 수당이 찾어오았다.

6월 7일. 비. 백용희白庸熙 씨, 신석주 군에게 편지를 부치다. 리능화 씨, 조룡해, 최익채 군을 찾어보다. 북경 있는 도 군에게 편지 답장하다. 신문관新文館, 불교회로 해서 한별께 저녁 대접을 받아먹고 오아 수당을 보다.

6월 8일. 맑다. 오전 일곱 시에 떠나다. 조용원鏞元 군이 남대문역에까지 오아본다. 유점楡黏 주지主持 김일운一雲을 맞나 태전太田까지 동행. 오후 네 시에 숩니에 나리어 정교鄭喬 씨를 찾아보고, 구 숩니에서 차에 옮아 삼례에 이르러 신석주 군을 맞나고, 동산역에 이르러 정기용鄭機用 씨를 맞나고, 전주역에 이르러 조, 함 선생과 강습원 사십여 인과 전주全州 유지有志 제씨를 맞나다. 다 나를 맞으러 나오셨단다. 고맙다. 리학곤 씨 집으로 들어가다.

6월 9일. 맑다. 강습원에 나가보고 수지예산표收支豫算表를 꾸미었다.

6월 10일. 맑다. 곽법경法鏡 씨와 백용희白鏞熙 씨와 찾아오다. 청운과 백 씨와 요긔를 했다. 최병심秉心 씨를 소석素石하고 찾어보다. 병국炳國 집을 찾아보다.

6월 11일. 맑다. 김병직炳稙, 윤벽초尹碧樵, 김찬배金贊培, 변일섭邊日燮, 하 선생河先生, 조, 함, 학근學根 군하고 남고산성에 옮아가 점심을 식혀 먹고 관왕뫼關王廟로 해서 나려오다. 한벽당寒碧堂에서 목욕하다.

6월 12일. 맑다. 곽법경 씨를 맞나보다. 제일학교 우리말연구회에 가다.

6월 13일. 백용희 씨가 오다. 집에서 편지며 의복이 오다.

6월 14일. 아츰나절은 맑고 저녁나절은 구름 끼다. 강습원을 셋으로 낭아 제일부는 한벽당에서 공부하다. 순사가 오아 눈ㅅ살을 찌푸리기에 하라는 데로 한벽당을 쓴다고 '도도게'란 것을 하다. 조 형의 편지가 오다.

6월 15일. 구름 끼다. 서승두徐承斗 씨가 점심을 사준다. 제일학교 연구회에 가다.

6월 16일. 비. 비 맞고 체조하다.

6월 17일. 맑고 바람. 오후 세 시 조, 함 두 선생과 강습원 삼십삼 인과 한가지 떠나 학내[하학천下鶴川]에서 쌀을 사아 지이고 대원사에 들어 자다.

6월 18일. 맑다. 남화스님에게 『지장경』 한 책을 얻어가지고 물왕이 뎔[수왕사水王寺]을 거쳐 어이산[모악산母岳山] 꼭대기에 옭아 한참 쉬고 룡안대龍眼坮, 심원사深湲寺로 해서 금산사에 이르러 점심을 시켜 먹고, 귀신사歸信寺, 청도원淸覩院 재로 해서 돌아오다. 귀신사는 먼저 구순사狗脣寺란 뎔인데 금산사보다도 오랜 뎔이고 또한 두뎔개란 말도 금산사와 구순사와에 있던 옛날 개의 일이란다. 청도원 길은 영조英朝 남인南人 백필현白弼顯의 난리에 뚫은 길이란다.(6월 17일, 18일 모악산기행문母岳山紀行文은 따로 지은 것이 있다.)

6월 19일. 맑다. 제일학교 우리말연구회에 가다. 병국 집을 찾아보다. 집에서 옷이 오다. 김준희 씨를 찾아 못 보다.

6월 20일. 맑다. 새로 난 원장院長 김영철永哲 씨와 김준희 씨와 백용희 씨가 강습원에 오다. 오후에 김준희 씨 집에 음식을 먹이다. 저녁에 전주좌全州座에 가서 적십자赤十字사가 하는 활동사진을 보고 돌아오다가 김영철 씨 사 주는 청국수 한 그릇을 먹었다. 밤 열두 시.

6월 21일. 맑다. 김영철 씨 강습원에 오다.

6월 22일. 맑다. 하지夏至. 오후에 제일학교 연구회에 가다. 병룩 편지를 보다.

6월 23일. 맑다. 매우 가물다. 저녁에 함, 조 두 선생하고 걸어서 곤지산坤止山을 지나 조 형을 찾아 못 보고 돌아오다.

6월 24일. 맑다. 조 형과 김병직이 찾아오다. 닭을 사서 김병직 씨 댁에다 삶기고 술을 받아 구수내 가로 가서 먹다. 취롱께 편지 붙이다.

6월 25일. 맑다. 백용희 씨가 찾아오았다, 리종소鍾韶 씨가 찾아오다. 오후 두 시에 강습원講習員의 동맹회同盟會를 헤치다. 원주에게 집 지어 달라고 한다 하며, 어느 때까지던지 집을 짓기까지에는 공부를 아니한다고 하기에, 여러 가지 일 뜻을 들어 말하여 그렇챦은 멋을 알려주다.

6월 26일. 맑다. 제일학교 연구회에 가다.

6월 27일. 맑다. 조 형을 찾아보다.

6월 28일. 비가 오다. 한벽당寒碧堂에서 치워 공부를 못했다.

6월 29일. 맑다. 제일학교 연구회에 가다. 조 형이 오아 자다.

6월 30일. 맑다. 매우 더웁다. 하 선생이 오아 이악이하다.

7월

7월 1일. 비. 소석, 병직 씨가 오아 닭을 사다 삶고 저녁밥을 같이 먹다.

7월 2일. 맑다. 오전은 조 형 댁을 찾고 오후는 소석, 조, 함, 김병직, 백용희 씨, 청운과 덕진못에 가 화수각花壽閣, 조경단肇京檀을 보고 오다.

7월 3일. 맑다. 제일학교 연구회에 가다. 은사포 한 필을 바꾸어 반은 집으로 보내고 반은 고의와 등거리 감으로 누의님께 맛기다.

7월 4일. 맑다.

7월 5일. 큰비가 오다.

7월 6일. 비. 큰물이 났다. 제일학교 연구회에 비를 무릅쓰고 가다. 김영철 씨가 오다.

7월 7일. 비. 소석과 병직 씨가 오아 술을 사고 닭을 삶아 뜯다.

7월 8일. 맑다. 조룡해, 최익채, 병륙에게 편지 부치다. 집에 옷끄렁이도 붙이다.

7월 9일. 맑다. 조 형 댁을 찾어보다.

7월 10일. 맑다. 제일학교 연구회에 가다.

7월 11일. 맑다. 김영준 군에게 편지 붙이다.

7월 12일. 맑다. 조 형하고 김병직 씨 집에 저녁밥을 먹다.

7월 13일. 맑다. 제일학교 연구회에 가다. 조 선생 용주鏞周가 제삼부 강습원을 더불고 향교로 갔다가 다투고 오았다. 처음 강습원이 일어날 때 교실은 향교 명륜당明倫堂을 쓰기로 그 관리자 일이 군수郡守에게 말하여 허락을 받았으나, 그동안 제이학교가 새로 집 짓느라고 먼저 얻어 들어서 이 강습원에서는 제이학교 생도가 옮기어 가기만 바라더니, 어제야 옮겼단 말을 듣고 오날 간 바에 거긔 웬 늙은이 몇과 직원職員 김용규金容圭가 빌어주지 않는다며 김용규는 일인 군수게 가서 고

자하고 여우짓을 한다. 그래서 군수의 명령이라고 하며 쫓는다. 하릴없이 돌아오다.

7월 14일. 구름 끼다. 첫 시간에 제삼부 강습원은 오목대梧木坮 우에 공부를 하고 그 다음붙어는 포교당 마당 감나무 알에서 하다. 온통 강습원이 격분하여 동맹 휴학을 하려 하기에 조, 함 두 선생과 의논하여 간절한 말로 잃어 갈앉히다. 신흥新興학교 김 선생, 리 선생이 찾아오다. 한별, 석전, 백남규 군께 편지 부치다. 조, 함 두 선생과 같이 김준희 씨를 찾어보고 강습원의 속종을 말해 듣기다. 조룡해 군의 편지 보다.

7월 15일. 구름 끼다. 익채 군의 편지 오다. 청운하고 백용희 씨를 찾아 못 보고 안수성安洙成 약방에 들어 비에 막혀 저녁에야 돌아오다.

7월 16일. 구름 끼다. 조, 하, 정, 김과 변, 조, 함과 모아 실없인 작난과 웃우개 이약이로 날을 보내다. 이날 밤에 구두를 잃었다.

7월 17일. 맑다. 제일학교 연구회에 가다. 백용희 씨와 하, 조, 조 형을 더불고 음식집에 들다.

7월 18일. 맑다. 병륙의 편지를 보다.

7월 19일. 맑다. 석전石顚의 편지가 오다. 옥류동玉流洞 최학자를 찾어 『신여암집申旅庵集』을 보고 저녁에 조 선생하고 오목대 포교당布敎堂에 가서 석전을 보다.

7월 20일. 맑다. 석전을 찾아 같이 강습원에 오다. 한벽당寒碧堂에도 가다. 오후 제일학교 연구회에 가 맞히고 여러 벗들과 음식집에 가다.

7월 21일. 소내기. 석전을 가 보고 오후에 석전을 더불고 백용희 씨, 청운, 조 형, 조, 함 두 선생과 음식집에 가서 이아기하다.

7월 22일. 맑다. 석전을 찾어보고 오후에 백 선생, 하 선생과 같이 오목대 포교당에 석전을 찾아 대수풀에 소내기 소리를 듣고 티끌 밖의 이악이를 하다. 해가 저믄 줄을 몰랐다.

7월 23일. 맑다. 김준희 씨를 찾아보고 전주역에 가서 석전을 보내고 김종래鍾來 씨를 맞나니 점심을 사주더라. 조 형 댁을 찾고 돌아오니 김준희 씨가 찾아오다. 같이 반석리盤石里 집터를 가 보다.

7월 24일. 비. 시험을 보다. 배목사牧師 은희恩希 씨가 찾아오다. 저녁에 하, 조, 함 세 선생과 같이 김준희 씨 집에서 밥을 먹다.

7월 25일. 바람, 비가 사납다.

7월 26일. 좀 비가 오다 그치다. 오후 세 시에 신흥학교에 가서 예수교회 전북교원教員 강습원에게 우리말본을 떠들어대다. 여섯 시에 그 학교 교장인 양인洋人 위인사魏仁士 집에 불려 가서 얼음 가루와 과실을 먹었다. 조 형 댁에서 저녁밥을 먹고 같이 오아 하 선생과 계루溪樓(내 려관 이름, 리삼만三晩 글씨다.)에 자다.

7월 27일. 저녁에 비. 석전 편지 보다. 오전에(十一時後) 방학식을 하고 강습원員의 감상담感想談을 듣고 원주가 주는 참외와 과자를 낳아먹이다. 수당께 편지 붙이다. 저녁에 김준희 씨를 찾었다. 백용희 씨의 편지 보고 곳 답장하다.

7월 28일. 비. 정기용機用 씨가 우리를 불러 점심을 먹인다. 익채 군 편지가 오다. 익채, 최성우誠愚, 김병룡秉龍, 리능화能和, 한충韓冲, 병구秉矩 들에게 편지 붙이다. 백남규白南奎 군 편지를 보다.

한벽당寒碧堂 세 마디

ㄱ. 한벽당 올아서서 고덕산高德山 바라보니

구름과 안개가 가득이 끼었도다.

만마관萬馬關 묵은 자취를 어데멘지 모를레라.

ㄴ. 내물은 파란 빛이 모래는 하얀 빛이

물놀이 하옵는 저 아낙네 고운 빛이

알맞후 그리어 놓은 그림인 듯하여라.

ㄷ. 은윽한 대숩길로 찾아드니 옥류동玉流洞

이처사李處士[三晩] 노던 곧이 이곧이라 하옵네.

바위에 삭인 글발은 오히려 새로워라.

(이창암李蒼巖이 처사處士로서 살었다는데, 그 글씨로 '옥류동玉流洞'이니 '영구음천靈龜飮泉'이니 삭여있더라.)

寒碧堂[臨時爲湖英講習院分教室][3]

朝夕登臨寒碧堂， 山內景色變無常.

雲歸煙歇岩林山， 一帶淸流百里長.[4]

---

3 [ ] 안은 제목인 한벽당을 설명하는 주석으로 이 무렵에 한벽당을 호영강습원의 분교실로 사용하고 있었다.

4 아침저녁으로 한벽당에 오르니,
산 속 경치는 늘 변화무상하구나.
구름은 돌아가고 안개는 바위 수풀 산 아래로 사라지는데
한 줄기 맑은 강물은 백리에 길게 흐르는구나.

7월 29일. 비. 시험성적고사試驗成績考查를 맞히다. 신흥학교에서 하는 강의도 맞혔다. 송별회가 있다. 바요링도 타 듣기고, 비는 말도 하고, 강습원의 긔념으로 칠한 부채 한 자루를 주고, 교회에서 가는 모시 한 필을 준다. 아모 가르친 것도 없이 이렇게 신세만 지니 부끄럽고 두렵다.

7월 30일. 맑다. 오엽선梧葉扇 열 자루와 대별미선大鼈尾扇 네 자루를 사 막은골 보냈다. 람호, 청운, 조 형, 조, 함 두 선생과 계루에서 놀다. 저녁밥을 조 형 댁에서 먹다.

7월 31일. 구름 끼다. 조 선생 하고 떠나다. 주인댁에 이 원, 강습원 심부름 하는 고高서방에게 일 원 주다. 김준희 씨게 전화하고 전주역에 이르니 청운, 안수성洙成, 소석, 함 선생, 리찬영瓚永 형제들이 나오아 과자도 사준다. 열한 시에 떠나다. 소석, 함 선생은 덕진德津까지 오아 작별한다. 조 선생이 서양 술 한 병을 사준다. 삼례에 이르러 조 선생하고 갈였다. 장터에 다다르니 장낱 맞힘 송병준炳俊 군을 맞나 점심도 사주고 짐군도 주선周旋해 주어서 일없이 돌아오다. 집에 드니 저녁밥을 짓더라.

한아버님께서 건력이 몹시 못하시어 누우시고 일어나시기를 반듯이 사람 시겨 하시고 밥은 전과 같이 잡수시되 대소변을 받아내며 다만 정신은 맑으실 따름.

일기

17권

1922. 8. 1. ~ 1922. 12. 31.

1922년(단기 4255년) 임술壬戌

8월

8월 1일. 맑다. 아츰에 일어나 보니 비가 좀 오았다. 작은집 할머님께서 커드란 복숭아 따다 주시어 맛나게 먹었다.

8월 2일. 맑다. 『구소수간歐蘇手簡』을 읽었다. 동파東坡가 그 아우 자유子由에게, "所謂自娛者, 亦非世俗之樂者. 但胸中廓然無一物, 卽天壤之内, 山川草木魚蟲之類, 皆吾作樂事也."[1]한 편지를 보면, 동파가 로년老年에 이르러 '無人空山 水流花開'의 경지를 깨달은 줄을 알겠다.

8월 3일. 구름이 끼어 비가 올 듯하더니 그냥 말아버린다. 오날은 어머님 생신. 형제 숙질이 모아서 아츰밥을 먹었다. 나는 서울 있는 벗과 어대 가기로 약조한 일이 있어 떠나 려산礪山 읍내邑內 우편소郵便所에

1 "이른바 스스로 즐긴다는 것은 또한 세속의 즐거움이 아니다. 다만 가슴 속이 확 트여서 하나의 물건도 없게 되면, 곧 천지 안에 산천과 초목, 벌레와 물고기들이 모두 내가 즐거움을 삼을만한 것이다."
『구소수간(歐蘇手簡)』에 수록된 「자유에게 주다(與子由)」의 마지막 부분이다. 자유(子由)는 소식(蘇軾)의 동생이자 당송팔대가의 한 사람인 소철(蘇轍)이다. 『동파전집(東坡全集)』에 수록된 서간문 「자명형에게 주다(與子明兄)」에도 이와 유사한 문장이 보인다.

가아 들으니, 앞서 비에 경부선京釜線 철둑이 문어져 긔차가 불통한다기에, 서울 있는 그 벗에게 전보電報를 하고 가기는 그치다. 새양골 큰 아자씨(鄭顯昌 씨)와 병륙을 만나 려산 장터로 들어갔다. 최문정崔玟晶을 맞나고 보통학교를 찾아 찬璨 군, 전烇 군, 리한주李漢周 군을 맞나 주거니 받거니 이악이하다가 전 군과 같이 지동 돈 군을 찾아 점심을 먹고 저녁나절까지 놀았다. 다시 학교로 오니 찬 군과 한준 군과가 있다. 찬 군이 떠들어대는 동경東京 이악이를 듣느라고 해가 진 줄을 몲았다. 대개 전주에서 간 류학생 이악이다. 그러나 조선서 간 류학생의 온통을 밀워 알겠다. 불공에는 마음이 없고 잿밥에만 마음이 있음과 같이 그네의 다수는 공부에는 마음이 없고 남녀학생끼리 음란淫亂하기만 일삼는다니 놀랍고도 두렵다.

8월 4일. 맑다. 정기용鄭機用, 리학근李學根, 배은희裵恩希, 리일문李一文, 전주신흥학교 교원강습소全州新興學校教員講習所 여러 강습원講習員, 조춘원 형, 은동隱洞 김동수 들께 편지를 붙이다.

8월 5일. 맑다. 새벽 기운이 썩 서늘하다. 다른 날 새벽보다 다른 것 같다. 돌스토이의 일긔日記를 읽었다. 그는 철인생활哲人生活, 문인생활文人生活을 했다. 그의 말에 "복잡複雜한 지식知識은 허위虛僞의 징조徵兆다. 진실眞實은 항상 단순單純한 것이다."고 써 있으면서도 그는 오히려 복잡複雜한 지식知識을 가진 것같이 보인다. 그러나 그는 사람 가운대 한 부즈런히 꾸준히 애쓰고 힘쓰는 이다.

8월 6일. 맑다. 두시杜詩를 읽다.

8월 7일. 맑다. 한아버님 건력筋力이 몹시 쇠하셨다. 한 열흘 전붙어 갯국을 잡수고 탈이 나셔 음식을 잡수는 대로 설사泄瀉하시더니 오날은 더욱 더하셔 정신을 못 차리신다. 몸은 퍽 냐위시어 뼈만 남았고 힘은 겨우 숫가락 자루를 떨으시면 잡으시고 잡수는 것도 두어 숫가락에 지나지 못, 더듬거리시는 말소리는 알아들을 수가 없다. 자꾸 숣어하실 따름. 낮붙어 집안사람들이 모아서 밤을 새우다. 노성魯城 아주머님께 편지를 붙이다. 오철호吳徹浩 군, 박한영朴漢永 씨에게 편지 붙이다.

8월 8일. 맑다. 한아버님 건력이 좀 듣은 듯하시다. 터밭을 갈고 무배채 씨를 삐었다.

8월 9일. 흐렸다. 『인류학人類學』을 읽었다. 서울 한별 언니, 한충韓冲 언니, 박한영 씨, 전주 박상래 군에게서 편지가 오다.

8월 10일. 맑다. 말복末伏날. 마산馬山 송 오위장宋五衛將이 오셨다. 나의 할아버지보다 두 살 알에 되는 로인(七七)이다. 그러나 수십 리를 걸어단이니 건강한 편이다. 서모庶母가 닭을 폭신 삶어 준다. 옛날붙어 복날은 잘 먹는다 한다. 옷을 벗어 집사람에게 빨리다.

8월 11일. 아츰 나절은 맑다. 박한영 씨와 한별과 기약期約한 여행하다. 병석病席에 누어게신 한아버지를 뵈옵고 려행하겠다는 말을 여쭈니 걱정말고 갔다 오느라 하시기에 종제 병택秉鐸을 더불고 떠나다. 만일 한아버지 병환만 아니면 이번 떠나서 지리산을 둘어서 오랴고 하얐더니라. 한더위를 무릅쓰고 대번 이십 리를 걸어가니 봉동鳳洞이다. 예는 황화면사무소皇華面事務所와 경찰관 주재소駐在所가 있다. 면사무소에 찾아드니 맞흠 면장面長은 병으로 집에 누었다하며 면서긔面書記 세 사람만 있다. 묘적대장墓籍坮帳을 찾으니 아즉 주재소에서 아니 넘어 오았다더라. 주재소로 찾아가니 얼굴 검고 키 작은 일순사日巡査가 있어 머리를 꾸뻑하고 들어오라고 한다. 한구석 비어주는 의자椅子에 걸어앉아 이야기를 끄어내고 묘적을 보이어 달라고 했다. 조히 한 장을 얻어 가지고 묘적계제증명원墓籍屆諸證明願을 벗기어 병택게 맡기고 나는 무평茂坪 뒤로 토다리를 지나서 강경江景을 가다. 하도 목이 맑아 참윗막을 찾아드니 한 늙은이가 신을 삼고 앉아 설금설금 우스운 말을 곳잘 한다. 물 많다는 사과 참외를 단참에 바수고 일어서니 땀이 좀 긋는다. 강경 장터로 들어 머리를 깎고 정거장에 다다르니 긔차가 한 오십 분 더디겠다고 쓰어 붙였다. 오메 사는 김진용金振容 군 맞나 빙수氷水 한 그릇을 먹고 기다리다 오후 네 시 차에 오르다. 맨 뒤 찻간으로붙어 차차 찾아가니 셋잿 간에 한별, 박한영 씨, 김승렬 씨가 있다. 서루 무릎을 대고 앉아 이아기하는 동안에 어느덧 솝니에 니르러 김승렬 씨를 작별하다. 김제金堤에 니르니 퍼런 들이 바다같이 보이는데 남쪽에서 소내기가 몰여들온다. 조곰 있으니 우수수 소리가 나면서 류리창에는 수정水晶 사마구가 총총 돋아난다. 그처럼 더웁던 더위가 갑작이 식어 찻 속이 서늘하다. 더위에 부대끼어 병든 모양이던 사람들이 모다 소후蘇後되어 시원하다고 외치며 창 밨을 내다본다. 벼들은 기지개를 쓰며 버슬억버슬억 일어나고 콩닢마다 너울너울 춤을 춘다. 정읍 정거장에서 나리니 비는 더 크게 쏟아진다. 자동차를 부르려 하다가 남쪽 하늘이 부옇게 열림을 보고 한 삼십 분 기다리니 구름이 서천西天으로 몯아 몰려 번개가 번쩍 울에가 우루룽뚝딱 한다. 온갖 꾸밈을 하고 거들대는 풍장군의 놀음을 우리는 구경하고 정읍 읍내 백양사白羊寺 포교당布敎堂으로 들다. 참외며 차를 먹고 한동안 그립던 석전, 한별의 진활津活한 이아기도 듣고 문밨에 나가아 퀄퀄 흐르는 물에 목욕도 하고 구름 사이로 보이는 달 알에서 거닐기도 하니, 사방은 고요하고 밤은 깊었다. 이렇듯 놀다가 잠은 어느 때 들었는지 모른다.

8월 12일. 비가 온다. 박한영 씨는 김천金泉까지 볼 일이 있다고 가고 우리 둘은 구암사龜岩寺에서 온 함열咸悅이란 이와 비가 그치는 것을 보고 떠나다. 정읍 읍내에서 내장사內藏寺까지 자동차가 단이는 신작로新作路가 놓였다. 그러나 지금은 풀이 나서 욱어졌고 군데군데 사태沙汰도 났다. 이 여름에는 내장사 구경군이 많지 못함으로 자동차는 아니 단이되 단풍이 고운 가을이 오면 길을 고쳐 닦고 다시 단인다더라. 밤나무가 많이 서있는 밤나무정이란 데를 지나 한 십 리쯤 나아가 네댓 집 되는 주막에 니르어 맞음편 우상각에 걸쳐 앉아 참외 하나를 깎아먹고 연애 산골작으로 산골작으로 병 속 같은 내장산을 돌아드니 봉은 더욱 높고 골은 더욱 깊고 숲은 더욱 깊다. 함열에게 우리를 대접하려 석전石顚스님 사주었다는 맥줏병을 달라서 마셔보니 삐루가 아니고 사이달러라. 정읍 갈재를 빗겨 놓고 퀄퀄 흐르는 물줄기를 딸아 오르니 바위로 비알도 되고 봉오리도 되고 그 틈에 소나무도 나서 늙었고 풍나무도 나서 잔뜩 어울어졌다. 별안간 소내기를 맞나 다리를 걷고 우산을 받고 구름과 안개 펴오르는 좌우左右 봉오리를 쳐다보며 앞을 막은 산기슭을 돌아드니, 비에 젖인 연긔煙氣 단풍나무 숲속에서 펴난다. 시내ㅅ가에서는 한 미인美人이 보리를 닦고 한편 주점酒店 로파가 술상을 벌여놓고 있으며 우리 마중을 나와 있던 내장사 주지 심룡성沈龍聲스님이 함열이를 보고 벌서 우리 일행一行인 줄 짐작하고 그 고운 얼굴에 웃음을 띠고 합장배례合掌拜禮를 한다. 한 륙십 넘어보이고 젊어서는 썩 어엿벘겠다. 주점酒店 벽에 벽초(洪命憙)와 위당(鄭寅普)의 한 글[詩]을 붙었다. 막걸리 두어 사발을 단번에 마시고 심룡성 스님을 딸아 월조암月照庵, 대웅전大雄殿을 옆에 두고 구블구블 산빙에로 오르니 몇백 년 묵은 나무가 총총이 돌어섰고 넓고 좁은 닙사귀가 비눌처럼 포개져 하늘이 보이지 않는다. 조고마한 돌다리를 건너 한 층대를 오르니 밭도 많고 감나무도 많은데 바위로 싼 두어 길 되는 토대土臺 우에 고

古 하고 튼튼한 기아집이 있고 추사秋史의 글씨인 벽련암碧蓮庵이란 액額이 붙어있다. 따로 방 하나를 치어주며 과일도 내오고 참외도 내오고 국수도 내오고 꿀 탄 소주도 내오며 심룡성 스님이 자꾸 권하며 꿀과 감도 내장 단풍만치나 이름이 났다 한다. 발을 싳고 마당에 나서 거닐며 바라다보니 뒤에는 쓰레봉이라는 쓰레를 꺾우로 세우듯한 바윗덩이가 공중에 우뚯 솟아있고, 그 봉오리 우에는 일산을 나란이 세운듯한 소나무가 서있고 바위는 히고 풍나무와 솔은 퍼렇고 좌우로 청룡백호가 서려 둚었고 앞에는 큰 안산案山이 막아있고, 골작우니에선 솜같은 안개가 뭉게뭉게 펴오른다. 그리고 풍(丹楓)나무가 가장 많으니 과연 단풍으로 이름나겠다. 단풍이 고운 때 다시 오아 보았으면 지금보다 여북 좋을가! 가을에 다시 오고 싶다. 상에 또 가득히 차려온 저녁 차담을 그대로 돌려보낼 수 없어서 부른 배에다 억지로 더 집어 늏었다. 한별은 고달퍼 잠자느라고 일어나지를 아니한다. 모긔는 두세 마리 앵앵하고 단인다.

8월 13일. 맑다. 우리는 함열을 더불고 떠나 월조암을 찾아보고 허리지는 풀섭 길로 이슬을 떨며 시내를 건너고 시내를 딸아 바위틈으로 작알 우로 가시덤불 속으로 큰 나무 숲속으로 오르고 옳아 눅으니재에서 다리를 쉬고 심룡성 씨가 가다가 목마르거던 먹으라고 준 참외를 내어 먹었다. 이 재 넘어서는 순창淳昌 삼방으로서 지경이 매우 높은데다 전에는 담배로 이름난 곧이더니 지금은 아무나 함부로 담배를 심지 못함으로 하릴없이 몇 포기쯤 심고 몇 포기라는 표목標木을 꼬졌다. 그래서 담배를 전과 같이 많이 심지 아니한다더라. 구암龜岩이 갓가이 가서 한 주막이 있다. 우상각에 옳아 누었다가 주막 아씨가 가져오는 술상을 보고 일어나 술맛을 보고 함열을 붊어 두어 그릇을 먹이고 구암이로 가다. 구암산은 영구산靈龜山이라는데 우뚝 솟은 것이 맨 바위로 천연성天然城을 일워 맞히 쓰나무와 같고 고리신나무, 소나무 따위가 빽빽이 들어섰다. 산기슭에 있는 거북바위를 보고 뎔로 든다. 집들은 그 대지 크지 아니해도 몯아 기아집이고 중이 열댓이나 있고 살림이 콱 째어 여름에도 쌀밥을 먹는다. 이 근처 다른 뎔에서는 몯아 보리밥을 먹으며 가끔 예 오아서 쌀도 사간단다. 이 뎔은 원래 일컷는 뎔이다. 백파대사白坡大師같이 고승高僧도 있었고 지금도 박한영(鼎鎬 暎湖) 씨가 게신다. 추사秋史 글씨도 여러 쪽 남아 있다가 년전 의병義兵통에 일병日兵이 돌어오아 뺏어가고 청기아는 다행이 감추어 두었기에 있다며 최익현 씨의 창의倡義하던 일을 말한다. 고춧가루와 독작알로 양총탄알을 막으려다 파수하는 이의 헛총소리에 놀람을 듣고 다 도망했다며 들어가는 문ㅅ간께 총구녁을 뚫어논 것을 보인다. 아이들 작난과 같다. 그러고 누가 패하지 아니하리요. 박한영 씨는 오날도 아니 온다. 박한영 씨가 게시었으면 더욱 좋은 것을. 그 대신 다른 스님네가 재미있는 이아기도 듣기고 자주 음식도 주지마는. 물은 찾아 얼마큼 알에도 나려가 바위에 수건 빨아 말리고 몸을 싳였다. 여러 스님의 말대답하다가 밤이 이윽해서 자다.

8월 14일. 맑다. 아츰 먹고 떠나서 꼭디ㅅ재를 넘어 백양사白羊寺로 가다. 백양사 뒤 산은 백암산白巖山이다. 참 그렇다. 그 큰 산이 푸른 건 숲이요, 힌 건 바위다. 골작우니에는 비자나무가 욱어지고 물은 맑은데 두 물줄기가 합하는 곧에 곳 쌍게루雙溪樓가 있다. 고려 말년에 세우는 것으로 리목은牧隱의 긔記와 정포은圃隱, 김하서河西, 리월사月沙의 시詩가 삭여있고, 그 뒤로 지금까지 여러 사람의 현판懸板이 빈틈없이 걸렸다. 뎔집은 새로 짓었다는 것이 빳냐웝기만 하고 튼튼한 구석이 없다. 선객禪客으로 이름난 백학명白鶴鳴 씨가 이 뎔에 게신다지마는 선의 문외한인 우리로는 찾아볼 맛이 없기에 리광사匡師, 김정희金正喜의 쓴 액자만 보이는 대로 보고 떠나다. 한 십 리 나오아 약수藥水에서 잠간 쉬고 사가리四街里로 가다. 백양사로붙어 사가리까지 신작로新作路 놓였고 날마다 자동차가 단인다. 여긔는 장성長城 땅이라 산도 많고, 물도 많고, 산과 물 사이에는 논과 밭도 적잖다. 바람ㅅ결은 조곰도 없고 볕은 되우 뜨겁다. 하늘에서는 불볕이 쏘아나리고 땅에서는 더운 김이 솟아오르니 숨이 칵칵 막히며 걸음이 걸리지 아니하며 얼굴에는 샘이 솟고 등에는 폭포가 흐른다. 사가리에 니르니 새로 한 시다. 주막에 들어 점심을 사 먹고, 한소곰 자고 나아 정거장停車場을 가 보니 아주 초라한 것이 궁벽한 시골 정거장이다. 역부驛夫들은 사무 보는 탁자 우에서 낮잠을 자고 역장驛長은 옆에 방에 코를 골다가 수화긔受話器가 울며 요란하게 소리를 치니 눈을 비비고 나오아서 뭬라고 짓거리더라. 오후 네 시 차를 타고 갈재 굴을 지나 정읍에 니르니 장보고 가는 이들이 잔뜩 오른다. 차 속이 빈자리가 없으며 떠드는 소리며 담배 연긔가 공긔를 어즈럽게 한다. 류리창으로 내다보니 벼들은 수일 동안에도 퍽 자랐다. 논두둑에 거닐는 농부들 깃븐 빛이 얼굴에 가득하더라. 솝니에 다다르니 날이 벌서 어둡다. 정거장 근처에 장국밥을 사먹고 곳 경편차에 오르다. 밤은 캄캄하다. 맞히 굴 속을 지나는 것같이 밖을 분변하지 못하다가 가끔 류리창으로 빛여오는 먼 마을의 불빛을 보고 우두거니 앉았다. 전주에서 나리니 아홉 시쯤 되었다. 신성려관新城旅館에 들다. 밥먹을 생각은 없어서 청인의 우동을 갖다 먹었다. 최승렬崔昇烈 군을 찾아보고 금산사金山寺 갈 자동차를 말하다.

8월 15일. 맑다. 아츰에 일즉 일어나 가서 자동차 표를 사고 완산정

完山町 조 형 댁을 찾아보고 오아 밥을 먹고 자동차에 실려 원평院坪서 나려 걸어서 금산사에 가다. 오날도 꽤 더웁다. 온 몸둥이에 흐르는 땀을 주체할 수가 없다. 다 문어져가는 금산동문金山洞門을 지나 송일중宋日中의 글씨인 모악산母岳山 금산사金山寺를 쳐다보고 뎔에 드니 사람은 하나도 보이지 않는다. 미륵전彌勒殿, 적광전寂光殿과 중수重修한다고 허물어놓은 대장전大藏殿을 보고 돌아오다가 시내물에서 목욕을 하다. 온통 밝아벗고 튬부텅 물속으로 뛰어들어 두 손을 훨훨 내두르니 퍽 시원하다. 한별 언니게 등을 문지르고 속등걸이를 빨아 맑이고 물갓 반석盤石에 앉아 물소리를 듣고 물 흐름을 보니 자못 도리道理가 여긔에 있구나.

다시 원평에 니르러 밥을 찾으니 밥 있는 집이 한구석에 있는 한 집 뿐 간신히 이 사람 저 사람에게 물어 찾았다. 거긔도 다수운 밥은 없고 식은 밥만 남았기에 그대로 달라아 요긔饒饑하고 자동차 오기를 기다렸다. 오후 네 시에야 자동차 오았다. 타고 전주에 다다르니 다섯 시가 지났다. 잠ㅅ간 려관을 들렀다가 다시 나오아 리광렬 군의 일 보는 이를 더불고 포목布木상전에 가서 삼베, 무명을 바꾸어 광렬 군께 맡기고 한별하고 어느 음식집에 가서 닭 한 마리를 삶아 먹다. 그동안 여러 날 더위었으니 일로나 속복하자 하며 서루 깔깔 웃었다. 정긔용鄭機用, 고경진高景鎭, 위계후魏繼厚 씨를 찾아보다.

8월 16일. 아츰 나절은 맑다. 정긔용, 조 형, 김영준 군이 찾아오다. 조 형 댁을 찾아보고 리광렬 군께 짐을 찾아 지이고 떠나 정거장에 니르니 한별은 먼저 오아 앉았다. 짐을 붙이는데 사무 보는 놈이 썩 건방져 나를 괴롭게 한다. 고놈 괘씸도 하다. 그러나 나는 관계하지 아니했다. 남은 나더러 병신이라거니 못 생겼다거니 그도 관계할 바 아니로다. 정긔용, 김영준 군이 오아 같이 열한 점 차에 오르다. 정은 동산東山서 나리고 한별은 삼례參禮서 작별하고 김하고 만나려 짐군을 사아 짐 지이고 점심을 사 먹이고 김 군도 작별하고 줄곳 걸어 숫고개를 지나니 빗방울 드믄드믄 떨어진다. 집에 드니 한아버지 병환 전과 같다.

8월 17일. 맑다. 한아버지께서 어제 저녁 진지를 걸어 아츰에 허긔가 나셔 긔운이 까믈어지시며 온 집안사람을 불어 모이고 한참 있다가 다시 회복되시다. 로인의 쇠한 건력筋力으로는 조곰만 이상하면 곳 돌아가는 듯한가부다. 제 죽을 날은 젊은 나도 모르겠다.

백남규 씨게 편지 붙이다. 익채益採 군, 신만우申晩雨 군, 박한영朴漢永 씨, 막은골 김 진사게서 편지가 오았다.

8월 18일. 비 오다. 박한영 씨, 함상훈咸尙勳 군, 심룡성沈龍聲 씨게 편지 붙이다. 『론어論語』를 읽다.

8월 19일. 비 오다. 김필수 군이 오아 본다. 소크라데쓰의 『인물양성담人物養成譚』을 읽다.

8월 20일. 구름 끼다. 왕굴을 했다. 신종휴申宗休 군의 편지를 보다.

8월 21일. 비 좀 오다. 하경렬河慶烈 씨의 편지가 오다.

8월 22일. 흐리다. 『데세우쓰전傳』을 읽다.

8월 23일. 비오다. 신만우, 신종휴 군에게 편지 답장. 조용주 군에게 안부 뭇다. 박한영 씨의 편지가 오다.

8월 24일. 비 두어 방울 뿌리다. 할머니 긔제ㅅ날. 벌서 네 돌이로구나. 그때가 어제 같더니. 세월이 퍽 빠른 것이다. 한아버지 병환은 연애 침중沈重하신다.

8월 25일. 맑다. 책들을 내어 볕에 쪼이다. 배추밭에 풀을 뽑다. 벌서 가을 절후節候라 그런지 볕이 그대지 뜨거운 줄 모르겠다.

8월 26일. 맑다. 함상훈, 변일섭의 편지를 받아 보다.

8월 27일. 아츰나잘은 맑고 저녁나절은 구름 끼고 비오다. 소병식 군이 찾아오아 서루 지난 이아기를 했다.

8월 28일. 저녁나잘에 비가 오다. 남신대南新垈 누의가 떠나가다. 병륙이 딸아갔다가 비를 맞고 밤에 돌아오다. 하인들은 중로中路에 머믈어 오지 않는다. 청지뜸 송 서방에게 그믈을 얻어다 앞 내ㅅ갈에 가서 고기를 잡다. 한아버지 반찬을 해들이려고. 차차 더 깔아져 가시는 긔운이 숟가락 하나를 들지 못하시고 따루 앉지도 못하시고 어떤 때는 오좀 똥도 나오는 줄도 모르신다. 그러고 입맛 좋아 못하시어 이것저것 맛있는 것을 찾으시어 그것을 해들이면 그것도 맛나지 않다고 하신다. 아버지 형제분과 어머님 동서분과 아우들과 종형제들과 온 집안사람들이 두세네씩 연방 번갈아 밤낮으로 한 때 빌 때 없이 벌서 두어 달 모시었다. 공진이는 오로지 이 치닥거리만 해온다. 그러나 병환은 더욱 도꿀 뿐.

8월 29일. 비 좀 오다. 오철호吳徹浩, 조룡주趙鏞周, 류남칠柳南七, 류종옥柳宗玉 군에서 편지가 오다. 칠석七夕.

8월 30일. 맑다. 조룡주 군께 편지 붙이다. 『깐디와 진리眞理의 파지把持』란 책을 다 읽었다. 그동안은 깐디를 벗삼아 매우 질겁게 지냈다. 우리가 옛날 죽은 성인聖人은 들어서 알지마는 이제 살아있다는 성인은 깐디 하나를 처음 듣는다. 찾아가보고 싶다.

8월 31일. 맑다. 어느덧 팔월도 다 갔구나. 할 일은 많아지고 목숨은 적어지니 큰 걱정이다.

조 형, 하경렬河慶烈 씨, 정기용 씨에게 편지하다. 조 형의 편지를 보다.

9월

9월 1일. 맑다. 작목재 당숙이 오셨다 가셨다. 함상훈咸尙勳 군의 편지를 보고 곳 답장하다. 서울 송교담敎燂에게 편지 붙이다.

9월 2일. 맑다. 『맹자孟子』를 읽다.

9월 3일. 아츰붙어 밤중까지 꽤 바람이 불다. 우리집 집웅이 두 겹이나 건혀 날리고 감나무 가지가 찢어지고 밤, 대추가 다 떨어지고 벼가 쌀쌀 흔들려 자맥이 다 떨어지니 여러 달 땀 흘이고 지은 농사가 하루 동안에 결단났다고 마을 사람들 서루 울며 하소연한다.

9월 4일. 새벽 비가 좀 오다. 바람은 그쳤다. 논을 보니 벼포긔가 다 땅에 깔렸다. 뉘 힘으로 다 일어세우랴. 그대로 두고 열마가 잘 여믈기를 바라랴. 하늘 일은 참 알 수 없다. 이렇게 될 줄을 뉘 알았으리. 무우, 배추 밭에 물을 주다. 그것도 무슨 끔즉 일인지 등에 땀이 솟았다.

9월 5일. 맑다. 화평 누의에게 편지를 붙이다. 해포 중병을 치루고 나서 원악 냐윈 몸이 얼마나 더 냐위졌는지 한 번도 아니 오아 본다고 나를 무정하다 일컷겠다. 나도 한번 나아가 보려고 하지마는 이렁저렁 겨를을 얻지 못하였다. 일로 보더라도 마음에 있다고 꼭 실제 행하는 것은 아닐러라.

9월 6일. 맑다. 사촌 누의님과 떠나서 강경江景에 니르니 차가 막 떠나려 한다. 급히 차표를 사가지고 차에 올았다. 한밭에서 나렸다가 다시 급행렬차急行列車를 타고 남대문역에 니르니 전긔등이 켜졌다. 바루 전차를 타고 서대문 우편국 옆에서 나려 전에 있었던 주인집을 찾아드니 일남도 없고, 일남의 어머니도 없고, 낱 모르는 웬 녀자 하나만 있다. 돌오 나오아 곳 수당 집을 찾아가아 수당도 보고 일남의 집일도 들은즉 나 있었던 방을 삭흘세 사람을 넣었단다. 다시 서대문 우편국 옆에 니르러 전차를 타고 철물교 옆에서 나려 병구 집으로 들어 밥을 얻어먹고 누의님은 예서 머무르고 나는 조선불교회관으로 가서 잤다. 취롱과 조용원 군을 맞나 보니 그리운 마음이 대번 풀린다.

9월 7일. 맑다. 일즉 일어나 병구 집에 가아 누의님과 사직社稷골을 헤매고 일백이십오 번지를 찾으니 도모지 모르는 사람뿐, 다시 순사한테 물어보아도 알지 못. 하릴없이 돌아서 오다가 장국밥집에 들어 요긔하고 병국 집으로 들다. 나는 불교회 집으로 오아 석전과 륙당六堂을 맞나보고 취롱과 같이 한충 군 집에 가서 국수를 먹었다. 다시 돌아오아 불교회관에서 한별과 정산鼎汕과 맞나보았다. 수당께 나아가 보고 돌아오아 병구 집으로 들어 누의님과 봉익동奉翊洞 리건용 씨 집을 찾아 누의님을 들여보내고 나는 리능화 씨를 찾아보고 조룡해 군을 찾아 못 맞나고 불교회관으로 들어 자다. 오날 저녁은 임술지추壬戌之秋 칠월七月 긔망幾望이라고 서울의 시인묵객詩人墨客이란 이들은 몯아 한강놀이를 나간다. 참 동파의 문장의 힘이 큰 줄을 알겠다. 이 다음 몇몇 임술까지 이러할는지 모르겠다. 집에 편지 붙이다. 신문관을 찾아보았다.

9월 8일. 맑다. 신명균 군과 백남규 군을 찾아 못 맞났다. 송일남一男과 수당 집을 찾아보다. 김승렬 군을 맞나 보다.

9월 9일. 맑다. 동광학교東光學校를 가서 백남규 군을 보니 핵교 일을 말한다. 이러니저러니 듣기가 하도 어수선하다. 석전을 찾으니 소동파蘇東坡, 미원장米元章, 안진경顔眞卿, 동기창董其昌 들의 필첩을 보인다. 선생이 이런 걸 가지는 취미가 있고 가장 안진경 필법을 좋아한다. 그 가운대 소동파, 미원장의 진묵眞墨 사진寫眞한 것을 다른 모사한 것과 견주어보니 훨썩 틀린다. 명필의 필첩이라고 아무것이던지 함부루 살 것 아니다. 반듯이 곪아서 진묵에 가장 근사한 것을 살 것이다.

저녁에 석전에게 끌려 밝감은돌[外玄石] 조중벽趙重辟을 찾아 강정江亭에 올아 앉았다가 달이 뜨기에 배를 얻어 타고 그 건너 밤섬 바위 밑에 가서 닻을 나리고 달빛에 번적이는 물ㅅ결를 보고 중류中流에 배를 띄고 처량凄涼히 부르는 노래를 들었다. 다시 뱃ㅅ머리를 돌려 삼개로 오아 나렸다. 쇠복소리를 듣고 뎔을 찾다가 못 찾고 조고마한 고개를 넘어 삼개 우편소 앞에 니르러 전차를 타고 돌아오니 불교회관 시계는 열한 점을 치더라. 병륙에게 편지 붙이다. 사촌누의님 편지를 보다.

9월 10일. 맑다. 퍽 더웁다. 조룡해龍海 군과 리필근弼根 군을 찾아보고 한가지 통동 김필연弼演 군 집에로 가서 경배를 보고 한별과 룡해 군과 독립관 뒤 산을 넘다. 서대문 감옥을 굽어보니 늣김이 많다. 죄란 무엇인지 사람으로서 사람을 죄줄 수 있을가. 살인, 강도, 절도, 사긔가 죈가. 웨 문왕, 예수, 깐듸는 거긔 갇혔는가 알 수 없다. 사람과 사람끼리 하는 일을.

봉원사奉元寺에 니르다. 늙은 소나무 숲속에 여러 채 기아집이 있다. 썩 고요하다. 보리수菩提樹 알에서 땀을 들이고 밥 파는 집을 찾아 밥을 식였다. 벽에 써 붙인 것을 보니 밥뿐 아니요 술도 판다. 먼저 맥주 네 병을 들여다 마시고 다음에 밥을 먹었다. 퍽 먹었다. 뎔을 둛어보니 음식을 차려놓고 중 하나는 서서 경經을 외고 게집 둘은 자꾸 절을 한다. 또한 양복장이 한 축이 게집애를 이끌고 들어온다. 우리는 떠나서 신촌新村에 니르러 차를 타다. 처음 니름 듣는 노고산도 좋거니와 또 보아도 좋은 건 수송垂松이다. 차속은 사람이 넘어 많아 우리는 화물차貨物車 간에 실렸다. 굴 둘을 지나 남대문역에 나리다. 불교회관으로 들어 놀다가 밤 열 시에 신명균, 리필근, 오철호, 한별과 나는 조룡해 군을 앞 세고 맹주천 군 집에 토제討祭를 하다. 열두 점이 지나 떡에 술에 밥을 먹어 허기질 번한 뱃속을 채웠다. 철호 군은 밤새도록 뱃속 불편하다고 두런거린다. 원악 밤 음식은 먹을 것이 아니지.

9월 11일. 무척 무더웁고 비가 오다. 동광학교東光學校에 가서 개학식開學式을 보다. 하경렬 씨, 정긔용 씨, 조용주, 함상훈 군, 조춘원 형, 김준희金駿熙 씨에게 편지를 붙이다.

9월 12일. 비가 퍽 온다. 동광학교에 가서 교수敎授를 시작하다. 백용희白庸熙 씨게 『작문비결作文秘訣』과 편지를 붙이다. 한별 언니게 저녁밥을 잘 얻어먹었다

9월 13일. 비 오다. 말모이를 비롯다. 민태원閔泰瑗 우보牛步를 맞나 풍경 이아기를 들었다. 리필근 군이 만주로 떠난다고 작별하러 오았다. 밤에 취롱, 한별하고 리필근 군을 남대문역에서 보내다.

9월 14일. 비오다. 허흔許憲 씨를 찾아 못 맞났다.

9월 15일. 비오다. 동광학교를 가서 력사를 가르치기 시작했다. 관의 송택규 군을 찾으니 술 먹고 누어 잔다기에 그냥 돌아서오다. 병륙의 편지 보다. 수당을 가 보고 병구 집에 들었더니 고운 아씨네가 모아 앉아 서루 웃으며 서루 짓거리느라고 나의 기침소리도 듣지 못한다. 나는 마당가에 좀 섰다가 돌아오았다. 신문관新文館에 가다. 박선익朴善翊 군은 『동명東明』(雜誌)을 싸아 각 지방에 보내느라고 퍽 밧브다. 이 구석 저 구석 빈구석 없이 이것저것 쌓여 있고 일보는 이들은 틈틈이 끼어 앉았다. 그 작은 집에서 여러 가지 일을 하자니 부산하지 않으랴. 거긔서 『동명』을 쓰는 재조는 과연 용하다. 잠시 서서 보는 나도 마음이 헛갈려 오로지 한 생각을 짜낼 수 없겠다.

9월 16일. 맑다. 아츰밥을 취롱하고 최창선昌善 씨 집에서 먹다. 그의 얼신네 생신이란다. 당대초糖大草 반 근, 산사山査편 반 근을 사다. 한아버지께 들일 양으로. 병구 집을 보고 불교회관에 돌아오니 룡해 군이 찾아오아 있다. 광주 바당 누의게 편지를 붙이고 휘문학교에 가서 임경재任璟宰 씨를 보고 다시 불교회관으로 오니 여러 사람들이 모아서 륙당 집으로 음식을 먹으러 가잔다. 나는 볼일이 있어 싫다 하고 오후 칠 시 이십 분에 남대문을 떠나 밤중에 한밭 오아 회남려관에 들어 잤다.

9월 17일. 맑다. 무척 더웁다. 오전 여섯 시 이십 분에 떠나서 팔 시 반에 강경이 가서 밥을 사먹고 걸어가다. 바람은 없고 볕만 뜨겁다. 등에 땀이 철철 흘어 옷이 흠빽 젖었다. 집에 드니 한아버지께서 겨우 알아보시고 뭬라고 말슴은 하시되 입안에서만 어물어물하실 따름이다. 귀를 기울이고 암만 들어도 모르겠다. 인자 대소변이 나오는 것도 모르시고 미움이나 숙릉을 마실 뿐.

9월 18일. 맑다. 더위가 훨신 물어갔다. 한아버지께서는 긔운이 더 덜리고 정신이 자꾸 슬어지신다.

9월 19일. 맑다. 구름 끼고 매우 싸늘하다. 걸어서 삼례에 다다르니 차가 떠나려 한다. 전주에 니르러 정긔용機用을 찾아 못 보고 조 형 집에로 갔다. 백남규南奎, 한별, 오철호 군에게 편지를 써 붙이고 전주교를 건너 남문 밖 레배당 옆 교실에서 조용주, 함상훈 군을 맞나 한 가지 리학근 집에서 가서 이아기 한바탕을 하느라니 하경렬 선생께서 오시었다. 반가이 인사하고 다시 나서 어느 음식집으로 가다. 조 군은 아까 맞나던 교실을 바른다고 가고 길에서 김병직을 맞나 같이 갔다. 먹을 것을 붉어 먹고 일어서랴 할 제음에 윤상훈 한 축이 들어온다. 찰그마리 같은 것을 간신히 띄버리고 오다가 백용희 씨를 맞났다. 함 군은 집으로 가고 우리는 서문 밖 어느 집으로 들어 밤이 이슥해서 파하야 백 선생하고 김준희 씨를 찾아보고 다시 리학근 집에로 가니 조 형도 오아 있고 변일섭, 림천순 군, 여러 강습원講習員도 맞났다. 나를 준다고 사 다놓은 조홍감이 한 광주리 있다. 연에 집어 빨면서 이야기하다가 한 이불 속 한 베게 우에서 짜란이 누우니 더욱이 정다운데다 조 군은 자 긔의 적삼을 벗어주며 입고 자라 한다.

9월 20일. 맑다. 조 형하고 조 형 댁으로 오아 밥을 먹다. 하 선생도 같이. 병국의 조부를 뵈었다. 구 시에 재판소에 가서 호출장을 내주고 기다리다. 열한 시가 지나서 재판을 시작한다. 나는 일호법정一号法廷이라고 써 붙인 데로 들어가 앉았다. 판사며 서긔들이 나오아 앉고 변호사도 앉았다. 원고니 피고니 판사가 뭇는다. 꽤 오래 잔소리하야 두여 사건을 의론議論하더니 우리를 붊어 세우고 원고 앞에로 사정査定된 것은 피고가 불복했느냐 뭇고서는 아즉 서울 고등조사위원회에 사정査定이 아니 끝났으니 시월 이십칠일로 다시 재판을 밀운다 한다. 나오아 점심 사먹고 정거장에 니르니 조 형이 오아 본다. 삼레에 나려서 집에 오니 저녁밥을 하더라. 한아버지께서는 알아보지도 못하신다.

9월 21일. 맑다. 팔월八月 일일一日. 조, 함, 하 선생, 호영강습원 학원 온통에게 편지를 붙이다. 한아버지께서는 말슴도 못하시고 다만 손만 들어 무어라고 하시나 알 수 없다.

9월 22일. 맑다. 한아버지 환후가 더더 하신다. 잡숩지도 못, 말슴도 못, 손 들을 힘도 없으시고 기무시는 양으로 게시다가 가끔 담 끓는 소리가 숨에 섞여 난다.

9월 23일 맑다. 한아버지 환후가 바싹 더 하시다. 종일 잠자시는 것 같다. 손발을 조곰도 꼼작 못하신다. 밤이 오래도록 한아버지 옆에 앉았다. 한아버지께서 숨소리가 더 높다. 담 끓는 소리가 더 높다.

9월 24일. 저녁나잘은 구름이 끼었다. 한아버지께서는 아무 정신과 긔운이 없으시고 겨우 그럭저럭 숨만 쉬신다. 집안 사람은 다 몯였다. 해는 아츰 한나잘 거웠다.(午前 十一時 巳時) 한아버지께서는 갑작이 꼴깍 한소리를 내시고 숨결이 고만 끊지신다. 감으신 눈을 다시는 못 뜨신다. 아주 이 누리를 여히시고 환으로 가신다. 유언遺言하신대로 '나무아미타불'을 세 번 부르고 통곡하다. 각처 친척 지구知舊에게 부고를 써 붙이다. 밤을 샜다.

9월 25일. 비 오다. 한아버지께 목욕, 십襲, 소렴小殮을 해들이고 나는 려산礪山 면사무소에 가서 매장인허증埋葬認許證 개장인허증改葬認許證 내기를 교섭交涉했다. 면장 최문정은 잔뜩 늘어진 말소리로 새삼스럽게 법령이 어떻다고 짓거리며 법령 책을 뒤적거리며 일없는 면서긔들은 토론문제討論問題를 삼아 떠들어댄다. 그러나 법령에 그대지 틀릴 것이 없으닌가 바루 제 색내는 체하고 인허증을 내주기로 허락한다. 돌아오아 집에 몯인 이가 백여 명.

9월 26일. 맑다. 더웁다. 한아버지께 대렴大斂 잡숩고 머슴 방에다 모래를 쌓고 빈소殯所를 하다. 성복成服하고 전奠을 옮이고. 려산 면사무소에 가서 인허증 두 장을 맡아오다. 긔록記錄하기, 돈 쓰기, 일 살피기 퍽 부산하다.

9월 27일. 구름 끼고 더웁다. 첫새벽에 한아버님 산소를 헐어 모시어다가 승운정勝雲亭에다 번하다. 관은 벌서 삭았다. 곳 목수 시겨 외관外棺을 째이고 칠장이를 붊어 칠하다.

9월 28일. 구름 끼다. 더웁다. 한아버님께 개렴改斂 잡숩고 외관을 쓰고 게빈啓殯하다. 아버지께서는 노루목 산소에 가시어 산역山役을 지휘指揮하시고 돌아오시다. 독선거리 일가 형님 병주 씨가 산소에 가 감역監役하다. 상여, 가마, 말, 차일을 얻어 들이고 담여군擔轝軍 교군轎軍군들을 부르다.

9월 29일. 구름 끼고 칩다. 닭 두 차례 울 제 밥을 식히고 일군을 깨우다. 밥을 먹고 나니 벌서 해가 천호산 머리에 두어 발 솟았다. 발인發靷하다. 한아버지, 한아머님께서 마주막 우리집을 떠나신다. 전奠을 옳이고 제복制服 입은 채 말을 타고 딸았다. 상여 둘, 가마 넷, 말 열여닯 말이, 요여腰輿 하나, 명정銘旌 둘, 공포功布 둘, 담여군 시물 다섯, 교군군 열넷, 요여군 둘, 명정 공포 든 이 넷, 마부 열여닯, 향로, 병풍 진 이 둘, 수레 하나, 소 한 마리, 소 끄는 이 하나, 자리 진 이, 소가방 가지고 가는 이 하나, 복인 마흔. 려산 읍내에서 쉬고 담여군께 술 두 동의를 먹이고 지아미 고개를 넘어 쉬고 술 한 동의를 먹이다. 거긔서 떠나 몇 발 띄어놓아 주촌朱村 웃다리를 맞났다. 담여군들이 김재원金載元의 교사教唆를 듣고 멈읏거리며 가지 않고 처하하기를 바란다. 하도 괘씸키에 모른 체하고 두었더니 저가 하는 수 없이 나아간다. 이는 못된 버릇이다. 담여군들이 흖이 내를 건너던지 재를 넘던지 다리를 지나던지 할 때 상여를 멈추고 아니 가면 상주喪主가 돈을 준다. 그런 뒤에야 간다. 그러나 오늘날 우리 일에는 일즉 한아버지의 손때 먹여 자라난 하인下人들임으로 집 떠날 때로붙어 아무 말도 없이 잘 오다가 중ㅅ병이 나서 이렇듯 함이다. 점심때 노루목에 니르다. 관을 어리막에 모시고 호장소護葬所를 꾸미고 회灰삼수를 식히다. 호장ㅅ군이 백여 명. 미시未時에 하관下棺하고 성분成墳하고 제祭 지나고 나니 해가 저믈었다. 더 칩다. 다 돌아오다. 집에 큰 도아지 하나를 잡아 담여군, 교군군들을 먹이다. 다만 주려던 돈 십 원은 아니 주었다. 웃생골 홍관

칠洪寬七이가 취하야 불온不穩한 말을 하다. 현창 씨가 성을 내어 꾸짖더라. 저녁 상식上食 겸 초우初虞를 지내다.

9월 30일. 구름 끼다. 저녁에 비 오다. 얻어온 물건을 다 줏어 보내다. 아츰에 재우再虞 지내다. 조 형께 편지하다.

10월

10월 1일. 큰비가 오다. 아츰에 삼우 지내다. 엽서로 부고를 각처各處에 보내다. 오십여 장.

10월 2일. 맑다. 백남규들의 위장慰狀이 오다.(東光學校職員 京城 崇一洞 二)

10월 3일. 맑다. 조 형이 오아 본다. 하 선생들의 위장慰狀과 부의 오 원이 오다. 밤에 조 형하고 김용순을 찾아보다.

10월 4일. 맑다. 조 형이 떠났다.

10월 5일. 맑다. 한아버님께 차레를 올이고 아버님, 작은아버님을 모시고 누루목 산소에 가서 성묘聖廟를 하다. 퍽 고달피다. 갔다 오기 겨우 사십 리쯤 되는 데도. 그동안 여러 날 밤낮으로 잠 잘못 자고 밥 잘못 먹은 까닭인가부다. 전주 호영강습원浩英講習院 학원學員들이 팔 원을 보내고 위장慰狀했다. 송진우 조전弔電이 오다. 웃생골 홍관칠이 오아 사죄私罪하다.

10월 6일. 맑다. 자라메[鼇山] 정긔화鄭基華가 오다. 그는 전우田愚의 제자다. 넓은 갓을 쓰고 긴소매 단 옷을 입었다. 이악이 들으니 전우의 장사를 음력 구월 십삼일 삼긔면三箕面 감은골玄洞에다 지난다더라.

10월 7일. 맑다. 화평 류 형이 오다. 변일섭 군의 위장을 보다. 수산 오백족께 편지하다.

10월 8일. 맑다. 류 형이 떠나다. 하경렬, 백용희, 조용주, 리학근, 함상훈 씨에게, 호영강습원 학원들에게 답장하다.

10월 9일. 흐리다. 오후는 칩다. 감을 깎아 말이다.

10월 10일. 흐리다. 찬밥을 더운 국에다 비비어 먹고 한아버지 궤연几筵에 단여 병관에게 二○円을 꿔어가지고 려산금륭조합 앞에서 마차를 타다. 바람이 불고 칩다. 강경역에 니르니 맞힘 차가 떠나려 한다. 곳 타고서 오아 한밭에 나려 두어 시간 지체하다. 대합실 걸상에 앉았다 나가 한 삼십쯤 되어 뵈는 병인病人이 옆에 걸상에서 곳 운명運命을 한다. 바루 그 앞에는 한 오십 된 부인이 그를 붙잡고 통곡한다. 나는 참아 그 꼴을 볼 수 없다. 그 소리를 들을 수 없다. 그 밖에 늚은 마당가로 나아가 이리저리 거닐다. 다시 차에 옮아 남대문역에서 나려 곳 수당 집으로 찾아드니 수당은 수일 전에 그 삼촌 상을 당하야 익산을 가셨다 하고 학생들만 있다. 곤하기에 그냥 거기서 잤다.

10월 11일. 맑다. 칩다. 일어나보니 된나기가 퍽 오았다. 집웅에던지 마당에던지 몯아 하얗다. 오날 아츰에 홋옷 입고 나선 이는 나 하나인 듯하다. 송일남 집을 찾아 그 모母를 보고 오재순을 찾아 말하고 리발소로 해서 락원동 오십 번지의 일, 조선불교회 본부로 들다. 취롱과 용원 군을 맞났다. 동광학교에 가서 보다. 돌아오아 백화白華와 한별을 맞났다. 광주廣州 바당이 누의게 편지 붙이다.

10월 12일. 흐리다. 용원 군하고 한일은행韓日銀行 뒤 상밥집에 가서 밥을 사 먹다. 신문관에 가서 륙당을 보고 진고개 가서 겨울모자를(二,○○○) 사아 쓰고 손준모 군하고 양화점에 가서 양화를(六,○○○) 사아 신다. 허흔許憲을 찾아보다. 집에 편지 했다.

10월 13일. 흐리고 비오다. 동광학교에 가서 가르쳐보다. 三○을 준다. 지난달은 가르친 것도 없이 얻으니 고맙기는 고맙다. 송택규 집 앞에서 송정식을 맞났다. 수당을 찾아보았다. 전차 속에서 리한주 군을 맞났다. 경운동에서 고경진 군을 찾아보았다.

10월 14일. 맑다. 한별, 취롱, 한충 군하고 전선야구대회全鮮野球大會를 배재培栽학교 마당으로 구경 가 했다. 병구를 찾아보다, 대문大門 밖에서. 날은 다숩다.

10월 15일. 아츰 안개가 담뿍 끼다. 안개가 걷히니 무척 다숩다. 최익채, 조룡해 군을 찾아보다. 리한주 군이 찾아오았기 같이 나아가 황철규 집을 찾아 리일화 군 맞나보고 나도 서대문 밖으로 가 수당을 보고 오다.

10월 16일. 맑다.

10월 17일. 맑다. 고경진, 김형채炯采군 찾아보고 취롱하고 정화貞和를 찾아 못 보고 석화錫和만 맞나보다. 롱해 군이 찾아오다.

10월 18일. 맑고 흐리다. 룡해 군하고 동광학교에 갔다 오아서 한충군하고 중앙학교에 가다. 고경진 군을 맞났다. 길에서 문일평 군을 맞나고 휘문학교에 가서 장응진張應振 씨를 보다. 저녁에 고경진 군을 찾아보고 토지개량주식회사 일을 들었다. 전주 조 형께 호영강습원 선생께, 병륙께 편지 붙이다. 바당이 누의의 편지를 받아보고 곳 답장하다.

10월 19일. 맑다. 안개가 끼었다. 안개가 걷히고 나서는 매우 따뜻하다. 오전 륙 시 사십 분에 일어나 설렁탕을 마시고 바루 남대문 역에 니르다. 동광학교 직원과 생도들이 거의 다 몯여 기다리고 있다. 조학유, 백남규, 허환, 조룡해, 문전과 이학년생 사십삼 인. 팔 시 오 분에 떠나

오십여 분에 인천 가 나리다. 두어 시간 기다리게 되는 동안에 허 선생은 생도를 끌고 대신궁大神宮에 가서 절을 한다. 나도 팔판공원八板公園에 서인천西仁川 고적古蹟을 생도들에게 말하다. 이루붙어 「강도행江都行」을 짓다.

一. 인천(仁川)

팔판산八板山 올어서 축항築港을 굽어보고
머리를 돌이켜 문학산文鶴山 바라보며
님께서 그리시는 일 가이없어 하노라.

단기檀紀 二三一六, 서기西紀 十八(一九四0年前) 부여국 방태자夫餘國傍台子 비류沸流와 온조溫祚가 졸본부여卒本夫餘에서 난難을 피避하야 십신十臣과 백성百姓을 거느리고 남南으로 와 한산 부아악漢山負兒岳에 올아 살 데를 바라보고 비류沸流는 십신十臣의 간諫함도 듣지 않고 미추홀彌趨忽(인천 구호仁川舊號)에, 온조溫祚는 위례성慰禮城(경성京城 동산東山 문발 십여리十餘里 미아리)에 도읍都邑하얏더니, 미추홀彌趨忽은 맞흠내 토습수함土濕水鹹하야 인민人民이 안거安居치 못하고 위례성慰禮城은 인민人民이 정정안도定鼎安堵하거늘, 비류沸流가 그걸 보고 참괴慙愧하야 죽었다. 그 백성百姓은 다 위례성慰禮城으로 돌아갔다. 문학산文鶴山은 지금只今 인천 남仁川南 십여 리十餘里 구 인천舊仁川이란데 있는데, 비류왕궁沸流王宮터라 일컷는다.

다시 선창船艙에 니르러 좀 남은 시간에 허 군에게 끌려 청료리 맛을 보고 소증긔선蒸氣船인 강화환江華丸에 오르다. 떠나다. 오정포午正砲

소리가 난다. 축항築港 밖에 나서 소월미도小月尾島, 대월미도大月尾島를 지나 화약고火藥庫 알에를 지나다. 훤칠한 바다에 바람은 그치고 물결은 잔데 해만 반짝 빛인다.

二. 월미도(月尾島)

선창船艙에 나리어 배 하나 잡아타고
월미도月尾島 썩 나서니 가없는 바다로다.
가슴이 넓어지는 듯 시원도 하여라.

우리들은 배 집웅에 올아앉아 동편으로는 부평富平 아남산阿南山을 바라보고 서편으로는 영종도永宗島를 빗겨놓고 자꾸 나아가니 멀리 하늘을 찌르는 듯한 봉오리가 깜아득한이 보인다. 그는 곳 마리산摩利山이고 그 앞에 또 솟발같이 보이는 세 봉오리가 있다. 그는 곳 정족산鼎足山이라더라. 세 시에 초지내진草芝內陣에서 나렸다. 나는 곳 진陣터를 가보니 돈대墩臺도 있고. 포대砲臺도 있고, 참호塹壕도 있고, 그러나 그걸 수호守護하는 임자가 없어 저절로 문어지고 만다. 먼저 조 군하고 삼거리로 가다. 가끔 주막은 맞나되 사먹을 것은 없다. 오날 삼거리 장이라기에 거긔 나가서 요긔하려 했다. 드대어 조고마한 고개를 넘어가니 새로 진 일본식 기아집이 몇 채 서 있다. 장군들은 벌서 다 돌아가고 바야흐로 학해하는 생도들만 보통학교 문으로 쏟아져 나온다. 주막들도 퍽 가난한지 떡 한 개 아니 해놓았다. 다만 팔고 남아지인 푸른 감 몇 개를 사아 먹었다. 이름난 잔치가 걸지 않다고 감 많기로 이름난 강화江華도 여긔는 이러한가. 룡해 군은 매우 시장한 모양이다.

三. 三거리

초지草芝를 거치어 삼三거리 가노라면
앞으로 보이던 솟발 같은 봉오리
거긔가 정족산鼎足山이라 일컷노라.

길에서 학교 선생님 한 분을 맞나 길을 물으니 맛힘 전등사傳燈寺에서 통학하는 생도가 있다. 같이 가기로 하고 기다리다. 소 풀 뜯기는 로인老人을 맞나 고적古跡에 대한 이악이를 듣다. 그동안에 뒤에 쳐졌던 일행은 어느덧 딴 길로 해서 정족산을 넘는다. 우리는 곳 다름질하여 붙달았다. 룡해 군하고 삼랑성三郎城을 찾아보고 성벽城壁을 안고 돌아 문어져가는 동문으로 들다. 삼랑성은 단군 때 임검의 아들 세 분이 쌓았다고 전한다.

四. 삼랑성(三郎城)

사천 년 옛적에 한배검 아드님이
싸셨다는 삼랑성三郎城 이제 다 문어진들
뉘라서 고쳐 쌓을가 못내 슳어하노라.

늙은 소나무가 담뿍 욱어진 속에 전등사傳燈寺가 있다. 전등사는 라여고찰羅麗古刹이라. 고려 충렬왕忠烈王 원비元妃 정화궁주貞和宮主가 중 인기印奇를 식여 송나라 들여보내어 대장경大藏經을 갖다가 이 뎔에 감추었다 하는데 어느 때 어떻게 되었는지 없어졌다. 혹 합천 해인사海

印寺 장판藏板이 예서 간 것 아닌가 하는 이도 있다. 뎔의 서북편 갓가이 선원보전璿源寶殿이 있었는데 리조李朝 렬성列聖의 어진御眞을 안치하얏었고, 장사각藏史閣이 있었는데 나라의 력사책을 감춰두었더니, 병인양요丙寅洋擾에 법인法人이 가져갔고 몯아 빈 터로 있을 따름이고, 뎔의 동남편 갓가이 순무천총양흔수승전비각巡撫千摠梁憲洙勝戰碑閣이 있는데, 병인 구월(檀紀 四一九九, 西紀 一八六六)에 불함佛艦 칠척七隻이 오아 강화를 함락하얏다. 그때에 순무사巡撫使 리경하李景夏, 중군中軍 리용희李容熙 와 천총千摠 양흔수梁憲洙들은 통진通津 문수산성文殊山城에 류진留陣하고 있다. 흔수가 별군관別軍官 리기혁, 리현규, 리병숙, 초관 리렴, 김긔명, 리대흥, 행군집사 이해진, 지홍관과 산포수山砲手 오백 명을 더불고 시월 초하루날 밤에 손돌목을 건너어 이 산성에 웅거할 새 초사흘 날에 불병佛兵이 성 알에까지 오아 핍박逼迫하거늘 죽장구나 싸워 이겼다. 그래서 그 뒤 감동도간역자헌전첨사신익연監董都看役資憲前僉使申翊淵[2]들이 세운 것이다. 비문은 리건창李建昌이 짓었다더라.

五. 전등사(傳燈寺)

그윽한 숲속으로 전등사傳燈寺 찾아드니
선원전璿源殿, 장사각藏史閣은 빈터로 남아있고
양천총千摠 승전비문勝戰碑文만 새로 새겨 있더라.

---

2 감동도간역(監董都看役 : 공사 총책임자) 자헌대부(資憲大夫) 전첨사(前僉使 : 각 진영에 둔 종삼품 무관벼슬) 신익연(申翊淵)

다섯 시에 저녁밥 먹고 좀 있다가 생도들에게 여긔 고적을 말해 들리다. 이윽하여 자다. 빈대와 이는 적지 않다. 무전武田이는 잠을 못 자는 모양이다.

10월 20일. 아츰 다섯 시에 일어났다. 아즉 캄캄하야 지척을 모르겠다. 간신히 우물을 찾아 낯을 씻고 밥을 먹고 얼마큼 있으니 먼동이 훤하여진다. 지로指路하는 로장老長 승僧을 더불고 서문턱을 넘어 선두리 방축을 지나니 유명한 리건창李建昌의 혜시비惠施碑가 서 있다. 그 안 사긔촌砂器村 마을은 그가 사던 곧이고 지금도 그 아우는 거긔 산다더라. 산을 안고 연애 도니 해는 길상산吉祥山에 떠오르고 이슬은 옷자락을 적신다. 덕포리德浦里를 지나 한 고개를 넘으니 초가草家들이 띄엄띄엄 있고 틈틈이 감나무가 있어 밝안 감이 주절주절 달렸다. 여긔가 문산리文山里다. 그 뒤로 올아가니 목장牧場이 있다. 밭 갓마다 빽둘어 돌담을 쌓고 소들은 놓아먹인다.

六. 문산리(文山里) 뒤

길상산吉祥山 뜨는 해를 다복이 등에 지고
대포리德浦里 안고 돌아 산ㅅ길로 가다 보니
누르리 이울은 풀에 소를 놓아 먹이더라.

하얀 돌 사이로 맑게 흐르는 물줄기를 딸아 오르다가 바위에 괴인 물에 손을 씻고 한 가운대 날등을 타아 가다. 이 메 테두리로는 사태沙汰가 많이 났다. 가끔 빙에에 미끄러지기도 하고 츩넝쿨에 걸려 엎으러질번도 하고 바위를 잡고 긔기도 하여 맞흠내 한 봉오리에 올아 앉아 좀 쉬어가지고 그 서편으로 십여 보 나아가니 톱으로 켜놓은 듯한 바위들이 솟아 있다. 그 사이로 요리조리 석단石段을 밟고 오르니 높이가 두어 발에 우에는 네모지고 알에는 둥글으며 넓이는 한발 남짓한이 돌뭉이로 채곡채곡 쌓아놓은 단이 있다. 이것을 참성단塹城壇이라기도 하고 제천단祭天壇이라기도 한다. 이는 곳 단군檀君께서 하늘님께 제사祭祀지내시던 데라고 예로붙어 전해온다. 이 단壇은 꼭 마리산 꼭대기에 있다. 그 우에 서서 보면 그 근처 산들이 다 조고맣게 보이고 섬 사이로 여긔저긔 빈번한 바다물은 거울과 같이 보인다. 이 산 이름은 원악 마리摩利니 여러 메ㅅ가운대 가장 마리(머리 首)가 된다는 뜻이다. 그 뒤에 마니摩尼라 하얐으되 이곧 사람들이 부르기는 흖이 마리나 혹은 마루(宗)산이라 하더라. 리조 영묘조에 북극北極의 고도高度를 측량測量하려 늰사웅尹士雄, 최천구崔天衢, 리무림李茂林을 심도沁都(江華) 마리馬利, 갑산甲山 백두산白頭山, 탐라耽羅 한래산漢拏山에 보냈다 함을 보더라도 이 산의 그 큼을 짐작하겠다. 다시 동편 빙에ㅅ길로 나오아 큰 바위들을 안고 돌다 보면 류수留守 최석항崔錫恒의 찬撰이 새겨있다. 제천단을 리조 인조 십칠 년에 고처 쌓은 뒤 또 문어져서 숙종이 이십륙 년 오월에 또 고처 쌓았다고 긔록記錄했다. 간신히 이끼를 그러어내고 보았다.

ㄷ. 참성단(塹城壇)의 一

마리산摩利山 마루턱에 참성단塹城壇 올아서니
옷독한 이내 몸이 아슬아슬 하여지며
더욱이 님을 그리워 견대지 못하겠노라.

八. 참성단(塹城壇)의 二

참성단塹城壇 저 높은 곧에 엄연한 님의 거둥
어엿이 나타나아 눈앞에 보이시는 듯
이윽고 우럴어보다 해지는 줄 모르겠노라.

九. 참성단(塹城壇)의 三

이곧에 남겨두신 거룩한 님의 자최
나 또한 밟어보니 반갑고 어떠하리.
남달리 믿는 마음에 못내 늣겨하노라.

이럭저럭 한 시 반쯤이나 지나서 북으로 벋은 날등으로 길을 찾아 나리다. 거의 문산리 뒤ㅅ기슭에 니르러 천제당天祭堂이란 골작을 들어보다. 잔솔과 긴 풀 속에 무슨 집터인 듯한 판판한 데가 있고 그 가장자리로도 허물어져 가는 뜰도 있고 훌륭한 섬돌도 드러나 있고 기아 쪽악도 헐어져 있고 그 옆에는 큰 바위들이 서 있고 바위 밑에도 우물자리가 있는데 또한 반뜻반뜻하게 다듬은 돌이 있다. 아마도 연의 사람의 것은 아니겠고 나라ㅅ긔구로 지었던 것인 듯. 리조의 태종이 잠저시潛邸時 하룻밤 여긔서 재숙齋宿하셨다 하여 재궁齋宮을 지었던 것이 아닌가 하노라. 나무하는 아이들은 단군께서 여긔서 기무시고 빌러 단이시던 데라고 하더라.

一○. 천제당(天祭堂)

나무하는 아이에게 길을 물어 나리다가
천제당이란 곧을 찾아가 보오니
다만지 섬돌, 기아만 풀 속에 묻혔더라.

문산리文山里 앞에 나서 지로승指路僧을 보내고 내가 앞에서 가다. 량도면良道面 길정리吉亭里에 점심을 먹다. 소조蕭條한 주막이다. 그래도 도아지 다리 두엇 걸려 있다. 온통으로 사아놓고 잔치를 했다. 마을 사람들은 있는 대로 나와 본다. 해는 퍽 따뜻하다. 바라보니 멀리 고개 하나가 있고 그 넘어 산등에 소나무 두 개가 서서 있다. 대번 저긔가 강화읍내 뒷산으로 생각힌다. 그 산이 곳 혈구穴口산 아닌가 하고 불은면佛恩面 두운리斗雲里를 지나 대문리大門里에서 감을 사 먹고 그 뒤 그 고개를 넘어가니 바루 강화읍내가 보인다. 오후 세 시다. 강도江都 남문으로 들어가 뒤에 오는 생도들을 기다려가지고 김선원비金仙源碑와 종鍾과 새궁(내수궁)을 찾아보고 다시 안파루晏波樓(곳 南門 耳溪 書[3]) 밑에로 나섰다. 어느덧 네 시가 지나고 구름이 혈구에 끼었고 가는 빗방울이 듯는다. 우리 일행은 갑고지甲串로 가다. 어떤 녀학생 하나도 같이 오다. 인력거 타고 오는 코 큰 계집을 보더니 반색을 하고 돌아간다. 강화는 개성開城과 같이 인심人心이 단합團合하야 자긔네끼리만 애호하기 때문에 밖에서 오는 이는 좀처럼 살 수가 없다. 그래서 그런지 일본사람의 집도 보지 못하겠다. 그러나 예수교가 성함으로 양인들은 와

3 안파루 편액 글씨를 숙종 때 이계耳溪 홍양호洪良호가 쓴 것을 말한다.

있는 듯. 아까 그 계집도 어느 목사의 마누란가 부다.

정축호란丁丑胡亂에 강도江都 금찰사檢察使 김경증金慶徵, 류수留守 장신張紳이 게을리 하여 드대어 함락陷落을 당한지라, 김선원金仙源 상용尙容 등은 화약고火藥庫에 불지르고 순사殉死하며 비빈妃嬪, 동궁東宮들은 심양瀋陽으로 붙잡혀 갔다. 종鐘은 二一一년 전등사 중 료하了訶가 맨든 것인데 「宣記傳」에 청인淸人이 오 리五里나 끌어가다 못 가져갔다. 새 궁은 리조의 행궁行宮이다. 또 외성外城 내성內城이 있고 강가로는 돈대墩臺, 포대砲臺가 있다.

一一. 강도(江都)의 一

대문리大門里 고개 넘어 강도江都로 돌아들어
새 궁을 찾아보고 갑고甲串지 가노라니
혈구穴口에 저믄 구름이 비를 뿌려 보내더라.

一二. 강도(江都)의 二

성첩城堞은 그만두고 천흠天陰만으로라도
저윽이 힘을 쓰어 직히어 보았으면
아모리 날랜 되인들 쉽사리 앗았으리.

一三. 강도(江都)의 三

화약고火藥庫 불지르고 충신忠臣이 죽단말가
비빈妃嬪 동궁東宮이 슯븨 울고 가옵던 일
가만이 생각할스록 마음만 상하노라.

다섯 시가 지났다. 배는 가지 않겠다 한다. 배 탈 사람은 자꾸 모아 들다. 허 군을 시겨 군세게 말하여 배를 타다. 배 속에서 일학一壑 로인(李遇榮)을 맞나 봉천(江都 西 十餘里)에 제천단祭天壇과 그 밑에 봉가지奉哥池와 고려산高麗山에 오색 련못 있단 말 듯고 밝에로 나오아 또 한 늙은이를 맞나 여러 가지 자미스러운 이악이를 들으며 도리미, 룡진龍津, 화도花渡를 지나 오도리 권부령 집의 해운정海雲亭터를 바라보고 넓성이(廣城)에 니르니 앞이 막혀 나갈 바를 모르겠다. 게다가 좁은목이 되어서 물결이 몹시 사납다. 여긔가 이름난 손돌목이다. 옛날 고려 왕이 피란하러 오는데 사공 손돌이 자꾸 넓성이로 배를 저어가니 적병은 뒤에 좇아오고 배는 막다른 데로 댈라고 하여 손돌의 목을 비었다. 그러고 나아가니 손돌의 머리가 앞에 떠가며 길을 인도했다. 그래서 손돌목이라고 이름 짓었으며 손돌의 묻엄이 그 우 산에 있다 한다. 늙은이는 저긔가 그 묻엄이라고 가르쳐까지 준다. 그러나 일즉 한별에게도 선돌목이라고 들었다. 선돌이 있기 때문이다. 그것이 그릇 전한 것이란다. 넓성이는 오십일 년 전 신미辛未에 미병美兵이 오아 덕진德津을 침노하매 순무중군巡撫中軍 어재연魚在淵이 막다가 나종에 여긔서 싸우다 죽었다.

一四. 손돌목孫突項

오도리 지나다가 넓성이 들러서
어중군漁中軍 넋에 조상弔喪을 하련마는
손돌목 험한 여울에 닷을 지지 못하노라.

덕진德津, 초지草芝를 지나 월미도月尾島 화약고火藥庫 밑을 돌을새 밤은 캄캄하여 지척咫尺을 분간分揀치 못하겠고 풍랑風浪은 몹시 일어 온통 배를 둘어메치려 하니 배는 풍랑하고 씨름을 한다. 긔쓰고 아니 엎어지려고 매우 실강이짓을 한다. 잦우 이리 기웃등 저리 기웃등거리며. 갑작이 푹 솟았다 쑥 나렸다 하며 승강구昇降口로 가끔 물이 뛰어 들어오기도 하고 내 옆에서는 별안간 류리창이 열리고 물벼락을 치니 사람들이 더구나 놀래어 넋을 잃었다. 여긔서 저긔서 와그르 게우는 이도 있고, 쇠기둥을 꼭 잡고 앉었는 이도 있고, 아주 힘없이 펼쳐 누운 이도 있고, 한배님께 비는 이, 아버지를 부르는 이도 있다. 이렇듯 삼십 분 동안을 지나 다행이 진정하여지며 인천 축악築港 안에 들어왔다. 여러 사람들은 얼굴이 비롯오 펴지며 인자는 산 듯이 서로 웃고 말한다. 배는 닷을 나리고 멈추며, 종선從船은 사람들을 실어 나른다. 바람과 물결은 오히려 그 대종이다. 간신히 선창에 나려 룡리龍里 조선려관朝鮮旅館에 드니 시종時鐘은 아홉 점을 친다. 집은 일본식일망정 깨끗은 하다. 한 방에 대여섯식 들었다. 밥상을 받어보니 도밋국에 반찬 수효가 아홉 가지나 된다. 학구學究의 밥상으로는 넘우 과분過分하지 않은가 하고 퍽 웃었다. 허許와 무전武田이 나아가 산보하자는 것을 고달피다고 핑게하고 룡해 군하고 그냥 누워서 잤다. 닭 울 때나 되어서 허許

군만 능금을 사가지고 돌어와 나를 깨우더라.

10월 21일. 구름이 끼다. 아홉 시쯤 해서 구름은 벗어지고 해가 따뜻한이 빛인다. 아츰밥에는 숭어국 맛을 보다. 구수한 것이 썩 좋다. 생도生徒를 더불고 측후소測候所로 거쳐서 만국공원萬國公園에 가 인천仁川 전경全景을 나려다 보다. 허 군이 오후 두시 차에 떠나겠다고 생도들에게 말하다. 생도들은 원악 작정한 시간 전에 가느냐, 그러냐 저러냐, 질문을 하며 약간 불평이 있으니 허 군은 감당 못하여 생도 뜻대로 허락한다. 나도 생도 몇을 더불고 축항築港 구경을 가 하고 미두취인소米豆取引所를 찾아보니 민룡식閔龍植, 리종찬鐘璨, 리승호李承浩, 유진홍兪鎭洪 군이 거긔에 다 있다. 다시 려관旅館에 와 점심을 먹고 생도 전부全部를 더불고 다시 축항과 미두취인소를 구경했다. 그러고 오 시 반에 밥을 먹고 인천역에 니르러 차를 타 칠 시 반에 룡산龍山역에 나렸다. 바루 전차로 왔다.

10월 22일. 맑다. 룡해 군이 찾아왔다. 오후에 륙당, 한별, 취롱, 한충, 손준모孫俊模, 리승천承天 하고 원남동苑南洞 안영긔安英基 집으로 왕희지 글씨 구경을 갔다. 공교히 주인이 성묘省墓 가고 없서서 못 보았다.

10월 23일. 맑다. 새벽붙어 한나잘까지 취롱하고 책들을 싸아 수레에 실려 나르고 가화동嘉會洞 일륙이一六二 번지 서재학徐在學 집으로 옮기다. 동광학교에 갔었다. 저녁에 한별, 취롱, 김병룡 군이 찾아왔다. 로석老石 어른이 와 기무시다. 그 어른께 광주분원廣州分院 사긔沙器와 고려자긔高麗瓷器와의 이악이를 듣다. 이 집에서는 분원사기을 쓴다. 빛이 고운 옥색이고 바탕이 썩 좋아보인다. 벌서 오래ㅅ것이다. 지금은 분원에서도 아니 맨듦으로 얻기가 어렵다더라.

10월 24일. 구름 끼었다가 비도 오다. 동광학교로 해서 수당을 찾아 보고 려관에 와 보니 룡해 군과 한별이 찾아왔다 가다더라. 저녁에 한별, 한충 군이 놀러왔다.

10월 25일. 일즉 일어나보니 전긔등은 환하고 비소리는 야단이다. 꼭 여름비 모양이다. 다시 누었다 일어났다. 그 비를 무릅쓰고 종로로 가서 전차를 타고 남대문을 니르니 그제야 전긧불들이 꺼진다. 일곱 시 다섯 분에 이등실처럼 꾸며놓은 삼등실에 올아 한 걸상을 차지하고 다리을 쭉 뻗히고 누었더니 룡산에 니르러 심사 구진 일 병정 녀석이 와 아무 말도 없이 내 머리 잡아 일어킨다. 다 같은 사람이지마는 우리는 싯븨 녀긴다. 고목랭회枯木冷灰가 아닌 내 마음은 아니 움즉일 수가 없지마는 그냥 참고 그것을 갚애지 아니했다. 비는 갰다. 한밭에 나렸다가 다시 호남 가는 차에 오르니 전우田愚 장사에 간다는 긴 소매짜리가 많다. 늙은이도 있고 젊은이도 있다. 전우를 중심으로 하여 그 학자 떼를 공격하는 이도 있다. 한참 맞붙어 다투다가 맞흠내 긴 소매로 입을 가리고 아무 대ㅅ귀도 아니한다. 나는 강경이서 나렸다. 송상규宋相圭, 리제형李齊衡, 병구秉龜 씨 따님(李의 子婦)과 같이 마차馬車를 타고 려산읍礪山邑에 니르러 병구 씨를 맞나고 집으로 가다. 달은 룡화산龍華山을 넘어가고 고요한 녯 동산은 한가로운 꿈을 뀌고 있다. 아 한아버지께서 "너 오느냐." 하시는 말슴 들리지 아니하고 괴석과 꽃나무들만 스스로 얼굴을 나타내어 보인다.(한아버지께서 괴석怪石과 화목花木를 사랑하시어 많이 모고 심으시었다.)

10월 26일. 맑다. 한나잘 되어서 떠났다. 삼례서 안룡진安龍眞 군을 맞나 전주까지 같이 가다. 차속에서 왕궁면王宮面 산다는 백 로인白老人을 맞났다. 로인은 매우 유심有心히 내 얼굴을 보았던가 부다. 먼저 인사를 청하고 내 상相을 말한다. 볍령法令이 좋으니, 식속食屬이 좋으니, 수한壽限이 좋으니 하고 흠뻑 기린다. 로인이라 하는 로인은 련붕정이 송 진사宋進士다. 송 진사도 전주로 성묘 가는 길이라더라. 년전에 내가 서울서 학교에 단일 때 어느 상점商店에 가서 웬 상장이 로인을 맞나 그가 기리는 말을 들었었다. 참 얼굴만 보고 알 수 있을가. 내가 나를 모르겠는데 남이 나를 알가부냐. 그러나 안다 하면 그는 아는지 알 수 없다. 정기용鄭機用 씨를 찾았다가 저녁밥을 잘 먹었다. 조용주, 함상훈, 하경렬, 리성진 선생들과 호영강습원 학원반장과 신석주, 조춘원 형도 왔더라. 나는 하 선생하고 백용희 씨를 찾아보았다. 보던 멸로 적어두었던 것을 내놓고 자꾸 물어댄다. 감과 밤을 사준다. 나도 조 형 집에 와 자다.

10월 27일. 맑다. 재판소에 가니 리기성李起成이만 왔다. 김봉배金鳳倍는 아니 보이고. 서긔書記가 나와 두 번 채 부르더니 우리를 일호법정一号法廷으로 오란다. 그래서 서긔는 살갑게 하는 말이 총독부總督府 림야조사회林野調査會로 조회照會해 보았더니 아즉 그 조사가 끝나지 못했다고 하기에 다시 연긔延期하니 언제던지 또 호출장呼出狀이 나가거던 오느라고 한다. 나는 리기영起榮 림야林野의 번호番號 틀림을 말해주고 우리 뒷산 번호가 끝에 아버지 앞으로 있다기에 곧 도청道廳으로 가니 맞힘 군산群山서 일본 륙군陸軍 비행긔飛行機가 와 뜬다고 사람들이 길에 마당에 산에 가득이 모아서서 쳐다본다. 나도 비행긔를 구경했다. 조 형을 찾아 같이 림업과林業課에 들어가 본즉 림야대장林野臺帳은 보이지 않는다. 조 형께만 부탁하고 나서 조 형 집으로 와 편지를 써 집에 붙이고 리광렬, 김준희를 찾아보고 호영강습원으로 가서 림천순을 맞나고 학원들을 맞나보고 리학근 집에 갔다가 백용희 씨를 맞나 서문 밖 음식집에로 끌려가서 밤이 이슥한 뒤에 조 형 집으로 오니, 변일섭邊日燮, 리학근李學根, 김병직金炳稷들이 찾아와 있더라.

10월 28일. 『려암유고旅菴遺稿』 다섯 권 오책五冊을 가지고 조 형 집을 떠났다. 하늘이 캄캄하고 우루룽 천동天動하고 번쩍 번개가 움즉이고, 소나기 쏟아진다. 그대로 무릅쓰고 가다. 옷과 책은 다 젖었다. 정거장에 니르니 비는 그친다. 해도 뜨러 한다. 칠 시 삼십 분 차에 오르다. 호영강습원 학원과 선생들이 백양사로 수학려행을 간다. 조 형과 하 선생이 나와 본다. 선생과 학원學員들이 자꾸 같이 가자는 걸 나는 솝니에서 나려서 병석을 찾아보고 추인秋人 선생을 찾아보고, 병석이게서 점심을 먹고 다시 한밭 가는 차를 탔다. 강경이 지나다 김면수를 맞나 막은골 소식을 듣고 한밭에 니르러 특급차에 옮아 칠 시 반에 서울에 니르다. 고경진 군을 찾고 려관에 들다.

10월 29일. 맑다. 불교회로 해서 신문관新文館에 가서 『조선문전朝鮮文典』과 『동명東明』을 부탁하고 한충 군을 찾아 더불고 남산에 옮아 거닐다가 등굴재 밑 금화원金華園에 가서 국화菊花를 구경하고 송교영宋敎榮을 찾아 맡겼던 짐을 찾기다. 륙당과 석전을 맞나 다시 금화원을 가보고 수당을 찾아보고 그 하인下人을 얻어 짐을 지이고 려관으로 오다. 한충 군이 저녁에 찾아왔다.

10월 30일. 맑다. 불교회로 해서 교영敎榮이게 가 외투를 찾아가지고 수당 집으로 단여 신문관을 잠간 거쳐 다시 불교회로 와 상량식上梁式을 보고 떡도 먹었다. 한별을 맞나 같이 가 새로 지은 집을 구경하다. 바당이 누의가 찾아왔다.

10월 31일. 맑다. 집에서 편지와 옷이 왔다. 저녁에 구름 끼었다. 동아일보사東亞日報社에 갔었다.

11월

11월 1일. 맑다. 병륙께 편지 붙이다. 고경진高敬鎭 군을 찾았다.

11월 2일. 맑다. 리건용建容 씨 집에 가서 바당이 누이 찾아 더불고 병구네 집에 갔다.

11월 3일. 맑다. 동광학교東光學校에 갔다. 병구 집에 가서 누의를 더불고 건용 씨 집을 찾아갔다. 조룡해 군을 찾아보다.

11월 4일. 맑다. 책을 계동桂洞 칠십구七十九 번지番地의 십十 한별 집으로 옮기다. 저녁붙어 여긔서 폐를 끼치고 있다.

11월 5일. 맑다. 최익채 하고 대종교당大倧教堂에 가다. 홍가인洪可人(명희命熹)를 찾아보고 불교회를 보고 오다. 불교회 집은 새로 짓다가 돈을 못대어 정역停役을 했다. 고경진을 찾아 김한주 위계후魏啓厚를 맞났다. 위계후 군께 청운淸雲 아동으로 가는 만년필과 안경과 편지를 붙이다.

11월 6일. 맑다. 우리말모이를 쓰다. 정충시 군의 편지가 오다.

11월 7일. 흐리다. 저녁에 비가 오다. 병석, 조 형께 편지를 붙이다. 로석老石 어른과 한충 군이 찾아왔다. 바당이 누의가 떡을 가지고 찾아왔다.

11월 8일. 맑다. 칩다. 종일 철필하고 씨름하였다. 나는 이 짓만 할 장본인가. 내 일도 내가 모르겠다.

11월 9일. 눈 오다. 서울서는 올 해 첫눈이다. 벌서 눈이 오다니. 짐장도 아니 했는데. 과연 일으다. 가난한 이들은 어찌해 살아갈가. 치운 때가 더운 때보다 더 고생일 걸. 집 생각도 난다. 부모父母 처자妻子 동생同生들은 치위에 부대끼지나 안나.

11월 10일. 맑다. 동광학교에 갔다 오다가 동숭동東崇洞에서 리한주漢周 군을 찾아 보았다.

11월 11일. 맑다. 로석老石 어른을 찾았다.

11월 12일. 맑다. 한별하고 교동校洞(락원동樂園洞)으로 옮긴 대종교당大倧敎堂을 찾아보았다.

11월 13일. 맑다. 푹은하다.

11월 14일. 맑다. 불교회를 가 보니 다시 집 역사役事를 한다. 다행이 누가 삼백 원을 갖다 주어서.

11월 15일. 흐리다. 조 형의 편지보다.

11월 16일. 매우 칩다. 동광학교 노래와 운동가運動歌를 지었다.

11월 17일. 맑다. 하 선생 경렬慶烈 씨의 자친상慈親喪 당했다는 부고訃告가 오다. 병구 집을 찾아보았다.

11월 18일. 흐리다. 칩다. 익채益采 군이 찾아와 보다.

11월 19일. 눈이 오다. 김영운永運 군을 찾아가다. 영관永琯도 맛났다.

11월 20일. 맑다. 전주 호영강습원湖英講習院 노래를 지었다.

11월 21일. 맑다가 저녁에 비가 오다. 상달 사흔 날. 락원동樂園同 대종교당에 가서 경배를 보고 천병天餠을 얻어 먹었다.

11월 22일. 맑다.

11월 23일. 흐리다. 조룡해趙龍海 군, 한별하고 진고개를 가서 여러 책사를 더듬어 보다. 맞히 배곮아 하던 이가 음식집을 가서 여러 가지 음식을 구경만 하는 것과 같다. 보이는 대로 사고 싶은 것도 적지 않지마는 빈주먹만 가졌으니 어찌할가. 도리혀 속만 답답하다. 그래도 사고 싶어 하던 책은 매우 눈녀겨두고 이 다음에 돈이 생기면 다시 찾겠다. 생각하는 마음 끊이지 않는다. 그러나 몇일 뒤에 혹 돈이 생겨 달음질해 가보면 벌서 누가 집어갔다. 나처럼 책을 많이 사지 못하는 터에도 여러 번 당해 본 일이다. 그러나 돈만 생기면 언제던지 몇 번이던지 가 보겠다.

11월 24일. 흐리다. 동광학교에 가 보니 아보도 없다. 돌아오다 생도를 맞나 들으니 배재培材학교 운동장으로 푸뽈 차러 갔다. 광성光成학교한테 대번 지고 온다더라. 불교회를 잠간 들여다보고 오다. 김병룡秉龍 군을 찾아보았다.

11월 25일. 눈이 세 치나 오다. 저녁에 천도교회당天道教會堂에 가서 박일병一秉, 한별의 개천절開天節에 당한 강연講演을 듣고 맹주천柱天 군의 주는 료리料理를 먹었다.

11월 26일. 눈이 오다. 룡해 군을 찾아보고 한가지 대종교당을 가다. 눈바라가 친다. 눈도 뜰 수 없다. 경배를 맞히고 불교회로 해서 수당께 나가보니 수당은 없다. 두어 시간이나 앉아 기다리다가 돌아오다. 오날 새벽에 조룡주鏞周 군이 찾아왔다. 그동안 회포를 밎어 말하지 못하여 차 시간에 끌려 떠났다. 떠나는 이도 그러할 터이지마는 보내는 이의 섭섭함이야 니를 데 없다. 몹시 치웠다.

11월 27일. 흐리다. 눈도 오다. 뜻밖에 솝니서 전보電報가 왔다. 김金군이 서울 오겠다 하얐으나 김 군이란 누군지 생각히지 아니한다. 저녁 여닯 시에 남대문 역에 가니 부산차釜山車가 들어오다. 나려오는 이들을 살펴보니 운봉雲峯 김영준金永準이다. 같이 전차를 타고 인사동仁寺洞으로 와서 려관을 찾다가 맞당치 못하여 화해려관[湖南旅館]으로 들었다. 전주 친구의 소식도 듣고 정추인鄭秋人의 전하는 말도 듣고 밤이 이슥하기에 돌아왔다. 거의 열두 시다. 한별을 기다리다가 잠이 들어

버렸다.

11월 28일. 푹하다. 아츰 연긔가 자욱이 끼어 내워서 눈을 잘 뜰 수가 없다. 김영준을 찾아가 보고 오아 끓인 밥을 먹고 동광학교에 갔다. 저녁에 라정문 군 집에 가서 대종교 의식儀式에 당한 일을 의론하였다.

11월 29일. 맑다. 한아버님이 꿈에 보이신다. 그동안에도 가끔가끔 보이시었다. 매양 살아게실 때 모양으로 씩씩하신 얼굴을 가지시고 은근히 나를 사랑하신다. 나는 이 꿈을 깰 때마다 더욱이 늣겨 견대지 못하겠다. 한아버님께서 살아게실 때 몯은 감정感情은 몯아 잊히고 다만 남닯이 귀히 녀기시고 사랑하시던 일만 생각히고 더 오래 뫼시고 지나지 못하게 됨만 길이 슳어할 따름.

11월 30일. 구름 끼다. 집에 편지하다. 퍽 칩다. 방 안에 앉았어도 손이 얼음장 같고 입에서는 김이 연긔 펴오르듯 한다.

12월

12월 1일. 맑다. 하경렬河慶烈 씨게 조장弔狀과 부의賻儀 삼 원을 보냈다.

12월 2일. 눈이 오다. 편지와 헌옷을 집에 보냈다. 집에서 옷이 오다.

12월 3일. 맑다. 칩다. 새벽에 광주廣州 바당이 누의님이 왔다. 어제 저녁에 광주로서 서울 와 아츰에 떠나랴다가 나를 보려고 못 떠났다고 한다. 병구秉矩 집을 들여다보았다. 대종교당에서 경배를 보았다. 저녁에 과자菓子 한 근斤을 사가지고 남대문 역에 가보니 누의님이 벌서 차에 옮았다. 과자만 주고 다른 말도 못하고 작별하였다.

12월 4일. 눈 오다. 석전石顚, 죽하竹下(金承烈)가 왔다. 한별이 추사秋史 글시를 보이다.

12월 5일. 맑다. 퍽 칩다. 동광東光학교 갔다 오다가 리한주李漢周 군을 찾아보았다. 리광렬李光烈 군께 편지 붙이다.

12월 6일. 흐리다. 퍽 칩다. 병륙의 편지가 오다. 고성리古城里 누의님이 지난 달 이십팔일(陰 十月 十日)에 도라가시었다. 운명運命 시에 날더러 무정하다고 하셨다니 그도 그럴 듯하다. 잦우 찾아 보옵지 아니한 까닭이다. 나의 사정事情은 나의 사정대로 있었지마는 누의님의 사정은 누의님의 사정대로 있었을 것이다. 그리하여 두 사정이 서루 맞지 못하여 맞흠내 무정하다고 말슴하게 됨이다. 더욱 슳업다. 수련래數年來 중병을 치루고 여러 가지 재앙을 낭하셨는데 그제 저제 이 일 저 일로 말미암아 가 보옵지 못하고 집에 가면 한번 가 뵈려니 하였더니 어느덧 돌아가시단 말슴이 무슨 말이냐. 참 고지 듣히지 않는다. 꿈이냐 아니냐. 참 무정하시다. 어느새 돌아가시었나. 어린 남매男妹를 끼쳐두고 돌아가실 제 참아 눈이 감기지 못하셨으리라. 그도 그러리라마는 이 아우의 뜻도 모르고 돌아가시었으니 뉘게 다시 이런 사정을 하소연하랴. 참 무정無情하다 운명運命이여!

12월 7일. 맑다. 푹하다. 아주 봄날 같다. 주인이 김포 본집에 갔다.

12월 8일. 맑다. 한충韓冲 군이 찾아와 놀았다. 정추인께 편지하다.

12월 9일. 맑다. 종일 글시를 썼더니 눈이 앓브다. 박상흠相欽 군이 웨감을 가지왔다.

12월 10일. 맑고 바람 불고 칩다. 여의도汝矣島에서 안창남安昌男의 비행긔飛行機 탐을 구경하러 가는 이가 꽤 많다. 남대문으로 가는 전차는 전차마다 듬뿍듬뿍 실렸다. 늙은이, 젊은이, 계집, 새내. 원악 동아일보東亞日報가 넘우 떠들어 대니 가뜩이 구경을 좋아하는 서울 사람이랴. 한동안은 안창남의 세상 뿐인 듯하더라. 겨우 아츰을 먹고 나서 김성수金性洙 군을 찾아보다. 륵막염肋膜炎으로 한 달포 앓고도 오히려 낫지 못하며 요새는 감긔로 더 고생한다며 누어서 눈을 감았다 떴다 한다. 몸이 넘우나 약하여 걱정이다. 오래 살아야 할 터인데—. 락원동 대종교당에 가보니 벌서 경배를 맞췄다. 안창남 비행긔는 높이 떠서 서울 하늘을 한 바퀴 돌고 갔다. 그러나 날은 칩고 바람은 불고 비행긔 소리조채 적으니 나서 쳐다 본 이가 많지 못하다. 어떤 이는 바람이 부니까 안창남 비행긔가 아니 떴는가부다고 하지. 익채益采 군하고 진고개 책사로 해서 남대문 안 미술전람소美術展覽所를 구경하다. 맨 우리나라 것 뿐. 녯 그릇, 그림, 책들이다. 혜원蕙園의 풍속화風俗畵 같은 것은 더구나 욕심난다. 우리나라의 녯것을 볼 수가 있다. 그러나 뉘 손에 가 있던지 오래오래 전했으면 좋겠다. 수당을 찾아보고 한동안 막혔던 빗을 갚고 오다가 통신중학관通信中學館에 들어보니 아모도 없다. 게동桂洞으로 와 보니 김영운金永運 군이 찾았다더라. 주인이 왔다.

12월 11일. 칩다. 한충韓冲 군君이 찾아왔다. 혼자 찬 방에 있는 이보다 낫다. 손을 비비고 앉아 니악이하는 것도 한 운치다.

12월 12일. 칩다. 동광학교에 가서 시험을 보았다. 고순흠高順欽 군을 찾아보았다. 통신중학관通信中學館 문제問題로 말미암아. 『중국철학사中國哲學史』를 보다. 녯 철인哲人을 앞장세우고 호적胡適의 뜻을 붙여 한 니악이다. 조룡해趙龍海 군이 왔다. 약을 주어 잘 쓴다.

12월 13일. 맑다. 한충 군이 찾아와 놀았다.

12월 14일. 맑다. 한충冲 군하고 목욕탕 갔었다.

12월 15일. 눈 오다. 조 형의 편지를 보다.

12월 16일. 흐리다. 백용희白庸熙 씨의 편지가 오다. 우리말에 대한 의문疑問 문제를 보냈더라.

12월 17일. 맑다. 리능화能和 씨를 찾아뵙고 대종교당으로 거쳐서 김영운永運 군을 찾아보고 저녁밥까지 얻어먹었다.

12월 18일. 맑다. 밤에 한충韓冲 군이 떡을 가지고 왔다. 국을 끓이어 잘 먹었다.

12월 19일. 맑다. 동광학교에 갔다 오다 배오개장에 들어 짐을 사가지고 오다.

12월 20일. 맑다. 동광학교에 가서 력사歷史 시험을 보고 직원회職員會 한다기에 앉았다. 나와 보니 구두가 어대 갔다. 올해로 둘이나 잊어버렸구나.

12월 21일. 맑다. 저녁밥을 김영운金永運 군 집에 가 먹고 놀다 오다. 그 자당慈堂의 생신生辰이라더라.

12월 22일. 맑다. 동지冬至. 이웃집에서 팥죽을 주어 먹었다. 조 형과 백용희白庸熙 씨게 편지를 보냈다.

12월 23일. 맑다. 리한주李漢周의 편지가 오다. 구리개를 지나 진고개 헌 책사 광문당光文堂에 들어보니 오세창吳世昌 씨가 와 책을 뒤적거린다. 나는 『속명의록은해續明義錄諺解』 한 책을 얻어 사가지고 국일관國一館에 니르니 때는 다섯 시가 되었는데 겨우 조학유曺學乳 군만 와 있다. 같이 치어주는 방에 앉아 한 시 반이나 니악이 하노라니 동광학교 선생들이 다 모아든다. 밥도 먹고, 술도 마시고, 노래도 부르고 파했다.

12월 24일. 맑다. 집에 편지와 헌 옷을 보냈다. 경배를 보고 '삼망三妄'에 대해 좀 떠들었다. 수당을 찾아보고 오다. 구두를 맞후고 전동典

洞을 지나다 보니 어느 모물毛物점에 웬 자와 웬 계집이 들어 모물을 사는 모양이다. 사내는 힌 모자, 계집은 검은 뺄비녀에 힌 단기로 낭자를 쨨다. 입은 옷들은 하얀 비단이다. 썩 사렸다. 다만 그의 복제服制로는 힌 빛뿐. 참 웃읍다.

12월 25일. 흐리다.

12월 26일. 눈 오다. 진고개 가서 담뇨 하나에 이십칠 원 주고 사왔다. 꿈을 꾸니 우리 시골집에서 서긔가 돌고 온갖 새가 날아들더라.

12월 27일. 흐리다. 집에서 옷이 오다.

12월 28일. 맑다. 조룡해 군을 찾았다.

12월 29일. 맑다. 수당을 찾아보다.

12월 30일. 맑다. 아츰에 집 편지를 보니 지난 시무엿새 날 밤중에 강도 대여섯이 들어왔다. 아버지께서 칼로 머리, 팔, 다리를 다치시었단다. 동광학교로 가다 허환許煥을 맞나 돈도 변통, 활인권도 얻어 밤차에 떠나와 한밭 영록永綠 집에 자다.

12월 31일. 바람 불다. 첫차에 떠나와 황산서 밥 사먹고 집에 와 보니 다행이 아버지께 중상은 하시지 않었다.

일기

18권

1923. 1. 1. ~ 1923. 7. 15.

1923년(단기 4256년) 癸亥

1923년(단기 4256년) 계해癸亥

1월

1월 1일. 맑다. 퍽 칩다. 바람도 분다. 전주全州에서 년하장年賀狀이 몇 장 왔다. 四二五六년이다. 작년昨年 일년一年도 그럭저럭 지냈구나. 다만 살수만 늘어가니 나박이만 될 따름. 내가 이러하고 무엇이 될가. 참으로 딱한 일이다.

1월 2일. 맑다. 남살메 신보영申補永 군 형제가 찾아왔기에 더불고 실컷 떠들어댔다. 날이 저문 줄도 몰았다.

1월 3일. 맑다. 좀 덜 칩다. 우알엣 마을로 오르랑나리랑하며 하루를 보냈다. 왕뫼 형兄 응춘 씨가 와 점심 먹고 놀다갔다. 전주全州 가셨다던 삼촌께서 오셨다. 싸리터 아자씨가 오셔 기무신다.

1월 4일. 흐리다. 바람이 좀 분다. 나를 위하야 했다는 찰떡을 먹었다. 모샛골 가서 종조부를 뵈았다.

1월 5일. 눈바라 친다. 눈이 두어 치 쌓였다. 김용순金用淳 군이 와 놀다 갔다.

1월 6일. 꾸무름하다. 오날 떠나랴다가 둘우막이를 해 입고 가랴하여 못 떠났다. 고성리古城里 류 형柳兄이 와 자다.

1월 7일. 흐리다. 아츰에 일즉 일어나 밥을 재촉해 먹고 려산읍내礪山邑內 송전松田의 집 앞에 니르니 마차馬車가 놓였다. 송전에게 물으니 곳 떠나겠다 하기에 차표車票를 사가지고 기다렸다. 그동안 금륭조합金融組合에 들어 등정 리사藤井理事 하고 이악이하다가 나와 보니 아주 떠날 생각도 아니한다. 여러 번 재촉하야 거의 한낮이 때 겨워 떠났다. 마부馬夫는 차 시간을 넉넉이 대주마 하고 늘읏늘읏하며 또 손님 둘이 있다고 한다.그러나 그네들은 갈까 말까 하다가 뒷말께 와서야 탄다. 마차는 더구나 그 손 둘을 기다리느라고 늦었다. 움벅집벅하고 얼턱덜턱한 어름길로 얼그럭덜그럭 하며 몹시 흔들고 간다. 두어 시간이나 걸리어 강경江景이에 니르니 긔차는 벌서 와 멈읊었다. 빨이 가면 탈 뜻도 하다. 마부는 어서 나리라고 재촉한다. 나는 마부가 마차를 멈춘 줄 알고 나렸더니 마차를 그냥 몰고 가부더라. 나는 수레바퀴 사이에 끼어서 몇 발 도막 같이 가다가 얼른 벗겨 나왔다. 그 즈음에 둘우막이 자락이 바퀴에 닿서 맨 흙투성이다. 달음질하여 궤도軌道로 해서 가타랴하니 승객乘客도 많고 시간時間도 없어 못 탄다고 한다. 정거장에서 송창식宋暢植 군을 맞나 그 려관旅館으로 들어가 여러 학생을 맞나보고 김영룡金永龍 군을 찾아보고 저녁까지 얻어먹고 놀다가 여듧 시차에 떠났다. 영룡 군, 창식 군은 차 속에까지 와 작별한다. 차 속에는 옮아가는 학생이 퍽 많다. 그래서 앉을 자리가 없어 서서 가는 이도 적지 않다. 열 시쯤 하여 팟거리 와 나리다. 캄캄한 밤에 부엿이 보이는 눈길로 낙은골에 니르니 대문이 잠겼다. 소리를 짊어 따고 들다. 진사얼운과 동수東洙 군을 보고 이악이하노라니 장모가 떡을 구어들고 나오셨다.

1월 8일. 맑다. 동수 더불고 알에ㅅ말에 가서 영관永琯이를 찾아보고 그 부인의 글시를 얻어가지고 다시 동수 집으로 와 점심을 먹고 떠났다. 팟거리 정거장에서 곶감 다섯 동을 사들고 차에 옮아 밤 여듧 시에 서울 한별 집에 니르어 자다.

1월 9일. 맑고 흐리다. 병구 집도 찾아보고 동광학교에 갔었다.

1월 10일. 흐리고 칩다. 아츰 먹던 멀로 가서 병구 어머니하고 애오개[阿峴]를 가서 그 형부를 더불고 유긔점에 가서 그릇을 사다. 한 량중에 십이 전 륙 리씩 치었다. 더불고 간 영감이 생떼를 쓰어 홍정을 했다. 영감은 이왕 여러 해 점물주도 해보고 거간도 해보아서 유긧 속을 잘 안다 한다. 영감은 쇠를 뚜드려 그 소리만 듣고 좋은지 낮은지 안다. 땡땡 하면 좋고 지링지링 하면 낮다고 한다. 다시 사동으로 들어와 화류장롱 두 층 자리를 삼십사 원에 사고 비단 저구리감이며 자잘몰아한 것들을 사아 빈 궤짝에 넣어 운송부運送部로 붙였다.

1월 11일. 눈이 오다. 집에 편지를 보냈다. 빨래한 옷을 찾아왔다.

1월 12일. 맑다. 눈을 좀 녹인다.

1월 13일. 맑다. 김영룡金永龍, 송창식宋暢植 군에게 편지 붙이다.

1월 14일. 맑다 흐리다. 밤에 큰 눈이 오다. 영운永運 군에게 가서 놀았다.

1월 15일. 흐리다 맑다. 몹시 칩다.

1월 16일. 맑다. 동광학교에 갔다. 조용주趙鏞周 군, 변일섭邊日燮 군, 림웅순林雄淳 군에게 편지 답장을 해 보내다.

1월 17일. 맑다. 밤에 눈 오다. 칩다. 송창식 군께서 편지가 왔다.

1월 18일. 맑다. 밤에 쌀눈이 뿌렸다.

1월 19일. 맑다. 법경法鏡을 맞나 보았다. 해동서림海東書林을 가보다.

1월 20일. 맑다. 흐리다. 푹하다. 밤에 비가 퍽 왔다. 용해龍海 군을 찾아보다.

1월 21일. 흐리다 비오다. 용해龍海 군, 맹주천孟柱天 군이 찾아왔다. 불교회에 가서 놀았다. 눈은 퍽 녹였다. 길이 넘우 질어 단일 수가 없다.

1월 22일. 흐리다. 퍽 푹하다. 익채益采 군을 잠간 찾아보았다. 한별하고 해동서림海東書林에 가서 『두시언해杜詩諺解』를 사게 했다.

1월 23일. 흐리다. 감정感情이란 무엇인지 조고마한 일에 잘 일어난다. 닭아서 사람은 조고마한 감정에 끄들려 지나는 이가 많다. 그러고 약約한 자者일스록 감정이 더 많다. 조 형에게 편지 붙이고 수당을 찾아보았다.

1월 24일. 아츰나잘은 흐리고 저녁나잘은 맑다. 로석老石 얼운과 문광당文光堂에 가서 책을 뒤적거려 보다. 볼 만 책은 없지 아니하되 돈이 자래지 못하여 못 사왔다. 돌아오는 길에 락원동樂園洞 불교회佛教會에 들렜더니 륙당六堂이 와 퍽 푸석거리고 앉았다. 다른 사람은 말할 겨를도 없이. 김병룡金秉龍 군을 찾아보았다.

1월 25일. 흐림. 륙당이 찾아오았다. 『한영자전韓英字典』을 갖아갔다.

1월 26일. 흐리고 눈도 좀 나리다 마다. 경성부청京城府廳으로 해서 동광학교를 가다가 정식廷植 군을 맞나 같이 송택규宋澤圭 군을 찾아보고 동광학교에서 시간을 맞히고 불교회로 들레서 오다.

1월 27일. 맑다. 김영운金永運 군을 찾아보다.

1월 28일. 맑음. 조룡해趙龍海 군을 찾아보고 맹주천孟柱天 군도 맞나보고 같이 가서 락원동樂園洞 대종교당에서 경배를 맞히고 동대문東大門 밖 창신동昌信洞에 나아가 송택규宋澤圭 군의 집터를 구경하고 들어오다.

1월 29일. 맑다. 좀 칩다. 동광학교를 갔었다. 병구를 찾아보다.

1월 30일. 맑고 다숩다. 수당께 갔다 못 맞나보다.

1월 31일. 맑고 다숩다. 집에서 전보가 오다. 수당을 찾았다 못 보고 동광학교에 가서 돈 십 원을 뀌고 활인권割引券을 얻었다. 정충시鄭忠時 군, 김영준金永準 군께 편지를 붙이다. 한별 댁 와서 점심을 먹고 불교회로 해서 떠나다. 일곱 시 반 차에 한밭 가 자다. 신흥려관新興旅館에.

2월

2월 1일. 여섯 시에 정거장으로 나가다. 캄캄한 밤이다. 점店머리마다 전긔등電氣燈 불만 환이 빛인다. 강경이에 니르니 여듧 시 반이나 지났다. 따뜻한 아츰 해빛에 막 녹이는 얼음길을 밟고서 철떡철떡 왔다. 집에 드니 점심상이 바야흐로 나온다.

2월 2일. 병륙이를 더불고 숩니를 가다. 룡못에서 점심을 식여먹고 숩니에 니르니 겨우 점심때 겨웠다. 날은 매우 다숩다. 땀이 흙어서 속옷을 적시었다. 려산려관礪山旅館에 들어 병희秉禧 씨도 보고 현창賢昌 씨 보고 그 옆에 병석秉錫이도 찾아보고 정추인秋人 선생을 찾아뵙다. 사다 들인 당포도糖葡萄를 먹으라 하며 묵은 이악이를 끄내어 자뭇 떠나지 못하게 한다. 그 자제 정건鄭建 군도 맞나보고 돌아와 저녁 먹고 또 그 선생께 가서 놀았다. 밤이 이윽하여 돌아와 자다가 정건 군이 와 찾기에 딸아나서 한 양식洋食점으로 갔다. 게서 순로巡魯 리 군도 맞나

보고 이악이하고 파하였다.

2월 3일. 맑음. 오전에 익산 군청에 가서 순로를 보다. 김봉배鳳培가 벌서 와 순로 곁에 섰다. 우리집에서 지금 계쟁지係爭地에 있는 소나무를 졌다고 도지사知事께 청원請願한 모양이다. 묻는 말을 어름어름하고 대답하다가 순로에게 핀잔을 맞는다. 놈이 퍽 음흉하다. 가는귀가 먹어 말을 몰 알아듣는다는 둥, 무식하여 글자를 몱아본다는 둥 거즛을 부리다가 여러 리원吏員에게 이미 발각된 사실事實이 있었다고 리원들끼리 서루 입을 대고 수군수군 한다. 봉배를 내보낸 뒤에 내게 두어 말을 물어본다. 말이 끝나자 바루 나오다. 우편국에 들어 전주 조 형에게 전화하고 식산은행殖產銀行 지점에 들어 정건鄭建 군을 보고 구 숍니에 가서 김 댓 톳 사가지고 려산려관을 하직하고 추인 선생을 뵙고 떠나오다. 왕묘王墓께 니르러 정갑원甲源 씨를 맞나 동행하였다. 금마산金馬山 밑에 와서 창들 간 병륙이를 기다리다가 아니 오기에 와 버렸다. 집에 들어보니 저녁 먹고 벌서 설겉이까지 끝났더라.

2월 4일. 맑음. 병륙이가 오다.

2월 5일. 맑음. 서울로 오다. 리찬贊 군, 조용주趙鏞周 군의 편지가 와 책상에 놓였다.

2월 6일. 동광학교東光學校에 갔다. 조학유學乳 군이 몇 마디 말을 뭇는대 그 속을 알 수 없더니 김락순 군을 맞나 들으매 전임교사專任教師로 해달라 함이더라. 정긔용鄭機用 씨의 편지가 왔다. 내가 숍니서 떠나던 날 나를 맞나랴고 내 삼촌하고 오후 세 시에 숍니를 왔다가 나를 맞나지 못하얐음으로 그 대신으로 하는 편지다. 역시 호영강습원 교사 구해달란 말이다. 내가 동광학교 전임專任이 된다고 야단이며 전주 동지들이 편지로나 혹은 전화電話로 협박脅迫을 하는 중, 이도 그 하나이다. 교동校洞 병문에서 한충韓冲 군을 만났다. 요전날 시골 갔었을 때 자긔가 안정사에 가서 한잔을 냈는데 내가 걸리었다 하며 청료리淸料理집으로 끈다. 고기에 나물에 만두에 배가 부를대로 붊었다. 수당께 나가서 또 맞나지 못했다.

2월 7일. 볕이 매우 도까웠다. 그러나 저녁나절은 북악산北岳山 치위가 슬슬 나려온다. 조룡해趙龍海 군에게 갔었다. 군은 내일붙어 시험을 치룬다 하며 책을 펴놓고 앉아 정신이 다른 데는 없는 모양이다. 하랴던 말을 다한 끝에 바루 일어서 왔다.

2월 8일. 한별이 앓는다. 앓는 중에도 건넌방에 석탄石炭을 피우라고 분별한다. 그 덕에 오날은 조곰치도 치운 줄 모르고 지냈다. 밝앗날은 치운지 다순지 모르겠다. 다만 앞집 집웅을 스쳐가는 저녁볕이 창문에 환이 빛을 때 까닭 모르는 깃븜이 북바쳐 견딜 수 없었다. 오철호吳徹浩 군이 와서 잠 한소곰 자고 갔다.

사람의 마음이란 무상無常한 것이다. 어떤 때는 깃벘다, 어떤 때는 슳벘다, 어떤 때는 깃븐지도 슳브지도 아니했다, 어떤 때는 성냈다, 어떤 때는 반기다, 남을 어떤 때는 미워했다, 어떤 때는 엣버했다, 어떤 때는 미웁지도 엣브지도 아니했다, — 이렜다 저렜다 하여도 한갈같이 갈 때는 없다. 이것이 아마 정신精神이 통일統一이 되지 못함인가. 정신이 통일되면 그러찮을는가.

무엇을 선善이라 하며 무엇을 악惡이라 하나. 진眞을 선이라 하고 위僞를 악이라 할가. 아니, 미美를 선이라 하고 추醜를 악이라 할가. 아니, 아니, 그러면 소크라데쓰의 말과 같이 적합適合을 선善이라고 부적합不適合을 악惡이라 할는가, 혹은 니이찌에 말과 같이 강强을 선善이라 약弱을 악이라 할는가. 이에 바루 풀지 못할 문제니까 숙제宿題로 두고 생각해 보자.

사람이 감각이 있는 이상以上에는 생각이 아니 날 수 없다. 생각은 일을 앞서서 나기도 하며 일 뒤에 나기도 한다. 어쨋던 생각은 일 수數보다 많으며 일은 늘 생각을 뚫아가랴고 한다. 그래서 혹 생각만으로 살기도 하고 생각만으로 죽기도 히여 일이란 하옴이 없기도 하며 할 수가 없기도 하여 부절없이 빈 생각만 가지기라 한다.

2월 9일. 맑음. 수당께 갔다가 못 맞났다. 나는 인자 생각했다.— 선善이란 남에게 괴로움을 끼치지 아니할 뿐 아니라 남의 괴로움까지도 내가 맡아버리는 것이라 하겠고, 악惡이란 남에게 괴로움을 끼치고 나의 괴로움까지라도 남에게 떠넘기는 것이라 하겠다. 이 의미意味로는 선善을 하자면 내 몸은 몹시 괴로울 것이다. 그러나 그것을 괴로운 줄로 알고 괴로워해서는 선을 일울 수가 없고 돌이어 질거움으로 알고 질거워하여야 하겠다. 그래 질거워해보자. 질거워해보자. 밤에 눈 오다.

2월 10일. 눈이 오다. 제법 온다. 그러나 벌서 봄눈이다. 바루 슬어진다. 저녁에 수당을 가보았다. 조 형께서 편지가 왔다. 동경 찬燦 군 조 형께 편지 답장을 보냈다. 추인秋人께 에쓰페란트 독본讀本을 사 보냈다.

2월 11일. 맑음. 대종교당에 갔었다. 불교회에서 김돈희敦熙 씨의 익살스러운 이악이를 듣고 퍽 웃었다. 영운永運 군 집에 가서 저녁을 먹었다. 정충시鄭忠時 군의 편지가 왔다. 찾아온 현감玄坎 씨하고 처음 인사를 붙이고 놀았다.

2월 12일. 맑음. 설날이 갓가우매 설마지 하느라고 사람들이 이 골목 저 골목에 썩 많이 나덤벙인다. 녜전붙어 오며서 하던 버릇이라, 비록 양력陽曆 쓰는 새 문화文化의 세력勢力으로도 어쩔 수 없다. 저 일인들은 이 설을 조선설이라고 부르기까지 한다. 아마 우리집에서도 야단일 것이다. 내가 아니 온다고 말이 많을 것이다. 그러나 버릇도 생각하기에 있다. 내가 이에 집을 아니 가기로 생각하니까 암스랿도 아니하다마는 만일 꼭 가기로 생각했다가 못 가게 되었을 것 같으면 그는 참 못 견딜게다. 과연 설이란 것도 뜻에 두지 아니하니까 별닯이 생각나지 아니하지마는 꼭 뜻에 두고 있다하며 남닯이 생각이 나지 아니할 수 없을게다. 그러나저러나 세월 가는 것이 제일 앗갑고 다음에는 공부를 닦지 못하고 다음에도 일을 일우지 못함이 한탄恨歎이다. 수당께 가 보다.

2월 13일. 맑고 흐림. 동광학교에 갔더니 백남규南奎 군은 아니 왔다. 학생들이 고등보통高等普通으로 승격昇格해 달라고 소동騷動이 일어났다. 설립자設立者 편에서 곽법경郭法鏡 화상和尙이 나와 말을 니른다. 그럼 류행流行된 동맹의 풍긔風氣는 진정되지 안도다. 그 때문에 어둡게야 돌아왔다.

2월 14일. 맑음. 집에 편지를 보내다. 김병룡金秉龍 군을 찾았다 못 보다.

2월 15일. 흐림. 건포도乾葡萄 한 각은 사다 병구秉矩를 주고 과자 한 근과 건포도 한 각은 사다 주인집에 주다. 저녁 나잘붙어는 비가 부슬부슬 나리더니 밤붙어는 눈이 온다. 자꾸 쌓이고 쌓인다. 신명희申明熺 군, 최익채崔益采 군이 찾아왔다. 찬 술을 마시면서 주인하고 하는 이악이가 이 세상을 떠나 딴 세상으로 들어갔다. 이것이 한때 우리의 질거움이라 하겠다. 걸이낄 것 없이 내 마음대로 내 배씸껏 짓거리었다. 세상이란 제 생각의 세상이 가장 편하다. 내 세상은 내 생각에 따루 있다. 그래서 내 세상에서 남의 세상을 넘어다 보고 웃기도 하고 어엿븨 녀기기도 한다.

오날 저녁은 제석除夕이다. 래년來年에 어떻게 지날 꿈이나 꾸이어 보자.

2월 16일. 계해년癸亥年 첫 날이다. 동광학교에 시간을 맞히고 석전石顚 스님을 찾아보고 이악이하다기 왔다. 로석 얼운을 찾았다 못 뵈었다. 날은 흐렸다.

2월 17일. 흐리다가 맑다가 함. 정균鄭均 군을 찾아보고 수당壽堂은 찾았다가 못 보았다. 질던 길이 차차 마르니 히뜩번뜩 울긋붉긋 새 옷을 입고 단이는 세배歲拜군들 퍽 많다. 돈은 없다고 하여도 옷들은 곳잘 해 입었다. 흖이 비단옷, 명주옷이다. 물산장려회物産獎勵會에서 토산장려土産獎勵 한다고 야단이여서 설비습도 조선서 나는 옷감 아니면 못 해 입게 한다더니 나 보는 바에는 맨 외국外國 옷감으로 해 입은 이가 그다지 감한 줄을 모르겠다. 미상불 그렇게 되었으면 아니 좋은 것이 아니지마는 못 될가 걱정이다. 리능화李能和 씨며 룡해龍海 군을 찾아보았다.

2월 18일. 맑음. 김영운金永運 군 집에 가서 사과司果 어른 내외분을 뵈옵고 떡국을 얻어먹었다. 병구 집을 잠간 찾아보고. 불교회로 놀다가 백우용伯禹鏞 군하고 김병룡金秉龍 군을 찾아 설상을 받고 다시 주재정朱宰晶 군을 맞나 천도교당天道敎堂 천도교 청년靑年의 가극歌劇을 보다. 사람이 많이 모였다. 한 천 명千名 이상以上. 모인 이 가운데에는 부러 소리도 질어보며 다리를 뻗히 보기도 하며 몹시 분대질도 하며 성가스럽게 구는 이도 있다. 이것이 요마적 풍긔風氣다. 강연講演이니 연설演說이니 여차면 여긔서 저긔서 한다고 떠드는 것도 또한 풍긔이지마는 그것을 못하게 방해놓는 이 때문에 강사講士, 연사演士가 서를 내

두르는가 부더라. 김명룡 군이 나 있는 대를 찾아왔다 갔더라. 조용주趙鏞周 군의 편지가 오다

2월 19일. 흐림. 김성수性洙 군을 찾았더니, 잘 먹지 못하는 술을 억지로 권하는 김에 세 잔채 마시었다. 술 마시기가 준하다. 매우 취한다. 군은 륵막염肋膜炎으로 지금도 신고한다. 원악붙어가 살지지 못한 몸이 더욱 냐위었다. 병으로만 그렇게 됨인지 또한 무슨 걱정으로 말미암아 그렇게 됨인지 — 어쨋던지 군을 위하야 또는 군의 사업을 위하야 쉬이 낫기를 바라고 빈다.

저녁에 리중화重華 군을 찾아보고 김락순落淳 군 집에 가서 로석老石 어른을 뵈다. 왜감과 곶감을 주신다. 그동안 혼자 도인道人으로 깨끗이 게시더니 그 가족家族이 시골서 몯아 옮아와 있음으로 그 루累를 벗어나지 못하심인지 얼마큼 주접이 있으신 모양이다. 그 어른도 육肉이 있는 몸이시니 어찌할 수 없으시리라.

2월 20일. 비도 오고 눈도 뿌렸다. 길은 한껏 질었다. 동광학교를 갔다 오는데 발을 띄어 놀 수 없는 데가 많다. 주재정朱宰晶 군에게 끌리어 가 그 집에서 설상을 받았다. 어려운 처지處地에 어려운 일이다. 음식도 맛깔스럽다.

2월 21일. 흐리다 맑다. 불교회에 놀다, 저녁에.

2월 22일. 맑다. 한충韓冲 군이 찾아왔다. 륙당 집에서 설상 먹자고 부른다고. 로석老石어른을 찾아뵙고 미안하다는 말을 하고 륙당께로 나가다. 일전에 로석 어른께서 우리를 주려고 오날 만두를 맨든다 하얐었다. 그러나 오날 갑작이 륙당이 오라는데 아니 갈 수가 없다. 가서보니 몯아 여듧 사람이 모았는데 내가 모르는 이는 둘뿐. 음식은 술 다음에 만두, 만두 다음에 떡국, 떡국으로 그치고 그친 뒤에는 나하고 한충

군은 일어서 왔다.

2월 23일. 맑다. 동광학교에 갔다. 백(校長)의 태도가 전과는 다르다. 더욱 친절한 것도 같고 속으로 무슨 걱정이 있는 것도 같다. 무슨 일인지 다른 교원들을 더불고 귀에 대고 소곤소곤 하며 다른 교원들도 이상히 실심한 듯하더라.

2월 24일. 맑다. 최익채崔益采 군을 찾아보고, 중동학교中東學校 가서 문일평文一平 군을 찾아보고 교사敎師를 얻어 달라고 부탁하고, 신문新文관에 가서 『동명東明』 값을 주고 일한서방日韓書房에 가서 『조선어사전朝鮮語辭典』을 발견發見하야 사고, 불교회에 들어 놀다가 돌아와 저녁 먹고 다시 나가 김병룡 군을 찾아보고, 수당을 찾아 찾아보고 할 이악이를 다 하고 돌아왔다. 김영준金永準 군의 편시가 오다.

2월 25일. 맑다. 퍽 칩다. 몽고蒙古 치위가 흘어왔다 하는 이도 있다. 죽첨정竹添町에 가서 문일평文一平 군을 찾아보다. 군의 이악이를 듣다가 해가 저믄 줄을 몰랐다. 국수를 주어 먹었다. 수당께 가 보고 돈 십오 원을 꿔어 가지고 진고개 문광당文光堂으로 가서 대번 『동사강목東史綱目』 한 질과 『대동긔년大東紀年』 한 질을 들어 왔다. 『동사강목』은 십팔 원, 『대동긔년』은 사 원 오십 전. 홍가인洪可人(命喜)을 찾아보고 호영강습원湖英講習院 교사를 구해달라고 하였다. 저녁은 더욱 칩다.

2월 26일. 맑다. 어제와 마챵가지로 칩다. 방안에 들어앉아 책서만 하고 있으며 밝앗 치위를 알지 못 하얐다가, 원동苑洞 맹주천孟柱天 군의 집을 찾아가느라고 저녁 바람을 쐬니 꽤 칩더라. 로석老石 어른을 찾아갔다가 락순落淳 군만 보고 대강 몇 말 하고 돌아오다 재동 재빡이에서 로석 어른을 맞났다. 로석 어른은 날 찾아와 기다리다 오시는 터이다. 그 손자를 보통학교에다 입학入學시키려고 매우 걱정이시다.

2월 27일. 맑고 칩다. 아버님께 글을 올이다. 아이들 보통학교 입학을 불긍不肯하신다기에 더구나 계집애 입학을 불긴不緊히 녀기신다기에 아이들을 속히 가르치어야 할 것과, 계집애도 꼭 가르치어야 할 것과, 더구나 나종 결혼 시긔에 당하는 혼인 문제와를 적었었다. 보시고 무어라고 하실는지. 넘우 간섭干涉을 마시었으면 좋겠다. 올해도 그냥 넘기거드면 학녕學齡이 지나겠다. 그러면 보통학교에 들 수가 없겠다. 그러면 아이들 전도前途가 랑패 아닌가. 딱하신 일이지. 웨 학교에 못가게 하시는지.

2월 28일. 맑다. 김갑기金甲基 군이 찾아왔다. 오래간만이다. 그는 내게 청할 일이 있다고 하며 이 다음에 보고 말하겠다고 한다. 저녁에 홍가인洪可人을 찾아보다. 아는 이 모르는 이 여럿이 와 앉았다. 이약이를 차차 듣고 보니 '월단회月旦會'다. 우리 사회社會에 누구누구 하는 이가 그들의 혀끝에서 놀아나지 안는 이가 없다. 맞나보자는 사람도 맞나보았다. 그리고 내 욕심대로 억지를 써보았다. 그럼 벌서 다른 데로 허락許諾을 하였다고 야숙이 내 말 듣지 아니한다. 그러다가 좌우간左右間 래일 다시 맞나 말하자 하고 돌아왔다. 한순현韓恂鉉 군을 찾아보았다.

3월

3월 1일. 맑다. 좀 칩기도 하다. 이날은 정월 열나흔 날인가. 아니, 삼월 일일. 아니, 삼월 일일은 곳 정월 열나흔날, 올해 말이다. 삼월 일일, 삼월 일일.나는 무슨 일을 하였었다. 지금 무슨 일을 하고 있나. 장차 무슨 일을 할가. 이렇게 생각하는 제목題目만 두고 그렁저렁 한평생 지날 뿐인가. 나는 무엇보다도 내 문제問題가 급하고 크다. 나는 내 마음 하나를 가다듬지 못하고 내 몸 하나를 추스릴 줄 모른다. 하물며 다른 이에게 밎이랴.

규영奎榮 형의 아우인 태영 군을 맞나보다. 그 얼굴이 규영 형을 많이 닮었다. 규영 형을 맞난 듯한 늣김이 있다.

홍태식洪台植 씨가 홍명희洪明喜 씨의 명함을 가지고 와 본다. 매우 몸이 튼튼하게 보인다. 호영강습원湖英講習院에서는 장정壯丁 하나를 얻어가겠다. 지시해보자.

3월 2일. 癸亥 正月 十五日. 비가 오다. 백남규白南奎 군이 맞나자기에 동광학교에 갔다오는 길 그 집을 찾았더니 아이가 나와 없다고 하더라. 돌오 오니까 또 아이가 달아와 있다고 하며 자꾸 가자고 간청한다. 못 이기어 딸아드니 백은 횡설수설橫說竪說한다. 돌아와 저녁 먹고 락원동樂園洞 대종교 중앙교당에 가서 중광절重光節 경하식慶賀式에 참여하고 천병天餠 두 개를 얻어 가지고 불교회로 오니 한쪽에서는 바둑을 두고 한쪽에서는 술 이악이를 한다. 천병을 낲아 먹이고 놀다오니 익채益采 군이 책이랑 원고지原稿紙랑 가지고 찾아와 이런 이악이 저런 이악이 하다가 래일 아츰에 떠나서 울진蔚珍 집에로 간다고 작별한다.

3월 3일. 맑음. 오철호吳徹浩 군하고 원동苑洞 가서 정鄭(인보寅普) 위당爲堂을 찾아 만나지 못하다. 전주 조용주趙鏞周, 하경렬河慶烈 씨, 함상훈咸尙勳 군에게 편지를 하야 홍태식洪台植 군을 교사敎師로 지시하다.

3월 4일. 맑음. 김갑긔金甲基 군 형제兄弟가 찾아왔다. 삼청동 김영운金永運 군을 찾아보다. 홍태식洪台植 군이 찾아왔더라.

3월 5일. 맑음. 수당이 찾아오고 고경진高敬鎭 군도 찾아와 놀다 갔다.

3월 6일. 맑다. 아츰에 조용원趙鏞元 군이 용주鏞周 군의 편지를 가지고 왔다. 그 자당께서 병환이 중하시다고 돈 십 원만 꿔어 보내라 하였다. 아츰밥 먹던 멀로 김성수金性洙 군을 찾았다. 아즉 이불 속에서 꿈을 꿘다. 한참 앉았더니 일어난다. 다른 말만 하다가 돈 말을 하고 래일 아츰에 시골 갈 로자路資라는 것을 억어지써 얻었다. 불교회로 가 용원鏞元을 보고 주었다. 그러고 동광학교로 갔다. 밤에 감긔가 들었다.

3월 7일. 흐리다. 종일 정신이 좋지 못하다. 집에서 광주 누의의 편지가 오다. 함상훈 군, 하상렬 씨의 편지가 오다.

3월 8일. 종일 비 오다. 장롱 열쇠를 사아 헌옷 속에 넣어 소포小包로 하야 집에 보내다. 누의님께 답장 편지하다. 집사람에게도.

련천漣川 황방리篁芳里에서 조용주趙鏞周 군의 편지 오다. 그 신환新患이 좀 낫으시다 한다. 돈은 보냈다는데 아니 오고.

3월 9일. 맑다. 곳불이 오날이아 좀 낫다. 요마적도 방은 차지 아니하여야 견디겠다. 찬 방에서 하루밤만 지나면 탈이 난다. 양생술養生術을 안대도 긔구箕裘가 불치하면 할 수 없다. 제 경우境遇대로 지나는 수 밖에….

3월 10일. 흐림. 저녁 비. 홍태식洪台植 군을 찾아갔다 못 맞나고 가인可人만 맞나 이악이하얐다. 독립관獨立館 뒤에 가서 강엽姜燁 씨를 찾아 못 보다. 경진敬鎭 군이 와 본다.

3월 11일. 흐림. 강엽姜燁 씨께서 찾아오셨다. 조룡해 군을 찾아보다.

3월 12일. 흐리기도 하고 맑기도 함. 전주 정기용鄭機用 씨, 하경렬 씨, 함상훈咸尙勳 군에게 편지 붙이다.

3월 13일. 맑음. 조용주趙鏞周 군이 찾아 왔다는데 내가 맞힘 마슬을 가서 못 맞나보았다.

3월 14일. 흐림. 아츰에 용주 군이 찾아왔다. 같이 밥을 먹고 나서 홍명희 가인可人에게로, 불교회로, 보진재宝晉齋로 해서 대관원大觀園에 니르러 점심을 먹었다. 오랏만에 맞나니 퍽 반갑다. 하려던 말은 잊어 생각들지 안는다. 홍태식台植 군이 찾아왔다.

3월 15일. 맑음. 동광학교에 가서 시험을 보았다. 불교회에서 용주 군을 맞나 같이 탑골공원을 가 놀다 다시 석전石顚 스님을 맞나 음식집에 가서 저녁을 먹었다. 홍태식 군을 맞나보다. 조 형의 편지 보다.

3월 16일. 비 오다. 아츰에 떠나는 조용주 군을 가서 보다. 금산錦山 김인수金仁洙 군 편지 붙이다. 김락순金落淳 군이 찾아왔다. 웃읍다, 남을 가지고 이랬다저랬다 한다더라.

3월 17일. 맑음. 신명희申明熺 군하고 창신동昌信洞을 가 보다. 그다지 맞당한 터가 없다. 저녁에 수당 보러 가다가 문일평文一平 군을 맞나 같이 가 수당을 보고 니악이하고 돌아오니 김영운金永運 군이 단이여 갔더라.

3월 18일. 맑기도 하고 흐리기도 했다. 아츰에 김영운 군 집을 찾아가니 김병희炳熙 군, 리원익李源翊, 한정길韓楨吉이란 이도 와있다. 술밥에 잘 얻어먹고 그냥 붙들려 점심點心에 떡을 먹었다. 김 군의 얼신네 생일이 이날이란다.

3월 19일. 흐림. 조용주趙鏞周 군의 편지와 돈 이십오 원이 왔다. 곳 홍태식洪台植 군을 찾아가니 군은 어대 가고서 없고 가인可人의 큰 자제만 있다. 나 와 갔단 말을 넓어 달라고 하고 돌아와 보던 책 한 장을 넘기니 홍 군이 왔다. 이십오 원을 주고 같이 보진재寶晉齋에 가서 수업증서修業證書를 찾고 한충冲 군을 찾고 동광학교에 시험지를 갖다주고 불교회에 와 놀았다. 저녁에 홍 군이 찾아와 전주全州를 래일 간다 하며 거긔 사정事情을 뭇는다. 이런 말 저런 말 하다가 주인집에서 송편을 해내왔기 잘 먹었다. 밤이 깊었다. 손님은 가고 나는 잤다.

3월 20일. 맑음. 아츰에 힌떡을 먹었다. 오날은 주인집 아이 차옥此玉의 생일이란다. 정거장에 가서 홍태식洪台植 군을 전송餞送하다. 로자가 모자라기에 맛힘 가졌던 일 원을 보태주었다. 저녁나잘 서승효徐承孝 군이 찾아왔고 불교회 축 이림청李林靑, 백우용白禹鏞, 주재정朱宰晶 군들이 찾아왔다. 밥에 떡에 준다. 서 군, 주 군만 먹는다. 다른 이들은 아니 먹는다, 자꾸 권해도. 맞흠 주인도 없고 술도 없으니 군들의 이번 길은 아주 낭패다.

3월 21일. 비 오다 그치고 구름만 끼었다. 곽법경郭法鏡 화상和尙을 찾아보고 전주全州 호영강습원湖英講習院에 당한 일을 말했고 동광학교의 니약이도 들었다. 또한 내게 당한 문제도 일어키며 승락承諾하기를 바란다. 그러나 나는 그 형편과 내 형편이 서루 어울이도록 하자고 다음 날로 미루었다. 저녁에 한충韓冲 군 오철호吳徹浩 군이 찾아와 놀았다.

3월 22일. 구름 끼다. 뜻밖에 서대문 감옥에 있던 최익한崔益翰 군이 와 본다. 꿈인지 안인지 모르겠다. 서루 손을 잡으며 어찌 반가운지 모르겠다 소리가 저절로 나온다. 아즉 소위 형긔刑期는 이개 년 칠 개월이 남았다는데 어제 가출옥假出獄을 시켰다. 지난 일개 년 오 개월 동안간 지옥地獄에서 겪은 고생이야 말할 수 없는 고생이다. 뭇잖고 듣잖여도 짐작하겠는데 실제實際 그 말을 들으니 말말끝에 몸서리가 친다.

그래도 군은 태연자약泰然自若한 태도態度가 그전과 다름없을 뿐더러 더욱이 단단해 보인다. 깃브다. 깃브다. 같이 가서 불교회에 놀았다. 익채 군의 편지도 오다. 저녁에 다시 려관으로 가 찾았더니 래일 아츰에 시골로 떠난다고 무엇을 사러 나갔다 한다. 로석 얼은 댁에서 놀다가 다시 가 찾았으나 또 없다.

3월 23일. 맑다가 흐림. 새벽잠을 깨어 익한 군을 찾았다. 맞흠 행장을 정돈하여 떠나려 한다. 전긔등 불이 꺼지기 전에 경성역에 니르렀다. 일곱 시에 군君을 작별하고 돌아왔다.

3월 24일. 비 오다. 동광학교東光學校에 가서 수업식修業式을 보다. 병륙秉陸이 편지가 왔다. 병룡秉龍이가 륙칠 일 전붙어 앓는단다. 류행감긔流行感氣인지 무엇인지 매우 걱정된다.

3월 25일. 흐림. 대종교 중앙교당에 가다. 김영준金永準께 편지 붙이다. 김성수金性洙 군을 찾아보다.

3월 26일. 흐림. 진고개에 가서 책사册肆란 책사는 몯아 들레보다. 탑골공원塔洦公園에서 세 시 동안이나 정좌靜坐하였다. 약속대로 조학유曺學乳를 찾았더니 어대 가고 없다. 저녁에 세 번이나 찾아도 없다. 말 들으니 자정子正에나 들어와 잔다더라. 한 사람이 약속을 어기면 또 다른 사람까지 거짓말이 되고 만다. 이것도 불쾌不快한 일이다. 함상훈咸尙勳 군이 찾아왔다. 반갑다. 전주 니약이를 자세히 들으니 더욱 깃브다. 리종익李鍾翼 군에게 편지하다. 아까 종익 군을 욱정조선토목건축협회旭町朝鮮土木建築協會로 찾아갔다가 없어서 못 맞났다.

3월 27일. 비 오다. 부슬비가 오다. 아츰에 일즉 일어나 조학유曺學乳를 찾았다. 찾는 소리에 잠을 깨어 니불 속으로 고개를 쳐들고 본다. 된다던 것은 또 못 다 되었다 하며 미안하다고 할 뿐. 로석老石 얼은을

뵙고 저녁나절에는 수당을 가 보고 실신한 까닭을 말하며 사례해 달랐다. 함상훈尙勳 군을 찾다. 조용해龍海 군이 왔다.

3월 28일. 흐림. 아츰 일곱 시 차에 서울을 떠나다. 함상훈 군은 정거장까지 전송하러 왔더라. 사직재 리룡화龍和 군하고 동행하다. 강경에서 나려 지체하잖고 집으로 돌아오니 룡희가 누어 앓는다. 겨우 숨만 쉴 따름이다. 오날 새벽까지 자꾸 찾더라는 제 아비도 몰아본다. 벌서 십여 일 앓았단다. 온 집안 사람, 온 동내 사람까지 몯아 모여 걱정을 한다. 밤새도록 잠이 아니 온다.

3월 29일. 맑다. 한울은 맑으나 내 마음은 흐려졌다. 룡희는 숨만 끊이지 아니할 뿐이고 아무것도 마시지 못한다. 한밭 사는 족형族兄 길佶(字 性惑) 씨며 창들 병무秉武 군이 와 잤다. 오날 저녁은 잠을 좀 잤다.

3월 30일. 맑음. 오전 팔 시쯤 하여 룡희의 숨은 아주 끊였다. 아우들과 병관이더러 행랑行廊ㅅ사람을 더불고 가서 이안이골 공동묘지公同墓地에다 묻게 하얐다. 길 씨며 병무는 돌아가고 저녁 물엽에 둘재 쳐숙妻叔과 성생원 얼은 오셨다. 김용순金用淳, 리한주李漢周 군이 찾아왔다.

3월 31일. 맑음. 처숙과 성 씨는 돌아가셨다. 저녁 물엽에 사촌 형님은 득남得男하얐다.

4월

4월 1일. 맑기도 흐리기도 함. 한별, 최익채益采, 조 형, 동광학교 여러 선생들께 편지했다. 수당, 무전武田게서 편지가 왔다.

4월 2일. 종일 흐리고 싸늘하다. 영희英熙를 려산학교에 보내다. 장골 눈 서방들이 왔다.

4월 3일. 맑다 흐리다 하였다. 눈 서방들은 돌아갔다.

4월 4일. 비 오다. 수당께 편지 붙이다.

4월 5일. 흐리다 맑았다. 영희英熙를 학교에 보내다.

4월 6일. 맑다. 청명淸明. 한식寒食. 아츰에 집을 떠났다. 독적골 가서 계수季嫂의 병을 보다. 새달이 산월이라는데 부증이 나고 천촉이 난다. 양정희定熙와 동행同行하야 금마金馬보통학교에 가서 리용극容克 아들 중건이를 보고 삼례에서 차를 타고 전주로 갔다. 바루 조 형 댁으로 가는 길에 소석素石을 찾고 갔다. 서루 맞나니 반가운 인사는 없다. 더구나 누의님께서는 그놈 해산할 때 와서 수고하신 일이 있었음으로 매우 인상印象이 박혔을 것이다. 조 형하고 청학루靑鶴樓에 가서 김병직炳稙 군 송별회에 참여하야 밤중에 돌아왔다.

4월 7일. 맑음. 호영강습원湖英講習院에 가서 여러 선생을 맞나보다. 선생들이 한산집으로 가서 점심을 먹인다. 백용희白庸熙 선생도 오셨다. 오목대梧木臺에 올았다가 다시 나려오아 하 선생, 백 선생하고 김준희金駿熙 씨를 찾았다 못 보고 백 선생 려관으로 가서 저녁을 먹었다. 밤에 조 형 댁에 가서 잤다.

4월 8일. 비 온다. 오날은 떠나려다가 비 오기 때문에 중지中止하였다. 림천순天淳, 리학근學根 군을 찾았다 다 못 보고 호영강습원으로 갔다. 변일섭邊日燮 군도 맞나보다. 여러 선생하고 놀다가 저녁까지 얻어먹었다. 손 선생 조 형도 왔다. 용주鏞周 군이 또 음식을 사 먹인다. 밤은 퍽 깊었다. 강습원에서 잤다.

4월 9일. 맑음. 저녁에는 흐렸다. 전주를 떠났다. 공업학교 손 선생이 와 전송한다. 용주 군은 편지를 보냈더라. 림천순天淳 군하고 동행하야 숩니까지 왔다. 다시 한밭 가는 차에 옮았다. 신보영申補永 군을 맞났고 련산連山 와 나려서 종형과 병관 일행을 맞나 같이 숲말까지 와 사계 선생의 유허遺墟와 양성당養性堂을 보고 김창현昌鉉, 무현武鉉 군 형제를 찾아보고 술상을 받고 이악이하다가 나는 다시 정거장으로 와 어느 주막에 밥을 사먹고 밤차를 타고 서울로 오다.

4월 10일. 맑다. 아츰에 서울에 니르러 바루 보진재宝晉齋로 가서 조용주 군의 부탁付託 건件을 맞후어 주고 게동 한별 댁으로 들다. 동광학교에 갔었다. 룡해龍海 군도 찾아보고 불교회도 가보았다. 병륙이에게며 조용주 군께 편지를 붙이다.

4월 11일. 맑다. 흐리다. 동광학교에 가서 신임新任 교장 리혼성焜惺 씨며 신임 교원 김지태金知泰, 현창운彰運을 보고 일학년 입학생 시험 감독을 하다. 저녁에 수당을 가보다.

4월 12일. 흐리고 싸늘하다. 바람도 분다. 동광학교에 가서 시험 감독 하고 점심, 저녁을 얻어먹었다. 오철호徹浩 군을 맞나보다. 최익한益翰 군게서 편지가 오다. 매우 나를 생각하는 모양이다.

4월 13일. 맑다. 동광학교에 가서 이삼학년 보결생 시험을 보다.

4월 14일. 맑다가 흐린다. 동광학교에 갔다오다.

4월 15일. 맑다. 한별, 취룡하고 홍명희明喜 씨, 리광종光種 씨를 찾았다. 김영운永運 군을 찾아다가 못 보고 오다. 밤에 한별하고 리관용灌鎔의 강연講演을 가 들었다. 서양 사람들이 본『도덕경道德經』을 고대로 풀어 말하는 셈인지 자긔의 생각인지 듣는 나로 하여 곳 분간하기 어렵게 한다.

4월 16일. 흐리고 비옴. 동광학교에 가서 시험을 맞혔다.

4월 17일. 종일 비. 말모이 책 옆에 앉아 철필을 닳였다. 그러고 보니 저녁상이 들온다. 신상우申相雨 군이 찾아오다.

4월 18일. 비 오고 흐리다. 경도대학京都大學 문학부文學部로 『삼국유사三國遺事』 두 질帙은 청請했다.

4월 19일. 맑다. 한충韓冲 군을 더불고 동광학교東光學校며 창경원昌慶苑을 갔었다. 동아일보사東亞日報社에 가서 신상우申相雨 군을 찾아보다.

4월 20일. 맑다. 동광학교에 가다. 김병룡 군을 찾아보다.

4월 21일. 맑다. 한별, 취롱翠儂하고 동광학교에 가다. 개학식開學式에 참여하고 오후午後에 성북동城北洞을 나려다 보고 성을 끼고 돌아 삼산평을 지나 탑골 승방에 가서 저녁밥을 식여 먹고 놀다가 리혼성李焜惺 씨 피로연披露宴의 식도원食道園을 갔었다. 기생을 넷이나 부르고 배반杯盤이 랑자하였다. 장구치고 가얏고 타고 놀애 하는 소리에 밤 가는 줄 모르더라. 리승렬李承烈 군하고 먼저 돌아오다. 열두 시. 탑골 승방에서『관음경』을 얻었다.

4월 22일. 맑다. 대종교 축을 맞나서 장충단奬忠壇 구경을 갔었다. 사람이 퍽 많다. 한 가족이 나와 노는 이가 많다. 가장 일본 사람에 많다. 뻣지꽃은 아즉 아니 피었다. 이리저리 단이다 돌아오느라니 또한 무슨 구경이 있는가 하여 장충단을 향向하야 가는 이가 떼를 지었다. 진실로 우리 인생이 세상에서 한쪽에서는 죽어가는 이도 있고 한쪽에서는 생겨나는 이도 있어 맞히 장충단 구경과 같이 무슨 의미意味인지를 모르고 지남을 알겠다. 양정희定熙, 소병식秉寔 일행을 맞났었다.

4월 23일. 맑다. 동광학교에 가서 해를 지었다.

4월 24일. 맑다. 동광학교에 가서 일은 없이 해를 보냈다.

4월 25일. 맑다. 창경원昌慶苑을 지나다보니 벚지꽃 구경하러 들어가는 이가 꽤 많다. 우리 조선 사람도 심지어 벚지꽃 구경까지 배운다. 남이 좋아하면 몯아 좋을가. 감정이 매우 단순한 이가 많다. 맞히 어린아이 모양이다. 저녁ㅅ거리가 없어도 아츰 먹을 것만 있으면 걱정이 없고 래일 죽을망정 오날만 살으면 질거한다. 그야말로 벚지꽃이나 구경 단이며 아무 일도 않고 질겁게 지날 팔자면 좋겠지마는 우리야말로 과연 그런 팔잔가.

4월 26일. 맑다. 한충韓冲, 오철호吳徹浩 군하고 진고개에 가서 책사를 찾아보고 오다가 양산 한 개를 사았다.

4월 27일. 구름 끼다. 저녁에 비 오다. 전주 조 형趙兄이 찾아왔다. 니악이하다가 같이 나아가 종로를 거쳐 진고개까지 갔다 왔다.

4월 28일. 비 오다. 동광학교에서 저녁을 얻어먹고 진고개로 가서 원금原金려관의 조 형을 찾아보고 밤에 같이 돌아오다.

4월 29일. 비는 개고 구름은 걷히지 아니하였다. 동광학교에 갔다 대관원大觀園으로 와서 요긔하였다. 조 형이 래일 아츰에 떠난다기에 전화로 작별.

4월 30일. 맑음. 어천절御天節(三月 十五日)이다. 한배님께서 환으로 돌아가신 날이다. 중앙교당中央敎堂에서 저녁에 긔념記念식이 있기에 한충韓冲 군을 더불고 가 보았다. 갑자기 나더러 축하사를 하라기에 어쩰 수가 없어 나섰더니 잘 생각이 아니 남으로 말이 막히어 거푸 말만 하다 말았다. 낡우어 주는 천병을 받아가지고 돌아오다. 밤은 칩지도 더웁지도 않고 달은 두렷이 밝았다. 꽃 같은 젊으신 안악네가 떼떼이 짝을 지어 야시夜市 구경을 나간다. 그 틈에 혹 하이칼라 사내 녀석도 끼어간다. 우럴어보이는 저 달은 같은 달이지마는 저이네들의 보이는 달과 나의 보이는 달은 서루 다르다. 만일 우리로 하야금 도道의 체體를 저 달과 같이 원만하게 일우고 도의 빛光을 저와 같이 밝게 가졌으면 온 세계世界ㅅ사람과 물건物이 다 그를 우럴어볼 것이요, 구속에서 살아날 것이다. 그러나 달은 달이요, 나는 나이다. 달은 나를 보고 나는 달을 본다. 나는 달이 되고 싶어하지마는 달은 나를 되고 싶어할는지도 모른다. 그러나 도의 체와 도의 빛이 저와 같다고 비유譬喩할 수 있다. 그 뿐더러 혹은 도의 체, 도의 빛을 일운 몸이 곳 저 달이 아닌지도 모르겠다. 나는 과연 그를 그럽어 하노라. 그를 일우고도 싶다.

5월

5월 1일. 맑다. 저믈도록 카트만 썼다.

5월 2일. 맑다. 신명균申明均 군을 찾아보고 교육협회 규칙 한 벌을 얻어서 조 형께 붙였다. 편지도 하였다. 조룡해 군이 찾아와 요마적 련애생활戀愛生活을 한다는 자미있는 니약이를 한다. 그렇게 고르고 고르더니 어느 녀자와 약혼約婚을 하였다. 그 녀자는 이미 고등보통을 맞히고 지금 의학전문에 청강생聽講生으로 단이는데 인물도 얌전한데 조군과 같은 문학 취미가 있단다. 그동안 서루 편지 왕래도 많이 하고 시도 많이 지었다 하며 한번 와보라고 한다. 집에 편지를 보내다. 하도 오래 소식을 못 들어 굼굼도 하다.

5월 3일. 맑다. 집에서 옷이 오다. 김락순洛淳 군이 양복을 갔다준다. 수년 동안 싸아 두었더니 알엣도리는 좀이 몇 관데나 먹었다. 원악이 양복은 입기가 싫어 내 입지도 아니하였다. 넣었던 나후타링은 벌서 없어졌다. 양복집에 갔다 맡겼다, 곧혀달라고. 백용희白庸熙 선생께 편지 붙였다.

5월 4일. 맑다. 저녁에는 구름이 끼었다. 교장 리혼성李焜惺을 주빈主賓으로 하야 태서관泰西館에 동광학교 선생이 다 몯였다. 양료리洋料理는 내 입에 맞지 안는다. 백용희 씨 편지가 오다. 고등보통학교용用 조선어 한문 교과서에 대한 의견을 물었다. 김준희駿熙, 김병직炳稙 군께 편지 하다.

5월 5일. 구름 끼었다. 저녁에 비가 좀 왔다. 오철호吳徹浩 군하고 리정화貞和 군을 찾아 더불고 탑골공원塔汨公園에 가서 이런 니약이 저런 니약이 하다가 갈였다. 백용희 씨게 편지 답장하였다. 경도대학 문학부에『삼국유사』보내라고 독촉 편지를 하였다.

5월 6일. 맑다. 대종교당에 갔다. 주재정朱宰晶 군과 한충冲 군을 더불고 남南산에 오르다. 온 서울을 나려다 보니 불쾌한 생각만 난다. 조선 사람은 차차 찍으러진 오막살이집도 차지하고 살 수가 없게 되는 모양이다. 우리는 우리보다 강한 놈의 침노를 받는다. 강한 놈은 언제던지 약한 놈을 먹어 없이려 한다. 그러면 이 누리에는 가장 강한 놈만 남아 살 것인가 하노라.

5월 7일. 맑다. 조 형의 편지가 오다. 경대京大 문학부文學部에서『삼국유사』가 왔다. 조룡해 군을 찾아보았다. 백용희 씨게 편지 붙였다.

5월 8일. 흐림. 맑다 흐렸다. 김준희 씨의 편지가 오다. 번연히 생각하여야 쓸데없이 마음만 상하는 줄 알지마는 무듸무듸 생각힌다. 그것이 나로 하야 괴로웁게 한다. 그따위 생각이 도모지 마음에 나지 않게 할 수가 없을까. 사람의 일로는 그럴 수가 없는가. 의문이다. 요동의원遼東醫院 리필근李弼根 군에게 편지 붙이다.

5월 9일. 구름 끼다. 김승렬金承烈 하고 해려海旅 림종상林種祥을 찾아보고 놀다가 저녁까지 얻어먹었다. 밤에 비 왔다.

5월 10일. 아츰나절은 구름 끼고 저녁 물엽에 좀 맑았다. 김락순 군을 찾아보다. 곽 씨 법경은 못 맞나보다.

5월 11일. 맑다. 취운정으로 하여 창덕궁昌德宮 궁장宮墻을 안끄 성균관成均館 뒤로 나서 동광학교에 가다. 길은 꼽을꼽을 오르락나리락하여 좋지 못하나 그윽한 수도 속에 깨끗한 공긔空氣를 마시며 졸졸 흐르는 물도 보며 새 울음도 들으며 어슬렁어슬렁 걸어가는 나도 한 자연물自然物이 되었다.

5월 12일. 맑다. 헌옷을 싸아 집에 보냈다. 상품진렬관商品陳列館에 열은 미술전람회美術展覽會를 보았다. 글시, 그림, 조각彫刻에 그림은 동양식도 있고 서양식도 있고 등수等數는 이등으로붙어 사등까지 있고 그 밖에 참고품參考品도 있다. 좀 낫다는 것은 보기에 천연天然스럽고 의장意匠이 복잡하거나 크거나 긔묘奇妙하거나 할 따름이다. 그러나 온통 신운神韻이 있어 보는 이로 하야 놀애게 할 것은 하나도 없다. 구경ㅅ군들은 꽤 많다. 고등보통학교의 녀자 축이 들어와서 엇개를 비집고 단이는 바람에 연에 밀려서 자세히 보지도 못하고 다만 기름 냄새만 퍽 맡았다. 불교회에 들어 신문을 보다. 중외일보中外日報는 긔사記事를 곳장 잘 낸다.

5월 13일. 흐리다가 비. 한별, 취롱, 한충하고 야조개 가서 김돈희金敦熙를 찾아보다. 서첩書帖을 내어놓고 보다 몇 가지 니악잇 거리를 줏어 가져오다. 나는 통의동通議洞으로 들어 정균鄭均 군을 찾았다. 군은 길가에다 가가를 벌이고 앉았다. 총독부 돈 먹고 단일 때 보다는 만사萬事가 자유自由라고 하며 웃는다. 그 길로 죽 옳아가서 청운동淸雲洞

오십이 번지에 리종익鍾翼 군 집을 찾다찾다 못하고 육상궁 앞을 지나 추성秋成문 앞에ㅅ문으로 들어 신무神武문을 빗겨놓고 춘성春城문으로 나오다. 맛힘 비가 부슬부슬 나린다. 문턱에 서서 비 개기를 기다렸다. 비는 개기 커녕 자꾸 더 온다. 삼청三淸동이 곳 나려다 보인다. 그 전 무관학교ㅅ자리 뒤에서 한줄기 구름이 뭉게뭉게 피어오른다. 반쯤 공중에 가다 말고는 굽이굽이 소나무 사이로 서린다. 두어 집 다듬이 소리는 멀리서 들긴다. 어느 고패집 안마루 안방 문이 맞우 보인다. 빩앙 저구리에 옥색 치마가 연신 날랑날랑하고 앞에ㅅ두리만 검정 양복을 입은 이도 무엇을 하는지 자귀를 가지고 앉아서 똑딱거린다. 그러더니 밥상이 방으로 들어가고 빩앙 저구리가 나와 서루 무어라고 하는지 하고 들어간 뒤에는 둘이 다 그림자도 아니 보인다. 남의 가정의 지나는 동정을 살펴봄도 매우 흥미가 있다. 또한 거긔에 관연關聯하야 여러 가지ㅅ일이 생각난다. 흖이 사람은 거긔에 붙잡혀 한평생을 막으난 잦으난 하고 만다. 맛당이 그리 하여야 하기도 할 것이다. 지금 나처럼 집안도 돌보지 않고는 살 수 없는 이가 다수일 것이다. 떡장사 마느라를 맞났다. 먹고도 싶은 판에 권하기까지 하여 떡 네 개로 배를 채우다. 비는 끊이지 안는다. 하는 수 없이 그냥 돌아오다. 모자와 후루막은 흠빽 물이 배었다. 벽에 걸어 맒이고 잠 한소금을 잤다.

5월 14일. 맑음. 집에서 병륙의 편지 오다. 리종익 군이 찾아오다. 벌서 십삼 년만에 맞난다. 처음에도 얼굴을 잘 긔억記憶 못하겠더니 차차 니악이를 끄내어 그 목소리도 듣고 자세히 보고 보니 녯 얼굴이 생각난다. 그동안 훈도訓導생활 하다가 재작년에 서울로 왔다 하고 일본 소설 등 수백數百 종種 책을 읽어 보았다 하고 『우후의 화雨後の花』란 소설을 창작創作하는 중이라 한다. 니악이가 하도 재미있어 저녁ㅅ상 들어

오는 줄도 몰랐다. 밤에 고순흠高順欽 군하고 수당한테 가서 떠들다 오다.

5월 15일. 맑음. 탑동공원에서 수당을 맞나 같이 미술전람회를 구경가다. 다시 보아야 더 돈뵈는 것은 없고 참고품에 '앵곡櫻谷의 사슴' 그림과 '광업廣業의 묵산수墨山水'가 가장 좋은 듯하다. 천주교天主敎당으로 들어서 돌아단이며 보니 과연 터가 좋다. 이전 북고개인데 허미수가 살았다 하고 금구몰니金龜沒泥로 니름난 터라 한다. 남산서 떨어져 가지고 도도록하게 생겼다. 여긔서 온 서울이 거진 다 보인다. 한쪽에는 남학교男學校, 한쪽에는 녀학교가 있어 방금 교수 중이다. 가끔 수녀의 아름다운 목소리가 류리창 사이로 뛰어 나온다. 교당 같은 것은 이렇게 장엄하게 지어야 할 것이다. 그 속에 무슨 신비神秘나 있는 듯이 이사ㅅ사람으로 넹큼 알 수가 없게 하야 신앙信仰하는 마음을 내게 한다. 그러나 지금은 레닌 같은 이가 있어 유물唯物ㅅ주의主義를 세우니까 종교게界도 큰 타격을 받게 되었다. 장차 세상이 어떻게 될는지 의문이다.

5월 16일. 맑음. 동광학교에 갔다. 그 뒤에 우암이 써 사기는 증주벽립曾朱壁立이란 바위를 안고 돌아 그 북편으로 좀 옮아가니 졸졸 물ㅅ소리가 난다. 애소나무들이 다복하게 서 있는 사이로 기괴한 바위 머리가 쑥쑥 솟아 있어 맞히 무슨 짐승들이 머리를 쳐들고 무엇을 엿보는 것 같다. 한 판판한 바위에 앉어 발을 씻었다. 깨끗한 맛이란 다시없는 듯하다.

5월 17일. 맑다. 룡희를 생각다가 글을 쓰었다. 조룡해趙龍海 군을 찾아보다.

5월 18일. 저녁나절 비 오다. 김필수弼洙 군이 찾아왔다.

5월 19일. 구름 낌. 저녁에 비 오다. 김영운金永運 군 집을 찾아 그 자당慈堂을 뵈옵고 니악이하다가 오다.

5월 20일. 비. 당피ㅅ골 가서 김필수金弼洙 군을 찾아보다. 그 어른 영철永哲 씨도 맞나보다. 수일 뒤에 필수 군은 서양 유람을 간다고 그 준비를 한단다. 그야말로 팔ㅅ자가 좋은 사람이다. 부자요. 청년이오. 시하侍下요. 건강자健康者다. 공부를 하던지, 일을 하던지, 구경을 단이던지 하고저 하는 대로 될 것이다.

5월 21일. 맑음. 김승렬金承烈 군하고 화월루花月樓 터 동양東洋 미술전람회美術展覽會란 것을 가보았다. 그림 쪽아리, 글시 쪽아리, 조각 쪽아리 몇몇 있으나, 몯아 항다반ㅅ건으로 속태俗態를 면치 못하얐고 참고품參考品으로 몇 쪽아리만 좀 볼맛이 있을 따름.

5월 22일. 맑음. 신종휴申宗休 군이 찾아왔다.

5월 23일. 흐리다가 맑음. 음력陰曆으론 사월 초파일. 동광학교에 갔더니 오후에는 학과를 폐하고 놀린다. 오전에만 두 시간 떠들어댔다. 불교회에서 늘어지게 놀았다. 저녁에는 각황사覺皇寺 한용운韓龍雲 강연講演을 들으러 가다. 게집, 사내, 늙은이, 젊은이 퍽 몯였고 또 자꾸 들온다. 무슨 별난 구경이 있는가 하고 들왔다는 가는 이도 있고, 그냥 있는 이도 있고, 무어라고 짓거리는 이도 있어, 그대지 크지 못한 한 씨 소리는 들리지 아니한다. 아무 자미가 없기에 나왔다.

조 형의 편지며 병택秉擇의 편지를 받아 보았다. 한순현韓恂鉉 군을 찾아보고 신종휴申宗休 군의 일을 부탁하였다.

5월 24일. 맑음. 말모이 하다. 조선일보朝鮮日報에서 동경東京 리수영李壽永 군의 부하를 보다.

5월 25일. 맑음. 바당이 누의님이 찾아왔다. 그적께 집에서 왔다 한다. 집 소식은 들은 동 만 동 수수하여 니악이도 못하고 갊였다.

5월 26일. 비. 병구秉矩 집을 찾아보다. 뉴근柳瑾 씨 대상大祥에 이 원 붙이다. 진고개 책사를 둘어보다. 살 것을 많으나 돈이 없어 걱정.

5월 27일. 맑음. 봉익동鳳翼洞에서 바당이 누의님을 찾아보다. 병택秉擇에게 편지 붙이다. 최익한崔益翰 군에게 편지 붙이다. 시조時調 한 마디를 쓰었다.

생각다 잠이 들어 얼풋이 꿈을 일워
뛰는 듯 나는 듯 님을 찾어 가려할 제
얄미운 이웃 삽살이 뜰 와서 짓더라.

5월 28일. 맑음. 동광학교에 가다. 그러께 늦은 가을 비오는 밤에 서대문 감옥에 있는 익한益翰 군을 생각다가 시詩 한 구句를 얻었더니 오늘 그 시詩ㅅ구가 생각혀 차졌다.

物態世情日換新, 有誰與我最相親.
漢山夜雨蕭蕭下, 獨對寒燈思故人.[1]

김승렬金承烈 군하고 오세창吳世昌 씨를 찾어보다. 딴 세상이다. 금석金石을 가지고 노는 세상이다. 그가 편집중인 조선서화가렬전朝鮮書

---

1 세상 물태(物態)와 인심은 날마다 새로이 바뀌는데
그 누가 나와 더불어 서로 가까이 지내는가
서울에 밤비는 쓸쓸히 내리는데
홀로 쓸쓸한 등불 마주하여 옛 벗을 그리워하노라.

畵家列傳도 보고 지나支那 고금古今 일류一流의 인각印刻도 보고 구갑수골龜甲獸骨에 사긴 은대殷代 문ㅅ자도 보고 거긔에 당한 니악이도 들어 거긔에 당한 지식이 얼마콤 늘었다. 걱정이나 없고 돈이나 있고 겨를이나 있으면 두세 친구 더불고 서화나 하고 산수나 구경하고 지나는 것도 좋을 것 같다.

5월 29일. 맑음. 동광학교에 가서 력사歷史를 쓰고 가르쳤다.

5월 30일. 맑음. 봉익동鳳翼洞에 가서 바당이 누의님을 찾어보고 그 붙여 달라는 편지를 맡았다. 동광학교에 갔었다. 저녁 일곱 시에 서울을 떠나다. 한 삼십 남짓하고 부랑자 같은 일본 사람이 술주정을 하는 바람에 수원水原까지는 꽤 심심찮게 갔다. 아무 긔탄없이 떠들다가 저의들끼리 싸워 야단법석이 일어났다. 맞힘내 하는 수 없어 순사巡査가 들어와 잡어갔다. 잡어간 뒤에도 뭇 일인들 입에는 그 주정ㅅ군의 니악이가 끊이지 아니한다, 한밭까지 가도록. 한밤중이다. 호남려관湖南旅館에 들어 자다.

5월 31일. 맑음. 아츰 여섯 시. 호남 가는 차에 오르다. 팟거리에서 용익容翊이를 맞나 련산까지 동행하다. 영관永琯의 둣재 아들이 우물에 빠져 죽었단 말을 듣고 깜짝 놀랬다. 강경江景이에서 나리던 멀로 걸어가다. 리정호正鎬 축을 맞나 동행하다. 내 니악이도 듣기고 그 노래도 들으며 려산礪山까지 니르는 줄 모르게 갔다. 려산 장ㅅ날이다. 아우들이며 동내 사람들을 맞나서 고기 두어 근斤 갈비 다섯 대 사가지고 집에 들다. 그동안 조카가 둘이 생겼고 아무 연고도 없다건마는 이상히 서운하다. 어머님은 내 손을 잡고 눈물을 흘이시고 안해는 얼굴이 냐위고 눈퉁이가 붓욱붓욱 붓었다. 지금까지 그놈을 닞히지 못하고. 그리고 베개 머리에서 밤잠도 아니 자고 울기만 한다.

시면 아주 시다커나 달면 아주 달 것이지
시도 달도 아니하여 뭐라 할지 모를러라.
하다가 시고도 달기나 하얐으면 어떠리.

(而謂 志士 名士란 이를 諷刺한 것)

6월

6월 1일. 맑음. 四月 十七日. 아버님 생신. 온 집안ㅅ사람을 모아 아츰밥을 낲워 먹었다. 작은아버님께 끝에아버님이 매를 쩌가지고 가서 빌으시었다. 몇일 앞서 주정하신 일이 있었단다.

6월 2일. 맑음. 려산면사무소, 려산학교에 가서 한나잘 놀다왔다.

6월 3일. 맑음. 아츰에 집을 떠나서 저녁에 서울을 들다. 한별 집에.

6월 4일. 맑음. 동광학교를 갔었고 허흔許憲 씨를 찾어보았다. 그리고 와서 편지를 써 집에 붙이다.

6월 5일. 맑음. 말모이 하다.

6월 6일. 맑음. 동광학교에 갔다. 숙직宿直도 하였다. 석전石顚 스님이 와서 니악이하여 자못 심심하지 아니하였다. 밤중이 더욱 고요한 듯 깊은 산중에서 자는 것 같다.

6월 7일. 맑음. 뒤ㅅ샘에 가서 세수를 하다. 마음이 썩 개안하다. 봉익동鳳翼洞에서 누의님을 찾어보고 작은어머니의 편지도 전하였다. 저녁나잘 국여菊如가 찾아왔다. 주인하고 같이 영도사永道寺에 나갔다. 석전 일행을 맞났다. 큰 재가 들어 구경ㅅ군들이 퍽 모아들어 길과 산을 덮었다. 낮 재는 벌서 끝났고 전주 거두리, 인천 깽깽이 놀음이 있다. 그대지 볼만한 것은 없어도 익살스럽기는 하다.

극락암極樂庵에 올아가서 삐루를 얻어먹었다. 집집에 루樓가 있고 루樓마다 미인美人이 있고 주객酒客이 있어 술상을 벌여놓고 난봉가, 륙자박이를 부른다. 과연 여긔는 돈도 있고 춘풍春風도 있고 쾌락快樂이 있다. 해는 서산西山에 넘다. 우리 일행은 돌아오다. 주인은 허리가 져 잘 걷지 못한다. 게동 오니 벌서 팔 시 반.

6월 8일. 맑다가 흐리고 울에가 울고 굵은 빗방울 뚝뚝 떨어지다. — 저녁에는 소내기가 좀 왔다. 류년수柳季秀 군을 찾아보고 에쓰페란토 연구 회원이 되다. 밤에 조용주趙鏞周 군이 찾아왔다. 니악이하다가 닭을 울렸다.

6월 9일. 맑음. 조용주 군하고 불교회로 가서 놀다가 각황사覺皇寺, 리수영李壽永 군 추도회追悼會에 가다. 수영 군은 전주全州 태생이다. 내가 구 년 전 해ㅅ봄에 전주제이보통학교에 가서 있을 때붙어 알았다. 군은 그때 여남 살 되어 그 학교에 처음 들어왔다. 몸은 약하되 마음은 단단하고 침착하고 재조도 있다. 사년ㅅ동안 늘 우등생이었다. 본대 불상한 아이이다. 유복자遺腹子로서 난제 몇일도 못 되어 그 어머니 좇아 여히고 그 뒤 그 외가에서 자랐다. 학교에 단일 때도 외가에 있었다. 그 어버이 없는 아이기에 나는 더욱 불상하게 녀기고 더욱 사랑하였다. 함으로 저도 나를 저의 어버이처럼 믿고 경애敬愛하였다. 오 년 전 서울로 와서 있는 동안에 군도 서울 와서 고등보통학교에 단이었다. 가끔가끔 서로 찾아보다가 작년昨年 봄에 군이 병으로 집에 간 뒤에는 소식消息이 끊지어 매우 궁궁하였더니 몇일 전 신문新聞을 보니 천만 뜻밖에 군이 동경東京에 병들어 죽었다 하였다. 한참 정신을 잃고 앉았었다. 그 뒤에 시詩 세 수首를 얻었노라.

ㄱ. 어버이 다 여히고 남아있는 한 몸동이,
헤넓은 누리에 의지할 곧 바이없다.
그렁성 스므남은 해 눈물지워 보냈어라.

ㄴ. 지난 봄 꽃 날릴 제 서로 한번 갋인 뒤에,
소식消息은 못 들어도 잘 있느니 하얐더니
그날이 영이별永離別인 줄 알고 다시 우노라.

ㄷ. 머나먼 다른 곧에 병들어 누었으니,
내 손에 물 한 목음 주어나 보았으리,
명이야 어이하랴만 못내 슯어하노라.

저녁에 신문관新文館 축이 술ㅅ병을 차고 와서 놀다 가고 렴상섭廉相涉 군만 남아 한가지 자다.

6월 10일. 비. 불교회에 가서 조용주趙鏞周 군하고 진고개 책사마다 찾아보고 잠간 신문관에 들렀었고 사동寺洞 양식洋食집에서 점심을 먹었다. 다시 불교회로 드니 한별을 맞나 손님이 찾아왔다 하기에 돌아왔다. 바당이 누의님이 오전붙어 와 기다리었다. 집 니악이를 하니 눈물도 흘이고 웃음도 친다. 더불고 수진壽進궁 안에 가서 병구秉矩 집을 찾아보고 한참 앉아 말말하다가 또 봉익동까지 바래다 주었다.

조 형의 편지를 받아 보았다. 병국이 혼일이 오는 칠월 사일(五月二十一日)이란다. 초립草笠 쓰고 우리집 단이던 때가 어제런 듯하더니 벌서 며누리를 보게 되었구나.

6월 11일. 비 올 것 같더니 비도 오지 아니한다. 학교에 가서 시간을 맞히고 불교회에 와 놀다가 중동학교中東學校 에쓰페란토 연구회研究會에 가니 오늘은 개회開會만 하고 래일來日붙어 하루씩 걺어 한다더라. 문일평文一平 군에게 끌려 종로 평양랭면집에 들어가 랭면 한 그릇을 얻어먹었다. 한별이랑 가인이랑 나오는 길에 손준모孫俊模 군을 맞나 또 끌려 어느 담 밑 납작집에 들어가 효주 세 잔을 먹었다. 날마다 오늘처럼 남의 신세를 질 말로는 한 평생 호긔豪氣스럽게 살겠다.

6월 12일. 맑음. 불교회 가서 조용주趙鏞周 군을 맞나보고 놀았다. 오후 다섯 시부터 일곱 시까지 중동학교에 가서 에쓰페란토를 배우다. 발음發音이 우리말보다 갖후지 못하얐다. 우리말에서 내는 소리를 내지 못하는 것이 적지 않으나 그 소리를 우리말로는 내지 못할 것이 없다. 아즉 다른 것은 어떨는지 모르되 발음은 그렇다. 저녁에도 불교회에 가서 용주 군을 보다.

6월 13일. 맑음. 아츰에 용주 군이 찾아왔다. 서로 주거니 받거니 몇 마디 말말하다가 작별하얐다. 문밝에 나서 전송하얐다. 보내는 나나 가는 그나 섭섭하기는 맞한가지었다. 두 발 띄어놓고 돌아다보고 세 발 띄어놓고 돌아다보고 보고는 간다. 집에서 두루마기 두 벌이 오다. 조룡해龍海 군이 찾아오다.

6월 14일. 맑음. 퍽 더웁다. 에쓰페란토를 배우다.

6월 15일. 구름 낌. 봉익동鳳翼洞 가서 바당이 누의님을 찾아보고 작은 어머니 편지를 전해주다.

6월 16일. 맑음. 교장校長 리혼성李焜惺 집에 가서 음식을 먹었다. 그가 새로 집을 늘여내고 락성식落成式 겸兼 한턱을 낸 것이다. 음식을 꽤 잘하였다. 원악 술ㅅ군이 되어서 음식을 해먹을 줄 안다. 서울서도 대개 술ㅅ군 집이라야 음식을 해먹을 줄 안다. 자긔가 자랑까지 하는 것과 같이 김치는 더욱 잘 하였다. 잘 먹지 못하는 술을 더군다나 독한 효주를 세 잔이나 먹었더니 퍽 취한다. 안주는 남보다 두 갑절이 더 먹었다. 나는 먼저 나와 중동학교로 가보니 벌서 에쓰페란토를 시작하였다. 홍가인洪可人이 단에 옯아서 분산하게 짓거린다. 횡설수설이다. 처음 배우는 이로 하여곰 마음을 현란하게 한다. 정성스럽고 신절히게 가르치는 셈이 그렇다. 리론理論과 실제實際가 퍽 다른 줄과 리론하는 사람이 꼭 실행하는 사람이 아닌 줄을 깨달았다. 밤에 한별하고 야시夜市 구경갔다가 돌아오는 길에 별궁 옆에서 신상우申相雨 군을 맞나서 사동寺洞 중화원中華園에 들어가 백알 두 잔 가지고 새로 두 시까지 놀았다. 이렇게 하기는 하면서도 무슨 재민지는 모르겠다.

6월 17일. 맑음. 신명균申明均 군이 찾아왔다. 같이 아츰을 먹고 최익한 군을 찾아보고 두어 시간 니악이 하다가 삼청동三淸洞 가서 김영운金永運 군을 찾아보고 점심을 얻어먹고 한가지 춘성春誠문 안으로 들어가 전조선 궁술대회를 구경하다. 춘당대에서 활을 쏜다. 사내도 쏘고 기생도 쏜다. 남녀로소男女老少 몇만 명 구경ㅅ군들은 전후좌우로 담을 쌓았다. 가끔 연화煙花를 날리고 가끔 손ㅅ벽을 쳐 흥을 돋운다. 여긔저긔 소나무 사이에 풀을 깔고 앉아 다리를 쉬는 이, 혹 술병을 차고 미인美人을 끌고 배회徘徊하는 이, 구경하고 가는 이, 구경하러 오는 이. 퍽 분잡하다. 저녁에 동광학교에서 숙직하다.

6월 18일. 단오端午. 술에ㅅ날. 흐리다. 학교에서 해를 지었다. 무더웠다. 직원회가 있었다. 쓸데없는 말을 가지고 녀러 시간을 허비하고 아무 귀착진 일도 없었다. 전 호영강습원 생도가 찾아와 본다. 향촌鄕村의 청년靑年이 도시都市의 청년보다 순실하다. 서너 달ㅅ동안 같이 지냈건마는 그러도 정이 들었다 하여 와본다. 나는 그 얼굴을 알어도 니름은 긔역지 못하는데 그들은 내 니름이나 내 얼굴이나 다 잘 긔억하는 모양이다. 고마운 일이다. 또한 미안한 일이다.

6월 19일. 아츰에 빗방울이 뚝뚝 떨어지기에 오래 가믈던 끝에 좋은 비가 오시는구나 하고 깃븜을 이기지 못하야 창을 밀치고 내다보니 한울에 구름은 끼었으나 아주 멂언하며 비가 많이 올 것 같지 않다. 아츰을 먹고나니 과연 볕이 반짝 들고 바람이 슬슬 불고 마당에서는 몬지가 날온다. 탈이다. 그 사이 가믄 것만 하여도 농사가 말 아닌데 이렇게 줄곳 가믈다는 삼천리三千里가 적지赤地 될 것 같다. 다른 나라 같으면 저금貯金도 많고 적곡積穀도 많아 한 해쯤 가믈어서는 그대지 관계가 없겠지마는 우리나라로는 그렇지 않다. 세계ㅅ사람들 가운데 가장 가난한 사람들이고 가장 불상한 사람들이다. 공업이랄 것도 없고 상업이랄 것도 없고 또한 다른 업도 없고 대개 농업으로만 사는 우리 땅에 한 해만 흉년이 들어도 몯아 굶을 뿐만 아니라 몯아 죽을 것 같다. "아, 한울님이시어 우리를 살려주시오. 어서 비를 나려주시오." 하고 가만이 빌었다.

6월 20일. 맑음. 조 형에게랑 누님에게 편지를 보내다. 병국炳國이 혼인ㅅ날이 새달 나흔 날이라기에 경하敬賀하얐다. 돈 십 원을 보내다. 그날 국수나 사서 쓰게 하라고.

6월 21일. 흐림. 집에서 편지가 왔다. 그가 퍽 비관悲觀하는 모양이다. 그야 그럴 터이지. 자모慈母의 정은 나보다 더하겠지. 나는 가끔가끔 무뜩 생각이 나면 걷잡을 수 없어 한바탕 크게 울어자키어도 오히려 시원치 아니할 것 같다. 노하는 말이지마는 이렇게 애착愛着한 것이 번연히 쓸데없는 줄까지 알기는 알지마는 그것이 천성天性인지 사람의 버릇인지 좀처럼 억제抑制키 어려웁다. 편지나 하나 써보자. 얼마콤 위로가 되게 될는지. 그대로 버려두면 그가 넘우 비관하다가 무슨 일을 낼지도 모르겠다. 더구나 그는 첨약한 몸이고 병까지 겸하야 원악 이 세상을 괴로웁게 녀기되 다만 그걸로 재미를 붙이 살아오다가 인자는 그걸로 시름愁을 삼고 있으니 어이 그렇지 아니하랴.

바당이 누의님이 찾아왔다. 밤 열한 시 지나서 자다가 갑작이 깨었다. 행랑아범이 제 자식을 수죄數罪하며 따리느라고 야단이다. "이놈, 이놈.", "알구, 알구." 하고 한밤중의 고욤함을 깨털인다. 그통 나의 잠이 멀리 달아났다. 멀거니 누어서 눈을 감았다 뜨었다 하고 있는데 모긔란 놈들은 엥엥 울며 얼굴 우로 모아들고 빈대란 놈들은 설설 기어들어 앞에서 오락가락한다. 행랑 아이 맞고 나서는 문밝에로 쫓겨나와 컹컹 운다. 어떻게 들으면 그 아이가 퍽 측은惻隱하게도 생각힌다. 그 아범은 웅당 따릴 만한 일이 있어서 따리건마는, 그 어멈이 나와 뭬라고 속은속은 하는 소리가 정이 똑똑 듯는 듯하다. 아마 그 아이를 일깨워 달래는가 보다. 나는 새삼스러이 딴 생각난다. 자못 머리가 앓브다. 이웃집 자명종自鳴鐘은 새로 한 점을 친다.

6월 22일. 맑음. 교동校洞을 지나다 보니 한 삼사 남짓한 눈먼 계집이 한 손으로는 짚앙이를 짚고 한 손으로는 열두어 살쯤 된 아이의 엇개를 잡고 간다. 그 아이가 좀 귀찮히 녀겨 엇개를 흔드니 그 계집이 주먹을 들어 쥐어지르고 구두럴구두럴 한다. 그 아이는 아무 반항도 없다. 서로 다 그렇게 된 신세니 서로 앗기아 할 것인데 웨 그렇게 다투는가. 사람이 살고 싶어 사는 이보다 참아 죽지 못하야 사는 이가 많다. 너의도 그런 사람이 아니냐. 너의 목숨이 있는 때까지 너의 고생을 면치 못할 것 아니냐. 너의는 너의들끼리나 서로 돕고 서로 사랑하여라 하고 동행하는 석전石顚에게 "저러한 불상한 무리를 어떻게 하면 몯아 구완할가.” 의논하면서 재동으로 들어 최익한崔益翰 군을 찾아보다. 군을 항상 보아도 헌연軒然한 태도다. 주거니 받거니 오래 앉아 자연自然을 말하다. 석전이 가기를 재촉하기에 일어나 왔다.

6월 23일. 맑음. 비 올 뜻은 조곰도 없다. 시골 농부農夫들은 여북 근심하랴. 첫재 우리집에서도 남만 못잖겠다. 오후 다섯 시에 에쓰페란토를 가 배우고 와서 밥을 먹고 한별하고 「가로 보는 조선력사朝鮮歷史, 최남선崔南善 선생 강연講演」이란 강연을 들으러 천도교당天道教堂에 이십 전을 던지고 들어갔다. 먼저 와 있는 이는 수백 명이고 연에 뒤를 이어 들오는 이가 끊이지 아니한다. 정각 여듧 시가 되었다. 군중群衆이 손벽을 치고 회 열기를 재촉한다. 사회司會가 나와 “전등에 병이 나서 방금 고치는 중이니 한 오 분만 더 참아주시오.” 한다. 그 뒤에 다시 박수도 여러 번 하고 오 분도 다 지내고 아즉도 실내는 컴컴하고 군중ㅅ가운데에는 매우 떠드는 이가 있다. 어느덧 갑작이 전긔가 들어오니 빤작 새 정신이 나는 것 같고 군중의 시선視線은 일시一時에 강단으로 모였다. 사회가 다시 나와 주의할 것을 말한 뒤에 바루 최 씨가 나와 서니 일제히 박수한다. 최 씨는 목소리를 가다듬어 먼저 이런 말 저런 말 주어댄다. 문밨에서는 “이놈 저놈…….” 하고 큰 야단이 일어났다. 한참 그러다가 우 몰려 들어온다. 그중에는 양복장이도 있고 머리 길게 깎고 단이는 근래 문사 같은 이도 있다. 소리를 버럭 짊어 “목소리를 더 높여라. 더 똑똑이 해라.” 한다. 그 뒤에 또 예닐곱 양복장이 뭉둥이 같은 단장을 가지고 들어왔다. 그네는 자칭自稱 무산자계급無產者階級이라 하고 돈도 아니 내고 들어오느라고 아까 그 야단이었다. 최 씨는 말말끝에 “… 정도程度”란 말이 있었다. 그 양복장이 패가 주먹을 들고 발을 구르며 “정도… 정도. 최남선아. 이놈. 죽일 놈……” 하고 앉얼부절한다. 한편에서는 "저놈들 몰아내자." 하고 와 밀려온다. 잠시 그네들은 쫓겨서 문밖에까지 나갔다가 다시 소리를 지르고 들어와 분대질을 한다. 실내는 오통 수라장修羅場이 되어 버리고 사회며 최 씨는 어데로 가버리고 경부, 순사가 대여섯이 들어온다. 그제야 조곰 조용해졌다. 여긔저긔 군중 틈에서 약간若干 소리를 지르고 뭬라 하지마는 순사들은 멀거니 굿만 보고 섯다 앉았다 한다. 그네는 "돌오 돈을 달라." 고 떠들어댄다. 강연이 중지하였으니 그 돈을 찾아간다 함이다. 사회는 또 나와 말한다. ―"우리 천도교天道教 중앙총부종학원中央總部宗學院이 가난하야 어쨀 수 없이 이번 강연에 돈을 받았으나 강연도 못하게 되었으니 이 다음에 다시 강연을 열고 무료無料로 하겠고 이에 폐회를 합니다." 하기에 나는 나와서 불교회로 갔다. 불교회 축, 신문관 축이 많이 모였다. 맨 강연회 니악이뿐. 최 씨는 와서 한충韓冲 군을 더불고 바돌을 두며 그 홍분된 얼굴은 그대로 긴장하였다. 한별, 고순흠順欽 군하고 계동으로 돌아와 니악이하다가 잤다.

6월 24일. 맑음. 점심때 회호리 바람이 불며 두어 방울 비가 멀건한 한울에서 떨어지다 말았다. 홍가인洪可人을 찾아보고 불교회로 가서 철호徹浩 군하고 원동苑洞 정인보鄭寅普를 찾았다 못 맞나고 림규林圭 씨를 찾았다 못 맞나고 조룡해趙龍海 군도 찾았다 못 맞나다. 시장하다. 점심을 아니 먹으닛가. 철호 군하고 랭면冷麵 두 그릇을 사먹었다. 종로 게림鷄林상회에 가서 모긔장 하나를 사 종형께 붙여주다. 최익한崔益翰 군을 찾아보고 실컷 떠들었다. 지은 시조時調를 내보인다. 아즉 조사措辭는 서투르나 그 정취情趣는 언었더라.

6월 25일. 맑음. 더웁다. 동광학교에 갔다 오다가 오일영吳一英 군하고 빙수氷水를 사먹었더니 속이 좀 시원하다. 달이 밝다. 밤은 이슥하였다. 홀로 잠 못 들어 이 생각 저 생각하다. 두어 마디 시詩를 얻었다.

달

아이야 저 달 속에 계수나무 박혔다니.
그 가지에 거울 걸어 내 얼굴 빛여두고
밤바다 그리운 님께 보여줄가 하노라.

또

밤빛은 깊어지고 온누리 고요하다.
달을 보고 잠 못 들어 뜰에 나서 거닐러니
다만지 서로 따르긴 그림자만 일러라.

6월 26일. 맑음. 몹시 더웁다. 비 안 와 큰일 났다. 밤에는 구름만 끼었다. 학교에 가 숙직하다. 석전石顚 와 놀다. 앉은 자리에서 졸다가 갔다. 새로 사다놓은 모긔장 속에서 새로 지은 홋니불 요에 혼자 옷똑이 누었다. 사무실에서 자명종이 열두 점을 친다. 그 뒤에 잠이 들었다.

6월 27일. 맑음. 한낮은 퍽 더웁다. 생도들이 더워서 못 견댄다. 과연 녀름 한동안 방학이란 아니 할 수 없는 것이다. 첫재 공부가 되어야지. 졸지 아니하면 맞히 병든 이 모양으로 멀거니 앉았다. 그중에 정신을 똑똑이 가지고 있는 애가 몇 아니 된다. 교단에서 한바탕 연극이나 하면 어떨는지. 여간 자미있게 교수를 한다더라도 한갓 최면술 교사에 지나지 못하겠다. 하믈며 자미없는 교수에랴. 각 교실에 공부하는 걸 돌아단이며 보니 두 손으로 턱을 고이고 코 고는 애가 많다. 갑자기 바람이 불고 구름이 모여들고 주먹덩이 같은 빗방울 와그르 쏟아졌으면 정신들이 펀쩍 나겠다마는, 한울을 쳐다보아도 그럴 뜻은 털끝만치도 없다.

불교회에 와 놀다가 한별과 같이 서승효承孝 군에게 백알을 얻어먹고 또 같이 와서 저녁을 먹었다. 밤이 이슥하여 서 군을 보내고 그길로 취운정翠雲亭에 가서 이리저리 거닐다가 돌아와 잤다.

6월 28일. 맑고도 무덥다. 최익한 군이 찾아왔기에 더불고 한나잘은 딴 세상을 찾으며 놀았다. 리백李白이나 두보杜甫의 세상도 찾아보고 장자莊子나 깐트의 세상도 찾아보았다. 바당이 누님이 찾아왔다.

6월 29일. 아츰붙어 저녁까지 비가 오다. 마음이 깃브다. 동광학교—중동학교로 거쳐 오노라고 비를 흠빽 맞았다. 우산을 받아도 그렇다. 가뭄비니 옷이 젖은들 관계하랴. 교동 중앙교당에 가았다.

6월 30일. 구름은 끼고도 비는 아니 오다. 림상종林尙鍾 군이 찾아왔다. 에쓰페란토를 읽히다. 아즉 관념이 분명치 아니한 것을 갑작이 질문을 당하면 대답하기 어렵더라. 저녁에 수당을 찾아보고 니악이하다.—시사와 한시漢詩.

7월

7월 1일. 맑음. 정충시鄭忠時 군께 편지를 보내다. 지난 달 온 편지의 답장이다. 춘천사범학교春川師範學校에 있어 우리말을 연구하겠다고 참고 될 책을 넓어 달라 하였다. 교동校洞 중앙교당中央敎堂에 갔었다. 익한益翰 군이 찾아왔다. 취운정에 함께 가서 나무그늘에 앉아 이런 이악이 저런 니악이 하였다.

7월 2일. 맑음. 영성문永城門 안 제일녀자고등학교 운동장에서 녀자 정구대회庭球大會를 열고 녀자만 입장入場하게 한다는데도 구경하러 가는 남자가 녀자보다 많다. 녀자가 강연만 한다하면 남자가 더 많이 모여든다더니 과연 거짓말 아니겠다. 오늘 학교 갔다 돌아오다 보니 벌서 오후 다섯 시가 지났건만 전차에나 거리에 두세넷씩 어울여 속은 속은 하는 말들이 맨 녀자정구회 니악이고 그리 구경 간다 하는 이다. 동광학교 선생에도 구경 가는 이가 있으며 나더러도 자꾸 가자는 걸 나는 싫다 하고 불교회로 와서 놀았다.

지금 우리 청년계는 대개 힘쓰는 것이 세 가지 있을 따름 — 첫재는 남녀 간 연애, 둘재는 경기운동競技運動, 셋재는 음악붙이. 저녁에 조룡해 군을 찾아보다.

7월 3일. 몹시 무덥다. 기앗장 열이 불 같은 볕에 다리어져 더운 긔운이 나려 밀린다. 오후에는 더욱 덥다.

7월 4일. 구름은 끼었으나 비는 아니 온다. 한별, 석전, 취롱, 조룡해, 맹주천, 한충 군들 하고 최익한 군을 위로키 위하야 오후에 안정사에 나가서 놀다가 저녁밥을 사 먹고 들오다.

7월 5일. 맑고 덥다. 맹주천을 찾아 재동보통학교에서 놀았다. 저녁 바람이 꽤 시원하다. 주천 군은 감긔 들겠다 하며 숙직실로 들어간다. 나도 돌아오다.

7월 6일. 비가 좀 오다. 전주全州 김준희金駿熙게서 호영학원湖英學院 락성식落成式이 낼 모리라고 오라고 편지하였더라. 곳 못가겠다는 답장을 붙였다. 숙직하다.

7월 7일. 구름 끼었다. 오철호吳徹浩 군하고 정인보鄭寅普 군을 찾아보고 문상도 하고 니악이도 들었다. 꽤 자미가 있어 시간 가는 줄도 몰았다.

7월 8일. 비가 오다가 발우 그치다. 최익한 군을 찾아보고 불교회로 가서 놀았다. 누님이 찾아와 같이 청진동을 가서 병구 집을 찾아보다. 맞힘 저녁상을 벌여놓고 또한 이웃집에서 생일 떡을 가져와서 밥이나 떡이나 먹으라고 권하는 바람에 그냥 오랴다가 마지 못하야 떡만 먹고 나오다. 누님은 봉익동으로 가고 나는 서대문 밖 수당을 가보았다. 무슨 걱정이 있는 듯한 얼굴을 가지고 있다. 한 마디 두 마디— 니악이가 련하야지며 간간 웃음도 섞이고 간담도 보인다. 그리고 돌아오다 종로를 보니 야시에 사람들이 퍽 많다. 밤은 벌서 깊었건만 아즉도 그네들은 초저녁으로 아는지. 계집 사내 서로 얼울여 웃고 짓거리고 돌아단인다. 몯아 음부탕자와 같이 보인다. 몯아 그렇진 아니하련만. 고대 희랍(그리쓰)에는 연애제戀愛祭가 있어 청년남녀가 밤새도록 음분淫奔하얐다더니 장차 우리에게도 그런 일이 생길나나. 홀로 북악北岳을 바라보고 가다 섰다, 섰다 가다 들으니 어느 가개에서 자명종이 열두 점을 친다. 어슬렁어슬렁 게동으로 와 방안에 들온 모긔 세 놈을 따려 잡고 빈대 한 놈을 물고 내고 세상모르고 잤었다.

7월 9일. 구름 낌. 저녁을 먹고 가회동嘉會洞 세거리에 나섰다. 사람이 많이 모여 섰고 한가운데에는 통소 부는 이 하나, 장단 치는 이 하나, 한 오륙 세 된 춤추는 아이 하나, 아울어 세 사람의 놀음이다. 아이가 연에 통소 소리와 장단을 맞후어 춤을 춘다. 장단 치는 이가 그 아이 아범이란다. 세상 자미가 거긔 다 있어 보인다. 나는 이제 무슨 자미가 있나. 무슨 깃븜이 있나. 가끔 한울을 우럴어 구슳븐 놀애나 부를 따름.

7월 10일. 맑음. 에쓰페란토 배우러 갔다가 강사가 아니 와서 그냥 돌아오다.

주인집에서 한 달포 전에 금붕어 네 마리를 사서 류리병에다 기른다. 기르는 법은 매우 간단하다. 아츰마다 새 물만 갈아준다. 그런데 사놓은 제 삼 일 만에 한 마리가 죽고 또 이틀 만에 한 마리가 죽고 또 사 일 만에 한 마리가 죽고 한 마리만 살아 있다. 과연 그것들도 튼튼히 생긴 놈은 오래 살고 튼튼히 못생긴 놈은 쉬 죽는가 보다. 물건마다 태고난 명이 있는가 보다. 좀더 사는 것이나 덜 사는 것이 각기 명이다. 사람도 병이 나거나 죽거나 하면 위생을 잘못 했느니, 약을 잘못 썼느니, 간호를 잘못 했느니 하는 것이 또한 핑계다. 꼭 발우 죽는 사람에게아 무슨 위생, 무슨 약, 무슨 간호가 효력이 있으랴. 사람이 자연自然을 정복征服한다 하지마는 맞힘내 대자연大自然에게 정복을 받고 만다. 그러면 사람의 하는 몯은 일이 다만 한때 자긔를 위안하는 데 지나지 아니한다. 내가 이제 이렇게 해석하는 것도 자긔를 위안함이라 하더라도 나는 항의抗議치 않겠다. 그러나 나는 나를 위안하자고 이런 말을 한다는 것보다 절실히 이에 진리가 있음을 깨달았다. 그 사실과 사리를 잘 모르고 함부루 핑계할 것이 아닌 것과 공연히 정에만 끌리어 지척을 어둡게 할 것이 아닌 것을 깨달았다.

7월 11일. 맑음. 저녁에 최익한 군하고 천도교당天道教堂에 가서 하와이 학생의 하와이 사정 강연을 들었다. 사람이 많이 모였다. 세 사람이 차례로 나와 말하는데 녀자가 그 가운대에 끼었다. 우리는 사내의 말은 듣지 못하고 녀자의 말만 들었다. 늦게 가서 일즉 나오느라고. 녀자는 대학 졸업을 하고 태평양을 건너왔어도 한갓 녀자이다. 말하는 것이던지 손 놀리는 것이던지 태도를 가진 것이던지 몯우 그렇다. 당당한 녀자의 권리를 부르지면서도 연에 애교를 부리며 남자에게 보호를 구하는 것 같다. 내 눈에는 그렇게 보이고 내 귀에는 그렇게 들린다.

7월 12일. 맑음. 로석 어른의 병을 뭇다.

7월 13일. 맑음. 익한 군을 더불고 저녁에 취운정에 올아 서울의 야경夜景을 나려다 보며 시詩도 말하고 문文도 말하다.

밤빛을 구경삼아 내친 걸음 매 오르니
온누리 먹바다에 별들이 반작인다.
어대서 슯븐 놀애만 끊이쟎고 들리오네.
(온 서울 여긔저긔 있는 전긔등들이 맞히 별처럼 보인다.)

밤이 벌서 열두 시가 넘었다. 방에 들어 누었더니 스르르 감겼던 눈뚜껑이 갑작 뜨이며 어머님 얼굴 나타나 보이신다. 그리고 연에 어머님이 생각혀 금방 닐어나 옷을 닙고 나는 듯이 돌아가 어머님을 뵈옵고 싶다.

7월 14일. 맑음. 학교에서는 시험을 보았다.

7월 15일. 맑음. 김성수性洙 군을 찾았다. 아홉 시가 넘었다. 아즉 긔침起寢을 아니하였다. 그 얼신네 김경중暻中 씨만 뵈었다. 벌서 십여 년 만에다. 그때보다 퍽 냐위어 지금은 부자의 얼굴 같지 않다. 아마 세상을 떠날 날이 멀지 아니하여 그런가. 우리가 당초 이 세상에 나올 때 아무것도 가지지 아니한 한 뻙아숭이었다. 아무리 부귀를 누리고 살았더라도 이 세상을 떠날 때에는 다시 뻙안 몸동이에 지나지 못하다. 이런 줄을 깨쳤는지 그 어른도 십여 년 전과는 아주 다르다. 이런 말까지 하겠지. "돈을 뫼어 꾹 직히기만 하면 어리석다. 잘 쓰어야 한다." 한다.

몇 개 남지 않은 머리를 한 시간 동안이나 빗고 앉아 녯날 니악이 한다. 곤하게 잔다는 성수 군은 깨워 볼 필요가 없음으로 일어나오다. 대종교당과 불교회를 거쳐서 한충韓冲 군 더불고 진고개로 갔다. 하도 더웁고도 배가 고파서 얼음과 떡을 사먹고 책사를 찾아보니 찾는 족족 문이 잠겼다. 어슬렁어슬렁 돌아오다가 구리개 근처 와서 곡마단曲馬團을 구경하였다. 사람이 원숭처럼 높은 데 옮아 재조를 부리고, 제비처럼 공중에서 날으고, 뛰는 말 우에서 마음대로 몸을 놀리고, 공중에 단 양철줄 우에서 외박휘 자행거를 타고 아기 업고, 우산 받고, 줄도 타고 단이고, 줄 꽂나비도 세고, 검정 표범, 갈범, 코끼리, 사자들을 놀린다. 몯은 것이 아슬아슬하여 보는 이마다 놀란다. 그러나 어린 계집애며 사내들은 참 가엽다. 긴 전정을 게다 희생할 일을 생각하매.

일기

19권

1923. 7. 16. ~ 1923. 9. 11.

1923년(단기 4256년) 계해癸亥

7월

7월 16일. 맑음. 봉익동鳳翼洞을 가서 누님을 찾아보고 어느 좁은 골목을 지나다 보니 한 오십쯤 되어 보이는 녀편네가 바야흐로 매독이 피어 온 얼굴에 성한 데가 없다. 눈, 코, 입, 볼닥이, 턱아리가 몬아 진물었고 곳 더러운 냄새가 난다. 코뿔이는 벌서 없어졌다. 똑똑지 못한 소리로 웬 어린 아이를 찾고 단인다. 그러나 그를 보는 이마다 외면하고 달아난다. 옷 입은 모양이 비렁방이는 아니고 발우 그 동내 어느 집에 사는 인 듯하다. 집에 편지가 오다.

7월 17일. 흐리고 무더움. 학교에 가서 숙직을 하다. 석전 스님에게 차와 참외를 얻어 먹었다.

7월 18일. 가랑비가 부슬부슬 나리다. 학교에서는 시험을 끝내고 방학식까지 맞히었다.

7월 19일. 비 오다. 밤낮으로 오기는 오아야 마른 논에게는 물이 괼락말락하다. 몸이 퍽 고달피다. 실컷 잠이나 잤으면 좋겠다. 어젯밤에 잠을 설쳤더니 그런가. 주인의 아들이 밤중에 일어나서 울다가는 뛰고 놀기를 두어 시간이나 하였고 그 다음에는 이웃집에서 그 행랑 사람하고 싸우었고 빈대, 벼룩, 모긔들은 밤새도록 성이 가스럽게 굴었다. 최익한崔益翰 군을 찾아보다.

7월 20일. 비가 그치다가 다시 온다. 학교에 갔더니 아서원雅叙園으로 가자한다. 가다가 이문안 설렁탕집에 얼요긔를 하고 갔다. 요전 봉명학교鳳鳴學校ㅅ자리다. 벌서 웬 축이 와서 둥당거리고 기생의 놀애도 들린다. 예는 엣븐 뽀이가 있는데 어떤 기생이 보고 반하야 뒤ㅅ간으로 끌고가서 끌안고 입도 맞후고 했다는 니악이가 유일한 긔담으로 전한다. 지나 료리로는 서울 안에서 제일 낫다고 일컷는다. 몯아 열하나에 동광학교 직원만이다. 하촌下村이를 빼놓고는 말끔 우리네다. 안주가 들오며 술이 들온다. 먹고 나면 또 들오고, 들오면 또 먹고, 먹고는 취하였다. 한편에서는 놀애를 부르고 한편에서는 춤을 춘다. 옆에ㅅ방에서 노는 축도 일어서서 창문ㅅ사이로 내다본다. 한참 동안 이러다가 다시 술 한 잔을 마신 뒤에 교장의 사설도 있었고 현玄 선생의 주정도 있었고 정 선생의 격노激怒도 있었으나 좌우에서 말리는 바람에 휘지부지 말았다. 비를 무릅쓰고 돌아오다. 수당을 가보고 불교회로 하여 오다. 비는 좀 낫게 온다. 밤에는 더욱 독구어 온다. 잠을 가끔 깨운다. 줄줄 하는 그 소리가.

7월 21일. 오후에는 개었다. 학교에 가다가 비를 흠뻑 맞었다. 다른 선생들은 벌서 와있다. 혹은 시골 간다는 둥, 혹은 서울 있는다는 둥, 나처럼 금강산을 가고 싶다는 둥 한다. 다 할일을 맞히고 찾을 것을 찾아가지고 돌아가다. 나는 불교회로 와 사 간 마루 우에 번뜻이 누어서 힌 구름 사이로 들어나는 푸른 한울만 바라다보며 아무 생각도 없이 있었다. 석전과 취롱은 책을 보고 정산鼎山, 매헌梅軒은 바돌을 둔다. 바람은 슬슬 불어온다. 나는 어느덧 잠이 들었다가 웬 귀살맞인 늙은이가 광진珖鎭이를 찾고 떠드는 통에 깨었다. 투게네푸의 시詩를 보고 푸른 한울을 바라보며 뜰에 나서 거닐다. 이웃집에서 밥짓는 연긔가 담을 넘어오고 인왕산에서 검은 빛이 서울을 나려 덮는다. 나의 발은 나의 있는 게동ㅅ집을 행하여 옮겼다. 누님이 찾아와 있다. 김상긔金庠基 편지가 오다.

7월 22일. 비가 오다 말다 한다. 정거장에 나가다. 금강산 길을 물어보니 아무 탈이 없다 한다. 곳 불교회로 돌아와 석전을 보고 금강산 가기를 재촉하였다. 그리고 진고개로 가서 책사들을 더듬고 나니 전긔등이 밝았다. 게동으로 돌아와 보니 누님이 아니 갔다. 바늘질감을 잔뜩 가지고 와서 이틀 동안이나 멈으르며 남의 재봉裁縫틀 쓰며 폐를 끼친다. 보기 딱하다. 아즉 값도 다 못 치루어 잇다금 안팟 싸움을 일어키는 재봉틀이고 주인은 그다지 쓰지도 안는 재봉틀이다. 비록 친형제 같은 사이라 하겠지마는 피차 숭허물이 아주 없지 못하다. 누님 같은 녀인네도 좀 세상을 알았으면 좋겠다.

7월 23일. 구름 사이로 잇다금 햇발도 빛이다가 갑작이 바람이 불며 소낙비 한 줄금도 지나고 두 줄금, 세 줄금 지나기도 하다. 어떤 이는 한울이 미치었다 일컷기도 한다. 홍벽초洪碧初를 찾아보고 조선도서주식회사朝鮮圖書株式會社에서 류년수柳年秀 군을 또 찾아보고 김영운永運 군께 전화電話도 하고 불교회에서 석전石顚을 맞나 래일 아츰에는 꼭 떠나서 금강산 가기로 작정하였다. 정운경雲經, 림청林靑 군을 더불고 리문里門안 설렁탕을 먹고 나는 진고개 가서 가방 하나를 사가지고 오니 벌서 오후 다섯 시가 넘었다. 국여菊如, 년수, 영운 군이 찾아왔다. 로석老石 어른은 내가 금강산 간다함을 퍽 깃버하시어 내가 가나 다름이 없다고 말슴하신다. 어제도 찾아오시고 오날도 찾아오시었다.

집에며 조 형께며 하경렬 씨게 편지를 써 보내다.

7월 24일. 칠 시에 불교회佛敎會로 가아 石顚석전을 맞나 같이 경성역京城驛에 니르니 리광수李光洙(春園), 박현환朴賢煥(玄寰)과 맞나 팔 시에 함흥咸興행 차에 올아 떠나다. 애류崖溜, 취롱翠儂, 국여菊如가 룡산역龍山驛까지 나와 전송餞送한다. 구름 사이로 잇다금 햇발이 빛인다. 여러 날 장마 끝에 처음 보니 매우 상쾌爽快하다. 한강을 옆에 끼고 남산을 돌아가노라니 바야흐로 홍수洪水가 나려밀려 굼실굼실한 물굽이가 방축에 부드쳐 흐르며 가지록 푸른 나무는 강ㅅ가에 련해 섰고 두세넛 조고마한 배들은 중류中流에 오락가락하며 메기슭에 듬성듬성 소나무 사이로 강촌江村에 젖은 연긔가 실 풀리듯이 솔솔 일어나고 사립 쓴 늙은이가 낚우ㅅ대를 들고 나온다. 꽤 볼만한 경치景致다. 석전石顚과 춘원을 돌아보며 니악이하는 사이에 벌서 의정부議政府 동두내東豆川를 지나다. 소요산逍遙山을 바라보니 그윽한 그 안에 무엇이 감추어 있는 듯 곳 뛰어나려가 찾아보고 싶다. 긔차는 줄곳 산골작이로 나아가더니 한 넓은 평원平原에 니르다. 예가 철원鐵原이다. 푸른 벌판에 검은 돌이 헡어져 있고 멀리 보이는 낮윽한 메들은 점점이에 들어 가물가물한다. 연에 벌판으로만 나아가니 한줄기 메가 뭉틀뭉틀한이 내밀어 있고 그 알에 수삼백 호 되는 부락이 있다. 이곧이 평강平康이다. 정거장은 조고마하다. 이 차에 나리는 이는 우리 일행一行 뿐. 웬 양복장 하나이 와서 우리를 류심히 보고 몯은 일을 알은 체 한다. 역부驛夫에게 장안사長安寺까지 자동차 왕래함을 물으니 장마에 길이 상하야 자동차가 불통한다 함으로 우리는 예 자기로 작정한다. 아이들이 오륙 인이 나와 있어 서로 객客을 끌며 보퉁이를 달라 한다. 우리 일행은 한 려관旅館이 아니면 아니 든다하고 어슬렁어슬렁 그 아이들만 딿아갔다. 아이들은 다 같이 군청 앞에까지 왔다. 그중에 한 아이는 다른 집 아일러라. 그래서 그 아이는 제 집으로 가자 하거늘 우리는 밎어 말할 겨를도 없이 한 아이가 나서며 온 고삿이 떠들석하게 야단을 치고 한 사람도 그 집에로 못 가게 한다. 우리는 하도 어이가 없어 멀거니 보고 그 애 집 마루에 걸어앉았다. 그 아이들 어미도 나와 그 아이들끼리 싸우는 것만 보고 섰고 이웃 사람들은 서로 모여 뭬라고 소군거릴 뿐이다. 아인 맞힘내 거리 우에서 굴고 울고 한다. 차차 그 싸우며 하는 말을 들은 즉 피차 사돈 사이로서 발우 우알에 집에 산다. 하루 저녁 객의 던지는 돈이 얼마가 아닌데 그걸 다투어 당장 자라나는 어린아이들이 죽쟣고나 싸우는고. 참 무섭다. 평강이 비록 시골일망정 어린아이라도 닳아진 품은 서울 아이보다 존장이다. 우리는 두 아이의 방편을 위하야 우리 일행 반분하자고 한즉 한 아이는 죽을라고 몸부듬을 한다. 그래서 그도 못하고 나 하나만 옮겼다. 그래도 질알을 한다. 웃운 일이다. 우리는 한때 그 아이들의 밋기 노릇하얐다. 가 본즉 나 간데가 훨썩 낫다. 방도 더 깨끗하고 음식도 정하고 겸하여 반주까지 준다. 춘원은 감긔 들어 누었다. 저녁 먹고 나서 군청을 둘어 보고 그 앞 못도 보고 주정ㅅ군의 싸움도 구경하고 돌아와 잤다.

7월 25일. 세 시에 일어나 주인 붊어 밥갑 회게해 주고 역에 니르니 대합실待合室에는 등燈도 켜놓지 않고 캄캄 속에 다만 코고는 소리만 들린다. 우리는 간신히 더듬어 자리 하나를 찾아 앉았다가 차에 오르다. 승객이 가득 찼다. 누어 자는 이를 깨워 일어키고 한 자리를 얻어 앉았다. 몸집이 크고 소리가 질항아리 깨지는 듯한 함경도인人이 많다. 하도 떠드는 바람에 잠은 아니 온다. 창 밖이 부유스럼하기에 내다보니 벌서 삼방三防에 니르렀다. 좌우左右에는 긔암절벽奇岩絶壁이 있고 그 밑에는 한 줄기 맑은 시내가 굽이굽이 여흘을 지어 흐른다. 얼마 만에 룡지원龍池院에 니르니 졂은 녀인네 수십 인이 복숭아를 가득 담은 광우리를 들오며 짓거린다. 어느덧 석왕사釋王寺를 지나서 원산元山에 니르니 여섯 시가 좀 지났다. 벌서 장전長箭 가는 긔선汽船은 떠난다 한다. 밧비 걷어 배표 파는 데 가서 배표를 사가지고 달음질하야 선창에 가 배를 타다. 배는 조고마한 긔선이다. 삼등실三等室에 들어보니 그다지 더럽지는 아니하다. 바람도 없고 밀기도 없는 새파란 바다 우로 배는 스쳐 나간다. 갈스록 가림 없는 바다에 잇다금 조고마한 섬만 보인다.

발 원산發元山

명사십리明沙十里 빗겨놓고 발우 떠나 관동關洞 가니
맑고 맑은 바닷물에 메와 구름 잠겻세라.
이 배에 실린 이내 몸은 그 우흐로 지나노라.

연에 안변安邊 련산連山을 돌아가니 멀리 꺼뭇하게 통천通川 총석정叢石亭이 보인다.

총석정叢石亭

뭇노라 저 사공아, 총석정이 어댈느냐.
저긔 저 어슭에 수정궁水晶宮 기둥만 남고
무심無心한 창파蒼波 부드치는 곳의 거긔니라 하더라.

또 한참 가니 멀리 구름 덮인 금강산金剛山이 보인다. 퍽 웅장하고도 퍽 긔묘奇妙하다. 더구나 이 양양洋洋한 대해가 그 앞에 있으니 과연 산해山海의 미美가 천하에 다시 없겠다. 한곳을 지나 만灣으로 드니 곳 장전長箭이다. 쌈판을 타고 나렸다. 가랑비는 부슬부슬 나린다. 산전상점山田商店에서 고성高城가는 자동차를 맞췄다. 주인主人 산전山田이는 박샤(양도야지)처럼 생겼다. 며주볼 져가지고 썩 미련하게 보인다. 비는 좀 그치고 구름은 메를 덮어나리고 동북편에 갑작이 쌍무지개가 섰다. 우리는 오후午後 두 시붙어 일곱 시까지 자동차 오기를 기다렸다. 하는 수 없이 박샤와 다시 교섭交涉하야 고성高城은 그만두고 온정리溫井里로 가기로 하얐다. 박샤는 좋지 못한 얼굴빛을 띠고 둘언둘언하며 한 이십여 세 된 계집아이는 게다짝을 끌고 왔다 갔다 하며 우리를 보고 쌩긋쌩긋 웃는다. 우리는 점두店頭에 앉았다가 일어 거닐다가 다시 어느 려관에 들어 누었다가 다 저믈게야 자동차를 타고 어슴푸러한 산밑 길로 달아가다.

장전파長箭坡

드리운 버들가지 창파滄波에 떨쳐 있고
점은 비 기적汽笛소리는 은윽이 들리는데,
내달아 삼일포三日浦 해금강海金剛을 아니 못가 하노라.

등불이 반작이는 한 골작이로 들어가니 온정리溫井里러라. 발우 관동려관關東旅館에 들다. 비는 다시 줄줄 나린다. 저녁상을 받아 보니 반찬이 열두 접시다. 그러나 젓가락 한 번식만 가면 남을 것이 없다. 춘원의 소개로 눈 목사 성렬成烈을 찾아보다. 이는 려관 겸 도서관을 차리고 있다. 퍽 푸석거리는 이다. 전에 송도에서 목사노릇하다가 신병으로 사면하고 예 와서 있는 제 수 년. 맞힘 양인 남녀 일행이 들어 잔다. 그 집은 발우 시내ㅅ가이다. 물소리가 퍽 어지럽다. 우리는 다시 온천溫泉을 찾아 목욕沐浴하고 돌아와 달게 잤다.

7월 26일. 비. 물이 퍽 불었다. 비를 무릅쓰고 큰물을 건느어 만물초萬物草 구경을 가다. 고목 빽빽하게 들어선 그윽한 골작이로 시내를 거슬어 들어가다. 양봉래楊蓬萊가 쓴 륙화암六花岩께 니르니 두어 집 주막이 있다. 예서 서북편으로 들어가면 천불동千佛洞으로 간다 한다. 주막 늙은이에게 자세히 만물초ㅅ길을 뭇고 섰노라니, 한편 방에서 열칠팔 세 되어 뵈는 녀자가 내달아 갓가이 와 반기며 물어 갈오대, "어대로 가시는 손님입니까?" 하거늘, 내 대답하되 "내가 어대를 가던지 무슨 상관이 있노?" 한대, 다시 하는 말이 "저희는 이 산중에서 차를 파는 이올시다. 이 우에 한창 옳아가시면 폭포ㅅ가에 한 정자 있으니 저희가 차를 파는 데올시다. 만일 오날 손님이 많이 오신다면 저희가 차구茶具를 가지고 옳아가서 등대하리다." 하더라. 나는 돌쳐 서며, "이 뒤에 많이 온다." 하고 나아가다. 바위와 나무 사이에 돌쪽악이 울툭불툭 내밀어 길은 까다롭고도 바드롭다. 가끔 어대서 산을 울리는 소리가 나고 여긔저긔 컴컴한 바위 구녁이 보인다. 맞힘내 한 군대에 니르니 봉은 더욱 높고 긔이奇異하고 골은 더욱 깊고 좁은데 긔암절벽이 우뚝 솟아있고 그 밑에 차점茶店 하나가 있고 차점 앞에는 두 골물이 합하야 흐른다. 잠간 다리는 쉬어 차를 마시고 우右편 골작이로 들어 백여 보 옳아 사자목이를 보고 다시 좌左편 골작이로 나려 차점에 니르니 그제아 일행이 다 와서 점심을 먹고 있더라. 나도 대들어 두어 덩이 밥을 삼키고 다시 일행과 사자목을 올아 보고 우편으로 나려 십 리十里나 올아가 좌편 메로 오르다. 바위를 안고 돌기도 하고 나무뿌리를 더우 잡아 가기도 하고 쇠줄을 잡고 오르기도 하야 한 금강문金剛門(석문石門)을 나서니 아슬아슬하게 나려다보이는 깊은 골작이가 있고 그 건너는 첩첩한 봉오리가 에둘었다. 나려가다가 다시 동편으로 바위 너덜을 넘어 두어 길 까파른 데로 기어 나려가니 천인절벽千仞絶壁에 제비집같이 붙어 있는 바위 우에 똥글은 구녁이 다섯이 있는데 그중에 셋은 크고 둘은 작다. 이걸 옥녀세두분玉女洗頭盆이라 하고 큰 분은 세수그릇이고 작은 분은 양추그릇이라더라. 굽어보니 분마다 물이 담겨 있다. 그 물을 떠 손을 씻고 한참 앉아 놀다가 다시 기어 올아 바위를 안고 돌아 나무다리를 건느어 옥녀봉 천선대天仙臺에 니르다. 나려다보니 사자목과 사선봉四仙峯이 코밑에 있고 돌아다보니 만물초 분명하여 낮낮이 헤일러라. 어린 듯이 오래 앉았다 섰다 하다가 나려오다. 바람이 몹시 불어 몸동이가 날릴 듯하다. 중간에 니르러 차를 그 녀자에게 사먹고 돌아오다.

사자항獅子項

금강산金剛山아, 금강산아, 네 닐홈 닒히 듣고
그리고 그리어 애타인 제 오랠러니,
이제와 서로 보오매 이 내 깃븜 어떠리.

옥녀봉玉女峯 ― 천선대天仙臺

만첩청산萬疊青山 저 높은 곧에 옥녀玉女가 논다더니

옥녀玉女는 어데 가고 옥녀봉玉女峯만 솟아있어
잇다금 무심無心한 구름만 오고가고 하더라.

옥녀봉玉女峯 二 옥녀세두분玉女洗頭盆

운빈雲鬢과 옥안玉顔에 젖은 향내 남앗는가.
분 안에 담긴 물을 굽으려 뜨랴 할 제,
어데서 청풍淸風이 일어 옷깃 스쳐 지나더라.

옥녀봉玉女峯 三 만물초萬物草

온누리 네와 이제 끔직하고 아름다운
잘천골백 몯은 모양 한데 모여 놓단 말가.
다만지 한우님에게 감사할 뿐이외다.

돌아와 보니 아즉 해는 지지 아니하얐건마는 저녁밥이 벌서 다 되었다 한다. 먼저 짐만 보광암普光庵으로 보내고 기다려 밥을 먹고 어둠침침한 속에 극낙이고개를 넘어 신게사神溪寺 앞으로 하야 깊은 숲속으로 들어 보광암에 니르니 어스름 달빛에 장삼 입은 로장이 짚앙이를 이끌고 뜰에 나려 맞이더라. 꿀물도 내오고 더운 방도 치어준다.

7월 27일. 팔 시에 아츰밥을 맟히고 다리를 건느어 상운암上雲庵에 옳아 해금강海金剛과 삼일포三日浦를 나려다 보고 한 길이나 되는 욱어진 풀섭을 헤치고 길을 초부에게 물어 시내를 건느고 건느어 양봉래 살든 터이란 삿갓봉 앞을 지나 동석동動石洞에 니르니 여러 골 물이 흝어 나리는데 폭포도 있고, 소도 있고, 여흘도 있고, 긔암과 괴석도 많고, 수백 인이 앉을 만한 널에바위도 있고, 그 우에는 큰 바위ㅅ돌 하나이 언쳐있어 손으로 흔들면 흔들여지되 한 사람이 흔드나 두 사람이 흔드나 아이가 흔드나 어른이 흔드나 마챵가지다. 이것 니름은 동석이다. 이 동석이 있음으로 동석동이라 하더라. 백옥을 깎아 세운 듯한 수십 봉이 에둘어 솟아 있고 그 중터리로는 엉크러진 잡목雜木이 나려덮었다. 우리는 물을 딿아 오르락나리락 하기도 하며 목욕도 하며 널에바위에 앉았다 누었다 하기도 하며 떠날 줄을 모르다가 비가 오기에 돌아오다. 이렇듯 수석이 좋컨마는 아즉 아는 이가 드믈다. 이 근처 사는 이들이 짐짓 이곧을 숨기고 알리지 안는다더라. 알면 자연 성가스럴 터이라 하야 물어도 잘 닐어주지 아니한다. 그러나 아는 이는 알고 찾어든다. 보운암普雲庵을 거쳐 다시 보광암으로 들어 점심을 먹고 떠나 구룡폭포九龍瀑布를 찾아가다. 여러 날 장마임으로 어제까지 물을 못 건느어 구룡연 구경 가는 이가 없다가 오날은 퍽 많다. 줄곳 구경ㅅ군이 앞뒤에 끊이지 안는다. 배소를 굽어보고 빙엣길로 가다가 좌편으로 옮겨 일엄대一嚴臺에서 삼성암三聖庵 가는 길을 저쳐놓고 시내를 껴 서남쪽 빙에로 나아가 앙지대仰止臺, 감사굴監司窟을 지나 우편으로 금강문을 지나 다시 좌편 빙에로 나아가니 옥류동玉流洞에 다다른다. 좌우에 긔절한 석별과 빼어난 봉오리며 우알에 긔암과 반석에 폭포와 소와 여흘 몯은 것이 보는 이로 하여금 취한 듯 광狂한 듯하게 하더라. 천화대天花臺에 이슥고 앉았다가 일행이 가기를 재촉하기에 일어서 우편으로 나아가며 백석담白石潭, 선담船潭, 련주담連珠潭을 굽어보고 다시 좌편으로 절벽을 안고 도니 한 폭포가 메 허리에서 쏟어진다. 이것은 비봉포飛鳳瀑라. 이 폭포를 우럴어보며 또 절벽을 더우잡고 도니 큰 폭포가 나려다 보인다. 이것은 무봉포舞鳳瀑라. 다시 우편으로 옮아 장방호구長房湖口를 지나 암벽岩壁 사이로 서방에서 흘어나리는 시내가 있다. 예서 곳 연담교淵潭橋를 건느어 다시 좌편을 옮아 빙에로 가노라면 비탈진 널어바위가 온 메기슭을 덮어 있고 우편에는 천장天仗 석벽이 서 있고 석벽 우에는 홈이 지고 홈으로는 큰 폭포가 쏟아지니 이게 곳 구룡폭포요 이 폭포 떨어지는데 곳 새파란 소가 있고 발우 그 밑에 또 소가 있으니 그 깊이는 알 수가 없다. 바위 한편에 정자가 있고 정자에서는 차, 그림 엽서葉書, 술, 과자 등을 파는데 일인 양인 등 사오십 명이 옮아 앉아 술을 먹으며 짓거린다. 맞힘 바위에 앉아 폭포를 보노라니 건방진 일인 하나이 정자로서 나려오더니 건정건정 걸어 폭포 밑으로 가랴다가 물잇기 낀 데를 밟아 갑작이 나자빠져 쭉 밀려 나린다. 사람들이 몯아 뚱글은 눈으로 나려다 보고만 있다. 그러나 다행이 소를 돌지는 아니하고 옆으로 빗겨 바위 틈에 끼었다. 얼마 아니되어 굽으럭거리더니 일어났다. 얼굴 한쪽과 몸동이 한쪽은 이질어져 피가 줄줄 흐른다. 저의 동행 몇이 나려가 붙들어 옮여 수건으로 싸매고 먼저 돌아가더라. 봉광암 지나서 구룡폭포까지 삼십 리 동안도 다 그렇거니와 더구나 구룡폭포에 니르러는 조심치 아니하면 목숨을 보전키 어렵다. 해마다 흔이 사람이 죽는다 하며 단여오기 전까지는 마음을 놓을 수 없다 하야 자식이 삼형제라야 하나나 구경을 보낸다 하는 말이 있더라. 우리 일행도 정자에 옮아 차를 사 마시고 돌아오다가 연담교淵潭橋에서 나와 박현환 군만 멧길로 나무며 바위를 더우잡고 반 시간이나 옮아 마루턱에 니르러 굽어보니 아슬아슬하다. 새파란 팔담八潭이 한 물줄기에 띄엄띄엄 있어 그 속에 그야말로 룡이 깃들인 듯 하다. 이 마루턱으로 수십 보 오르니 다시는 오를 수가 없고 메는 겹겹이 쌓여 그 물 근원은 어대서 나오는지 알 길이 없다. 이 팔담이 흝어 떨어지는 것이 곳 구룡폭폴러라. 서남으로 비로봉毘盧峰과 동으로 바다를 바라보고 나려오다가 천화대天花臺에 석전과 춘원을 맞나 같이 돌아오다. 또 일인 하나이 물 건느다 빠져 헤엄치고 나오는 걸 보았다. 바람이 크게 분다. 배소에서 목욕하고 보광암에 드니 여섯 시. 바람 소리가 밤에 곤한 잠을 가끔 깨우더라.

동석동動石洞

계곡溪谷에 풀이 욱어 갈 바를 모를러니.
초부樵夫가 길을 넓어 삿갓봉 돌아들 새,
어지런 폭포성瀑布聲 가운데 동석動石조차 보이더라.

옥류동玉流洞(천화대天花臺)

좌우左右엔 절벽絶壁이오, 우알에 층대層臺로다.
한줄기 맑은 시내 소 아니면 폭폴瀑布러라.
이윽고 바위에 앉아 떠날 줄을 몲아라.

구룡폭포九龍瀑布

한울 닿는 바위흠에 쏟아지는 저 물줄기,
은줄을 늘어논 듯 옥가루 뿌리는 듯,
잇다금 바람이 불면 안개 핀 듯하여라.

구룡팔담九龍八潭

구룡대 올아서 팔담을 굽어보니
검푸른 저 물속에 교룡이 누었는 듯,
갑자기 쓸쓸한 긔운이 얼굴 우혜 치닿더라.
(팔담八潭에 용龍에 깃들여 있다고 거인居人이 전傳함.)

또

잡고 잡고 기고 기어오르고 또 오르니,
길 없고 봉만 솟아 창끝같이 날카롭다.
진실로 그윽한 그 속은 다시 알 길 없어라.

7월 28일. 쉬다. 한별에게 편지 써 보내고 오후에 석전하고 신계사神溪寺 우화주지雨花住持를 찾아보고 다리를 건느어 문수암文殊庵 승방에 니르러 『어제역해御製譯解 미타경彌陀經』을 얻었다. 갑작이 비가 쏟아진다. 늙은 승, 젊은 승들이 장삼을 입고 이 집 저 집에서 나와 절을 꿉억꿉억 한다. 잘 대접지 못하야 매우 섭섭하다고 닐컷는다. 다시 보광암에 돌아오니 신계사에서 공양供養을 지었다 하며 곳 가기를 재촉커늘 두어 시간 지나서 가겠다 하고 책도 보고 니악이도 하며 놀았다. 나는 점심 먹은 것이 체하얐는지 신긔神氣가 좋지 못하다. 방은 더웁고 마루는 찬데 어젯밤 밤새도록 마루에 나왔다 방으로 들어갔다 하며 잠을 잘못 잤다. 비는 또 온다. 우산을 받고 신계사에 갔다. 이 덜에는 일천사백팔십여 년 전 석탑石塔이 있는데 금강산 최고最古 석탑 중 하나이다.(정양사正陽寺에 하나, 장연사長淵寺 곳 탑塔거리에 하나.) 동북 편 갓가이 가지가 케케이 늘어진 늙은 소나무가 있는데 수백 년 되었고 가이 볼 만하게 되었다. 그런데 작년 화재를 당할 때 그 화긔를 받아 죽었다더라. 참 앗갑다. 견확堅確하고 장엄莊嚴한 대웅전大雄殿은 김규진金奎鎭이가 더럽게 하얏더라. 이 뎔 중들이 김규진에게 홀리어 그전에 저의 스님 누가 쓰어 붙였다는 대웅전 액자額字를 띄어버리고 천하고 루한 김해강海剛 규진의 글시를 붙였다. 이뿐 아니라. 금강산은 김규진이가 버렸다 하는 말을 일즉 어느 벗에게 들었더니 과연 와보니 그렇다. 어대던지 그 글시를 삭였다. 만물초에던지, 구룡연에던지 다 있다. 구룡연 석벽에 크게 미륵불彌勒佛 세 자字를 삭인 것도 글시는 되도 않고 그 체재體裁가 도모지 어울이지 아니한다. 구룡연 전경全景도 그 때문에 얼마콤 이질어졌다 하겠다. 천사일람天邪一覽까지 한 서화를 함부루 말하면 범법이 될는지 모르지만 눈꼴이 사나워 볼 수 없다. 어춘문御春門으로 들어가니 룡선전龍船殿이 있다. 이는 정종조시正宗朝時에 장종莊宗을 위하야 세웠다. 이걸 등대고 한때 호긔를 부렸다더라. 나는 밥을 한 접시밖에 못 먹었다. 그것도 간신히 먹었다. 먹고서 돌아와서는 발우 누었다. 그러나 밤새도록 잠은 깊이 들지 안는다. 마음이 뒤숭숭하야 퍽 괴롭게 한다. 비는 또 온다. 비 소린지, 물 소린지, 바람 소린지 분간할 수 없다. 환경環境이 어질어운 것도 내 마음과 같다.

7월 29일. 비가 노한 모양으로 온다. 오날 유점사楡岾寺는 다 가고 말았다. 나는 지난밤에 어떻게 복갰던지 입맛좇아 없다. 몸은 갑작 덥었다 갑작 식었다 한다. 짚앙이를 이끌고 벼룻길로 나아가 물 구경을 하다. 봉마다 구름이 덮고 골마다 폭포가 흐른다. 비는 오후붙어 그쳤다. 깨끗이 목욕한 메ㅅ봉오리들이 구름을 벗고 쭝긋쭝긋 솟아난다. 봉이

나 골작이나 어느 것이 험하지 아니하며 또한 어느 것이 긔奇하고 괴하지 아니하랴. 다만 니름난 곧뿐 아니라, 금강산에는 어대던지 그럴 듯하다. 이 뎔 뒤ㅅ메에는 로장老長이 바랑지고 넘어오는 듯한 바위가 서 있다. 그럼으로 이 뎔은 자래로 가난치 아니하다고 일컷는다. 이 뎔 북편에 화엄각華嚴閣이 있다. 칠 년 동안이나 최기남崔基南이가 있었다. 그가 작난한 것이 지금도 남아 있다. 오백 라한羅漢과 천불千佛을 곱돌로 맨들은 것이며 광목廣木 다섯 통을 련폭하야 '불佛'자字 하나 쓴 것인데 '불'자는 수년 전에 서울로 옮겨 가서 보지 못하얐다. 이 뎔 주지 리월하月河 씨는 나이 륙십이 넘었다는데 퍽 근강하고 돌얌즉한 얼굴에 힌 수염이 성긋하게 나고 목소리가 좋고 니악이를 잘한다. 어리어서붙어 인도 소리 잘하기로 기리던 이라, 불공이나 든 때에는 여러 녀자의 애를 태운 듯하다. 이는 석전의 사형詞兄이 된다 하며 우리까지는 공양을 해준다. 잘 얻어먹으니 좋기는 좋으나 미안하다. 저녁에 구름 우로 솟아오르는 달을 바라보고 춘원과 시를 지었다.

보광암普光庵 월야月夜

솔숲에 바람 자고 녯 뎔에 밤 깊은데
구름에 솟는 달이 은윽이 빛이도다.
선방禪房에 호을로 앉아 잠 못 들어 하노라.

비에 가쳐서

관동關東이 가믈거늘 구룡소究龍淵에 개를 너니

구룡이 비를 주어 장마가 지단말가.

장마에 가쳐 못 가니 뉘 탓인가 하노라.

예서는 오래 가믈면 개를 잡아 구룡소에 넣으면 룡이 개를 받아먹고 비를 준다 전하야 저거번 가믐에도 개를 넣어 이번 이렇게 비가 온다 하더라.

7월 30일. 새벽에 얼픗 잠이 들어 꿈을 꾸었는데 퍽 흉하다. 큰 바람이 불다 그치고 비가 또 온다. 비를 무릅쓰고 아홉 시에 떠나다. 리월하, 김룡담龍潭은 창터까지 나와 전송한다. 우화雨花 주지의 별가別家를 찾아 작별하고 버덩길로 나아가다. 돌아다보니 보광암 뒤ㅅ메가 구름 속에 잠겼다. 풍악교楓岳橋 머리에서 엿을 사아 낞아 먹고 짐ㅅ군만 먼저 보내고 우리 일행은 삼일포三日浦로 가다. 그다지 크지는 못한 호수湖水다.가에는 굴곡이 많아 만灣도 적지 않고 가운데에는 크고 작은 섬이 몯아 넷인데 이 중에 가장 작은 것이 사선정 터일러라. 수리조합이 되어 물은 늘 가득한데 두어 마리 갈먹이가 오락가락할 뿐. 서쪽 기슭에 몽천암夢泉庵이 있었으나 사십여 전에 없어지고 지금은 고성高城 아전 누구가 묘를 썼다더라. 돌아서 다시 풍악교를 건너가노라니 소낙비가 지난다. 길가에 은운욕월루隱雲浴月樓에 걸어 앉아 그 앞 남강南江을 나려다보고 있다가 다시 나서 가다. 송탄리松灘里에 니르어 참외를 사먹고 시랑리侍郎里 주막에 들어 점심을 먹고 로파에게 술을 사먹고 떠나 도인산[象柏山], 눈물거리, 방어사 고개를 지나서 가니 좌편에는 큰 내가 흐르고 물방아집이 듬은듬은 있다. 예는 전에 유점사 정고精庫가 있어 중들이 와 놀이하던 곧이라 하며 우편 길ㅅ가에는 수십 주 고목 사이에 고승당高勝堂이란 기아집이 있다. 당 안에는 한 미인이 시비侍婢 이인二人을 좌우에 거느리고 서 있는 모양을 그리어 세웠다. 그러나 그림은 어느 무지한 사람의 작난에 얼굴이 상하얏다. 이는 전설傳說에 유점사 오십삼불五十三佛 월지국으로 하야 동해에 와 닿었을 때 그때 고성 군수 로춘盧椿과 그 부인이 서로 도아 유점사에 모시게 하얐는 공로로 그 부인을 위하야 지은 집이라더라. 비는 그치고 해는 지고 길은 멀다. 점점 골작이로 내를 ㅆ고 드니 한 늙은이 바위에 앉아 송어 낚는다. 백천百川지에 니르러 한 초막에 들다. 만철滿鐵호텔의 출장소出張所가 있다. 겨우 초막 한간을 얻어가지고 조선인 뽀이 하나이 있다. 밥은 초막 주인이 하여 주고 차는 뽀이가 들인다. 우리 일행은 그 출장소에 자다. 이 초막은 냇가에 있다. 물소리가 하도 요란하여 자뭇 적막치 아니하더라.

백천百川 가는 길

백천百川이 창일漲溢하야 흐르는 여흘ㅅ가에
힌옷 닙은 저 늙은이 송어를 낚느라고
낚웃줄 드리우고 바위에 홀로 앉아
솔가지 꺾어대며 단지에 밥을 지니,
한줄기 푸른 연긔 솔솔 펴오른다.
해는 지고 길은 멀어 돌아가기 밧브지만
이 중에 몯은 경개를 아니 못 봐 하노라.

7월 31일. 비. 짐ㅅ군은 먼저 유점사楡岾寺로 보내고 우리 일행은 비를 무릅쓰고 송림굴松林窟을 찾아가다. 울창한 솔숲 속을 들어 배소를 지나 게곡溪谷으로 오르노라니 내에서 나려지르는 찬 물줄기는 다리에 부드쳐 뼈 속까지 저리게 하고 빗소리, 물ㅅ소리는 잠시도 끊이쟎고 넉을 잃게 한다. 두세넷 느아집과 원통암圓通庵 빈터를 지나니 점점 골은 좁고, 메는 높고, 숲은 욱고, 구름은 짙어 지척을 분간하지 못할러라. 어느덧 큰 바위를 안고 돌아드니 송림松林사가 나서더라. 집채 만한 바위가 여긔저긔 놓였고 바위 우에, 바위 사이에, 바위 구녁에 집을 세웠고 뜰 앞에는 시내가 폭포를 지어 흐르고 앞뒤에 고봉 절장이 둘어 있는데 앞의 봉에는 오대가 있으니 라한대羅漢臺, 학소대鶴巢臺, 풍혈대風穴臺, 오성대梧惺臺, 은선대隱仙臺. 이 뎔 주인은 나이 삼십 남짓한데 혼자ㅅ손에 공양을 지어 여러 객을 치룬다. 우리 일행 말고도 사오인이 있다. 충청도 인이라는 청년들이 있는데 그들은 술법을 공부하고 있다더라. 방이 더워서 잘 잤다. 예는 메가 높고 골이 깊어 녀름이라도 불을 때지 않고는 추어서 못 잔다더라. 밤새도록 큰비.

8월

8월 1일. 비. 구름 속, 물속으로 다시 백천百川지에 니르니 오정午正. 다리는 없고 물ㅅ결은 세어 건늘 수 없고 배는 고프아 초막 주인에게 밥을 지어 달라니 쌀이 없어 일마장이나 되는 이웃집으로 쌀을 꾸러간다. 춘원은 속이 상하야 술을 부르고 석전은 운자韻字를 붊어 '시'를 짓자 한다. 이에 시를 한 마디 얻으니

一宿松林到百川, 店皃乞米炊青煙.

橋崩水激不能渡，山雨霖霖正午天.[1]

세 시간이나 기다리어 점심을 얻어먹고 한 장정을 사 앞세고 십여 리 나려가 보현리普賢里 앞 너덜로 건는다. 석전은 혼자서 먼저 건느랴다가 중류에 니르러 센 물쌀에 긷잡지 못하고 떠나려가거늘 같이 간 장정이 헤엄치고 가서 붙들었기에 망정, 하마트라면 동해 바다로 갈 뻔하얐다. 건너서는 산비탈 풀 속, 물속으로 하야 다시 백천지 건너편에 니르다. 해는 거의 져믈었다. 물을 밝고 구름을 무릅쓰고 개재[開載嶺]를 넘다. 아흔아홉 굽이를 거쳐, 니대尼臺, 영운정嶺雲亭, 노루목[獐項], 관희영觀喜嶺을 지나고 소년담少年潭을 빗겨 희미한 길바닥만 보고 깊숙한 골작이로 유점사를 찾아드니 숲속에서 등불이 반작인다. 명월교明月橋, 영산루英山樓를 지나 김일운一雲 주지住持를 맞나 한편 선방禪房에 들다. 발을 끄르고 씻고 옷을 갈아입고 앉았으니 벌서 이경二更ㅅ종을 울린다. 주지며 여러 화상和尙이 와 니악이를 한다. 밤중에야 밥을 먹었다. 밥은 려관인 산명관山明館에서 해온다.

게재를 넘으며

넘고 또 넘어도 메 검어 메이오,
건느고 또 건너도 물 건너 물이로다.

---

1 송림松林에서 하루 묵어 백천百川에 이르니
가게 주인 쌀을 꾸어다 밥을 짓는다네.
다리는 끊어지고 물살은 사나워 건널 수 없는데
줄줄 비내리는 산 속 정오가 되었네.

언제나 저 메와 저 물을 다 메일가 하노라.

송림사松林寺(학소대鶴巢臺에 연전年前까지 학鶴이 와 깃들였다 함)

선인仙人이 노던 골에 학인들 없을소냐.
학 타고 선인 가니 학소대만 남아있다.
두어라 학 없는 학소대야 찾아 무삼.

유점사楡岾寺

느릅내 벼룻길로 유점사 찾아들 제,
희미한 저녁 빛이 어느덧 깊어졌다.
맞후어 종소리 나니 이곧인가 하노라.

8월 2일. 비는 그치고 구름만 오락가락. 온 뎔을 둘어보니 집 배치排置와 제도가 과연 대찰大刹의 규모다. 본산이 될 만도 하다. 그러나 이 집을 관리하는 중들은 어떠한지 모르겠다. 그동안 두어 관데 뎔을 지내본 즉 대개 뎔집은 비어놓고 뎔 옆에다 별가別家를 두고 나가 있으니 장차 뎔집은 누가 직히고 있을는지 모르겠다.

오전에는 주지화상을 땋아 느릅나무 가지 우에 봉안한 오십삼불과 진렬陳列한 고물古物과 오탁수烏啄水와 주지 단독單獨이 수집蒐集한 서화와 고물을 구경하고 오후에는 새 감발에 새 집신을 신고 나서 중내원中內院, 마하연摩訶衍, 신금강 가는 길은 빗겨놓고 한울도 아니 보이는 잣나무와 잡목雜木 사이로 시내도 여러 번 건느고 바위도 여러 번 안고 돌고 빙에도 여러 번 기어올아 맞힘내 까다롭은 산마루턱에 오르니 나무들은 키가 높지 못하고 바위는 큰 봉을 일워었다. 이 봉을 오르니 가운데에 은선대隱仙臺라 삭여 있다. 바위에 앉아 나려다보니 힌 구름이 신금강, 송림松林굴 골작이로 동해까지 련하야 덮었다. 어느 즈음이 구름인지, 어느 즈음이 바다인지, 어느 즈음이 한울인지 모르겠다. 그리고 어대서 폭포 소리만 야단스럽게 들린다. 이슥고 구름이 좀 걷히며 백전栢田, 적멸봉寂滅峯 밑으로서 흘어나리는 십이폭十二瀑 머리가 발우 건너다보인다. 머리를 돌이키 칠보七寶대, 미륵彌勒봉을 바라보고 나려오다가 반야대般若臺에 올아 시를 읊고 돌아오니 사중의 국수공양을 받었다. 반야암을 가서 구경하다. 유점사에서 수백 보 서편으로 가니 반야암이다. 방금 한 로장이 강사가 되어 제자 수십 인을 다리고 경을 강한다. 밤에 또 비.

은선대隱仙臺

신선神仙 숨은 곧에 속객俗客이 어인 일고,
송림굴松林窟 석문동石門洞에 구름만 자옥하다.
아마도 선경仙境을 감추이고 아니 뵌 듯하여라.

반야대般若臺

한 굽이 시냇가에 반야대가 여긔로다.
에두른 청산이 물속에 잠겼어라.
어즈버 달 밝은 가을밤에 다시 와서 놀고저.

유점사楡岾寺

밤이 이슥거늘 선방禪房에 누었도다.
바드론 금강길을 꿈에도 옐러니,
로승老僧의 념불念佛 소리에 훌쳐 깨고 말앗노라.

8월 3일. 비. 오날 오정에는 득도암得到庵에서 공양을 받았다. 득도암은 유점사에서 이 마장쯤 되는데 한 고개를 넘어서면 산 옴탁이에 오륙호 승방 있다. 춘원의 일가 아주머니 되는 과부 형제가 중년에 승이 되어 예와 있는지라. 이번 춘원이 옴을 위하야 한때 공양하는 엄섬에 우리도 얻어먹게 되었다. 떡과 국수를 준다. 정갈하고 맛깔스럽다. 아마 금강산에서는 다시 얻어 볼 수 없는 음식이겠다. 한 늙은 승이 나와 붓그러운 빛을 얼굴에 띠고 례를 하고 변변치 못한 음식이나마 많이 잡수시라 한다. 그가 그다. 곱게 늙었다. 집안을 얼른 살펴보아도 몯은 것이 정돈整頓되고 깨끗하다. 오후 세 시. 우리 일행에 다른 일행을 더하야 몯아 아홉 사람이 중내원中內院을 가다. 한 사람에게 쌀 한 말을 지이고, 잣나무, 잡목雜木, 숲 속 바드른 길로 선담船潭, 불정봉佛頂峯을 지나 외사자外獅子목, 내사자內獅子목(구암龜岩이 있음)을 넘어 또 작은 고개를 넘어 돌아드니 중내원이다. 맞힘 구름이 잔뜩 끼어 사방 산천을 분변치 못하겠다. 이 암자는 미륵봉彌勒峯 가슴에 있어 유점사에서 옳아오기 삼십 리라. 유점사로 말하더라도 버덩(江原道語, 野地)보다는 퍽 높은 곧인데 더구나 이곧은 유점사보다도 높은 데 아니냐. 그럼으로 긔후도 썩 닮아 요새라도 날마다 불을 때지 아니하면 견대 지날 수가 없고 더욱 밤에는 그 큰 부엌 악우니에 장작을 한 알암씩 짚이어 땐 뒤에 게다가 문을 꼭꼭 닫고 자야만 아무 탈이 없고 만일 문이나 열어 놓으면 치울 뿐더러 독한 돌바람이 불어와 대번 입이 삐틀어진다 하며 벌서 시월만 되면 예는 빙설氷雪이 쌓이어 물을 얻을 수 없음으로 나려오지 아니하면 아니 되고 다시 사월四月 하지夏至 물엽이 되어야 비롯오 옮아가 있게 된다 하어 자래로 예서 겨울을 난 이가 없었는데 수년數年 전에 전라도인人 송청암宋淸岩이라 하는 이가 한 해 겨울을 나매 과연 물이 없는지라 그가 도키를 가지고 이 근처를 단이다가 한 관데 니르러 얼음을 비어내고 물을 얻어 지냈다 하며 한 오십 남짓한 누덕옷을 입은 로장이 지금 이 암자를 직히고 있다. 그는 다만 그 아들 하나를 더불고 있는데 그 아들은 일전에 어대 가고 자긔 손소 공양을 한다. 갑작이 우리 일행이 니르니 적막하던 암자가 금시에 번요해졌다. 앞에나, 뒤에나, 옆에 큰 바위가 놓여 있고 북편으로 십여 보 나아가면 바위 날등이 솟아 있는데 옮아 보면 사면 경치景致가 좋게 보인다 한다. 저녁을 식여먹고 서산대사西山大師의 시를 읊어보다. 이 암자 문지방 우에 서산대사의 시詩 현판懸板이 있고 문턱 알에는 게다가 놓여 있다. 구름은 자꾸 흩어나리며 걷히든 안는다.

중내원中內院 가는 길

메 험코 숲 깊으니 인적人跡이 드믈었다.
천년千年 고목古木이 여긔저긔 쓸어져,
수미는 비와 바람에 석어진들 뉘 알리.

8월 4일. 비. 아츰에 일어나 가마귀 한 마리가 뜰 옆에 있는 바위 우에 와 앉아 사람이 갓가이 가도 아니 날더니 아츰을 먹고 나서 로장老將이 남은 밥을 갖다 주니 집어먹고 그제아 간다. 그리고 그 뒤에는 다람쥐 한 놈이 와서 그 밥을 먹는다. 우리 일행은 구름이 걷히기를 기다리다. 그러나 구름도 그대로, 비도 그대로 어느 때 개일지 모르겠다. 춘원은 미륵봉 가기를 말하거늘 나는 말하되 이 구름 속에 이 비를 맞고 천신만고하야 올아간다 하더라도 사방 풍경風景을 나려다볼 수 없고 또한 언제 이 구름이 걷힐지도 모르니 그냥 유점사로나 가자고 하얏다. 그래도 춘원은 기어히 미륵봉을 간다 하고 나선다. 나는 수백 보 서남 편으로 올아 태을바위太乙岩만 보다. 이 바위는 태극 모양으로 되어 높이 서있는데 기어 올아가 한 구녁으로 간신히 몸을 솟쳐 나아가 바위를 안고 한 박휘 돌아서 다시 돌쳐 오며 칙박側柏나무 가지를 잡고 나려서 오다. 석전은 혼자 앉아 시삼매詩三昧에 들었다. 기다려 춘원 일행과 같이 점심을 먹고 유점사로 돌아오다. 반갑다. 인자는 장마가 걷힐는지.

중내원中內院

누덕 입은 로장님이 녯 뎔에 홀로 있다.
가마귀 밥을 주니 다람이도 오노라.
그로나 또 아츰 저녁에 벗삼을 뿐일러라.

메와 바다 몯은 경개 대번에 보련마는,
구름이 깊었으니 어드멘지 모를레라.
두어라 맑고 개인 날 다시 올아 보고저.

8월 5일. 맑음. 아홉 시에 유점사를 떠나다. 짐군은 먼저 장안사로 보내고 최창문崔昌文, 리항진李恒鎭 합하야 일행 일곱 사람 은선대隱仙臺 가는 길을 지나 마하연摩訶衍 가는 길을 향하야 가다. 음침陰沈한 숲속으로 쓸어져 썩은 나무쪽을 밟으며 시내를 거슬어 오르다가는 시내를 건너 산비탈로나 산 날등으로 가기도 하고 또 시내를 건너 시내를 짧아가기도 한다. 아즉 재 넘기 전에 북편으로 가는 한 가닥 길이 있으니, 이 길로 들어 시내 하나를 좀 건너 좀 가다가 또 시내를 건너고 건너며 연에 시내를 거슬어 가다가 우편 산비탈로 오르노라면, 좌편으로 꼭 이 산 중앙에 산 날등이 뭉투룩하게 나와 있어 맞히 묏자리 같이 되었는데, 거긔 한 암자가 있으니 이것이 칠보암七寶庵이다. 들어가 보니 문이 잠기고 사람은 없다. 이 암자 마당 앞에 바위가 솟아 있어 천연天然으로 석가산石假山을 일웠고 그 넘어에는 큰 반석이 있고 반석 옆에는 큰 나무가 서있어 그늘이 깊다. 일행은 반석에 앉아 좌우에 굽이쳐 흐르는 시내 소리를 듣고 병풍 쳐 논 것처럼 에두른 긔암절장奇岩絶嶂과 수구水口를 가려 있는 첩첩疊疊한 청산靑山들을 둘어 보고 갑작이 진세塵世의 몯은 일을 잊은 듯하다. 다시 동북편으로 나무를 더우잡고 산마루에 옮아 신금강新金江 가는 길을 저쳐놓고 동편 바위 우로 오르니 곳 칠보댈七寶臺러라. 백전栢田, 적멸寂滅, 일출日出, 월출月出, 미륵彌勒, 석문石門, 송림(松林窟), 은선대隱仙臺, 동해東海 따위가 대번 눈 안으로 모아들더라. 다시 외나무 사다리를 밟고 옮아 바위 가로 기어 돌아 아주 동편으로 썩 나가면 알로 보기가 아슬아슬하고 발우 우편에 석불石佛 하나이 엄연儼然히 큰바위를 등지고 서 있다. 일행 중 박현화 군은 칠보암만 보고 먼저 돌아갔다. 다시 오던 길로 나와서 안무재로 향하야 가다. 달애 넝쿨, 머루 넝쿨, 송낙풀 들이 엉킈엉킈 감긴 고목古木 사이로 버레 소리, 시내 소리도 들으며 니름 모르는 산꽃의 아름다운 향내도 맡아가며 조고마한 재를 둘이나 넘어 맞힘내 안무재[內霧嶺]에 니르다. 예는 해발海拔 삼천三千 척尺이나 되는데 외금강과 내금강의 경계선境界線이다. 유점사에서 장안사長安寺 가는 길이 둘인데 하나는 이 길이요 또 하나는 밝무재[外霧嶺]로 가는 길이다. 무재라는 뜻은 분수령分水嶺이라 함이다. 곳 이 무재에서 분수되어 외금강, 내금강으로 각각 흘어간다. 유점사로붙어 예까지 이십 리. 예서붙어 매우 준급峻急한 계곡溪谷으로 십 리를 나려오면 마하연. 좌우에는 산세山勢가 바람벽 같은데 게다가 잣나무, 소나무들이 옥어져 천일天日을 볼 수 없고 길은 길인지 시낸지 모르겠는데 암석巖石이 쑥쑥 들어나아 허리를 펴고 편히 걸을 수 없다. 요리저리 산을 돌아 붉은 석벽石壁에 크게 미륵상彌勒像을 삭이고 묘길상妙吉祥이라 하는 데를 지나 큰 내를 세 번 건너 숲속을 벗어나니 큰 가아집이 있고 마하연摩訶衍이라 현판이 달렸다. 맞힘 여러 선객禪客이 모여 산림山林하는 중 참선參禪ㅅ대를 짚고 멀거니 앉아서 눈을 반만 떴다 감았다 하며 속객俗客이 옴을 모른 체 하더라. 점심을 식여먹고 동북東北편으로 이 리쯤 옮아가니 산 중터리에 한 암자가 있으니 만회암萬灰庵이오 이 암자 서편으로 사오십 보步 가면 한 날등에 금강대金剛臺가 있고 다시 동편으로 일 리一里 가량 옮아가면 높은 석벽이 쇠사실이 달려있다. 이 쇠사실을 잡고 옮아서 칼날 같은 날등으로 겨우 발우 붙여 남南으로 수십 보 나아가 뾰족하게 솟은 바위우로 오르면 컴컴한 골작이에 물소리만 나고 백옥白玉을 깎아 세운 듯한 중향성衆香城과 몯은 봉이 첩첩히 쌓여 있다. 참 좋은 경치다. 백운대白雲臺 참 좋은 경치다. 다시 돌쳐서 동편 빙엣길로 사십여 보를 나리니 돌 틈에서 나오는 샘이 있다. 이를 금강수金剛水라 일컷는다. 한 번 마시니 가슴이 찌릇하고 두 번 마시고 뱃속이 시원하고 세 번 마시니 뼛속이 저린다. 이윽고 돌아와 저녁밥을 먹다.

백운대白雲臺

첩첩한 청산은 사방에 에둘렀고,
여러 골 시내물은 소리쳐 흐르도다.
석양夕陽에 백운대白雲臺 올아 돌아갈 줄 몲아라.

又[2]

山氣宕明一鏡開, 夕陽人立白雲臺.
俯看絶壁數十尺, 恍若此身天上來.

마하연摩訶衍

어대서 물소리는 저도록 들리는고
한 족악 밝은 달은 봉 우에 걸렸도다.

---

2 또
산기운 환해지는데 거울 같은 냇물 흐르고
석양 아래 이 몸은 백운대에 올라섰네.
굽어보니 절벽은 수십 척이라
마치 하늘에서 내려온듯 황홀하구나.

호올로 마루에 나앉아 밤 가는 줄 몰아라.

8월 6일. 맑음. 구름 한 점, 바람 한 점을 구경할 수 없다. 우리 일행과 다른 일행을 합하야 통 십오 인이 비로봉毘盧峯을 향하야 떠나다. 오전 팔 시 반. 두어 고개를 넘어 불지암佛知庵을 지나 유점사 가는 길을 빗겨, 잇다금 바위 우에 돌뭉이 쌓아놓은 것을 보고 게곡溪谷으로 들어오르다가 우편 골작이로 옮겨 오르고 다시 좌편 골작이로 들어가노라면 금金서들이 보인다. 금서들을 지나면 은銀서들이라. 은서들을 지나 산마루에 올아가면 동북東北편은 산세山勢가 완緩하고 젓나무, 칙백나무, 잡목들이 키는 크지 못하고 서루 너울어져 있으며 서남西南편은 아주 절벽絶壁이어 보기 아슬아슬하다. 이 산마루를 밟고 동東으로 나아가면 바위가 들아난 가장 높은 데가 있으니 곳 비로봉 꼭다기다. 이 꼭다기에 올아가니 만이천봉奉을 어루 만지고 동해東海를 떠 마실 듯하다. 맞후 개인 한울에 백일白日이 조요照耀한데 한 쌍 솔이개가 날아 까맣게 오르고 몇만 마리 밀잠자리는 옷깃에 부드치며 날아든다. 삼십 분 쉬어 나려오다 금서들 알에서 점심을 먹고 돌아오니 겨우 오정午正. 왕복 륙십 리. 석전은 아츰에 표훈사表訓寺로 갔다. 오후 세 시에 마하연을 떠나 만폭동萬瀑洞을 지나다. 화룡담火龍潭, 사자암獅子庵, 장경암莊經庵을 지나 석전을 맞나, 한가지 선담船潭, 구담龜潭, 진주담眞珠潭, 분설담噴雪潭을 지나 물 건너 보덕굴報德窟을 올아 보고 다시 나와 벽파담碧波潭, 비파담琵琶潭, 흑룡담黑龍潭, 영아지影娥池, 세두분洗頭盆, 말굽다리를 지나 삼산국三山局에 니르니 양봉래楊蓬萊의 '봉래풍악蓬萊楓岳, 원화동천元化洞天'과 바독판이 남아 있고 내원통內圓通 물이 예 와서 마하연 물과 합한다. 한 시간 남아 예서 놀다가 표훈사表

訓寺에 니르러 저녁을 식여 먹고나니 벌서 칠 시가 지났다. 이 절 뒤로 꼽을꼽을 한 삼십 분 옯아가니 정양사正陽寺가 나선다. 헐성루歇星樓에 옯아서 석양夕陽이 빛인 사십칠四十七 봉奉을 바라보고 주인 로장을 딿아 우두향목牛頭香木, 석등石燈, 탑塔, 륙모법法당, 반야전般若殿(大藏經을 쌓아둔 집)을 구경하고 아주 어두워서 나려오다. 마하연에서 표훈사까지는 십 리.

만폭동萬瀑洞

이 산천山川 누를 주고 양처사楊處事야 어대 갔노.
저 반석盤石 우에 남아 있는 바독판은,
무상無常한 행인行人의 발자옥에 닳아질 뿐이더라.

헐성루歇星樓

헐성루 옯아서니 바라뵈는 사십칠四十七 봉
옥玉 같은 저 얼굴에 석양夕陽을 얄풋 받아,
어느덧 검은 장막에 감추이고 마노나.

비로봉毘盧峰

비로봉 마루턱에 걸려 있는 저 백일白日을,
행혀나 잡을세라 오르고 또 오르니
한울은 높고도 높고 산만 낮윽하더라.

또

천아에 다시없는 아름다운 네 얼굴,
동해를 거울삼아 단장한 가을 달에
아마도 이내 마음을 태울는가 하노라.

8월 7일. 맑음. 구름이 영랑봉永郞峯을 덮었다. 다른 봉은 오히려 창천蒼天을 찌를 듯이 솟아 있어 조양朝陽을 받아서 서루 반영한다. 팔 시에 떠나 수충영각殊忠影閣을 굽어보니 무학無學, 나옹懶翁, 사명四溟, 서산西山 — 여러 대사大師의 진영眞影이 걸려 있고 그 틈에 민영휘閔泳徽 사진까지 걸려 있다. 삼불암三佛庵, 명연담鳴淵潭(울소), 금동거사金同居士 바위와, 삼형제 바위를 지나, 이럭저럭 십 리를 다 와 장안사長安寺에 이르러 신선루神仙樓에 오르니, 보기 싫은 김규진金圭鎭 글시가 수없이 걸렸다. 원악 이 신선루 이름부터가 아니 되었다. 김규진 같은 속추俗醜를 귀엽게 여기고 그 글시를 받아온 절을 더럽히는 무리가 어이 신선루가 당한가. 극락전極樂殿은 호텔이 되고, 또 무슨 전殿인지 당堂인지는 순사주재소巡査駐在所, 우편소郵便所가 되고, 법당法堂 뜰에는 닭이 똥을 깔기고 다닌다. 그러나 현의룡玄懿龍 주지는 우리를 반가이 맞으며 밀수蜜水와 도토리 다식을 주고, 점심까지 해준다. 점심을 먹고는 앞내를 건너 명경대明鏡臺(玉鏡臺, 萊鏡臺), 황류담黃流潭, 흑사굴黑蛇窟, 황사굴黃蛇窟, 마의태자麻衣太子 궁터를 지나 바위에 삭인 '東京戰烈北地英風'을 찾아보고 령원암靈源庵을 향하야 가다. 고봉절장高峯絶嶂을 지나면 또 고봉절장이 있고 심수深邃한 계곡溪谷을 지나면 또 심수한 계곡이 있고 울밀鬱密한 수림樹林은 음침陰沈하야 이상異

常히 무섭은 생각나게 하니 과연 사람으로 하야금 지옥문地獄門에 들어온 듯한 늣김을 일어킨다. 맞힘내 길이 끝나는 데까지 니르니 령원암靈源庵이다. 북으로 사오십 보 나가 옥초대玉蕉臺에 오르니 퍽 시원하다. 이 골작이는 남북으로 통하얐다. 잇다금 숲을 거쳐 지나는 바람이 몹시 서늘하다. 동남東南으로 백마봉白馬峯, 차일봉遮日峯, 서西로 시왕봉十王峯, 인봉印峯, 죄인봉罪人峯, 사자봉獅子峯들을 바라보고 앉아 놀다가 다시 돌쳐서며 뒷산 중턱에 쌀 나왔다는 구녁을 쳐다보고 암자를 지나 남南으로 십여 보에 배석대排石臺에 오르고 다시 돌아서 오다. 황류담에서 목욕하고 명경대를 지나다 다시 보니 바위에 조철영趙徹永이가 '주송벽립朱宋壁立'이라 써 삭여있다. 경성京城 송동석벽宋洞石壁에 송우암尤庵이 증주벽립曾朱壁立을 삭인 것을 모방模倣하야 한 듯하다. 갓가이 와서 숲속에 잠겨있는 지장암地藏庵을 찾아보고 발우운성문雲性門 유일관唯一館으로 들다. 왕복 오십 리.

영원암靈源庵

배석대排石臺 옮아서 시왕께 하직하고,
명경대 니르러 황류담에 몸을 담거
대번에 억천만겁億千萬劫을 씻어낼까 하노라.

8월 8일. 맑음. 팔 시에 떠나, 다시 명경대ㅅ길로 가다가 영원암ㅅ길은 내놓고 좌편 계곡으로 오르다. 빙에로 옮아 가며 간간間間이 나려지르는 폭포도 구경하며 오르고 오르다도 맞히 바람벽 같은 산허리로 돌아 주렴珠簾을 늘어 논 듯한 폭포 흐르는 곧에 니르니 니름 좇아 수렴동垂簾洞. 수렴동을 지나니 두 갈래 길이 있다. 하나는 망군대望軍臺로, 하나는 백탑동百塔洞으로 가는 길. 벌서 삼십 리를 왔으나 아즉도 백탑동 십여 리, 망군대 십 리가 남았다. 먼저 백탑동으로 향하여 가다. 얼마 아니 가서 좌우 석벽이 있으니 문탑門塔이라 하며 한 줄기 시내만 거슬어 그 가으로 가기도 하고 그 바닥으로 오르기도 하고 그걸 건너 가기도 하며 곧곧에 여흘도 맞나고 폭포도 맞나고 소도 맞나며 십 리쯤 가니 시내 바닥 널운 반석에 백탑동천百塔洞天이라 삭여있다. 예를 지나 좀 가다보면 좌우에 맞힘 탑같이 선 바위가 있으니 증명탑證明塔이다. 여긔도 폭포가 있다. 이 폭포 흐르는 가에로 기어오르면 골작이 밝고 탑 같은 바위가 좌우에서 더 많이 낱아난다. 더 올아가면 굉장宏壯히 넓은 반석이 있고 반석우에는 달임폭포가 흐른다. 이 반석 좌편으로 오륙 보 올아서 이 폭포의 상上류인 깊숙한 골작이를 들여다 바라보면 웅장하고 긔묘奇妙한 탑 하나이 숲속에 우뚝 솟아 있으니 이것이 다보탑多寶塔이다. 우리 일행은 이 다보탑을 보고 깜작 반기며 서루 다투어 나아가 어느덧 탑 알에 니르니 마가목, 소나무, 젓나무, 잣나무, 잡목들이 욱어져 탑의 몸을 가렸다. 간신이 나뭇가지를 잡고 탑 뒤로 올아본 즉 그 뒤로 둟어 있는 산머리, 산허리에 솟아난 바위마다 탑일러라. 다보탑은 수없는 작은 탑이 모여 되었으니 정말 이 탑 하나이라도 백탑이라 일컷기 족足하거든 하믈며 저 탑들까지 말함이랴. 그러면 백탑은커녕 천탑, 만탑이라도 가可하다. 다시 증명탑證明塔 알에 니르러 점심을 먹고 떠나오다 석전만 수렴동으로 가고 일행이 다 망군대望軍臺를 향하야 가다. 바람벽 같은 산을 연방 돌아 오르다. 숨이 차고 땀이 흐른다. 거의 다 올아서 한 골작이 있고 거긔 한 암자가 있으니 두솔암兜率庵이다. 대번 놀랍게 생각하는 것은 사람이 무슨 힘으로 저 높은 곧에 재목材木을 운반運搬하야 집을 지었나, 가령 이 근처서 나무를 비었다더라도 촌보寸步인들 어떻게 옮겨왔나 함이다. 우리들은 홋몸으로 옭아 오기도 여간 고생이 아닌데 저 집을 지은 이들은 얼마나 고생하얐으리. 그 일을 생각하면 이 집 문턱에 걸어앉기도 황송하다. 사람은 없고 풀만 뜰에 욱어졌다. 잠간 다리를 쉬이 또 오르다. 서북西北으로 한 가닥 뾰족한 봉오리가 있거늘 기어서 옭아 보고 다시 돌아오다가 동東으로 오르다가 쇠사실을 잡고 기어옭아 또 쇠사실을 잡고 기어오르니 바위가 벌이어 섰다. 앞에는 하도 무시무시하야 나려다 볼 용긔勇氣가 좀처럼 아니 나고 오히려 그 바위가 문어지지나 아니할가, 꽉 잡고 흔들어 보기까지 하얐다. 그리고 옭아서 보니 내금강內金剛 몯은 봉과 골작이가 거의 아니 보이는 데 없다. 수렴동, 백탑동은 발우 발밑에 있고 혈穴망봉은 곳 어루만질 듯하다. 이미 혈망봉 말이 났으니 혈망봉에 대한 전설傳說이나 말하자. 이 전설은 둘 가지가 있으니 그 하나는 당초當初에 선인仙人이 옥경玉京에서 이 금강을 훔쳐 가지고 나려올 때 끈 달아 들고 오느라고 구녁을 뚫었다 하며 그 하나는 몇 억만 년 후 땅덩이 문어지더라도 이 금강만 한울에 매달아 보존하자 함으로 구녁을 뚫어 둠이라 한다. 두 말이 몯아 금강을 다시 더할 수 없이 위함이되 먼저 말보다 나종 말이 더욱 그러하다. 혈망봉은 구녁이 뚫어 있음으로 이러한 전설이 생겼고 이 전설은 사실은 아니라 하더라도 과연 금강이 이 세계에 그렇게 절승絶勝함은 우리 몇천 년 전 조상적붙어 기리고 닐컬어 옴인 줄 알겠다. 나는 금강이 어떠하다는 것을 혈망봉의 전설로 대신하야 말하노라. 삼십 분이나 앉았다가 나려오다. 수렴동에서 석전을 맞나 한가지 돌아오다. 금강 구경을 오늘에야 맞히다.

백탑동百塔洞

바위가 탑인가 탑이 바위인가,
백탑百塔은 커녕 천탑만탑千塔萬塔일네,
이 중中에 솟은 다보탑多寶塔은 비길 바가 없을러라.

망군대望軍臺

높고 높은 저 메를 오르고 나리는 길에,
마의태자麻衣太子 발자최가 상긔 남아 있으련만,
천여 년千餘年 비바람결에 싯쳐져서 못 볼레라.

신라新羅 말末에 마의태자麻衣太子가 이 산에 웅거雄據하야 가끔 적병敵兵이 오는가 이 산에 올아 망을 보았다 함으로 망군대望軍臺라 니름 함이라 전함.

8월 9일. 아홉 시에 짐ㅅ군 하나를 더불고 우리 일행이 떠나다. 리항진李恒鎭, 최창문崔昌文 군과 현의룡玄懿龍 화상和尙을 작별하고 탑塔거리 태조太祖의 괘궁정掛弓亭을 지나 북창을 니르니 음식점飮食店과 상점商店이 여럿이고 기아집도 틈틈이 서 있다. 여긔를 지나 모패재를 넘다. 그다지 높지는 아니하여도 오르기가 퍽 지리支離하다. 이 근처 산들은 벌서 람벌濫伐을 당하야 뻙아벗고 말았다. 불 같은 햇발이 나려 쏘니 등과 니마에 구슬땀이 흐른다. 길갓 욱어진 풀 속에서는 벌레들이 한창 울고 있다. 발을 멈추고 머리를 돌이키니 금강산이 멀리 구름 속에서 고개를 쳐들고 본다. 참아 떨치고 돌아설 수 없다. 맞히 애인愛人을 집에 두고 천만 리 밖으로 떠나가는 것처럼, 섭섭하고 앗기는 마음은 니를 데 없다. 한번 이 고개를 넘으면 다시는 너의 아름다운 얼굴을 보기가 어렵다. 가령 래월에나 래년에 또 와서 본다더라도 그 길이 그렇게 쉬운 길이 아니니다. 나도 세상 사람이오니 세상의 몯은 의무義務가 있다. 그 의무義務를 치루자면 좀처럼 한가이 너를 찾아단일 겨를이 없다. 이번에도 아주 너를 찾이온 즈음이니 한 날도 가可요 두 달, 석 달, 반 년, 한 해, 몇 해라도 네게 있음즉하지마는 또한 나의 일이 그렇지 못하야 떠나옴이다. 그러나 여긔서 너를 맞으막 보고 작별하게 되오니 과연 나의 마음이 어떠하겠느냐.

> 금강산아 잘 있거라, 내 잘 놀고 돌아간다.
> 이 고개 넘어서면 다시 보기 어려워라.
> 갑자기 돌쳐설 때에 하마 울 번하였어라.

이 재를 넘어 첫재 주막에서 점심을 식여먹다. 감자를 캐어 밥에 언저 쪄달라 하고 우리는 신발을 끄르고 방에 들다. 방 한구석에 손때가 다닥다닥 묻은 니악이책 한 권이 있다. 그나마나 심심하여 펼쳐보고 춘원은 어느 일인人이 「적벽부赤壁賦」 닑던 흉내를 내고 있으니 자못 배곺음을 잊었다. 갑자기 서남南에서 소낙비가 밀려온다. 한 줄금, 두 줄금, 세 줄금이 지나고 그치자, 뒷산에서 법국이 법국법국 한다. 신통도 하다. 더운 바람이 금시에 서늘해지고 길바닥에 몬지가 착 갈앉았다. 오히려 비가 안 온이보다 낫다. 주막 주인은 그 이웃집에 그릇을 얻어들이고 하더니 두 시간 만에야 밥상이 들온다. 한 끼를 찰아리 굶을 망정 이 밥은 먹을 수 없다. 반찬은 무닢을 그냥 소금만 뿌려 날것으로 놓았다. 도저히 밥만은 목구녁에 넘어가지 아니한다. 나는 쪄 온 감자만 먹었다. 오후 세 시에 떠나 새덩령嶺, 점방령嶺을 넘어 돌모루 주막에 니르니 벌서 저녁밥 짓는 연긔가 집집에서 일어나고 해는 서산에 걸렸다. 마릿재를 넘어 갈고릿재를 넘노라니 어두운 빛이 이미 깊어지고 겨우 길바닥만 희미하게 보인다. 이 재를 넘어 갈고리 한 주막에 드니 밥은 못하겠고 하며 십 리나 되는 신안新安으로 나려가라 한다. 한참 기다려 일행을 맞나 그 이웃 주막에 밥을 식이고 신발을 끄르고 짐을 풀어 방에 들다. 먼저 막걸리 한 잔을 붉어 먹고 이윽고 밥을 먹다. 자세히 알고 보니 우리들 방이 서당書堂ㅅ방이다. 나이 사십 남짓 훈장訓長 자이 반쯤 취하야 저의 벗을 다리고 이웃집 주막에서 거덜거린다. 그러나 우리게는 감히 갓가이 와 굴지 못한다. 맞힘내 그 자가 무슨 주정을 하였는지 모르고 잤다. 오날은 행정行程 구십 리九十里.

8월 10일. 떠나, 십 리 오니 신안新安이다. 꽤 번화繁華하다. 두 고개를 넘어 회양淮陽에 니르다. 장안사에서 회양까지 팔강수八江水 구태령九太嶺을 건느고 넘는다 하는 그처럼 험하고 어려운 길이다. 회양은 군청郡廳 소재지所在地라. 몯은 설비設備가 이 산중에는 제일도시第一都市라 닐컷겠다. 뒤에는 일편一片 금강金剛이 날아온 듯한 산록山麓이 있고 앞에는 굼실굼실 흐르는 강이 있어 환경環境이 그럴 듯하다. 떡 파는 집을 찾아들어 인절미를 사먹고 강을 건느어 또 냇물을 여러 번 곱쳐 건너 산기슭을 돌아돌아 골작이로 골작이로 사십 리를 오니 철령鐵嶺 마루턱이다. 주막이 서너 집 있다. 이왕에 듣고 생각하니는 이 재가 아주 한울 닿게 높은 재라고 하얐더니 이제 와보니 유수幽邃한 산 속이고 그렇게 높은 줄을 모르겠다. 한 주막에 들어 청포묵을 사먹고 떠나 이 재를 넘으니 곳 안변安邊 땅이고 산들이 올막졸막 나려다 보인다. 산허리로 감돌아 나리다. 길 앞에는 절벽이라, 아슬아슬하다.

수리를 나가니 큰 버덩이 눈앞에 열리고 군데군데 마을집 밥짓는 연긔가 뭉게뭉게 일어난다. 고산高山은 발우 발밑에 있어 한번 뛰어 나리면 될 듯하다. 이에 큰 길를 버리고 질음길로 들어 자갈돌을 밟으며 시내 바닥으로 나리다. 산머리로 지나다 소낙비를 맞나 그냥 무릅쓰고 아주 어둡게 되어서 고산高山에 니르고 다시 버덩ㅅ길로 나서 큰 다리 하나를 건너 캄캄한 밤에 신고산(安邊 衛蓋面 新垈里)에 니르다. 먼저 려관旅館을 찾아 밥을 식여 놓고 다시 오던 길로 나와 일행을 맞이하야 들다. 춘원은 퍽 피곤疲困하야 밥 먹을 생각도 없다 하고 방에 들어 쓸어졌다. 아홉 시 반. 오날은 행정行程 일백오 리.

8월 11일. 늦도록 잤다. 조반은 아홉 시에 먹다. 십일 시 이십 분에 떠나 정거장에 니르다. 발우 차표를 사가지고 차에 오르다. 별안간 춘원은 짐을 가지고 차를 나려간다. 박현환朴賢煥 군에게 들으니 그 부인과 어떤 녀자가 방금 석왕釋王사에 가서 기다린다는 긔별이 와서 거긔를 가려고 나렸다 한다. 차는 얼마큼 있다 떠난다. 그러나 춘원은 다시 볼 수 없다. 박현환 군은 삼방三防에 와서 나리고 다만 석전하고 나만 서울로 돌아오다. 동두내東豆川 니르니 서남에서 소낙비가 몰려오며 뇌석벽력雷聲霹靂을 하더니 경성京城역에 다다르매 벌서 지나가고 구름만 오락가락하고 석양夕陽이 가끔 구름 틈에서 빛인다. 여섯 시. 전차타고 가다 탑골 앞에서 나려 교동으로 들다. 복해춘福海春에서 요긔를 하고 잠간 불교佛教會에 굽어보고 봉익동鳳翼洞 가서 누님을 찾으니 오날 광주廣州로 갔다기에 못 맞나고 돌아서 곳 게동 애류崖溜ㅅ댁에 들으니 애류는 대구大邱 가 있고 애류 부인만 있다. 참외를 사다 먹고 헌 옷을 챙겨 가지고 종로 야시夜市로 거쳐 다시 불교회로 드니 조용주趙鏞周 군이 왔었다. 니악이 하고 같이 자다.

8월 12일. 일곱 시에 떠나, 경성역京城驛에 니르러 김락순落淳 군과 곽법경郭法鏡 화상을 맛나 같이 차에 오르다. 영등포永登浦에서 변또를 사먹고 곽 씨와 니약이 하다가 한밭을 다닮아 나는 나렸다. 대합실待合室에서 한 학자 늙은이를 맞났다. 그가 내가 백탑동百塔洞에서 해 가지고 오는 마가목 짚앙이를 주었으면 좋아할 양이기에 썩 내주었더니 과연 깃버하고 고마워한다. 연에 광수廣袖가 모아들으며 자긔끼리 떠드는 말을 들으니 전우田愚 소상小祥에 가는 이들이다. 조고마한 보퉁이 하나씩 들고 엿을 사 띄어 먹으며 침을 질질 흝이고 섰다. 또한 꺼칠한 늙은이가 와서 구걸求乞을 한다. 돈을 집히는 대로 내주고 걸상 한 구석에 앉아 금강산 니약이를 하니 사람이 모여든다. 하다가 중지하고 장터에 나가 점심을 사먹고 오후 네 시에 차에 옮아 다섯 시 반에 강경이에 나려 사뭇 걸어오다. 남풍이 슬슬 불어 옷깃을 날린다. 더운 줄은 모르겠다. 미동未洞 앞 주막에 니르러 효주燒酒 한 잔과 참외 한 개를 사먹고 두여리斗余里 근방에 니르니 밤빛은 캄캄하고 사방은 고요하다. 키가 짝달막하고 양복 닙고 각반脚絆찬 자 하나이 갑작이 나와 길을 가루 막고 주소, 성명, 직업을 뭇는다. 웨 그러냐 물은 즉 일이 있소 하고 소리를 벌억벌억 지른다. 이상한 일이다. 뭇는 대로 대답하니 어서 가시오 하고 가버린다. 집에 드니 몯아 잔다. 깨워 서로 보다.

8월 13일. 소낙비가 지나고 또 남풍南風이 분다. 칠월七月 이일二日 할먼님 제사를 지나다.

8월 14일. 맑음. 『옥루몽玉樓夢』을 보다.

8월 15일. 맑음. 모샛골 가서 종조 할아버지를 뵈다.

8월 16일. 맑음. 병륙이秉陸 전주全州에 가다.

8월 17일. 맑음. 병륙이 돌아오고 조 형趙兄의 편지를 전한다.

8월 18일. 맑음. 칠석七夕. 밤에는 아주 서늘한 긔운이 돈다.

8월 19일. 맑음. 닭을 쌂아준다.

8월 20일. 맑음.

8월 21일. 맑음

8월 22일. 맑음. 병륙이 더불고 긔촌歸村이 가서 외종조 궤연几筵에 단여 돌아오다.

8월 23일. 비가 오다.

8월 24일. 비. 아츰에 배추와 무씨를 삐었다.

8월 25일. 비. 병택秉擇이를 보내며 송전松田이게 마차표를 사오다. 밤에는 비가 더 온다. 래일도 이렇게 올가 걱정이 된다.

8월 26일. 가랑비. 늦잠이 들었다가 송아지 우는 소리에 깨어 찬밥을 먹고 떠났다. 새로 산 왜보에 두루막이를 싸가지고 송전松田 집까지 오는 동안에 왜보에서 노랑물, 퍼렁물이 번지어 두루막이를 더렜다. 팔시에 마차에 옮아 뒷말에 이르러 김용순金用淳 군君을 맞나 같이 강경江景이를 향하야 가다. 비는 그치지 아니하고 길은 퍽 질어 마차 박휘가 푹푹 파묻히매 말은 가다가 우뚝 서고 선다. 그러면 마부는 채질을 한다. 그래도 아니 가면 줄을 가지고 말 앞발을 옮아 잡아단기어 겨우 가고 간다. 타는 나나 끌는 너나 마음은 괴롭다 하고 세 시간만에아 강경에 니르니, 차 시간이 알맞다. 대합실 안으로 이리저리 돌아단이다가 장인을 맞나 뵈었다. 뫼시고 차에 옮아 몇 마디 말슴을 여쭈노라니 벌서 련산連山에 와 나리신다. 예서는 김영관金永琯을 맞나 하는 니악이가 끝이 못 나서 두게豆溪 와 나린다. 오후 십이 시 반에 한밭에 니르러 김영철永哲을 맞나 같이 특대 급행차에 옮아 경성까지 오도록 심심하지 아니하였다. 그는 부자라 시골 마름들에게 얻은 꾸럼이가 꽤 많다. 한 꾸럼이를 풀으면 배, 능금도 있고 또 한 꾸럼이를 풀으면 편강片薑도 있다. 배, 능금, 편강을 내먹을 때마다 나도 얻어먹으며 하는 니악이도 듣고 뭇는 말도 대답하며 련하여 되는 대로 짓거리기도 하였다. 여달 시 반에 락원동 서양 식당에 니르러 나이쓰칼을 먹고 불교회로 거쳐 계동으로 오다. 한별은 어대 갔다 들어온다. 이윽고 다시 청료리집에 가서 백알 두어 잔 마시고 돌아와 자다.

8월 27일. 비 오다. 불교회를 거쳐 동광학교를 가보니 조학유曺學乳, 리승렬李承烈, 김지태金知泰 선생들만 와 있고 교장敎長은 갑작이 어느 시골을 감으로 직원회는 래일로 연긔延期하였고 한다. 발우 돌아와 불교회에 비를 피하고 조용주趙鏞周 군도 맞나고 안재홍安在鴻 군도 맞나 놀다가 조 군하고 나와 서양 식당에서 나이쓰칼을 사 먹고 나는 수진방골로 가서 병구秉矩 모母를 보고 병교秉嬌 소식도 듣고 누님의 들어있는 집도 물어 안국동安國洞 덕제병원德濟病院 뒤에서 누님을 찾아드니 하고 있는 것이 퍽 신산辛酸해 보인다. 남의 집 건너 방 한 간, 마루 반 간을 전세로 얻었다는데 솟단지 하나도 붙일 데가 없어 아즉은 그 주인집 솟에다 밥을 붙여 해먹고 있단다. 조 형에게 편지 붙이다.

8월 28일. 맑다. 동광학교에 갔더니 또 교장이 아니 와서 직원회는 명일로 한다고. 불교회에서 해를 지다. 착상 서랍을 빼어 보니 리찬燦, 병륙, 최익채 군, 조 형의 편지가 와있다. 집에 편지하다.

8월 29일. 비. 아츰을 먹고 나서 책 몇 페지를 본 뒤에 각황사覺皇寺에 가서 동광학교에 전화電話해보니 직원회를 한다고 하여 발우 안동네거리 와 전차電車를 타고 동광학교에 나가다. 비는 줄줄 온다. 학교에는 직원도 몇 못 모이고 게다가 교장은 오날도 못 온다고 하여 또 명일로 직원회를 묽이며 조 학감은 설렁탕을 사준다. 숙직실宿直室에서 몇 분 선생에게 금강산 니악이를 듣기고 다 저녁때야 돌아오다가 불교회에 들어 놀았다.

8월 30일. 아츰 비. 오후 세 시서붙어 다섯 시까지 동광학교 직원회에 참여하얐다. 다만 방학 동안 지난 일을 알릴 뿐이고 아무 의결議決한 일은 없다.

8월 31일. 맑음. 누님은 찾아보고 불교회로 가서 놀다. 김상긔金庠基가 찾아왔다. 맹주천孟柱天 군을 찾아보다.

9월

9월 1일. 맑음. 오전 열 시 동광학교 개학식에 갔다 오는 길에 진고개로 듥어 신문관에 잠간 거쳐『수호지水湖志』한 질을 사가지고 불교회에 오니 함상훈咸尙勳 군이 찾아왔다. 조용주趙鏞周 군이랑 다 같이 한별 댁에서 저녁 먹다. 누님이 찾아왔다. 밤 열한 시 반에 용주 군, 한별하고 경성역에 가서 동경 가는 함상훈 군을 전송하고 돌아오다가 야시夜市에서 수박 한 개를 사가지고 와 불교회에서 대여섯 사람이 다 포식飽食을 하였다. 새로 두 시에 계동으로 들어 자다.

9월 2일. 흐리고 무덥다. 신명균申明均 군이 찾아오다. 김성수性洙 군을 찾았다가 못 보고 불교회로 가서 석전石顚을 맞나 놀다가 땂아나서 복해춘福海春에서 된장국수 한 그릇을 얻어먹었더니 뱃속이 꽤 든든하다. 각各 신문新聞의 호외號外가 돈다. 어제 밤붙어 동경東京, 횡빈橫濱, 정강靜岡, 대판大阪 등지等地가 지동地動으로 말미암아 화재火災가 일어나고 집들이 문어지고 사상한 사람이 얼마가 되는지 알 수 없고 섭정궁攝政宮 전하가 피서避暑 중中 피란避亂 불명不明하고 동경에서는 사회주의자가 각처에서 회의會議하고 산본백山本伯(新任首相)이 암살暗殺을 당하고 전全 시가市街에 게엄중戒嚴中이라고. 안국동安國洞 가서 누님을 더불고 청진동淸進洞 병구秉矩 집에 가서 병교秉嶠 군이 온다기에 한 시간이나 기다리다가 돌아오다. 조용주趙鏞周 군은 오날 아츰에 떠낫다. 떠날 때 못 보니 셥셥하다. 박현환朴玄寰 군과 김병룡 군을 길 우에서 맛나고 로석老石 어른을 찾아 뵈엇다. 『동아일보』 호외號外를 돌리는 소리에 잠을 깨어 나가 보니 제사第四 호외가 대문 틈에 끼엇다. 그걸 집어 보노라니 맛힘 순사巡査가 지나다가 담에 몸을 감추고 고개만 내놓아 엿보더니 갓가이 와서 성명姓名을 뭇고 간다. 알 수 없다, 무슨 까닭인지. 그러나 아무스랑도 않다. 호외에는 산본백山本伯의 습격襲擊을 당함, 동경東京 효실燒失 가옥家屋 이십만, 횡빈 사망자死亡者 수數십만, 횡수하橫須賀의 전멸全滅함을 보도報道하엿다. 그것을 생각하고 마음이 좋지 못하야 잠을 들지 못하엿다. 이웃집 자명종은 두 점을 치더라. 밤새도록 무덥다.

9월 3일. 구름이 벗어지고 해가 빤짝 빛인다. 늦은 아츰은 기다리고 잇노라니 병교秉嶠 군이 찾아왓다. 벌서 오 년만이다. 얼굴은 오 년 전과 다를 것 없고 말은 더 조리條理잇고 자미잇게 들린다. 생사존몰生死存沒을 통 모르던 사람을 갑작이 맛나보니 어찌 반갑지 아니하랴. 맛히 죽엇다는 사람이 다시 살아온 듯. 다시 맛나 자세한 니악이하기로 하고 나는 책보를 들고 동광학교로 가다. 벌서 셋재 시간 수업授業 중. 등에 괴인 땀을 씻을 겨를도 없이 백묵白墨을 가지고 교실敎室로 들어가서 배ㅅ심 좋게 짓거렷다. 그렇게 두 시간을 맛히고 설렁탕 한 그릇을 사다 먹고 돌아오다. 불교회에 드니 칠팔 인이 모여 앉아 동경 니악이로 소견消遣한다.

9월 4일. 맑음. 아츰 저녁 긔후氣候가 완연히 전과 다르다. 벌서 베옷은 맞당치 아니하다. 오후에 수당壽堂이 찾아왔다. 금강산 니악이, 동경東京 니악이를 하여 듣겼다. 누님도 왔다. 저녁에 정인보鄭寅普 위당爲堂을 찾았다 못 보고 맹주천孟柱天, 조룡해趙龍海 군을 찾아보고 놀았다.

9월 5일. 맑음. 동광학교, 불교회도 가고 최창선崔昌善 씨 집에 가서는 음식을 얻어먹었다. 그의 아버니 생일이란다나. 또 불교회로 돌아들어 오일영吳日英을 맞나 같이 나서 종로鐘路로 돌아 단이며 야시夜市구경도 하얐다. 계집 사내 사람이 꽤 많이 나와 우리처럼 구경만 하고 단이는 이 있다. 더구나 낮에는 볼 수 없는 규중閨中에 가쳐 있는 꽃 같은 녀자女子들이 많이 나와서 단인다. 더구나 그걸 구경하기 위하여 단이는 남자가 열에 아홉은 되는 모양일러라. 어떤 양복장이들은 틀에머리한 녀자를 앞뒤에 세고 단이며 무엇을 소곤소곤 한다. 그네들은 오히려 밤이 긴 것을 좋아한다. 차차 밤이 질어지니 더욱 좋아하겠다.

9월 6일. 구름이 끼었음. 동광학교로 갔다가 진고개로 돌아오다. 누님이 왔었고 저녁에는 리정화李貞和 씨가 찾아와 이윽도록 놀았다.

9월 7일. 오전 네 시쯤 하여 비가 쏟아지고 울에가 울고 번개가 번적인다. 문득 전긧불 꺼지며 어대서 벼락 치는 소리가 들리고는 비가 좀 그치었다 다시 오고 온다. 아츰나잘에는 비는 아주 개었다. 종일 방안에 들어 있어 「말모이」 카드를 모으고 하목수석夏目漱石의 『문학논文學論』도 넑어보다. 저녁에 최익한崔益翰 군이 찾아와 놀다 갔다. 동광학교 교직이가 와서 래일 학교로 오라고 니른다.

9월 8일. 맑음. 아츰 먹던 길로 나서 취운정翠雲亭으로 하여 창덕궁

昌德宮 뒤, 성균관成均館 뒤로 지나 동광학교에 가다. 좀 기다리고 있노라니 교장 리혼성이 나왔다. 갓가이 가 앉아 그의 말을 들은 즉 정탁鄭鐸 군이 이번 사면赦免한 뒤에 학교 경비를 줄이기 위하여 다시 그 대신 교원을 채용치 아니하고 그가 가르치던 학과學科는 지금 게신 선생 중 어느 선생님께 낝아 맡으시게 할 터인데 일이학년 일본력사를 나더러 맡아라고 한다. 일주일에 몯우 여섯 시간이다. 원악 맡은 과정의 시간까지 합하면 일주일에 열다섯 시간. 그러고는 십 원 하나를 더 준다고. 나종에는 이학년 급담임級擔任까지 하라고 하나 급담임은 허락許諾지 아니하얐다. 어찌 그런지 머리가 앓브고 정신이 흐리다. 설렁탕 한 그릇을 얻어먹고 보결생補缺生 선발시험選拔試驗 감독監督을 하며 『문학논文學論』을 닑어보다. 그리고 해가 진 뒤에야 오다.

9월 9일. 아츰나잘에는 맑고 저녁나잘에는 흐리었다. 아츰 먹고 나서는 곳 동광학교로 갔다. 책을 보면서 시험 감독을 하고 조 형, 정충시鄭忠時 군, 최익채崔益采 군, 리중갑李重甲 군에게 편지를 써 붙이고 여러 선생과 같이 동대문東大門 외성外城 밑 음식집으로 가다. 발우 성 밑에 푸대를 몸에 두르고 혹은 누었고 혹은 앉았는데 그 중에는 늙은 녀인도 있고 어린 아이도 있다. 몯아 대여섯 사람. 몯아 여러 날 굶어서 볼이 빠지고 긔운이 없어 보인다. 맟히 그네들은 "나의 죽을 날이 몇 일이나 남았나." 하고 손가락을 꼽아 보며 그리고 아무 깃븜도 없고 희망希望도 없고 다만 밥이나 누가 주었으면 졸 것 같다. 음식집에는 술과 국수를 사 먹고 퍽 떠들고 웃는 소리가 난다. 과연 들어가 보니 방에나 마루나 뜰에 사람들이 가득가득 차아 혹 서서 먹는 이, 앉아 먹는 이, 먹고 나가는 이, 먹으러 오는 이. 그 수를 헬 수 없다. 우리는 좀 기다리어 어느 먹던 축이 나간 뒤에 그 자리를 얻어 들다. 우리 일행의 신발이 다른데 섞일가바, 그 집 아이 놈은 딸우 치며 연에 손을 신발 속에 넣어 보고 옮긴다. 그 까닭은 다른 이 신발과 이미 섞여 있으니 우리 일행은 맨 나종에 옴으로 신발 속이 더울 것이다. 그래서 손을 넣어 보고 옮김이라 한다. 또한 지혜 아닌가. 긔특奇特하기도 하지. 추탕에다 국수를 말아 요긔하고 효주를 마시고 돌아오다, 김지태金知泰 군히고 진고개를 한 박휘 돌았다. 밤새도록 무덥었다.

9월 10일. 아츰에 일어나보니 구름이 잔뜩 끼어 한울이 침침하다. 밥을 먹고 나니 비가 온다. 비를 맞고 학교에 갔다. 비는 점점 더 온다. 오후 세 시에 수업授業을 맞히고 돌아올 때에는 아츰 갈 때보다도 더 흠뻑 비를 맞았다. 불교회를 거쳐서 누님 있는 데를 찾아보았다. 오후 아홉 시가 되다. 병교秉嬌 군이 찾아와서 하는 니악이가 밎어 끝나지 못하야 나는 경성역을 향하야 나섰다. 비는 줄줄 나리고 밤은 침침하다. 역驛에 니르며 차표를 사가지고 차에 오르다. 삼등실일망정 여간如干 이등실만이나 하다. 빈 '변취' 하나를 온통 차지하였다가 차차 돌아오는 이가 많아 '변취' 반은 남에게 들리고 팔과 다리를 옥으리고 앉아서 쓸데없이 이것저것 생각도 하여보고 옆에ㅅ사람의 니악이도 듣고 하얐다. 빗방울은 연에 류리창에 부드쳐 깨지며 창밑 틈으로 시어 들고 차 굶어가는 빗소리와 합하야 더욱 요란하게 들린다. 돌아다보니 발우 내 뒤에는 한 젊은 일녀日女가 눈ㅅ빛 같은 허벅다리를 들어 내놓고 한 팔을 니마에 언고 세상모르고 잔다. 나도 꿉억꿉억 졸았다.

9월 11일. 오전 한 시. 차부가 "이담 정거장이 태전이오." 웨치는 소리에 잠을 깨고 눈을 번쩍 떠보니 벌서 새일역에 니르렀다. 옷을 고처 닙고 보통이를 다시 풀어 매고 있노라니 어느덧 한밭에 다닯었다. 나려서 대합실에서 세 시간을 기다렸다. 대합실에는 나와 같이 차 시간을 기다리고 있는 이가 꽤 많다. 나는 어느 구석에 앉아 졸았다. 빗소리는 더욱 굉장하게 들린다. 네 시에 호남湖南 가는 차에 올아 발우 한 정거장을 지나 도계역에서 나리니 맞힘 소낙비가 쏟아진다. 역에서 한참 있다가 비가 좀 그치자 은동隱洞을 향하야 가다. 동천이 차차 밝아지고 첩첩히 쌓인 구름덩이가 흩어지다 다시 모여들고 한다. 은동 동수 군 집으로 드니 김진사金進士 어른께서는 일어나와 마루에 앉아셨다 내가 뜰에 올아감을 보시고 일변 동수를 부르신다. 한번 굽어 뵈옵고 한헌寒暄을 맞히니 동수 군도 일어나왔다. 서로 인사하고 방에 들어앉았다. 얼마 아녀 장모가 나와 보신다. 자비스러운 눈을 반만 나려뜨시고 추연惆然히 앉아 그동안 나의 겪은 일과 당신의 지난 일을 일일히 말슴하시며 연에 차마 자락을 집어 눈물을 씻고 크게 늦기시며 관곡하게 위로하여 주신다. 그 말슴 가운대 "나는 평생 딸만 나서 딸이나 그 원한을 풀을가 바랐더니 딸좇아…" 하고 함에는 아무리 철석같은 대장부의 마음으로도 감동치 아니할 수 없었다. 아츰을 먹으러 연방으로 들어가니 처의 형과 처남의 댁이 나와 인사를 한다. 아츰을 먹고 나서는 장모 앞에서 니악이 한바탕을 부시고 다시 사랑으로 나와 누어 잠 한소곰을 하였다. 비는 줄줄 나린다. 잠을 깨어 일어나니 처조모가 오셨다. 인사를 들이고 고기반찬에 점심 한 그릇을 달게 맞히고 또 니악이 주머니를 풀어 되는대로 주어 짓거리다. 저녁을 먹고는 발우 누어 잤다.

가람 이병기 전집 ❼

일기 Ⅱ

지은이 이병기
펴낸이 김동원
펴낸곳 전북대학교출판문화원

초판 1쇄 인쇄 2019. 10. 1
초판 1쇄 발행 2019. 10. 15

전북대학교출판문화원 전라북도 전주시 완산구 어진길 32 (풍남동2가)
전화 (063) 219-5321~2
FAX (063) 219-5323
출판등록 2012년 8월 20일 제465-2012-000021호

값 36,000원

ISBN 979-11-6372-045-4 04810
ISBN 979-11-87892-59-5(세트) 04810

이 도서의 국립중앙도서관 출판예정도서목록(CIP)은 서지정보유통지원시스템 홈페이지(http://seoji.nl.go.kr)와 국가자료공동목록시스템(http://www.nl.go.kr/kolisnet)에서 이용하실 수 있습니다. (CIP제어번호 : CIP2019036126)